한국사

39

제국주의의 침투와 동학농민전쟁

국사편찬위원회

자문위원

신 용 하　　유 영 익　　정 창 렬

편찬위원

권 태 억　　유 영 렬　　최 창 희

집필(제국주의의 침투와 동학농민전쟁)

고 동 환　　도 면 회　　박 맹 수　　배 항 섭
박 일 근　　신 영 우　　이 양 자　　정 진 상
정 창 렬　　지 승 종　　최 원 규　　하 원 호
한 철 호

기획 · 편집

이 해 준　　강 영 철　　이 근 택　　고 성 훈
고 숙 화　　윤 병 희　　이 상 일

복간 간행 : 김 용 곤 · 장 득 진

한국사 간행취지

우리 겨레가 앞으로 어떻게 살아갈 것인가 하는 문제는 우리들은 물론 우리와 더불어 살아가는 세계인들의 관심사일 것이다. 이에 대한 해답은 과거에 어떻게 살아왔는가 하는 우리 역사에 대한 인식을 통해 찾을 수 있을 것이라고 생각된다.

본 위원회에서는 이미 1970년대에 『한국사』 25권을 간행하여 해방 이후 한국사의 연구성과를 집대성함으로써 한국사에 대한 인식을 새롭게 한 바 있다. 그 이후 한국사회는 놀라운 성장과 발전을 이루었고 역사학계도 상당한 연구성과를 축적하였다. 이러한 변화에 발맞추어 한국사학계는 새로운 『한국사』 편찬의 필요를 느끼게 되었다.

이에 본 위원회는 일차적으로 한국사 연구지원비를 마련하여 역사학계로 하여금 1980년대 중반까지 연구성과가 미진하다고 생각되는 분야를 연구할 수 있도록 하였다. 이어서 1989년부터 1990년까지의 준비를 거쳐 1991년에는 '신편 한국사 편찬위원회'를 따로 구성하고 총 60권에 달하는 새로운 『한국사』를 편찬하기로 하였다. 그리고 다음과 같은 『한국사』 편찬의 목표를 세웠다.

① 한국의 역사와 문화에 대한 객관적 인식의 토대를 제공할 수 있는 한국사를 편찬한다.

② 민족의 창조적 문화활동과 민족사의 내재적 발전을 드러내는 한국사를 편찬한다.

③ 최근까지의 연구성과를 체계화하고 새로운 영역을 개척함으로써 한국사 연구의 지평을 넓힌다.

④ 한국사 연구와 관련하여 고고학·인류학·사회학·경제학 등 인접학문의 연구성과를 수용하여 한국사 인식의 폭을 넓히는 데 기여한다.

새로운 『한국사』를 펴내면서 우리 모두가 바라는 바는, 민족의 통일에 대비해야 하고 급격히 변화하는 시대상황 속에서, 한국사 연구자의 깊이 있는 연구를 도와주고 독자들의 역사인식을 드높일 수 있는 길잡이 구실을 할 수 있었으면 하는 것이다.

국사편찬위원회 위원장

목 차

Ⅲ. 개항 후의 사회경제적 변동

Ⅳ. 동학농민전쟁의 배경

Ⅴ. 제1차 동학농민전쟁

Ⅵ. 집강소의 설치와 폐정개혁

Ⅶ. 제2차 동학농민전쟁

개 요

I

20세기 초에 국권회복운동에 앞장섰던 申采浩는 한일합병 직전인 1910년 2월에 「20세기 新國民」이라는 글에서 "한국이 수천년 이래로 반도내에 偃仰(한가하게 지냄-인용자)하여, 단지 右便에 支那가 有하며 左便에 일본이 有한 줄만 知하다가, 수십 년 전부터 홀연 세계적 국가가 되어 列國競爭場에 入하였다가, 淸日戰役에 一變하며 露日戰役에 再變하여, 드디어 금일 면목을 作하였나니, 盖 한국이 如斯히 不振不立하고 一敗再敗함은(하략)"이라고 하여, 개항에서 한일합병까지의 역사를 청일전쟁과 러일전쟁을 경계로 하여 세 시기로 구분하였다. 개항기의 역사가 '국제관계에 편입되어 열국경쟁의 마당에 섬'과 '청일전쟁과 러일전쟁에서의 대응의 좌절'로 특징화되고 있다. 국권회복운동의 최전선에서 민족운동을 실천한 변혁지향적 지식인의 현실인식·현실파악에서 가장 중요시되었던 것은, 권력정치적 국제질서와 그것에의 한국민족의 대응이었다.

1876년의 開港은 한국의 역사를 질적으로 바꾸어 놓는 것이 되었다. 이전의 한국역사는, 외부의 영향 특히 동아시아 질서의 규정·제약을 크게 받고 있었지만, 그러나 이 규정·제약은 어디까지나 부차적인 것이었고, 기본적으로는 한국사회 내부 모순의 갈등·대립에 의하여 전개된 自己完結의 역사였다.

그러나 개항 이후의 한국역사는 세계자본주의체제에 편입된 것이었기 때문에 종래의 자기완결성을 상실하지 않을 수 없었다. 개항자체는 일본에 대한 것으로서, 일방적인 치외법권의 설정, 일방적인 영토주권의 침해, 일방적인 영해주권의 침해, 관세자주권·관세의 전면적 부정, 일본화폐의 유통권과 조선화폐의 運出權 등을 자유무역의 이름 밑에서 강요한 불평등조약이었다는 점에서 일본에 대한 종속이었다.

그러나 그 자유무역의 내용구성이 1882년까지만 보더라도 한국에의 수입품의 88.3%는 유럽·미국의 제품이었고 그 유럽·미국제품의 78.2%가 織物이었으며, 일본제품은 11.7%에 불과하였다. 한국으로부터의 수출품은 쌀(30%)·콩(10.9%)·금(19%) 등이었다.

위와 같은 무역의 담당자로서의 일본은 유럽·미국 산업자본을 위하여 그 시장을 개척해 준 셈이며 스스로는 중개무역을 한국인에게 사기·폭력의 방법으로 전개함으로써, 그리고 한국의 쌀을 싼 값으로 사가서 일본 노동자의 저임금을 위한 식량으로 삼고 자국의 쌀을 국제시장에 높은 값으로 파는 쌀의 이중교역을 전개함으로써 본원적 자본축적을 전개하였다.

이와 같이 일본에 대한 한국의 개항은 구미 선진자본주의를 중심국으로 하는 세계 자본주의체제에의 일본을 매개로 한 종속이었다. 때문에 1875년의 강화도사건 후 일본이 한국에 全權을 파견하는 것을 일본주재의 미국·영국·프랑스·러시아 공사 등이 지지하였으며 주일 미국공사 빙함(Bingham)은 副全權으로서 한국에 가는 井上馨에게 테일러(B.Taylor)가 지은 「페리의 일본원정소사」를 기증함으로써 미국에 의한 일본의 강제 개국을 참고할 것을 시사하였다. 이러한 점에서도 일본의 한국에 대한 침략성과 구미 선진자본주의에 대한 종속성이라는 양면성이 잘 드러나고 있다.

일본을 매개로 한 세계 자본주의체제의 한국에 대한 규정·강요의 질은 외견상 자기와 닮은 모습으로 한국이 변혁할 것을 강제하는 내용의 것이었다. 이러한 '변혁의 강제'가 개항 이후 한국이 부닥치게 된 가장 중요한 역사적 조건이었다. 그것은 환상의 영역 밖에서는 피할 수 없는 객관적 조건이었다.

더욱 중요한 것은 이 객관적인 조건은 객관적이란 말 그대로 한국사의 밖에 外在하는 것이었지만, 근대 자본주의 침략의 본질적인 성격으로 말미암아 외재적인 동시에 한국사에 內在化하는 내재적 조건으로도 되어버린다는 점이다. 그러나 그 객관적 조건이 아무런 매개 없이 한국사에 직접적으로 내재화하게 되는 것은 아니었다. 한국사회 내부 모순의 전개에 매개되어서 한국사에 내재화하게 된다. 따라서 개항 이후의 한국사의 전개는 극히 복잡한 관계로서 착종하게 된다.

II

이러한 복잡성·착종성을 더욱 증폭시킨 것은 淸의 한국진출이었다. 淸은 개항이후 특히 1882년의 壬午軍亂 이후 전통적인 事大藩屬關係에 더하여 國權主義的으로 한국에 진출함으로써, 한국의 세계자본주의체제 즉 권력정치적인 국제질서에의 대응을 더욱 어렵고도 복잡한 것으로 만들었던 것이다.

淸은 자국의 자본주의적 성숙의 저수준으로 말미암은 경제적 침투력의 취약성을, 종래의 事大藩屬關係를 근대적 성격의 정치적 지배력의 강화로, 바꾸어 말하면 국권주의적으로 보완하려고 하였다. 1882년의 朝淸商民水陸貿易章程은 청의 실질적인 조선지배 책동을 여실히 들어낸 것으로 조선이 청의 속방임을 명문화하여「청이 속방을 우대하는 뜻에서 맺은 것으로 각국과 더불어 일체 균점하는 예를 갖지 못한다」고 못박음으로써 종속관계를 기초로 한 독점적 특권을 규정하였다. 즉 영사재판권, 한성개잔, 내지채판권, 저관세율, 조선연해어채권 및 연해운항순시권, 의주·회령육로통상권 등 외교적 경제적 특권을 강제로 인정시킨 것이 그것이다. 이 통상장정은 종래의 종속관계원칙을 기본내용으로 하고 거기에 서양식 조문을 나열한 것에 불과하여 종속관계의 文證이 되었음과 아울러 청이 조선경제문제에 적극적으로 간섭하는 계기를 마련한 셈이었다. 그리고 1885년 10월에 총리교섭통상사의로 조선에 온 袁世凱는 조선에 주차관으로 부임한 이래 약 10년간(1885~1894) 청의 대조선적극책에 편승하여 이홍장이 입안한 정책을 충실히 실행하며 조선의 국정을 간섭하였다. 그는「조선총리교섭통상사의」라는 직함을 띠고 총판조선상무 진수당의 후임으로 임명되어 왔으므로 외국공사와 같은 외교사절이 아니었고 겉으로는 통상교섭을 전담하는 직무이었지만 실질적으로는 종주국의 대표로서 조선의 일체 정령을 감독하는 임무였다. 천진조약에 따라 청·일 양군이 모두 철수한 뒤 국제관계의 미묘한 정황 속에서 조선의 정치·외교간섭은 물론이고 청국상인의 보호·장려 등 대조선경제정책의 중임까지도 감당해야 하였음은 비록 영·러의 각축으로 인하여 청의 종주권행사가 다소 용이하였다고는 하나 그 임무는 막중한 것이었다. 이홍장은 원세개가 조선의 조신들과 긴밀한 유대를 맺고 있으며 임오·갑신의 정변을 겪는 동안의 그의 수단과 기민한 활동을 익히 보았으므로 그에게 조선 경영을 일임하게 된 것이었다. 이리하여 이홍장의 강력한 지지를 받는 원세개는 위협과 힐책으로 조선내정에 간섭하여 속칭 '袁大人'으로 불리면서 '監國大臣' '朝鮮之王'으로 비유되기도 하였다.

위에서와 같은 조선의 대외관계에서의 불평등성은 1882년의 朝美條約, 1883년의 제2차 朝英條約 등에서 더욱 심화되었다. 조미조약에는 最惠國待遇 조항이 포함됨으로써 이후 서구열강이 조선에서 동일한 이권을 모두 차지할 수 있게 되었다. 조영조약에서는 개항장에서의 토지·가옥의 임차·구매 및 주택·창고·공장의 설립까지 허용되어 제국주의 국가들의 자본이 자유롭게 침투할 수 있는 길이 열리게 되었다. 조영조약 체결의 당사자인 파크스는 "우리가 원하는 모든 것을 다 얻었다"라고 만족하는 정도였다.

그 후 독일(1883), 러시아(1884), 이탈리아(1884), 프랑스(1886), 오스트리아(1892) 등과 차례로 체결된 조약에서도 이러한 불평등조항들은 어김없이 삽입되었다. 조선의 반식민지적 상태를 제도적으로 조건짓는 불평등조약체제가 완성되었던 것이다.

Ⅲ

한국은 이러한 불평등조약체제라는 형식을 통하여 세계자본주의체제의 일환에 위치되었다. 세계자본주의체제에서의 국가관계는 모든 국가가 다른 국가들과의 형식적인 대등성의 관계에서만 존재하게 되는 국제질서였다. 다른 국가들과 고립되어 자기완결적으로 홀로 존재하는 국가는 존재할 수 없었다.

따라서 형식적 대등성의 국제질서의 사실적 내용은, 세계자본주의체제의 착취-피착취관계 속에서 국민국가로서 자기를 형성하여 패권을 구하거나 보다 우위의 위치를 구하여 정복이나 전쟁을 반복하면서 경쟁하는 국가들과, 미처 국민국가를 형성하지 못하여 경쟁에서 패배함으로써 식민지·반식민지로 추락하는 국가들로의 양극분해였다.

이러한 양극분해의 위기적 상황에서 자신을 국민국가로서 형성하려는 사회·경제·정치적 움직임은 대개 세 갈래의 흐름에서 나타났다. 첫째는 정부 자신의 움직임이었고 둘째는 개화파 정치세력의 움직임이었으며, 셋째는 아래로부터의 농민층의 움직임이었다. 다음에서는 첫째와 셋째의 것을 그 윤곽에서 그려보려고 한다.

정부 차원에서의 움직임은 물론 국민국가 형성을 자각적으로 추진하는 것은 아니었다. 당시의 국제질서 자체가 각 국가들로 하여금 국가로서 자신의 존재를 유지하려면 국민국가 형성에로 나아가지 않을 수 없게 하는 객관적 강제가 있었으며, 정부차원의 움직임도 개항에서 1894년까지의 통시적 국면에서 볼 때 객관적으로 그러한 방향으로 나아갔다고 보인다.

민씨척족정권도 그 자신의 정권을 유지하기 위해 부국강병정책을 실행하였던 바, 1885~1894년간 재정·군사·외교·치안사무 등 국정전반을 총괄하는 권한을 내무부에 집중시켜 최고의 의결·결정기구로 만들고 이를 통해 정권을 장악함과 아울러 각종 정책을 추진해 나갔다. 즉, 민응식·민영익·민영환·민영준 등 민씨척족은 내무부의 독판 내지 협판직을 장기간 보유한 채 병조판서, 중앙군 영사 및 호조판서, 선혜청당상, 전환국 등 군사·재정관련부서와 육영공원 및 연무공원 등 개화·자강추진기구의 요직을 번갈아 역임함으로써 '勢道'로 행세하였던 것이다. 그리고 내무부는 왕실의 재정을 확보하기 위해 홍삼전매권을 관리하였으며, 새로운 재원을 마련하기 위해 주전기계를 도입하고 화폐개혁을 추진하였고, 외국인 기술자를 초빙하고 근대식 기기를 들여와 광산을 개발하였을 뿐 아니라 신식 기선을 매입하여 세곡운반과 무역에 활용하고자 하였다. 그러나 이러한 일련의 사업은 재정을 확충시키지 못한 채 오히려 민폐를 유발하는 등 실패로 돌아가고 말았다. 이와 같이 내무부가 추진했던 재정확보책이 실효를 거두지 못하게 됨에 따라 고종과 민씨척족은 차관도입을 통해 자금을 마련하지 않을 수 없었다. 고종의 차관도입정책은 청국의 경제적 압박으로부터 벗어나는 동시에 기채대상국을 통해 조선에서 열강의 세력균형을 꾀하면서 청국을 견제하려는 목적을 지닌 것이었다. 따라서 청국은 조선의 차관도입을 저지하였으며, 나아가 조선에 대한 차관공여를 강요해 내정간섭을 강화시키려 하였다. 요컨대, 고종은 청국의 적극적인 종주권 강화정책에 대항하기 위해 주미전권공사를 파견하여 자주·평등외교를 전개하는 한편 원세개의 소환운동도 전개하였다. 그러나 이러한 시도는 청국의 반대로 말미암아 오히려 원세개의 권한이 더 강화되고 주미전권공사 박정양이 강제 소환당함으로써 모두 실패하고 말았다. 그럼에도 불구하고 고종이 내무부를 통해 주도했던 반청 자주외교는 조선의 국가적 독립을 대외적으로 표방하는 성과를 거두었다. 아래로부터의 농민층의 움직임에 대해서는 뒤에서 살피기로 한다.

일본도 청국과 마찬가지로 한국의 자기개혁의 결정적 고비에서 정치적·군사적 개입을 감행함으로써 한국의 Nation으로서의 통합을 결정적으로 저지하였으니, 예컨대 임오군란, 갑신정변에서의 일본의 정치·군사적 침략이 그것이었다. 이에 덧붙여 일본은 동아시아에서는 상대적으로 보다 발전한 자본주의적 경제력을 바탕으로 한국에 대하여 경제적으로도 적극적으로 침투하였다.

한일무역관계의 두드러진 특징은 면제품의 수입과 곡물의 수출로 나타났다. 1894년 이전의 일본상인은 자국의 면제품이 아니라 영국제 면제품을 중개무역의 형식으로 한국에 수출하였다. 일본상인이 가져온 영국 면제품은 1893년경 한국인 면포 총소비량의 1/4을 차지할만큼 늘어나서 한국의 면포수공업자는 물론 가내부업으로 면포를 생산하던 농민들의 성장을 저지하였다.

한국으로부터의 곡물수출은 농산물의 상품화를 확대시키고, 쌀값을 올라가게 하였으나, 그 이익은 지주·부농·상인들에게 돌아갔다. 반면에 농민·도시빈민의 생활은 더욱 어려워졌다. 당시의 쌀값은 1883년에서 1894년 사이에 경인지방에서 약 7배, 다른 지방에서는 약 2~3배로 뛰었다.

이러한 무역의 확대는 상업유통구조에도 영향을 미쳤다. 개항장 객주가 새로운 상인층으로 등장하였고, 개항장이 국내 상품 유통의 중심지로 부상하여 재래의 상업유통질서와 대항적인 위치에 서면서, 시간이 흐를수록 국내상업유통의 패권을 잡아가기 시작하였다. 따라서 한국의 소상인층이 점차 몰락의 길에 들어서게 되었다.

한국이 청·영국과 맺은 1883년의 불평등조약으로 서울에서의 점포개설과 내지통상이 허용됨에 따라 외국상인들은 이후 서울과 개항장을 거점으로 내지시장에도 침투해 들어왔다. 청국상인들의 활동으로 육의전 상인과 시전상인들이 타격을 받았다. 이들은 1890년 1월 청·일본 상인의 점포 철수를 요구하면서 시위와 동맹철시를 벌였다.

또한 외국상인의 내지시장에의 진출은 개항장 객주의 商權을 위축시켰다. 이에 대하여 정부는 25객주 전관지역제등을 실시하여 개항장 객주를 통한 유통권의 유지를 기도하였고, 개항장의 한국 상인들은 객주상회사를 설립하여 상권을 유지하려고 하였다. 정부와 객주상인들의 이러한 노력은 객관적으로 외상에 대항하여 한국의 상권을 지키려는 성격을 지니는 것이었다.

일본상인의 내지상업활동은 곡물수출의 증가를 초래하였는데, 특히 1890년에는 일본의 국내사정이 겹쳐 곡물수출은 비약적으로 증가되어 이후 대체적으로는 증가일로였다. 개항 이후 1894년까지 대략 114건 내외의 방곡령이 실시되었는데, 이는 중앙정부가 외압으로 인하여 국내시장을 보호하지 못하는 가운데 일본의 경제적 침탈과 직접 대면하게 된 지역적 곡물시장권의 대항의 표현이었다. 동시에 이는 소농·빈농들이 곡물을 장시에서 구매하는 처지에로 몰락해가고 있었다는 표현이기도 했다.

Ⅳ

다음 앞에서 말한 셋째의 움직임 즉 아래로부터의 농민층의 움직임에 대하여 살펴볼 차례이다. 개항으로 인한 곡물상품화의 추세 속에서 양반관료와 상인들과 지주들과 부농들은 대체로 이익을 볼 수 있는 층들이었다. 소농·빈농층과 소상인들은 몰락의 추세였다.

조선후기 이래의 신분제의 동요는 개항 이후에는 경제적 동요에 자극되어 더욱 촉진되었다. 그 단적인 특징은 양반층의 증대와 노비호의 격감이었다. 이는 전통적 신분구조의 구성원리인 班常制와 良賤制에 심각한 타격을 주었다. 국가신분제로서의 성격은 거의 상실되었다고 할 수 있다. 개항기의 신분계층구조는 사회적 신분과 경제적 계급이 착종되어 대체로 상층부에는 양반사족을 모태로 하는 토호층과 반상을 포괄하는 신분구성을 갖는 요호부민층이 있고, 하층부에는 평민·천민 신분층의 소빈민층이 있는 상황이었다. 이러한 동요 속에서도 양반층의 사회적 특권은 존속되고 있어서 양반의 특권을 이용한 자의적인 억압과 수탈이 자행되고 있었다. 따라서 신분제의 동요 속에서 사회적 정당성·권위가 이미 의심되기 시작한 양반층의 자의적 특권행사는 편민·천민층의 반발과 저항을 불러일으키지 않을 수 없었다.

이러한 사회경제적 모순의 표현으로 농민층의 반항인 동학농민전쟁이 발생·전개되었다. 제1차 농민전쟁에서는 국내적으로는 전국의 차원에서 탐관오리를 제거함으로써 소상품생산자로서의 경제적 활동의 안정성·자립성을 획득하고, 대외적으로는 외국상인의 국내시장질서 준수를 강요함으로써 소상인으로서의 발전을 보장받으려고 하였다. 이후 10월 중순의 제2차 농민전쟁의 개시 때까지 농민군은 사실상 전라도 지방을 장악하고 있었다. 이 시기에 농민군은 각지에 執綱所를 설치하여 폐정개혁을 스스로의 힘에 의하여 스스로가 주체적으로 실행하였다. 제1차 농민전쟁에서는 탐학관리를 응징하는 것이 폐정개혁의 구체적 실천방법이었음에 대비할 때, 이것은 큰 성장이었다고 하지 않을 수 없다. 스스로의 힘에 의하여 스스로가 주체적으로 개혁을 실행하였으므로 이 시기의 집강소 개혁사업에서 농민군의 의지와 이념, 그리고 개혁의 역량이 가장 전형적으로 드러나고 그 한계도 가장 뚜렷하게 나타나지 않을 수 없었다. 집강소 단계에서는 폐정의 개혁을 자신들이 주체가 되어 시행함으로써 위에서와 같은 목적을 달성하려고 하였다. 집강소 질서 하에서 제12조를 제외한 다른 조항은 실현되었다고 보인다. 봉건제도가 근본적으로 변혁되지는 않았지만 계서적인 신분제도는 전면적으로 해체됨으로써 봉건제도는 크게 개혁되었다고 생각된다. 그리고 농민군의 집강소가 기존의 행정체계와 이원적으로 병립되었지만 농민군의 자치적 행정기관으로서 확립되었고,

농민군세력의 군사적 우세성이 확고한 곳에서는 사실상 일원화됨으로써 농민의 지방권력기구로 성립되기도 하였다. 농민군은 지방의 차원이긴 하지만 자신의 힘으로 스스로가 주체적으로 자신들의 사회경제적 생활질서를 다듬어 나가고 새롭게 창출하기도 하였다. 이는 조선사회의 역사적 전진이었고 농민군의 비약적 성장이었다고 할 수 있다. 제2차 농민전쟁에서는 위에서와 같은 목적추구를 원천적으로 봉쇄하는 일본침략세력을 축출함으로써 그 목적을 이룩하고, 동시에 한국주민의 정치적 생활의 경역의 자립성·불가침성을 지켜내고, 그 경역 내의 정치적 주권자로서의 국왕의 통치주권을 확립하려고 하였다. 이것은 객관적으로는 국민국가의 확립에로 이어질 수 있는 정치적 동태였던 것이다.

〈鄭昌烈〉

Ⅰ. 제국주의 열강의 침투

1. 청의 간섭

2. 조선의 대외관계

Ⅰ. 제국주의 열강의 침투

1. 청의 간섭

1) 청의 주차관 임명

조선은 고종이 즉위한 후 대원군이 섭정하면서 천주교 전래를 막고, 아편전쟁 이래 청이 서양제국에 굴복당한 전철을 밟지 않으려는 이유에서 쇄국정책을 고수하고 있었음은 주지하는 바이다. 병인·신미양요 이후 더욱 쇄국에 자신을 갖게 된 조선은 물밀듯 밀려드는 서세동점의 사실을 외면함으로써 고립무원의 궁지에 빠져들었다.

한편 청은 아편전쟁 이후 자강책에 급급한 나머지 동고의 겨를이 없었으며 조선의 쇄국책에 대해서 조금도 간섭할 뜻이 없었다. 다만 使行의 내왕으로 事大儀節을 다하게 함에 만족하고 있었다. 그러나 일본은 조선이 장차 제3국에 의해 쇄국정책이 무너지고 개국하게 될 것이 필지의 사실임을 알고 타국에 앞서 조선의 문호를 개방시킴으로써 조선내의 권익을 선점하고 또 세력기반을 닦으려 기도하였다. 대원군이 하야하자 일본은 정한론을 펴는 일본국내 강경파들의 불만을 해소시킬 목적에서 소위 「운양호사건」을 고의로 일으켜 조선을 제압하여 개국시키고자 하였다. 이 사건 이후 일본은 조선과의 직접교섭에 임하지 않고 조·청 종속관계에 중점을 두어 먼저 종주국인 청정부에 책임을 묻고자 모리(森有禮)공사를 북경에 파견하여 總署의 공친왕 奕訢과 담판하게 하였다. 이 때 공친왕은 "속방인 조선을 침점하지 않는 한 일본과 조선과의 우호관계는 청이 그것을 인정하고 간섭하지 않는다"고 하였다.[1] 이는 조선이 대내외적으로 주권을 행사하는 공법상의 독립국임을 인

1) 《淸光緖朝中日交涉史料》(臺北 ; 文海出版社, 1963) 권 1, (2)總理各國事務衙門

정하는 사실이 되어, 청은 이후 조선문제에 고심하게 되었고 조선에서의 선수를 일본에 빼앗기게 되었다. 기실 공친왕이나 직예총독 李鴻章은 아편전쟁과 태평천국운동으로 치명적인 타격을 입고 양무운동을 벌여 바야흐로 국력의 충실에 전념하고 있는 때였으므로 조선문제로 일본과 불화하여 개전하게 되는 것을 원치 않았기 때문이었다. 1876년 초 강제로 체결된 강화도조약의 제1조에 「조선은 자주독립국」이라 규정함으로써 일본은 청의 간섭을 배제하고 독자적으로 조선과 외교문제를 교섭하는 근거를 마련하였다.

그런데 1879년 일본이 琉球國을 폐하고 나가사끼현으로 만드는 침략성을 드러내자 청의 대일 감정은 격변하였고 따라서 조선정책에도 종래의 미온적 태도에서 벗어나 적극적으로 간섭하려는 움직임을 보이게 되었다. 사실 청은 19세기 중엽 이후 계속하여 번속국을 상실하고 있었다. 예컨대 1852년 영국이 버마를, 1860년에는 러시아가 연해주를, 1874년에는 프랑스가 베트남을, 1879년에는 일본이 유구를 각기 차지함으로써 번속국을 상실하였고 따라서 조선은 유일하게 남아 있던 청의 번속국이었다.

특히 일본의 유구병탐은 장래 조선침략을 시사하는 것이고 나아가 청의 東三省에도 직접적인 위험이 박두하리라 예상하였기 때문에 1880년대에 들면서 청은 종전의 명목적인 종속을 항구적이고 실질적인 종속으로 전환시키고자, 조선에 대한 적극적 진출정책을 취하게 되었다. 그리하여 이홍장은 조선으로 하여금 쇄국책을 버리고 서구열강과 수호통상조약을 체결케 권고함으로써 일본의 진출을 방지하고자 하였다.[2] 마침 조선에서도 일·러 양세력의 현저한 진출에 자극되고 국내에서 자강문제가 대두함에 따라 서양과의 통상문제가 진전되고 있던 터라, 청의 권고를 받아들여 1882년 4월 朝美條約을 선두로 서구제국과 통상조약을 체결하게 되었다. 조선문제에 대한 이 같은 청의 적극책에도 불구하고 임오군란이 일어나기까지 청은 일본에게 선수를 빼앗기고 끌려가는 형세를 면치 못하여서 크게 부심하고 있었다. 이러한 때에 임오군란이 발생하였으므로 청은 물실호기로 여겨 군대를 파견하여 종

奏與日本使臣往來照會等件擬咨送禮部轉行朝鮮摺, 광서 2년 1월 30일.

2) 《李文忠公全集奏稿》 권 34, 密勸朝鮮通商西國摺, 광서 5년 7월 14일.
權錫奉, 〈李鴻章의 對朝鮮列國立約勸導策에 대하여〉(《歷史學報》 21, 1963).

주권을 만회하기에 이르렀던 것이다.

군란소식을 접한 지 일주일만에(1882. 6. 29) 馬建忠과 북양수사제독 丁汝昌을 조선에 급파하였고 잇달아 청 육군의 파견과 대원군 제거라는 새로운 대응책을 강구하게 되었다. 이에 淮軍統領 吳長慶 휘하의 청 육군 3천여 명이 7월 7일 남양만에 입항하였다(후에 청의 주차관이 되는 원세개는 이때 23세의 말단 청년무관으로 함께 내한하였다).

그러나 청이 많은 군사를 파견한 것은 일본의 감정을 악화시킬 중요한 요인이었으므로 마건충은 청일양국의 충돌을 가급적 피하고 군란을 원만하게 평정하려고 시도하였다. 한편 군란을 수습하고자 내한한 일본공사 하나부사(花房義質)는 조선정부에 7개조의 요구조건을 내걸고 협상을 제기하였으나 결렬상태였으므로 청의 대원군 피랍계획은 보다 구체화되었다. 그렇게 함으로써 조·일간의 협상이 타결되리라 믿었기 때문이다.[3)]

7월12일 오장경과 정여창은 吳兆有·黃仕林·袁世凱 등 막료를 거느리고 한성의 숭례문 밖에 진주한 다음, 이튿날(13일) 마건충과 함께 그들을 방문한 대원군을 몇 차례 필담 후 전격 拘囚하여 강제로 마산포로 호송하였다. 이리하여 대원군은 군함 登瀛洲호에 승선되어 14일 천진으로 압송되었다.[4)]

대원군 납치 후 청측은 魚允中으로 하여금 국왕에게 이 사실을 알리게 하고 오장경 명의로 된 通諭를 발표하여 대원군 납치를 정당화시키면서 백성들의 소요를 엄금하였다. 아울러 대원군의 장자인 훈련대장 李載冕을 남별궁에 위치하여 연금시키고 난당소탕이라는 2단계 수습책을 강행, 16일 새벽 청군을 출동시켜 왕십리·이태원 일대를 일제히 공격하였다.[5)] 이 소탕작전에서 청군은 언어가 불통하여 진위를 가리지 못하고 무조건 체포하였던 바 원세개가 지휘한 왕십리 방면에서는 군민 150여 명, 오장경이 맡았던 이태원 방면에서 20여 명, 도합 170여 명이 체포되었다.[6)]

---

3) 馬建忠, 《東行三錄》(臺北; 廣文書局, 1961), 임오 7월 7·8·9·10·11일.

4) 權錫奉, 〈壬午軍亂〉(《한국사》 16, 국사편찬위원회편, 1975), 435쪽.

5) 《淸光緖朝中日交涉史料》 권 3, (137)北洋通商大臣李鴻章奏捕治朝鮮亂黨情形摺, 광서 8년 7월 29일.
王信忠, 《中日甲午戰爭之外交背景》(臺北, 文海出版社, 1964), 45쪽.

6) 李陽子, 〈淸의 對朝鮮政策과 袁世凱〉(《釜大史學》 5, 1981), 88~89쪽. 원세개

청은 조선의 임오군란을 계기로 전격적인 출병을 단행함과 동시에 보수파의 영수격인 대원군을 납치하여 군란을 평정하였으며 아울러 오장경의 경군 3천여 명을 그대로 조선에 주둔시켜 계속 조선정부를 보호 감시케 함으로써 숙원이던 청의 종주권을 되찾고 조선을 그들의 기미에 얽매이게 하는 데 성공하였다. 그러나 이후 청·일 양국의 세력침투는 가중되었고 조선을 둘러싼 청·일간의 대립도 보다 현저하게 나타나게 되었다.

임오군란 후 조선의 치안은 청군에 의해 유지되고 있었는데 난의 재발을 막기 위해서는 조선군대 창설이 긴요하였다. 신·구간에 조선군대는 임오군란시 모두 해산되었으므로 고종은 친위군의 필요를 절감하고 오장경에게 이 뜻을 전했다. 오제독은 원세개에게 친위군 창설을 일임하여 1000명으로 구성된 新建親軍營을 만들어 훈련케 하였다.[7] 원세개는 이를 좌영·우영으로 나누고 다시 별기군을 개편하여 전영·후영을 증설함으로써 신식군대 4군영을 창설하게 되었다. 한규직·윤태준·이조연·민영익 등 친청사대당 인물들을 각기 전·후·좌·우영사로 임명하게 되니 결국 2000명에 달하는 조선의 신식군대는 원세개의 통솔하에 있게 되었다.[8] 뿐만 아니라 청은 대조선정책을 보다 강화할 목적에서 1882년 9월 조선과 「商民水陸貿易章程」을 체결하고 조선에서의 치외법권, 내지통상권, 연해운항 순시 및 어채활동 등 경제·외교적 특권을 강제로 인정시켰다.[9]

이러한 가운데 청정부내에서는 청류당의 강경론자들이 대조선적극책의 가일층 강화를 주장하면서 일본을 완전 제어하기 위해 출병하고, 조선에 감국대신을 파견할 것 등을 들고 나왔다.[10] 이러한 청류당의 주장은 조선을 둘러

가 지휘한 왕십리에서의 체포자 수가 훨씬 많았으며 이 때부터 원세개의 조선에서의 활약이 서서히 시작되었다.

7) 金允植, 《陰晴史》 하권, 고종 19년 9월 19일.
王信忠, 앞의 책, 82~83쪽.

8) 《高宗純宗實錄》 中, 고종 21년 8월 26일, 169쪽.

9) 金鍾圓, 〈朝淸商民水陸貿易章程의 체결과 그 영향〉(《한국사》 16, 국사편찬위원회, 1975), 142~184쪽.

10) 張謇은 朝鮮善後之策을 상주하고 鄧承脩, 張佩倫은 일본에 대한 출병을 상주하였다. 《張季子 九錄》 政聞錄 권 3. 爲東三省事復韓國鈞函. 《淸光緖朝中日交涉史料》 권 4, (139)給事中鄧承脩奏朝鮮亂黨已平請乘機完結球案摺, 광서 8년 8월 2일. (147)翰林院侍讀張佩倫奏請密定東征之策以靖藩服摺, 광서 8년 8월 16일.

싼 청·일의 쟁패에 역점을 둔 것으로, 조선문제는 유구나 그 외의 주변 번속국과는 류가 다르고 조선이 일본에 귀속되면 만주가 위험하기 때문에 일본의 조선에서의 세력기반을 제거해야 한다는 데 있었다. 그러나 이홍장은 출병보다는 자강에 전력 경주하여 해군의 군비확장에 매진하면서 東征시기를 기다려야 한다는 견해였다.11) 이홍장의 소극론은 청류당의 적극론에 봉착하게되자 다소의 수정을 가하지 않을 수 없었다. 조선을 청의 완전 속국으로 만드는 데는 찬성하지 않았으나 조선의 국정을 감시하고 보호할 필요성은 인정하였으므로 외교관계 고문을 파견하여 조·중관계를 일층 강화시키고자 하였다. 그리하여 11월초 독일인 묄렌도르프12)와 馬建常을 파견하여 조선의 재정·외교를 맡게 하고 원세개는 군사를 담당케 하여13) 오장경 통할하에 조선정부를 감시함으로써 조선이 청의 굴레에서 벗어나지 못하게 하였던 것이다.

1884년초 청·불간에 월남문제를 둘러싸고 전운이 감돌자 주화론자인 공친왕일파는 주전론자인 청류당일파에게 공격당하여 정계에서 물러나게 되었고 이홍장의 외교정책도 맹렬한 탄핵을 받아 열세에 몰리게 되었다.14) 이에 오장경은 조선주둔 청군의 절반을 청·불전에 대비코자 철수시키게 되었다.15) 이 당시 조선정국은 친청적인 사대당과 일본에 기대는 독립당간의 반목·알력이 표면화하였는데, 청병이 철수하자 일본의 원조를 얻어 독립당은 청의 종주권을 부인하고 개혁을 단행하여 자주독립을 쟁취하려는 활발한 활동을 벌였다. 이 해 10월 신설된 우정국청사 낙성식을 계기로 독립당일파는 갑신정변을 일으켜 신정부를 수립하였다. 그러나 이 정변은 준비가 불충분하였고 계획이 치밀하지 못하였으며 대중의 호응을 얻지 못하였을 뿐만 아니라 주한 일군의 약세에 대비되는 청군의 활약으로 결국 3일 천하로 끝나고 말았다. 이 결과 국왕의 비호하에 활동한 독립당의 반청운동은 완전히 종지

---

11) 《清光緒朝中日交涉史料》 권 4, (151)北洋通商大臣李鴻章覆奏宜先練水師再圖東征摺, 광서 8년 8월 22일.
12) 高柄翊, 〈穆麟德의 顧聘과 그 背景〉(《진단학보》 25·26·27 合輯, 1964).
13) Jerome Ch'en, 《Yuan Shih-K'ai》(Stanford Univ. Press, 1972), 10쪽.
14) 羅惇融, 〈中法兵事本末〉(《中國近百年史資料初編》 所牧), 328~331쪽.
15) 《李文忠公全集奏稿》 권 49, 議分慶軍駐朝片, 광서 10년 4월 4일.

부를 찍게 되었으며 원세개의 조선내에서의 세력확보와 대조선적극책을 구사할 기초를 마련하게 되었던 것이다.

오장경 인솔하에 청군의 반이 떠난 후 잔류한 주한 청군 3영은 오조유가 통솔하게 되어 있었지만 그는 우유부단하여 결단력이 없었으므로 실권은 總理營務處會辦朝鮮防務 원세개가 쥐게 되었다.[16] 그러므로 정변 발발 후 원세개는 강력하게 청군 출동을 주장하여 정변진압을 결행하였던 것이다. 오조유가 이홍장의 명령을 기다려야 한다고 주장하였음에도 불구하고 원세개는 청군을 출동시켜 일본군과 충돌·교전을 감행하여 패퇴시키고, 즉시 국왕을 자기 군영으로 옮기게 하여 독립당을 견제함으로써[17] 사건의 종지부를 찍게 하였던 것이다. 이와 같은 강력한 청군의 무력간섭은 원세개의 결단이었는데, 이는 청불전쟁으로 이홍장이 동고의 겨를이 없었기 때문이었다. 크게 볼 때 이홍장의 외교테두리를 벗어날 수 없는 원세개였지만 대조선정책을 수행하는 방법에 있어서 그는 이홍장과는 류를 달리 하였다. 즉 근본적인 면에서는 이홍장의 정책을 따르지만 세부적인 면에서는 이홍장의 유화·소극적인 방법을 버리고 적극적으로 간섭하여 청의 종주권을 강화시키고자 하였다.[18] 결과적으로 그의 대조선정책은 성공하였고 이후 청의 대조선정책 수행에 최적격의 인물로 간주되어[19] 청일전쟁이 일어날 때까지 10년간 청의 주차관으로 임명되어 조선에서의 임무에 충실하게 된다. 이러한 그의 세력기반은 임오군란과 갑신정변을 통하여 구축된 것이었다.

그런데 갑신정변 후 일본의 대청감정은 악화일로여서 화·전양론이 분분하였던 바 이는 청국에 큰 위협이 되고 있었다. 일본측 주장은 청과의 개전에까지는 이르지 않았으나 양국병 충돌의 책임을 묻고 책임자의 처벌을 요구하였으므로 청은 이에 동의하였다. 비록 일본의 태도가 청세력을 견제하려는 수단에 불과하였으나 청은 일본과의 충돌을 피하려는 생각에서 양국병 충돌의 책임자로 간주된 원세개를 소환함으로써 사태를 수습하려고 하였

16) Jerome Ch'en, 앞의 책, 10쪽.
17) 沈祖憲, 《容菴弟子記》(중국현대사료총서 제1집, 台北, 1962), 17~25쪽.
18) 《淸光緖朝中日交涉史料》 권 5, (214)北洋大臣來電, 광서 10년 10월 23일.
19) 《李文忠公全集奏稿》 권 49, 議分慶軍駐朝片, 광서 10년 4월 4일.

다.[20] 이리하여 원세개는 갑신정변 직후인 11월에 일단 귀국하였다.

한편 일본은 주한공사 다께조에(竹添進一郎)의 실책을 만회하기 위하여 정변직후 외무경 이노우에(井上馨)를 파견하여 한성조약을 맺고 자국에 유리한 조항을 삽입케 하는 한편, 1885년초에 이토(伊藤博文)를 천진에 파견하여 이홍장과 천진조약을 체결하여 양국철병을 가결하는 등 외교적 성과를 거두게 되었다. 이와 같이 양국은 조선을 둘러싸고 각축을 계속하고 있었지만 갑신정변 이후 국제관계의 변화에 따라 조선정세가 유동적인 상황에 이르게 되자 청에 대한 일본의 정책은 완화되고 도리어 청의 대조선적극책을 지원하는 결과를 빚어냈다.

즉, 이홍장의 추천으로 조선에 온 묄렌도르프는 총세무사 겸 외무협판의 요직에 있으면서 국왕의 신임을 받고 있었는데, 조선을 감시하는 목적을 띠고 온 그는 오히려 러시아와 결탁함으로써 청일을 견제하고 조선을 자주독립국으로 만들려는 이른바 聯露策을 기도하였다. 여기에 민감한 반응을 보인 영국은 거문도를 불법 점령함으로써 국제관계를 크게 긴장시켰다. 조선의 연로설과 이에 따른 영국의 거문도점령 등 일련의 사태가 연발하자 청·일 양국은 영·러의 대립에 크게 당황하여 국제관계의 긴장을 완화시키는데 공동 노력하게 되었다. 특히 일본은 러시아의 남하를 두려워하였으므로 청과 제휴하여 그 세력을 견제하려 하였던 것이다. 이에 일본 외무대신 이노우에는 1885년 5월 8개조에 달하는 조선의 정치개혁안을 이홍장에게 제시하였다.[21] 이 가운데는 미국인 가운데 유능한 자를 뽑아 묄렌도르프의 임무를 대행시킬 것(5조), 현재 주한청상무위원 보다 재간이 뛰어난 청의 관리를 택하여 조선 국정을 탐지케 할 것(6조) 등이 포함되어 있었는데, 이것은 일본이 청을 앞세워 조선내정에 간섭케 하고 배후에서 조·청관계를 조종하려는 의도였다. 이홍장은 청·일 양국이 조선의 공동 종주국이 되는 것을 우려하였지만 일단 묄렌도르프 교체문제와 주한청관 대체문제에 중점을 두어 대조선정책의 쇄신을 기도하였다. 그는 조선 국왕이 무능하여 왕비와

20) 沈祖憲, 앞의 책, 15쪽.

21) 《清光緒朝中日交涉史料》 권 8, (385)軍機處奏進呈徐承祖與日本外部井上馨問答等件片, 광서 11년 5월 29일.

그 일파에 의해 정국이 조종되므로 국정을 감시할 인물의 파견이 급선무라 생각하고 대원군 석방과 원세개의 재파견을 추진하게 되었던 것이다. 이리하여 이홍장은 원세개로 하여금 대원군을 조선으로 호송케 하였다(1885. 8). 대원군을 석방하여 민비일파의 세력을 견제하려 한 이홍장의 예측은 실효를 거두지 못하였을 뿐 아니라 묄렌도르프 또한 관직에선 물러났으나 국왕과 왕비의 신임을 받고 조선에 체류중이었으므로 조선은 아직 연로책의 미련을 버리지 못하고 있는 형편이었다. 원세개는 조선 도착 후 먼저 대원군과 민비일파의 불화를 조정하는 한편 9월에는 김윤식을 만나 연로책의 부당성을 통렬히 비난하였고 이어 국왕에게 소위 摘姦論을 지어 올려, 러시아 방비를 위해서는 청과 제휴·공수동맹을 맺어야 함을 역설하였다.[22] 원세개에게 설복된 국왕은 청의 구원병을 수원에 내주케 하여 러시아를 저지해 줄 것을 요청하기에 이르렀다.[23]

무골해삼으로 지칭되는 주한청상무위원 陳樹棠이[24] 조선 국정을 보필하고 간섭할 재능이 부족한 인물임을 잘 아는 이홍장은 청군 철수후의 대조선정책을 강력하게 집행하는 데는 원세개가 가장 적합한 인물이라 판단하고, 駐箚朝鮮總理交涉通商事宜로 임명함과 동시에 道員으로 승진시키고 아울러 三品銜의 賞을 더 보태어 이 해 10월 원세개를 조선의 주차관으로 파견하였던 것이다.[25] 이홍장은 원세개가 능소능대하며 술수와 지모가 뛰어날 뿐 아니라 이미 조선에서 공을 세워 이름을 떨치고 있었으므로 조선을 청에 종속시켜 청의 주도하에 대외관계를 유지하게 하고 조선국정을 감시하는 데 최적의 인물이라 판단하고[26] 그를 선정하였던 것이다. 이때 그의 나이 27세였다. 이

---

22) 《淸光緖朝中日交涉史料》 권 9, (409)附件4 袁世凱與朝鮮執政諸臣筆談節略. 附件 5 袁世凱摘姦論, 광서 11년 9월.

23) 위의 책, 권 9, (409)袁世凱摘姦論 가운데 「九月初四日謁見國王筆談」참조.

24) Jerome Ch'en, 앞의 책, 10쪽.

25) 《淸光緖朝中日交涉史料》 권 9, (410)李鴻章奏派同知袁世凱接辦朝鮮交涉通商事宜摺, 광서 11년 9월 21일 ; 《구한국외교문서 제8권, 淸案 1》, 279쪽, (451)袁世凱의 朝鮮總理交涉通商事宜關防祇受에 관한 照會.

26) 《淸光緖朝中日交涉史料》 上冊, 177쪽. 이홍장은 원세개를 천거할 때 "담력과 지략을 갖고 있고 상황판단에 능하며 조선의 사정에도 정통하다"고 칭찬하고 있다.

후 10년간 원세개는 정치적으로 조선의 내정·외교에 적극적으로 간섭하였음은 물론이고 청상의 보호와 통상·교역의 증대에도 수단과 방법을 가리지 않았으며 나아가 조선의 해관·차관 간섭, 전선부설권 선점, 윤선운항 등을 강행함으로써 일본에게 기선을 제압당한 대조선 경제권을 만회하고자 안간힘을 다하였다. 이와 같은 원세개를 통한 청의 간섭 즉 조선에 대한 정치, 경제적 적극책은 결국 일본과의 대립을 심화시켜 청일전쟁을 유발시키는 한 원인이 되었던 것이다.

2) 청의 외교 및 내정간섭

원세개는 조선에 주차관으로 부임한 이래 약 10년간(1885~1894) 청의 대조선적극책에 편승하여 이홍장이 입안한 정책을 충실히 실행하며 조선의 국정을 간섭하였다. 그는 「조선총리교섭통상사의」라는 직함을 띠고 총판조선상무 진수당의 후임으로 임명되어 왔으므로 외국공사와 같은 외교사절이 아니었고 겉으로는 통상교섭을 전담하는 직무이었지만 실질적으로는 종주국의 대표로서 조선의 일체 정령을 감독하는 임무였다. 천진조약에 따라 청·일양군이 모두 철수한 뒤 국제관계의 미묘한 정황 속에서 조선의 정치·외교간섭은 물론이고 청국상인의 보호·장려 등 대조선경제정책의 중임까지도 감당해야 하였음은 비록 영·러의 각축으로 인하여 청의 종주권행사가 다소 용이하였다고는 하나 그 임무는 막중한 것이었다. 이홍장은 원세개가 조선의 조신들과 긴밀한 유대를 맺고 있으며 임오·갑신의 정변을 겪는 동안의 그의 수단과 기민한 활동을 익히 보았으므로 그에게 조선 경영을 일임하게 된 것이었다.

이리하여 이홍장의 강력한 지지를 받는 원세개는 조선경영의 대권을 장악한 「監國大臣」으로 조선조정에 군림하게 되었다. 그는 부임 직후 먼저 묄렌도르프를 천진으로 귀환 조치시켜 후환을 없애고자 하였다. 이에 이홍장은 묄렌도르프의 후임으로 미국인 메릴(H. F. Merill)을 추천하여 세관업무를 담당케 하였고 외교교섭업무는 역시 미국인인 데니(O. N. Denny)를 파견하여 집무케 하였다.[27] 먼저 원세개는 반청·연로의 요소를 색출하고 반대세력을 구축하는데 힘써 사대당의 영수인 김홍집 등과 결탁하고 왕과 왕비를 비롯한 조신들의 감시에 나섰다. 그러나 이같은 그의 노력에도 불구하고 반청운동인 연로책은 종식되지 않았다.

처음 국왕은 원세개에게 호감을 가졌으나[28] 그가 정식 부임한 후 내정간섭이 심하고 권력이 의외로 커짐에 따라 그를 배척하는 마음이 점차 커졌다. 더욱이 원세개의 부임과 전후하여 러시아공사 웨베르(K. I. Waeber)가 조선에 부임해 오자 민비일파는 러시아공사와 결탁하고 청의 압력을 제거하고자 국왕을 부추겼으므로 反袁운동이 표면화하게 되었다. 이러한 운동이 소위 제2차 한·로밀약사건인 것이다.[29]

제2차 조러밀약설은 그 진위가 불분명한 바가 있으나, 조선정계는 물론이고 청·일양국 등 국제관계를 긴장시킨 사건이었다. 민비는 그의 정적이던 대원군을 석방하고 또 원세개를 파견하여 조선을 감시케 하였으므로 청에 대한 원망이 컸다. 이러할 때에 일부 관료가 러시아공사관과 궁정을 출입하면서 민비가 워베르공사부인과 교제하도록 주선하였으며 웨베르도 이에 국왕과 왕비를 접촉할 기회가 빈번하게 되고 따라서 그들의 환심을 사게 되었다. 이때 친러파들이 민비를 자극하여 러시아와 결탁하여 청에 항거하는 계획을 꾸미게 되니 趙存斗·金嘉鎭 등이 러시아공사에게 편지하여 러시아의 개입을 호소하기에 이른 것이었다(1886년 7월).[30]

원세개는 이 사건을 재빨리 탐지하고 러시아공사가 본국에 전보하는 것을 저지시키는 한편 이홍장에게 전보하여 러시아군이 도착하기 전에 청 수군을 속파하도록 청하였다.[31] 며칠 후 그는 조선의 조정대신들과 공사들을 관저로 불러 연회를 연 자리에서 날조한 전보를 보였는데 그 내용은 "문죄차 金州

---

27) 《李文忠公全集譯署函稿》 권 17, 籌換穆麟德, 광서 11년 7월 2일 및 至朝鮮國王, 광서 11년 8월 16일, 同附件朝鮮國王原咨.
O. N. Denny, 《淸韓論》(柳永博 譯註, 東方圖書, 1989), 17쪽.

28) 《李文忠公全集奏稿》 권 55, 派員接辦朝鮮事務摺, 광서 11년 9월 21일.
《容菴弟子記》 권 1, 40쪽.

29) 《한국사》 권 16(국사편찬위원회, 1975), 639쪽.

30) 《한국사》 권 16, 640쪽.

31) 《李文忠公全集海署函稿》 권 2, 遠道來電, 광서 12년 7월 14일 및 籌朝鮮私叛, 광서 12년 7 월 15일.

72영이 오늘 오전 승선하여 한성으로 떠난다"는 것이었다. 이렇게 연극을 꾸미는 한편 국왕을 알현하고 "天兵[청군]이 곧 올 터이니 간신들을 빨리 없애라"고 위협하였다. 그리고 민영익에게 "민비가 연로책을 총괄하여 계략을 꾸몄고 이에 따라 러시아군이 조선 국경지역 점령을 기도하였으니 마땅히 청의 문죄를 받아야 한다"고 엄히 질책하였다.[32] 이로 인해 조선에서는 청·러양국군이 교전하리라는 풍문이 떠돌아 민심이 자못 흉흉하였다. 그리하여 국왕은 4영의 친위군으로 하여금 경계를 철저히 하게 하고, 한편으로는 친로책의 혐의로 김가진·조존두 등을 하옥시키고 영의정 심순택·우의정 김홍직 등을 원세개에게 보내 연로책은 국왕과 정부는 무관하며 소인들이 만들어 낸 것임을 밝혔다.[33]

이와 같이 원세개는 날조한 전보로 조정대신들을 위협했을 뿐만 아니라 국왕폐위문제까지 거론하였다. 1886년 7월 그는 이홍장에게 전보를 쳐 "昏君을 신속히 폐하고 李氏 가운데 현명한 자를 뽑아 새 왕으로 세운 후, 병사 수천 명을 조선에 파견시켜 주면 인심을 수습하고 각국의 비방을 해소시킬 수 있다"[34]고 했으며, 또 "臣民이 서로 싸우고 온 나라가 들끓고 있는 이 때에 만약 병사 500명만 있어도 국왕을 폐하고 그 주변의 무리를 납치하여 천진에서 심문받게 하겠다"[35]고 호언하였다. 이러한 사실은 곧 조선을 능멸하고 종주국으로서의 청의 위치를 강하게 부각시켜 고답적인 자세로 한정에 군림하고자 한 그의 술책이었는데, 주한 각국공사들이 그를 일컬어 「기세 등등하게 사람을 능멸하여 한정을 위협하고 있다」, 「흉악무도한 행위는 극도에 달하였다」고 지적한 것을 보아도 알 수 있다.[36]

이홍장은 원세개의 일련의 전보를 받고 러시아주재 청공사 劉瑞芬에게 전보를 쳐서 알아본 결과 러시아조정은 조선의 밀서를 접수한 사실이 없다

---

32) 《中日甲午戰爭之外交背景》, 103쪽.
33) 위와 같음.
34) 《李文忠公全集海署函稿》 권 2, 袁道來電, 광서 12년 7월 7일.
35) 위의 책, 권 2, 袁道來電, 광서 12년 7월 21일.
《高宗時代史》 권 2, 고종 23년 7월 17일, 860~861쪽. 원세개의 의중인물은 대원군의 장자 完興君 載冕의 子 埈鎔이었다.
36) 《淸韓論》, 50~51쪽.
《알렌의 일기》(金源模 역, 단국대출판부, 1991), 117·341쪽.

고 하였으며 조선조정에서도 이 사실에 대해 전혀 아는 바 없다고 부인하였다.[37] 원세개가 국왕폐립을 주장한 것에는 대원군을 의지하는 바 컸으나 대원군은 이미 고립되어 국왕폐립에 성원할만한 세력을 갖지 못했으며 밀서사건이 조선국왕과 무관한 것으로 밝혀진 이상 함부로 폐립할 수 없었다. 또한 파병문제도 각국이 청의 파병에 동의하지 않을 것임에 틀림없었고 특히 일본이 천진조약을 내세워 힐책할 것은 명약관화한 사실이었다. 단지 러시아의 動兵說에는 청측이 자못 긴장하고 있었기 때문에 출병준비에 만전을 기하고 조선 근해에 군함을 순항케 하여 사태의 변화를 관망하게 하였다.[38]

원세개는 이 사건을 계기로 조선에서 독무대나 다름없이 그의 권력을 행사할 수 있었고 더욱 방자해졌다. 이러한 배후에는 제국간의 세력균형으로 말미암아 청의 조선경영이 유리하였던 외교상의 배경이 있었기 때문이다. 즉 영·일·러 3국이 상호 견제하였고, 특히 영·러 양국은 아프카니스탄에서의 충돌 이래 조선에서 다시 세력경쟁이 첨예화하는 형세였다. 영국은 제1차 조러밀약설이 퍼지자 재빨리 조선의 거문도를 점령하여 러시아의 남하를 견제한 바 있었다. 그리고 일본도 러시아의 남하를 우려하여 종래의 청배척정책을 완화시켜 청을 도와 러시아에 대비하고 있었음은 앞서 말한 바 있다. 따라서 러시아는 조선에 진출하지 못하였고 제2차 조러밀약설까지 극력 부인하여 자국의 입장을 변명하기에 급급하였다. 이와 같이 국제정세가 긴박하고 상호 세력견제에 여념이 없을 때 청은 종속관계를 표방하고 대조선적극책을 취하게 되었고 영·일·러 3국은 대조선관계에 있어 현상유지를 원하여 그 이상의 각축을 피하는 태도였다. 그러한 태도는 곧 청의 대조선정책을 묵인하는 것이나 다름없었다. 제2차 조러밀약설과 원세개의 폐위론으로 조선정부의 기력은 크게 저상되었으며 이후 거의 사사건건 원세개를 통한 청의 간섭과 지도를 받게 되었다.

조선외교에 대한 청의 간섭은 조선의 駐外國公使 파견시에 발생하였다. 고종 24년(1887) 5월에 도승지 閔泳駿을 주일관리공사로, 6월에 朴定陽을 주미

37) 《李文忠公全集海署函稿》 권 2, 劉使來電, 광서 12년 7월 23일 ; 권 18, 論朝鮮辨誣, 광서 12년 8월 초 8일, 附錄 朝鮮照會.
38) 《李文忠公全集電稿》 권 7, 寄長崎交中國水師提督丁琅, 광서 12년 7월 7일.

공사로, 沈相學을 주영·독·러·프·벨기에 등 5개국 주재공사로 임명하고 해당국에 부임을 서두르게 하였다. 주외국공사의 파견문제는 외교고문 데니(O. N. Denny), 참찬관 알렌(H. N. Allen)[39] 및 민영익의 건의에 따른 것인데, 이들은 원세개의 횡포에 대해 큰 불만을 품고 있어서 조선이 주외국공사를 독자적으로 파견함으로써 자주국임을 나타내고 청의 종주권에 도전하고자 하였다.[40] 그러나 이러한 시도는 청의 내정간섭이 절정에 달하게 하였으며, 청정부와 원세개가 밀접하게 연계되어 있던 당시로서는 불가능한 것이었고 오히려 이것을 계기로 종속관계가 가일층 강화되는 결과를 초래하였다.

원세개는 조선의 공사파견이 결정되자 즉시 이홍장에게 보고하였고 이홍장의 명령에 따라 조선공사와 청공사간에는 일종의 격식을[41] 갖추게 함으로써 종주국의 체면을 유지하려고 하였다. 한편 그는 조선조정에 대해 공사파견에 앞서 그 사실을 청정부에 자문·보고하여야 함에도 불구하고 사전에 상의가 없었다는 이유로 엄중히 힐책하였고, 영의정 심순택에게 조회를 보내 공사파견 중지를 요구하였다.[42] 그러나 청의 권고로 구미제국과 입약통상하였으며 조약에 의거하여 공사를 파견하는 만큼 청이 이를 방해할 아무런 근거가 없었다. 뿐만 아니라 주한미국공사 딘스모어(H. A. Dinsmore)와 주청국공사 덴비(G. Denby)도 이 사실을 지적하고 청의 공사파견 간섭의 부당함을 통렬히 비난하였다.[43] 그런데 청정부의 견해는 조선과 구미제국간의 공사내왕에 대해 간섭하려는 것이 아니며 단지 조선이 속방체제를 준수하지 않는 것을 힐책하는 데 불과한 것이므로 종속관계상 당연히 행해지는 일이니 각

39) 《한국사》 16, 652~653쪽 ; 《알렌의 日記》, 343쪽.

40) 李光麟, 《한국사강좌 근대편》(일조각, 1981), 215쪽.

41) 《李文忠公全集電稿》 권 8, 寄朝鮮袁道(광서 13년 7월 26일)에 보면 "조선파견 사절이 청국공사와 公事를 교섭할 때 반드시 '呈文'(하급관청이 고급관청에게 보내는 글)의 형식을 취하고 내왕에는 '御帖'(붉은색 명함)을 사용하며, 청국공사가 조선공사에게 공문을 보낼 때는 '硃筆'(붉은색으로 쓰는 것)을 사용하여 조회할 것"이란 조건을 지시하고 있다.

42) 《淸光緖朝中日交涉史料》 권 10, (558)收北洋來電, 광서 13년 8월 2일. (561)軍機處寄李鴻章 電信, 광서 13년 8월 7일.
《알렌의 日記》, 132·342~344쪽.

43) 《淸光緖朝中日交涉史料》 권 10, (566)北洋大臣來電, 광서 13년 8월 13일.
《알렌의 日記》, 343쪽.

국은 조금도 간섭하지 말아야 한다는 것이었다. 그 후 조선측에서 공사파견에 앞서 상의하지 않은 것을 사과하고 공사파견을 간청하였으므로 청은 파견을 허락하되 조선의 외국주재공사가 준수해야 할 세 가지 조건[44]을 제시하고 그것의 이행을 강요하였다.

그러나 원세개는 조선주재 영국서리총영사 베버(E. C. Baber)와 독일총영사 잡페(E. Zappe)와 접촉하여 그들로부터 "조선의 공사파견은 청국의 체면을 크게 손상시키는 일이니 금지해야 된다"는 의견을 듣자 위의 세 가지 지시를 무시하고 조선정부에 대해 공사파견을 중지하도록 압력을 가하였다.[45] 그리하여 이미 주외5국공사로 임명된 심상학은 칭병하고 부임을 거부하였으며, 후임으로 임명된 趙臣熙도 부임 도중 홍콩에 체류하였다가 원세개의 압력을 받아 사임하였고, 주미공사 박정양도 회국을 재촉받아 귀국하고 말았다.[46] 그러자 조선정부에서는 다시 朴齊純을 公使로 임명하였으나[47] 청의 방해로 실현되지 못하였다. 더욱이 박정양은 일시 미국에 부임해 있었을 때 청의 지시를 이행하지 않았다[48]는 이유로 귀국한 후에도 원세개는 한정을 핍박하여 그를 엄중 징계하게 하였던 것이다.[49] 이러한 원세개의 좌충우돌의 행동은 조선에게 큰 타격을 안겨 주었으며 조선이 구미각국으로 공사를 파견하는 일은 그가 주차관으로 있는 동안은 끝내 실현을 보지 못

---

44) 《淸案》 1, (660)同上泰西各國駐箚朝鮮公使의 屬邦體裁에 관한 三個條遵守事項提出, 고종 24년 9월 23일. 조선공사가 지켜야 할 세 가지 조건은 另約三端이라하여 다음과 같이 명시하고 있다. ① 韓使는 먼저 주재국의 청공사를 방문하고 그를 대동하여 외무부에 갈 것. ② 공사연회에 韓使는 淸使 뒤에 앉을 것. ③ 중대 교섭사건은 淸使와 미리 상의할 것.

45) 李光麟, 앞의 책, 215~216쪽.

46) 《淸案》 1, (838)駐美使臣朴定陽의 還國日時通報要請, 고종 25년 9월 28일, (838)同上朴定陽 還國日時의 從實回報要求, 고종 25년 10월 7일. 《淸光緖朝中日交涉史料》 권 11, 北洋大臣來電 二, 광서 16년 1월 31일.

47) 《承政院日記》, 고종 27년 1월 12·16·17일.

48) 공사 박정양은 알렌의 단호한 주장에 감복하여 앞서의 세 가지 조건들을 지키지 않고 독립적으로 미국 클리블랜드(G. Cleveland) 대통령에게 국서를 제정하였다(《알렌의 日記》, 345쪽).

49) 《淸案》 1, (898)派美使臣朴定陽의 還國卽時査詢回報要求, 고종 26년 2월 1일, (1018)駐美使臣朴定陽事件에 대한 追窮 및 그 眞相의 回示要請, 고종 26년 8월 11일.

하였다.

다음으로 차관교섭에 대한 청국의 방해에 대해 살펴 보고자 한다.

조선정부에서는 여러 차례 외국으로부터 차관을 도입하려고 하였다. 그 이유는 산업개발, 개화정책 실현에 따른 재정궁핍 등을 타개하기 위한 것이었으며 주로 해관을 담보로 외국에 차관을 교섭하였던 것이다. 해관은 세원일 뿐만 아니라 이권을 매개로 외세와의 결탁을 가장 용이하게 하는 것이었다. 그렇기 때문에 청국측은 매번 조선의 차관교섭을 방해하였다. 청정부는 당시 서구열강의 제국주의적 침탈로 인한 혼란의 와중에서도 출혈차관 제공을 통해 조선의 타국과의 결탁을 끊게 하고 청의 세력을 침투시켜 종속관계를 한층 더 강화하려고 하였다.

조선은 1882년 청으로부터의 50만냥을 차관한 것이 최초였다. 해관세·홍삼세·礦稅 등 두 겹 세 겹의 순차담보를 설정함으로써 청은 다른 어느 나라 보다도 조선에서의 주요 경제이권을 선점할 바탕을 구축하였다.[50] 또한 1885년 6월 의주전선조약 체결시 그 가설경비로 청의 전보국으로부터 10만냥의 차관을 도입하였는데 이는 청 이외의 차관도입을 막고 25년간 조선에서의 전선부설권 및 관리권을 독점하고자 한 데 있었다. 이 차관으로 조선은 전신관계의 이권을 청에게 빼앗기게 되었을 뿐만 아니라 청은 차관액으로 가설된 전선을 이용하여 조선이 제3국과 관계를 맺는 것을 적극적으로 탐지하고 간섭할 수 있었다.[51]

조선의 경제상황은 매우 악화되었으므로 차관도입이 있은 지 불과 수년 후 다시 거액을 차관함으로써 누적된 각종 외채를 상환할 수 있었다.[52] 1889년까지 조선정부의 외채총액은 대략 130만냥으로 추산되고 있다.[53] 고종은 외채상황 독촉과 미상환에 따르는 이권침탈에서 벗어나고 또한 청의 지나친 간섭을 물리치기 위하여 원세개의 첩자가 들끓는 외아문을 제쳐놓고 주로

---

50) 金正起, 〈朝鮮政府의 淸借款導入〉(《한국사론》 3, 1976), 433쪽.
李陽子, 〈淸의 對朝鮮政策과 袁世凱－海關·借款·電線·輪船問題를 中心으로－〉(《東義史學》 제3집, 1987), 123쪽.

51) 李陽子, 위의 글, 124쪽.

52) 《日本外交文書》 22권, 439~440쪽.

53) 金正起, 앞의 글, 453쪽.

외국인 고문들을 통해 차관도입을 추진하였다. 그러나 이러한 차관교섭은 거의 실패로 끝나고 말았는데 이것은 모두 청의 간섭 때문이었다.

1887년 고종은 박정양을 주미전권공사로 임명한 후 주미조선공사관 참찬관이었던 알렌(H. N. Allen)에게 200만불의 미국차관을 주선하게 함으로써 원세개의 극단적인 내정간섭에서 벗어나려고 하였다. 그러나 미국과의 차관교섭은 결국 청의 간섭으로 실패하였으며[54] 이 일은 조청간의 종속관계를 미국조야에 널리 인식시키는 결과가 되었다.

그 후 1889년 5월 조선정부 내에서의 이권회수운동이 열기를 더해 가면서 민영익은 외교고문 데니로 하여금 주한프랑스영사 플랑시(Collin de Plancy)와 비밀히 교섭케 하여 프랑스은행으로부터 해관을 담보로 200만냥을 차관하기로 합의하였다. 특히 데니는 원세개를 앞세운 청국의 대조선간섭정책을 공공연히 비난하고 조선의 자주독립을 지키고자 힘쓴 사람이었다. 원세개는 외아문총리 조병직을 통해 이 사실을 알게 되자 즉각 압력을 가하여 중지시켰다.[55] 이 일이 있은 뒤 이홍장은 청의 총세무사 하트(R. Hart)의 건의로 조선의 차관도입을 봉쇄하는 외교적 조치를 취하였다. 즉 각국에 조회를 보내 앞으로 어느 나라든지 청정부의 인준없이 조선과 계약한 차관은 무효라고 선포하였다. 청과 조선은 종속관계에 있고 조선의 해관업무는 모두 청의 관리하에 있으므로 해관을 담보로 한 차관은 무효라는 것이 그 이유였다.[56] 이와 동시에 원세개는 청정부의 훈령을 받아 청의 공식적인 기본 입장 즉 「국제법상 조선은 중국의 속국이며 청을 제외한 타국으로부터의 차관은 청의 결재를 받아야 한다」는 것을 조선정부에 통고하고, 이홍장에게는 조선에 대한 청의 적극적인 차관제공을 건의하였다.[57]

그러나 이러한 청측의 태도에도 불구하고 조선은 계속 독자적으로 제3국과의 차관교섭을 시도하여 청의 간섭에서 벗어나고자 하였다. 같은 해 6월

54) 金正起, 앞의 글, 455쪽 ; 《알렌의 日記》, 145·155쪽.
55) 《李文忠公全集電稿》 11, 寄譯署, 광서 15년 5월 29일.
《淸光緖朝中日交涉史料》 권 11, 12쪽(641~642件).
《淸季外交史料》 권 81, 96~97쪽.
56) 林明德, 《袁世凱與朝鮮》(中央硏究院近代史硏究所, 臺北, 1970), 208쪽.
57) 《李文忠公全集電稿》 11, 寄朝鮮袁道, 광서 15년 5월 29일.

고종은 韓圭卨을 민영익·데니 등과 비밀리에 상담케 한 후 홍콩에 보내 미국상사 타운선양행(陀雲仙洋行 ; Morse Townsend & Co.) 및 영국상사 이화양행(怡和洋行 ; Jardin Matheson & Co.) 등과 200만냥 차관교섭을 진행토록 지시하였다. 그러나 이 또한 원세개의 재빠른 저지로 성공하지 못하였다.[58] 같은 해 7월 조선의 총세무사직에 있던 메릴조차도 청의 지나친 간섭에 불만을 품고 고종과 데니의 차관교섭에 응하여 프랑스공사와 상의하여 프랑스은행으로부터 차관을 들여오려고 노력하였다. 그러나 이 또한 이홍장과 원세개의 저지로 좌절되고 말았으며[59] 이후 메릴은 원세개의 미움을 사 얼마 지나지 않아 조선해관의 총세무사직에서 파직되었다.[60]

1890년 2월 조선정부는 데니의 후임으로 프랑스계 미국인 르젠드르(C. W. Legendre)를 임명함에 따라 고종의 외채도입책은 새로운 국면을 맞게 되었으며 청국도 아연 긴장하게 되었다. 고종은 그에게 총세무사직을 맡기고 외국차관으로 청의 간섭에서 벗어나 해관을 독자적으로 운영하고자 하였다. 그러나 원세개의 간섭으로 르젠드르는 총세무사직은 차지하지 못하고 내아문협판을 제수받았다.[61] 조선정부는 곧 르젠드르를 일본에 파견하여 일본과 150만원 차관계약을 맺게 하였는데 조건은 해관저당에 원리금 12년 분할상환이었다.[62] 이 일을 안 이홍장과 원세개는 주일공사 黎庶昌을 통해 르젠드르의 차관활동을 저지시켰으며 결국 조·일 쌍방이 제시한 조건불일치도 겹쳐서 이 차관 또한 실패로 돌아갔다.[63]

곧이어 같은 해 3월 청은 조·청 종속관계상의 중요 성명을 발표하여「조선은 빈곤한데 낭비가 심하여 상환하는 것도 어려우니 각국 상사는 조선에 차관을 제공해서는 안된다. 장래 채무를 상환치 못하는 일이 있어도 중국은 보증을 하지 않는다. 만약 각국이 외채 때문에 조선해관을 저당하고자 해도

58) 《朝鮮檔》(臺灣 國立中央硏究院近代史硏究所 所藏), 광서 15년 6월 30일.
59) 林明德, 앞의 책, 210쪽.
60) 金正起, 앞의 글, 462쪽.
61) 《淸光緖朝中日交涉史料》 권 11, 27~28쪽.
《朝鮮檔》 李鴻章致總署函, 광서 16년 2월 22일.
62) 《朝鮮檔》 李鴻章致總署函, 광서 16년 4월 14일.
63) 위의 책, 黎庶昌致總署兩件, 광서 16년 6월 10일·7월 13일.

중국은 역시 절대 윤허하지 않는다」[64]고 하였다. 그리고 이홍장은 원세개에게 명하여 조선은 중국과의 차관에만 합의토록 하게 하였다.[65]

그러나 고종은 여전히 이에 불응하고 르젠드르에게 다시 명하여 미국상사나 미국은행과 차관접촉을 하도록 하였다. 그는 미국은행으로부터 20년간 광산 1개처 채굴권 제공 대가로 100만원을 차관하려 하였는데 광산저당문제가 말썽이 되어 이 또한 성공하지 못하였으며, 독일 世昌洋行(Edward Meyer & Co.)과의 차관도 실패하고 말았다. 그러나 6월에 그는 재차 미국으로부터의 150만원 차관계획을 세웠는데 주미청국공사가 신문을 통해 미국상인과 금융업자들의 대조선투자를 방해하였기 때문에 이 차관 또한 실패하였다.[66] 그 후 조선정부는 르젠드르를 제주어채문제로 일본에 파견하였을 때 다시 일본에서 200만원을 차입하도록 하였지만 성공하지 못하였다. 이 때 이홍장은 주일공사에게 이 차관이 조선에 대한 일본의 정부차관인지 상인차관인지 해관담보인지 아닌지를 파악하도록 훈령하고 해관담보는 절대 저지시키라고 명령하였기 때문이었다.[67]

이와 같이 르젠드르를 통한 조선정부의 수 차에 걸친 차관계획이 연속 실패한 것은 계획자체가 무리한 바도 없진 않았지만 전례없이 강력하고 조직적인 청의 저지정책 때문이었다. 원세개와 청정부는 조선의 재정·경제면의 개선에는 관심이 없고 오직 외국차관만을 저지함으로써 청이 독자적으로 차관을 공여하여 종주권을 강화하고자 하였는데, 실제 이홍장의 대조선차관계획은 청의 재정난으로 지지부진하기 이를 데 없었다. 그럼에도 불구하고 1892년 봄 원세개가 일시 귀국하였을 때 조선정부가 재빨리 일본으로부터 25만원 차관계약을 맺게 되자 귀임 후 그는 이를 하루속히 상환하고 오직 청으로부터만 차관해야 된다고 강력히 요구하였던 것이다.[68]

이후 이홍장은 누차에 걸친 조선의 제3국과의 대규모 차관교섭건에 자극

---

64) 《李文忠公全集電稿》 권 12, 寄駐俄英美日各使, 광서 16년 3월 15일.
李陽子, 앞의 글(《東義 史學》 3집, 1987), 128쪽.

65) 위의 책, 李鴻章致袁世凱電, 18~19쪽.

66) 金正起, 앞의 글, 467쪽.

67) 《李文忠公全集電稿》 권 14, 寄伯行, 광서 18년 1월 29일·2월 3일.

68) 《李文忠公全集電稿》 권 14, 寄譯書, 광서 18년 4월 26일.

되어 종래의 소극적인 태도에서 적극적인 태도를 보였던 바, 원세개에게 조선해관담보를 조건으로 차관을 제공하겠다는 의사를 조선정부에 전달하도록 시달한 것이 그것이다.[69] 고종은 차관에 의한 청의 간섭에서 벗어나고자 여러 번 차관도입을 시도하였던 것이나 모두 실패하였고, 게다가 앞서 기선구입차 독일상사로부터 빌린 금액의 상환독촉이 심하였으므로 하는 수 없이 청의 제공을 받아 들여 청국상사 同順泰로부터 10만냥을 차관하였다(1892. 9).[70] 이 차관계약의 내용은 기존 차관 중 최우선적으로 상환해야 한다는 것과 청이 독점적으로 차관을 제공한다는 것이었다. 이 차관액은 겨우 독일상사의 채무상환액에 불과하였으므로 기타 외채상환과 재정문제가 겹쳐 조선은 일개월여만에 다시 청의 동순태로부터 10만냥을 차관하지 않을 수 없었다.[71] 두 번에 걸친 20만냥의 차관은 빚을 갚기엔 태부족의 액수였지만 조선에 대한 청의 종속관계를 더욱 강화시키는 데 기여하였다. 원세개는 「대여가 많으면 많을수록 청의 권리는 더욱 신장된다」고 하면서[72] 1893년 봄 이홍장에게 조선의 재정상황과 중국의 차관 필요성을 강조하며 조선에 대한 적극적인 차관대여계획을 제출하였다. 이홍장도 이에 찬동하여 各局 및 江海關道 등에 명령을 내려 가능한 한 자금을 조달하여 즉시 원세개의 대규모 차관계획을 밀고 나가게 하였다.[73] 그러나 이 계획은 청국의 경제사정이 어려웠으므로 자금모집이 곤란하였을 뿐만 아니라 머지않아 닥쳐온 청일전쟁으로 실현되지 못하였다.

끝으로 또 다른 청의 내정간섭을 보면, 고종 27년(1890) 봄 조대비가 세상을 떠나자 청은 칙사를 파견하여 문상하겠다고 거론하였다. 그러나 조선은 경비부담[74]의 곤란함을 들어 칙사파견 중지를 요청하였다.[75] 이에 대해 그

69) 《李文忠公全集電稿》 권 12, 寄朝鮮袁道, 광서 16년 3월 15일.
70) 《朝鮮檔》, 광서 18년 9월 5일.
71) 위의 책, 광서 18년 10월 22일. 일본제일은행과 미국상사로부터 차관한 14만냥의 상환독촉이 심하여 조선은 원세개에게 다시 차관을 요청하였던 것이다.
72) 林明德, 앞의 책, 214쪽.
73) 《朝鮮檔》, 광서 19년 3월 2일.
74) 청의 칙사 파견시 우리측 부담 경비는 막대한 것이었다(全海宗, 〈淸代韓中朝貢關係考〉, 《韓中關係史硏究》, 一潮閣, 1981, 77쪽).
75) 《淸案》 1, (1190)趙大妃喪에 詣宮禮物進呈通告, (1191)同上件의 謝絶, 고종 27

요청을 거부하고 칙사의 경비를 청이 자담하더라도 강행하겠다고 하였다. 조선은 이에 맞섰으나 결국 칙사파견은 결정되었으며 칙사영접을 위한 국왕출영이 또한 문제가 되었다. 데니·르젠드르 등은 고종에게 칙사를 영접함에 있어 국왕이 출영하는 허례를 하지 않도록 권하였다. 그러나 원세개는 국왕의 출영이 없으면 입성, 조상할 수 없다고 위협함으로써 부득이 구례에 따라 교외까지 국왕이 나아가 칙사를 영접하였다.[76)]

이와 같이 원세개는 사소한 일에 이르기까지 속방체제에 방해되는 일이면 어떠한 것이든 간에 위협과 힐책으로 조선정부에 군림하여 속칭「袁大人」으로 불리면서「감국대신」「조선의 왕」으로 비유될 만큼 조선의 내정·외교에 적극 간섭하였다.[77)] 물론 그의 배후에는 청의 북양통상대신 이홍장의 지지가 강력하게 밑받침하고 있었기 때문이다. 원래 원세개는 3년 기한으로 부임해 왔으나 이홍장에 의해 세 차례나 연임되었다.

3) 청의 경제이권 확장

19세기 후반 서양열강은 인도·중국 및 동남아 제지역에 많은 관심을 기울이고 있었으나 조선에 적극적으로 진출할 생각은 없었다. 조선의 산업이 영세하고 전근대적이어서 서양열강의 경제적 관심을 유발시킬 수 없었기 때문이었다. 또한 영국은 인도와 중국경영에 전력을 다하고 있었고 프랑스는 인도차이나에 주력하고 있었으며 미국은 자국의 중서부개척에 부심하고 있었기 때문에 조선에 흥미를 가질 겨를이 없었던 것도 사실이었다. 그러나 일본의 조선에 대한 관심은 서양열강보다 직접적이고 강력했다. 그것은 명치유신 단행 후 뒤따른 제반 개혁에 막대한 재정지출을 필요로 하였기 때문이다. 이러한 재정지출은 자국내의 고액지세 징수, 불환지폐 발행, 對美생사수출에

년 4월 22일. (1246)趙大妃喪에 關한 件, 고종 27년 8월 21·27일.

76) 《李文忠公全集電稿》 권 12, 袁道來電, 광서 16년 5월 13일 ; 寄朝鮮袁道, 9월 13일.

77) 알렌은 袁을 조선의 사실상의 지배자(the real ruler)라 하고 마치 식민지에 군림하는 총독행세를 하는, 무례를 자행하는 오만불손한 모습을 그의 일기에 쓰고 있다(《알렌의 日記》, 347쪽).

의해 충당하는 한편 조선 및 대만침략에 의한 약탈무역에 의존할 수 밖에 없었다. 그러므로 일본은 조선침략의 제일보로서 운양호사건을 일으켜 병자수호조약을 체결하고 이어 부속장정의 체결로 부산(1876)·원산(1880)·인천(1883)을 개항시켰던 것이다. 아울러 관세권의 부인, 일본화폐의 유통 및 치외법권의 특권을 얻어 정치적·경제적으로 조선진출의 교두보를 마련함으로써 1884년까지 일본은 조선과의 무역을 완전 독점하였다.[78)]

한편 청은 서양열강의 침략과 국내 민중봉기에 대비키 위한 양무운동의 전개로 동고의 여유가 없었으나 일본의 유구병탐과 조선진출의 적극적인 침략성에 놀라 대조선경제정책에 변화를 시도하였다. 먼저 청은 일본의 경제적 우선권을 제어하고 종속관계를 한층 강화할 목적에서 1882년 조선과「朝淸商民水陸貿易章程」을 체결하고, 1883년에는「中江·會寧通商章程」,[79)] 1884년에는「吉林朝鮮商民隨時貿易章程」[80)]을 연이어 체결하여 전통적인 互市제도를 폐지하고 수시로 왕래·교역하는 것을 명문화하였다. 특히「조청수륙무역장정」은 청의 실질적인 조선지배 책동을 여실히 들어낸 것으로 조선이 청의 속방임을 명문화하여「청이 속방을 우대하는 뜻에서 맺은 것으로 각국과 더불어 일체 균점하는 예를 갖지 못한다」고 못박음으로써 종속관계를 기초로 한 독점적 특권을 규정하였다. 즉 영사재판권, 한성개잔, 내지채판권, 저관세율, 조선연해어채권 및 연해운항순시권, 의주·회령육로통상권 등 외교적 경제적 특권을 강제로 인정시킨 것이 그것이다. 이 통상장정은 종래의 종속관계원칙을 기본내용으로 하고 거기에 서양식 조문을 나열한 것에 불과하여 종속관계의 文證이 되었음과 아울러 청이 조선경제문제에 적극적으로 간섭하는 계기를 마련한 셈이었다.[81)]

조·청간에 무역장정이 체결된 후 청국상인의 활동이 활발해지면서 이들의 상권을 보호·관리하기 위하여 이홍장은 陳樹棠을 조선총판상무로 임명·파견하였다.[82)] 진수당은 부임 후 조선의 3항구에 영사업무를 개설하고, 청

78) 李光麟, 앞의 책, 254쪽.
79) 金鍾圓, 앞의 글(《한국사》 16), 168쪽.
80) 《高宗實錄》 권 21, 갑신 5월 26일.
81) 金鍾圓, 앞의 글 참조.
82) 《李文忠公全集奏稿》 권 46, 陳樹棠總辦朝鮮常務片, 광서 9년 6월 21일.

상 지원을 위해 윤선왕래장정을 체결하였으며 또한 일본의 전례에 따라 조선과 地界章程을 체결하여 조계지를 설정하였다.[83]

그런데 1883년 조선이 조·일통상장정, 조·영, 조·독통상장정을 체결함으로써 최혜국조관을 설정하게 되자 한성개잔·내지통상·토지소유 등 청의 독점적 특수 권익이 균점되기에 이르렀다. 청은 결과적으로 다만 영사재판권에 있어서만 종주국의 체통을 유지하게 되었다. 이에 갑신정변 이후 청은 조선의 외교감시와 더불어 적극적인 대조선경제진출을 기도하여 진수당을 소환하고 원세개를 주차관으로 임명하였던 것이다. 이후부터 청은 조선에서 실리적인 상권확장정책에 나서서 청상의 조선진출은 급격히 증가하였고, 청의 대조선무역은 급진적으로 발전하여 일본의 독점적 진출은 크게 견제당하게 됨과 동시에 이후부터 청일전쟁 발발시까지 청·일의 무역경쟁은 치열하게 되었다.

먼저 청상보호 및 통상교역의 진흥을 위한 청의 노력을 살펴 보고자 한다. 원세개는 부임 이래 상인들을 모아 상권개척을 의논하고 회관을 건립하고 조계를 확충하여 청상의 招來에 힘쓰는[84] 한편 상선을 운항케 함으로써 청상을 지원하였다.[85] 그리고 용산·인천·부산·원산에 分辦商務위원을 배치하여 상무를 관할케 하여 관세수입 감독 및 상업진흥에 힘을 기울이고 경찰을 설치하여 사건을 처리하게 함으로써 청상보호에 나섰다.[86] 청상들은 원세개의 정치적 보호와 상권확장정책에 힘입어 인천항을 기지로 하고 한성을 목표로 삼아 경인일대에 그 세력을 크게 확장시켜 나갔다. 이에 청상의 조선해관습격사건과 해관원 구타 및 해관원의 업무조사 방해 등의 일들이 빈번히 일어났다. 1886년 청상의 인천해관 습격사건은 그 전형적인 예라 하겠다.[87]

조선에서의 청의 상무진흥은 인천·원산·용산 특히 한성에서 날로 번창

---

83) 李陽子, 〈淸의 對朝鮮經濟政策과 袁世凱〉(《釜山史學》 제8집, 1984), 207~208쪽.
84) 《朝鮮檔》, 李鴻章致總署函兩件, 광서 12년 5월 25일.
85) 王信忠, 《中日甲午戰爭之外交背景》, 116쪽.
86) 《統署日記》(이후 《統記》로 略함) 7책, 고종 22년 10월 21일 ; 10책, 고종 23년 4월 3일.
87) 李陽子, 앞의 글(《釜山史學》 8집, 1984), 213~214쪽.

하고 있었다. 원세개는 노골적으로 조선정부에 압력을 가하였으며 청의 하사관을 서울에 투입하여 청의 이사부 순사청 순사로 위장시켜 청국상인의 상점에서 교대로 근무케 할 정도였다.[88] 조선은 당시 외국인의 내지 왕래를 위하여 통리아문에서 護照(여권)를 발급하였는데 원세개는 이 호조의 수시 발급이 불편하다 하여 통리아문에 空名護照(상인명·주소·상품명을 기록하지 않은 호조)를 수십 장씩 교부해 줄 것을 요구하여 이를 발급 받았다. 1891년 이후 공명호조는 월등하게 더 많이 교부되었는데[89] 이는 원세개가 청상을 비호한 대표적인 수법이었으며, 이 호조를 소지한 청국상인들은 마음대로 상품 수량·종류·장소를 결정할 수 있는 특혜를 얻을 수 있었다.

이와 같이 청상들의 세력은 확대되고 그 거류민 숫자도 늘어나 당시 도성 안에는 조선무역계를 주름잡다시피 한 巨商 同順泰·廣大號·錦成東 등 20~80家에 달하는 대상인들이 있었으며 그 상업세력은 크게 번창하였다. 그러나 상권을 확대시켜 가는 청상의 횡포에 대해 조선인의 반발도 적지 않았다. 청상 내지 청국인에 대한 조선인의 반발은 대체로 구타·살상·절도·방화 등의 방법으로 나타났는데 1887~1889년 사이에는 유난히 빈번하였다.[90] 이에 대해 원세개는 자위책을 수립하는 한편 조선정부에 협조를 요청하였다.[91] 그리고 시내 각처에 분산되어 있는 청상을 남문안 경운궁(덕수궁)과 동문 안의 창덕궁 두 궁궐 일대에 집거하도록 시달하였다. 아울러 이 일대 가옥·대지 매입시 價格平允에 협조하도록 한성부에 요청하기도 하였다. 이후 즉시 성내에 산재한 청상을 두 궁궐 일대로 옮겨 살게 하니 한성내 두 곳에 중국인 거리가 생겨나게 되었고 점차 번화가인 남대문·종로쪽으로 세력이 번져갔다.[92] 지나친 청상의 한성개잔은 청상을 용산으로 이주케 하자는 문제로 대두되었다. 조청무역장정에서 인정된 한성개잔권에 대해 조선측은 처음

88) 韓沽劤, 《韓國開港期의 商業硏究》(一潮閣, 1976), 85~86쪽.
金正起, 〈兵船章程의 强行(1888. 2)에 대하여〉(《한국사연구》 24, 1979), 241쪽.
89) 《統記》 28책, 고종 28년 4월 27일 ; 29책, 고종 28년 8월 10일 ; 38책, 고종 30년 10월 25일.
90) 韓沽劤, 앞의 책, 112~114쪽.
91) 《統記》 16책, 고종 25년 5월 7·13일.
92) 韓沽劤, 앞의 책, 53~54쪽.

부터 반대입장이었는데, 그것은 조선상인들이 청상과의 경쟁에 불리하게 되고 낙후하게 될 것을 염려한 때문이었다. 청측의 일방적인 강요로 승인된 한성개잔은 최혜국약관으로 인해 각국 상인에게도 허용되게 되니 조선상인의 생존권은 외국상인들에 의해 위협받게 되었던 것이다.

1885년 말부터 한성 내에서의 외국인 거주·통상권을 금지시키려는 노력이 시작되었다.[93] 한성개잔철폐를 주도한 김윤식은 개잔의 폐단과 撤棧의 시급함을 설명하였고[94] 조선정부는 청·일을 위시한 외국상인들을 도성에서 퇴거시키고자 하여 새로운 집단거류지로 용산을 선정하였다. 김윤식은 곧 원세개에게 한성철잔에 대한 공문을 발송하였다.[95] 이에 대해 이홍장의 긍정적인 회답이 원세개를 거쳐 외아문에 도착한 것은 이듬해 2월이었으며 그 후속조치로 용산이전작업을 담당할 청국 상무영사가 임명되어 온 것은 6월이었다.[96] 이같이 청측의 초기 호의적인 반응에도 불구하고 그것은 영원히 실행에 옮겨지지 않았다. 그것은 그후 청측의 묵살 때문인데 조선측의 누차에 걸친 이전호소를[97] 원세개는 완전히 무시하였다.

1889년에 이르면 청은 오히려 청상보호를 이유로 남문안 덕수궁근처에 청국인거류지역을 하나 더 지정하게 하고 그 곳에 있던 조선인 가옥을 헐값으로 구입할 수 있도록 조치를 취하게 했을 뿐 아니라 도성 내에 청국경찰서를 설치하는 등의 횡포를 부렸다.[98] 게다가 청상은 용산에도 활발히 왕래하였으므로 청은 용산에 이사관까지 파견하여 자국상인을 지원하였기 때문에 조선상인은 이중의 피해를 입게 되었다.[99] 종로시전을 비롯한 한성의 모든 조선상가는

---

93) 孫禎睦, 《韓國開港期 都市變化過程硏究》(一志社, 1982), 182쪽.

94) 金允植, 《雲養集》 권 7, 漢城開棧私議.

95) 《淸案》 10책, (462)淸商의 漢城開棧撤鋪와 龍山·楊花津等地 開棧要請, 고종 22년 12월 14일.

96) 《淸案》 10책, (465)淸商의 漢城開棧撤鋪에 대한 回答, 고종 22년 2월 19일 ; 11책, (494)漢城華商 行棧의 龍山移設에 대한 同意, 고종 23년 2월 26일, (507)辦理龍山商務關防使用에 관한 通告, 고종 23년 6월 2일, (554)龍山商務委員 陳同書任命通告, 고종 23년 10월 28일.

97) 《淸案》 13책, (661)淸商行棧의 龍山遷移再要請, 고종 24년 9월 4일.

98) 《淸案》 16책, (959)南門內等處의 民屋을 淸商이 求買할 경우의 價格平允에 관한 照催, 고종 26년 5월 23일.
《京城府史》 2권, 618쪽.

몰락의 위기에 처하게 되자 1890년 재차 파업시위를 하게 되고 이에 조선정부는 외아문 주사 邊錫運을 문의관으로 임명하여 국왕친서를 휴대시켜 청국에 파견하였다. 그러나 이홍장의 냉담한 태도로 말미암아 성과없이 귀국하고 말았다. 오히려 이홍장은 「조선정부가 청상의 점포이전료를 급히 조달하는 것이 더 급선무다」라고 하여 이전료 조달을 먼저 독촉하는 형편이었다. 종국에는 이전료 조달 불가능으로 외국상인의 한성철잔은 실시되지 못하였으며 1893년 이후는 용산·마포까지 상권경쟁이 치열하게 전개되었다.[100]

다음으로 평양을 통한 청상의 밀무역활동을 살펴 봄으로써 청의 경제이권 확장의 실상을 고구하려고 한다. 초기 일본상인보다 한 발 뒤늦게 조선에 들어온 청국상인은 부득이 미개항구 평양을 근거로 밀무역을 자행하며 일상과 경쟁을 벌였다. 통상장정 체결 이후 왕래는 더욱 활발해졌고 원세개의 상권 확장정책에 힘입어 청상은 적극적으로 밀무역을 행하게 되었다. 潛商행위는 조약상의 개항구를 통하지 않고 미개항구를 거쳐 들어와 각 지방관에게 내지세·관세·浦稅를 납부하고 마음대로 물품을 교역하는 것으로, 조선연안에서의 외국상인 밀무역은 그 규모가 세 개항장에서의 무역액과 거의 동일할 정도였다.[101] 청의 잠상들은 공공연히 조선연안 일대를 드나들며 밀수품을 점검하는 조선세관원을 구타하거나 민간인에게 행패를 부리기도 하였다. 이러한 일은 물산이 풍부한 평양지역이 심하였는데 대국인을 자처하는 청상은 주단·잡화·은괴 등 밀수입품으로 조선의 곡물과 교환하였으며 세금을 물지 않는 경우도 있었다.[102] 청국 잠상의 발호가 갈수록 심하여짐에 따라 조선정부는 원세개에게 밀무역 근절을 요청하는 한편 정부로서도 밀무역방지 조치를 취하고 이 조치를 위반한 지방관을 파면하기도 하였다.[103] 원세개는 표면상으로 동조하는 척 할 뿐 사실은 밀무역을 묵인하면서 단속에 전혀 적극성을 보이지 않았으며 오히려 잠상발호의 책임을 조선 지방관에게 전가하였다.[104]

---

99) 《雲養集》 권 7, 漢城開棧私議.
100) 李陽子, 앞의 글(《釜山史學》 8집, 1984), 225~228쪽.
101) 《李文忠公全集》 譯書函稿 권 19(附件, 赫總稅務司面遞節略), 광서 15년 7월 22일.
102) 李陽子, 앞의 글, 230~231쪽.
103) 《統記》 21책, 고종 26년 7월 18·20·21·22·24·29일, 동년 8월 4·8·16일.

이와 같이 청의 잠상이 성행하자 인천항무역이 떨치지 못하게 되고 따라서 일본상인의 타격이 컸다. 이에 일본대리공사는 조선정부에 항의하여 청국과의 이익균점을 요구하고,[105] 평안도연안에 개항장을 설치할 것을 요청하였다.[106] 그러나 원세개는 이에 강경한 태도로 맞섰으므로 조선정부는 일본에 대해 평양개항을 거절할 수 밖에 없었다.[107] 이와 같은 원세개의 모든 행위를 가장 잘 설명해주는 대표적인 사례는 兵船章程의 강행이었다.

이미 조청무역장정 7조 병선조항에서 청은 초상국 윤선정기항로 개척과 함께 청 병선(군함)의 조선연해 및 항구의 자유왕래권, 조선 海防의 청국담당, 청병선 관리관의 인천파견 등의 중요 내용을 포함시키고 있어서 일본에 뒤진 조선에서의 경제침탈을 만회하고자 하는 청의 기본정책을 숙지한 바 있다.[108] 그런데 원세개는 부임 후 곧 무역장정내의 군사조항을 더 보충하기 위해 병선장정 6조항을[109] 독자적으로 조선에 강요하였던 것이다. 이 병선장정의 내용을 풀어서 설명해 보면, 병선의 왕래 및 청 해병의 하선과 승선시 조선해관의 간섭을 받지 않는다는 것, 원세개의 총리관청 산하 각 개항장 근무 문무관료에 대한 공명호조 발급에 따른 밀무역 방조, 그리고 군함에 근무하는 최하층 계층인 水夫와 이사청의 말단직원 급사에 대해서도 해관의 검사·심문을 받지 않는다는 것, 청조계 내에서의 완벽한 치외법권의 시행 등이다. 이는 결국 무역장정 7조에 누락된 〈兵船不遵守海關章程〉의 내용을 보강함으로써 청의 군인·관료·상인 등의 병선에 의한 밀수행위를 합법화하고자 하는 것이었으며 이러한 조약내용은 열강에게 적용되지 않는, 중국에게만 독자적으로 부여되는 특혜였다.

이 병선장정은 원세개의 강요로 1886년 2월 김윤식과 원세개간에 체결된 후 조러밀약설의 회오리 속에 보류된 채 있다가 1888년 1월부터 시행되었다. 그것도 원세개의 강압적이고 일방적인 실시 통고에 의한 것이었다.[110] 이 결

104) 위의 책, 권 21, 고종 26년 7월 29일.
105) 위의 책, 권 20, 고종 26년 5월 25·26·27일.
106) 위의 책, 권 22, 고종 26년 9월 21일.
107) 李陽子, 앞의 글(《釜山史學》 8집, 1984), 233~234쪽.
108) 金正起, 〈兵船章程의 强行(1888. 2)에 대하여〉(《한국사연구》 24, 1979), 221쪽.
109) 金正起, 위의 글, 232쪽.

과 청병선에 의한 조선간섭, 그리고 청병선을 통한 무관세무역의 부활로 청병선의 밀수가 합법화되었으며 청병선에 의한 청상선보호 및 청어선의 보호가 보장됨으로써 청의 조선에 대한 경제적 약탈은 극대화되었다. 청의 이러한 商兵정책 확대는 결국 일본과의 경쟁적 경제침탈에서 일본을 앞지르는 기본적 원인이 되었다.

당시 중국이 경험해 왔던 서구자본주의 침략방식과 원세개의 터무니없는 억지가 비합리적으로 결합된 이 병선장정의 강행은 1885년부터 1894년까지 원세개가 자행한 대조선정책의 기본골격의 일면을 보여 주는 것이며, 당시 조선을 「원세개의 조정」이라 일컬을 정도로 청의 세력을 절대적으로 확대시킨 원세개의 기본자세를 조명해 주는 하나의 표준적 사례라 할 것이다.[111] 데니의 말대로 원세개는 그 자신이 바로 밀수업자(潛商人 : Smuggler)이었으며 외교의 무법자(Diplomatic Outlaw)였다.[112]

다음은 輪船 운항문제를 둘러싼 청의 경제이권 확장에 대해 살펴 보겠다. 임오군란 이후 청상의 조선진출이 늘어나자 청은 해운업에도 손을 뻗치게 되어 진수당은 조선정부와 이미 초상국윤선왕래장정을[113] 체결한 바 있었다. 그러나 이보다 먼저 조선에 진출한 일본은 조선근해에서의 해운업을 독점하는 형세였고, 독일상사의 기선도 남서부 조선근해의 곡물수송을 일부 맡고 있는 형편이었다.[114]

원세개가 주차관으로 부임한 후 일상·독상을 억제하고 청상을 보호함과 동시에 통상·교역을 진흥시키기 위한 수단으로 청의 초상국 윤선을 조선연해에 운항시키고자 하였다. 이는 종주국의 체면을 유지하는 데도 필수적이라 보았으므로 곧 이홍장에게 건의하여 대책을 강구하였다. 그 결과 중국해관과 초상국, 그리고 청상사 동순태·쌍성태 등이 협력하여 기선 廣濟輪을 건조·

110) 金正起, 위의 글, 228쪽 ; 《淸韓論》, 49~50쪽.
111) 金正起, 위의 글, 220쪽.
112) 《淸韓論》, 54쪽.
113) 李光麟, 앞의 책, 164쪽. 이 조약으로 배는 上海·煙臺·나가사끼까지 운항하였는데, 운항적자가 생기면 조선이 인천해관수입으로 손해배상한다는 조항을 삽입하여 청의 경제이권을 강제하였다. 그러나 이 항로는 타산이 맞지 않아 수개월 후 폐지되었다.
114) 李陽子, 앞의 글(《東義史學》 3집, 1987), 146쪽.

운항케 되었다. 이 배는 20일에 한 번 상해·인천간을 왕래하며 청상의 운수업무상의 편의를 도모하였다. 그러나 초상국의 경영 부실로 이 항로는 결항이 잦았으므로 청상의 불평이 컸고, 따라서 일본윤선을 이용하는 자가 생겼다. 원세개는 이미 일본 배를 타지 않는다는 서약을 청상들에게 시킨 바 있었으므로 더욱 강경하게 서약엄수를 요청하니 일본은 국제항해권에 위반된다고 서약해제를 수차 요청하였으나 잘 처리되지 못하였다. 1890년 이후 일본은 서울·인천간 운송권을 거의 독점하다시피 하고 있었으므로 원세개는 이 항로도 청이 차지하여야만 청상의 통상·교역이 증진된다고 생각하여 청상사를 구슬려 소윤선 구입을 위한 자금 조달에 나섰다. 때마침 조선은 차관상환문제로 어려움을 겪고 있었으므로 청에 10만냥 차관을 요청하였다. 원세개는 이홍장과 의논하여 10만냥 차관을 허락함과 동시에 이 기회에 윤선운항권을 실현시키고자 하여, 청상사 동순태로 하여금 10만냥을 빌려주게 하고 50톤급 소윤선 두 척을 건조하여 경인간에 왕래케 하였다. 이때 이 두 척의 배는 명목상으로는 조선접운국 소속으로 하고 실제로는 동순태가 관리하게 하였다. 이 항로 또한 수지타산이 맞지 않았으므로 운영난에 봉착하였지만 보조를 하면서까지 강행해 나갔다. 이처럼 여러 어려움 속에서도 청이 조선근해의 각종 항로유지에 노력한 것은 경제적 이권에 앞선 강한 정치적 의도로서 번속국에 대한 종주국의 체통 유지가 그 목적이기도 하였다.[115)]

다음으로 조선해관에 대한 청의 간섭을 살펴보고자 한다.

조선해관은 창설 당초부터 다분히 타율성을 지니고 있었다. 청의 북양대신 이홍장의 주선으로 독일인 묄렌도르프를 고빙하여 1883년 조선해관을 개설하고 인천·부산·원산에 각기 해관을 설치하였다. 처음 설립된 조선해관은 여러 면에서 중국의 해관을 본받았다. 총세무사가 서양인이었고 각 항의 세무사 및 직원들도 모두 서양인으로 충당되었던 점이 그것이다.[116)] 묄렌도르프에 이어서 임용된 사람은 청의 총세무사인 하트가 인선한 미국인 메릴이었다. 묄렌도르프와 메릴은 둘 다 중국이 추천하였으나 그 신분과 권한은 현저히 달랐다. 전자는 조선정부의 고빙을 받아 취임하여 조선에 대한 각종 개

115) 李陽子, 위의 글, 147~151쪽.

116) 李光麟, 앞의 책, 227~228쪽.

혁 의견을 개진할 수 있는 직책이었으나(외아문 협판, 해관의 총세무사, 전환국 총재 등을 겸임) 후자는 중국 총세무사의 지휘하에 파견되었고 그 신분은 여전히 중국의 해관원이었으며 그 직책은 조선총세무사직 외에 다른 일은 맡을 수 없었다. 게다가 조선해관을 중국해관에 예속시키는 임무를 띠고 부임하게 되었던 것이다. 메릴은 취임 이후 착실히 중국해관의 훈령에 따라 행동하였는데 조선해관의 인사조치는 중국총세무사 하트의 지령에 의한 것이며 아울러 주차관 원세개의 양해를 얻어 진행되었다. 그러므로 조선해관의 인사권은 완전히 중국 수중에 있었고, 조선해관에 고용된 서양인의 기본봉급도 조선측의 반대에도 불구하고 청국해관측이 지급하였으므로 사실상 조선해관은 청국해관의 부속기구로 변한 모습이었다.[117] 조선총세무사는 중국해관에 반드시 수입·수출품의 목록, 징수된 세금 및 각 해관의 경비지출에 대해 상세한 정황을 보고해야 했다. 이런 과정에서 조선해관은 하트의 견제를 받았고 한편으로 원세개의 제재를 받았는데 이 두 사람의 목표는 청의 종주권을 공고히 하는 데 있어서 일치하였다. 특히 하트는 청국해관과 조선해관을 완전 병합하여 자신이 조선해관의 총세무사직도 겸하려는 야심을 갖고 있어서, 1886년 상해해관 造冊處에 명하여 조선해관의 분기별 보고서를 청국해관의 〈貿易總冊〉에 부록으로 합간하게 하였다. 그리고 메릴에게 조선의 〈貿易情形〉의 조책을 중국해관에 의뢰토록 지시하였다. 이같은 조선해관보고서의 청국 것과의 합간은 청의 조선에 대한 종주권을 대외적으로 홍보하는데 큰 도움을 주었던 것이다.[118]

그런데 한 가지 재미있는 것은 중국해관에 조선해관을 예속시키는 임무를 띠고 부임한 메릴이 열강의 각축장이던 조선에 대한 동정심의 발로로 청의 독단적인 종주권 강요에 어느 정도 독자적인 행동을 취했다는 점이다. 1887년 주미공사 파견시 조선측을 두둔하였으며, 창궐하는 밀수를 막고 관세징수에 따른 세수증가를 위해 밀수취체 및 평양개시를 원세개에게 청하였으며 1889년에는 고종의 청을 받아 프랑스은행으로부터 관세담보의 차관을 기도

117) 高柄翊, 〈朝鮮海關과 淸國海關과의 관계의 변동〉(《東亞交涉史의 硏究》, 서울대출판부, 1970), 479~482쪽.

118) 高柄翊, 위의 책, 486쪽.

했던 것이 그것이다. 결국 한결같이 원세개의 방해로 실패하였고 종국에는 원세개와의 불화로 면직당하였던 것은[119] 앞서 본 바와 같다. 메릴의 퇴직후 원세개의 지지로 쉐니케(J. F. Schaenicke)가 총세무사서리로 3년간 재임하였는데 그 또한 조선의 자주독립운동을 동정하여 원세개의 질책을 받기도 했다.[120] 그 후 하트의 제안으로 청측은 인천세무사 모르간(F. A. Morgan)을 쉐니케에 이어 서리로 취임시키려 하였으나 조선측은 이에 동의하지 않았으며, 1893년 브라운(S. M. Brown)이 임명되면서 겨우 합의를 보았다. 이같이 조선은 해관자주권회수를 위해 수차 논쟁을 벌이고 청의 인사권장악에 저항하여 청의 간섭에서 벗어나려는 움직임을 보였으나 청일전쟁이 일어날 때까지는 가능하지 않았다.[121]

마지막으로 전선·통신분야에 대한 청의 간섭과 이권확장 노력을 살펴보겠다. 일찍이 조선의 電信사업에 관심을 가진 나라는 일본으로서 병자수호조약 체결 이후 곧 부산에 우편국을 개설하였다. 이후 1884년에는 부산·나가사끼간 해저전선을 부설하고 일본전신국을 부산에 개국하였다. 이것은 우리 나라에 설치된 최초의 전신시설이었으며 정치적 목적에서 만들었던 것이다.[122]

이처럼 일본이 진출하자 청은 조선의 정치·외교·군사·경제적인 면에서의 직접지배를 위하여 무엇보다 전신시설이 급선무라는 것을 뒤늦게 알게 되었다. 그리하여 청은 조선에 전선을 가설하고 이를 자국의 전신시설에 연결시킬 계획을 수립하였다. 여순→봉황성→한성에 이르는 육로전선 가설계획이 나오자[123] 이홍장 또한 이에 찬동하고 적극적으로 방법 강구에 나섰다. 일본의 조선전신권익의 침탈을 방지하고 중국의 조선에 대한 통제를 더욱 강화하기 위하여 드디어 조·청간에 1885년 전선조약을 처음으로 체결하니 바로 의주전선조약이었다. 이 조약에서 주목할 것은 중국전신국이 10만냥을 조선에 차관을 제공하여 육로전선을 가설하고, 가설 후 25년간 조선

119) 高柄翊, 위의 책, 491쪽.
120) 林明德, 앞의 책, 183쪽.
121) 李陽子, 앞의 글(《東義史學》 3집, 1987), 120~121쪽.
122) 《韓國電氣通信 100年史》(체신부, 1985), 77쪽.
123) 《朝鮮檔》 吳大澂奏摺, 광서 11년 정월 3일.

은 타국에게 다른 어떤 수륙로전선의 가설도 허락해서는 안되며 또한 전신관계 일체의 일은 모두 중국이 대신 관리하며, 이후 조선정부 당국이 전선의 확충·증설을 할 경우라도 중국전신국의 승인을 반드시 받아야 한다는 내용이다.[124]

이후 곧 가설된 것이 한성-인천간 전신선으로 국내에 가설된 최초의 전선이며 한성전보총국 개국과 동시에 개통되었다. 연이어 한성-의주간 천여리에 걸친 가설공사가 완공됨으로써(1885. 10) 중국은 물론 세계 각국과의 통신이 개통되었다. 이 京仁·京義간 전선을 西路電線이라 불렀으며, 물론 청의 차관자금과 기술로 이루어졌고 운영도 중국전신국[華電局]이 맡았다.[125] 이 전선이 가설되자 일본은 앞서 체결한 해저전선조약을 침해한다는 이유로 조선정부에 항의함과 동시에 한성·부산간 전선가설을 요청하였다. 이에 조선정부는 1885년 11월 일본과 해저전선조약 속약을 체결하고[126] 청국측에 가설을 대행시킨다는 조약을 원세개가 체결하였다.[127] 이 전선은 南路電線이라 하였는데 청이 가설권을 장악하였지만 수차 청측의 공사가 지연됨에 따라 일본의 독촉도 심하고 또한 조선이 독자적으로 가설하고자 하여 새로이 조선전보총국을 창설하고(1887. 3) 직접 가설에 나섰다. 물론 청국과는 다시 조선이 自設해도 좋다는 윤허의 조약을 체결하고[128] 난 뒤였다. 이와 같이 하여 우여곡절 끝에 남로전선은 1888년 6월에야 개통되었다. 이 전선은 서로전선과는 달리 조선정부가 가설·운영한 만큼 독자적인 전신규정과 최초의 전보장정이 제정되어 한글로 된 전신부호도 제정하여 사용하였음은 특기할 만한 일이었다.

그런데 전신사업 경쟁은 청·일간의 대조선정책 과제 중 큰 것이었는데

---

124) 《韓國電氣通信 100年史》, 78~79쪽 ; 《高宗實錄》 권 22, 을유 6월 6일.

125) 위의 책(체신부, 1985), 81~83쪽.

126) 위의 책, 97쪽 ; 《日本外交文書》 18권, 168~173쪽(機密 第177號, 184號).

127) 《韓國電氣通信 100年史》, 97~98쪽. 청은 남로전선 代設을 「의주전선조약」에 의해 당연한 권리로 인식하고 「中國代辦朝鮮陸路電線續款合同」이란 제목으로 조약을 맺었다.

128) 위의 책, 101~102쪽. 7條로 체결된 조약 명칭은 「中國允讓朝鮮自設釜山至漢城陸路電線議定合同」이다.

남로전선 개통 후 서로전선이 큰 타격을 받아 전혀 경비수지도 맞추지 못한 채 적자가 누적되었다.[129] 그러자 원세개는 매년 5천냥씩 조선정부가 보조금을 지급케 함으로써 억지 유지는 하였으나 조선정부도 전선회수 목적에서 재정곤란을 이유로 보조금 지급을 중지하였다. 아울러 의주선 회수를 원세개에게 요구하였던 것이다. 그러나 원세개는 조약위반이라고 반박·배척하였으며 이홍장도 이 전선은 군사기밀상 견지하여야 한다고 고집하였다.[130]

조선은 원세개의 간섭을 못마땅하게 여겨 중국에 대항하기 위하여 독자적으로 元山線을 가설하고자 하였다. 이 계획은 외교고문 데니가 발안한 것인데, 한성에서 원산을 경유하여 함경도에 이르는 이른바 북로전선을 설치하고 이를 블라디보스톡의 러시아전선에 연결시키려는 것이었다. 이에 대해 일본정부도 러시아의 조종을 두려워하여 반대하였고, 청측은 의주전선조약규정을 들어 강한 압력을 가하였으므로 가설계획은 실패로 끝났다. 이는 조선측의 서로전선 소멸의도를 청이 간취하였기 때문이었다.[131]

비록 이 계획은 무산되었으나 조선정부의 의욕은 사그라지지 않았고 준비도 갖추고 있었던 만큼, 단번에 두만강변까지 진출하여 러시아전선과 연결시키기는 어려우므로 우선 함흥까지의 개설을 시도하였다. 1890년 봄 조선정부는 화전국에 우선 한성에서 춘천 경유 원산에 이르는 천여 리의 전선착공을 양해해 달라는 공문을 보냈다. 의주전선조약 내용 중, 25년간 조선내의 모든 전신확충에 대해 화전국의 승인을 받아야 한다는 조문이 있기 때문이었다. 청측은 여러 이유를 들어 완강히 반대하였다. 청측의 반대에도 불구하고 조선정부는 전선가설을 강력히 추진하였다. 그러나 결국 청측의 반대를 고려하지 않을 수 없었으므로 점차 공사가 지연되었으며 1891년에는 「원산전선조약」을 청측과 체결함으로써 일을 마무리지을 수 있었다. 이 조약의 내용은 조선정부가 모든 의주전선조약의 규정과 화전국이 가지는 권리를 지켜 주며 동시

129) 《淸季外交史料》 권 76, 4~6쪽. 적자이유는 중국관보는 무료였으며 각 분국의 지출이 과다하였고 일본이 전적으로 남로전선을 활용하였기 때문이다.

130) 《李文忠公全集電稿》 권 10, 43쪽, 袁道來電, 광서 14년 12월 27일 ; 권 11, 14쪽, 寄朝鮮袁道, 광서 15년 3월 24일.

131) 《韓國電氣通信 100年史》, 105~106쪽.

에 서울·인천·평양·의주의 4분국에 대해 비용을 매년 5천냥씩 지불함을 약속한다는 것이었다.[132] 이에 이르러 조선의 전선은 한성－인천, 한성－의주, 한성－부산, 한성－원산간 등 모두 4선이 가설되어 있었는데 명의상은 조선에 속한 것이었지만 사실상 청의 이권확장과 종주권 강화를 위한 일환으로 청국에 의해 조종·관리·감시·간섭을 받았던 것이다.[133]

4) 경제적 영향

1876년 강화도조약 체결 이전의 대외무역관계는 전통적인 사대교린정책에 따라 행해진 전통적인 관무역과 이에 따른 사무역이 있었으며 이것 외에도 19세기 이후 밀무역도 행해지고 있었다. 즉 청에 대한 이른바 조공무역과 이에 따른 국경에서의 책문개시·회령·경원개시를 통해서, 그리고 倭使의 내왕에 따르는 동래에서의 왜관무역이 그것이다.

그러나 강화도조약 체결 이후 조선이 문호를 개방하게 되면서 일본은 조선연안의 해안측량, 해도작성 및 군함·선박항행의 자유를 차지하고 조선 내에서의 조계설정과 무관세특권 및 일본화폐의 유통권을 획득하게 되어 장차 정치적, 경제적 세력침투의 거점을 마련하게 되었다. 이와 같은 일본측의 일방적인 특권이 규정된 불평등조약에 의해 조선은 부산항(1876)과 원산(1880), 인천(1883)의 3개 항을 개항하게 되었고 이는 조선이 자본주의 세계에 문호를 개방하는 단서가 되었다.

이후 1882년 5월 조선이 청의 주선으로 미국과 수호통상조약을 맺고, 그해 10월 청국과 조청상민수륙무역장정을 체결할 때까지 6년 여에 걸쳐 일본은 대조선무역을 독점하다시피 하여 조선은 완전히 일본의 독점적 경제침투체제에 놓여 있었다. 그러나 1882년 조선의 대외경제관계는 일대 전환점을 맞아 청과 미국의 등장, 특히 청과 조선간의 무역장정체결로 그간 조선에서 독주하던 일본의 경제침투에 결정적인 쐐기를 박게 되었다. 조청상민수륙무역

132) 위의 책, 107~108쪽.
133) 李陽子, 앞의 글(《東義史學》 3집, 1987), 132~145쪽.

장정은 조선이 청의 속방임을 명문화하고 편무적 영사재판권을 규정하였으며 청군 3000명이 조선에 주둔하는 조건 아래 군사적 목적으로 서울~부산간 전선부설권을 획득하였고 청국 병선의 조선연해 왕래·정박권이 보장되었으며 경제적으로는 청상지원에 의한 조선상권 침탈을 위한 한성개잔 및 내지채판권과 의주~회령 육로통상권, 종가 5%의 저율관세, 50만냥 차관합동의 체결, 청상 지원을 위한 조청윤선왕래합약장정(1883. 10)에 의한 청 초상국 기선의 상해~인천 정기운항권 및 청의 평안·황해도연안 어업권의 획득 등 다대한 이권을 청에 안겨 주었다.

1882~1894년 사이 조선이 미국·청국·영국·독일·러시아·이탈리아·프랑스·오스트리아의 8개국과 체결한 통상조약은 일본의 독점적인 경제침투체제를 붕괴시키면서 구미열강에 의한 다변적 침투체제로 전환시켰다. 그러므로 1876~1894년까지는 일본·청·구미열강이 상호간 대립적 공존의 틀 속에서 각기 조선에 침투해 왔으며 그 가운데서도 특히 청의 종주권강화정책과 일본의 대륙진출정책이 조선의 식민지화라는 궁극의 목표를 겨냥하여 경쟁적으로 전개되었던 시기였다. 이같은 청·일간의 정치·경제적 경쟁은 결국 청일전쟁을 일으킨 한 원인이 되었다.

개항부터 청일전쟁시기까지 열강이 조선에서 자행한 경제침탈의 기본구조는 정규무역·밀무역을 통한 무역에 의한 경제침탈과 자원수탈·철도·해관·전선부설권 등을 둘러싼 이권에 의한 경제침탈, 그리고 차관·투자 등에 의한 경제침탈이었으며 이들은 상호 유기적인 관련 속에서 작용하였다. 이 침탈을 보장해 주는 기본 바탕은 최혜국조관이었던 바 이에 의해 경제적 침탈은 각국에 균점되는 불평등조약체계와(치외법권·조계설정·협정관세·군함의 자유왕래·해도작성·해안측량 등) 청·일 양국에게만 각각 독점적으로 적용되는 불평등조약체계(종주권 명시·군함의 밀수합법화·무관세무역·일본화폐의 통용 등)의 이중적 혼합물로 다져져 있었다.[134] 특히 이같이 치열한 청일의 무역경쟁 가운데 전개된 청의 조선에 대한 경제적 간섭과 침탈에 따른 영향을

134) 金正起, 〈帝國主義侵略과 社會經濟的 變動〉(《한국사연구입문》, 한국사연구회 편, 지식산업사, 1987), 424쪽.

보면 다음과 같다.

임오·갑신 이후 조선의 내정을 간섭하고 또 조청수륙무역장정을 체결함으로써 청국은 조선에 경제적으로 유리하게 진출할 수 있었으며 더욱이 주차관 원세개의 부임 후 세 개항장에서의 조계지 확충기도, 거류민 증가라는 세력침투의 기반 위에 강제적인 청의 상병정책의 시행은 일본의 독점적인 경제침투를 붕괴시키기에 충분하였다.

정규무역을 보면, 〈표 1〉에서 알 수 있듯이 1885년에서 1892년까지 청국에서 부산·원산 및 인천 3항으로의 수입액의 합계는 313,342달러에서 2,055,555달러로 증대되었다. 특히 눈에 띄는 것은 인천항의 무역액이 부산과 원산의 합계액보다 훨씬 많다는 사실이다. 이것은 부산항 일변도의 무역구조가 파괴되고 인천항이 조선무역에서 압도적 비중을 차지하였음을 보여 준다. 마찬가지로 〈표 3〉의 통계는 인천항이 그 수입액에 있어서 부산항의 그것을 압도하고 있으며 또한 원산항의 수출입액이 부산항의 그것에 비등해졌음을 알 수 있다. 이러한 사실은 바로 〈표 4〉와 〈표 5〉에서 볼 수 있는 것처럼 日商에 의한 부산항 독점상권이 점차 청상들에 의한 인천항이나 원산항의 상권으로 빼앗기고 있었다는 것을 입증하는 것이다.

〈표 1〉 1885~1892 청국으로부터의 수입액 통계표

(단위 : Mexican Dollar)

港名 / 年度	부 산	원 산	인 천	합 계
1885	0	70,662	242,680	313,342
1886	17,102	31,057	406,856	455,015
1887	0	101,312	641,340	742,652
1888	0	224,236	636,092	860,328
1889	50,565	321,983	729,037	1,101,585
1890	3,576	343,885	1,312,614	1,660,075
1891	43,365	366,885	1,738,044	2,148,294
1892	28,940	310,384	1,716,231	2,055,555

* 資料 : 北川修, 〈日清戰爭までの日朝貿易〉(《歷史科學》 創刊號, 1932), 72~73쪽(李光麟, 《한국사강좌 근대편》, 258쪽에서 轉載).

〈표 2〉 1885~1892년 조선의 청국에 대한 수출액 통계표

(단위 : Mexican Dollar)

년 도	금 액
1885	9,479
1886	15,977
1887	18,873
1888	71,946
1889	109,798
1890	70,922
1891	136,464
1892	149,661

* 資料 : 朝鮮貿易協會編, 《朝鮮貿易史》, 46쪽.

〈표 3〉 三港口의 연안무역액 추이표

(단위 : 日圓)

항목별 연도별 / 지역별	1886년		1887년	
	수 출	수 입	수 출	수 입
부 산	55,890	51,124	170,866	108,756
원 산	67,597	41,554	146,213	140,698
인 천	805	218,637	903	185,772

* 資料 : 震檀學會, 《韓國史 最近世篇》, 867쪽.

〈표 4〉 인천항의 수입 추이표

(단위 : Dollar)

국 별 / 년 도	清 商	日 商
1885	242,680	726,760
1886	406,856	941,550
1887	641,340	827,113
1888	636,092	1,049,486
1889	772,037	1,113,647
1890	1,312,614	1,259,218
1891	1,737,044	1,426,463
1892	1,716,231	1,323,588

* 資料 : 鹽川太一郎, 《朝鮮通商事情》, 1895.

〈표 5〉 원산항의 수입 추이표

(단위 : Dollar)

국별 / 년도	대청국수입	대일본수입
1885	70,662	314,843
1886	31,057	705,910
1887	101,321	591,783
1888	224,236	504,390
1889	321,982	429,522
1890	343,352	392,266
1891	266,885	360,836
1892	310,384	234,790

* 資料 : 鹽川太一郎, 《朝鮮通商事情》, 1895.

당시 청상은 일상과 마찬가지로 중개무역에 종사하고 있었는데 상해에서 영국산 金巾을 구입하여 조선에 재수출하였던 것이다. 청국상품은 농산물 뿐이었다. 한편 조선에서 청국으로 수출된 것은 대부분 인삼·소가죽·해산물이었다. 〈표 2〉에서 보는 바와 같이 조선에서의 수출액은 1892년도에 149,661원에서 〈표 1〉의 수입총액 2,055,555원과 비교하면 1/14정도 밖에 안되었다. 이와 같은 수입초과는 만성적인 국제수지의 악화로 조선정부에 재정적 부담을 가중시켰다.[135] 뿐만 아니라 청상들이 주도적으로 수입한 값싼 서양산 면제품은 당시 조선의 사회경제에 전면적으로 중대한 영향을 미쳤으니 조선인의 소비성향의 변형·상승과 더불어 조선경제의 물적, 재정적 기초인 면작농업을 붕괴시켜 나갔다. 따라서 농촌의 자급자족 경제를 점차 분해하기 시작하여 농촌경제의 시장의존도가 커지면서 농촌가내공업의 붕괴를 재촉하였다.[136]

청국상권은 날로 확장되어 일본을 위협하였다. 다음의 〈표 6〉, 〈표 7〉은 그것을 단적으로 나타내 주고 있다. 이 통계표를 보면 일본의 대조선무역은 점차 둔화되어 가고 있는 반면에 청국의 대조선무역은 급진적 증가를 나타

135) 李光麟, 앞의 책, 258~259쪽.
136) 李陽子, 앞의 글(《釜山史學》 제8집, 1984), 216쪽.

내고 있으며 청일전쟁이 일어날 때까지는 청국의 대조선무역은 일본의 그것과 거의 동등한 지위에까지 상승하여 갔던 것이다. 특히 인천·부산·원산의 3개항의 무역액을 합하여 작성한 〈표 7〉의 통계에서 보면 조선이 일본으로부터 수입한 금액의 백분비는 1885년의 81%에서 92년의 55%로 하강한 데 비해 청국으로부터 수입한 금액의 백분비는 19%에서 45%로 상승하였다. 그만큼 청국은 조선시장을 장악하게 된 셈이었다. 이상에서 정규무역을 통한 청의 경제침투와 그 영향을 살펴 보았다. 다음 비정규무역 즉 밀무역을 통한 침탈 경우를 보면, 청의 완력에 의한 느슨한 밀수통제와 대조적으로 밀수방지의 제도적 장치가 거의 없는 조선의 상황은 조선전역을 밀무역의 무방비상태로 만들었다. 특히 원세개에 의해 강제된 1888년의 兵船章程은 조선에서 청군함을 통한 밀무역을 합법화한 것으로 청 병선을 이용하는 청의 군인·관리·상인의 밀무역활동과 청 병선의 보호를 받는 청 상선과 청 어선의 활동은 거의 무법상태였다. 정확한 수량화의 통계가 거의 불가능하지만 청 상선에 의한 밀무역은 조선전역에서 성행되고 있었다. 한 예로 《통리아문일기》의 기록에 의하면 1888~1889년간의 9개월 동안 황해도와 평안도의 접경해안에 청 상선 150~160척이 모인다고 한 데 비해 영국 영사보고서(British Consular Reports)에는 1890년 개항장 인천에 청의 범선 14척(총 272톤)과 기선 18척(총 7660톤)이 정박하였다고 한 내용을 비교해 볼 때 조선에서의 청의 밀무역의 농도를 쉽게 간취할 수 있다. 육로무역 또는 해로무역에서 조선은 외국인에게 무방비상태로 개방된 밀무역의 낙원이었다. 청의 대조선무역은 해관을 통한 정규무역보다는 해관의 존재를 무시한 비정규 밀무역이 그 주종을 이루었다.[137] 이같은 밀무역은 조선정부에 경제적 부담을 가중시켰고 농민의 생활을 더욱 궁핍하게 하여 동학농민전쟁으로 직결되게 하는 원인이 되었다.

그러면 정규무역과 밀무역의 주체인 청의 상인 및 상점의 침투는 어떠하였으며 또한 이에 따른 영향으로서 조선상인의 상권수호운동과 외세배척운동은 어떠하였는가를 간략히 살펴 보고자 한다.

청상의 한성개잔 금지와 용산이전 요구에도 불구하고 한성·인천에서 개

137) 金正起, 〈兵船章程의 强行에 대하여〉(《한국사연구》 24, 1979), 241쪽.

설한 청상의 점포수는 모두 73개 상사에 달했으며 청상사의 영업행위는 상업무역에서 차관제공에 이르기까지 다양하였다.[138] 이들 청상은 영국산 면제품을 대규모로 직수입하여 직거래하였으므로 가격면에 있어서 日商보다 훨씬 우수한 경쟁력을 지녔을 뿐만 아니라 특히 청상을 거쳐 간접적으로 매입하는 조선상인과는 가격면에서 비교될 수가 없었다. 그리고 자본력에 있어서도 조선상인은 뒤떨어질 수 밖에 없었으며 특히 상인의 자질과 수완에 있어서도 근검질소하고 인내력이 강하며 수완이 뛰어난 청상에 조선상인은 도저히 미치지 못하였다. 게다가 청의 간섭이라는 정치적 조건과 조공무역과 사대의례로 길들여진 조청간의 역사적 관계도 청상에 유리하게 작용하였으며 또한 상품유통과정에 존재하는 조선상인에 대한 전근대적 규제와 중첩되는 收稅는 불평등조약상의 규정으로 일체의 세금과 규제로부터 면제되는 특권을 가진 청상과는 도저히 경쟁상대가 될 수 없게 만들어 조선상인의 자본축적과 자유로운 상업발전에 극심한 해악을 끼쳤다.[139]

〈표 6〉 청·일 양국의 대조선무역

(단위 : Dollar)

	한·청무역총액	한·일무역총액	백분율	
			청국	일본
1885	310,468	1,747,546	100%	100%
1886	455,337	2,508,671	149 〃	149 〃
1887	751,599	2,855,472	242 〃	163 〃
1888	919,808	2,962,844	296 〃	169 〃
1889	1,195,554	3,406,904	385 〃	195 〃
1890	1,722,738	6,545,876	555 〃	374 〃
1891	2,180,913	6,424,172	702 〃	367 〃
1892	2,200,715	4,814,414	708 〃	275 〃
1893	2,039,783	3,491,175	338 〃	257 〃

* 資料 : 伊藤博文, 《秘書類纂 朝鮮交涉資料》 下卷, 552~555쪽.
震檀學會, 《韓國史 最近世篇》, 870쪽.

138) 金正起, 〈제국주의침략과 사회경제적 변동〉(《한국사연구입문》, 지식산업사, 1981), 417~419쪽.

139) 李炳天, 《開港期 外國商人의 侵入과 韓國商人의 對應》(서울대 박사학위논문, 1985), 171~175쪽.

〈표 7〉 수입액의 청·일 비교표(인천·원산·부산 합계)

년도＼국별	청 국	일 본	백분율	
			청국	일본
1885	313,342	1,377,392	19	81
1886	455,015	2,064,353	17	83
1887	742,661	2,080,787	26	74
1888	860,328	2,919,115	28	72
1889	1,101,585	2,299,118	32	68
1890	1,060,075	3,086,897	32	68
1891	2,148,294	3,226,468	40	60
1892	2,055,555	2,555,675	45	55

* 資料 : 監川一太郎, 《朝鮮通商事情》, 1895年刊, 57~61쪽.
《한국사》 16, 국사편찬위원회, 668~669쪽.

商利에 밝은 청상은 한국인 客主와 旅閣을 상대로 무역하기 보다는 직접 조선인 居間을 고용하여 조선고객과 직거래를 하는 한편 지방 소읍에까지 상품판매와 물화수집을 함으로써 보다 많은 이득을 챙겼다. 이와 같이 청상의 상업망이 지방까지 확장함에 따라 수입상품의 국내판매와 수출상품 수집을 전제하고 있던 객주·여각 및 보부상은 청상의 지방진출로 큰 타격을 받지 않을 수 없게 되었다. 이리하여 국내 상인들은 상업을 조직화하고 상업방식을 혁신함으로써 외국상인에 대항하는 운동이 전개된 것이다. 이에 따라 1880년대부터 상사를 설립하는 등 동업조합이나 회사기업이 태동하게 되었다.[140] 1894년 갑오개혁 이전까지 종전의 상업체계인 시전·공인·객주·여각 등의 유통망을 대신하여 설립된 상회사는 그 수가 40여 개에 달했던 것으로 추산된다.[141] 그런데 이들 상회사는 외국상권에 대항하기 위해 설립되었으나 그렇다고 해서 정부로부터 적극적인 보호를 받은 것은 아니었다. 당시 청국이나 일본의 상사들이 정부의 강력한 보호육성·진흥책의 후원하에 조선에 진출하였던 것과는 대조가 되었다. 따라서 조선상인이 적극적·주체적으로 대외무역에 나서지 못하였던 것이며 경쟁에 있어서도 뒤질 수 밖에

140) 趙璣濬, 《韓國資本主義成立史論》(高大出版部, 1973), 286쪽.
141) 姜萬吉, 《한국근대사》(창작과 비평사, 1984), 247쪽.

없었다. 이러한 외국 특히 청국상인의 상권침탈에 대한 서울 상인들의 위기의식의 표출은 1887년 2월, 1889년 12월, 1890년 1월 등 세 차례에 걸친 철시파업과 시위투쟁으로 나타났다. 육의전과 시전상인이 주도한 이 3차의 상권수호운동은 외상에 대항한 서울 상인들의 단결된 힘을 과시하였으나 조선정부와 원세개와의 타협으로 파업이 중지됨으로써 실패하고 말았다. 한성개잔권을 허용한 불평등조약의 내용도 문제였지만 조선조정은 청상이 용산과 인천으로 이전할 비용도, 그리고 이전을 반대하는 원세개를 설득시킬 힘도 없었던 것이다. 그러나 서울상인의 철시동맹파업과 시위투쟁은 서울상인의 민족의식을 일깨워 주었으며 청국상인의 경제침탈을 민족위기로 공통인식하는 반청의식의 확대를 조성하는 계기가 되었음은 주목되는 일이다.[142]

끝으로 이권에 의한 청의 경제침탈과 그 영향을 살펴 보면, 청은 1882년에 평안도·황해도연안 어채권, 상해·인천간 윤선정기운항권과 해관인사권을, 1885년 인천·한성·의주 전선부설권, 1886년 한성·부산 전선부설권, 1892년에는 인천·한성간 沿江 운항권 등의 이권을 차지하였다. 청 어선의 평안도·황해도연안에서의 어채활동은 청 병선의 엄호하에 거리낌없이 자행되어 조선어민에게 큰 타격을 주었다. 이와 같은 조선에서의 청의 전선가설 독점, 해관자주권 박탈, 윤선운항 및 차관의 독점, 불법 어채활동의 강행 등은 청의 이권확장과 종주권 강화를 위한 정책의 일환으로 조선에 대해 정치·경제적으로 막대한 손해를 끼쳤던 것이다.

〈李陽子〉

2. 조선의 대외관계

1) 조·일관계

임오군란과 갑신정변 이후 친일 협력 세력의 와해로 조선에서 실질적 영

142) 金正起, 〈1890년 서울상인의 撤市同盟罷業과 示威鬪爭〉(《한국사연구》 67, 1989), 98~99쪽.

향력을 상실한 일본은 이 조약으로 조선의 안보를 평화적으로 보장하는 군란 이전 상황으로 돌아가게 되고, 청과 동등한 출병권을 획득하여 사실상 청을 견제할 수 있는 합법적 근거를 마련하였다는 사실에서 일본 외교의 성공이라고 할 수 있다. 어쨌든 갑신정변은 청·일의 첨예한 대립을 종식시켰고 이를 계기로 일의 외교정책은 청의 조선에 대한 종주권을 인정하여 조선에서 청이 러시아세력을 견제하는 방향으로 조정되었다.

그러나 天津條約 체결에 앞서 1885년 4월 15일 영국함대의 거문도점령사건이 일어나자 주일 영국공사 프란키트(F. R. Plunkett)는 일본 정부에 "영국정부는 예측하기 어려운 사건의 방지를 위해 영국함대에 의한 거문도 일시점거가 단행되었다"는 것을 통고하였다. 이에 일본은 이 군사점령사건에 대해 그들의 입장을 유보한다는 방침을 알리고, 조선에서 러시아의 영향력을 두려워한 나머지 주영 일본공사 하라이(河賴)를 통해 영국의 조선에 대한 군사행동에 반대하지 않는다는 입장을 전하였다. 그러나 영국은 거문도 일시점령은 다른 열강의 先占을 방지하려는 예방책에 근본 목적이 있음을 일본에 해명하면서 이 문제를 청과 교섭하려는 입장을 전하였다. 이에 河賴는 거문도가 조선에 속한다고 하여 조선과 직접 협상하도록 희망하는 본국 정부의 입장을 전달하여 청의 조선에 대한 종주권 주장을 일축하고 조선이 주권국가임을 밝혔다.

6월 13일 일본은 ① 영국의 거문도 점령은 러시아가 그 전철을 밟아 원산·부산 또는 제주도를 점령할 우려가 있고 ② 조·러 조약이 체결된다면 최혜국 조관에 따라 조선이 제3국에 이와 같이 허락할 우려가 있으며 ③ 이홍장도 영국의 거문도 점령을 반대하고 있다는 이유를 들어 사실상 영국의 거문도 점령을 반대한다는 입장으로 정리하였다.

이러한 일본의 태도변화는 장기적으로 볼 때 영국의 거문도 점령이 러시아에게 조선을 농락할 기회를 주어 러시아가 조선을 지배하게 될 것이라는 우려에 기인하였다. 7월 일본 외무경 井上馨은 러시아의 남하정책을 저지하기 위해 일시 청과 타협하는 것이 좋을 것 같다는 결론을 내리고 이홍장에게 「조선 처리 8조」을 제출하였는데 첫째, 조선의 내정·외교 등 정무를 일·청 공동으로 감독관리하며, 둘째, 궁중과 정부를 구별하여 정부의 관여없이 궁중으로부터 밀지 하달을 막아 국사 개입을 못하게 하고 셋째, 조선 정부는 김홍집·어윤중·김윤식을 지도적 지위에 임명하는 내용을 먼저 이홍장과 상의한 후 이홍장과 井上이 공동으로 다시 협의한 후 조선이 처리토록 하는 것이었다. 井上의 조선 공동보호 제안은 사실상 청의 종주권 지위를 묵인하여 청·일이 조선에서 양국간 분쟁을 피하면서 내정·외교를 공동으로 관리하여 일본의 기존 세력을 유지하는데 그 목적이 있었다. 그러나 이홍장은 井上의 건의를 단호히 거절하고 조선의 내정·외교에 대한 통제와 간섭을 강화하기 위해 대원군의 석방과 함께 袁世凱를 총독에 해당하는「駐箚朝鮮統理交涉通商事宜」라는 긴 직책에 임명하여 파견하였다.

영국의 거문도 철수문제는 이홍장이 직접 개입하여 러시아가 조선 영토를 점령하지 않는다는 청·러 天津협약을 체결함으로써 해결되어 1887년 2월 영국의 철군이 단행하였다. 이홍장의 聯英制俄정책은 영국이 청의 종주권을 사실상 인정하는 계기를 만들었기 때문에 청은 조선의 정치·외교·군사 및 경제 영역에까지 적극 관여하여 일본의 대조선 우위무역은 위협받게 되었다. 이에 일본은 이홍장의 聯俄策을 견제하고 조선을 보호한다는 구실을 내세워 1887년에 이어 전함 20척, 정병 10만 명을 보유할 만큼 육·해군의 증강과 1883년 착수한 군함건조 계획에 따라 해군력을 강화하여 동아시아에서 지도적 해군강국으로 탈바꿈하였다.

1888년 4월 오쿠마 시게노부(大隈重信)가 외무대신으로 취임한 시기는 일본이 착수한 헌법 기초 작업이 진행되어 그들은 이듬해 2월 明治제국주의 헌법을 공포하였다. 이 헌법에 따라 외교문제는 외부의 정치적 간섭을 배제하고 천황은 내각 국무대신의 보필에 의해 외교정책을 결정하며 집행할 권한과 和戰결정권 및 조약체결권을 비롯한 군 지휘와 통제권을 갖게 되었다. 따라서 외교문제에 관한 내각의 결의는 천황의 청원 형식을 밟아야 했고 정부에 대해 구속력이 없어 외무대신은 의원의 질문에 답할 필요가 없을 만큼 천황의 권한이 크게 강화되었다. 이 해 12월 24일 大隈가 신내각을 조직한 후 그가 쓴「군사의견서」를 각료들이 읽도록 주문하였다. 이 의견서에는 시베리아 철도 기공 날이 곧 러시아의 조선에 대한 침략이 시작되는 시기라고 전제하고, 이러한 위기에 대처하기 위해 구주 열강의 조선침략 우려를 제거하며 兵備의 完整이야말로 일본의 최대 급선무라 아니할 수 없다고 기술하고 있다.

일본이 조선에서 수입한 상품가는 1886년 247만불, 1891년 525만불로 증가되었고 이 중 일본이 수입한 것은 대부분 쌀과 황금이었고, 조선해상 운송은 기선 1501척 가운데 일본 기선은 1355척에 달하였다. 일본과 청의 대조선 무역이 수출에서 일본이 1885년 82%, 청이 18%였으나 1888년 72% 대 28%, 일본은 1892년 55%대 45%로 추격 당했고, 일본이 1887년 수입한 84.9%의 조선 황금은 1892년 청이 오히려 57% 수입하여 일본은 43%에 불과하는 등 역전현상이 일어났다.

이듬해 가을 일본은 쌀 대흉작에 이어 1890년 여름 보리 대흉작으로 각지에서 쌀 소동이 일어났다. 마침 이즈음 조선에서도 흉작으로 인해 함경도 관찰사 趙秉式이 1884년 3월 조·일간 체결한 무역규칙 제37조 규정을 적용하여 大豆 등 곡물의 일본 수출을 금지하는 방곡령을 발표하고, 황해도 관찰사 吳俊泳마저 일본에 곡물수출을 전면 금지하는 防穀令을 내려 양국관계가 악화되었다. 그러자 신임 외무대신 아오키 수조(青木周藏)는 방곡령으로 인해 발생한 그들 상인의 손실액 14만 7천 6백여 원의 배상과 이의 철폐를 요구하는 등 이 문제에 적극 간섭하고 나섰다. 일본의 배상요구는 1890년 일본 경제가 공황을 맞아 米價 폭등으로 5월에서 7월까지 쌀소동이 발생하여 야기된 국내 식량부족이 각종 공업의 발전에 막대한 영향을 끼쳤기 때문이다.

그러나 교섭통상사무협판 민종묵은 "손해배상은 아국의 치욕"이며 "이 금액이 너무 과다하다"는 이유를 들어 회답도 하지 않자 일본은 8월 1일 조선주재 일본공사 스기야마 테이스케(梶山鼎介)로 교체하여 그들이 제시한 14만여원의 배상금에 대해 조선의 해답을 요구하자 정부는 6만여원 지불을 알렸다. 그러나 무츠 무네미츠(陸奥宗光)는 조선의 배상금 감면요구를 전적으로 거부하고 외무성 통상국장 겸 취조국장 하라 타카시(原敬)를 서울에 보내 梶山에게 일본정부의 강경방침을 전달하였다. 1892년 9월 11일부터 4차 회담에 이르기까지 해결의 실마리가 풀리지 않자 조선은 민종묵을 趙秉稷으로, 일본도 梶山을 재야정객 오이시 마사미(大石正巳)로 교체, 방곡령 문제를 해결하려고 하였다.

이듬해 2월 25일 大石는 조병직에게 방곡배상액 14만 7천 1백여원과 이자 銀 2만 8천 5백여원 합계 17만 5천 7백여원을 요구하는 강경책을 제시하였다. 일본의 대조선 강경책은 山縣이 1890년 3월 2일 내각에 「군사의견서」와 「외교정략론」을 제출하여 공공연하게 조선을 일본의 利益線(Interest Line)임을 공포하고 이를 보호하기 위한 일본의 대조선침략의지를 천명한 바와 같이 국가독립자위의 길은 첫째, 主權線을 지켜 타인의 침해를 용납하지 않는 것이며 둘째, 이익선을 방호하여 자기의 유리한 지역을 잃지 않는 것이라고 지적하고 오늘날 열강국 사이에 끼어 일국의 독립을 유지하고자 원한다면 오직 주권선을 수호해야 하며 이러한 결정이 불충분하면 반드시 이익선을 보호할 수 없다고 주장한 사실에 기인하였다. 그가 말한 이익선의 초점은 곧 조선이었고 이것이 곧 그들의 대륙정책의 시발점이었다.

난관에 부딪힌 이 배상금 문제는 원세개의 요청에 의해 이홍장과 伊藤이 개입하고, 陸奧가 파견한 육군중장 카와카미 소오로쿠(川上操六)가 이 해 5월 4일 입경, 조선에 최후통첩을 선달하여 19일 정부는 배상총액 11만원 중 6만원은 3개월 이내, 3만원은 5년 분할, 2만원은 6년 분할에 합의함으로써 타결되었다.

1894년 3월 28일 李鴻章의 아들 前駐日 청공사 李經芳과 일본 재야 거물 오오미와 쵸오베(大三輪長兵衛)의 자금이 연루된 김옥균의 피살사건이 상해에서 발생하였다. 주일대리공사 兪箕煥으로부터 이 사실을 타전받은 조선은 곧 원세개를 통해 洪鍾宇의 보호와 송환을 요청하고, 원세개로부터 협조전문을 받은 이홍장은 30일 상해해관도 聶緝槼에 이를 적절히 처리하도록 타전하여, 곧 범인 홍종우를 縣衙에 이송시켜 환대하였다. 본국 정부의 긴급명령으로 4월 6일 상해에 도착한 駐天津 통상사무 徐相喬는 이홍장을 만나 홍종우의 국내 호송과 김옥균 시신 운구 처리 문제를 부탁하였다. 다음 날 이홍장의 편의제공 지시를 받은 상해해관도 聶緝槼과 서상교는 경찰의 도움으로 김옥균의 심복인 일본인 와다 엔지로(和田延次郎)에게 인도된 시체를 다시 인수하여 범인 홍종우와 함께 청 군함 威靖號로 인천에 호송하는 등 사건을 일방적으로 처리해 버렸다.

김옥균의 피살과 시체처리 소식은 일본 조야 인사들을 분노시켰다. 더욱이 조선이 舊習을 이유로 김옥균의 사체에 형벌을 가해 陵遲處斬시키려 하자 오토리 케이스케(大鳥圭介)공사는 이의 중지를 요청한데 이어, 4월 14일 조선 주재 외교사절단을 통해 다시 조선에 요청하였다. 그러나 조선주재 러시아공사 웨베르는 김옥균이 朝鮮籍이어서 마땅히 조선이 스스로 처리할 것이며 우리들은 이를 권고할 뿐 결코 내정간섭을 해서는 안된다는 이유로 반대하여 大鳥의 저지계획은 좌절되고 말았다. 어쨌든 청이 김옥균 시신 처리과정에서 보인 불공정성이나 조선의 홍종우에 대한 중용 조치는 일본에게 反淸反朝운동의 명분을 제공하였고, 상당한 충격을 안겨주었기 때문에 이 사건은 조·일을 비롯한 청·일간 국제적 위신에 관련된 외교적 문제로까지 비화될 수 있는 분쟁의 소지를 남겼다.

김옥균의 피살과 시체 처리 문제로 조·일 관계가 악화된 상황에서 이 해 4월 全奉準의 지도하에 東學徒들이 주도한 전라도 고부군 농민폭동이 일어났다. 반정부 농민 세력이 6월 1일 전주를 함락하자 민영준은 領敦寧 金炳始의 반대를 꺾고 국왕의 어명을 받아 袁世凱를 통해 3일 청병의 조선 파병을 요청하였다. 그러나 일본 군부는 이미 5월 20일 육군 소좌 이지치 고오스케(伊地知幸介)를 통해 조선농민 반란정보를 입수하고, 22일 대리공사 스기무라 후카시(杉村 濬)는 외무성에 출병준비 의견서를 제출한 바 있기 때문에 외무대신 陸奧는 동학혁명이 일어나기 전 29일 "목하 조선정부가 청국에 원병을 요청했다"는 풍문의 진위를 보고하도록 지시할 만큼 조선에서 반정부 시위가 일어날 경우를 대비하여 파병할 만반의 대책을 세우고 있었다.

6월 1일 조선 정부의 청병 지원을 탐문한 杉村는 공관 번역관 鄭永邦을 비밀리 원세개에게 보내 "동학폭도가 창궐하여 상무를 크게 손해를 입혀 이런 일은 크게 우려할 일이며 … 귀 정부는 어찌하여 신속히 조선을 대신하여 진압하지 않는가? 우리 정부는 절대 다른 의도가 없다"라고 하여 오히려 청의 무력 진압조치를 재촉하였다. 다음 날 원세개로부터 조선의 파병요청 사실을 확인한 杉村가 이 사실을 본국 정부에 보고하자 이 날 임시 각의에서는 "만약 중국이 조선에 군대를 파견하는 것이 사실이라면 어떤 명분을 쓰더라도 아국도 반드시 군대를 파견해야 한다"는 데 의견을 같이 하였다. 군비확장과 조약개정 교섭을 둘러싸고 대외강경운동이 고양되어 내각탄핵이라는 정치적 위기를 맞은 伊藤수상은 재빨리 衆議院 해산을 결의하고 긴급 소집된 임시각의에서 이 사실을 보고한 뒤 외무경 陸奧, 외무차관 하야시 타다스(林董), 참모차장 카와카미 소오로쿠(川上操文) 등 3인의 의견을 받아들여 일본이 壬午·甲申의 조선사변에서 청국에 승기를 제압 당해 실패를 자초한 결과와 이 두 차례의 치욕을 되풀이하지 않기 위해 청국보다 많은 병력을 동원해 신속히 서울에 진입하여 청군의 입경을 저지한다는 강경한 방침을 결정하였다.

6월 5일 明治天皇이 참모본부내에 대본영 설립을 승인하자 이 날 외상 陸奧는 주조선 공사 大鳥에게 "조선에서 우세를 취득하는 것을 주요 목적으로 삼고 이러한 방향으로 나아가되 비록 평화를 파괴하는 것은 전적으로 내가 책임진다"고 하여 전쟁 도발 단서를 찾는 임무를 부여하였다. 원세개로부터 上國체면을 위해서라도 파병해 달라는 요청을 받은 이홍장은 천진조약에 따라 일본 정부에 파빙을 통고한다면 별 어려움이 없을 것으로 판단하여 7일 주일 공사 汪鳳藻를 통해 直隷提督 葉志超 휘하 청병 1,500명이 속방 보호를 위해 출병한다고 통고하였다. 그러나 일본은 즉각 주북경 대리공사 고무라 쥬타로(小村壽太郎)를 통해 천진조약에 따라 공관과 거류민 보호라는 구실을 내세워 출병을 통고하고 1개 혼성여단 병력의 출병을 강행하였다.

9일 大鳥와 함께 인천에 도착한 오시마 요시마사(大島義昌) 소장 휘하 일본군함 6척은 곧 488명의 육전대를 편성하여 대포 4문을 대동하고 조선의 저지를 물리치고 서울에 진입한데 이어 12일 1,024명의 보병대대와 15일 2,700명이 계속 인천에 도착함으로써 淸軍보다 3배 우세한 병력으로 조선 정국과 정부를 무력으로 장악하여 군사상 淸軍의 기선을 제압하였다. 7일 일본의 출병이 조선의 요청에 의한 것이 아니라 제물포조약 제5조와 천진조약 제3조에 근거한 것이라는 杉村의 출병통고를 받은 조선은 즉시 그에게 파병의 부당성을 지적하고 다음 날 주일공사 金思轍을 통해 일본의 파병에 항의하였다.

9일 외무독판 조병직은 주서울 외교사절단의 힘을 빌려 일본의 출병을 중지시키려고 하였다. 동시에 러시아 임시대리공사 케에르 베르그(Pavel de

Kehrberg)와 독일 부영사 젬부시(Zembush)도 大鳥에 일본군의 대거침입을 항의하였다. 그러나 휴가중인 고령의 미국 대표 씨일(M. B. Sill)은 참여하지 못해 외교사절단의 동원으로 일본에 압력을 가하려는 조선정부의 계획은 실패하고 말았다. 다행히 6월 11일 정부와 농민군 사이에 全州和約이 성립되어 외국이 간섭할 구실이 없어졌음에도 일본은 大鳥가 보고한 군대 상륙 중지 요청을 외면하고, 그들이 염려하는 영·미·러 등 열강의 간섭을 교묘히 피하면서 전쟁을 일으킬 구실을 찾고 있었다.

15일 일본은 원세개와 大鳥공사가 수 차례 회담에서 토의한 청·일 공동 철병안을 파기하고, 조선에 내정개혁을 요구하기로 결정한 후 다음 날 주일 汪공사에게 각의에서 결정한 일·청 공동 진압과 조선 내정 공동개혁안을 통고하고 이 결과에 따라 공동철수 문제를 결정한다는 입장을 전달하였다. 외무대신 陸奥가 이 내정 개혁안은 "우리 외교의 위치를 일시에 피동자의 위치에서 주동자로 변화시켰다"고 실토한 것처럼 청의 공동철수안에 대한 逆代案으로 조선 내정 공동개혁안이 제의되었다.

21일 汪공사는 조선의 내정 개혁은 강화도 조약 제1조에 위반되며, 일본은 조선의 자주를 인정하여 내정을 간섭할 권리가 없다고 하여 일본의 제안을 거절하였다. 다음 날 일본은 단독으로 조선에 내정개혁 의사를 밝힌 뒤 청에 제1차 절교서를 보내 開戰도 불사하겠다고 하여 내정개혁안을 전쟁 도발 수단으로 삼았다. 26일 大鳥는 고종에게 전략상 조선 독립문제를 제기하지 않고 내정개혁 필요성만을 거론한 다음, 내정개혁위원 임명과 개혁에 관해 자기와 협의할 것을 강요하였다. 그러나 조선은 "일본군 철수가 선결문제이고, 내정개혁은 자주적으로 검토하고 있다"고 일본의 내정간섭을 격렬히 비난하자 28일 大鳥는 내정개혁과 종속의 두 문제에 대한 조선정부의 회답을 29일까지 요구하였다.

7월 1일 일본은 조선에 재정 조사, 관리 도태, 병제 개혁과 경찰 설립 등 7개항의 내정개혁안을 제출하였다. 3일 大鳥는 申正熙·金宗漢과 내정개혁안을 협의하였으나 신정희는 "정부는 남쪽에 소란이 있은 이래 바야흐로 更張을 꾀하고 있다"고 알리면서 오히려 일본의 先撤兵이 이루어진 후 내정개혁안을 의정할 것임을 통고하였다. 다음날 大鳥는 杉村을 보내 개혁조사위원으로 국왕이 신임하는 중신 몇 사람을 임명할 것을 요구하고 5일 하오까지 회답할 것을 강요하자 정부는 부득이 7일 신정희 등 3명을 내정개혁교섭위원으로, 김홍집 등 5명을 총재로, 박정양 등 15명을 위원으로 임명하여 교섭토록 하였다.

조·일간 제1차 내정개혁위원회에서 大鳥는 "친일 정부를 세워 일본에 협력하지 않는 관리에 타격을 주고, 전쟁에 필요한 해안·철도 및 각 도시간 전선 수리 및 설치를 내용으로 하는 여섯 가지의 條款을 제출하고 3일 내에 타결해 주도록 요구하였다. 12일 청이 영국의 조정을 거부한 것을 계기로 일본은 개전을 결정하고, 청에 제2차 절교서를 전달하는 한편, 13일 大鳥에게 청·일간 충돌을 촉진하는 것은 오늘날의 급선무이므로 이를 단행하기 위해서는 어떠한 수단이라도 꾀하라고 하여 강압적인 수단으로 개전정책을 실행토록 훈령하였다.

17일 영·일 통상항해조약이 개정된 다음 날 명치천황은 樞密院 의장이 참석한 회의에서 개전을 결정하였다. 19일 大鳥가 일방적으로 조선에 서울-부산간 군용전신선 가설과 일본 군대 병영 건축을 강행하자 이 날 저녁 원세개는 신변의 위협을 느끼고 서울을 떠나 버렸다. 이러한 상황하에 大鳥는 다음 날 종속문제를 꺼내어 조선으로부터 청군의 퇴거와 조청상민수륙무역장정의 폐기를 요구하는 등 강압적인 수단으로 和戰 최후통첩을 보내 22일까지 회답할 것을 강요하였다. 이에 조선 정부는 大鳥에게 "조선은 자주적이며 강화도 조약을 위반한 적도 없으며, 청군의 京內 주둔은 조선의 요청에 의한 것이나 반란이 진정된 후 이미 수 차 철병을 요구하고 있음에도 불구하고 貴國처럼 철병하지 않기 때문에 고심하고 있다"는 회답을 보냈으나 일본의 개전 결심을 막을 수는 없었다.

23일 일본의 경복궁 점령 계획이 완료된 상태에서 大鳥는 대원군에게 사태가 병력동원을 가능케 한다고 통고하고 왕궁을 포위한 후 일병의 호위 하에 쿠데타를 일으키고 金嘉鎭·兪吉濬 등으로 구성된 친일 김홍집내각을 수립하였다. 25일 대원군은 부득이 조·청간 제조약의 폐기와 개전을 위한 청군의 철수를 주장하고 27일 일본은 대원군을 견제하는 軍國機務處를 설립토록 하여 그들이 지원하는 친일 개화파 인사들로 하여금 실권을 장악케 하여 내정개혁안을 구체화하도록 하였다.

이와 같이 국내 정치권의 상황이 급변한 가운데 이홍장이 영국의 전쟁개입이나 지지를 얻고자 용선한 영국 국적의 高升號에 청 병력 1,100명과 선원 67명, 선장과 유럽인 8명, 여객 1명을 싣고 영국기를 게양하고 牙山으로 향하던 중 7월 25일 朝鮮 近海 豊島海上에서 일본함대의 일방적인 발포로 격침되었다. 동시에 이 날 일본 육군의 우세한 병력은 牙山주둔 淸軍에 공격을 개시하여 개전이 선포되기 전 청의 권위와 자존심을 짓밟는 중대한 전쟁 도발을 자행하자 청은 부득이 속방을 보호한다는 명분하에 8월 1일 일본에 선전포고를 하여 양국간에 조선의 통치권을 에워싼 쟁탈전이 시작되었다.

2) 조·미관계

박정양 공사의 미국 파견을 전후해 보여준 조·미간 협력관계는 1887년 5월 초 조선이 재촉한 군사 고문으로 일찍이 이집트에서 근무하고, 워싱턴 경찰청장을 지낸 육군장군 출신 다이(William M. Dye), 소령 출신 리(John G. Lee)와 중령 커민스(E. H. Cuminns) 3인이 來朝함으로써 구체화되었다. 이 해 5월 알렌은 다이 장군이 블레인 국무장관에게 거문도를 저탄소로 차용토록 요청해 줄 것을 부탁하였는데, 이는 곧 미국이 조선을 진정으로 지지토록 하려는 이유에서였다. 비록 데니는 외국차관 교섭에는 관여하지 않았지만 국가의 경제 기반을 강화시킬 수 있는 가장 좋은 방법은 광산과 철도시설의 개발이라고 생각하고 1887년 이후부터 외국차관 교섭의 필요성을 제기하였다. 그리하여 1886년 1월말 미국의 광산기술자 피어스(A. I. Pierce), 스코트(St. John T. Scott) 및 하베이(Eugene Harvey) 등이 월 5,000불을 받기로 하고 미 공관과의 1년 계약으로 서울에 도착하여 석탄과 금광 개발을 위해 먼저 평안도 운산금광을 조사하였으나 정부는 하베이만 남아 함경도의 금광을 조사해 주길 원하였다.

이때 데니와 橫濱 주재 프레이저회사(Everret Frazar Co) 대표 페이니(Payne)는 첫째 북서지역 내의 광산권 양도 둘째, 서울과 인천간의 철도건설권 셋째, 조선정부에 225만 달러의 차관공여 계획을 작성하였다. 그러나 袁世凱는 데니가 주선한 미 차관교섭을 반대하여 香港·上海은행(Hong Kong and Shanghai Bank)으로 하여금 조선 정부와의 차관교섭의 뜻을 전하였으나 데니는 프레이저의 소식이 있기 전에는 어떤 조치도 취할 수 없다고 하여 거절하였다.

袁世凱는 자신의 압력으로 공사직을 사임하고 건강이 나쁘다는 핑계로 3-4개월간 일본에 체류하다 부산을 거쳐 이해 5월 서울에 돌아온 박정양을 청 황제의 定章과 王命을 위반한 청·조 양국의 죄인으로 몰아 그를 법에 의해 처단할 것을 요구하였다. 이에 데니는 만약 袁世凱의 말을 듣고 박 공사를 처벌할 것 같으면 자주국이 아니며, 각국은 반드시 사절을 받아들이지 않을 것이라고 설득하자 국왕은 정병하를 袁에게 보내 국가체면을 보전하기 위해 박 공사를 면죄해 주도록 요구하였다. 왜냐하면 데니는 이미 국왕의 자주독립노선을 적극 지원하기 위해 조·청관계에 대한 자신의 견해를 담아 袁의 강압적인 탄압정책을 맹렬히 비판한 청한론(China and Corea)를 발간하여 조선이 독립국임을 역설한 바 있기 때문에 국왕에게 청의 차관이나 李鴻章이 보증하는 차관도입은 궁극적으로 청의 조선에 대한 지배를 강화시킬 뿐이므로 어떠한 협정에도 반대하도록 충고하였다.

마침내 李鴻章과 袁世凱가 종전의 태도를 다소 완화하는 기미를 보이자 8월 21일 국왕은 박정양을 접견하고 다음날 그를 승지 겸 부제학에 임명한데 이어 이듬해(1890)에는 형조판서와 호조판서에 승격시켜 왕권의 자주성을 보였다. 이와 같은 국왕의 박정양에 대한 파격적인 인사조치와는 달리 영·불·독·이·러 5개국 전권사절에 임명된 심상학은 청국의 항의가 두려워 현지에 부임하지 않고 홍콩에서 2년간 체류하다 왕명도 없이 이해 귀국하자 국왕은 袁의 경고에도 굴복하지 않고 인천에 머물고 있던 심상학을 咸悅郡으로 바로 유배토록 명령을 내려 엄벌함으로써 군주의 절대권을 다시 한번 과시하였다.

이즈음 국가의 재정은 막대한 지출과 차관 이자 등으로 날로 악화되어 정부의 기선은 長崎수리소에서 수리 후 수리비의 미지불로 3개월간 묶였고, 특히 지배계층의 극심한 부정부패로 정부가 고용한 선장과 선원, 전기·전신국 기술자 및 군사고문들에게 2~8개월간 봉급을 지불하지 못하는 등 李鴻章

산하 招商局과 礦務局 빛 50만냥과 橫濱 정금은행 빚 72만불을 제외하고도 1889년 8월 말까지의 부채가 55만불에 달할 정도로 극도로 곤란한 상태에 처해 있었다. 이듬해 1월 페이니는 조선 관리들과 협상하기 위해 서울에 올 것이라는 전보를 보낸 데 이어 2월 22일 프레이저대표가 서울에 도착하여 데니를 통해 철도와 광산개발권 양도를 조건으로 한 차관에 관한 상세한 계획서가 준비되었음을 밝혔다. 28일 정부관리 2명이 그를 방문하고 "정부는 지난 8월 프레이저회사를 통해 차관하는데 관심을 가졌으나 그 이후 상황이 바뀌었다. 차관의 이자가 너무 비싸다는 이유로 더 이상 차관협상을 않겠다"는 사실을 통고하여 데니가 시도한 차관계획은 실패하고 말았다.

딘스모어(Dinsmore) 후임으로 이해 10월 부임한 허드(Augustine Heard)는 국왕에게 양국간 우의가 상호간 통상교역 확장과 생산품의 유리한 교환으로 확대되길 희망하며, 미국 정부는 결코 영토에 대한 야심이 없고 오직 조선이 자원을 개발하여 부강한 국가가 되기를 기원한다는 본국 정부의 광산자원 개발에 대한 관심을 전하였다.

그러나 블레인 국무장관이 국무성을 떠나고 포스터(John W. Foster)가 후임장관으로 취임한 이후 미국의 입장은 조선이 청과 일본에 비해 여전히 전략적·경제적 이익이 그다지 크지 않다는 이유로 전과는 달리 조선의 사건에 대해 방관자에 지나지 않을 정도로 소극적이었고 군사적으로도 군함 파견을 자제하는 등 종전의 불개입·중립적인 정책을 더욱 강화하였다. 이러한 사실은 1892년 여름에 서울을 잠시 방문한 해군장교의 보고 결과에 대해 해군성이 "조선의 해안에 미국 함대가 정박할 필요성이 없다"고 결정하고, 또한 허드 대리공사의 항의에도 불구하고 그 이후 미국전함의 조선 방문이 대단히 보기 드물었다는데 기인하고 있다. 때문에 조·미 관계는 우호적이기보다는 명목적인 상태로 유지되어 조선의 주권이 침해당하고 열강의 위협이 가중되어 갈 때 미국의 지원을 요청한 조선의 호소는 결국 무산될 수 밖에 없었다.

1892년 11월 내부협판 그레이트하우스(Clarence. R. Greathouse)와 데니의 후임 외무아문 고문 르젠드르(LeGendre)는 허드 대리공사를 방문하고 그가 러·불·독 대표와 연합하여 국왕에게 일본의 배상금 요구를 수용하는 것이 대세임을 알려 조속히 이 문제를 해결할 것을 부탁하였다. 허드는 방곡령 해제와 배상금 타결에는 협조적이어서 일본의 입장을 지지하였으며 또한 전임자 록힐(Rockhill), 딘스모어 및 자신의 강력한 추천으로 주조선 미공관 서기관으로 근무한 알렌도 같은 입장을 견지하였다. 그러나 허드 대리공사는 제주도 해안 채업권 대신 부산 영도와 전라도에 건어물 장소를 설치하려는 일본의 요구에는 "이와 비슷한 양도가 모든 외국인에 주어지지 않는다면 적극 반대한다"는 의사를 분명히 하였다.

어쨌든 방곡령을 둘러싼 조·일간 분쟁은 일본 정부가 국내에서 말썽 많은 자유당의 거물 오이시(大石)를 신임공사로 임명하자 그는 국왕을 알현한 자리에서 "만약 방곡령금지에 대한 일본의 배상 요구가 2주 내에 받아 들여지지 않으면 공관을 철수할 것이다"라고 위협적으로 경고하는 등 대조선 강경책으로 일관하였다. 마침내 李鴻章의 개입으로 조선은 관세수입을 담보로 北京으로부터 20만냥을 6%이자로 차관한 후 17만 6천불의 배상금을 지불하여 해결하였다. 미공관은 본국정부에 이 사건을 언급하지 않고 공공연하게 반대하지 않아 이를 계기로 미·일 관계는 더욱 밀접하게 되었고, 원세개 또한 현상유지를 바랬기 때문에 청·일관계도 개선될 수 있었다.

그러나 조·일 양국간의 분쟁을 해결하는 과정에서 보인 미 공사의 친일적 태도에도 불구하고 1893년 정부는 현재 운영하고 있는 전신국을 새로 설치하는 우정국과 합친 후 미국과 첫 우편조약을 체결하였고, 국왕 또한 2년간 계약기간 만기로 귀국하는 벙커(Bunker)와 헐버트(Hulbert)를 제외한 길모어(Gilmore)교사의 고용 계약을 3년간 갱신하여 주는 등 호의를 베풀었기 때문에 미국 교사들은 국왕이 누구보다 관심을 가진 25명 내지 30명의 학생들에게 정치, 경제, 국제법을 영어로 가르칠 수 있었다. 이때 주조선 미공관에 근무하고 있던 알렌은 언제든지 왕궁에 출입하고, 정부 관리들과 직접 접촉할 수 있어 미 스미소니안(Smithsonian)박물관에 과학자료를 보내 조선을 소개하였다. 또한 1893년 그는 시카고 만국 박람회에 조선의 참가를 계획 지도하면서 휴가를 이용해 직접 미국에 가서 조선 대표단의 진열관 개설을 도와주기도 하였다.

이 해 3월 말부터 동학교도 40명이 경복궁 광화문 앞에서 국왕에게 동학교조 최제우의 신원과 동학의 합법적 인정을 요구하는 상소문을 제출하는 등 시위를 단행하자 국왕은 그들이 귀가하면 청원대로 시행하겠다고 약속하였다. 그러나 이 상소 시위는 성공하지 못하고 실패함에 따라 지방관리들이 이를 동학당을 탄압하는 구실로 삼자 동학교도들은 오히려 미국 선교사들이 이 나라를 떠나도록 요구하는 榜文을 게시하여 국내 정세는 매우 혼란한 상태에 빠졌다. 이에 허드 대리공사의 요청으로 국무성이 승인한 데이톤(J. H. Dayton)함장이 이끄는 페트럴(Petrel)함과 알래스트(Alest)함이 인천에 입항하고 다음날 袁世凱가 요청한 청 전함 두 척과 英艦 세번(Severn)호가 인천항에 입항하였으며, 이틀 뒤에는 일 전함 두 척마저 입항하여 동학교도의 기세를 제압하였다.

그러나 6월 26일 허드마저 사임하고 귀국하자 미 정부가 임명한 주일본 2등서기관 헐로드(Joseph. R. Herod)가 6월말 부임하여 8월 31일까지 2개월간 대리공사직을 수행하다가 9월 1일 알렌 신임공사가 부임하였다. 이 시기 조선정부가 고용한 많은 미국 고용인들이 조선을 떠나게 되자 알렌은 국무장관 그레샴(Walter Q. Gresham)에게 "최상의 정책은 정치고문의 중요 직위를 미국인의 수중에 유지토록 하는 것이다"고 건의하였지만 미국 정부는 나머지 고용인들이 떠나도록 방치할 만큼 무관심하였다. 조선의 운명에 대해 미국무성이 분명히 보인 무관심 가운데 하나의 이유는 정치적 불안, 열악한 교통, 품질이 나쁜 화폐 및 일·청의 국내 무역독점, 세금 징수 등으로 조선에서 상인들이 챙길 수 있는 무역의 몫이 너무 적다는 것이었다.

국왕이나 미 공사들은 국정전반을 개선하고 脫華聯美정책을 방해한 袁世凱를 비난하거나, 미국의 대조선정책이 일관성이 결여되어 조선의 복잡한 문제에 대해 어떤 해결책을 주기 보다 오히려 조선의 정치적 불안만을 증가시켰다는 불만에 대해 "조선인들은 국내상황을 개선하기 위해 그들 자체는 아무 것도 하지 않고 또한 다른 국가들이 그렇게 하지 못하도록 저지만 함으로써 조선에서 계속된 실정과 무질서는 제3의 이해 당사자로 하여금 개입할 수 있는 구실을 제공해 주어 그들의 위치마저 약화시켰다"는 비판을 되새겨 볼 필요가 있겠다.

1894년 3월 28일 일본에 체류 중이던 池運永의 암살 계획 탄로로 인해 주일 미공사 허바드(Richard B. Hubbard)를 통해 미국 망명을 신청하다 거절당한 김옥균이 上海에서 피살된 사건이 발생하자 국왕은 미 공관 사무관 알렌을 통해 駐上海 미 총영사 헌터(Hunter)에게 김옥균의 시체 반환과 암살자 洪鍾宇의 호송에 협조해 주도록 요청하였으나 헌터의 개입 거절로 무산되었다. 이러한 헌터의 입장은 5월 31일 국무차관 얼(Edwin Uhl)이 승인하고 주조선 미 공관에게 간섭을 할 근거가 없다는 이유를 밝혀 미국의 불간섭정책을 재확인하는 동시에 알렌의 행동에 유감을 표시하였다. 이 해 4월초 일어난 동학농민군의 반정부운동이 정부와의 전쟁으로 확대된 것을 기화로 출병한 청·일 양국간에 무력충돌이 발생할 가능성이 높아지자 허드의 후임으로 이해 4월말 부임한 씨일(John M. B. Sill) 공사는 즉각 본국 정부에 이 사실을 보고하고 미국 선교사들을 서울로 소집하는 등 미국인의 이익과 자국민 80명의 안전을 보호하기 위해 즉각 캐랫트(S. Kerrett) 제독에게 미함 볼티모어(Baltimore)의 인천 입항을 요구하는 한편, 주일 미국공사 던(Edwin. Dun)에게 일본이 병력을 계속 증파하는 의도에 관한 정보를 알려주도록 타전하였다.

6월 9일 주일미국공사 던은 일본 정부에 "한반도에 동학난이 성공적으로 진압되었음에도 일본이 공동철수를 거절하고 조선에서 급진적 정치개혁을 시도하고 있음"에 대해 유감을 표시하는 한편 일본이 위약하고 방위력이 없는 인접국가의 영토를 불의의 전쟁터로 만든다면 미국 대통령에게 고통스러운 실망을 안겨주는 일이 될 것이다"라는 입장을 밝혀 일본이 조선의 독립과 주권을 존중해 주도록 촉구하였다. 동시에 이날 주북경 미국공사 덴비(Charles Denby)는 국무성에 청병의 조선 파견을 알리고 李鴻章은 청군대가 철수할 것임을 통고하였다. 15일 주일미공사 던은 국무장관 그레샴(Gresham)에게 일본이 파견한 군대의 숫자는 그들이 공언한 것과 일치하고 있지 않다고 전제하고 일본의 개전 가능성을 보고하였다.

22일 일본이 다시 자국민보호와 동학난의 진압, 그리고 조선의 독립을 무시한 청일 공동 관리안을 제출하여 조선을 지배하려는 본심을 드러내자 조선 정부는 주미공관을 통해 미국 정부에 평화를 유지하기 위한 지원을 호소하였다. 이에 앞서 18일 씨일 공사는 국무장관 그레샴에게 조선 국왕은 청국 군대가 철수토록 애원하고 있으나 청은 일본이 있는 한 그렇게 하기를 거절하고 있으며 또한 인천항에는 일·청·미·영·불·러 6개국의 전함 28척과 수송함이 정박하고 있다는 긴박한 상황을 보고하였다. 이에 미국 정부는 씨일공사에게 가능한 한 조선에서 평화를 보존하는 방향으로 최선을 다하도록 훈령을 내렸다. 다음날 씨일 공사는 청국은 동시 철수에 찬성하나 일본은 이를 반대하고 있어 저의를 의심받고 있으며 또한 전쟁을 원하는 것 같아 조선의 주권보전이 위협을 받고 있으며, 조선 국왕은 미국이 일본과의 중재를 원하고 있음을 타전하여 미국 정부의 개입을 정식으로 요청하는 동시에 자신은 조선 국왕의 요청으로 영·러·불 대표들과 함께 일본에 대한 동시철병 요구에 참여하였음을 보고하였다.

27일 던 공사는 본국 정부에 "청국이 양보하거나 혹은 싸우지 않으면 안된다"는 일본 외무차관 하야시(林董)의 말을 전한데 이어 다시 29일 "청일관계가 너무 위급하기 때문에 일본은 언제든지 청으로부터 공관과 영사관을 철수해야 될 지 모르며 만약 그럴 경우 미국이 청국 주재 일본 거주자들의 보호를 책임맡아 줄 수 있는지?" 여부를 일본 정부를 대신하여 물을 정도로 일본과는 긴밀한 우호적 관계를 유지하고 있었다. 이 날 국무장관은 던 공사에게 일본이 무슨 이유로 조선에 군대를 파견하였고, 무엇을 요구했는지 알아보도록 훈령을 내렸다. 7월 3일 던 공사는 "일본의 파병은 1882년과 1884년(壬午와 甲申)에 있었던 사건들의 재발을 방지하는 데 있고, 일본은 향후 소요의 방지 보장책으로 행정개혁을 원하나 청은 이를 위한 공동행동을 거절하고 있어 일본이 단독으로 개혁을 수행하고자 하며 일본은 영토적 병합의사가 없음"을 전문으로 알렸다. 그러나 陸奧重光 외상은 청이 언제나 속임수와 교활한 전략으로 일관하고 있어 일본은 무력에 호소할 수 밖에 없으며 조급한 자국병력 철수가 원상회복을 촉진시키기 보다는 오히려 극동의 평화를 위협할지 모른다고 변명하면서 던 공사에게 자국병력을 철수하지 않는 이유를 설득하였다. 이에 미 정부는 씨일 공사에게 조선과 조선 국민의 복지를 미국의 우호적 시각에서 보아 평화적 조건을 유지하는데 최선을 다하라고만 지시하여 청·일분쟁에 개입하지 않는다는 불개입정책을 되풀이하였다. 그럼에도 조선에 있던 미국 선교사들은 본국 정부의 훈령에 따르려 하지 않고 자기들이 봉사하고 있는 조선과 조선 국민을 동정하였다.

9일 미국무장관 그레샴은 조선의 독립이 위협받고 있으므로 평화유지를 위해 3차에 걸쳐 미국의 개입을 요청한 李承壽 주미공사에게 "미국은 한국의 독립이 존중되기를 희망하나 조선과 타국에 대하여 공평한 중립태도를 유지해야 하며 … 여하한 경우에도 미국은 타국과 공동으로 간섭할 수 없다"는 종전의 입장만을 되풀이하는 한편 주일 공사 던에게 "조선에 대해 신실한 우의를 갖고 있으므로 미국 정부는 일본 정부가 조선의 독립과 주권을 존중하기를 희망한다. … 만약 일본이 약하고 무방비한 이웃의 영토를 처음부터 전투장으로 만들고자 한다면 이는 미 대통령에게 고통스러운 실망의 문제가 될 것이다"라고 통고하여 결코 청·일 양국간의 분쟁이 개전으로 발전되는 것을 반대하였다. 이러한 미국의 희망에도 불구하고 일본외상 陸奧重光가 말한 것처럼 "미국은 역사적으로 일본에 대해 가장 우호적이며 신실한 국가였고 또한 미국 자신의 특별한 외교정책은 극동사태에 영향을 미쳤다"고 할 정도로 미국를 두려워하지 않았다. 어쨌든 미국은 조·미조약의 거중조정(Good offices)조항에 따라 중재를 요청했음에도 불구하고 조선의 독립과 근대화 노력에 호의적이고 동정적이었으나, 조선이 청의 지배나 일본의 침략으로부터 벗어나 독립하려는 정치적 사건에 대해서는 항상 불간섭의 원칙을 고수하는 이상의 일은 피하려고 하였다.

청·일전쟁이 진행되는 기간에도 미국은 교전국에 대해 공평한 우호적인 중립노선을 추구하였다. 그러던 중 11월 6일 미 대통령은 주일 던 공사를 통해 "만약 일본의 육·해 군사작전을 견제하지 않고 전투가 계속된다면 그 지역에 이해를 가진 제3의 국가들이 장차 일본의 안보와 복지에 불리한 해결책을 요구할지 모른다"는 우려에서 일본 정부가 미국의 중재를 수락할지 여부를 일본 정부에 타진토록 지시, 중재를 자청하였다. 이에 17일 일본 정부는 청이 먼저 평화회담문제를 제기한다면 응하되 공식적으로 이를 요청할 수 없다는 입장을 전하였다. 이를 확인한 청 정부는 명예와 권위를 돌보지 않고 주북경미국공사 덴비에게 조선의 독립인정과 군비지출에 대한 배상금을 조건으로 평화회담을 개최할 의사를 전하였다. 27일 주북경과 동경의 미국 대표들을 통하여 청의 제안이 일본에 의해 수락되지 않자, 마침 일본 정부도 주일미국공사 던에게 "청이 평화회담 문제를 끄집어내어 중재자로서 미국의 알선을 요청하였기 때문에 미국의 중재로 終戰에 대한 평화회담 문제는 쉽게 풀릴 수 있다"고 알려 미국정부가 청·일 양국의 終戰에 중재자로 나서도록 요구하였다. 이해 12월 말부터 3월 14일 이홍장이 평화회담을 위해 天津을 떠나기 전까지 미국의 중재로 청·일 양국은 사전 전권대신의 지위, 회담장소, 전권대사 자격의 시비문제, 사전조약 내용 그리고 특히 회담 중 이홍장의 피격과 같은 사건을 포함한 가장 어려운 배상금액과 영토문제를 해결한 후 이듬해인 1895년 4월 17일 下關條約이 체결된 것을 계기로 미국의 대조선 외교정책도 친일노선으로 급선회하고 말았다.

3) 조·러관계

러시아의 대조선 기본정책은 일본처럼 조선을 독립국으로 인정하는 것이었다. 종래 러시아의 소극적인 대조선정책이 1884년 조·러수호조약 체결을 계기로 적극적 정책으로 전환되려는 시점에서 영국의 거문도점령사건이 발생하였고 또한 제 1, 2차 조·러밀약사건이 일어난 탓으로 러시아 정부는 종래의 동북아정책을 재검토하게 되었다. 1886년 여름 러시아는 조선 영토가 침략당하면 러시아도 부동항을 점령할 것이라는 결의를 청을 비롯한 열강에게 보이기 위해 쾌속선 베스티니크(Vestinik)를 파견하여 조선의 독립을 보호한다는 의지를 보여 줌으로써 우회적으로 이홍장에게 영국 함대의 거문도 철수에 동참하도록 압력을 가하였다.

이어 1886년 9월 12일, 25일, 29일, 10월 1일의 네 차례 회담 끝에 체결된 李-라디겐스키협정(청·러천진협정)에서는 조선의 영토보전에 대한 비밀보장 즉 첫째, 조선과 청, 조선과 각국과 관계는 현상을 유지하며 둘째, 조선의 영토보전을 보장하고 셋째, 조선국왕의 자주권을 인정하여 장차 조선에서 예기지 않은 사태가 발생했을 때 조선이 이를 자주적으로 처리하고 청·러 양국간의 협정에 의해서만 변경할 수 있다는 데 의견을 같이 하였다. 이 조약의 제3조는 러시아가 오히려 청국을 이용하여 청·러 양국이 조선을 공동으로 통치하려는 야심을 드러낸 내용이기 때문에 이홍장이 거절하여 두 사람은 조선의 영토보전에 관한 구두협정으로 종결지었다. 10월 30일 청은 주북경

영국공사 월샴(John Walsham)에게 이같은 청·러 천진협정을 전달하는 한편 다시 영국이 요구한 서면보장(他國不占保障)을 제시하였다. 그리하여 이듬해 2월 27일 영국 함대가 거문도를 철수하여 조선을 위요한 긴장이 크게 완화되었다. 무엇보다 청은 영국의 적극적인 지지하에 조선에 대한 종주권을 강화하여 조선의 외교에 직접 관여함으로써 조선국왕의 독립국가 노선에 쐐기를 박았다는 사실에서 李鴻章의 외교적 승리라고 할 수 있다.

그러나 영국 함대의 거문도점령사건을 전후하여 보여준 영·청간의 협력적인 태도로 인해 영국 함대의 철수 직전인 2월 7일 러시아는 동북아 문제를 논의하기 위한 특별회의를 소집하였다. 이 자리에서 동북아지역 현지 책임자인 아무르총독 코르프(Adjnntant General Baron Korf)는 청국 군대와 영국 함대는 동아시아에서 러시아에게 심각한 위험과 조선에 대한 분쟁을 야기시킬 수 있고, 따라서 조선에서의 영토획득은 러시아에게 이익을 가져다 주는 것이 아니라 오히려 새로운 국경지역과 원산·영흥만을 위해 막대한 대가를 치르게 하여 전반적인 러시아의 지위 약화를 초래할 것이라는 의견을 내놓았다. 이 회의의 결과 코르프와 총독 이그나티에프(N. P. Ignatiev)가 짜아르 정부에 시베리아 횡단철도의 건설을 청원하여 러시아 정부는 종래 극동의 방위를 해군력 강화에만 의존하지 않고 육군력의 강화를 모색하는 새로운 방위정책을 채택하여 당분간 평화를 유지한다는 것이었다. 뿐만 아니라 이 시기에 극동지역의 러시아 관리들은 청에 대한 방위로서 사용될 시베리아 횡단철도의 필요성을 언급하기 시작한 이후 1888년 2월 2일 페테르부르크에서 열린 특별회의에서 러시아가 조선으로 영토를 팽창하거나 부동항을 점령할 경우 영국과 청국이 이를 좌시하지 않을 것이므로 그들의 극동정책을 강화할 때까지는 지금까지 추구해 온 평화적인 현상유지책을 지속하기로 재확인하였다.

또한 이 해 4월 26일과 5월 8일 러시아정부는 프리아무르(Priamur)의 총독 겸 방위군사령관 코르프(A. N. Korf)와 외무성 아시아국장 겸 추밀원 고문관 지노비에프(I. A. Zinovieff) 사이에서 검토된 러시아의 조선에 대한 기본 노선을 반영하였다. 특히 이 회담에서 그들은 러시아에 의한 조선병합은 조선이 빈한하고 방위하기 어려우며 러시아의 국력의 중심지에서 멀리 떨어져 있고 해군의 공격을 노출시켜서 바람직하지 않다는 것이며 조선을 점령하려는 어떤 시도도 영국·청 및 일본의 적개심을 불러 일으키기 때문에 조선의 독립을 유린하는 어떠한 조선병합에도 반대한다는 입장을 표명하면서 다음과 같은 결론을 내렸다.

첫째, 라디겐스키와 이홍장간에 체결한 청·러 비밀협약을 준수하며 조선의 획득은 러시아에게 이익을 주지 못할 뿐 아니라 또한 상당한 불이익의 결과를 가져오며 둘째, 상업적인 면에서 조선이 너무 貧國이고 중앙에서 너무 멀리 떨어져 군사적으로 방위가 어려워 불이익과 어려움이 따르며 셋째, 그럼에도 만주의 첨단에 위치한 조선은 러시아에게 중요한 전략적 기지로 바꿀 수 있다고 하더라도 이 기지의 방위와 관련하여 불편과 곤란이 따르기 때문에 충분한 군사력을 발휘할 수 없고 특히 극동지역에서의 러시아 자신의 속령에서 제조업이 없어 러시아에 유익한 통상시장이 될 수 없고 경제적 가치가 적으며 넷째, 연해주의 제한된 재력때문에 조선으로의 영토확장은 재정적으로 부담스러우며 다섯째, 러시아의 조선병합은 영국뿐만 아니라 청과의 국제관계를 파괴하며 만약 청·일 양국이 동맹하게 되면 러시아의 입장이 매우 난처해지므로 러시아는 청·러 천진협정의 정신을 준수하며 조선의 점령을 반대한다.

러시아 정부는 이들의 견해와 입장을 수용하여 청과의 전쟁을 피함으로써 조선영토의 불침방침을 세운 이후 특히 1888년 봄 러시아 정부 고위회담에서 "근래 수 년간 경험한 증명에 근거하여 러시아의 정치이익의 주요 집중은 조선에 있다. 조선은 우리의 중요한 전략거점이 될 것이다"는 결론을 내렸다. 이와 같은 조선의 정치적, 군사적, 전략적 가치를 본국 정부의 외교정책에 반영하고자 웨베르는 정부와 가진 회담에서 첫째, 조선은 독립하기에 너무 약소국이므로 청국과의 관계를 변화시키는 어떤 조치도 취하지 말고 현재의 관계를 유지하거나 청이 조선내정을 간섭할 구실을 제공하는 어떤 일도 피하도록 자문할 것 둘째, 러시아 단독으로 조선의 이익을 보호하는 것은 러시아에 이익이 되지 않고 오히려 곤란을 가져다주기 때문에 서울주재 외국사절대표의 협조를 구해 외부로부터의 지원을 받을 것 셋째, 조선의 내정에 대한 러시아의 간섭은 극히 조심스러워야 하며 또한 러시아의 간섭이 조선의 내란이나 분규를 저지시킬 수 있는 경우에만 한정하며 넷째, 조선의 국제적 지위를 보장받는 확실한 길은 조선이 발전하는 방법 밖에 없으니 이 점에 대해 조선정부의 주의를 환기시킨다는 네 가지 사항에 합의하였다.

다시 말하면 조선의 경제적, 군사적 가치가 곧 러시아로 하여금 청국의 조선 속방정책을 반대하거나 직접 청국과 대결할 만큼 크지 않기 때문에 러시아는 되도록 조선에서 청·일의 이해관계를 존중하며 특히 청국의 의심을 사지 않고 영국과의 관계를 악화시키지 않는 방향으로 신중한 정책을 견지하는 것이었다.

이 해 7월 원세개는 정부가 조·미 조약의 규정에 따라 주미공사의 파견결정을 사전에 청국과 협의하지 않았다는 이유로 이를 저지하자 웨베르는 미국정부가 어느 정도 조선에 지원할 것인가 알지 못했기 때문에 미국의 대조선정책을 공개적으로 지지하지 않아 매우 어려운 입장에 처했었다. 그러나 이홍장은 국왕의 파사결정을 자국의 안보와 직결된 종주권의 도전으로 판단하여 원세개의 간섭정책을 적극 지지하였다. 조선을 독립국으로 인정한 일, 러는 조선의 미 파사를 지지하지 않고 반대하는 태도를 취하여 오히려 러, 일관계는 상호협력하는 계기가 되었으며 청·일관계 또한 개선되었다.

이해 8월 러시아공사 웨베르는 미국공사 데니의 적극적인 도움을 얻어 외아문 독판 趙秉式과의 사이에 오랫동안 해결하지 못한 두만강 변경지역의 무역을 정상화시키고 또한 자국상인들의 안전한 교역을 도모하기 위해 변경 육지 100리 내에 무역지대 설치를 허용하는 조·러 육로통상장정을 체결하였다. 이 조약은 군사나 정치적 합의는 포함되어 있지 않고 성격상 전적으로 통상장정이었다. 그러나 러시아와의 무역은 사실상 미미했기 때문에 경제적인 면에서 5%의 종가세 부과 규정은 성공적은 아니었지만 이 조약으로 조선의 항구와 블라디보스톡간에 증기선이 운행하게 되었고, 경흥에 영사관이 설치되었으며, 전혀 무역거래가 없는 부산에도 러시아 영사가 주재하게 되었다. 따라서 이것은 러시아가 조선에서 거둔 크나큰 외교 성과로 볼 수 있지만 열강 제국은 러시아가 이 조약을 조선의 북동지역에 침투하여 영홍만 주변지역을 지배할 수단으로 믿어 러시아의 조선에 대한 의도와 조약 내에 비밀협약이 첨가되지 않았는가 의심을 불러 일으켜 러시아를 더욱 경계하였다.

조·러 육로통상조약이 체결된 후 청은 조선을 독립국으로 대우하여 이 조약을 체결한 러시아의 의도를 의심하였기 때문에 러시아 외상 기어즈(Giers)는 이홍장에게 "청·러 천진협약에 제3국의 가입을 성문화하자"고 역제의하였다. 그러나 이홍장은 오히려 이 협상을 이용하여 영·일 및 러에게 조선이 청의 속국임을 명문화할 것을 고집하여 그들과의 협상은 자연 이루어질 수 없었다. 실제로 러시아는 조선과의 교역을 통해 별로 이득을 얻을 수가 없었고 이러한 상황은 쉽게 개선될 수도 없었다. 왜냐하면 조선의 시장은 청·일 양국의 상인에 의해 이미 잠식되어 있었고 러시아 상품까지 소화해 내기에는 너무나 협소한 시장이었기 때문이다. 뿐만 아니라 거리상 러시아가 조선까지 병력수송을 하기는 거의 불가능했으며 당시 그들 해군력으로서 조선의 긴 해안선을 방위할 능력도 없었다. 그러므로 극동지역에서 상대적 열세를 인식한 러시아는 영국과 청이 연합하여 블라디보스톡과 시베리아지역을 침범할지 모른다고 우려하여 조선에서 이들을 자극하지 않았고 또한 일본에 대해서도 호의와 우의적인 태도로 일관하는 신중한 정책을 추구하였다.

이처럼 러시아는 조·청간의 전통적인 관계, 러시아의 대외진출을 견제해 온 영국 그리고 새로운 강대국으로 성장하고 있는 일본 등을 의식하였기 때문에 조선에서 우위를 확보할 적절한 시기를 택하지 못하고 중립적인 관망정책을 견지하였다. 따라서 러시아의 신중한 외교노선은 경제적·전략적 측면에서 어려움을 타개하려고 추진된 시베리아 횡단철도가 완성될 때까지 지속되었다.

이와 같이 러시아는 그들의 명예가 손상되지 않는 한 조선에서의 청의 활동에 소극적으로 반대하였으며 때로는 청의 종주권을 묵인하여 조선의 현상유지를 희망하였다. 이에 따라 청으로부터 독립을 유지하기 위해 미국 다음으로 러시아를 선택하여 청·일·영을 견제하기를 바란 조선의 기대는 결국 러시아가 극동지역 특히 조선에서 청·일의 이익을 침해하지 않고 영국마저 자극하지 않으려는 소극적이고 신중한 대조선정책으로 인해 무산되고 말았다.

갑신정변 이후 1889년까지 5년간 軍制와 군비를 정비한 일본은 해군력을 강화하여 함대 톤수나 기술적인 면에 있어서 러시아의 해군력을 압도할 수 있을 만큼 증강시키자, 이해 5월과 6월 프리우수리 총사령부 소속 베텔(F.

Vetel)중령은 일찍부터 거론되어 온 영흥만의 전략적 중요성을 확인하고자 현지조사를 단행하였다. 조사 결과는 영흥만의 방위에 막대한 비용이 소용되고 영흥만이 러시아 변경에서 산길로 650㎞(3,000리)나 떨어져 있으며 겨울 2개월간은 결빙하여 만약 일본과 러시아가 開戰할 경우 일본이 조선 해협을 봉쇄한다면 러시아 함대는 동해에 갇혀 사실상 영흥만을 전략적으로 이용할 수 없으므로 조선을 전적으로 무시해도 무방하다는 보고였다.

이 해 일본에서 대러강경론자이며 군부의 최고 실권자인 야마가타(山縣有朋)가 집권하자 러시아측은 일·러조약 수정에 대한 비준을 지연시켰다. 이로 인해 1885년 영함의 거문도점령사건으로 결속되고, 1887년 10월 박정양 공사의 派美를 둘러싸고 袁世凱의 대조선간섭정책을 적극 반대하지 않음으로써 일시 형성된 러·일본간에 좋은 감정은 사라지게 되고 러시아에 대한 일본의 국내여론마저 악화되어 불신으로 변하였다.

1890년 6월 청이 山海關에서 만주를 거쳐 瀋陽까지의 철도부설을 영국인 기사 킨더(M. C. W. Kinder)와 계약하자 이에 자극을 받은 러시아 외상 기어즈가 철도의 중요성을 인지함에 따라 마침내 이듬해 2월 3일 특별회의에서 시베리아 횡단철도 건설을 만장일치로 결정하였다. 1891년 2월 27일과 3월 5일 각료회의에서도 상기 철도의 건설수단과 방법을 정하고 5월 31일 니콜라이(Tsarevich Nicholas)가 극동여행길에 올라 경제적, 전략적 목적을 고려한 상기 철도 건설공사의 기공식에 참석하여 러시아의 극동정책 수행이 구체화된 것을 계기로 일본은 시베리아철도가 완성되기 전 대륙침략을 위해 청국과 一戰을 결심하게 되었다.

그러나 이 해 8월 러·불 정치협정이 체결되기 전까지 극동에 별다른 관심을 보이지 않았던 위테(S. I. Witte)가 9월 11일 재무장관 서리직에 임명되자 그는 극동과 시베리아 횡단철도의 국내외적 중요성을 인식하여 이 공사의 진행방침을 결정하였다. 왜냐하면 그는 이 시베리아 철도의 완성으로 구주에 中國茶의 급속한 수송이 중국에 생산품을 수출할 새로운 기회를 제공하고 동시에 러시아로 하여금 면사, 면, 금속제품의 판매에서 청에서 영국과 경쟁할 것으로 기대하여 이 철도가 러시아와 청경제의 단합의 토대를 마련해 막대한 경제적 이익을 줄 것이라고 판단한 때문이었다. 특히 1893년 12월

러·불 군사동맹이 체결되자 위테는 이 철도가 러시아의 극동함대를 유지하는 데 상당한 힘을 실어 줄 것이며 구주나 극동에서 정치적 분규가 있을 경우 태평양 해역의 모든 상업적 활동을 좌우하는 특별히 중요한 의의를 가질 것이라고 예측하였다.

이러한 급박한 국제관계하에 이즈음 조선 정부가 발표한 방곡령과 이듬해 봄 上海에서 일본 정객 大倫의 자금이 연루된 김옥균 암살사건을 처리하는 과정에서 보인 청의 석연치 못한 태도는 일본 여론을 악화시켜 그들에게 청에 대한 개전의 명분과 구실을 제공하였다. 동학농민전쟁의 발발을 계기로 청·일은 자국의 이익을 고수하기 위해 조선에 각각 대규모의 군대를 파견하여 대치함으로써 양국간의 충돌은 불가피하게 보였다. 당시 휴가차 北京에 갔다가 주청 러시아공사 카시니(A. P Cassini)의 부탁으로 잠시 업무를 맡게 된 웨베르와 불 대표를 제외한 주조선 각국 대표들은 그들의 본국 정부에 조선에서 시시각각 일어나는 청·일 양군의 동정과 사태진전을 보고하고 이에 대한 대책을 지시해 주도록 건의하였다.

6월 초까지 러시아 정부는 주조선 공관으로부터 현지상황을 보고 받지 못하였기 때문에 구체적 방침도 세우지 못한 채 단지 사태의 진전만을 관망하고 있었다. 러시아 정부가 청·일 분쟁 조정에 나서기 위해 구체적인 태도를 표명한 것은 이홍장이 6월 9일 주북경 영국 공사 오코너(Nicholas R O'conor)와 비밀회담이 실패한 후 20일 휴가차 귀국 길에 天津에 들른 카시니에게 조선에서 일본군과 공동철수를 중재해 주도록 정식으로 요청하여 카시니가 본국 정부에 이를 보고함으로써 시작되었다.

이홍장이 전통적인 '以夷制夷策'의 일환으로 러시아를 청·일분쟁에 끌어넣어 이를 해결하려고 한 것은 오코너가 이미 불개입정책을 표명하여 조정역할을 거절하였기 때문에 李는 카시니에게 1886년 청·러 협정에 규정된 상호 조선 영토 불침범 보장조항을 내세워 러시아의 중재로 자신의 공동철수안을 관철시키려고 하였다. 李의 접근책은 만약 러의 개입으로 조선에서 청·일 양국의 충돌을 방지할 경우 어떠한 희생도 치르지 않고 한반도와 동북아에서 청·러 양국의 영향력을 대폭 증대시킬 것이며, 이로 인해 동북아에서 영국의 입지가 약화될 것이라는 그 나름대로의 계산에서 비롯되었다.

이 날 李의 공동철수 요청과 청정부의 명의로 된 중재요청을 카시니를 통해 정식으로 제의받은 러시아 외상 기어즈는 사전에 이홍장과 오코너간에 영국의 거중조정 교섭이 실패한 사실을 알지 못했기 때문에 카시니에게 "天津에서 이홍장과 접촉하여 교섭을 진행하라"고 통고하고 주일본 러시아공사 히트로프(Mikhail Hitrovo)에게도 청·일 양국군대가 동시에 조선에서 철수하도록 일본 정부를 설득하도록 훈령하였다.

다음 날 본국 정부의 전문을 받은 카시니는 파블로프(A. F. Pavlov) 參使를 통해 이홍장에게 마치 러시아는 일본이 동시 철병을 않는다면 강압적인 방법(무력사용)도 불사할 것 같은 강경한 본국 정부의 입장을 전하였다. 히트로프공사도 이 날 일본 외무경 무츠 무네미츠(陸奥宗光)를 방문하고 러시아의 대일요구가 이홍장의 중재요청에 의한 것임을 전제한 후 청·일 양국이 평화적 방법으로 분쟁을 해결하기를 원한다는 본국 정부의 뜻을 전달하였다. 그러나 陸奥는 히트로프공사에게 청이 일본과 공동으로 조선 내정개혁에 참여한다면 청·일 공동철병 의사를 고려하겠고, 일본은 절대 먼저 개전하지 않겠다는 의사를 분명히 밝혔다. 그럼에도 약속과는 달리 陸奥는 이미 오토리(大鳥圭介)공사에게 어떻게 해서든지 開戰의 구실을 찾으라고 훈령을 내리는 한편 17일 청의 공동철수 주장에 대하여 조선의 내정개혁에 대한 공동계획을 제의하여 러시아의 공동철병 권고를 사실상 무시하여 버렸다.

이러한 상황하에 히트로프는 일본의 확고한 개전 의사를 간파하지 못하고 본국 정부에 일본이 개전을 바라지 않고 있는 것을 믿을 수 있는 이상 양국의 충돌은 피할 수 있을 가능성이 있지만 어떤 국가가(청국) 러시아로 하여금 동북아의 분쟁와중에 끌어넣기를 바라고 있다고 하여 이홍장이 영국의 중재제의설을 구실로 러시아를 청·일 분쟁에 끌어들이려는 이중외교행각을 비난하면서 카시니와는 달리 본국 정부의 개입을 적극 반대하였다. 이에 기어즈외상은 처음의 적극적인 태도와는 달리 한 발짝 물러서서 카시니와 히트로프에게 이홍장이 요구한 러시아의 중재는 오직 청·일 양측에 의해 요청될 때만 받아들여 조선에서 공동철수를 실행한다는 조건을 붙여 사실상 카시니의 적극 개입요청을 거절하였다.

그러나 이 때는 일본이 공동내정개혁안에 참여를 거절한 청에 제1차 절교서를 전달하여 그들은 결코 철병하지 않겠다는 뜻을 통고하고 단독 내정개혁을 밝힌 이후였고, 大鳥공사는 이를 계기로 국왕에게 6월 26일까지 내정개혁위원임명을 요구한 상황이었다. 이에 외아문 독판 趙秉稷은 러시아 참사 케아르버그(Paul De Kehrberg)를 위시한 서울 주재 각국 사절대표들에게 이들 외교 대표들이 청·일 대표들에게 공동철병 단행을 촉구해 주도록 부탁하자 이들은 공동명의로 즉각 일본의 내정간섭을 비난하는 서한을 보냈다. 그러나 大鳥공사가 내정개혁과 종속 두 문제에 대한 정부의 회답을 29일까지 요구하던 날 케아르버그는 오히려 본국 정부에 동학난이 이미 평정되어 조선 국왕이 각국 대표들로 하여금 자국정부에 동북아의 평화를 유지하기 위해서라도 청·일 공동철병을 관철해 주도록 정식으로 요청한 사실을 타전하였다.

러시아 정부는 즉각 주청·주일 공사에게 조선 정부의 공동철병의 뜻을 주재국가에게 알리도록 훈령하였다. 이 가운데 기어즈외상은 히트로프에게 일본 정부로 하여금 이해시키도록 할 것은 만약 일본이 조선에서 공동철병을 방해할 때는 일본 스스로 중대한 책임을 져야할 것이라는 전보다 강경한 입장을 시달하였다. 6월 30일 히트로프는 다시 외무성을 방문하여 陸奥 외상이 표현한 것처럼 '모골이 송연할 느낌을 줄 정도'의 강경한 철병권고를 하기에 이르렀다. 러시아의 강경한 태도에 대해 陸奥는 이것이 분명 러시아의 무력개입을 뜻하는 것으로 생각하면서도 조선에서 아무 것도 이루지 못한 채 철병할 수는 없는 처지여서 사안이 중대한 만큼 최종회답을 하기 전 내각과 상의해야 된다고 히트로프에게 완곡한 표현으로 확답을 회피하였다.

한편 카시니는 7월 1일 본국정부에 "이홍장은 청국이 조선의 내정개혁이 필요하다고 인정하고, 이 개혁의 문제는 서울이나 天津에서 러·청·일 대표들이 참석한 회의에서 해결되어야 한다는 데 의견을 같이했다"고 하여 이홍장이 이미 청·일·러 삼국회의를 제안한 것처럼 보고하여 본국정부의 적극적인 개입을 요청하였다. 그러나 이 때 러시아 정부는 영국공사 라셀레스(F. Lascelles)가 이미 6월 30일 러시아 외무성 아시아국장 카프니스트(Count Kapnist)를 만나 "영국 정부는 억지로 개입하지 않을 것"이라는 불개입정책을 천명했을 뿐 아니라 카시니가 이홍장의 요청을 받아 히트로프로 하여금 일본 정부에 "만약 일본이 열강의 권고를 거부한다면 열강은 적절한 조치를 취할 것"이라고 통고해 주도록 부탁한 사실마저 털어놓았다. 이에 카프니스트국장은 카시니와 이홍장이 러시아를 청·일분쟁에 끌어들여 공동철병을 관철하려는 장본인들임을 확인하였다. 따라서 조선에 관한 한 영국의 견제를 받고 있으므로 그는 러시아 정부가 조선의 현상황을 유지하는 것이 자국의 이익에 부합한다고 판단한 탓으로 영국이 사실상 반대하는 카시니의 삼국회의 제의를 거절하였다.

7월 2일 일본 정부는 히트로프에게 "아직 조선사변을 조성한 근본적인 원인이 제거되지 않아 철병하지 못하고 있고, 일본은 조선영토를 침략할 뜻이 없다"고 회답하여 러시아의 철병 권고를 완곡한 표현으로 거절하였다. 이에 러시아는 "일본이 조선 영토를 침략하지 않겠다"는 통고는 러시아 정부를 만족시켰기 때문에 더 이상 공동 철병이나 삼국회의를 재론않기로 방침을 세웠다. 그럼에도 7월 5일에는 카시니를 대신하여 總理衙門을 방문한 조선주재 러시아대표 웨베르는 이홍장이 조선문제 처리에 전권을 가지고 있는지의 여부와 그가 적극 지지한 삼국회의에 대한 청국 정부의 입장을 타진하였다. 그러나 總理衙門 대신들은 이홍장이 전권의 일부를 가지고 있음을 시인하고 삼국회의는 카시니가 제의한 것이라고 해명하면서 확답을 회피하였다.

7월 6일 카시니는 히트로프로부터 일본정부가 러시아의 권고를 거절하여 이젠 '평화적 방법은 절망적'이란 전문을 받았다. 그럼에도 카시니는 본국 정부에 다시 조선 반도에서 일본의 독점세력 구축을 좌시해서는 안된다고 하여 시종일관 러시아정부의 개입을 요청하였다. 그러나 러시아는 이미 청·일분규의 와중에 휩쓸리기를 원치 않고 일본에 대한 철병권고를 우호적인 성격에 국한시켰음을 알리면서 카시니의 주의를 환기시킨 후 그의 개입 제의를 수용하지 않았다.

카시니가 삼국회의을 제의한 사실을 확인한 주청 역국공사 오코너는 자기나름대로 열강 오국회의에 의한 공동간섭책을 청 總理衙門과 이홍장에게 역제의하여 청·일 분쟁해결에 주도적인 역할을 담당하고자 하였다. 그러나 그는 이같은 열강오국회의나 조선문제의 최종결정권이 청국 정부와 이홍장 중 누구에게 속하고 있는지조차 알 수 없는 데다 일본도 이 제의를 수락하지 않았다. 이에 영국 정부는 청·일 양군의 충돌을 피하기 위해 일본은 남쪽을, 청국은 북쪽을 점령하는 조선 영토 분할점령안을 제의하여 양국 분쟁해결의 타결책을 다시 제시하였다. 그러나 이즈음 청·일간의 대립과 갈등으로 정치적 위기에 처한 청정부내의 분위기는 慶親王을 비롯한 翁同龢가 주전론자로, 西太后를 비롯한 李鴻章은 주화론자로 분열되어 있었고, 청정부 내에 국가 위기관리의 최고책임자와 결정자가 누군지 분명하지 않아 권한과 책임의 소재와 한계를 분별할 수 없는 상태에서 적절한 대안이 마련되거나 해결책이 나올 수 없었다.

물론 청은 영국의 열강 5개국 간섭안과 분할점령안에 동의하였다. 그러나 일본정부는 7월 23일 이미 조선에 최후 통첩을 보냈고, 영국의 조정 성의와 노력을 외면할 수 없어 영국의 제안을 거절하지 못했을 뿐이었다. 일본정부는 청 정부에 첫째, 청국의 增兵과 조선내정개혁에 일본이 단독 참여하며 둘째, 조선에서 청과 '정치상'이란 명문으로 표시하여 동등한 권리를 향유하고 셋째, 청국의 내정개혁 불참을 조건으로 청 정부와 타협한다는 전보다 더 가혹한 제의를 전달하여 사실상 영국의 제의를 거절해 버렸다. 영국은 이와 같은 일본의 요구가 분명히 이홍장과 伊藤간에 체결한 천진조약의 정신을 위반한 것이라고 간주했지만 일본의 개전의사를 꺾을 수는 없었다.

7월 14일 이미 정부로부터 개전준비를 지시받은 이홍장은 조선에 그들 병력을 수송하기 위해 차용한 1,353톤의 高升號가 7월 28일 조선의 豊島 근해에서 일본전함 나니화하라(吉野) 등 3척에 의해 피격 침몰되는 사건을 계기로 국가의 체면, 권위와 자존심마저 짓밟힌 청정부가 8월 1일 먼저 선전포고를 하여 청·일 양국은 전쟁에 돌입하였다. 이로 인해 2개월간 이홍장이 以夷制夷策으로 영·러 양국의 조정을 끌어들여 청·일간의 분쟁을 해결하려던 외교적 노력은 아무 보람도 없이 무산되고 말았다. 以夷制夷策은 약소국이 강대국의 침략에 대항하기 위해 열강간의 모순을 이용하여 견제의 효과를 얻는 데 있다. 그럼에도 이홍장은 자국이 경제와 군사력 및 정확한 정책을 준비하지 못한 상태에서 열강의 모순과 상호 견제만을 이용하려다 실패함으로써 오히려 그들 자신이 이들 열강의 희생물이 되고 말았다는 역사적 교훈을 되새길 필요가 있겠다. 그러나 러시아는 조선에서 현상유지를 바라는 영·러협정에 따라 영국과 공동보조를 취했을 뿐 아니라 또한 그때까지 만주, 사할린 일대 및 조선에서 그들의 이해관계가 치명적으로 침해받았다고 판단하지 않았기 때문에 개입정책에 반대하는 소극적인 신중한 태도로 일관하였다.

청·일전쟁 발발 초기인 8월 9일 추밀원 위테와 조선 국경에 군대증강을 할 시기가 아니라고 판단한 재무부 장관이 회의를 개최하였다. 이 회의에서 이들 양인은 첫째, 청·일전쟁에 적극적 개입이 러시아의 이익에 부합되지 않으므로 조선 문제는 다른 이해 당사국과 상치되지 않는 정책을 추구하고 교전국에 조속한 종전과 조선 문제를 외교루트를 통해 해결하기 위해 최선을 다하며 둘째, 특히 중립선언은 하지 않고 청·일 정부에 러시아의 이익을 존중할 것과 조선 국경에 대한 오해를 구실로 하는 어떠한 일도 피하도록 주의를 환기시키며 셋째, 청·일 문제는 조선에서 현상유지가 바람직하며 넷째, 조선 국경에 인접한 지역에서 예측할 수 없는 증원부대의 문제에 대하여 필요하다면 반노프스키(A. Vannovsky)장군에게 필요한 부대의 개설을 위해 재무장관과 협정을 체결할 것에 합의하는 등 독자적 불간섭 정책을 채택하기로 합의하였다. 어쨌든 청·일전쟁을 계기로 영국을 비롯한 구미열강과 러시아의 동북아 진출은 현저히 나타났고 청의 패전으로 야기된 동북아 국제환경의 변화 속에 일본이 조선과 청에서 획득한 정치적 우위와 경제적 특권은 러시아에 의해 견제될 수밖에 없었다.

〈朴日根〉

Ⅱ. 조선정부의 대응(1885~1893)

1. 통치기구의 재정비
2. 민씨척족정권의 시정
3. 독립외교의 추진
4. 개화정책의 추진과 좌절
5. 외국인 고문의 고빙

Ⅲ. 조선정부의 대응(1885~1893)

1. 통치기구의 재정비

갑신정변은 조·청 양국간의 종속관계를 청산하고 전통적인 체제를 개혁함으로써 근대국민국가를 건설하려고 시도하였다. 그러나 이 정변의 실패로 서구의 제도와 문물을 적극적으로 수용·발전시키려고 노력했던 金玉均·朴泳孝·洪英植·徐光範 등 이른바 急進(變法)開化派는 살해당하거나 일본으로 망명함으로써 정계내에서 제거되었다. 아울러 '開化'라는 말조차 꺼낼 수 없을 정도로 개항 이래 추진되어 왔던 개화·자강운동은 위축되지 않을 수 없었다.

이러한 상황 속에서 청국의 후원을 받았던 金弘集·金允植·魚允中 등 漸進(穩健·時務)開化派는 의정부 중심의 전통적 행정기구의 요직을 차지하여 정변으로 인한 정치·사회적 혼란을 수습하는 데 앞장섰다. 1884년 10월 19일부터 21일에 걸쳐 단행된 인사개편에서 갑신정변 당시 청국군의 개입을 袁世凱에게 요청하였던 沈舜澤은 領議政에, 정변에 비판적 태도를 견지하였던 김홍집은 左議政 겸 統理交涉通商事務衙門(外衙門) 督辦에, 김윤식은 兵曹判書 겸 江華留守와 통리교섭통상사무아문 協辦에, 어윤중은 宣惠廳提調에 각각 임명되었던 것이다. 반면에 민씨척족 중에서는 閔泳翊이 前營使에, 그리고 閔種默이 漢城判尹에 등용되었을 뿐이었다.

그후 1884년 11월 24일 김홍집은 特派全權大臣으로 임명되어 갑신정변의 善後처리를 위해 내한한 일본측 전권대신 井上馨과 漢城條約을 체결하였고, 어윤중은 11월 7일에 호조참판을 겸직한 데 이어 1885년 1월 8일에 貢市堂上에 임명되었다. 특히 김윤식은 12월 7일 통리교섭통상사무아문 독판으로 승진되어 외교업무를 장악하면서 고종과 민씨척족이 引俄拒淸策의 일환으로 추진한 제1차 조러밀약을 무효화시키는 데 중요한 역할을 담당하였다. 이로써 조선정계 내에서는 청국의 후원을 받은 김홍집·김윤식·어윤중 등이 군사·재정·외교권 등을 장악하고 민씨척족세력을 견제하면서 국정을 주도하게 되었다.[1]

한편 갑신정변을 무력으로 진압한 청국은 1879년 이래 취해왔던 조선에 대한 소극적인 견제정책을 버리고 적극적인 간섭정책을 취하기 시작했다. 청국의 대조선정책을 입안했던 北洋大臣 李鴻章은 정변발생의 근본원인을 고종의 우유부단과 민씨척족의 전횡, 그리고 일본의 책동에 말미암은 친일적 개화파의 반청 자주노선의 추구 등으로 파악하고 조선의 내정·외교에 깊숙히 관여·조정하는 정책을 채택하였던 것이다.[2]

우선 청국은 온건개화파들을 앞세워 반청세력의 기반이었던 기구 및 제도를 개편함으로써 자국의 영향력을 확대·강화시켰다. 이러한 청국의 의도는 정변 직후 고종이 1884년 10월 20일부터 23일까지 下都監에 駐防한 淸軍의 營務處에 머물면서 總理營務會辦朝鮮防務 袁世凱의 권고에 따라 이뤄졌던 제반 조치에 잘 반영되어 있다. 고종은 10월 21일에 정변 당시 반포된 모든 傳敎를 환수하는 동시에 郵政局을 혁파하고 統理軍國事務衙門을 議政府에 '合付'시켰다. 특히 통리군국사무아문을 폐지한 것은 청국이 조선의 개화·자강사업을 통제하는 한편 이 기구를 통해 실권을 행사하고 있던 민씨척족세력을 견제·약화시키는 데 그 목적이 있었던 것이다. 이어 11월 30일에 고종은 金允植이 代撰한 綸音을 반포하여 모든 국정을 議政府에 위임한다는 뜻을 밝힘으로써 갑신정변에 대한 자신의 책임을 인정하고 정국 운영권을 의정부에 넘겨주었다.[3]

---

1) 尹致昊 著·宋炳基 譯, 《尹致昊日記》 上(探求堂, 1975), 295·301쪽 ; 中央研究院 近代史研究所 編, 《淸季中日韓關係史料》 3(臺北 : 中央研究院 近代史研究所, 1972), 1541쪽.

2) 1885년 10월 11일 駐箚朝鮮總理交涉通商事宜 袁世凱의 부임으로 본격화되었던 청국의 대조선 적극정책에 관해서는 林明德, 《袁世凱與朝鮮》(臺北 : 中央研究院 近代史研究所, 1972) ; Young Ick Lew(柳永益), "Yüan Shih-k'ai's Residency and the Korean Enlightenment Movement," The Journal of Korean Studies, Vol. 5, 1984 ; 權錫奉, 《淸末 對朝鮮政策史研究》(一潮閣, 1986) ; 李陽子, 〈淸의 對朝鮮政策과 袁世凱〉(《釜大史學》 5, 1981) 등 참조.

또한 청국은 갑신정변 이후 점차 반청적인 경향을 띠고 있었던 고종과 민씨척족을 견제하기 위해 興宣大院君 李昰應의 放還을 추진하였다. 정변 직후 對日紛爭의 확대 방지를 최우선과제로 삼았던 청국 조정은 조선정계의 혼란을 야기할지도 모를 대원군의 석방에 반대하였던 입장을 바꾸어 1884년 12월 6일과 1885년 봄 두 차례에 걸쳐 李鴻章으로 하여금 고종에게 그의 귀국을 간청하도록 종용하였던 것이다. 이에 1885년 3월 20일 고종은 일단 李鴻章의 권고를 받아들인다는 태도를 표명할 목적으로 閔種默 등 陳奏使일행을 청국에 파견하기로 결정하였다.[4)]

그러나 대원군의 귀국으로 자신들의 정치적 입지가 약화될 것을 염려한 고종과 민씨척족세력은 진주사일행의 출발을 고의적으로 지연시키는[5)] 동시에 4월 초순경에 閔泳翊을 天津에 파견하여 대원군의 석방을 저지시키려고 하였다. 이홍장은 민영익에게 대원군과의 화해를 권유하였지만, 대원군의 석방이 이미 결정되어 버렸음을 인지한 민영익은 이를 거절하고 귀국하였다. 그 결과 청국과 고종 및 민씨척족세력간의 대립은 더욱 심화되어 갔다.

한편 청국의 내정간섭이 갈수록 심화되는 상황 속에서 高宗은 정치적 권한과 입지를 확보·강화시키는 데 주력하였다. 이를 위해 고종은 3월 29일에 김윤식을 병조판서직에서 해임시켰으며, 4월 6일에 宣惠廳에서 경기도 여주·남양을 제외한 各邑許代를 時價代納토록 한 啓請이 事體에 어긋난다는 이유로 선혜청당상 어윤중을 파면시키는 등 정부 요직을 차지하고 있던 친청파 관료들을 축출하였던 것이다.[6)]

아울러 고종과 민비는 閔丙奭·閔種默·閔泳緯·閔世鎬·閔泳煥·閔肯(炯)

---

3) 金允植, 〈常參綸音〉, 《金允植全集》 下(亞細亞文化社, 1980), 82~83쪽.
4) 大院君의 釋還과정에 대해서는 申基碩, 《韓末外交史硏究》(一潮閣, 1967), 265~293쪽 ; 權錫奉, 앞의 책, 305~334쪽.
5) 陳奏使는 6월 11일에 비로소 고종에게 사폐하였다. 4월 27일에 부사를 趙秉式으로 교체하고, 5월 7일 承文院의 咨文撰出에 대한 退定을 지시한 것은 모두 고종과 민씨척족이 가능한 한 진주사의 파견을 늦추려는 의도에서 비롯되었다고 여겨진다.
6) 高宗이 친청 인사들을 본격적으로 정부요직에서 몰아낸 시기가 李鴻章이 丁汝昌제독을 서울에 파견하여 청·일 양국군을 조선에서 공동 철수시키기로 합의했다는 天津條約의 내용을 高宗에게 정식으로 통보했던 1885년 3월 26일 직후였다는 사실은 주목할 만하다.

植 등 민씨척족을 의정부와 6조, 그리고 승정원의 요직에 대거 등용함으로써 세력기반을 재강화하였다. 즉, 閔丙奭은 2월 24일에 어윤중의 후임으로 호조참판을 거쳐 3월 25일에는 도승지에, 閔種默은 3월 29일에 김윤식의 후임으로 병조판서에, 閔泳緯는 4월 11일에 이조판서를 거쳐 5월 16일에 의정부 좌찬성에, 閔世鎬는 4월 11일에 호조참판에, 閔泳煥은 공조참판·지의금부사·승지를 거쳐 4월 11일에 규장각 직제학에, 閔肯(炯)植은 전라도병마절도사를 거쳐 4월 30일에 병조참판직에 각각 발탁되었던 것이다. 특히 5월 2일 평안도관찰사 겸 친군서영사 閔應植은 고종의 명령에 따라 평양의 병정을 이끌고 상경한 후 23일에 좌영사직에 올라 왕실의 보호를 책임지는 역할을 맡았다.[7)]

이처럼 갑신정변으로 말미암아 위축되었던 민씨척족을 정부 요직에 집중 배치한 고종과 민비는 국정의 주도권을 장악하기 위해 4월 25일 청국에 의해 강제 폐지당했던 統理軍國事務衙門을 부활시키려고 시도하였다. 이는 당시 청국의 대조선 내정간섭이 점차 강화되고 있었을 뿐 아니라 친청적인 입장을 견지하였던 김윤식 등이 통리교섭통상사무아문의 운영권을 여전히 장악하고 있어 그 기능을 약화시킬 필요가 있었기 때문이다. 그러나 이러한 기도가 청국에 의해 통제받자[8)] 5월 25일 고종은 다시 "軍國庶務를 總察"하는 동시에 "宮內事務를 兼管"할 內務府를 신설한다는 교지를 반포하였다. 고종과 민씨척족은 청국이 반대할 빌미를 주지 않으려는 의도에서 청국에서 1653년 황제직속기구로서 宮內사무를 전담하기 위해 설립되었던 淸國의 '內務府'를 본떠 동일한 명칭의 내무부를 설치함으로써 군주권 내지 주권을 보존하고, 나아가 富國强兵에 관련된 개화·자강정책을 적극 추진하려고 했던 것이다.

내무부 설치 敎旨가 발표된 지 보름 뒤인 1885년 6월 10일에 의정부는 전문 15조로 구성된 〈內務府 新設節目〉을 마련하였다. 그런데 이 절목은 당상

7) 菊池謙讓, 《近代朝鮮史》 下(京城 : 鷄鳴社, 1940), 180~181쪽 ; 韓哲昊, 〈閔氏戚族政權期(1885~1894) 內務府 官僚 硏究〉(《아시아문화》 12, 1996), 262~265쪽.

8) 4월 25일부터 5월 25일까지 약 한달 동안 조·청 양국간에는 통리군국사무아문의 부활을 둘러싼 의견대립이 있었던 것으로 판단된다. 따라서 통리군국사무아문이 아닌 내무부로 그 명칭을 바꾼 것은 양국간의 타협에 의한 결과라고 여겨진다.

관의 五衛都總官직 겸임 금지조항이 삭제된 것만 제외하면 통리군국사무아문의 그것과 내용상 별다른 차이가 없었다.[9] 따라서 내무부는 청국의 '내무부'에서 그 명칭을 따왔을 뿐 그 체제와 기능은 통리군국사무아문을 계승하였다고 볼 수 있다.[10]

內務府 新設節目

一. 衙門體統 一依政府例爲之爲白齊.
一. 衙門處所 以勤政殿東月廊爲之爲白齊.
一. 督辦 以正從一品 協辦 以正從二品 參議 以堂上正三品爲之 以督辦有闕 則首協辦權差爲白齊.
一. 大臣堂郎 課日齊會爲白齊.
一. 軍國事務 獻可替否 究有至當爲白齊.
一. 堂上 依政院例 各有分掌爲白齊.
一. 如有進達事 請司謁入稟爲白齊.
一. 堂上一員 輪回入直爲白齊.
一. 仕進後 依政院例 仕記呈納爲白齊.
一. 堂郎 雖除拜臺職 勿拘仕直爲白齊.
一. 主事 勿拘文蔭武 以參上人擇差 副主事 亦以文蔭武參下及生進幼學擇 差而三十朔後陞六 依例陞付主事 分掌擧行 一員輪回入直爲白齊.
一. 堂上 除拜外任 則不得兼帶 以京畿監司守令四都留守 仍帶行公爲白齊.
一. 印信 令禮曹鑄成 一顆 以銀鑄成 用於御覽文蹟 一顆 鐵鑄成 用於各項文簿爲白齊.
一. 書吏八人 掌務書吏一人 大廳直三名 徒隸三十名 文書職三名 軍士三名 朔料 以惠廳戶兵曹排給爲白齊.
一. 外他合行條件 追後稟旨施行爲白齊(《備邊司謄錄》, 고종 23년 6월 9일).

이 절목은 내무부의 조직과 그 구성원에 대한 규정인데, 그 후 좀더 세밀한 규정이 추가되었다. 특히 8월 9일에 고종은 총리대신 沈舜澤에게 "여러

9) 통리군국사무아문의 新設節目을 포함한 조직과 운영에 관해서는 韓哲昊, 〈統理軍國事務衙門(1882~1884)의 組織과 運營〉(《李基白先生古稀紀念 韓國史學論叢》, 一潮閣, 1994) 참조.

10) 金允植도 內務府를 統理軍國事務衙門의 後身으로 보았다. 金允植, 《續陰晴史》下(國史編纂委員會, 1960), 562쪽 ; 《時事新報》, 1885년 9월 1일.

堂上·堂下官들과 함께 잘 토의하여 章程을 만들어 終始之效를 도모할 것"을 지시하였고, 이에 따라 내무부의 조직과 운영체제를 규정한 〈內務府 分司章程·事務規則〉이 마련되었다.[11]

내무부의 신설절목과 그외 추가된 절목들, 그리고 分司章程·事務規則 등에 의하면 내무부는 의정부와 동일한 正一品衙門으로서 국왕을 보필하기 위해 궁궐 내 勤政殿 東月廊에 그 처소를 두었다.[12] 이와 같이 내무부는 '機密重地'의 위상을 갖추고 大臣과 堂郎이 매일 모여 中央의 각 관청 및 軍營과 지방의 8道·4都의 대소 사무를 의정부의 예에 따라 낱낱이 보고받아 군사 및 궁내사무를 비롯한 국가 중대사를 논의·결정하였으며, 주요 사안의 경우 국왕에게 직접 보고할 수 있었다. 뿐만 아니라 내무부 堂上은 承旨가 국가의 중대 사안을 가지고 입시하거나 국왕이 殿座에서 정무를 처리할 때 항상 참여하여 자신의 의견을 개진할 수 있었으며, 국왕의 행차 때 수행·보좌하는 임무를 맡아 보았던 것이다.[13]

내무부는 總理大臣을 수반으로 해서 正·從一品의 督辦, 正·從二品의 協辦, 堂上正三品의 參議 등 堂上官과 文·蔭·武官 및 生員·進士·幼學 등의 배경에 구애없이 선발된 主事와 副主事 등 堂下官, 그리고 書吏·掌務書吏·大廳直·徒隸·文書職·軍士 등 관리직으로 구성되었다. 총리대신은 당상관이 상의해서 마련한 各司의 사무를 보고받아 결정·처리하는 내무부의 최고 위직이며, 독판은 각사의 업무를 총괄하는 실질적인 책임자였고, 협판과 참의는 실무를 담당하는 관리로서 각각 독판과 협판의 직무를 보좌하였으며, 주사와 부주사는 행정업무를 담당하는 하급관리였다.[14]

---

11) 《高宗實錄》, 고종 22년 8월 9일 ; 《東萊府啓錄》(《各司謄錄》 12, 國史編纂委員會, 1984), 597~598쪽. 고종은 8월 9일에 장정과 규칙을 만들도록 지시하였는데, 《東萊府啓錄》에 의하면 8월 1일조에 〈分司章程·事務規則〉이 기록되어 있는 점으로 미루어 장정이 마련된 날짜를 정확히 알 수가 없다.

12) 고종은 청의 간섭으로부터 기밀을 유지하는 동시에 국왕의 역할을 증대시킬 목적으로 내무부를 궐내에 설치하였으며, 따라서 내무부는 근시기구의 성격을 갖는다고 파악되기도 한다. 연갑수, 〈개항기 권력집단의 정세인식과 정책〉(《1894년 농민전쟁연구 3》, 역사비평사, 1993), 132~133쪽.

13) 《日省錄》, 고종 22년 6월 24일 ; 고종 24년 4월 10·13일.

14) 〈事務規則〉, 《東萊府啓錄》, 고종 22년 8월 1일.

내무부의 당상관과 당하관은 相避제도에 구애받지 않았다. 특히 당상관은 臺職을 포함한 중앙의 모든 관직과 지방관직 중에서도 경기감사·수령과 4도의 유수를 겸직할 수 있었다. 더욱이 1886년 9월에 이르러 군사업무를 담당한 병조판서와 중앙군영의 營使, 그리고 재정을 관할하는 호조판서와 선혜청당상 등이 내무부의 당상관직을 예겸하도록 하는 규정이 만들어짐으로써 내무부는 그 권한과 기능이 한층 더 강화되어 갔다.[15]

이와 같이 내무부는 국왕의 직속기구로서 국왕을 보필하는 동시에 君主權의 강화와 개화·자강책을 추진하는 기구로서 출범하였다. 또한 그 업무를 효율적으로 실행하기 위해 당상관들로 하여금 군사와 재정을 포함한 중앙정부의 요직을 겸임할 수 있도록 함으로써 점차 조선 중기의 備邊司를 방불케 하는 최고의 국정의결·집행기구로 발전할 수 있었다. 아울러 내무부는 비변사와 달리 그 堂郎이 상피제의 구속을 받지 않음으로써 특정 권력가문에 의해 운영될 수 있는 가능성도 농후하였다.

내무부는 설치 당시 일시적으로 承政院의 예에 따라 吏·戶·禮·兵·刑·工務 등 6務로 조직되었지만, 곧이어 1885년 6월 20일경에 職制·修文·軍務·司憲·地理·工作·農務局 등 7局의 독자적인 편제를 갖추게 되었다. 이어 6월 24일에 高宗이 내무부관리들을 처음 접견한 자리에서 그들에게 '利國便民'에 힘쓸 것을 당부한 후 내무부는 8월 1일경 7局을—예전의 통리기무아문·통리군국사무아문과 현존하는 통리교섭통상사무아문의 조직과 동일한—7司로 개명하게 되었다. 이때 7사는 司憲局의 명칭만 典憲司로 바뀌었을 뿐이었다.[16]

---

15) 이들 외에 大提學도 내무부의 당상을 예겸토록 하였다. 아울러 그후 정치권의 실세였던 민씨척족들이 대거 독판과 협판직에 진출하기 시작했다. 《日省錄》, 고종 22년 6월 11일·고종 23년 9월 18일·고종 25년 9월 28일.

16) 1885년 8월 1일에 7局이 7司로 변경되었다는 사실은 이 날자의 《日省錄》에 주사와 부주사의 업무분장에서 地理司·軍務司·農務司라는 명칭이 처음 나타나고 있고, 새로 발견된 〈內務府 分司章程〉에 역시 7사의 명칭으로 기록되었다는 점에서 알 수가 있다. 《東萊府啓錄》 및 《日省錄》, 고종 22년 8월 1일; 김필동, 〈갑오경장 이전 조선의 근대적 관제개혁의 추이와 새로운 관료 기구의 성격〉(《한국의 사회제도와 농촌사회의 변동》, 文學과 知性社, 1992), 53~54쪽 참조.

內務府 分司章程

一. 職制司 掌各官職薦撰賞勳啓文承宣外務等事.
一. 修文司 掌典禮學校圖書修史天文施醫記簿等事.
一. 地理司 掌各道山川道里治水監繕田地商務稅務財務漕運鑛山造幣典艦等事.
一. 農務司 掌栽種牧養堤堰漁獵煮鹽開拓等事.
一. 軍務司 掌各道水陸軍兵演操參謀兵器鎭堡運粮測量軍馬等事.
一. 典憲司 掌戶籍各道人口法律警察詞訟等事.
一. 工作司 掌各道工匠土木金石機器造船鐵道電線郵便橋梁製紙營繕織綵等事.
(《東萊府啓錄》, 고종 22년 8월 1일)

이 장정에 의거하여 7司의 소관업무를 살펴 보면 직제사는 관리추천과 외교업무를, 수문사는 典禮와 문서작성·정리 및 교육업무를, 지리사는 조운·광산·조폐 등의 稅源발굴과 재정업무를, 농무사는 농수산업의 육성업무를, 군무사는 군대훈련·設鎭·군량마련·무기제조 등의 군사업무를, 전헌사는 법률 및 치안업무를, 공작사는 기기·조선·철도·전선·우편·교량·製紙 등 각종 근대적 시설의 설치·운영업무를 각각 관장하였던 것이다. 한마디로 내무부는 외교·교육·재정·군사·치안·산업 등 국정 전반에 걸친 사무를 총괄하는 권한을 가졌다.17)

이로 말미암아 내무부의 소관업무는 전통적 행정기구인 의정부·6조와 통리교섭통상사무아문의 4司 1學의 그것과도 상당 부분 중첩될 수 밖에 없었다. 예컨대 내무부와 통리교섭통상사무아문의 조직을 비교하면 외교방면에서 직제사와 掌交司가, 재정방면에서 지리사와 富敎司가, 개화기구의 운영방면에서 공작사와 郵程司가, 교육방면에서 수문사와 同文學이 각각 중복된 업무를 맡게 되었던 것이다.18)

아울러 1885년 8월부터 1891년 11월까지 내무부 산하에는 개화·자강업무

17) 이들 7사의 업무를 통리군국사무아문의 6사와 비교해 보면, 군무사는 그 명칭과 기능이 동일하였으며, 직제사는 掌內司와 典選司, 지리사는 理用司, 농무사는 農商司, 공작사는 監工司의 그 소관업무를 각각 일부 계승하였고, 그외에 수문사의 직무가 추가되었음을 알 수 있다.

18) 統理交涉通商事務衙門 4司 1學의 소관업무에 관해서는 《統理交涉通商事務衙門章程》(奎章閣 #21783) 참조.

를 추진하기 위한 각종 기구들이 설치되었다. 내무부는 惠商公局을 개칭한 商理局을 비롯하여 典圜局[19]·鑛務局·轉運局·交換局을 지리사에, 機器局을 공작사에, 育英公院을 수문사에, 農業牧畜試驗場을 개칭한 種牧局을 農務司에, 鍊務公院을 軍務司에 각각 두었던 것이다. 다시 말해 1885~1894년간 내무부는 개화·자강에 관련된 모든 사업을 효율적으로 조정·관장할 수 있는 체제를 갖추게 되었다.[20]

이처럼 내무부가 신설되거나 개편된 자강사업 추진기구들을 그 산하기구로 편입시키는 방향으로 조직을 정비해 나감에 따라 그 소관업무가 중복되었던 통리교섭통상사무아문의 조직은 상대적으로 유명무실하게 되었다. 그 결과 1887년 4월 27일에 통리교섭통상사무아문은 그 기능이 이미 상실된 富敎司·郵政司와 同文學을 폐지시키고 예하에 외교·통상업무를 전담하는 6사만을 남겨놓게 되었다.[21]

이렇게 업무분야를 확정지은 내무부는 1887년 중반부터 1891년 11월 16일 交換局을 설치하여 화폐개혁을 시도할 때까지 7사와 그 산하기구를 통해 각종 개화·자강사업을 추진하는 동시에 청국의 대조선 종주권 강화정책에 대항하는 자주외교를 펼쳐 나갔다.[22]

그러나 1894년 봄 동학농민군이 봉기하였을 때 그들의 진압에 실패한 조선정부는 내무부 독판 민영준의 주장을 받아들여 청국군의 파병을 요청하였

19) 《日省錄》, 고종 22년 8월 24일. 전환국의 총판에 조폐사무를 관할했던 지리국이 아니라 공작사의 협판 閔泳煥이 임명된 사실은 아직까지 업무에 따른 올바른 인사행정이 이뤄지지 않고 있음을 시사해 준다.

20) 내무부의 조직에 관해서는 韓哲昊, 〈閔氏戚族政權期(1885~1894) 內務府의 組織과 機能〉(《韓國史硏究》 90, 1995), 9~14쪽.

21) 이 시기는 주차관 袁世凱와 가장 친밀한 관계를 유지하면서 민씨척족세력과 반목상태에 있었던 金允植과 魚允中이 朴泳孝의 부친 朴元陽 장례사건으로 궁지에 몰렸던 시기이기도 하다. 통리교섭통상사무아문의 조직 개편과정에 관해서는 田美蘭, 〈統理交涉通商事務衙門에 關한 硏究〉(《梨大史苑》 24·25 合輯, 1990), 223~227쪽.

22) 1887년 7월 24일에 7사의 印章이 만들어졌다는 점은 7사의 업무가 본격화되었음을 시사해 준다. 또한 동년 12월 25일 "自今爲始 邊務事外務事軍務事狀啓 內務府啓下事 政院知爲"라는 교지는 내무부가 외교업무를 장악할 수 있는 근거가 되었다. 《日省錄》, 고종 24년 7월 24일 ; 《備邊司謄錄》, 고종 24년 12월 25일.

다. 이를 계기로 조선에 파병한 일본은 정부측과 농민군 사이에 全州和約이 맺어지게 되자 駐兵의 명분을 만들려고 조선정부에 내정개혁을 단행하라고 촉구하였다. 이때 일본 특명전권공사 大鳥圭介가 조선측에 제시한 〈內政改革方案綱領〉은 바로 內外政務를 궁중사무와 분리하고 의정부로 하여금 이를 총괄케 함으로써 '世道執權 弊制'의 本山이었던 내무부를 폐지하는 데 주안점을 둔 것이었다.[23] 따라서 6월 8일 고종은 내무부 독판 申正熙, 협판 金宗漢과 曺寅承을 위원으로 임명하여 老人亭에서 大鳥공사와 내정개혁방안을 상의케 하는 한편 6월 11일 독자적으로 개혁을 추진하기 위해 校正廳을 설치한 뒤 여기에 내무부의 당상관을 대거 등용하였다.[24] 그러나 6월 21일 일본군의 경복궁 불법 점령 후 일본측의 후원으로 집권한 대원군은 내무부의 관료들을 현직에서 축출함과 동시에 25일에 자기를 지지하는 친일개화파를 중심으로 軍國機務處를 설치하였다. 이로써 내무부는 新官制가 시행되는 7월 20일까지 명목상으로만 유지되었다가 폐지되고 말았다.

2. 민씨척족정권의 시정

1885~1894년간 민씨척족정권은 재정·군사·외교·치안사무 등 국정전반을 총괄하는 권한을 내무부에 집중시켜 최고의 의결·결정기구로 만들고 이를 통해 정권을 장악함과 아울러 각종 정책을 추진해 나갔다. 즉, 민응식·민영익·민영환·민영준 등 민씨척족은 내무부의 독판 내지 협판직을 장기

---

23) 〈內政改革方案綱目〉 중 일본측이 10일 이내에 결정해 줄 것을 요구한 사항은 내무부중심의 권력구조 폐지와 내무부를 통해 권력을 행사해 온 민씨척족세력의 제거에 초점을 맞춘 것이라고 할 수 있다. 高麗大學校 亞細亞問題硏究所 編, 《舊韓國外交文書 : 日案》 2(高麗大學校出版部, 1967), 667쪽 ; 日本外務省 編, 《日本外交文書》 27 : 1(東京 : 日本國際連合協會, 1936), #396, 586~591쪽.

24) 1894년 6월 13일에 행지중추부사 金永壽, 이조판서 尹用求, 호조판서 朴定陽, 병조판서 閔泳奎, 한성부판윤 申正熙, 행대호군 李裕承·金晩植·趙鍾弼, 협판 沈相薰·金宗漢·曺寅承·金思轍, 예조참판 朴容大, 개성부유수 李容稙, 한성부우윤 魚允中 등 15명이 교정청 당상에 임명되었는데, 그 가운데 과반인 9명이 내무부 당상관이었다. 《高宗實錄》, 고종 31년 6월 13일.

간 보유한 채 병조판서, 중앙군 영사 및 호조판서, 선혜청당상, 전환국 등 군사·재정관련부서와 육영공원 및 연무공원 등 개화·자강추진기구의 요직을 번갈아 역임함으로써 「勢道」로 행세하였던 것이다. 그들은 중앙군의 영사 내지 지방군의 책임자로서 군대통솔권을 장악하였던 金箕錫·鄭洛鎔·韓圭卨·李鍾健 등 親閔系 武官들과 함께 왕실의 안전과 정권의 군사적 기반을 공고히 하는 동시에 국제정세에 비교적 밝고 외국어에 능통하거나 時務능력을 갖춘 朴定陽·金嘉鎭·金鶴羽 등 개화파 관료들을 내무부에 발탁·활용하여 개화·자강정책 및 자주외교정책을 펼쳐 나갔던 것이다.[25] 따라서 민씨척족정권의 시정은 내무부가 입안·시행했던 안건들에 잘 반영되어 있다.

민씨척족정권은 권력 유지를 위해서 이른바 「富國强兵」策을 강구하지 않을 수 없었다. 특히 그들은 강병보다는 부국에 중점을 두고 정책을 추진했다. 내무부 당상관은 戶曹와 宣惠廳의 당상관직을 겸하였을 뿐 아니라 지리사 산하에 전환국·교환국·광무국·전운국 등을 관할함으로써 국가재정을 실제적으로 운영해 나갔다. 내무부가 강구하였던 재정확보책으로는 왕실의 內帑金과 紅蔘의 제조·무역권 등 王室財政의 관리, 鑄錢·開鑛·轉運 등 새로운 財源開發 사무의 전담 등을 들 수 있다.

내무부는 '軍國庶務를 總察'하는 동시에 '宮內事務를 兼管'할 목적으로 신설되었는데, 궁내사무로는 王室의 內帑金과 紅蔘의 전매를 관리하는 것 등을 들 수 있다. 우선 내무부는 왕실에 필요한 공물을 납부하는 貢市人과 市廛상인들에게 호조와 선혜청을 통해 그들의 활동자금을 분배해 주는 역할을 맡고 있었다. 또한 내무부는 大王大妃 趙氏가 사망하였을 때 친군영의 무명 130동과 삼베 100동, 선혜청의 무명과 삼베 각 20동, 그리고 호조의 삼베 30동을 각출하여 그 장례비에 쓰도록 조치하였다. 이와 아울러 내무부는 惠商公局을 商理局으로 개칭하여 예하에 소속시킴으로써 전국의 褓負商을 관리하였던 것이다.

다음으로 내무부는 조선 초기부터 對淸 무역의 수출품으로서 국가의 중요

---

25) 糟谷憲一, 〈閔氏政權上層部の構成に關する考察〉(《朝鮮史研究會論文集》 27, 1990), 89~96쪽 ; 연갑수, 앞의 글, 131~132·139~140쪽 ; 韓哲昊, 앞의 글(1996), 261~272쪽.

한 재원이었던 紅蔘의 專賣權을 장악하였다. 원래 홍삼의 제조·무역권은 특정상인과 역관 등이 독점하고 왕실은 이들에게 蔘稅를 징수하는 방식으로 운영되었으나 1884년부터 왕실이 이를 직접 관할하여 왕실의 재원으로 충당하기 시작했다.[26] 따라서 1885년 이후에는 궁내사무를 관장하게 된 내무부가 홍삼을 관리하게 되었던 것이다.

1886년 8월 11일 내무부는 부족한 재정을 보충하기 위하여 赴燕使가 갖고 가는 包蔘(紅蔘)의 수량을 5천근 더 추가로 지정하는 동시에 포삼의 密貿를 방지하기 위해 禁潛規定을 엄격히 시행하고, 이의 위반자를 梟首에 처하라고 국경지역에 접한 각도 관리들에게 지시하였다. 그럼에도 불구하고 그후 홍삼 밀무가 끊임없이 행해지자 내무부는 홍삼을 밀조하여 수출한 개성상인을 군민 앞에서 효수시키고, 사전에 적발된 居間들을 遠惡地에 유배시키는 등 엄중한 조치를 내렸다.[27]

이처럼 내무부는 내국인의 홍삼 밀매를 엄격하게 단속하였지만 외국인의 범법행위에 관해서는 직접적인 통제를 가하지 못하였다. 따라서 이 경우에는 統理交涉通商事務衙門이 그 업무를 대신하였다. 예컨대 1887년에 인천에 정박했던 청국군함이 귀국하면서 80상자의 홍삼을 실어 가려고 했을 때 인천세관장인 쉐니케(J. F. Schönicke)가 禁需品임을 이유로 허가하지 않았다. 그러자 인천주재 청국영사는 이 사실을 駐箚官 袁世凱에게 알렸고, 그는 통리교섭통상사무아문의 독판에게 홍삼 반출을 허락하도록 압력을 넣었기 때문에 쉐니케도 어쩔 수 없이 묵인하고 말았다.[28] 또한 1888년 통리교섭통상사무아문은 외국상인-특히 淸商-이 홍삼을 偸運하는 일이 있다는 보고를 받고 인천·부산·원산 3항의 관리에게 이를 엄금하라는 공문을 내리기도 하였다.[29]

다음으로 재정을 확충하기 위해 시도한 방법 중의 하나는 근대적 금속화

26) 崔泰鎬, 〈紅蔘專賣制度의 成立過程에 관한 硏究-封建財政의 解體過程을 中心으로-〉(《경제논총》 3, 1983), 47~53 참조.

27) 《日省錄》, 고종 23년 8월 11일·10월 27일.

28) 朴奉植, 〈'메릴'書簡〉(《金載元博士回甲紀念論叢》, 乙酉文化社, 1969), 11~15쪽.

29) 高麗大學校 亞細亞問題硏究所編, 《舊韓國外交關係附屬文書 : 統署日記 1》(高麗大學校出版部, 1972), 755쪽.

폐를 주조하여 그 수익을 얻는 것이었다. 갑신정변 직후 주전정책을 담당했던 典圜局은 물가급등으로 인한 폐해를 방지하기 위해 當五錢의 주조를 억제하였다. 그러나 1887년 4월 18일에 국가의 재정난이 심화되자 내무부는 經用부족을 보충하기 위해 銅産地에 인접해서 원료공급이 용이한 昌原·馬山에 전환국의 專管 아래 委員을 파견하여 당오전을 주조하였다. 이처럼 전환국 위원을 파견하여 직접 주전사업을 감독케 한 것은 화폐발행권의 중앙 통제라는 긍정적인 측면도 없지 않았다.[30]

그러나 1888년 5월 18일에 내무부는 留守營으로 승격된 春川府의 경비를 조달할 목적으로 西江의 伏波亭과 濯纓亭에서 당오전을 주조토록 하되 春川府와 戶曹로 하여금 이를 관리토록 하였으며, 鎭禦營에서도 주전사업을 재시행하게 함으로써 사실상 전환국의 단독적인 주전사업 관리체제를 스스로 무너뜨리고 말았다. 더욱이 1888년 7월 이후에는 서울의 萬里倉 등 3곳에서 국가가 단지 세금만을 징수하는 請負鑄錢事業이 허가되기에 이르렀다. 청부주전업자가 국가에 바치는 세금은 주전일수를 기준으로 산정하였기 때문에 그들은 더 많은 이익을 얻기 위해 야간에도 작업을 강행하였다. 그 결과 당오전의 품질은 더욱 조악해졌고, 화폐가치의 하락으로 통화의 문란은 극심해질 수 밖에 없었다.[31] 이에 내무부는 만리창에서 만든 당오전을 다시 주조하라고 명령하고, 앞으로 조악한 화폐주조가 재발할 경우 都監官과 都邊首 및 해당 당상관을 중죄로 다스리겠다고 엄칙하였다.

그러나 1889년 9월 25일 고종은 군량을 보충하기 위한 방편으로 주전소가 보유한 백만냥을 내무부로 하여금 호조·선혜청·친군영·각영에 분획하도록 지시하였다. 또한 1890년 12월 19일에 전환국은 서북지방의 銅鉛산지에서 가까운 평양에 주전소를 설치하여 관찰사의 전관하에 주전을 재개하였다. 이때 평양주전소는 주조를 과다하게 강행함으로써 錢價의 하락과 물가상승을 촉발하였으며, 이 과정에서 주조이익을 얻기 위해 조악화를 남발하는 악순환이 되풀이되었다.[32]

---

30) 元裕漢, 〈當五錢攷〉(《歷史學報》 35·36 합집, 1967), 320~321쪽 ; 吳斗煥, 〈當五錢 硏究〉(《經濟史學》 6, 1983), 183쪽.

31) 仁川府廳 編, 《仁川府史》(仁川府, 1934), 1209쪽.

이에 대한 시정책으로써 내무부는 1891년 11월 5일 '新式貨幣條例'를 제정하고 전환국으로 하여금 銀銅화폐를 주조케 하는 동시에 交換局을 신설하여 엽전·당오전과 함께 통용할 것을 제안하였다.[33] 즉 전환국에서는 근대적인 조폐기술로 신식화폐를 주조하는 동시에 교환국에서는 구식화폐와 신식화폐를 교환하는 업무를 수행케 함으로써 화폐제도를 개혁코자 한 것이다. 이를 위해 1891년에는 일본에 파견된 전환국 幇辦 安駉壽의 주선으로 日本第五銀行 頭取 大三輪長兵衛와 大坂製銅株式會社長 增田信之를 각각 교환국 회판과 전환국 감독으로 초빙하는 한편 1892년에는 전환국을 인천으로 이전하여 신식화폐를 주전할 기계설비를 새로이 갖추었다. 아울러 화폐개혁을 주도할 인사가 이루어져 내무부 독판 겸 호조판서 朴定陽이 민영익을 대신하여 전환국 겸 교환국 관리로, 내무부 참의 成岐運이 전환국 겸 교환국 총판으로 임명되었다. 그러나 閔丙奭이 관장했던 평양에서의 주조사업이 계속 진행되어 폐제문란을 야기시키다가[34] 일본화폐의 조선진출을 합법화시킨 '新式貨幣發行章程'이 발포되기 4일 전인 1894년 7월 8일에야 비로소 중단되는 등 '신식화폐조례'는 제대로 실효를 거두지 못하였다.[35]

한편 1880년대 초반 국가재정 확보책의 일환으로 광산개발의 중요성을 인식하였던 정부는 채광행위를 합법화시키는 한편 광업 주관부서를 설치함으로써 광무체계를 정비하고자 하였다. 그러나 이러한 노력은 갑신정변으로 무산되어 버렸고 개광사업은 지방 감영의 관장 아래 이뤄지게 되었다. 따라서

---

32) 평안관찰사였던 閔丙奭은 錢品이 조잡하고 윤곽이 甚小한 당오전을 다액 주조하여 巨富가 되었다고 한다. 鄭喬, 《大韓季年史》 上(國史編纂委員會, 1954), 65쪽.

33) 《日省錄》, 고종 28년 11월 5·16·19일. 교환소 총판에는 내무부 협판 李完用, 회판에는 일본인 大三輪長兵衛가 임명되었다. 한편 한성부 소윤 李建昌은 은동화폐의 발행에 따른 폐단을 지적하는 상소를 올리기도 하였다.

34) 1893년말 우의정 鄭範朝는 은동화폐의 주조를 취소하고 평양 주조소를 철폐시킬 것을 건의하였으나 고종은 이를 받아들이지 않았다. 그러나 이 주전문제로 말미암아 지사 金永壽, 독판 閔泳駿, 호조판서 朴定陽 등이 사직소를 올렸으며, 평안관찰사 閔丙錫도 자책 사임소를 제출하기도 하였다. 《日省錄》, 고종 30년 11월 25·27·29일·12월 14일.

35) 安田吉實, 〈李朝貨幣 《交換局》と大三輪文書について〉(《朝鮮學報》 72, 1974), 68~78쪽.

당시에 근대식 기술과 대규모의 자본을 필요로 하는 광산개발을 효율적으로 추진하기 위해서는 무엇보다 국가적 차원의 재정지원이 절실히 요청되고 있었다.[36]

이와 같은 추세에 부응하여 1887년 4월 5일 고종은 내무부의 지리국 산하에 광업행정을 전담할 鑛務局을 설치하고 내무부 협판 민영익을 그 총판으로 임명하였다.[37] 그후 내무부는 광무국의 체제가 완전히 정비될 때까지 각 도의 광무를 엄격히 감독하기 위해 영흥부사 李容翊과 개천군수 申泰休를 함경남도와 평안북도 광무감리에, 그리고 李根澔를 광무국 방판에 각각 임명하는 한편 평양감사로 하여금 광무국 소속인 平壤 煤炭을 관할토록 조치하였다. 또한 광무국은 미국인 피어스(Aillerd I. Pierce) 등 외국인 기술자를 고빙하고 근대식 광무기기를 도입하여 광산의 개발에 박차를 가하였으나 재정부족 등의 이유로 실효를 거두지 못하고 말았다.

마지막으로, 개항 후 청일 양국이 조선에 신식 기선을 도입하여 점차 무역을 확대시키고 상권을 장악하게 되자 정부는 1883년 稅穀운송기구인 轉運局을 설치함과 아울러 청국의 招商局, 영국의 怡和洋行, 독일의 世昌洋行 등 외국기선회사와 조약을 체결하여 조선 水域에 기선을 정기 운항하도록 조치하였다. 특히 정부는 이들 기선회사에게 赤字時 결손액을 보충해 주는 조건으로 稅米운송권을 부여함으로써 일본의 해운업 진출을 견제하고자 했던 것이다. 그러나 1885년에 이르러 전운국은 제대로 그 기능을 수행하지 못하고 외국기선회사들도 무역부진 등을 이유로 기선운항을 중단하고 말았다.[38]

이에 내무부는 전운국의 체제와 기능을 강화시키고자 1886년 7월에 工作司를 통해 海龍號와 朝陽號 등 기선 2隻을 구입하여 전운국에 소속시킨 데

36) 李培鎔, 《韓國近代 鑛業侵奪史硏究》(一潮閣, 1989), 6~19쪽 ; 朴萬圭, 〈開港以後의 金鑛業實態와 日帝侵略〉(《韓國史論》 10, 1985), 276~283쪽.

37) 당시 민영익은 청국에 머무르고 있었기 때문에 내무부는 협판 韓圭卨을 광무국 회판으로 임명하여 사무를 담당하게 하였다. 《日省錄》, 고종 24년 5월 11일.

38) 이점에 대해서는 韓沽劤, 〈船運과 專運使의 문제〉(《韓國開港期의 商業硏究》, 一潮閣, 1970) ; 安秉玲, 〈李朝時代の海運業〉(《朝鮮社會の構造と日本帝國主義》, 東京 : 龍溪書舍, 1977) ; 羅愛子, 〈開港後 淸・日의 海運業浸透와 朝鮮의 對應〉(《梨花史學硏究》 17・18 합집, 1988) 등 참조.

이어 1889년 말에 전운국의 산하에 청의 官督商辦기업인 招商局을 모방한 관영기선회사인 利運社를 창설하고 顯益號·利運號 등을 사들였다.[39] 아울러 내무부는 전운사무를 관장할 인원을 증원하고 그에 대한 인사권을 장악하였다. 내무부는 새로 구입한 기선의 관리책임자로 總務官을 두어 轉運御史를 겸임토록 하였으며, 인천항에 들여오는 세곡을 처리할 轉運委員과 세곡운반선을 감독하는 監運委員을 관할했다.

그러나 이들 기선의 구입비용은 대부분 외국의 차관으로 충당하였기 때문에 이를 상환하기 위해서 또다른 차관을 들여오는 악순환이 되풀이됨으로써 오히려 국가재정의 궁핍을 초래하였다. 또한 내무부는 전운국을 통해 공미수송에만 주력한 나머지 조선상인에 의한 연안 및 대외무역을 진흥시키는 정책을 펼치지 못하였다. 더욱이 내무부는 세곡운반권을 가진 전운국관리들의 횡포를 적절히 통제하지 못하고 농민들의 부담을 가중시킴으로써 동학농민군 봉기의 한 원인을 제공하였던 것이다.

요컨대 내무부는 왕실의 재정을 확보하기 위해 홍삼전매권을 관리하였으며, 새로운 재원을 마련하기 위해 주전기계를 도입하고 화폐개혁을 추진하였고, 외국인 기술자를 초빙하고 근대식 기기를 들여와 광산을 개발하였을 뿐 아니라 신식 기선을 매입하여 세곡운반과 무역에 활용하고자 하였다. 이외에도 내무부는 호남의 김제 등 11읍의 계속된 흉년으로 늘어난 陳廢田을 개간하기 위해 均田官을 파견하기도 하였다.[40] 그러나 이러한 일련의 사업은 재정을 확충시키지 못한 채 오히려 민폐를 유발하는 등 실패로 돌아가고 말았다.

이와 같이 내무부가 추진했던 재정확보책이 실효를 거두지 못하게 됨에 따라 고종과 민씨척족은 차관도입을 통해 자금을 마련하지 않을 수 없었다. 그런데 차관정책은 청국의 내정간섭과 경제적 예속을 방지하기 위한 정책의 일환이었기 때문에 청국 이외의 국가를 대상으로 추진되었다. 우선 1887년

39) 利運社의 창설 당시 社長에는 독판내무부사 閔泳駿, 副社長에는 밀양부사 겸 전운총무관 鄭秉夏와 전라도 전운총무관 趙弼永, 그리고 사무관에 전운국위원 禹慶善이 임명되었다. 《仁川府史》, 792~794쪽.

40) 균전관으로는 부사과 金昌錫이 파견되었다. 《高宗實錄》, 고종 27년 12월 30일.

민영익은 광산채굴권을 담보로 100만원을 차관하려고 시도하였다. 이 모채에는 조선의 광산에 관심을 가진 미국인 타운센트로부터 차관제의를 받았다. 그러나 미국보다는 가까운 일본에 의뢰하자는 의견이 대두되어 일본에 차관을 제의하였으나 일본이 응하지 않는 바람에 실패로 돌아갔다. 당시 차관목적은 은행을 설치하여 일본제일은행에서 징수하던 해관세 징수권을 회수하고 일본의 관세운용 간섭을 배제함으로써 재정결핍을 보충하는 한편 경인간 철도를 가설함으로써 공미운반비용을 절감하려는 데 있었다.

이어 1889년에 고종은 민영익·데니(Owen N. Denny)와 협의하여 기존의 외채를 갚아 재정을 정리하고 광산개발과 철도건설을 추진하기 위해 프랑스로부터 200만원을 모채하려고 하였다. 고종은 내무부 독판 金永壽와 주사 金彰鉉을 조선주재 프랑스이사관에게 보내 의뢰하여 반승낙을 받았으나 대신들의 반대로 중지되고 말았다. 그리하여 고종은 데니와 한규설을 통해 영국이나 미국으로부터 차관도입을 재차 추진하였으나 역시 성공을 거두지 못하였다.[41]

또한 1890년에 고종은 르젠드르(Charles W. LeGendre)를 고용하고 그를 통해 일본과 미국 등지에서 차관을 도입하려고 시도했다. 그는 내무부 협판에 등용된 직후 일본으로 파견되어 은밀히 차관협상을 벌였으며, 이어 홍콩과 상해로 가서 은행개설을 명목으로 모채하였지만 청국의 저지공작으로 실패하고 말았다.[42]

이처럼 고종의 차관도입정책은 청국의 경제적 압박으로부터 벗어나는 동시에 기채대상국을 통해 조선에서 열강의 세력균형을 꾀하면서 청국을 견제하려는 목적을 지닌 것이었다. 따라서 청국은 조선의 차관도입을 저지하였으며, 나아가 조선에 대한 차관공여를 강요해 내정간섭을 강화시키려 하였다. 그리하여 청국은 일본 및 구미 열강에게 조선에 대한 차관중지를 요청한 데 이어 1892년 두 차례에 걸쳐 20만원의 차관을 제공해 주었다. 고종은 처음에 청국이 인천과 부산 등의 관세를 담보로 요구하자 난색을 표명하였지만 재

41) 金正起, 〈朝鮮政府의 淸借款 導入(1882~1894)〉(《韓國史論》 3, 1976), 444~454쪽.

42) 權錫奉, 앞의 책, 348~369쪽.

정의 궁핍을 만회할 별다른 수단이 없었기 때문에 이를 수용하지 않을 수 없었다. 그 결과 청국의 압제로부터 벗어나려고 시도된 차관도입정책은 청국의 강력한 방해공작과 재정의 취약성을 틈탄 차관대여라는 회유공작으로 실패하고, 오히려 청국의 내정간섭을 더욱 강화시키는 빌미를 준 셈이 되었다.

한편 내무부는 "軍國庶務를 總察"하기 위해 설치되었을 뿐 아니라 병조판서와 중앙 군영의 營使는 내무부의 당상관을 겸임하도록 규정되어 있었다. 따라서 내무부는 군사통솔권을 장악하고 중앙과 지방의 군영으로부터 직접 군사업무를 보고받아 이를 총괄적으로 처리하는 권한을 갖고 있었다.

임오군란 직후 청의 군사제도를 참고하여 정비된 중앙의 新建親軍營制는 갑신정변 이후에도 1888년까지 그대로 유지되었다. 또한 지방군도 친군영제에 따라 1885년에 平壤監營은 親軍西營으로, 1887년에 慶尙監營은 親軍南營으로, 江華軍營은 親軍沁營으로 각각 개편되었다.[43]

조선 정계내에 반청적인 분위기가 성숙되었던 1888년에 이르러 고종은 내무부를 통해 軍制改編을 시도하게 되었다. 즉 4월 19일에 고종은 기존의 군제가 재정낭비가 심할 뿐 아니라 500명으로 편제되는 각영의 군사로써는 서양식 훈련을 실시하기가 곤란하다는 이유로 親軍右營·後營·海防營을 統衛營으로, 前營·左營을 壯衛營으로, 그리고 別營을 總禦營으로 축소·개칭함으로써 5營制를 3營制로 통폐합시켰는데, 이때 내무부로 하여금 節目을 마련하도록 지시하였던 것이다. 이어 5월 19일에 내무부는 이미 도착해 있던 미국인 교관들로 하여금 근대식 군사훈련을 실시토록 할 鍊武公院을 설치하고, 7월 22일에 그 職制절목을 마련하는 동시에 청국식 무기에 대체할 무기의 구입과 火藥製造所의 설립을 추진하였다.[44]

그러나 이러한 군제개혁은 재정 부족과 청국의 방해로 말미암아 성공을 거둘 수가 없었다. 1891년 2월 27일에 수도의 요지인 蕩春臺와 北漢山城을 방비할 經理廳이 신설되고 經理使에는 閔泳駿이 임명되었으며, 1892년 윤6월

---

43) 李炳周, 〈開化期의 新·舊軍制(1864~1894)〉(《韓國軍制史 : 近世朝鮮後期篇》, 323~325쪽.

44) 李光麟, 〈美國 軍事敎官의 招聘과 鍊武公院〉(《韓國開化史硏究(改訂版)》, 一潮閣, 1969), 174~184쪽 ; 柳永益, 〈美國 軍事敎官 傭聘始末 片考〉(《韓國近現代史論》, 一潮閣, 1992), 63~66쪽.

15일에는 국왕을 호위하는 龍虎營이 재정비됨으로써 중앙군제는 종전과 동일한 5군영제로 돌아가고 말았다.

내무부는 지방군제의 개편도 단행하였다. 내무부는 1888년 4월 19일에 국왕이 유사시에 거처할 행궁을 마련하기 위해 春川府에 留守營을 설치하여 이로 하여금 畿甸과 關東부근의 읍을 관할토록 하였으며,[45] 1888년 8월 18일에 三南陸軍을 관할하던 統制營을 統禦營으로 개칭하고 그 영장직을 충청병사가 겸직하도록 하였다. 그러나 1893년에 다시 충청병영은 舊例대로 복구되었으며, 통어영은 南陽府에 이설되어 海沿總制營으로 명칭이 바뀌면서 總制使로 하여금 그 관할 아래 놓이게 된 江華留守직을 겸하도록 하였다. 또한 1893년에 내무부는 全羅監營에 兵隊 4백명을 抄出해서 丁額을 복설시키고 그 영호를 親軍南營으로 칭하였으며, 함경북도 按撫營에 別砲衛 200명과 新抄軍 300명을 모집해서 親軍北營을 보상하였다.

내무부는 중앙과 지방의 軍費를 마련·분획하는 업무를 담당하고 있었다. 우선 내무부는 중앙군의 군비 충당을 위해 황해도의 社還米·關西의 城餉穀·호남의 漕復米와 量餘米 및 漕倉船價米를 중앙군영에 납부토록 하였으며, 인천항의 稅銀이나 주전소의 1백만량을 특하받기도 했다. 또한 내무부는 開城留守營의 군사모집과 훈련에 소용될 군량으로 江華砲糧 중 3천섬을, 江華鎭撫營의 재정을 보충하기 위해 三南砲木代錢을, 按撫營의 別砲衛와 新抄軍을 운영할 자금으로 2년치의 함경북도 焰硝代錢을, 복설된 충청병영의 餉需로 總制營 소관 免稅結錢 중 3만량을 각각 사용하도록 조치하였다. 그리고 내무부는 신설된 春川留守營의 경비를 조달하기 위해 西江의 伏波亭과 濯纓亭에서 주전사업을 벌이는 동시에 輪船船價米를 배정하였으며, 海沿總制營의 신설 비용으로 전 海防營 관할지역의 屯田과 각도의 砲糧米 외에 중앙 관청의 잡비와 京主人의 몫을 이속시켰다.

그럼에도 당시 지방의 병영은 만성적인 군수부족에 시달리고 있었기 때문에 규정대로 훈련을 실시하지 못하고 있었다. 이에 내무부는 거의 매년 흉년 등을 이유로 8道 5都의 군사훈련을 중단시키는 동시에 병력을 堤堰을 축조

45) 黃 玹, 《梅泉野錄》(國史編纂委員會, 1955), 103쪽.

·개수하는 데 동원하거나 元·保軍에게 布를 거두어 들였다.46) 아울러 내무부는 江華沁營과 春川留守營에서 봄·가을에 실시하던 무관 선발시험, 즉 都試를 合設하거나 취소하였다. 이러한 내무부의 조치는 다만 유사시에 군정을 동원할 수 있도록 그 인원을 형식상으로 파악하면서 군역을 국가재정의 일부로 활용하였음을 보여준다.

또한 내무부는 국방의 요충지에 鎭을 설치하고 그에 따른 비용과 인력의 동원문제 등을 관장하였다. 1887년 1월 18일 내무부는 러시아의 조선 침투를 막기 위해 영국이 무단 점령한 후 철수했던 거문도에 鎭을 설치하고자 漢城判尹 李元會를 經略使로 임명하여 그 방략을 보고토록 하였다.47) 이어 3월 17일에 이원회의 別單에 의거하여 내무부는 李民熙를 巨文島僉使에 임명하고, 該道 監司로 하여금 設鎭에 필요한 兵艦軍器 등의 조달방안을 마련하도록 지시하였다. 이어 5월 23일에 내무부는 전라감사 李憲稙의 보고서를 신중히 검토한 끝에 거문도와 대치해 있는 靑山島의 鎭을 폐지하고 해당 첨사와 군수물자를 거문도에 이속시켰다. 그러나 청산도의 관아를 옮겨 짓는데 따른 재정적 부담으로 도민들의 불평이 팽배하자 내무부는 청산도의 진을 그대로 유지한 채 鎭將으로 하여금 分駐 防禦토록 수정하였다. 이처럼 거문도와 청산도에 鎭이 모두 설치되었지만, 두 鎭간의 거리가 멀어 공문 왕래가 지체되었기 때문에 내무부는 효율적으로 해안을 방어하기 위해 長興府 生日島와 平日島, 興陽縣의 草島를 巨文鎭에 소속시킴으로써 관할지역을 조정해 주었다.

다음으로 1886년 4월 20일에 내무부는 全羅右水營의 관할 아래 있는 聖堂鎭의 殿最·船隻配置·收布地方 등에 관한 규정을 마련하였고, 11월 3일에는 靈光郡 북쪽에 있는 1개 면을 이곳에 이속시켰으며, 1887년 6월 6일에는 東萊府 絶影島를 復鎭하였다. 또한 1890년 3월 27일에 내무부는 영·호남 사이에 위치한 요충지 鳥嶺과 秋風嶺에 진을 설치한 후 조령의 관문인 聞慶縣을 都護府로 승격시키는 한편 그곳의 守城將을 管城將으로 명칭을 변경

46) 《日省錄》, 고종 24년 9월 19일 ; 《承政院日記》, 고종 27년 10월 6일·고종 28년 9월 18일.

47) 《日省錄》, 고종 24년 1월 18·19일.

하였다.

내무부가 유사시에 군사적 조치를 취한 대표적인 사례는 동학교도의 교조신원운동과 동학농민군의 봉기를 진압한 것이었다. 1893년 2월 10일 동학교도들은 교조신원을 위한 복합상소를 올린 후 3월 10일 報恩에서 대규모 집회를 열었다. 이러한 동학교도의 움직임에 대해 고종은 3월 19일 협판내무부사 趙秉鎬를 충청감사에, 魚允中을 兩湖宣撫使로 각각 임명한 데 이어 25일 의정부의 정승들과 정부차원의 대응책을 협의하였다. 이 자리에서 고종은 충청병영의 병정으로 동학교도를 진무한다는 것은 무리이고 京軍의 파병 역시 시기상조임을 내세워 청국에게 원병을 요청하고자 하였다. 그러나 심순택 등이 외국군대의 청병에 반대하자 고종은 일단 統禦營軍額을 이전대로 淸州兵營에 두도록 내무부에 지시를 내렸다. 이에 따라 내무부는 청주병영을 그대로 유지하도록 조치하는 한편 江華軍營의 군사 300명을 水原에 주둔시키고 仁川兵丁 120명을 總制營에 소속시킴으로써 수도권방어에 만전을 기하였다.[48] 다행히 선무사 어윤중의 시의적절한 恩威幷行策으로 동학교도의 교조신원운동은 정부군과 충돌 없이 일단락되었다.

그러나 조정은 동학교도 및 농민들의 불만을 해소시키기 위한 근본적인 개혁을 등한시하였기 때문에 1894년 3월 21일에 古阜民亂을 시발로 동학농민군의 제1차 봉기가 전라도 각지로 확산되기에 이르렀다. 따라서 4월 2일 내무부는 전라병사 洪啓薰을 兩湖招討使로 임명하여 그로 하여금 壯衛營 군대를 거느리고 농민군 진압에 나서도록 하였다.

그러나 4월 6일 黃土峴전투에서 정부군이 농민군에게 대패하자 내무부는 홍계훈의 증원군 요청에 따라 15일에 강화진무영의 병정 500명과 장위영의 병정 200명을 증파하여 무력에 의한 진압체계를 강화하였다. 아울러 고종은 4월 18일에 농민군의 표적이 되었던 전라감사 金文鉉, 안핵사 李容泰, 고부군수 趙秉甲을 처벌하고 폐정의 시정을 약속하는 칙유를 발포하는 등 회유책을 강구하였다. 이와 같은 조처에도 불구하고 농민군은 4월 23일 長城전투에서 승리를 거둔 후 全州를 향해 진격하였다. 정부군의 연이은 敗報에 접한

48) 《日省錄》, 고종 30년 3월 25일 · 28일 · 4월 8일.

내무부는 4월 27일 李元會를 兩湖巡邊使로 임명하여 統衛營 등 3영의 군사를 대동시켰지만, 그들이 출발하기도 전에 이미 농민군에 의해 전주성이 함락되고 말았다.49)

한편 내무부의 독판 민영준은 초토사 홍계훈으로부터 전세가 불리하므로 '外兵'을 빌려 진압할 수 밖에 없다는 보고에 따라 4월 12일 이후 청군의 借兵을 고종에게 요청하였지만 심순택 등 대신들의 반대에 부딪쳤다. 그러나 동학농민군의 전주성 함락 소식이 조정에 전해지자 곧 소집된 4월 30일의 重臣會議에서 민영준은 고종을 설득하여 원세개를 통해 청국에 차병을 의뢰하였다. 청국은 이 요청을 받자마자 군대를 파견하는 동시에 이 사실을 일본에 통고하였으며, 농민군의 동향을 예의 주시해 왔던 일본도 즉각 대규모 병력을 파병함으로써 청일전쟁의 서막이 오르게 되었다.50)

청·일 양국의 파병소식에 접한 동학농민군은 이들에게 파병의 빌미를 제공하지 않기 위해 5월 7일 정부측과 이른바 全州和約을 맺었다. 이에 내무부는 초토사와 강화영 兵房을 계속 주둔시키는 동시에 순변사를 즉시 철수시킴으로써 농민군 진압에 대한 군사적 조처를 마무리했다.

이상과 같이, 내무부는 서양식 군사 훈련을 위해 5營制를 3營制로 개편하고 그 운영을 주도하고 연무공원을 설치하는 등 군사력을 통솔하였다. 그러나 내무부가 추진했던 중앙군영의 개편은 1891년 이후 왕궁보호와 수도방위에 역점을 두었기 때문에 5영제로 환원되었으며, 지방군제 역시 수도권방위에 치중하여 지방군은 명목상으로 존재할 뿐이었다. 더욱이 이러한 개편작업은 청국의 간섭과 재정의 부족으로 말미암아 제대로 실효를 거두지 못하였던 것이다. 그리하여 1894년 (제1차)동학농민군 봉기 때 내무부는 자체 군사력으로 이를 진압하지 못하게 되자 청병의 파견을 요청함으로써 청일전쟁의 빌미를 제공하고 말았다.

그외에도 내무부는 國境劃定·민란예방을 위한 戶籍정비 등 국가의 각종

49) 이렇듯 심각한 상황에 직면한 내무부는 농민군의 봉기에 효율적으로 대처하기 위해 독판 申正熙와 참의 成岐運로 하여금 軍務司를 관할하게 하였다. 《日省錄》, 고종 31년 5월 1·3일.

50) 민영준의 청국 파병 요청에 관해서는 李瑄根, 《韓國史 : 現代篇》(乙酉文化社, 1963), 78~98쪽 ; 朴宗根, 《淸日戰爭과 朝鮮》(一潮閣, 1989), 11~13쪽.

사안을 처리하였다. 우선 내무부는 朝·淸간의 국경 분쟁을 불러 일으키고 있던 間島지역의 경계선 획정문제와 越境人의 단속문제에 관여하였다. 양국 간의 변경지역에 거주하는 조선농민이 두만강을 넘어 간도로 이주하여 농지를 개간하게 되자 청국은 조선정부측에 이를 단속해 줄 것을 요구해 왔다. 이에 1885년 7월 30일 내무부는 安邊府使 李重夏를 土們勘界使, 통리교섭통상사무아문 주사 趙昌植을 종사관으로 임명하여 청국측 관리들과 국경문제를 논의하도록 하였다.[51] 그러나 白頭山定界碑에 적혀 있는 土們江의 해석을 둘러싸고 양국 대표들의 의견이 엇갈렸기 때문에 1887년 1월과 1888년 3월에 열린 협상에서도 결국 합의를 이끌어내지 못하였다.

내무부는 평안·함경도의 각 지역에서 끊임없이 일어나는 越境행위를 막기 위해 함경도 按撫使로 하여금 변경문제를 맡아보도록 하거나 監理慶興陸路通商事務직을 겸임한 慶興府使로 하여금 邊政사무를 보고하도록 지시하였다. 그럼에도 불구하고 鍾城과 會寧의 邊民 중에 청의 吉林 지역으로 넘어들어가 경작하는 자가 점차 늘어갔다. 심지어 종성의 관리들이 이들에게 收稅하는 사건이 발생하였다. 이 문제에 대해 袁世凱로부터 항의를 받은 내무부는 前鍾城府使 睦承錫과 前會寧府使 金在容을 파직시켰다. 또한 내무부는 義州府로 압송된 월경 내지 潛越殺戮한 죄인들을 효수형 내지 유배에 처하였으며, 범법한 淸商을 곤장으로 다스린 禮山縣監 尹相耈를 파면시키는 등 양국간의 분쟁을 줄이는 조치를 취하였다. 그리고 내무부는 日本人의 불법적인 삼림채벌이 횡행하고 있던 鬱陵島에 대해서도 平海郡 소속 越松萬戶로 하여금 울릉도의 島長을 겸임시켜 관리·감독하도록 조처하였다.[52]

다음으로 내무부는 전국적으로 빈발하고 있었던 민란과 범법행위를 예방하는 조치로서 五家作統法을 부활시키고 戶口臺帳을 작성함으로써 각호의 인적 사항과 지역별 호구의 증감·이동 상황을 파악하고자 하였다. 특히 내무부는 漢城의 치안에 만전을 기하기 위해 捕盜廳의 책임자인 좌·우 포도대장에 대한 임명권을 장악하였으며, 家券[집문서]의 도난 및 위조가 성행하게 되자 漢城府가 만들어준 집문서로만 매매하도록 하는 규정을 마련하였

51) 《日省錄》, 고종 22년 7월 30일 및 11월 6일.
52) 《高宗實錄》, 고종 25년 2월 7일.

다. 또한 富平府에 창고가 설치된 이후 화물의 왕래가 잦아짐에 따라 내무부는 부사로 하여금 討捕使를 겸임토록 하여 譏察을 강화시켰다.[53]

이와 같이 내무부를 통해 국정전반의 운영을 주도했던 민씨척족세력은 청국이 조선의 내외정을 감독하기 위해 파견한 원세개의 '監國'체제 하에서 주권보존의 근간이 되는 재정·군사권을 장악하는 데에만 치중한 나머지 당시의 조선이 필요로 했던 개화·자강정책을 추진하는 데는 실패하였다. 따라서 1894년초 동학농민군이 봉기하자 민씨척족은 자신들의 失政을 인정·自退하고 개혁을 도모하기 보다는 기득권유지 차원에서 청국에 군대파견을 요청하는 한계를 드러냈다. 이로 인해 1894년 7월 청국의 派兵을 빌미로 조선침략을 꾀한 일본군에 의해 내무부가 폐지됨과 아울러 민씨척족정권은 붕괴하고 말았다.

3. 독립외교의 추진

갑신정변 이후 고종과 민비는 청국의 내정간섭에 반발하여 러시아를 끌어들이려는 제1차 조러밀약을 추진하였다가 실패하였다. 이에 1885년 8월말 청국의 李鴻章은 대원군을 귀국시킴과 아울러 그에 대한 호송 명분 아래 袁世凱를 '駐箚朝鮮總理交涉通商事宜'란 직함으로 파견하였다. 그후 원세개는 조선의 외교와 통상은 물론 국정 전반에 걸쳐 간섭함으로써 청국의 對朝鮮 종주권을 강화시켜 나가는 동시에 반청적 태도를 취하였던 고종 및 민씨척족세력을 견제하고자 했다.[54]

조·청 양국의 대립과 갈등은 1886년 7월초 고종의 제2차 조러밀약 추진과 그에 대응한 원세개의 국왕폐위 시도로 극에 달하였다. 제2차 조러밀약설은 고종의 측근인 金嘉鎭·金鶴羽·趙存斗·全良默 등이 서울 주재 러시아

53) 《日省錄》, 고종 22년 11월 27일·12월 16일, 고종 24년 11월 15일, 고종 27년 3월 29일, 11월 22일. 朴銀淑, 〈開港期 捕盜廳의 運營과 漢城府民의 動態〉(《서울학연구》 5, 1995), 154쪽.

54) Young Ick Lew, 앞의 글(1984), pp. 68~71 참조.

대리공사 웨베르(Karl I. Waeber)에게 청국의 간섭을 배제하고 조선의 독립을 보존하기 위해 군사를 파견해달라는 문서를 전달한 데에서 비롯되었다. 그런데 조·러간의 교섭은 이에 반대하였던 민영익이 원세개에게 密報함으로써 중간에 탄로되고 말았다. 원세개는 조러밀약설을 바로 李鴻章에게 보고하는 동시에 청군을 파견하여 '昏君' 고종을 폐위시키고 대원군을 섭정으로 복귀시킬 것을 건의하였던 것이다.[55]

한편 조러밀약설이 폭로되고 원세개의 고종폐위계획에 접한 고종은 크게 당황하여 조러밀약 자체를 공식적으로 부정하고, 김가진 등 4명을 문서날조 혐의로 유배시킴으로써 사태를 해결하려고 노력했다. 이홍장 역시 청군의 파견이 조선의 민심을 악화시킬 우려가 있고, 대원군의 세력이 고종을 능가하기에는 역부족이며, 러시아가 밀약설을 전면 부인하였기 때문에 원세개의 건의를 받아들이지 않았다. 이로써 고종의 조러밀약기도에 강경하게 대처하려 했던 원세개의 고종폐위시도는 무산되었다.

그러나 이 사건을 계기로 원세개는 조선의 내정간섭정책을 더욱 강경하게 추진하기 시작했다. 1886년 7월 29일 그는 러시아와 일본의 조선 침략야욕을 경계하면서 조선이 더 이상 서양 각국의 세력을 끌어들이지 말고, 청국의 啓導 아래 내치와 외교를 개혁함으로써 스스로 자강·자립을 도모해야 된다는 내용의 〈朝鮮大局論〉·〈時事至務十款〉·〈諭言四條〉 등을 조선정부와 고종에게 지어 보냈다.[56] 요컨대, 원세개는 이 글들을 통해 조선이 청국의 도움없이는 열강의 침략을 막아낼 수 없음을 강변함으로써 조선정부내의 반청운동을 차단하고 국정 전반에 걸친 청국의 발언권을 강화하겠다는 방침을 일방적으로 통보한 것이었다.

고종은 한편으로 원세개의 의견을 수용하는 태도를 취하여 당면한 위기에서 벗어나고자 하면서도 다른 한편으로 청국의 강압적인 내정간섭을 견제하려는 자주외교정책을 강구하였다. 이러한 고종의 반청외교는 내무부의 주도

---

55) 具仙姬, 〈갑신정변 직후 反淸政策과 청의 袁世凱 파견〉(《史學硏究》 51, 1996), 59~69쪽.

56) 《高宗實錄》, 고종 23년 7월 29일. 이들 문건에 대해서는 金源模, 〈袁世凱의 韓半島 安保策(1886)〉(《東洋學》 16, 1986) 참조.

아래 추진되었다. 왜냐하면 당시 외교전담기구였던 통리교섭통상사무아문(외아문)이 원세개와 친청적 입장을 취하였던 김윤식 등에 의해 장악되어 있었기 때문이다.[57] 따라서 고종은 데니를 비롯한 르젠드르·그레이트하우스(Clarence R. Greathouse) 등 미국인 고문관을 통리교섭통상사무아문이 아닌 내무부의 협판으로 임명하였을 뿐 아니라 1887년 12월 25일에 邊政 및 軍務와 아울러 外務 역시 내무부에서 관장하도록 조치하였다.[58] 이러한 기반 아래 내무부는 歐美常駐 公使團의 파견, 駐(天)津大員을 통한 袁世凱 소환운동 등 반청 자주외교를 추진했던 것이다.

먼저 우리나라와 조약을 체결한 구미 각국에 전권공사를 파견하여 독립국가의 면모를 과시하자는 의견은 미국대리공사 겸 무관이었던 포크(George C. Foulk)와 묄렌도르프의 후임으로 내무부 협판 겸 외아문 장교사 당상에 임명된 데니, 그리고 민영익에 의해 제시되었다. 포크와 데니는 조선이 각국에 공사를 파견하면 상대국도 격이 높은 사절을 조선에 주재시키게 될 것이며, 이들이 청국의 독점적인 영향력 행사를 견제해 줄 것이라고 주장하였다. 이에 고종은 각국에 파견된 조선공사가 그곳의 청국공사와 대등하게 상대함으로써 조선의 자주를 고양시키게 된다는 점도 고려하여 그들의 권고를 받아들이게 되었다. 또한 민영익은 외교적인 측면 외에 미국에 부산·인천·원산의 3항구를 저당하여 차관을 얻고, 이를 가지고 미국에 파병을 요청하여 청국의 횡포를 응징하자는 의견을 내놓기도 하였다.[59]

이러한 권고에 고무된 고종은 구미 각국에 공사를 파견하기 위한 사전작업으로 먼저 1887년 5월 16일에 내무부 협판 閔泳駿을 駐日辦理大臣, 내무부 주사 金嘉鎭을 駐日參贊官으로 임명·파견하고, 나중에 외아문 독판 徐相雨로 하여금 원세개에게 이를 조회토록 함으로써 청국의 반응을 살펴보았다.[60]

---

57) 高宗은 이미 내무부 설치 직후부터 각국 공사를 召見할 때 내무부의 독판이 入侍하는 것을 定式으로 삼아 외교에 관여할 수 있는 토대를 마련해 놓았다. 《日省錄》, 고종 22년 6월 28일·고종 23년 7월 29일·고종 25년 10월 29일 등 참조.

58) 韓哲昊, 앞의 글(1995), 28~29쪽.

59) 宋炳基, 〈소위 "三端"에 대하여〉(《史學志》 6, 1972), 96~97쪽.

60) 《日省錄》, 고종 24년 5월 16일. 이어서 6월 8일 내무부는 전환국위원 全良默과 安吉壽를 서기관으로, 교섭아문주사 安駉壽를 번역관으로 임명하였다. 특히

그런데 청국이 주일공사의 파견에 별다른 이의를 제기하지 않자 6월 29일 내무부는 이를 '先派後咨'의 선례로 삼아 朴定陽과 沈相學에게 먼저 내무부의 협판직을 부여한 뒤 그들을 각각 駐美全權公使와 영국·독일·러시아·이태리·프랑스 등 유럽 5개국 全權公使에 임명하였다.[61]

그러나 원세개는 주일공사와는 달리 구미전권공사의 파견을 청국의 대조선 종주권 강화정책에 대한 정면도전으로 여겨 이를 강경하게 저지시키고자 하였다. 7월 2일 그는 구미전권공사의 임명사실을 이홍장에게 보고한데 이어 7월 24일에 그 대책으로 舊制에 의거하여 각국에 주차하는 조선공사가 청국공사에게 呈文·銜帖을 사용하고, 청국공사는 硃筆로 조회하는 이른바 '3條'를 준수토록 함으로써 조선이 청국의 속방임을 표시할 것을 건의하였다. 조·청 양국 사신간의 왕래문서에 상하관계를 표시하도록 한 3조가 이홍장에 의해 채택되자 원세개는 이를 조선정부와 파견될 조선공사, 그리고 각국 주재 청국공사에게 통보하였다. 고종은 3조가 조·청 양국공사간의 문서에 국한된 것이기 때문에 별다른 이의없이 수용하였다.[62]

원세개는 3조 문제가 타결되자 다시 8월 2일 조선정부가 공사파견에 대해 '先行請示'하지 않았음을 힐문하였다. 이러한 원세개의 저지에도 불구하고 8월 7일 고종은 주미전권공사 박정양과 참찬관 이완용을 소견하고 辭陛를 받아 그 다음날 出城토록 지시하였지만, 원세개의 강경한 항의에 못이겨 공사일행을 소환하지 않을 수 없었다. 이에 8월 11일 고종은 賫奏官 尹奎燮을 李鴻章에게 보내 박정양의 파미를 요청하는 동시에 조선 주재 미국공사관으로 하여금 청국측의 조치에 항의를 표시토록 요청하였다. 그리하여 조선주재 딘스모어(Hugh A. Dinsmore)공사는 물론 국무장관 베이야드(T. F. Bayard)의 훈령을 받은 청국주재 덴비(C. Denby)공사, 그리고 고문관 데니 등이 청국정부에 공식적으로 조선의 주미공사파견에 대한 청국의 부당한 방해활동을 항의·

1886년 제2차 조러밀약을 추진하였던 김가진·전양묵과 반청사상이 강한 안경수를 주일공사관원으로 파견한 사실은 주목할 만하다.

61) 《日省錄》, 고종 24년 6월 7일, 29일. 이처럼 일본 및 구미주재 전권공사에 임명된 인물들이 예외없이 협판내무부사의 직함을 가졌다는 점은 내무부가 반청 자주외교의 구심처역할을 담당하고 있었음을 시사해 준다.

62) 宋炳基, 앞의 글, 98쪽.

비판하였다. 결국 9월 24일 이홍장은 주미공사가 임지에서 소위 〈另約三端〉을 준수해야 한다는 조건을 달아 파견을 허락하기에 이르렀다.[63] 청국이 내세운 〈영약삼단〉은 다음과 같다.

> 첫째, 조선공사가 처음으로 각국에 도착하면 마땅히 먼저 청국공사관으로 나아가 具報하고 청국공사와 함께 外部로 나아가되 그 뒤에는 拘定하지 않는다.
>
> 둘째, 朝會公宴 및 酬酌交際 등이 있을 때 조선공사는 마땅히 청국공사보다 낮은 자리에 앉는다.
>
> 셋째, 交涉事大에 관계되는 緊要한 일은 조선공사가 마땅히 먼저 청국공사에게 협상한 후 그 지시에 따라야 한다(《淸季中日韓關係史料》 4, 2379~2382쪽).

삼단은 조선공사에 대한 청국공사의 우월권을 인정케 함으로써 실질적으로 전통적인 조공관계에 근거하여 조선의 외교권을 제한하는 것이었다. 그러나 고종은 내면적으로 삼단을 꼭 준수할 필요가 없다고 판단하여 이를 형식적으로 수용하고 구미공사의 파견을 실현시켰다.

이와 같이 3개월간에 걸친 조·청간의 외교적 실강이 끝에 박정양 공사일행은 11월 12일 서울을 출발, 미국으로 향하게 되었다. 박정양과 함께 미국에 파견된 사절단의 일행으로는 參贊官 李完用, 書記官 李夏榮·李商在, 飜譯官 李采淵, 隨員 姜進熙·李憲用, 武弁 李鍾夏, 垠率 金老美·許龍業, 그리고 이들의 안내책임자인 미국인 參贊官 알렌(Horace N. Allen) 등 총 11명이었다.[64]

朴定陽은 10월 2일 제물포에서 미국군함 오마하(Omaha)號를 타고 釜山을 거쳐 10월 5일 長崎에 도착하였다. 그는 10월 7일 민영익을 만나기 위해 香

---

63) 주미공사파견을 둘러싼 조·청·미 3국간의 교섭에 관해서는 宋炳基, 앞의 글, 100~101쪽 ; 스워다우트 지음·申福龍·姜錫燦 옮김, 《데니의 생애와 활동－韓末 外交 顧問制度의 한 硏究－》(평민사, 1988), 145~155쪽 ; 金源模, 〈朴定陽의 對美自主外交와 常駐公使館開設〉(《藍史鄭在覺博士古稀紀念 東洋學論叢》, 고려원, 1984), 364~367쪽 참조.

64) 朴定陽, 《從宦日記》 2(《朴定陽全集(竹泉稿)》, 亞細亞文化社, 1984), 정해 10월 1일, 624~625쪽.

港에 들렀다가 마카오를 거쳐 10월 24일 橫濱으로 돌아왔다. 10월 26일 그는 알렌일행과 합류하여 橫濱을 출발, 하와이를 거쳐 11월 14일 샌프란시스코에 도착하였으며, 11월 18일(양력 1888년 1월 1일)에 드디어 미대륙에 상륙한 뒤 기차로 대륙을 횡단하여 11월 26일 워싱턴에 도착하였다.

박공사는 〈영약삼단〉을 무시한 채 주미 청국공사 張蔭桓을 방문하지 않고 미국무성과 직접 국서봉정 절차를 협의하였다. 이에 대해 청국공사는 영약삼단의 준수를 촉구하였지만, 박공사는 정부의 明文이 없었다는 이유를 내세워 거절하고, 12월 5일 백악관에서 클리블랜드(Grover Cleveland)대통령에게 國書를 奉呈하였다. 특기할 것은 국서에서 중국 연호가 아닌 조선의 개국 연호를 사용하고, 고종 스스로 청국의 황제와 동등한 지위를 표시하는 '朕'이란 칭호를 사용함으로써 조선이 자주독립국가임을 공식적으로 인정받으려 한 점이다.[65]

국서를 봉정한 후 주미공사관을 개설한 박정양은 알렌의 도움을 받아 데이비스(Robert H. Davis)를 조선정부의 필라델피아領事로 임명하였고, 각종 공식 외교행사와 연회에 참석하여 독자적인 외교를 전개하였으며, 미국으로부터 200만불의 차관을 얻어내려고 노력하였다. 또한 그는 행정·입법·사법부의 주요 공공기관과 대학교·신문사·박물관 등 근대적 사회시설, 그리고 워싱턴기념비·남북전쟁 전적지 등을 시찰함으로써 근대적 제도와 문물에 대한 견문을 넓혔다.[66]

그러나 박정양은 청국측의 派美 허락조건이었던 〈영약삼단〉을 제대로 이행하지 않았기 때문에 결국 원세개의 압력에 굴복한 고종으로부터 소환명령을 받게 되었다. 그는 1888년 10월 12일 클리블랜드대통령을 예방하여 고별인사를 나눈 다음 이상재 등과 귀국길에 올랐다. 11월 27일 미국땅을 떠난 그는 12월 19일 橫濱을 거쳐 東京의 주일조선공사관에 여장을 풀고 국내사정을 탐색한 다음 1889년 3월 12일에야 비로소 釜山에 도착하였다. 그가 서울에 올라와서 고종에게 복명한 것은 미국을 떠난지 9개월만인 7월 24일이

65) 《舊韓國外交文書：美案 1》 10, 317쪽.

66) 박정양이 견문한 바는 《從宦日記》(《朴定陽全集》 2)와 《美行日記》(《朴定陽全集》 6) 참조.

였다.[67] 박정양은 최초의 미국견문기인 《美俗拾遺》와 복명문답을 통해 미국의 제도와 문물을 상세히 소개함으로써 고종과 정부 관리들의 호의적이고 긍정적인 대미관을 형성·확산시키는 데 공헌하였다.[68]

박정양이 고종에게 복명한 후 청국은 그의 〈영약삼단〉에 대한 위반행위를 징벌하라고 강경하게 주장했다. 이로 말미암아 고종은 그를 통리교섭통상사무아문의 독판에 임명하려던 계획을 철회했지만 都承旨 겸 副提學직을 제수하였을 뿐 아니라 〈영약삼단〉의 개정을 요구하였다.[69] 아울러 1891년 9월 6일 원세개가 일시 출국한 틈을 타서 고종은 9월 15일에 박정양을 호조판서와 내무부 독판으로 임명하였다. 이홍장은 박정양의 기용을 마냥 거부할 수만도 없었기 때문에 그를 중임에 서용하거나 공사직에 재임명할 수 없다는 조건에서 묵인해 주었지만 〈영약삼단〉의 개정요청에 대해서는 단호하게 거부의사를 표명하였다.[70]

그럼에도 고종은 박정양의 후임으로 초대 주미전권공사의 일원이었던 이하영·이완용 등을 차례로 서리공사로 임명함으로써 대미외교를 지속시켜 나갔다.[71] 그리고 1893년 1월 28일 鄭敬源을 시카고 만국박람회(The Chicago World Fair) 出品事務大員으로 선임하여 명예사무대원 알렌과 함께 파견함으로써 미국과의 유대관계를 도모하기도 하였다. 정경원은 귀국 도중 일본에 머물면서 다량의 서적 구입에 몰두할 만큼 근대적 학문과 문물에 관심을 갖게 되었다.[72]

한편 박정양·이완용·이하영·이상재 등 초대 주미전권공사일행은 청국의 대조선 내정간섭이 심화되는 정세 속에서 반청 자주외교를 충실히 수행해냄으로써 고종의 두터운 신임을 받는 親美 開化派로 대두하게 되었다. 일

---

67) 박정양일행의 귀국일정에 대해서는 《美行日記》, 471~548쪽 참조.

68) 韓哲昊, 〈初代 駐美全權公使 朴定陽의 美國觀－《美俗拾遺》(1888)를 중심으로－〉(《韓國學報》 66, 1992), 63~88쪽.

69) 1889년 1월 7일 고종이 "出疆使臣 無碍檢擬"라는 지시를 내린 것은 박정양에게 관직을 제수하려는 조치였다고 판단된다. 《日省錄》, 고종 26년 1월 7일.

70) 林明德, 앞의 책, 165~167쪽.

71) 장수영, 〈구한말 역대 주미공사와 그들의 활동〉(《재미과기협회보》 11－6, 1983), 37~38쪽.

72) 杉山米吉, 《現今淸韓人傑傳 : 朝鮮國》(東京 : 杉山書店, 1894), 34쪽.

·러 양국의 조선 침탈을 견제하기 위한 세력균형책의 일환으로 조미조약의 체결을 알선·주도한 청국의 의도와는 달리 친미 개화파가 우호적인 미국관을 바탕으로 반청 친미외교의 실무를 담당하면서 정계에 대두하였다는 점은 주목할 만하다. 특히 그들이 사행기간에 미국인 參贊官 알렌과 맺었던 인연은 三國干涉 후 친러적 인사들과 貞洞派를 형성하여 반일 친미외교를 적극적으로 추진할 수 있는 계기를 마련해 주었다.[73]

이와 같이 자주외교정책의 일환으로 추진된 주미전권공사의 파견이 나름대로 성공을 거둔 반면 유럽주재 전권공사의 파견은 실패로 돌아갔다. 沈相學에 이어 유럽 5개국 전권공사에 발탁된 趙臣熙는 홍콩에 머물면서 주미전권공사 박정양에 대한 청국측의 강경한 태도를 인지하고 정부의 부임 독촉에도 불구하고 1890년 1월 귀국해 버렸다. 또한 그의 후임인 朴齊純도 원세개의 압력으로 인해 서울에서 떠나지도 못하고 말았다.

구미주재 전권공사의 파견과 더불어 고종이 추진한 반청운동은 청국정부에 원세개의 소환을 요청하는 것이었다. 이 운동 역시 고종의 영향력 아래 있었던 내무부에 의해 주도되었다. 1882년 〈朝淸商民水陸貿易章程〉의 체결 교섭 당시 事大使行의 폐단을 내세워 추진된 '派使駐京'안이 무산되고, 그 대신 조·청 양국간에는 일반 공사보다 격이 낮은 '商務委員'을 상호 파견·주차시키기로 합의되었다.[74] 그런데 通商事務를 처리하는 駐津大員인 督理通商事務와 從事官·書記官 등에 대한 인사권은 애초부터 통리교섭통상사무아문이 아니라 내무부가 행사하였다. 그리하여 내무부는 고종폐위음모 이후 원세개와 고종간의 불화가 심화되자 주진대원으로 하여금 원세개 소환운동을 전개하였던 것이다.

원세개의 1차 임기가 만료되는 1888년 8월 초에 종사관 成岐運은 이홍장에게 원세개의 후임으로 馬建常을 임명해 줄 것을 의뢰하였고, 이어서 8월 27일에는 고종이 직접 이홍장에게 원세개의 교체를 요구하였다. 당시의 소환

73) 韓哲昊, 〈甲午更張 中(1894~1896) 貞洞派의 改革活動과 그 意義〉(《國史館論叢》 36, 1992), 39~42쪽.

74) 金鍾圓, 〈朝·中商民水陸貿易章程에 대하여〉(《歷史學報》 32, 1966), 138~140·151쪽.

요청이유는 원세개가 임기가 만료되었을 뿐 아니라 조선에 오랫동안 머물러 있으면서 사무를 제대로 처리하지 못했다는 것이었다. 그러나 이홍장은 조선의 요청에 응하는 것이 上國의 체통을 잃는 것이며, 더욱이 원세개를 대신할 마땅한 인물이 없다는 판단 아래 이를 받아들이지 않았다.

그러자 1889년 5월 21일에 내무부는 민영익과 김가진의 주도 아래 독리통상사무·종사관·서기관 전원을 교체시키면서 재차 원세개의 소환 교섭을 추진하였다. 신임 독리통상사무 金明圭에게 주어진 임무는 표면상 귀국한 초대주미전권공사 박정양에 대한 이홍장의 선처를 부탁하는 것이었다.[75] 그러나 실제로 袁世凱의 조선내정간섭이 양국간의 관계에 커다란 손해를 입히고 있으므로 그의 후임으로 '公正明識'한 자를 선임·파견해 줄 것과 외교상의 자주권을 허락해 달라고 요청하는 것이 그의 주임무였다. 이에 대해 이홍장은 원세개가 조선을 보호한 공이 있는 만큼 조선에 계속 머물면서 그 임무를 다할 것이라고 답변하였다. 아울러 그는 비록 조선이 각국과 조약을 체결했어도 청국의 속방이고, 청국과 교섭하면서 자주적인 지위를 내세우는 것은 양국간에 수백년 동안 내려오는 명분과 기강을 도외시한 처사라고 하면서 원세개의 교체를 요구한 조선정부를 오히려 힐난하였다.[76]

요컨대, 고종은 청국의 적극적인 종주권 강화정책에 대항하기 위해 주미전권공사를 파견하여 자주·평등외교를 전개하는 한편 주진대원으로 하여금 원세개의 소환운동을 펼쳤다. 그러나 이러한 시도는 청국의 반대로 말미암아 오히려 원세개의 권한이 더 강화되고 주미전권공사 박정양이 강제 소환당함으로써 모두 실패하고 말았다. 그럼에도 불구하고 고종이 내무부를 통해 주도했던 반청 자주외교는 조선의 국가적 독립을 대외적으로 표방하는 성과를 거두었다.

---

75) 《日省錄》, 고종 26년 8월 24일.
76) 林明德, 앞의 책, 156~157쪽.

4. 개화정책의 추진과 좌절

갑신정변의 실패로 말미암아 정부내에서는 물론 일반 민중에게까지도 개화에 대한 거부반응이 확산되어 갔다. 더욱이 청국의 원세개는 조선의 내정에 적극적으로 간섭함으로써 반청 자주적인 태도를 견지하고 있었던 개혁지향적인 세력을 축출하는 데 진력하였다. 이러한 상황에서 정부는 무엇보다도 반개화의식을 불식시키고 개혁의 당위성을 확보하는 것을 당면과제로 삼게 되었다.

우선 정부는 개화에 필요한 교육과 계몽사업을 가장 효율적으로 추진해가기 위한 방법의 일환으로 갑신정변 당시 박문국의 신문시설 파괴로 발행이 중단된 《漢城旬報》를 속간하기로 결정하였다. 《한성순보》의 속간에 심혈을 기울인 인물은 친청파로 알려진 통리교섭통상사무아문의 독판 金允植이었다.[77] 그는 갑신정변으로 말미암아 반일감정이 비등했던 상황 속에서도 井上角五郞을 재고용하고 일본으로부터 인쇄기계와 활자를 구입하여 博文局을 재건립하였다. 그리하여 1885년 12월 21일에 《漢城周報》가 발간되기에 이르렀다.[78] 김윤식이 집필한 것으로 알려진 《한성주보》 창간호의 '周報序'에는, 《한성순보》가 조선사회에 끼친 영향력이 적지 않았다고 판단하고 갑신정변으로 말미암은 정치적 혼란이 수습되자 신문의 발행을 바라는 여론을 수렴하여 창간을 추진하였다고 續刊의 동기를 밝히고 있다.[79]

《한성주보》의 편집 방침은 "국가의 교섭과 관리의 陟黜에서부터 개항의 謠俗과 農桑사무와 商稅·時價의 高下에 이르기까지 빠짐없이 모두 기재"하는 것이었다. 이러한 방침은 "국민들의 고통을 애써 찾고 막힌 것을 제거함

77) 당시 친청파로 분류되었던 김윤식·김홍집·어윤중 등의 개화인식과 개혁활동에 관해서는 崔震植, 〈金允植의 自强論 硏究〉(《大丘史學》 25, 1984); 原田環, 〈一八八〇年代前半の閔氏政權と金允植〉(《朝鮮史硏究會論文集》 22, 1985); 李相一, 〈雲養 金允植의 政治思想硏究〉(《泰東古典硏究》 6, 1990); 韓哲昊, 〈1884~1894年間 時務開化派의 改革構想〉(《史叢》 45, 1996) 참조.
78) 李光麟, 〈漢城旬報와 漢城周報에 대한 一考察〉, 앞의 책, 77~82쪽.
79) 《漢城周報》, 1885년 12월 21일.

은 물론이고, 利國便民의 모든 방법을 다 게재하여 정치가 上理에 도달"[80]하게 한다는 전통적인 '求言'과 '制治'의 제도에 근거를 두고 있었다. 그렇다고 해서 《한성주보》가 단지 "명령과 敎戒가 행해지고, 이로 말미암아 상벌의 信實하고 명확함"[81]을 드러냄으로써 기존의 전제군주체제를 강화하려는 官報의 성격을 띤 것만은 아니었다.

또한 《한성주보》의 창간 목적은 "백성의 고통을 힘써 찾을 뿐 아니라 아울러 세계 각국의 情形을 探訪하여 천하사람의 귀에 들려주고 천하사람이 마음으로 생각하게 한다"[82]는 데에서 알 수 있듯이 바로 '利國便民'의 방법을 모색하는 동시에 국민들을 계몽하고 견문을 넓히는 작업과 직결되어 있었다. 또한 그것은 궁극적으로 "우리나라도 저들과 같이 신보를 간행하여 백성들의 이목을 깨우쳐 주면 백성이 날로 富해질 것이며, 국가도 날로 강해져서 장차 천하를 호령하는 수레를 타고 저 西人들의 앞에 달릴 수 있는" 富國强兵을 이룩하려는 데 있었던 것이다.[83] 이로 보아 김윤식 등 온건개화파는 《한성주보》를 만들어 자신들의 개혁목표가 바로 부국강병에 있음을 천명함으로써 개혁추진에 필요한 분위기를 조성하고자 했던 것으로 판단된다.

아울러 《한성주보》는 《한성순보》와는 달리 국한문혼용이나 한글전용으로 기사를 게재함으로써 국민계몽에도 앞장섰다.[84] 나아가 《한성주보》는 한글교육의 필요성을 인식하고 정부차원의 번역기관을 설치하여 각종 외국어서적을 한글로 번역·보급할 것을 역설하였으며, 한글의 우수성과 간편성이 세계적으로도 공인받고 있음을 지적함으로써 간접적으로 국민들에게 자국의 문화적 우월성과 자부심을 심어 주고자 노력했던 것이다.[85]

그러나 박문국은 원래 정부로부터 全州府의 소금·생선·담배, 平壤府 旅閣主人의 口錢 등에 대한 수세권을 배정받아 운영비로 쓰도록 되어 있었으

80) 《漢城周報》, 1886년 8월 30일.
81) 《漢城周報》, 1886년 7월 17일.
82) 《漢城周報》, 1886년 8월 30일.
83) 《漢城周報》, 1886년 7월 17일.
84) 예를 들어 《漢城周報》 제4호에는 총 18면 가운데 1/4 이상이 순한글로 기사가 쓰여져 있다. 李光麟, 〈漢城旬報와 漢城周報에 대한 一考察〉, 앞의 책, 84쪽.
85) 《漢城周報》, 1886년 1월 12일.

나 잘 거두어지지 않았고, 구독료도 징수되지 않아 운영의 곤란을 겪었다. 그리하여 국민들에게 국제정세와 근대적 지식을 전달해 줌으로써 개화의식을 조장하는 데 커다란 역할을 담당하였던 《한성주보》는 발행된 지 2년 반 만인 1888년 6월 6일 박문국의 재정 적자로 말미암아 폐간되고 말았다. 뿐만 아니라 《한성주보》의 폐간 당시 김윤식·어윤중 등 신문 발행을 주도했던 온건개화파가 정부의 요직에서 축출된 점으로 미루어 반청적 입장을 견지했던 고종과 민씨척족세력이 정치적인 의도로 신문의 폐간을 방기했으리라 여겨진다.

한편 근대식 농법과 전신 등 근대적 기술의 도입, 신식교육의 실시 등은 種牧局·育英公院·電報局(電郵總局) 등을 예하기관으로 둔 내무부에 의해 주도되었다. 우선 내무부는 농상사무를 권장하기 위해 설치되었던 農務牧畜試驗場을 산하조직인 농무사에 소속시켜 種牧局으로 개칭하고 그 堂上으로 하여금 전관케 하였다.[86] 報聘使의 隨員으로 미국을 방문했던 崔景錫이 귀국 후 모범농장의 설치를 국왕에게 청원하였고, 고종이 망우리 일대의 넓은 토지와 자금을 하사하여 1884년 초에 농무목축시험장을 설치하기에 이르렀다. 농무목축시험장은 뉴욕주재 명예총영사 프레이저(Everett Frazer)로부터 각종 농산물의 종자와 가축, 그리고 신식 농기구를 수입하여 품종을 개량하고 근대적인 농법을 도입했다.

최경석이 작성한 〈試驗場各種目錄〉에 의하면, 농장은 현재의 농업시험장과 다를 바 없는 많은 종류의 농작물과 야채, 과수들을 재배하고 있었다. 그 후 농장에서는 이들의 재배법과 사용법을 소개한 해설서와 함께 수확물의 종자를 전국의 군현에 보내 재배하도록 권하였다. 또한 농장에서는 미국 캘리포니아주에서 우마 등의 가축도 들여와 품종개량과 사육방법을 개선하기도 하였으며, 버터·치즈까지 만들 수 있는 낙농업까지 계획하였다. 그러나 1886년초 최경석이 갑자기 병사하고 미국에 요청한 농업기사 역시 도착하지 않았기 때문에 그 사업은 방치상태에 놓여지고 말았다.[87]

내무부는 이 시험장을 農牧局으로 개칭하는 한편 1887년 가을에 영국인

86) 《日省錄》, 고종 23년 7월 15일 ; 《承政院日記》, 고종 24년 12월 28일.
87) 李光麟, 〈農務牧畜試驗場의 設置에 대하여〉, 앞의 책, 205~214쪽.

농업기술자 재프리(R. Jaffray)를 고빙하여 그 경영 뿐 아니라 2년제 농업학교인 農務學堂을 설립케 하고 학생들에게 기술을 가르치도록 하였다. 이는 내무부가 장기적인 안목에서 농업을 과학적으로 연구하고 새 농법을 보급시킬 교육기관의 설립에 대한 필요성을 절실히 느끼고 있었기 때문이다. 그러나 이 계획 역시 재프리가 1888년 5월에 사망하는 바람에 아쉽게도 중단되고 말았다.[88]

다음으로 내무부는 서양의 문물과 제도를 체계적으로 수용하기 위한 방안으로써 근대적 학문과 외국어를 교육하는 育英公院을 수문사 예하에 설치하고, 수문사 堂郞으로 하여금 그 사무를 겸관케 하였다. 원래 보빙사의 건의로 입안된 육영공원의 설립계획은 갑신정변으로 말미암아 일시 중단되었다가 1886년에 비로소 헐버트(Homer B. Hulbert) 등 미국인 교사 3명이 도착한 것을 계기로 결실을 보게 된 것이었다.

〈育英公院 設學節目〉에 의하면 공원에는 左院과 右院을 두었는데, 좌원은 젊은 문무관리 가운데 선발하여 통학케 하고, 우원은 15세에서 20세까지의 재능있는 자를 선발하여 기숙사생활을 엄격하게 시키며, 이에 필요한 운영비는 호조와 선혜청에서 반씩 공동 부담한다. 교과내용은 책읽기와 글쓰기부터 시작하여 수학·자연과학·역사·정치학 등을 배우며, 시험은 월말과 연말, 그리고 3년 뒤에 '大考'라는 시험을 치뤄 급제하면 졸업시켜 벼슬을 주도록 하였다.

육영공원의 학생모집 현황을 살펴보면, 1886년에 좌원 14명과 우원 21명 도합 35명을 선발하고, 1887년에 좌원 6명과 우원 14명 합계 20명, 그리고 1889년에 우원 57명을 추가로 모집하여 총 112명에 달하였다. 최초의 입학생은 모두 양반 고관의 자제였고, 교사들은 영문 교과서를 가지고 영어로 강의하였다. 처음에는 학생들의 지적 능력이 높고 근대적 학문에 열의를 갖고 있었기 때문에 학습진도도 매우 빨랐다. 그러나 정부의 명령 내지 부형의 권유로 입학했던 학생들은 육영공원의 졸업 여부와 관계없이 관직을 보장받고 있었으므로 엄격한 학칙, 교사들의 철저한 교육에 반발하여 병이나 관청업무

88) 《統署日記》 1, 고종 24년 8월 23일·고종 25년 5월 19일.

를 핑계로 결석을 일삼게 되었다. 또한 공원의 운영을 담당하였던 閔應植·閔種默·閔丙奭·閔泳達 등 민씨척족도 공원 운영비를 횡령할 정도로 신교육에 대한 관심과 이해가 부족하였기 때문에 학생들의 행동을 방관하였고, 심지어 그들의 요청으로 겨울에는 수업시간을 하루 6시간에서 4시간으로 단축하고 좌원의 학생들은 3일마다 한번씩만 수업받도록 조치하기도 하였다. 반면에 교사들은 서양식방법을 강행하려 했으므로 학생들과 충돌을 일으켰다. 더욱이 육영공원은 학생들을 충원하지 못하였을 뿐 아니라 재정마저 부족하여 교사들에게 제대로 봉급을 지불하지 못하였기 때문에 소기의 목적을 달성하지 못한 채 1894년에 폐지되었다.[89]

육영공원이 성공적으로 운영되지 못한 직접적인 원인은 학생의 신분을 양반고관의 자제나 고관들이 추천한 사람들로 제한함으로써 새로운 사회로의 전환을 상대적으로 꺼려하는 사람들에게 근대적 문화를 수용하도록 조처한 데 있었다. 이러한 점에서 사회신분에 구애받지 않고 일반평민들에게까지 신학문에 접할 수 있도록 한 외국선교사들이 설립한 학교들이 중요한 역할을 하지 않을 수 없었다. 새로운 이념과 정책 밑에서 새로운 정신을 구현하는 교육기관은 구래의 전통과 특권의식에서 완전히 벗어난 외국선교사들에 의해 설립·운영되었던 것이다.

육영공원 보다 몇달 빠른 1886년경에 설립된 培材學堂과 梨花學堂은 미국 북감리교 선교사 아펜젤러(H. G. Appenzeller)와 스크랜튼(Mary F. Scranton)에 의해 세워졌다. 이 두 사람은 외교관계가 수립된 후 미국 감리교 선교부에서 조선에 파송한 최초의 선교사들로서 기독교 전도사업이 공식적으로 허용되지 않았던 당시의 상황 속에서 먼저 교육사업에 착수한 것이다. 그리하여 이 두 학당은 우리나라 최초로 일반평민들에게 교육을 실시하는 근대식 학교가 되었다.

아펜젤러목사는 주한미국공사관부 무관 포크중위를 통해 국왕과 학교설립문제를 놓고 교섭을 벌여 1886년 여름 서울 서소문동에 학교를 설립하였다. 학생 모집은 2명으로 시작하여 그 이듬해에 67명으로 증가하게 되었다.

---

89) 李光麟, 〈育英公院의 設置와 그 影響〉, 앞의 책, 104~125쪽.

배재학당은 학생들이 일하면서 공부할 수 있도록 自助部를 설치하였다. 한편 스크랜튼은 선교사업의 중요한 분야의 하나로 여성교육기관을 설립할 필요성을 느끼고 그 준비에 착수했다. 그리하여 도착 1년 후 1명으로 교육을 시작하였다. 그러나 여성교육기관으로서의 이화학당은 학교운영에 있어 배재학당과는 비교가 안될 만큼 일반의 냉대를 받았다. 이는 여성의 지위가 남성과는 달리 격하되어 있던 당시의 사회제도와 풍조 속에서 어쩔 수 없는 현상이었다. 그럼에도 불구하고 이화학당은 그 다음 해에 학생수가 46명으로 불어났다. 더욱이 고종과 정부측도 나라의 문명개화에 기여하는 두 학당을 정식으로 인정해 줌으로써 발전의 토대를 마련해 주었다. 1887년 고종은 두 학당에 각각 배재학당과 이화학당이란 교명을 하사했을 뿐 아니라 편액까지 내렸던 것이다. 이로 말미암아 일반대중의 호응과 관심이 자연히 증대될 수 있었다.90)

한편 장로교 선교사로는 1886년말 언더우드(Horace G. Underwood)목사가 자비로 학교에 올 학생이 없었던 당시의 실정을 고려하여 전원을 기숙사에 수용하여 숙식을 제공하는 일종의 기숙학교를 세웠다. 그리하여 고아원, 예수교학당 혹은 구세학당이라고 불렸졌던 이 학교는 경신중·고등학교의 전신이 되었다. 이어 간호원으로 내한한 엘러즈(Annie J. Ellers)는 언더우드가 설립한 학교의 부대사업으로 여자교육사업에 착수하였다. 그가 병으로 말미암아 차질이 빚자 한때 헤이든(Mary E. Hayden)이 맡았다가 1890년 도티(S. A. Doty)에 의해 비로소 학교 체제를 갖추어 뒤에 정신여자중·고등학교로 발전하였다. 이와 같이 선교사들에 의해 세워진 사학들은 기독교적 인물을 기르고 선교에 도움을 줄 수 있는 지도자의 양성을 목적으로 삼았지만, 개화운동에도 커다란 공헌을 하게 되었다.91)

또한 1885년 2월 고종은 알렌에게 국립병원 설립을 허가해 주어 廣惠院이 만들어졌다. 그후 1886년 3월 조선인들에게 의학을 가르칠 목적으로 알렌·헤론·언더우드 등이 교수진으로 참여한 국립의학교가 설립되었다. 여기에서는 실용의술을 비롯하여 물리·화학 등을 가르쳤으나 의학교로서의 구색을

---

90) 孫仁銖, 《韓國開化敎育硏究》(一志社, 1980), 71~74·130~135쪽.
91) 白樂濬, 《韓國改新敎史, 1832~1910》(연세대학교 출판부, 1973), 137~141쪽.

갖추지 못하고 병원에서 필요한 일을 돕는 조수와 약국원을 양성하는 데 머물고 말았다.92)

마지막으로, 갑신정변으로 말미암아 중단되었던 郵政사업은 내무부가 工作司 예하에 電報局을 설치하여 근대적인 전신시설을 설치함으로써 재개되었다. 1885년 6월 청국이 〈朝鮮電線條約〉을 맺어 漢城電報總局(일명 華電局)을 설치하고 서울·인천간과 서울·평양·의주간의 이른바 西路電線을 설치하기 시작했다. 이처럼 청국이 조선에 대한 종주권을 강화할 목적으로 西路電線을 가설하려고 하자 내무부는 조선측의 電務委員을 파견하여 이를 감독하도록 지시하였다.93) 그러나 서로전선은 청국의 차관을 도입하여 만들어진 것이기 때문에 청국이 그 관할권을 장악하게 되었다.94)

이에 대해 일본은 청국의 서로전선 가설이 조일간에 체결된 바 있는 〈釜山口設海底電線條約〉에 위배된다고 주장하면서 서울·부산간의 전신가설을 요구하였다. 이에 1885년 11월 정부는 일본과 〈부산구설해저전선조약 속약〉을 맺고 서울·부산간의 남로전선을 착공하게 되었다. 이 전선공사는 청국이 대행하였으나 지연되었기 때문에 정부가 朝鮮電報總局을 설치하여 직접 가설에 착수하였다. 정부는 독일의 世昌洋行으로부터 기채하여 기구를 구입하고 영국인 기사 핼리팩스(T. E. Hallifax)로 하여금 노선을 측량케 한 뒤 착공하여 1888년 5월말에 남로전선의 준공을 보게 되었던 것이다.

이와 같이 조선정부는 남로전선을 독자적으로 주관하여 가설·운영하였기 때문에 업무상의 규정에 있어서도 서로전선의 경우와는 달리 전신규정을 새로 마련하여 사용하였다. 그리하여 〈국내전보규칙〉의 전신을 이루는 우리 나라 최초의 〈電報章程〉이 만들어지게 되었다. 이때 모르스부호를 한글로 제정한 '國文字母號碼打法'이 오늘날까지 계속 사용되고 있음은 주목할 만하다.

아울러 정부는 자주적으로 전신을 가설하고 관리하려는 정책을 펼쳤다. 이

---

92) 白樂濬, 위의 책, 112~128쪽.

93) 내무부는 서로전선이 가설되자 부호군 李容稙을 電線大員으로 임명하여 淸國派員과 함께 檢飭케 한 데 이어 李應相·姜泰熙·尙澐·朴喜鎭 등을 電務委員으로 임명하였다. 《日省錄》, 고종 22년 8월 9·19일.

94) 金正起, 〈西路電線(仁川-漢城-義州)의 架設과 反淸意識의 形成〉(《金哲埈博士華甲紀念史學論叢》, 知識産業社, 1983), 800~805쪽.

를 위해 1888년 말경 정부는 청국에 서로전선의 관리권 반환을 요구한 데 이어 그 이듬해 5월에 프랑스로부터 200만불의 차관을 얻어 청국의 차관을 상환하려고 했지만 모두 실패하고 말았다. 또한 정부는 외교고문관 데니의 의견에 따라 남로전선을 연장하여 서울·원산간의 북로전선을 가설하고, 이를 블라디보스톡의 러시아전선에 연결시키려는 계획 아래 전신기재를 구입하기도 하였다. 이는 북로전선이 개통될 경우 일본 및 상해 등지에서 유럽과 미국 방면으로 발송되는 전신은 인도방면을 우회하지 않아 이익을 얻게 될 것이고, 또한 청국의 지배 아래 있는 서로전선도 자연히 중요성이 반감될 것이라는 판단 아래 추진된 것이었다. 그러나 이 시도는 역시 청국의 반대로 착공되지 못하고 말았다. 그러다가 1891년 2월 청국의 권리를 침해하지 않고 외국의 전선과 접속시키지 않는다는 내용의 〈朝鮮北路電線條約〉을 체결한 뒤에야 비로소 착공되어 그해 6월 완공되기에 이르렀다.[95]

이상으로 미루어 볼 때, 내무부는 서양의 근대적 문물과 기술을 적극적으로 도입하기 위해 그 산하에 개화·자강추진기구들을 설립·운영하였음을 알 수 있다. 내무부가 주전·개광 등을 통해 확보한 재정 가운데 그 일부를 연무공원·육영공원·종목국·전보국 등을 설치하는 데 투자하여 자주적으로 '富國强兵'의 기틀을 마련하고자 노력했다는 점은 주목할 만하다. 그러나 이러한 개화정책들은 전통적인 정치·사회질서를 유지한 채 서양의 제도와 기술을 부분적으로 수용하는 데 머물렀으며, 그나마 청국의 간섭과 정책담당자들의 무능, 그리고 재정의 빈약 등으로 말미암아 제대로 실효를 거두지 못하고 말았다.

5. 외국인 고문의 고빙

조선정부는 개화정책과 자주외교를 적극적으로 추진하기 위한 일환으로 다수의 외국인 고문관과 기술자를 고빙하게 되었다. 개항 이후 서구식 제도

95) 林明德, 앞의 책, 227~234쪽.

와 문물을 수용할 수 있는 내재적 기반을 갖추지 못한 상태에서 정치·외교·군사·교육·산업 전분야에 걸쳐 근대적 지식과 경험을 갖춘 외국인 고문관의 고빙이 절실히 요구되었던 것이다. 그리하여 정부는 1881년부터 일본·청국인은 물론 그들의 권고로 묄렌도르프 등 서구인을, 갑신정변 이후에는 청국의 내정간섭이 강화되는 상황 속에서 주로 미국인 고문관·군사교관·교사·기술자 등을 초빙하였다.

우선 외교 및 법률고문으로는 데니·그레이트하우스·르젠드르 등 모두 미국인을 채용함으로써 미국에 대한 신뢰를 나타내 주고 있다. 조러밀약의 추진으로 파면당한 묄렌도르프의 후임으로 1886년 5월 데니가 부임하였다. 청국은 조선에서 러·일 양국의 세력이 점차 증대하자 이에 대처할 외교고문으로 미국인 데니를 천거한 것이다. 따라서 그에게는 청국으로부터 조선의 친청정책 유도, 종속유지의 사명이 암암리에 주어졌다. 그러나 판사출신인 그는 袁世凱가 고종폐위 등 조선의 내정에 극심하게 간섭하고 아울러 자신의 영향력 증대를 꺼려하는 태도를 취하게 되자 오히려 반청적인 태도를 취하게 되었다.

데니는 조선이 청국과 朝貢관계를 유지하고 있지만 屬國은 아니라고 판단하였다. 따라서 그는 丙寅洋擾와 천주교 포교관계로 소원해 왔던 프랑스와 국교를 맺도록 주선한 데 이어 〈한러육상조약〉을 체결토록 하였으며, 구미 각국에 조선의 외교사절을 상주케 함으로써 청국의 간섭을 배제시키는 등 조선의 자주적인 외교활동을 도왔다. 아울러 그는 조·청간의 종속관계를 부정하고 국제법 이론에 근거해 조선왕국의 독립성을 명쾌하게 밝혀 놓는 동시에 청국의 부당한 내정간섭을 신랄히 비판하는《淸韓論》을 저술·출판하였다. 이 글은 짧은 정치 논설이었지만 군사적으로 조선의 주권을 탈취하지 않는 한 조선이 영구적인 독립국임을 선명하게 논증한 것이었기 때문에 청국으로부터 미움을 받게 되었다. 데니는 친구 프레이저의 商社를 조선으로 유치하여 철도부설권을 획득하도록 이권에 관여하기도 했지만, 조청관계를 국제법적으로 규명하고 조선의 해외공관 설치를 주선함으로써 대내외적으로 자주독립외교를 펼 수 있는 기반을 마련해 주었던 것이다.[96]

1890년초 데니가 청국의 압력에 의해 임기를 마치고 사임하자 역시 미국인 르젠드르가 외교고문으로 취임하였다. 원래 프랑스인으로서 미국에 귀화하였던 그는 청국 厦門영사, 그리고 일본 외무성 고문을 역임하다가 미국공사 딘스모어의 추천에 의해 채용되었다. 메릴의 사임으로 해관총세무사직이 공석이 되자 고종은 청국의 간섭에서 벗어나 해관을 독자적으로 운영하고자 르젠드르를 발탁하려 시도했으나 원세개의 방해로 실패하고 말았다. 그는 일본과 상해에 파견되어 구미 열강으로부터 200만원 차관교섭을 벌였으나 역시 성공을 거두지 못하였다. 또한 1890년 8월 외교·법률고문으로 미국인 그레이트하우스가 고빙되었다. 그는 법률가로 샌프란시스코에서 신문사를 경영한 바 있었으며, 특히 일본 横濱총영사로 근무하는 동안 친일적 외교관으로 평가되고 있었기 때문에 일본 외무성의 추천을 받아 초빙되었다. 이들 두 사람은 내무부 협판직을 부여받았으며, 오스트리아와 헝가리 등과 통상조약을 체결하고, 일본과 황해도 防穀令사건과 제주도 通漁문제 등을 절충하는 데 중요한 역할을 담당하였다.[97]

다음으로 해관담당 고문에는 묄렌도르프의 후임으로 미국인 메릴(Henry F. Merrill)이 고빙되었다. 1885년 9월 해관 총세무사로 임명된 그는 청국 해관에서 근무하였으며, 부임하기 전 이홍장과 청국 총해관사 하트(Robert Hart) 등으로부터 조선해관을 청국해관의 일부분으로 개편·통합하라는 훈령을 받았다. 메릴은 이 훈령을 비교적 충실히 이행하여 부임 직후 묄렌도르프 휘하에 있던 해관원을 상당수 해고 또는 직위 교체하였다. 이와 동시에 인천해관 세무사서리에 독일인 쉐니케, 부산해관 세무사서리에 프랑스인 피리(T. Piry), 원산해관 세무사서리에 영국인 크리그(E. F. Creagh) 등을 신규 채용함으로써 자신의 입지를 강화하였다. 메릴은 조선해관의 분기별 보고서를 청국해관의 貿易總冊에 합쳐 간행토록 하라는 지시를 착실히 시행함으로써 조선해관이 자연히 청국해관의 지부로 인식되기도 하였다.[98] 그럼에도 불구하고 메릴도 원세개와의 불화로 1889년 사임하고 귀국하였다. 메릴의 뒤를 이어 쉐니케,

96) 스워다우트 지음·申福龍·姜錫燦 옮김, 《데니의 생애와 활동-韓末 外交 顧問制度의 한 硏究-》(평민사, 1988).

97) 崔鍾庫, 《韓國의 西洋法受容史》(博英社, 1982), 155~158·192~193쪽.

98) 高柄翊, 〈朝鮮海關과 淸國海關과의 關係-「메릴」과 「하트」를 中心으로-〉(《東亞交涉史의 硏究》, 서울大學校出版部, 1965), 465~481쪽.

모오간(F. A. Morgan)이 서리로 임명되면서 진남포와 그 밖의 개항장에도 해관이 설치되는 등 해관사무의 질서가 잡혀갔다. 1893년에는 역시 청국해관에 근무하였던 영국인 브라운(J. McLeavy Brown)이 총세무사로 임명되어 근무하게 되었다.

또한 교사로서 역시 미국인 헐버트·길모어(G. W. Gilmore) 및 벙커(D. Z. Bunker) 등이 초빙되었다. 미국인교사 초빙은 보빙사 민영익이 방미 중 이미 교섭한 바 있었다가 1884년 9월 조선정부가 미국공사 푸트에게 직접 의뢰함으로써 공식적으로 추진되었다. 푸트의 요청을 받은 미국 내무성 교육국장 이튼(J. Eaton)은 외국에 파견될 교사는 신앙심이 두터운 신학생이 적당하다는 생각하에 외교선교부직원과 협의하여 뉴욕시에 있는 유니온신학교에서 인물을 구하였다. 그리하여 헐버트·길모아·번(H. E. Bourne) 3명을 선발하였으나 갑신정변으로 말미암아 일시 중단되고 말았다. 그후 1885년 중반부터 교섭이 재개되어 그 다음해 7월 4일 조선에 교사들이 도착하였다.

그런데 애초에 오기로 작정되었던 사람 중 번은 중도에 포기하고 그 대신 벙커가 참가하게 되었다. 이들은 모두 미국의 일류대학을 졸업하여 신학을 전공하고 있었다. 길모어는 프린스톤대학을, 벙커는 오베린대학을 각각 졸업하여 유니온 신학교의 졸업반에 있었고, 헐버트는 다트마스대학을 졸업한 뒤 2학년에 재학 중이었다. 특히 헐버트는 명문의 집안으로 그의 아버지는 다트마스대학 출신으로 조합교회의 유명한 목사인 동시에 미들버리대학의 총장이었고, 어머니는 다타마스대학의 창설자의 후예이며 인도에 파견되었던 선교사의 딸로서 그의 가족은 철저한 칼빈주의 신봉자들이었다.[99] 그러나 앞서 살펴본 바의 사정으로 말미암아 육영공원이 설치된지 3년만인 1889년 길모어가 먼저 사임 귀국하고, 1891년 헐버트도 뒤따라 사임하였다. 그리고 1894년 봄 벙커마저 배재학당으로 자리를 옮김에 따라 육영공원은 유명무실한 존재로 변해버렸던 것이다.

한편 군사교관으로는 다이(William McEntyre Dye)·커민스(Edmund H. Cummins)·리(John G. Lee)·닌스테드(F. H. Nienstead) 등 4명의 미국인이 초

99) 李光麟, 〈育英公院의 設置와 그 變遷〉, 앞의 책, 112~119쪽.

빙되었다. 군사교관은 보빙사에 의해 처음으로 요청되었고, 1884년 고종이 푸트공사에게 직접 요청한 적도 있었다. 그후 갑신정변의 사후 수습과정에서 체결된 청·일 양국간의 천진조약에서 양국이 조선에서의 군사충돌을 회피하려는 방책으로 공동철수를 규정하는 한편 제3국의 군사교관에게 조선군대의 훈련을 맡기도록 합의가 이루어졌다. 더욱이 고종이 러시아교관을 초빙하려던 계획이 폭로되면서 자연스레 미국교관의 고빙이 추진되었다. 그 결과 미국은 조선의 군사문제에 깊이 간여할 수 있는 특권을 조선정부 뿐 아니라 청·일 양국으로부터 인정받게 되었다.

그러나 미국은 국내문제로 말미암아 관심을 쏟지 못하다가 1887년에 이르러 현역이 아닌 퇴역장교라도 무방한가를 문의하였고, 이에 대해 고종은 유능한 장교라면 현역이나 퇴역에 관계없이 채용할 의사가 있으며, 수석교관 1명과 조교관 2명 총 3명의 군사교관을 후한 조건으로 고용할 계획을 아울러 통보하였다. 또한 1888년 초대 주미전권공사 박정양일행이 적극적으로 미국측과 교섭을 벌인 결과 다이 등 3명의 선발을 완료하게 되었다.[100)]

수석교관 다이는 펜실베니아주 출신으로 미국 웨스트포인트 육군사관학교 졸업생이었다. 그는 남북전쟁 발발을 전후하여 전시명예대령 혹은 준장 계급까지 승진하였으나 전쟁 후 육군의 역할이 감소되자 소령으로 자원제대하였다. 그후 그는 농업에 잠시 종사하다가 1873년부터 5년간 이집트의 터어키총독이 거느린 군대의 참모차장으로 용빙되어 아비씨니아정토전에 참전하여 부상당하기도 하였다. 1878년에 귀국한 그는 1883~1886년간 워싱턴 콜럼비아특별지구의 시경 총경으로 근무하였으며, 조선 부임 직전에는 미연방정부 연금국의 육해군본부 부장으로 재직하고 있었다.

다이가 직접 선발한 두 명의 조교관 중 커민스는 버지니아주 알렉산드리아출신으로 남북전쟁시 남부 연방군의 소령으로 출전하여 미시시피강 및 멕시코만 연안 방위대에서 복무한 경력이 있었다. 리는 의사로서 필라델피아방위군에 복무한 적이 있으며, 필라델피아 검시관사무소의 전속의사로 근무하다가 조선으로 고빙되어 왔다. 이들 미동부 출신자들과는 별도로 닌스모아공

100) 李光麟, 〈美國軍事敎官의 招聘과 鍊武公院〉, 앞의 책, 161~173쪽.

사의 주선으로 선발된 닌스테드는 미해군의 사병으로 근무한 경험이 있고, 神戶주재 미국영사관 부영사 겸 통역관이란 섭외관직에 종사하고 있다가 조교관으로 발탁되었다.

이처럼 수석교관 다이를 제외한 3명의 교관은 정규사관학교 교육을 받지 못한 장교로서 전투경험도 별로 없는 일종의 아마추어 군인에 지나지 않았다. 그러나 일단 조선에 수석교관 내지 조교관으로 초빙되어 상당히 높은 대우를 받게 되었다.

이들 네 명의 군사교관은 서울에 도착하기 전에 이미 창설된 연무공원에서 근무하였다. 그들은 영어로 조선정부가 구입하였던 미제무기의 사용법, 대오편성연습, 전초전전술 등을 무관들에게 가르쳤다. 그러나 연무공원 교육은 개시된 지 얼마 안되어 차질을 빚기 시작했다. 그 이유 중 하나는 조선정부측의 대우에 불만을 느낀 일부 미국인 교관들의 직무 태만에서 비롯된 것이었다. 커민스와 리는 숙소의 급수시설 미비와 조선인 당번병의 부족에 대해 불평하고, 자신들과 다른 경로로 채용된 닌스테드와 반목하였으며 과음으로 직무를 게을리 하였던 것이다. 마침내 그들은 봉급마저 체불되자 조선정부를 신랄하게 비판하는 기사를 미국과 청국에서 발행되는 신문에 투고하기까지 하였다. 그리하여 조선정부는 다이의 동의를 얻어 1889년 9월에 조선정부 비판, 과음 및 무능 등의 이유로 조교관 커민스와 리를 해고하기에 이르렀다. 그러나 조선정부는 커민스와 리를 계약기간 만료 전에 일방적으로 해고했기 때문에 결국 딘스모아공사의 요구에 따라 이들에게 3년분 봉급과 왕복여비를 완급해 준 1891년 3월에야 퇴거시킬 수가 있었던 것이다.[101]

그후 남은 두 명의 교관은 약 160명의 연무공원 무관과 1,200여 명에 달하는 서울 궁성수비대를 훈련시켜야 하는 과중한 업무를 떠맡게 되었다. 이러한 상황 하에서 연무공원의 교육이나 시위대의 훈련이 체계적·효율적으로 진행될 수가 없었다. 그리하여 연무공원의 사관양성계획은 실패로 끝나고 시위대를 위시한 중앙군의 군사력은 질적으로 오히려 저하되는 결과를 낳았다. 더욱이 1893년말 닌스테드도 사임하게 됨에 따라 연무공원은 외견상으로

101) 柳永益, 〈開化期 美國人 軍事敎官 傭聘 始末〉, 앞의 책, 63~71쪽.

만 존속하게 되었다.

다음으로 신식화폐를 주조하기 위한 전환국이 설치되고 묄렌도르프가 총판에 임명되었으며, 이어서 조폐기구를 독일에 주문하는 한편 기술자의 고빙을 서두르게 되었다. 그리하여 1885년 가을 크라우스(F. Kraus)·리이트(C. Riedt)·디드리히트(C. Diedricht) 등 독일인 기술자 3명이 초빙되었고, 조각과 기관기사로는 일본 조폐국 旗手 稻川彦太郎과 池田隆雄이 고용되었다. 처음에 전환국에서는 은화·동화 등 14종의 화폐를 주조할 계획이었으나 조러밀약사건으로 묄렌도르프가 총판직에서 물러남으로써 은화 1원, 동화 10문, 5문 3종만 시험적으로 주조되다가 중단되면서 이들은 해고되었다.

그뒤 1892년 전환국 방판 안경수가 서양식 화폐를 주조하기 위해 일본인 관계자만을 고빙하여 인천전환국을 출범시켰으나 업무상 분쟁으로 말미암아 그 다음해 일본인관계자는 철수하게 되었다. 이에 조폐사업은 그동안 大阪의 조폐국에서 기술을 연수해 온 조선인들이 주전 실무를 담당하였지만, 운영자금의 부족·청국의 간섭 등으로 부진을 면치 못하였다.[102)]

또한 정부는 미국 광산기술자를 초빙하여 광산개발을 추진함으로써 재정을 확충하려고 시도하였다. 1888년말 피어스는 주미조선공사관의 참찬관 알렌과 서기관 이하영의 주선으로 내무부 광무국의 광산감독에 임명되었다. 그로부터 평안북도 운산금광에 풍부한 금이 매장되어 있다는 보고를 받은 정부는 미국에서 石英臼機 10대 등 광무기기를 구입함과 아울러 5명의 광산기술자를 초빙하였던 것이다. 그러나 광무국은 이들 가운데 스코트(Scott)·하베이(Harvey) 두 사람만 채용하기로 결정하였다. 이에 주한 미국공사에게 거센 항의를 받았지만 정부는 알렌이 단독으로 그들을 고빙하였기 때문에 책임을 질 수 없다고 주장하여 이를 관철시켰다. 그후 정부는 광산채굴에 필요한 막대한 비용을 마련하지 못하자 스코트 등도 해임시킴으로써 그들의 기술을 제대로 활용해 보지도 못한 채 재정만 낭비하고 말았다.[103)]

한편 전신·우체·전등의 근대적 시설분야에서도 그 건설과 운용을 담당할 외국인 기술자가 초빙되었다. 먼저 1885년 청국의 화전국이 주관하였던

102) 元裕漢, 〈典圜局攷〉(《歷史學報》 37, 1968), 58~63·74~80쪽.
103) 李培鎔, 앞의 책, 22~25·59~62쪽.

서로전선의 가설에는 다수의 청국 기술자가 조선에 파견되었는데, 당시 덴마크인 뮤렌스테스(H. J. Muhlensteth)가 고빙되어 왔다. 서로전선 건설 후 1886~1888년간 그는 정부가 독자적으로 가설하였던 남로전선의 공사를 지휘하기도 했다. 그리고 남로전선 가설시 동문학에서 영어를 교수한 바 있는 영국인기사 헬리팩스가 勘路委員으로서 1년간 노선을 측량하는 데 관계하였다. 또 1893년 전보총국이 전우총국으로 개편될 때, 그레이트하우스가 잠시 회판외체우편사무에 임명되었다. 외교고문이었던 그가 이 직책을 맡게 된 것은 국제우편관계 때문이었다. 그밖에 1887년초 경복궁에 전등을 설치할 때 미국인 맥케이(William McKay)를 고빙하였으나 내한한 지 얼마 안되어 조선인에게 저격당하여 사망하고 말았다. 이로 말미암아 전기 가설공사가 늦어지기도 하였다. 그리고 1884년 모범농장인 농무목축시험장을 설치하면서 1887년 영국인 재프리를 채용하였으나 그 역시 10개월 뒤에 사망하였던 것이다.[104]

이상과 같이 조선정부는 외국인 고문관 및 기술자를 고빙하여 개화·자강정책과 자주외교를 효율적으로 추진하려고 노력하였지만 부국강병과 국가독립의 실현이라는 소기의 목적을 달성하지 못하였다. 그 실패의 원인으로는 먼저 정부가 근대적 지식과 기술을 수용하거나 열강간의 상호 견제 내지 세력균형을 유지하기 위해 외국인 고문을 고빙하기도 하였지만, 청·일 양국과 구미열강이 자국의 정치적·경제적 영향력을 확대시키려는 방편으로 그들을 파견한 사례가 많았다는 점을 들 수 있다. 이로 말미암아 외국인 고문들은 자신 내지 본국, 또는 자신을 추천해 준 국가의 이익을 우선적으로 도모함으로써 외국인고문 고빙은 정부가 의도한 본래의 목적과 달리 오히려 조선의 자주적인 발전을 가로막는 커다란 장애요인으로 작용하였던 것이다.

다음으로, 외국인 고빙은 정치·경제·군사분야에 편중되었던 반면 국력강화의 기초를 다지는 교육·기술분야에 소홀히 하였다는 점이다. 더군다나 교육관계 고빙인은 근대적 학문을 심도있게 교육하기보다 어학을 가르치는 데 역점을 두었고, 산업기술자는 단계적이고 무계획하게 초빙된 경우도 적지 않았기 때문에 근대화 추진의 인적 자원 양성이나 근대산업의 기반 형성에

---

104) 李光麟, 《韓國史講座 V : 近代篇》(一潮閣, 1981), 226~232쪽.

커다란 기여를 하지 못하였다.

또한 조선에 초빙된 외국인 고문들은 출신과 경력, 그리고 전문성의 측면에서 제대로 자격을 갖추지 못한 인물들이 적지 않았다. 그들은 대부분 전문적인 지식과 기술의 부족, 연령문제 등으로 인해 본국에서 출세할 기회를 잃었거나 청·일 양국과 이해관계에 얽혀 있었기 때문에 초빙되었던 인물들이었다. 따라서 그들은 뚜렷한 소명의식과 사명감을 갖고 고문으로서의 역할을 충실히 이행하기보다 고액의 월급과 지위를 보장받고 이권을 챙기는 데 열중하였던 것이다.

한편 1885~1893년간 정부가 외국인 고문관들을 고빙하여 자주독립 내지 부국강병을 이룩하려는 노력은 조선의 내정에 적극적으로 간섭하고 있었던 청국의 방해 혹은 비협조로 좌절되기도 하였다. 특히 원세개는 조선정계내에서 개화파 내지 개화지향적인 인물들을 축출함으로써 조선의 개화활동 자체를 위축시켰으며, 청국의 추천으로 파견된 고문들을 통제함으로써 자국의 이익을 최대한으로 확충하는 데 주력하였던 것이다. 심지어 원세개가 고종폐위까지도 서슴치 않고 시도하는 정황 속에서 애초부터 외국인 고문의 고빙을 통해 자주외교와 개화정책을 원활하게 펼쳐 나갈 수 있는 가능성은 희박하였다고 여겨진다.

무엇보다도 주목해야 할 점은 국가재정의 빈약으로 말미암아 정부가 장기적인 계획 아래 다수의 유능한 외국인 고문을 초빙·대우해 주지 못했다는 사실이다. 정부는 주로 해관세 수입에 의해 외국인 고빙에 필요한 재정을 충당하려 했지만, 조선해관은 청국해관의 지배 하에 있었으므로 자유롭게 해관세를 사용할 수가 없었던 것이다. 더욱이 해관세 수입마저 직원의 봉급과 외국에서 도입한 차관의 상환금 등으로 대부분 지출되었기 때문에 실질적으로 정부의 재정에는 별다른 도움이 되지 못하였다. 그 결과 봉급도 제때 지불받지 못한 상황에서 외국인 고문들은 업무를 충실히 이행할 의욕을 상실하게 되었고, 일부는 중도에서 해고당해 귀국하는 경우도 있었다.

아울러 정부내에 국제정세에 밝고 근대적 제도와 문물을 적극적으로 수용하려는 개화파세력이 부재했던 점도 외국인 고문의 지식과 능력을 효율적으로 활용하지 못한 중요한 요인으로 작용하였다. 갑신정변의 실패로 김옥균·

홍영식 등 급진개화파들은 살해당하거나 일본으로 망명하였으며, 청국의 후원으로 요직에 등용되었던 김홍집·김윤식 등 점진개화파 역시 반청적 입장으로 전환한 고종과 민씨척족에 의해 관직에서 배제되었던 것이다. 비록 박정양·김가진 등 소수의 개화파인사들이 개화·자강기구에 기용되었지만 근대화추진에 대한 열의나 능력도 없었던 민씨척족이 외국인 고문관과 기술자를 효과적으로 이용하기에는 역부족이었던 것이다.105)

그럼에도 불구하고 외국인 고문관은 조선의 개화·자강운동의 발전에 적지 않은 도움을 주었다. 즉, 그들은 대내외적으로 조선의 자주 내지 독립의식을 선양시키는 데 기여하였을 뿐 아니라 교육활동을 통해 근대적 의식을 심어주고 개화에 필요한 인재를 양성하는 데 일조하기도 하였다.

〈韓哲昊〉

---

105) Young Ick, Lew, "American Advisers in Korea, 1885~1894 : Anatomy of Failure," Andrew C. Nahm, ed., The United States and Korea : American-Korean Relations, 1866~1976(Kalamazoo : The Center for Korean Studies, Western Michigan University, 1979), pp. 78~82 ; 李光麟, 위의 책, 232~233쪽. 李元淳, 〈韓末 雇聘歐美人 綜鑑-外國人雇聘問題 硏究 序說-〉(《韓國文化》 10, 1989), 304~307쪽.

Ⅲ. 개항 후의 사회 경제적 변동

1. 개항 후의 국제무역
2. 국내적 상품유통의 변동
3. 방곡령실시의 사례와 원인
4. 사회신분제의 동요
5. 개항기 지주제와 농업경영

Ⅲ. 개항 후의 사회 경제적 변동

1. 개항 후의 국제무역

1) 불평등조약 체계의 성립

(1) 일본에 의한 개항과 무관세무역

1876년 2월 3일(양력 2월 27일)[1] 일본과 맺은 朝日修好條規는 조선이 외국과 맺은 최초의 근대적 국제조약이었다. 이 조약은 6개월 후인 7월 6일에 조인된 조일수호조규 부록과 〈朝鮮國議定諸港日本人民貿易規則〉(이하, 〈한일무역규칙〉으로 칭함), 그리고 수호조규 부록에 부속하는 왕복문서 등에 의해서 상호 밀접하게 보완되어 일본의 조선 침략을 보장해 주는 불평등조약의 성격을 지니는 것이었다.[2]

이들 각 조약의 내용 중 국제무역과 관련된 조항만 정리하면, 부산항과 차후 별도의 2개 항구 개방, 무관세무역, 일본화폐의 유통, 자유무역, 조선 연안무역의 특권 등을 들 수 있다. 첫째, 항구 추가 개방의 문제는 조일수호조규 제4관과 제5관에 규정된 것으로 '향후 20개월 이내에 경기·충청·전라·경상·함경 5개도의 연해 중 통상에 편리한 항구 두 곳을 택하여 일본국 인민의 왕래·통상을 준허한다'는 것이다. 이에 의하여 조선은 1876년에 개항한 부산에 이어 1880년에 원산을, 1883년에 인천을 개항함으로써, 일본에 뒤이어 수호조규를 체결한 미국·청·영국·러시아 등 열강의 정치 경제적 침

1) 음력 1895년 11월 16일까지는 조선의 모든 공문서에 음력을 사용하고 있었으므로 이후의 모든 일자는 음력으로 표기하였다.
2) 김경태, 〈개항과 불평등조약관계의 구조〉(《한국근대경제사연구》, 창작과비평사, 1994), 24~25쪽.

략을 허용하게 되었다.

둘째, 무관세무역은 일본정부가 수출입세 5%를 용인할 의향이 있었음에도 불구하고 조선측 대표의 국제법 지식의 결여로 인하여 성립된 것으로, 국제관계사상 유례를 볼 수 없는 가혹한 국가주권의 침탈이었다. 조선보다 앞서 서구 열강과 불평등조약을 체결하였던 일본과 청국도 비록 극도로 낮은 세율이었지만 관세의 전면적 부인에는 이르지 않고 있었다. 이로 인하여 조선은 국내시장과 유치산업의 보호를 위해서 대단히 중요한 수단을 상실했을 뿐만 아니라 주요한 정부재정원으로 삼을 수 있는 관세수입을 박탈당한 것이었다.[3]

셋째, 일본화폐의 유통은 '일본국 인민은 본국에서 현행하는 화폐로써 조선국인민이 소유하고 있는 물자와 교환할 수 있으며 조선국인민은 그 교환한 일본의 화폐로써 일본국 토산의 화물을 매득할 수 있으며 이로써 조선국이 지정한 항구들에서 인민은 상호 통용할 수 있다'(「수호조규 부록」 제7관)라고 하는 조항에서 허용되었다. 이는 개항장 내에서만 허용된 것이었지만 1883년 이후 일본 제일은행이 한국의 해관세를 관리하고 조선정부가 1883년부터 당오전 등 惡貨를 발행하면서부터 일본의 은화·지폐가 조선인민의 신용을 획득하는 단서가 되었고 조선상인을 일본상인에 종속시키는 계기로 작용하게 되었다.[4]

넷째, 자유무역은 '양국이 이미 通好하였으니 피차 인민은 각자 임의로 무역할 수 있다. 양국 관리는 조금도 이에 干預하지 못하며 또 제한 금지하지 못한다'(「조일수호조규」 제9관)라고 하여 조일무역에 대하여 조선 정부가 어떠한 간섭이나 규제도 가하지 못하게 하였다. 자유무역 규정은 통상관계를 봉건적 국가권력의 개입과 제한으로부터 이탈시켜 자유롭게 전개시킨다는 점에서 일정한 진보성을 가지고 있으나, 무관세무역 조항과 함께 면포 등 외래상품의 무제한 유입과 쌀·콩 등 국내 곡물의 무제한 유출을 허용함으로써 오히려 일본의 경제적인 수탈과 지배를 보장해 주는 수단으로 기능하는 것

3) 김경태, 〈개항 직후의 관세권 회복 문제〉, 위의 책, 249~254쪽.
4) 도면회, 〈화폐유통구조의 변화와 일본금융기관의 침투〉(《1894년농민전쟁연구》 1, 역사비평사, 1991), 235~236쪽.

이었다.

다섯째로, 조선 연안무역의 특권이란 '조선국정부나 인민이 지정된 무역항 이외의 다른 포구로 물건을 운수하려 할 때 일본국 상선을 고용할 수 있다'(〈한일무역규칙〉 제8칙)는 조항에서 확보되었다. 문맥만으로는 일본상인이 자유롭게 연안무역을 할 수 있다고 볼 수 없지만, 일본상인들이 금융적으로 지배하고 있는 조선상인을 고용주로 내세우고 자국 상선을 동원하여 연안무역을 할 경우 이를 저지할 방도가 없는 것이다.

이상과 같은 무역상의 불평등 조항들은 여타 편무적 영사재판권, 租界地 설정권, 연안측량권과 해도 작성권 등 정치 군사적 불평등조항들에 의하여 강력한 뒷받침을 받고 있었다. 특히 편무적 영사재판권은 조선에서 일본인이 조선국민에게 범죄를 저지르더라도 모두 일본인 관리가 심판한다는 것으로, 일본인의 범죄를 법적으로 보호하는 것에 다름 아니었다. 1881년 하반기 부산 영사재판소 기록에 의하면 2천 명도 안 되는 거류민 중에서 형사범칙자 총수가 248명이었다. 그 중 처분된 자 36명, 기각 15명, 취하 119명, 조사 2명, 미조사 30명, 未濟 36명으로 나타나고 있다. 이들 범칙사건의 대부분이 조선인과의 분쟁으로 보이는데 처벌된 자가 극히 적은 점으로만 보더라도 이 조항이 얼마나 불법적인 것인지 알 수 있다.[5)]

1876년부터 무역거래가 시작되면서 위 불평등조항들로 인하여 많은 폐단이 발생하기 시작하였다. 가장 문제시되었던 것은 무관세무역 조항과 조약체결 과정에서 일본측의 농간으로 들어간 곡물 수출입 조항이었다. 조선측은 조선 전기 이래 미곡 수출을 금지하는 입장이었으므로 1876년 2월의 「수호조규」 담판 과정에서도 일본정부가 곡물 수출입 조항을 넣으려던 것을 반대하여 철회시켰었다. 그러나 조선측의 반대를 수용하는 형식으로 타결된 그해 7월의 「한일무역규칙」 제6칙은 조선용 원문과 일본용 원문에 명백한 차이가 있었다.

조선용 원문에는 '이후 조선국 항구에 재류하는 일본인민은 식량용 미곡과 잡곡을 수출입할 수 있다'고 되어 있는 반면, 일본측 원문에는 '이후 조선국

---

5) 姜德相, 〈李氏朝鮮開港直後に於ける朝日貿易の展開〉(《歷史學硏究》 제265호, 1962), 4쪽.

항구에서 식량용 미곡 및 잡곡도 수출입할 수 있다'라고 되어 있다. 즉, 조선측은 곡물 교역 금지의 전제 아래 인도적인 견지에서 흉년시의 개항장 재류 일본인의 식량 사정을 고려하여 곡물 수출입을 할 수 있다는 취지에서 위 조항을 허용하였다. 그러나 일본측은 '재류하는 일본인민'이란 자구를 삭제함으로써 수출입무역을 조선측이 허가한 것처럼 만들어 놓았다.[6)]

이후 곡물은 정규 무역과정 외에 밀무역을 통해서도 대량 유출되면서 국내의 곡물가격을 폭등시키고 식량 수급사정을 혼란시키기 시작하여 도시 빈민과 일반 빈농의 생활을 위협하기 시작하였다. 특히 변경 지방인 함경도의 경우 원래 경상도 지방으로부터 미곡의 공급을 받고 있었는데 개항 후 경상도 지방의 미곡이 일본으로 유출됨에 따라 농민들의 유민화가 급증하였다.

조선정부는 이러한 사태에 직면하여 일본과의 조약에 직접 저촉되지 않는 한에서 대항 조처를 강구하였다. 그리하여 개항장인 부산의 豆毛浦에 해관을 개설하여 수출입 무역에 종사하는 조선 상인에게 먼저 수세할 것을 의정하고 세목을 책정하여 1878년 8월 10일 경상도 감사 및 동래부사에게 실행을 지시하였다. 여기서 규정된 세율은 수출세 15%, 수입세 24%의 고율이었다.

이로 인하여 수출입품의 대종을 차지하던 곡물·면포류 거래가 격감하게 되자, 부산거류 일본상인 등 2백여 명이 동래부로 가서 과세를 중단할 것을 요구하였고 일본공사 花房義質 역시 조선 정부에 대해 두모포에서의 收稅를 정지하지 않으면 병력을 동원하겠다는 등 협박을 서슴지 않았다. 조선정부는 일본측의 위협에 굴복하여 11월 26일 당분간 수세를 정지하라는 훈령을 동래부에 내림으로써 이 사건은 약 3개월만에 일단락되었다.[7)]

그러나 이 단계까지도 조선정부는 내국세와 근본적으로 구별되는 관세의 독자적인 성격과 그 의의에 대해 인식하지 못하고 있었다. 조선정부의 인식에 변화가 나타난 것은 1880년 7월 金弘集이 제2차 수신사로 일본을 방문하고 체류기간 중 주일청국외교관 何如璋·黃遵憲과 접촉한 것, 1881년 신사유람단의 일본 견문 등으로부터 근대적 통상관계에 대해 눈을 뜨게 되었으며,

---

6) 김경태, 〈개항과 미곡문제의 구조〉, 앞의 책, 48~58쪽.
7) 김경태, 〈개항 직후의 관세권 회복 문제〉, 앞의 책, 271~286쪽.

이로부터 자주적 입장에서 일본측과 조약 개정 교섭을 할 수 있게 되었다.[8)]

김홍집의 귀국 이후 조선정부는 1880년 12월과 1881년 9월, 그리고 조미조약 체결 직후인 1882년 5월 3차에 걸쳐 일본과 조약 개정 교섭을 추진하였는데, 가장 역점을 둔 것은 무관세무역 철폐와 곡물 유출 금지 조항의 설정이었다. 그러나 개정 교섭은 일본측의 회피와 지연 술책으로 인하여 계속 결실을 맺지 못하였으며, 1882년 5월의 제3차 교섭에서 어느 정도 진전이 있었으나 이 역시 군인폭동의 발발로 인하여 무기 연기되었다.[9)]

부진한 조약 개정 교섭에 돌파구를 열어 준 것은 1882년 4월 6일에 조인된 「조미수호조규」였다.[10)] 조미수호조규 체결 교섭은 청국 李鴻章이 對日견제정책의 일환으로 조선에 대해 구미제국과의 조약 체결을 권고함으로써 시작되었다. 이 조약은 후술하듯이 최혜국대우라는 치명적인 불평등조항을 포함하지만 수출입 관세와 곡물 유출 금지 조항을 설정하였다는 점에서 그간 부진했던 일본측과의 조약 개정 교섭을 타결짓는 결정적인 전환점이 되었다.

동「조규」 제5관에 의하여 조선정부의 관세 자주권이 회복되었다. 수입품의 경우 일상 생활용품은 10% 이하, 사치품·기호품은 30% 이하, 수출품의 경우에는 일률적으로 5% 이하의 관세율이 책정되었다. 이는 당시 일본과 청국이 구미 열강에 의하여 관세 자주권을 상실한 채 수입세 5%를 유지하고 있던 것보다 매우 유리한 조건이었다. 이어서 제8관에서는 국내에 식량난을 우려할 만한 이유가 있을 때에는 언제든지 미국 관리를 통하여 미국민의 곡물 수출을 금지할 수 있으며, 특히 인천항에서는 곡물 수출을 일체 금지한다고 하였다.

이처럼 미국과의 조약 체결 과정에서 조선은 관세자주권을 회복하고 수출입관세의 설정, 곡물수출 금지 조항 등을 확보하였지만 급변하는 국내외 정세 속에서 1882년 6월 이후 더욱 불평등한 조약체계를 강제당하게 되었다.

---

8) 이병천, 〈개항과 불평등조약체제의 확립〉(《경제사학》 제8집, 1984), 65~69쪽.
9) 김경태, 〈불평등조약 개정교섭과 방곡문제〉, 앞의 책, 112~145쪽.
10) 《高宗實錄》, 고종 19년 4월 6일.

(2) 청의 속방화정책과 불평등조약체계의 성립

1882년 6월 5일에 발생한 군인폭동을 진압한 청국은 1882년 8월 22일 「朝淸商民水陸貿易章程」을 통해 정치·경제적으로 조선을 예속시키는 정책으로 전환하였다. 이로써 청은 종래의 전통적인 정책, 즉 '조선이 비록 중국의 속국이기는 하나 조선의 政敎와 禁令은 조선 스스로가 主持하도록' 하던 정책을 버리고 궁극적으로 식민지화를 겨냥한 속방화 정책을 취한 것이다.

무역과 관련해서만 보더라도 청국은 조선과 조약을 체결한 기존의 어떤 나라보다 극심한 불평등조항을 강요하였다. 이를 정리하면 ① 한성·양화진에서의 行棧(상점·창고·여관) 개설권 ② 내지통상권 ③ 연안무역권과 연안해운권 ④ 招商局輪船 항로 개설권 등이다.

첫째, 중국 상민이 조선의 양화진과 한성에 들어와 점포를 개설할 수 있게 됨으로써 조선은 동아시아에서 유일하게 首都시장을 개방하게 되었고, 이는 그후 한성의 시전상인을 비롯한 조선상인에게 심대한 타격을 입히는 결과로 나타났다.

둘째, 내지통상권은 '양국 상민이 피차의 내지에서 상점을 개설하지 못하고 상품 매매도 못하되, 피차의 商務委員과 지방관이 발행하는 護照(이하 여행권으로 칭함)를 받을 경우 土貨(본국 상품)를 구매할 수 있다'라는 표현대로 아직은 수출품 매매만 허용한 부분적 내지통상권에 머물고 있었지만 조만간 수출입상품 모두를 매매할 수 있는 형태로 바뀌어 조선 내륙의 상권을 위협하는 조항이 되었다.

셋째, 양국 상민은 피차의 개항장에서 모든 국내외 상품을 교역할 수 있고, 出口稅만 내면 본국 상품을 이 항구에서 저 항구로 운반할 수 있다고 하여 개항장과 개항장간의 연안무역 및 개항장과 미개항장간의 해운을 허용하였다. 이는 청국과 일본이 밀수무역을 자행하게 하는 보장 장치로 작용하였다.

넷째, 당시까지 외국무역의 조선항로가 일본상선에 의해 독점되다시피 한 상황을 타개하기 위하여 청국은 자국의 대형 선박회사인 초상국 윤선을 상해－인천간 왕래하게 하였다.

무역과 관련하여 이같은 불평등조항을 설정함과 아울러 청국은 영사재판권을 더욱 확대 악용하여 조선인이 피고가 된 사건일지라도 중국 상무위원이 조선관원과 공동 재판하게 함으로써 조선측의 재판권을 완전히 무시하였다. 그럼에도 불구하고 장정이 체결된 1882년 7월부터 1894년 청일전쟁기까지 이러한 영사재판권이 한 번도 행사된 적이 없었다. 청국상인과 부랑아의 폭력·사기·횡포라든가, 서해안에서 자행된 청국어민의 약탈·살인·폭력, 압록강·두만강 근처 청국 비적의 약탈·방화·살인 등에도 불구하고 이들이 체포되어 재판받은 적은 한 번도 없었다.[11)]

이같이 심각한 불평등조항을 담고 있는 조청수륙무역장정은 다른 나라가 균점할 수 없다는 청국의 일방적 선언과는 관계없이, 그 자체만으로 그치지 않고 후술하듯이 「한일무역규칙」의 개정과 「조영조약」의 비준문제에 중대한 악영향을 미침으로써 불평등조약체제의 성립에 결정적으로 중요한 계기로 작용하였다.

일본과의 조약 개정 교섭은 1883년 6월 시작되었는데, 조선측 교섭을 주관한 것은 조선 속방화정책의 일환으로 청국의 이홍장이 추천하여 고빙된 묄렌도르프였다. 그는 그동안 조선정부가 견지해 온 자주적 자세를 후퇴시키고 주로 일본의 이익에 부합하는 자유주의적 입장을 채택하도록 함으로써 조선측 초안에 설정된 관세자주권, 수입관세 10%의 조항조차 탈락시킨 채 일본측 초안을 거의 100% 반영한 내용으로 타결시켰다.

1883년 6월 22일 체결된 「재조선국일본인민통상장정」(이하 「조일통상장정」으로 약칭함)에는 첫째, 조미조약에서 명시되었던 관세자주권이 부정되어 협정관세로 되었으며, 수입품은 8종으로 나누어 일본인의 생필품은 5%, 일반상품은 8~10%, 사치품은 25~30%, 화폐·金銀地金은 免稅로 하였고, 수출품은 면세품(화폐·금은지금)과 홍삼(15%)을 제외한 일체의 품목에 대해 5%로 하였다. 이와 아울러 조청장정과 조미조약에서 인정되었던 내지관세권이 완전히 부정되었다.

둘째, 조미조약과 조청장정에서 부분적으로 승인되었던 연안해운권과 연안무역권이 통합 승인되었다.

11) 김정기, 앞의 글, 44~52쪽.

셋째, 조미조약에서 승인된 최혜국대우 조항이 삽입되었다. 이는 '현재 또는 장래 조선정부가 어떠한 권리 특전 및 惠政恩遇를 막론하고 타국 관민에게 제공하는 것이 있으면 일본 관민도 즉시 일체 이를 균점할 수 있다'(제42관)라고 하여 차후 조선정부가 열강에게 허용하는 어떠한 이권이 있을지라도 일본 역시 이와 유사한 이권을 양여받을 수 있다는 것이다.

넷째, 곡물 수출 금지조항이 포함되었으나 조미조약에서와는 달리 방곡 시행 1개월 전에 반드시 지방관이 일본영사관에 알려야 한다는 단서 조항을 두었을 뿐 아니라, 인천항에서의 곡물 수출 금지권도 폐지하였다.[12)]

일본과의 조약에서는 조미조약에서 획득하였던 조선측의 관세 자주권이 침해되었고, 조청장정에서 인정되었던 내지관세권 역시 부정되었다. 조선측이 획득한 유일한 성과는 1880년 이래 견지해 왔던 곡물 수출 금지 조항의 설정과 수출입 관세 설정이 제한된 형태로 관철된 것 뿐이었다. 일본으로서는 1876년 이래 줄곧 추구해 온 특권을 거의 대부분 획득하였다고 할 수 있다.

최종적으로 영국은 이러한 불평등조항들을 완성된 형태로 성립시켰다. 영국은 1882년 4월 조미조약과 거의 동일한 내용의 「조영수호조규」을 체결하였지만 비준을 계속 연기하고 있다가 조청장정 체결 이후 이와 대등한 조건의 조약을 요구하는 입장으로 변화하였다. 주일영국공사 파아크스(Harry. S. Parkes)는 1883년 5월경부터 조선이 체결한 조청장정과 영국이 청국·일본과 체결한 조약의 내용을 분석하고 1883년 타결된 조일통상장정까지 고려하여 영국의 이권을 최대한 보장하는 방향으로 조약 초안을 새로 작성하였다.

교섭에 임한 조선측 대표는 영국측 초안을 거의 전적으로 수락할 수 밖에 없었다.[13)] 1883년 10월 27일에 체결된 「조영수호통상조약」은 '우리가 원하는 모든 것을 얻었다'라는 파아크스의 말대로 영국측 입장에서 최선의 것인 반

---

12) 이병천, 앞의 글, 82~87쪽.

13) 조약 교섭 당시 김옥균·박영효 등 개화파는 내지통상·연안무역·연안해운에 대해 강력한 반대 입장을 가지고 있었으며, 영사재판권에 대해서도 쌍무적으로 해결해야 한다는 자주적 입장을 견지하였다. 그러나 이들은 묄렌도르프 및 민씨 척족과의 대립이 격화되는 속에서 조약 체결 직전 권력 요직에서 밀려남으로써 조영조약 체결에 그들의 입장을 반영시킬 수 없었다.

면 조선의 입장에서 볼 때 최악의 내용으로 되었다.

첫째, 관세율은 수출세 5%, 수입세 7.5%를 기본으로 하는 협정관세로 되었고 관세 이외의 내지과세를 일체 부정하였다. 특히 수입 대종품목인 면제품은 조일통상장정의 8%에서 7.5%로 인하되었다.

둘째, 부산·원산·인천 세 항구와 함께 조청장정에서 청국의 독점으로 규정해 놓았던 한성·양화진의 개방이 영국에도 허용되었을 뿐 아니라 거류지 밖 4km까지 외국인에 의한 토지·가옥의 임차·구매권을 규정함으로써 개항장의 범위가 더욱 넓어졌다.

셋째, 거류지에서 40km 이내를 여행권 없이 여행할 수 있도록 하였는데, 이는 이보다 앞서 1882년 군인폭동 이후 조선과 일본이 제물포에서 체결한 「조일수호조규속약」에서 규정된 것을 균점한 것이었다. 또 수출품 구매의 경우에 대해서만 청국에 독점적으로 인정했던 내지통상권을 구매·판매에 대해 모두 인정하였다. 게다가 내지통상시 여행권의 발급권자는 영국영사이고 조선지방관은 부서 또는 날인만 하게끔 되었다.

넷째, 조일통상장정에서 인정되었던 연안무역권과 연안해운권이 역시 균점되었다. 특히 조선정부 또는 조선상인의 명의로 영국상선을 임차하여 조선국내 미개항장에 상품이나 승객을 수송할 수 있다고 하여 미개항장으로의 침투 여지도 열어 놓았다.

이외에도 영사재판권과 최혜국대우가 조일통상장정과 마찬가지로 규정됨으로써 위 조영수호통상조약은 불평등조약의 완결판이 되었으며, 조선이 이후 독일·이탈리아·러시아·프랑스·오스트리아·헝가리 등 서구열강과 체결한 조약들은 모두 이 조약을 원형으로 삼았다. 뿐만 아니라 일본·미국·청국도 최혜국대우 조항에 의하여 조선이 영국에 부여한 특권을 동일하게 균점하게 되었다.[14)]

불평등조약에 의하여 자본주의 열강이 탈취한 제특권, 통상항의 개방, 거류지의 설치, 저율의 협정관세, 내지통상권, 연안무역권과 연안해운권, 관세를 제외한 일체의 내지과세·연안과세의 면제, 치외법권, 최혜국대우 등은

14) 이병천, 앞의 글, 88~101쪽.

이제 조선을 이들 열강의 공업제품의 판매시장과 식량·원료 공급지로 재편하기 위한 기초 조건으로 되었으며 조선의 민족 산업 발전에 중대한 장애로 작용하게 되었다.

2) 국제무역의 추이(1876~1894)

(1) 개항 이전의 국제무역

개항 이전 조선의 대외 무역은 청·일본과의 전통적인 통교관계에 의한 公貿易과 私貿易이 있었을 뿐이며, 그것도 엄격한 국가의 감시하에서 행해졌다. 청에 대해서는 조공을 통한 공무역과 국경지역인 義州에서의 柵門開市와 함경도의 會寧·慶源 開市를 통한 사무역이, 일본에 대해서는 倭使의 왕래에 따른 부산 왜관에서의 공무역과 사무역이 있었다.

그러나 19세기에 들어서는 이러한 정규 무역 외에도 광범위하게 밀무역이 행해지고 있었고 특히 책문·왜관을 통해 인삼·우피·곡물의 밀수출이 극성하고 있었고, 다른 한편으로는 서양 면직물이나 일반 서양상품의 수입이 증가하기 시작하였다. 이로 인하여 미곡의 유출, 곡가의 등귀 등이 나타나고 있었다.[15]

개항 직전 조청무역은 대체로 300~400만원 규모로 추산되고 있으며,[16] 수출의 경우 금과 은이 압도적인 비중을 차지하고 그밖에 우피·인삼·해삼·虎皮·熊皮 등의 순위로 나타나고 있다. 수입품은 서양 면제품이 압도적인 비율을 차지하고 있으며 그밖에 고급직물류·약종류·高級皓緞類·寶褥 등의 순위로 나타나고 있다. 즉 봉건지배층의 수요에 의한 소비품 비중이 높고, 金銀 등의 수출은 그에 대한 지불수단으로서의 의미를 갖고 있다고 할 수 있다. 그리하여 적어도 개항 10년 전인 대원군 집정 초에 이미 '요즈음 洋貨가 거의 온 나라에 널리 퍼져 이미 識者들이 우려하고 탄식하는 바가 되었다'고 할 정도였고, 특히 서양면포는 책문무역의 최대 수입품으로 등장하였다.

15) 韓沽劤, 《韓國開港期의 商業硏究》(일조각, 1970), 23~44쪽.
16) 姜德相, 앞의 글, 10쪽.

한편, 개항 직전의 조일무역에서 일본측의 수출상품으로는 솥·주전자·화로·톱·못·가위 등 일용기구와 漆器·縮綿 외에 특히 서양 목면·직물류를 轉賣해서 많은 이익을 올리고 있었으며 조선측의 수출상품은 미곡과 우피·호피·인삼·목면·곡물류 등이었다. 무역액은 1875년에 약 24만 5천원, 1876년에 약 16만원 정도로서 조청무역에 비해 그 규모가 약 12분의 1 내지 8분의 1에 불과한 것이었다.[17)]

(2) 일본의 독점무역기(1876~1882)

1876년 부산에 이어 원산(1880년), 인천(1883년)의 순으로 개방된 개항장은 무역에 종사하는 국내외 상인이 모여 들어 자본이 집중 투하되고 무역을 보조하는 교통·금융·통신 등 근대적인 유통수단을 정비하면서 기존의 한성·대구·평양 등 대시장을 압도해 나갔다.

반면, 육로를 통한 조청무역은 1년 평균 300~400만원이던 것이 1870년대 말부터 해마다 감소하여 1883년에 이르러서는 120만원 미만으로 쇠퇴하였다.[18)] 이처럼 조청무역이 쇠퇴한 데는 몇 가지 원인이 있다. 첫째, 개항장무역이 무간섭, 무관세, 선박에 의해 자유 신속하게 이루어짐에 따라 저렴한 가격을 유지한 데 반하여 조청무역은 정부의 간섭, 고율과세, 隊商 형식의 운수였기 때문에 상품가격이 비쌀 수 밖에 없었다.

둘째, 보다 근본적인 원인으로서 두 무역로의 질적 차이가 있었다. 육로를 통한 조청무역의 경우 수출품목은 인삼·종이 등 조선특산품 이외에 중국이 요구하는 상품을 발견하기가 곤란하였고 수입품은 전품목에 걸쳐 사치품의 성격이 농후하였다. 반면 조일무역은 광범한 수출시장을 가짐과 아울러 일반 민중을 상품경제에 편입시키면서 전개되고 있었기에 조청무역을 압도할 수 있었다. 이 경향은 개항장이 늘어남에 따라 더욱 가속되었다. 예를 들어 원산의 개항은 부산과의 거리적 관계 때문에 주저하고 있던 북방상인의 조일무역 참가를 촉진하였다.

17) 김경태, 〈개항 직후의 관세권 회복 문제〉, 앞의 책, 258~261쪽.
18) 《通商彙編》 명치 17년, 釜山港之部, 242쪽.

이처럼 조선상인의 교역 대상이 육로를 통한 조청무역으로부터 개항장을 통한 조일무역으로 변모하고 있었던 것은 정부와 특권상인의 결합에 의한 구래의 시장통제의 해체를 의미하는 동시에 조선상인이 일본상인의 개항장 독점체제에 편입되는 것을 의미한다.[19]

한편, 이 시기 대외무역의 추이를 살피는 데는 몇 가지 곤란한 점이 있다. 첫째, 1876년부터 1883년까지 대일무역은 무관세무역이었기 때문에 조선측에 통계가 없고 일본측이 일본 국내의 세관 및 區務所(일본의 미개항지 경우)와 부산의 일본 管理官廳에서 집계한 통계가 있을 뿐이다. 그러나 일본측에서 정리한 통계들도 원자료의 성격에 따라 상이한 수치를 나타내고 있기 때문에 정확하다고 할 수 없고 대체적인 추이만 파악할 수 있다.

둘째, 대청무역은 서해안에서 이루어지고 있던 밀무역의 규모를 추산할 수 없는데다가 육로를 통한 정규무역도 1881~1882년간의 자료밖에 남아 있지 않다.[20] 이를 감안하면서 조선의 국제무역 추이를 보면 〈표 1〉과 같다.

〈표 1〉 1877~1882년간 조선의 대외무역

(단위 : 千円)

연도	총수입	총 수 출		대 일 무 역			대 청 무 역	
		상 품	사 금	수 입	수 출		수 입	수 출
					상 품	사 금		
1876				188	93			
1877				127	59	35		
1878				245	181	22		
1879				567	612	53		
1880				978	1,256	114		
1881	2,269	2,373	468	1,874	2,230	468	395	143
1882	1,852	1,931	529	1,562	1,769	529	290	162

* 출전 : 대일무역액은 梶村秀樹, 〈李朝末期の綿業の流通および生産構造〉(《朝鮮における資本主義の形成と發展》(東京 ; 龍溪書舍, 1977)) : 국역본, 〈이조말기 면업의 유통 및 생산구조〉(梶村秀樹 외, 《한국근대경제사연구》, 사계절, 1983), 108~116쪽 ; 高嶋雅明, 《朝鮮における植民地金融史の硏究》(東京 ; 大原新生社, 1978), 218쪽. 대청무역액은 姜德相, 앞의 글, 10쪽 참조.

19) 姜德相, 앞의 글, 10~11쪽.
20) 姜德相, 앞의 글, 10~14쪽.

* 주 : 1881~1882년간 조청무역액에는 인삼과 금은의 수출입액이 제외되어 있다. 당시 홍삼의 수출액만 추산하더라도 50~100만원이 되므로 이를 추가할 경우 수출입 무역액은 도합 100~150만원이 된다(姜德相, 위의 글, 12쪽).

위 표에서 보듯이 조선의 국제무역은 일본이 독점하고 있었음을 알 수 있다. 대일무역액(수출입 합산)은 1876~1877년 20만원대에 머물다가 1879년에 100만원을 넘고, 1880년을 경계로 300~400만원으로 급성장하였다. 그리고 1880년부터 1882년까지 계속 수출초과를 유지하고 있는데, 이는 후술하는 품목별 구성에서 보듯이 곡물 수출의 급증으로 인한 것이었다. 반면 대청무역은 도표상으로는 1881~1882년 2년간 수입초과 현상을 보이고 있지만, 이는 금은과 홍삼 수출액이 포함되지 않은 자료이므로 위 두 품목을 합산하면 역시 수출초과를 보이고 있는 셈이다.

〈표 2〉 1876~1882년간 주요상품별 대일수출입액 구성

(단위 : 천円, ( )안은 수출·수입에 대한 백분비)

연 도	수		출			수	입
	총 액	쌀	콩	우 피	섬 유 류	총 액	면 제 품
1876	93				10(11.5)	188	12(6.2)
1877	59	2(3.3)	4(7.1)	55(92.8)	2(1.2)	127	54(42.9)
1878	181	51(27.9)	25(14.0)	45(24.8)	19(10.4)	245	168(68.7)
1879	612	359(58.6)	99(16.2)	59(9.7)	11(1.8)	567	477(84.2)
1880	1,256	730(58.1)	119(9.5)	193(15.4)	86(14.7)	978	768(78.6)
1881	2,230	381(17.1)	197(8.8)	330(14.8)	162(7.3)	1,874	1,495(79.8)
1882	1,769	21(1.2)	311(17.6)	292(16.5)	216(12.2)	1,562	1,283(82.1)

* 출전 : 하원호, 〈개항후 제국주의의 침탈과 경제구조의 변동(1876~1894)〉(《水邨朴永錫敎授華甲記念韓國史學論叢》 下, 탐구당, 1992), 9쪽.

이처럼 급성장한 대일무역의 품목별 구성은 어떠하였던가? 위의 〈표 2〉에서 보듯이 수출은 쌀·콩·牛皮가 대종을 차지하고 있었으나, 이외에도 해삼·소라·멸치·포·건어 등 해산물과 생사·견포·솜·면포·마포 등 섬유류, 그리고 인삼이 수출되고 있었다.[21)]

21) 姜德相, 앞의 글, 5~8쪽.

쌀 수출은 조선쌀이 수입쌀 중에서는 뛰어나게 품질이 좋아 일본인의 기호에 적합하다는 점, 일본쌀에 비해 극히 저렴한 점 등의 이유로 일본 자본주의 발전의 중심지였던 오사카(大阪)·고베(神戶) 지방에 집중되어, 공장노동자용의 값싼 미곡을 공급함으로써 일본자본주의 형성 발전에 기초를 제공하는 것이었다.[22] 이 당시 일본은 조선의 값싼 쌀을 수입하는 반면 일본의 쌀을 고가로 런던의 미곡시장을 비롯한 유럽과 호주 시장에 수출하였다. 이로써 일본 국내의 지주에게는 고미가를, 자본가에게는 저임금정책을 보장하여 일본자본주의의 본원적 축적에 기여한 것이다.[23]

쌀 수출량이 극심한 변동을 보이는 원인은 풍흉에 따른 수확량의 증감과 조선내의 정치사회적 변동 등을 들 수 있다. 1876~1877년은 미증유의 대흉년이라 수출량이 적었을 뿐 아니라 이례적으로 일본산 쌀 3만 7천여 석(14만 4천원)과 보리 5천 2백여 석(3만 1천원)을 수입할 정도였다.[24] 1878년부터 작황이 좋아져 수출이 조금씩 증가하기 시작하여 1879~1880년에는 풍작인 데다가 일본의 米價가 급등하여 수출이 급증하였다. 1881년의 경우 수출은 어느 정도 진행되었으나 9월 이후는 흉년으로 말미암아 미곡 수출이 급감하였고, 1882년은 흉작이 아니면서도 군인폭동의 영향으로 수출이 격감하였다.

이에 반하여 콩은 기후조건에 큰 영향을 받지 않고 일본에서의 수요가 증가하고 있었기에 수출량이 꾸준히 증가하였다. 일본인은 콩을 간장·두부 등의 원료로 사용하였는데, 조선산 콩이 값싸고 품질이 비교적 좋아서 그 수입을 조선에 의존하여 매년 콩밭을 뽕밭으로 바꾸는 자가 많아지는 등 콩의 생산량이 줄어들고 있었다. 반면 조선인 입장에서는 콩 수출의 이익이 높아 쌀의 흉작에 대비하여 점차 콩의 재배 면적을 넓히고 있었다.[25]

우피는 이미 철종대부터 고종초에 걸쳐 私商都賈에 의하여 동래·의주 등

---

22) 吉野誠, 〈朝鮮開國後の穀物輸出について〉(《朝鮮史硏究會論文集》 12, 朝鮮史硏究會, 1975), 37~38쪽.

23) 김경태, 〈개항과 미곡문제의 구조〉, 앞의 책, 71~74쪽.

24) 김경태, 위의 글, 59~62쪽.

25) 하원호, 〈곡물의 대일수출과 농민층의 저항〉(《1894년농민전쟁연구》 1, 역사비평사, 1991), 245~246쪽.

국경지방에서 정부의 금압에도 불구하고 수출되었던 품목이다.[26] 특히 일본의 군비 확충이 진전됨에 따라 군화·배낭 등 피혁 수요가 증대되면서부터 중요한 수출품목이 되어 1881년부터 수출량이 급증하기 시작하였다.

이들 세 가지 품목 외에 해삼·포·건어·김·멸치 등은 일본상인이 큐슈·호카이도産을 중화요리 재료로 중국에 수출하여 큰 이익을 올리고 있던 품목이다. 따라서 일본상인이 이들 조선산 해산물에 주목하지 않은 것은 아니지만, 당시는 가공 기술이 유치하여 양호한 수출품이 없었기에 일본상인은 조선상인에게 가공법을 가르쳐 중국으로 중계수출하려 한 것이었다.[27]

생사·견포·솜·면포·마포 등 섬유류의 수출량이 상당히 보이지만, 이러한 섬유류 수출은 같은 시기 수입되는 외국제 면제품의 수입량에 비하면 10분의 1에도 못 미치는 비율이므로 주목할 만한 가치는 없다. 게다가 1884년 이후 섬유류 수출량은 더욱 감소하여 수출량 전체에서 차지하는 비중이 1~2%에 불과하게 되는 것이다.[28]

무역수지에는 포함되지 않지만 앞의 〈표 1〉에서 보듯이 이 시기에 금 수출량이 1877년 이후 지속적으로 증가하고 있는 점에 주목하여야 한다. 금은 면세품인 데다가 다른 물품에 비해 휴대·운반이 손쉽고 편리한 관계로 수출량 신고가 제대로 되지 않아 정확한 액수 파악이 어렵지만, 1876년의 흉년으로 일본에서 곡물을 수입하고 그 지불수단으로 수출되어 신고된 금의 양만 해도 1878년까지 약 8만 6천원에 달하고 있다.[29] 이는 당시 수출액의 약 25%에 해당하는 높은 비중이다.

이외에 신고되지 않은 금과 은의 양을 합하면 2년 동안 수출된 금과 은의 양은 30만여원에 달한다는 것이다. 금의 수출량은 다음 항에서 서술하듯이 일본정부의 국가적 정책에 의하여 이후에도 지속적으로 증가하는데, 이는 조선의 화폐제도 확립을 저지하는 요인으로 작용하였다.

---

26) 한우근, 앞의 책, 19쪽.
27) 姜德相, 앞의 글, 5쪽.
28) 梶村秀樹, 앞의 국역본, 116쪽의 〈표 3〉.
29) 김경태, 〈개항과 미곡문제의 구조〉, 앞의 책, 65쪽. 이 글에서의 금 유출 통계가 〈표 1〉보다 많은 것은 〈표 1〉의 수치가 사금만 집계한 데 반해 이 글에 실린 통계는 사금 외에 금지금까지 포함하고 있기 때문이다.

수입품목은 〈표 2〉에서 보듯이 면제품의 비중이 압도적이었다. 1883년 전후 당오전 대량 주조를 위하여 구리·아연 등 금속의 수입이 급증한 적은 있지만 이는 일시적인 현상에 불과할 뿐이었다. 이들 면제품은 모두 영국산 제품으로서 상해를 경유하여 수입한 것을 다시 조선에 중계수출하는 형태로 수입되고 있었다. 따라서 일본상인으로서는 중계무역에 들어간 추가부담(운송비·이자·換差額 등)을 줄이려면 가능한 한 빠른 시일 안에 팔아버려야 했으므로 큰 이윤을 남길 수 없었다. 이러한 사정에서 일본상인이 면제품류를 수입한 것은 단순히 그 판매를 통한 이윤 획득보다 그 판매 대가로 곡물을 매집하여 수출하려는 데 의도가 있었다. 즉 면제품류의 구입원가와 일본시장에서의 곡물 판매가격의 차이에서 이익을 내는 것이었다.

수입면제품 중 가장 큰 비율을 차지했던 것은 生金巾(canequin)[30]·寒冷紗[31]의 두 종류로 양자가 항상 섬유제품 수입액의 50% 이상을 차지하였으며, 1887년 당시 이 두 품목은 어떤 산간 벽지에도 보급되지 않은 곳이 없을 정도의 상황이었다. 그렇지만 이들 두 품목은 아직 사치품적 성격을 지니고 있었기 때문에 하층의 직접생산자층까지 구매하지는 못하고 하급관료층·도시중인층·상인층, 지방관청의 서리층, 나아가 농촌의 신흥상인층이나 지주·부농층이 구매하였던 것으로 추정된다.[32]

따라서 이 시기 무역의 기본적인 구조는 조선이 일본에 대해 쌀·콩 등 곡물과 우피를 수출하고 일본은 영국 면제품을 중계수출하는 형태를 취하고 있었다. 그리고 이러한 구조는 1883년 청이 중요한 무역 상대국으로 등장한 이후에도 청일 양국 상인의 경합 관계 속에서 더욱 확대되면서 정착하게 되었다.

(3) 청·일 경쟁무역기(1883~1894)

가. 청의 해관 주도와 일본 제일은행의 침투

일본의 독점무역은 1882년 「조청상민수륙무역장정」과 「조미수호조규」, 그

---

30) 생금건은 포르투갈어 canequin의 번역어로서, 공장제 공업제품으로 가장 기본적인 平織 면포이다. 조선에서는 唐木·洋木 혹은 廣木이라고도 불리었으며 겨울옷을 만드는 데 사용되었다.

31) 얇고 거친 기계제 면포로서 여름옷 제조에 사용되었다.

32) 梶村秀樹, 앞의 책, 128~129쪽.

리고 1883년 이후 영국·독일·러시아 등 서구 열강들과 체결한 통상조약들에 의하여 종언을 고하였다. 이어서 1883년 6월 이후 인천·원산·부산 순으로 해관이 설치되고 관세를 징수하기 시작하면서 무관세무역 역시 종언을 고하게 되었다.[33]

조선정부는 관세 수입을 근대화정책의 자금으로 활용하려 하였으나 해관을 설치하기도 전에 관세를 담보로 청·일본에서 차관을 도입함으로써 해관 주도권을 상실하게 되었다. 더욱이 청은 묄렌도르프를 조선해관의 총세무사로 고빙하게 하여 일본의 해관 침투를 봉쇄하고 이를 통해 청의 경제적 진출을 용이하게 하려 하였다. 그러나 묄렌도르프는 청국상인의 활동에 하등의 혜택을 주지 못했을 뿐 아니라 1884년 2월 해관업무의 핵심인 관세 징수 업무를 겨우 2만 4천원의 차관을 제공한 일본 제일은행에 위탁 양도함으로써 청이 우려한 일본의 해관 침투를 허용하였다.

1884년 말 갑신정변 이후 조선에 대한 지배권을 확보한 청의 이홍장은 조선에 대한 속방화 정책을 강행하면서 상권 확대의 일환으로 조선해관을 청국 해관에 통합하기 위하여 묄렌도르프를 해임하고 청국 해관의 총세무사 하트(Robert Hart)의 직속부하인 메릴(Henry F. Merill)을 임명하게 하였다. 그러나 하트와 이홍장의 이해관계가 항상 일치하지는 않았다. 하트는 일본이 획득한 해관세징수권까지 장악함으로써 조선해관을 완전히 청국 해관에 통합하려 한 반면, 이홍장은 관세 수입의 관리권을 영국인 통제 하에 둘 수 없다는 입장이었다. 이로 인하여 일본 제일은행은 해관세 징수권을 계속 유지할 수 있었고, 조선정부에 대해 계속적인 단기차관을 제공하면서 일본의 경제적 침투의 든든한 교두보가 되었다.

조선은 1889년 이래 고종 주도하에 새로운 외채를 끌어들여 청국 차관을 상환함으로써 청으로부터 해관의 인사·운영권을 회수하는 한편, 은행을 설립하여 일본으로부터 해관세 징수권을 회수하여 해관의 자주권을 회복하려는 움직임을 보이기 시작하였다. 그리하여 알렌·데니·메릴 등 고용 외국인을 통한 차관 도입 운동을 전개하였으나 모두 청의 조직적인 해외 방해운동

---

33) 김순덕, 〈1897~1905년 관세정책과 관세의 운용〉(《한국사론》 15집, 서울대 국사학과, 1986), 267쪽.

으로 인하여 좌절되었다.

최종적으로 1890년 데니의 후임으로 내무부협판에 임명된 르젠드르(C. W. LeGendre)가 적극적으로 전개한 다섯 차례의 차관 교섭도 모두 좌절되었다. 청은 이를 계기로 1892년 8월과 10월 두 차례에 걸쳐 관세 수입을 담보로 20만냥의 차관을 또 다시 제공하여 해관에 대한 관리권과 해관세의 선취권을 확보하였다. 이로써 조선 관세의 예속화, 즉 조선 재정의 예속화를 심화시켜 1894년 청일전쟁까지 조선 해관은 청의 지배를 벗어나지 못하였던 것이다.[34]

청이 해관의 인사·운영권을 장악하고 있었던 반면, 일본 제일은행은 해관세 징수 업무를 통하여 일본의 경제적 진출과 일본상인의 무역활동을 지원하는 활동을 전개하였다. 1894년까지 조선에 지점을 설치한 은행은 제일은행(1878), 제18은행(1890), 제53은행(1892) 등 3개였지만, 이중 제일은행은 자본축적이 미약한 단계에 있었던 일본자본주의가 조선에 대한 경제적 침략을 하는 데 선봉을 맡고 있었다.[35] 이 은행은 부산(1878), 원산(1880), 인천(1883), 한성(1887) 등에 지점 또는 출장소를 설치하여 일본인의 무역·상업 금융은 물론 1886년부터는 일본정부와의 위탁계약 하에 조선산 금 매입으로 조선의 부를 유출시키는 데 상당한 역할을 하였다.[36]

그러나 제일은행이 조선에 대한 일본의 경제적 침략의 선봉에 설 수 있었던 것은 자본력의 견실함에 있었다기보다는 일본 및 조선정부의 예금을 취급하고 있었던 점, 조선 해관세 취급특권을 획득했던 점, 이를 바탕으로 한 조선정부에 대한 소규모차관의 지속적인 공여 등 다른 일반은행에는 없는 특별한 신용창조능력이 있었기 때문이다.

그 중에서도 1884년에 획득한 조선 해관세 취급특권이 가장 중요한 것이었다. 해관세 취급특권은 일본 제일은행에 다음과 같은 여러 가지 신용 창조능력을 가져 왔다. 첫째 조선해관세 취급 자체가 그에 대한 이자 부담이 전혀 없고 오히려 수수료를 받는 유리한 사업이었다는 점(처음에는 해관세 취급

---

34) 김순덕, 위의 글, 294~300쪽.

35) 第18은행·第53은행의 조선에서의 금융활동은 1894년까지 극히 미미한 것으로 나타난다(高嶋雅明, 앞의 책, 240~247쪽).

36) 村上勝彦, 〈植民地〉 大石嘉一郞 編, 《日本産業革命の硏究》 (下)(東京 ; 東京大學出版會, 1975) 下. 정문종 역, 《식민지》(한울출판사, 1984).

액의 0.25%, 1887년의 제2차계약 때는 5%), 둘째 해관세라는 가장 확실하고 안정적인 예금원을 확보할 수 있다는 점, 셋째 해관세를 수납하고 그 대신 납세자에게 발행한 예탁어음이 은행권과 유사한 기능을 하며 유통되면서 일본상인이 발행하는 '韓錢於音'의 신용도를 제고시켰다는 점 등이다.[37]

이같은 제일은행의 금융적 지위로 인하여 관세 수납 화폐로서 일본화폐가 유통하게 되고 이에 의해 일본상인의 무역·상업활동이 엄호되었다. 나아가서 1900년 전후 조선정부가 화폐제도 수립을 위해 열강들과 차관 교섭을 할 때마다 제일은행은 해관세 취급은행이라는 기득권을 이용하여 해관세를 담보로 설정하지 못하게 함으로써 조선정부의 화폐정책을 저해할 수 있었다.

당시 해관세는 수출세·수입세·톤세를 합쳐서 1885~1894년간 총계로 약 343만원 정도의 거액으로서[38] 조선정부에 실로 중요한 재정수입원이 아닐 수 없었다. 그러나 이러한 해관세 취급권을 겨우 2만 4천원의 단기차관의 대가로 제일은행에 넘겨 줌으로써 이상과 같은 일본의 경제적 침략을 허용하게 만든 것이다.[39] 게다가 제일은행이 예금으로 확보한 해관세 등 공금예금은 단순히 조선정부의 요구에 의해서만 지출되는 부동자금이 아니라 자본력이 취약한 일본상인들의 상업·무역 자금으로 유용됨으로써 일본상인의 조선상인에 대한 자금적 지배를 직접적으로 지원하는 중요한 수단으로 기능하게 되었다.[40]

따라서 몇몇 유력한 일본상인을 제외하고는 이 일본은행으로부터의 자금융자에 바탕해서 무역·상업자본을 마련했던 것이고 이러한 자금이 '곡물수출·면제품수입 구조'에 편입되어 가던 조선상인들에게 주로 곡물 구입을 위한 선대자금으로 대부되어 금융 연쇄 체제를 형성하고 일본인들의 곡물수출과 내지행상을 촉진하였다. 이것이 곧 농촌에서의 미곡 상품화 진전 및 토착

37) 村上勝彦, 위의 글(국역본), 59쪽.

38) 김순덕, 위의 글, 312쪽의 통계에 나오는 관세액을 통산한 액수임.

39) 《韓國ニ於ケル第一銀行》(東京 : 第一銀行, 1908), 5~26쪽.

40) 이는 1897년 일본상인들의 일본정부에 대한 진정서 내용 중 "관세 및 기타 공금이 (조선 : 필자) 탁지부에서 제일은행 등에 예입된 것은 거의 100만 엔에 달하고 이 금액의 대부분은 일한무역의 운전자금으로 이용되어 널리 각지에서 유통되고 있다"(《京城府史》 제2권, 663~664쪽)라는 고백에서도 확인할 수 있다.

수공업의 파괴로 귀결되면서 지주경영의 강화와 소농민·소상인의 성장 가능성을 억압했음은 물론이다.

나. 국제무역의 확대

1883년 이후 조선의 국제무역은 양적으로 확대되고 질적으로는 곡물 수출·면제품 수입 구조가 심화되어 갔다. 일단 1883년 이후 1894년까지의 대외무역의 추이는 다음 〈표 3〉과 같다. 물론 이 통계는 일본 및 조선의 해관에 보고된 통계를 위주로 작성된 것이므로 당시 광범하게 성행하고 있던 청·일본의 해상 밀무역액과 해관에 보고되지 않고 유출된 金 수출액이 누락되어 있고 게다가 관세를 줄이기 위해 수출입가격을 허위로 신고하는 등의 문제가 있어 실제 무역액은 통계 수치를 훨씬 상회하는 규모였을 것이다.[41]

〈표 3〉 1883~1894년 무역 동향

(단위 ; 천円)

연도	총수입	총수출		대일무역			대청무역		
		상품	금	수입	수출		수입	수출	
					상품	금		상품	금
1883				2,178	1,656	522			
1884				794	884				
1885	1,671	388	599	1,378	378	599	301	9	
1886	2,474	504	1,130	2,064	488	912	439	15	218
1887	2,815	805	1,388	2,081	784	1,178	732	18	210
1888	3,046	867	1,373	2,196	785	1,025	847	71	348
1889	3,378	1,234	982	2,299	1,122	608	1,085	109	373
1890	4,728	3,550	749	3,087	3,475	275	1,651	70	474
1891	5,256	3,366	689	3,226	3,220	273	2,044	136	415
1892	4,598	2,444	852	2,542	2,272	367	2,050	149	485
1893	3,880	1,698	918	1,949	1,543	425	1,906	134	493
1894	5,832	2,311	934	3,647	2,051	639	2,065	162	259

* 출전: 〈표 1〉과 같음
* 주 : 1885~1886년 총수입액이 대일수출과 대청수출액을 합친 것보다 작은 경우가 있는데, 이는 자료의 출처가 각각 다른 소치이기 때문이다.

41) 한우근, 앞의 책, 60~77쪽 및 293~297쪽.

〈표 3〉에서 주목되는 현상은 우선 대일·대청무역이 국제무역의 거의 대부분을 차지하고 무역 규모가 대폭 증가하고 있는 점이다. 대일무역 규모는 1886년 200만원대를 초과하여 1890년 전후 600만원대로 급증하였으며, 대청무역액 역시 1889년 100만원대를 초과하여 1891년 이후 200만원대로 2배 이상 증가하였다.

대일무역 규모가 압도적으로 컸지만 수입 항목만 볼 경우 대청무역 규모가 점차 증대하여 1890년 이후가 되면 대일수입액에 육박해 가고 있음을 알 수 있다. 그리고 무역 수지면에서 일본과의 경우 1890년대에 들어 곡물 수출이 급증한 결과 수출초과 현상이 나타나면서 조선측이 흑자를 보이는 때도 있지만, 청국과의 교역에서는 항상 적자를 면하지 못하고 있었다. 이러한 무역수지의 차이는 조선에서 청으로 수출할 품목이 인삼·종이 외에는 거의 없어 청국상인이 주로 수입무역에 종사한 데 반하여, 일본상인은 자본제 상품의 수입에 그치는 것이 아니라 자국내 저미가정책을 유지하기 위해 조선에서 대량의 곡물을 수출해 간 결과였다.

이는 금 수출항목의 대비에서도 확인할 수 있다. 청국상인은 수입상품의 판매대금으로 주로 엽전을 받고 이를 다시 금이나 은화 등 正貨의 형태로 바꾸어 유출했으므로 일본보다 청국으로의 금 수출이 많아지는 현상을 보이고 있었다. 물론 일본의 경우 주로 조선에 진출한 제일은행을 통하여 금을 매입 유출함으로써 정화를 축적하고 나아가 1897년의 금본위제 확립 기초를 마련하였다. 그러나 일본상인은 청국상인과는 달리 수입 자본제 상품을 판매하고 그 대금으로 다시 곡물을 구입하여 일본으로 수출하는 교역방식을 취했기 때문에 1890년 이후 곡물수출이 증대하면서 자금이 주로 곡물 매입에 투하됨으로써 상대적으로 일본으로의 금 유출이 적을 수 밖에 없었다.[42)]

무역 품목에 대해 상세히 살펴보면 다음 〈표 4〉에서 보듯이 대일수출액이 증가하는 현상을 보이는 때는 쌀 수출액이 증가한 경우이다. 쌀은 1880년대 중반에 들어서는 계속된 흉작 외에도 1884년의 갑신정변과 같은 정치적 변동으로 인하여 수출이 격감하였다. 1880년대 후반에도 이러한 사정은 마찬가

42) 하원호, 〈개항후 제국주의의 침탈과 경제구조의 변동(1876~1894)〉(《水邨朴永錫敎授華甲記念韓國史學論叢》 下, 탐구당, 1992), 7~8쪽.

지여서 오히려 수출량보다 더 많은 외국쌀이 수입되고 1889년 1월에는 일본쌀 3만 석을 삼남 각 연해읍에 나누어 굶주린 인민이 매식하도록 하는 실정이었다.

〈표 4〉 1883~1894년 주요 상품별 대일수출입액 구성비

(단위 : 千円, ( )안은 수출·수입총액에 대한 백분비)

연도	수출				수입	
	총 액	쌀	콩	우 피	총 액	면 제 품
1883	1,656	46(2.8)	270(16.3)	155(0.3)	2,178	913(41.9)
1884	884	0(0.0)	101(11.4)	172(19.5)	794	498(62.7)
1885	388	16(4.0)	29(7.4)	282(72.8)	1,672	1,122(67.1)
1886	504	12(2.4)	52(10.3)	382(75.8)	2,474	1,306(52.8)
1887	805	90(11.2)	335(41.7)	300(37.3)	2,815	1,894(67.3)
1888	867	22(2.5)	472(54.4)	211(24.3)	3,046	1,962(64.4)
1889	1,234	78(6.3)	645(52.3)	222(18.0)	3,378	1,709(50.6)
1890	3,550	2,038(57.4)	1,005(28.3)	147(4.2)	4,728	2,675(56.6)
1891	3,366	1,820(54.1)	914(27.1)	215(6.4)	5,256	2,875(54.7)
1892	2,444	999(40.9)	798(32.7)	291(11.9)	4,599	2,185(47.5)
1893	1,698	367(21.6)	628(37.0)	275(16.2)	3,880	1,733(44.7)
1894	2,311	979(42.4)	507(21.9)	337(14.6)	5,832	2,495(42.8)

* 출전 : 앞의 〈표 2〉 와 같음

그러나 1890년부터는 쌀 수출이 급증하기 시작하였다. 일본에서 1889년 가을의 대흉작, 1890년 여름보리의 대흉작으로 인하여 이른바 '쌀소동'이 일어난 반면, 조선은 대풍을 이루었기 때문이다. 1891~1892년의 수출도 같은 이유에서였다. 다만 1893년에는 흉작으로 인하여 수출량이 격감하였다.

1880년대 중반까지 조선쌀은 일본의 임노동자층의 수요 충당에 그치고 있었으나, 1880년대 후반 이후에는 일본 곡물시장 전체에서도 중요한 위치를 점하게 되었다. 당시 일본에 수입되고 있던 안남미 등에 비해 조선쌀은 품질이 월등하여 일본인 기호에 적합하였고, 정미 방식만 개선한다면 일본미와 결코 다를 바 없었다. 그래서 1890년 이후 일본상인은 현미로 수출하는 경향이 증대하여 갔다. 인천항에서는 1891년부터 현미의 수출량이 점차 증가하여

갔고, 부산항의 경우 1892년 이후 거류지의 일본인들이 매입한 현미를 도정하여 일본에 수출함으로써 부가가치를 높이고 있었다.[43)]

반면, 콩은 앞에서 서술하였듯이 기후조건에 큰 영향을 받지 않고 일본에서의 수요 역시 증가하여 1887년 이후 수출량이 증가하는 추세였고, 이 추세는 1890년의 100만원대를 최고 기록으로 하여 큰 변동없이 지속되었다. 따라서 조선인의 입장에서도 무역을 통한 콩 재배의 이익이 높아 후기로 갈수록 콩의 재배면적을 넓히고 있었다.[44)]

우피는 전 시기와 마찬가지로 일본 군수공업이 확대되면서 수출이 계속 증가되어 갔으며 흉작으로 곡물 수출이 차지하는 비중이 줄어들 때 상대적으로 증가하는 현상을 보였다. 이는 흉작일 때 전염병 발생이 많아 폐사한 농우가 대량으로 발생하거나 기근을 면하기 위해 농민들이 농우를 처분한 데서 기인하는 것이었다.[45)]

대일수입 품목에서 대종을 차지하는 것은 위 〈표 4〉에서 볼 수 있듯이 자본제 면제품으로서 1894년까지 대일 총수입액 중 50% 내외를 차지하고 있었다. 게다가 〈표 3〉의 대청수입 품목이 급증하고 있던 것도 과반수 이상은 자본제 면제품 수입 때문이었다. 그런데 일본상인이 1894년 이전까지 주로 영국산 섬유제품을 상해에서 일본을 경유하여 매입하고 조선에 수출하는 중계무역을 하고 있었던 반면, 청국 상인은 상해에서 조선으로 직수입하고 있었기 때문에 가격 면에서 일본상인이 열세에 놓일 수 밖에 없게 되었다.[46)] 특히 1890년 이후에는 부산항을 제외하고 인천항과 원산항에서는 대청수입

43) 하원호, 〈곡물의 대일수출과 농민층의 저항〉(앞의 책, 한국역사연구회), 247~251쪽.

44) 宮嶋博史, 〈朝鮮 甲午改革 以後의 商業的 農業〉(《史林》 제57권 6호, 1974) ; 국역본 《한국근대경제사연구》(사계절, 1983), 219쪽.

45) 러시아대장성 편, 《韓國誌》(《國譯 韓國誌》, 정신문화연구원 역), 562~563쪽. 그런데, 이 시기 일본으로 수입된 우피 중 거의 전량이 중국·영국으로 재수출되었다는 일본측 통계에 의거해 볼 때 조선산 우피 수출이 일본의 군수공업 확대에 따른 국내수요와 결부되어 이루어졌다는 통설은 재고되어야 한다는 견해가 제기되었다(村上勝彦, 앞의 글, 15쪽). 이에 대해서는 추후 보다 세밀한 검토가 필요하리라 본다.

46) 《通商彙纂》 제4호, 〈明治26年中京城商況年報〉(京城, 明治 27년 4월 16일)(麗江出版社 영인본, 1987), 241~242쪽.

액이 대일수입액을 능가할 만큼 급증하기에 이르렀으며 일본의 무역상은 세력 만회에 골몰하게 될 정도였다.47)

1890년대 초가 되면 대일수입 면제품 중에는 영국제 면포가 아닌 일본제 小幅木綿과 시이팅이 등장하기 시작하였다.48) 특히 소폭목면은 청국상인에게 상권을 점차 빼앗기고 있던 일본상인이 상권을 탈환하고 조선의 토착면포 시장을 잠식하기 위하여 조선 토포의 품질과 사이즈가 비슷하게 제조한 제품이었다. 그러나 일본산 소폭목면의 수입량은 1894년 이전에는 가격과 품질 차이로 인해 순조로이 증가되지 못했고, 1894년 이후에야 본격적으로 조선의 토포시장에 침입하기 시작했다. 그리고 이 과정의 연장선상에서 1895년 이후 일본의 기계 직포제품인 시이팅이 조선시장에 군림하게 되는 것이었다.

지속적으로 대량 수입된 영국제 면포와 1890년대 이후 등장한 일본제 면제품은 1894년 단계에 이르러 국내 면포 시장의 4분의 1 정도를 장악한 것으로 추정되고 있다. 이로 인하여 조선의 토포생산자는 1890년대에 들어와서는 그 생산력을 충분히 발전시킬 사이도 없이 民藝品的 사치품 생산으로 잔존하든지, 아니면 이윤과 노임부분을 줄여 가격면에서 높은 생산력의 이점이 있는 저렴한 자본제상품과 대항하든지 하는 선택의 기로에 서게 되었다.49)

3) 외국 상인의 침투와 조선 상인층의 대응

(1) 일본 독점무역기(1876~1882)

미국·청국·영국 등과 수교하기 전의 시기였으므로 이 시기에 조선의 개

---

47) 小林英夫, 〈日本の金本位制移行と朝鮮〉(《朝鮮歷史論集》下, 旗田巍先生古稀記念會(東京 : 龍溪書舍, 1979)), 180쪽.

48) 소폭목면은 일본 및 중국의 가내공업 내지 공장제수공업 제품으로 조선의 토착면포와 품질과 규격 등이 매우 유사하였다. 시이팅(Sheeting)은 영국, 특히 미국 제품으로 생금건과 똑같이 제작되었지만, 단지 보다 굵은 실을 기계로 짠 것이다. 당시 '상인들간에는 미국목면이라 불리우고 바탕질의 올이 굵어서 성기고 거칠어 겨울옷 안감 등에 많이 사용되고 전적으로 하층 사회에서 쓰였다'고 하듯이 직접생산자층이 주된 수요자였다(이상 梶村秀樹, 앞의 글, 194~197쪽).

49) 梶村秀樹, 위의 글, 194~196쪽.

항장에 들어온 것은 오로지 일본상인들 뿐이었다. 개항으로 종래 조선 왕래에 가해지던 제한이 해제되었지만, 자본력있는 일본상인이 대거 조일무역에 참여한 것은 아니었다. 당시 일본상인은 조선이라고 하면 '호랑이가 숨어있는 황야와 같이' 인식하고 있어서 일본정부가 무역에 종사하라는 권유를 해도 응하는 자가 한 명도 없었기 때문이다. 일본정부는 자본·선박의 대여, 조선항로의 개설, 사금의 우선 매입 등 보호정책을 제시하면서 澁澤榮一·大倉喜八郎·高須謙三 등 유력상인에게 조선무역 종사를 간청할 수밖에 없었다.50)

이렇게 하여 이들 유력상인을 필두로 하여 일본인들이 조선에 쇄도하기 시작하였지만, 다음 〈표 5〉에서 보듯이 일본인의 조선 거류는 1879년 이후에야 급증하기 시작한다. 이를 〈표 1〉의 무역통계 추이와 연관지어 보면, 1879~1880년부터 쌀 수출이 급증하면서 무역량이 확대되는 것과 시기를 같이 하는 것이다.

〈표 5〉 1876~1882년 개항장의 일본거류민 추이

	부산		원산		합계	
	호수	인구	호수	인구	호수	인구
1876		82(200)				82(200)
1877		(332)				(332)
1878		(700)				(700)
1879		700(1,150)				700(1,150)
1880	402	2,066(2,066)		235(209)	402	2,301(2,375)
1881	426	1,925(1,926)		281(300)	426	2,206(2,226)
1882	306	1,519(1,952)		260(281)	306	1,779(2,233)

* 출전 : ①손정목, 《한국개항기 도시변화과정연구》(일지사, 1982), 106, 123쪽.
②姜德相, 앞의 글, 2쪽.
* 주 : 손정목의 통계와 姜德相의 통계는 자료 출처가 다른 관계로 차이가 나므로 姜德相 글의 수치는 ( )안에 넣어 처리하였다.

50) 姜德相, 앞의 글, 1~2쪽.

부산항의 경우 개항 당시에는 東京의 거상인 三井組·小錦組를 위시하여 大池忠助·大倉喜八郎·迫間房太郎·香椎源太郎 등 쟁쟁한 유력상인도 끼어 있었으나 일본상인의 대부분은 자국의 근대화과정에서 밀려난 영세상인이거나 중상주의적 약탈무역을 적극적으로 뒷받침해 준 일본정부에 의해 하루아침에 만들어진 투기상인·모험상인들이었다.51)

이들 일본상인은 조선에서 매매가격의 표준 등이 거의 혼란한 상태라 1백 엔 가격의 수입품이 의외로 1천엔 가격으로 뛰고, 일본배 한 척의 적하량으로써 1만 엔의 엄청난 이득을 차지할 수 있을 정도로 일확천금의 폭리를 탐할 수 있었다. 또 '요즈음 한인들이 물건을 팔 경우 그들이 10냥이라고 말하면 우리(일본상인 : 필자)는 7냥으로 값을 깎는다. 그가 듣지 않을 때는 대갈일성하며 즉시 주먹을 들어내리면 그는 7냥에 방매한다'라든가, 조선 도량형이 일정하지 않음을 이용하여 크고 작은 두 개의 됫박으로 사기치는 사건이 빈발했지만 모두 영사재판권의 비호하에 처리되고 조선측은 이의를 제기하는 것이 허용되지 않았다.52)

그러나 이 시기까지 일본상인의 활동 범위는 공간적으로 제한되어 있었다. 개항 초 일본상인의 활동 범위는 거류지로부터 사방 4km로 한정되어 있었다가 1882년 7월의 「조일수호조규 속약」에 이르러서야 사방 20km로, 1884년부터 사방 40km로 확장되었으므로53) 일본상인은 개항장이 아닌 포구나 내륙지방으로 들어가 직접 수출입품을 거래할 수 없었다.

따라서 수출입무역에 종사하는 내외국 상인을 상대로 매매를 주선하는 새로운 유통조직으로서 개항장객주가 출현하였다. 개항장객주는 내륙의 생산지나 소비지의 객주와 마찬가지로 위탁매매, 외국상인과 조선상인이 발행한 어음의 인수 및 할인 등 금융업무도 하였으며 독자적으로 상업활동을 전개하는 경우도 있었다. 배를 이용하여 상업행위를 해 오던 船商도 집산지의 포구

51) 임승표, 〈개항장거류 일본인의 직업과 영업활동〉(《홍익사학》 제4집, 홍익대학교, 1990), 163쪽.

52) 姜德相, 앞의 글, 2쪽.

53) 《高宗實錄》, 고종 17년 7월 17일.

에서 포구객주를 통해 구입한 상품을 개항장으로 수송해 외국상인에게 팔거나 수입상품을 외국상인에게서 구입할 때 이들 개항장객주의 주선을 거쳐야 하였다.[54] 따라서 개항장에서의 거래는 다음과 같이 여러 단계를 거쳐 이루어졌다.

〈그림 1〉 1876~1882년간 수출입품 매매경로

(→는 수출품, ←은 수입품의 경로)

생산자(소비자) ⇄ 행상·중매 ⇄ 포구·산지 객주 ⇄ 행상·선상

⇄ 개항장객주 ⇄ 거류지 외국상인

이러한 다단계 수출입 구조 하에서는 일본상인들의 매매 이윤이 적어질 수 밖에 없었다. 따라서 일본상인들은 가능한 한 개항장객주의 중계를 거치지 않고 제한된 활동범위를 넘어 불법적으로 내륙지방에 들어가 곡물을 유출하거나, 조선인에게 자금을 대여하여 곡물을 매집해 오게 하는 방식을 택하기도 하였다. 예를 들어 1879년에는 일본상인들이 조선상인들과 사전연락 하에 범선으로 조계지 밖인 동래 북쪽의 機張에 불법 침투하여 쌀 수백 석을 매입하다가 발각되었으나 조선인만이 즉시 사로잡혀 투옥되었던 사실이 있다.[55]

(2) 청·일 경쟁무역기(1883~1894)

가. 청국상인의 침투

1882년 군인폭동을 전후하여 미국·청·영국 등 여러 국가와 수교함에 따라 일본의 독점무역은 종말을 고했지만, 이들 불평등조약으로 인하여 외국상인의 조선 침투는 더욱 광범위하게 이루어졌다. 즉 1883년의 「신조영조약」에

---

54) 이병천, 〈거류지무역기구와 개항장객주〉(《경제사학》 제7호, 경제사학회, 1984), 52~79쪽.

55) 김경태, 〈개항과 미곡문제의 구조〉, 앞의 책, 77쪽.

의하여 연안무역권과 연안해운권이 확보된 데다가 한성과 양화진이 개방되었고, 조계지 밖 사방 40km까지 활동범위가 넓어졌다. 조선정부가 발행하는 여행권을 지니고 내륙지방까지 들어가 통상도 할 수 있게 됨으로써 조선은 열강의 상품시장으로서 한성에서 벽촌에 이르기까지 전면적으로 개방되었다. 이어서 1884년 8월 18일 일본측의 요구로 용산도 개시장으로 개방됨으로써[56] 외국상인, 그 중에서도 청·일 상인의 한성 開棧과 내지통상이 시작되었다.

한성 개잔과 내지통상이 허용된 것은 조선 상인층에게 엄청난 위협이 되었다. 한성 개잔은 조선에서 가장 거대한 소비도시인 한성의 상권을 청·일 상인이 잠식해 들어오는 결과를 낳아 시전상인·공인 등 기존의 상인층의 몰락을 초래하게 되었다. 내지통상은 이보다 더 파괴적이었다. 위 〈그림 1〉의 개항장객주의 개입과정을 배제하여 수출입 무역기구 지배권을 외국상인이 직접 장악할 수 있게 하였고 개항장과 내지 사이 상품 매매가격의 차이를 외국상인이 직접 흡수할 수 있게 하였다. 나아가서 개항장에 들어오는 조선상인을 상대로 해서만 상품을 매매해야 한다는 제한에서 벗어나 시장 규모를 확대시킴으로써 수입품 판매에 주력하던 외국상인에게 상권 확대의 기회를 제공한 것이다.[57]

청국은 1883년 9월 이후 치외법권이 인정된 총영사격인 總辦朝鮮商務委員으로 陳樹棠을 파견하고 인천·부산·원산 등 각 개항장에 상무위원 분서를 두고 상무관을 주재시켜 청상의 상업 지원을 하는 한편 영사 업무와 청국 단독 조계지 설정 등을 추진하였다. 1885년 10월에는 진수당을 소환하고, 조선사정에 정통한 袁世凱를 駐箚朝鮮總理交涉通商事宜라는 직책으로 파견하여 조선의 내정 및 외교와 상무를 감독하게 하였다.

이후 갑신정변 때 피난갔던 청상들이 다시 도래하기 시작하였다. 1885년 10월 수십 명에 불과하던 청상이 몇 년 사이에 6백여 명으로 늘어나게 되었고, 그들은 당시 인구 25만 명의 대소비도시 한성을 주요 목표로 그 관문인

56) 《高宗實錄》, 고종 21년 8월 18일.

57) 이병천, 〈개항기 외국상인의 내지상권 침입〉(《경제사학》 제9호, 경제사학회, 1985), 296~300쪽.

인천항을 거점으로 경인지역 일대에 세력을 확장시켰다. 이어서 원산·부산으로 뻗쳐 나갔고, 점차 내지통상에 주력하여 농촌장시에 침투하여 상권을 확대시켜 나갔다.

청상의 진출은 다음 〈표 6〉과 〈표 7〉에서 보다시피 한성과 인천을 중심으로 하여 특히 1880년대 후반 이후 급증하여 일본상인을 압도하는 추세였다. 〈표 6〉은 상인 외에 관리나 고용인, 기타 가족들도 포함되었겠지만 절대 수치만으로 볼 때에도 한성과 인천에서 청국 거류민의 증가가 급속도로 이루어졌음을 알 수 있다.

〈표 6〉 1890~1891년 일·청 양국거류민수

	1890년					1891년				
	부산	원산	인천	한성	합계	부산	원산	인천	한성	합계
일본	4,644	1,387	2,650	770	9,451	5,255		2,330	1,000	8,585
청	164	86	967	1,480	2,697	138		550	1,300	1,988

* 출전 : 한우근, 《한국개항기 상업연구》, 58쪽.

〈표 7〉 청국 상인의 개항장·개시장 진출상황

	한성		인천		원산		부산		합계	
	상인	상점	상인	상점	상인	상점	상인	상점	상인	상점
1883	99	19	54	8	10		20		183	27
1884	352	48	235		13		10	3	610	51
1885	111	25	50		13	13			174	38
1886		14	205		12	12	28		245	26
1887										
1888										
1889	600	80							600	80
1890	625	100							625	100
1891	751		563				138		1,452	
1892	957		637		63		148		1,805	
1893	1,254	142	711		75	10	142		2,182	152

* 출전 : 김정기, 〈1890년 서울상인의 철시동맹파업과 시위투쟁〉(《한국사연구》 67, 한국사연구회, 1989), 86쪽.

청상은 막강한 청나라 세력을 배경으로 하고 월등한 자금력과 상거래방식, 특유의 단결력과 근검절약, 전신을 이용한 신속한 정보망 등을 바탕으로 수입품의 판매권을 장악해 가고 일본 잡화도 취급하여 일본상인을 압도하고 조선상인의 상권을 침탈하였다. 인천항의 廣東 상인 同順泰와 山東 상인 瑞盛泰, 雙盛泰 등의 무역상은 모두 수 명에서 수십 명의 상인이 합자한 상업조직이었다. 가장 규모가 큰 동순태는 200~300만 냥의 대자본을 소유하고 그밖의 소상인 조직도 5~6만 냥 이상의 자본을 보유하고 있었다. 이들은 이 풍부한 자본으로 수입면제품을 영국이나 상해에서 다량으로 값싸게 구입할 뿐 아니라 여러 지역에 회관을 설치하고 내외 각지와 긴밀한 연락을 취함으로써 상호 금융 및 상품 운반의 편의를 도모하고 판매가격을 담합하여 상호 경쟁을 피하였다.[58]

급속한 속도로 증가한 청상은 일상과 함께 한성 육의전의 판매 독점권을 붕괴시켰고, 부수적으로 인천 개항장객주의 한성 진출을 차단시켜 버렸다. 특히 개항 이전부터 금건과 한냉사 등 영국제 면포를 독점판매하고 있었던 白木廛이나 청국제 견직물을 독점하고 있던 立廛이 그 지위를 박탈당하게 되었다. 육의전 외에도 한성 전역 장터에서 노점상을 펼쳐 1891년 12월 현재 청국 노점상이 100여 개를 헤아릴 정도로 늘어났다. 아울러 한성 내외 주민에게 일용품을 공급하는 일일시장으로 남대문과 동대문에서 열리는 朝市에까지 침투하여 한성 소상인들의 생계를 위협하기까지 하였다.[59]

또 청상은 연안해운권을 근거로 자국 선박으로 개항장간을 다니며 연안무역에 종사하였고, 조선인의 명의를 빌어 자신들의 선박에 조선국기를 매달고 개항되지 않은 포구로 침투하는 경우도 많았다.[60] 특히 평안·황해도 연안의 미개항지에서 청상의 밀무역이 성행하였다. 청상의 배를 통한 밀무역에는 또한 약탈과 폭거가 수반되게 마련이었다. 1885년 11월 木花·雜物·鉛塊 등을 싣고 황해도 長連에서 甕津으로 가던 조선상인이 해적으로 보이는 청인들에

58) 나애자, 〈개항후 외국상인의 침투와 조선상인의 대응〉(《1894년농민전쟁연구》 1, 역사비평사, 1991), 193쪽.
59) 김정기, 앞의 글, 91~93쪽.
60) 나애자, 앞의 글, 188쪽.

게 약탈당한 것이나, 심지어는 인천 해관에서도 화물 검사를 거부하고 巡監을 구타하며 해관에 난입하여 집기를 파괴하는 일까지 있었다. 청상은 綿布·白木·銀子·甘藷 등을 수입해 와서 조선의 우피·인삼·쌀·콩·어물 등을 수출해 가는 경우가 일반적이었다.[61]

청상은 한성에서의 개잔, 밀무역 외에도 내지통상을 통해 조선 상인층에게 심대한 타격을 주었다. 청상의 내지통상은 다음 〈표 8〉에서 보듯이 1889년부터 크게 증가하기 시작하고 있다. 이로 인하여 원세개는 1890년 조선정부에 여행권을 수시로 청구 발급받는 것이 불편하다고 한꺼번에 2백 장을 발급해 줄 것을 요구하였다. 조선정부는 이 요청을 부분적으로 수용하여 이후 여행권을 20장씩 '空名護照' 형식으로 발급해 주었다.

〈표 8〉 연도별 청·일 양국상인 내지여행권 발급 추이

	청 상					일 상				
	한성	인천	원산	불명	합계	한성	인천	부산	원산	합계
1884	5	2		20	27(15)					
1885	2	3		19	24(21)		1			1
1886					(12)		9			9
1887			5		5(29)		69(59)		29	98
1888				20	20(51)		76		88	164
1889	58	10		11	79		102		119	221
1890	71	14	5		90(11)		101		126	227
1891	31	30	10	20	91	30	46		71	147
1892	40	20			60	43	39		44	126
1893	33	40			73	81	88		67	236
1894	40				40	50	93	72(52)	34	249

* 출전 : 이병천, 〈개항기 외국상인의 내지상권 침입〉(《경제사학》 제9호, 경제사학회, 1985), 301, 307쪽.
* 주 : 청상의 경우 1889년과 1891년의 '불명'수치는 한성과 인천 양 지역을 모두 포함하는 수치이다. 또, 1892~1894년간 여행권 발급 숫자가 1889~1891년보다 적게 나타난 것은 통계자료상의 불완전성 때문이다.

61) 한우근, 앞의 책, 68~75쪽.

그런데 청상 내지통상자를 위의 여행권 발급 숫자에 의해서만 파악하는 것은 잘못이며, 그 외에도 여행권을 소지하지 않은 불법행상자가 상당히 많았다. 이들은 주로 배를 통해 황해도·평안도에 들어온 밀입국자로서 여행권 소지자와 마찬가지로 조선 내륙 어디에서든 자유로이 활동하였다. 1889년 개성에서 활동하고 있던 청상 43명에 대한 조사 결과 여행권 없는 불법 행상자가 25명이나 되었던 사실이나, 竹山 白巖里 場市에서 조선상인들을 칼로 난자한 청상 3명이 모두 불법행상자였다는 사실 등이 이를 말해 준다.

청상은 이처럼 유리한 조건에서 한성 시장에서 수입품의 상권을 장악하고 적극적으로 내지행상을 확대하여 1893년 말에 이르면 다음과 같이 경기·충청·전라지역 상업 중심지에서 조선상인의 상권을 위협하였고 불법적인 내지 定住상업도 전개하였다.

> 어떠한 벽촌이더라도 장날에 청상이 오지 않는 곳이 없다고 한다. 공주·강경·예산 등의 시장에는 어느 곳이든지 20~30인의 來住者가 있다. 대부분은 장날을 순회하는 賤商이지만 공주·강경·예산 등에는 상당한 상인이 들어와 있어 아주 큰 거래를 한다고 한다. … 종래 안성시에는 수원 상인이 대체로 외국품을 인천에서 구입 판매하였다. 이들 상인이 백 명이나 있었지만 근래 청상이 다수 장날에 오기 때문에 상권을 점차 탈취당해 최근 폐업하는 자가 많다는 것으로도 그 일면을 알 수 있다. 공주·강경은 모두 가옥을 소유하고 점포를 열었으며 전라도 전주는 30인 정도의 청상이 들어가 각지의 장날에는 이들이 가지 않는 곳이 없다고 한다.[62]

청상은 조선산 상품을 살 때 물건값과 운송비를 제대로 지불하지 않거나 무기를 가지고 다니면서 조선 행상의 물건이나 좌판 등을 약탈하려다가 저항을 받으면 칼을 휘둘러 위협하는 등의 횡포를 저지르곤 하였다. 또 내륙지방을 떼지어 다니면서 조선 행상을 구타하고 이를 단속하는 조선 관리들을 욕보이고 관의 명령을 무시하여 조선인의 반감을 샀다.

그러나 한성 이남의 경기 및 충청 지방에 비해 한성 이북의 중부 지방은 개성상인의 유통지배권이 강고하였기 때문에 청상이 그다지 힘을 쓰지 못하

---

62) 《通商彙纂》 第1號, 〈京畿道及忠淸道地方商況幷ニ農況視察報告〉(京城, 명치 26년 10월 21일)(여강출판사 영인본), 61~62쪽.

였다. 또한 청상이 내륙지방의 상업 중심지에 침투하였다고 하더라도, 포구나 장시 어느 곳에서나 현지 객주의 중개를 통하지 않고는 상품 매매를 하기 어려웠다. 이처럼 청상(일본상인도 마찬가지)의 내지활동이 객주의 중개에 의존하는 동안은 적어도 위탁매매에 관한 한 청상의 내지통상은 현지 객주의 이익과 배치되는 것이 아니었다.[63]

나. 일본상인의 침투 확대

1882년까지 2천명에 달하고 있었던 개항장의 일본 거류민은 〈표 9〉와 같이 1883년 이후에도 꾸준히 증가하는 추세였다. 특히 수출무역량이 급증한 1890년을 경계로 하여 일본 거류민의 수는 급속히 증가하여 7천~9천 명이라는 엄청난 규모로 늘어났다.

한성이 개방된 이후 일본인은 남산 기슭의 진고개(泥峴) 일대에서 거의 10리에 가까운 지대를 점거하여 갔다. 그러나 한성에서는 청인의 수가 압도적으로 많았던 데다가 갑신정변 이후 조선을 속방화하려는 청국의 대한정책으로 인하여 일본상인의 세력은 우위를 점할 수 없었다.

〈표 9〉 1883~1894년 개항장의 일본거류민 추이

	부산		원산		인천		한성		합계	
	호수	인구	호수	인구	호수	인구	호수	인구	호수	인구
1883	432	1,780		199	75	348			507	2,327
1884	430	1,750	62	173	26	116			518	2,039
1885	463	1,896	73	235	109	562	19	89	664	2,782
1886	488	1,957	81	279	116	706	34	163	719	3,105
1887		2,006	82	374	112	855	65	245	259	3,480
1888		2,131	94	433	155	1,359	86	348	335	4,271
1889	628	3,033	114	598	167	1,362	130	527	1,039	5,520
1890	728	4,344	143	680	255	1,616	137	523	1,263	7,163
1891	914	5,254	140	655	338	2,331	157	698	1,549	8,938
1892	938	5,110	174	705	388	2,540	169	715	1,669	9,070
1893	993	4,750	185	795	425	2,504	234	779	1,837	8,828
1894	906	4,028	202	904	511	3,201	260	848	1,879	8,981

* 출전 : 손정목, 앞의 책, 106, 123, 142, 251쪽.

63) 이병천, 앞의 글, 303~305쪽.

다만 위 〈표 9〉와 앞의 〈표 6〉, 〈표 7〉에서 볼 수 있듯이 부산·원산·인천 등 개항장에서는 청국 거류민이나 청상이 증가하고 있는 중에도 일본거류민의 규모가 압도적인 우세를 유지하고 있었다.

그러나 청상과 달리 일본상인은 곡물 수출상을 제외하고는 대부분 자본력이 매우 취약한 형편이었고, 어민·목수·土役軍·채무자·모험자 등 극빈한 계층에 속하여 기만적인 수단이나 부동산·귀금속 등을 저당으로 잡는 고리대를 위주로 했던 영세상인에 지나지 않았다.[64] 따라서 일본상인의 수가 청상보다 많다고 하여 청상보다 압도적인 세력을 갖는 것은 아니었다. 예를 들어 1891년 원산항에는 청상 40여 명의 수출입액이 일상 6백여 명의 수출입 총액과 거의 맞먹는 정도였다.[65]

이들 일본상인은 한성에서 청상과 마찬가지로 수입품만이 아니라 국내 무역품으로서 시전상인의 전매상품인 명태 등의 생선과 백목면 등을 개항장이나 내륙지방에서 구입 수송하여 직접 판매함으로써 시전 상인들의 입지를 위태롭게 하였으며,[66] 이는 후술하듯이 청상·일상의 점포 철수를 요구하는 시전상인들의 철시 운동을 발생시켰다.

일본상인도 청상과 마찬가지로 밀무역을 하고 있었다. 일상은 주로 부산항을 중심으로 낙동강 상류까지 거슬러 올라가거나 진주·통영 등 미개항장이나 내륙의 포구 등지를 왕복하며 밀무역을 하면서, 동해안과 부산~인천 사이의 서남해안에서 절대적으로 우세한 무역권을 차지하여 갔다. 일본은 1880년대 후반 이후에는 활동권을 황해·평안 등 서해안으로까지 확대하려는 움직임을 보이기 시작하였다. 그리하여 조선정부에 대해 황해·평안도 연안 각지에 폅주하는 청상의 밀무역을 근절시킬 수 없다면 평안도 연안에도 개항장을 마련할 것을 요청하여 왔으나 원세개의 간여로 거부당하였다.

일상의 내지통상은 앞의 〈표 8〉에서 보듯이 곡물수출의 급증과 함께 1880년대 후반부터 활발해지고 있었다. 이들 일상의 내지통상은 대부분 자본력이 풍부한 곡물 매입상이었으며, 수입품 판매에 종사하는 내지통상자는 수도 적

64) 한우근, 앞의 책, 78~80쪽.
65) 한우근, 위의 책, 49쪽.
66) 나애자, 앞의 글, 186쪽.

었을 뿐 아니라 극히 영세한 상인들이었다. 곡물 매입상의 매입 규모는 몇 백 석이 보통이고 천 석 이상인 경우도 적지 않으며, 드물게는 몇 만 석인 경우도 있었다.

일상의 내지에서의 곡물 매입은 청상과 마찬가지로 대부분 내지객주 또는 개항장객주에게 자금을 선대하여 곡물을 매집하게 위탁하는 등 객주의 중개에 의존할 수 밖에 없었다. 조선인객주가 이들 곡물을 매집해 인도하지 못할 경우 선대한 자금과 이자는 고스란히 그의 부채로 남게 되었다. 부산항의 경우 1885년부터 1894년까지 미청산된 부채가 원리금 합계 14만여 냥에 달하는데, 이 금액이 총 대부된 건 중 분쟁 대상이 된 극히 일부라는 점, 그 중에서도 사료상 잔존한 것에 한정된 것이라는 점을 생각하면 총 대부 규모는 엄청난 액수에 달할 것으로 추산된다.

이자율은 월 3%와 5%의 두 종류가 대종을 이루고 있는데, 재한 일본국립은행의 대부 이자율이 월 1% 전후였다는 점을 상기하면 일상은 이 자금 대부를 통해 순수하게 곡물수출을 통한 상업이윤이 보장되지 않을 때에도 은행이자와 조선상인에 대한 대부 이자 사이의 차액만으로도 월 2~4%의 이자수입을 확보할 수 있다. 이 점에서 일본상인은 상인자본과 고리대자본의 통일체였다고 할 수 있다.

일상의 자금 대부는 풍흉에 좌우되는 곡물 생산의 불안정성, 상품경제 발전수준의 한계로 인하여 곡물수출이 투기적이고 불안정한 점을 극복하고 필요한 곡물을 적절한 시기에 확보가능하게 하는 중요한 방책이었다. 또한 대다수 일상이 곡물 매입 자금을 주로 금융기관으로부터의 차입에 의존하여 항상적으로 이자 부담에 쫓기고 있었던 상황과 관련하여 그들의 이윤폭을 안정적으로 확보하는 방책이기도 하였다.

반면 조선상인은 자금차입상의 불리한 조건에 몰리면서 최종적으로 개항장 일본상인에게 곡물을 인도하기까지 일체의 위험 부담을 안고 있었다. 특히 운반과정에서의 江運事情의 악화, 화물선의 침몰 등으로 계약을 이행하지 못하는 경우도 있었다.[67]

67) 이병천, 〈거류지무역기구와 개항장객주〉(《경제사학》 제7호, 경제사학회, 1984), 95~102쪽.

조선상인들이 일본상인에 대한 채무를 이행하지 못하면 일본상인들은 담보로 잡았던 전답·가사를 방매하는 것이 기본이었다. 그것이 불가능할 경우에는 조선정부와 외교적 교섭을 통하거나 직접 채무자의 친족 등이 사는 마을로 찾아가 지방관의 도움을 얻어 그 친족에게서까지 채무를 징수하는 행태를 보여 조선인민들의 분노를 사는 일이 허다하였다. 물론 이러한 횡포와 족징은 1880년대 후반 이래 일본상인과의 관계에서만 나타난 것이 아니라 청국·미국·영국 등의 상인과의 사이에서도 비일비재하게 나타났다. 정부에서도 이 문제를 심각하게 생각하여 1892년에는 각국 상민으로부터 부채를 얻지 못하게 하라는 훈령을 전국 각지에 내렸으나 이러한 상황은 쉽게 근절될 수 없었다.[68]

다. 구미상인의 침투

구미 열강의 경우 이미 청을 거대한 상품시장으로 확보하여 조선에 대해서는 시장가치를 크게 평가하지 않았기 때문에 청·일본과 달리 몇몇 상회사들만이 침투하였을 뿐이다. 대표적인 것만 시기순으로 보면 영국의 怡和洋行(Messrs, Jardine, Matheson & Co.), 독일의 世昌洋行(H. C. E. Meyer & Co.), 그리고 미국의 모오스-타운센드상회(Morse and Townsend & Co., 이하 타운센드상회로 줄임)가 있는데 모두 인천 제물포에 지점 또는 대리점을 설치하였다.

이화양행은 조선해관 총세무사였던 묄렌도르프의 알선에 의해 1883년 6월 인천에 대리점을 개설한 후 그해 8월 상해에서 인천까지 정기항로를 개설하였다. 이 양행에서는 우피무역에 종사하는가 하면 다른 한편으로는 광산채굴사업도 시도하였으나 조선정부의 빈번한 제재 조치로 인하여 모두 무위에 돌아감으로써 1884년 12월 말에 철수하고 말았다.[69]

세창양행(H. C. E. Meyer & Co.)는 1873년 중국 천진에 본사를 두었다. 독일 함부르크와 런던·홍콩에 지사를 설치하여 영국의 섬유제품과 독일의 잡화를 동아시아에 판매하고 중국으로부터는 이불에 넣는 깃과 담배를 수출하

68) 도면회, 〈화폐유통구조의 변동과 일본금융기관의 침투〉(《1894년농민전쟁연구》 1, 역사비평사, 1991), 238~239쪽.

69) 한우근, 앞의 책, 96~97쪽 ; 이배용, 〈1880년대 열강의 이권외교에 나타난 제 특성〉(《이기백선생고희기념 한국사학논총》 하, 일조각, 1994), 1603~1605쪽.

던 회사였다.[70] 이 회사 역시 묄렌도르프의 권유에 의하여 1884년 여름 인천 제물포에 지점을 설치한 후 바늘·염료·면포 등으로부터 시작하여 점차 철강·약품·기계·무기 등을 수입하는 한편, 조선에서는 사금·금괴·홍삼·우피·곡물 등을 수출하면서 큰 수익을 거두었다.[71]

게다가 세창양행은 1885년 2월 4일 조선정부와 세곡 운송 계약을 체결하고 전라도 稅米 2만 7천석을 인천으로 운송하는 이권을 획득하였다. 이어서 1885년 11월에는 재정 궁핍을 겪고 있던 조선정부에 2만 파운드의 차관을 제공하는 대가로 전라도 稅米 운송권을 따냄으로써 이전까지 세미 운송을 담당해오던 京江船·地討船·漕船 등 조선의 선운업자들에게 치명적인 타격을 가하였다.

1886년 2월에는 전환국의 화폐 주조를 위하여 근대적 조폐기계를 구입하면서 드는 비용 3만원, 1887년 3월에는 한성·수원·공주·전주·거창·대구·부산을 잇는 한성~부산간 南路電線 가설에 필요한 전선과 전기재료 등의 구입 비용 34,150원, 1887년에 도입한 기선 蒼龍號 구입 비용 5만 7천여 원 등을 모두 조선정부에 차관으로 제공하는 형식으로 계약을 체결함으로써 막대한 이권을 획득하였다.[72]

타운센드상회는 일본 요코하마 주재 미국무역상사(American Trading Co.)의 조선 대리점으로서 1884년 5월 인천 제물포에 설립되었다. 모오스가 조선으로 진출한 시점은 3백만원 차관 교섭을 위해 일본을 방문한 김옥균이 교섭에 실패한 후 모오스와 차관교섭을 하면서 1884년 4월 울릉도 삼림 채벌권을 양여한 이후였다. 모오스는 자기 회사에 고용되어 미국산 상품의 수입과 위탁판매, 무기판매업 등에 종사해 온 인물인 타운센드를 김옥균과 함께 조선으로 보내 모오스-타운센드상회를 설립하게 한 것이다.

타운센드상회는 진출한 지 얼마 안 된 1885년 초 경영 곤란으로 폐점한 조선 상회사 順信昌상회를 인수하였으며, 조선정부에 소총·탄환·기관총 등

70) 조홍윤, 〈세창양행, 마이어, 함부르크 민족학박물관〉(《동방학지》 46·47·48 합집, 연세대학교, 1985), 741~742쪽.

71) 이배용, 앞의 글, 1606쪽.

72) 김정기, 〈조선정부의 독일차관도입(1883~1894)〉(《한국사연구》 39, 한국사연구회, 1982).

무기류, 농무목축시험장용 가축, 기선, 왕궁의 전등 시설 공사에 필요한 발전 설비, 전등기계 및 전기용품 등을 수입하였다. 이외에도 우피와 식료품, 식기류, 의류, 침구류, 문방구류, 실내장식용품 등 약간의 잡화류 수입과 판매도 겸하였다. 1892년에는 인천항에 정미소를 설립하였는데 이것은 조선에서 증기력을 이용한 정미공장의 효시로 꼽히는 것이었다. 청·일 상인과 마찬가지로 곡물 무역에도 참여하였는데, 선대제 방식으로 조선 내지객주들과 직거래하기도 하고 徐相準과 같은 대리인을 고용하여 미곡을 인천항으로 사들이기도 하였다.[73]

타운센드상회는 수입품 외상판매, 수출곡물 자금 선대 등에 의하여 많은 조선상인들과 채권 채무관계를 맺었고, 이는 조선상인의 계약 위반으로 인하여 많은 외채분쟁을 불러 일으켰다. 1892년 4월 미국공사를 통해 타운센드가 제출한 조선인 부채자 명단과 부채액을 보면, 수원·개성·인천·성천 등지의 상인이 도합 엽전 7만 9천여 냥, 은화 893원을 미상환한 상태였다.[74] 이는 전술한 바 1885~1894년간 조선상인이 일본상인에게 미청산한 부채액의 반을 초과하는 거액이었다.

(3) 조선상인층의 대응과 변모

가. 조선정부의 상업정책과 객주상회소·상회사의 설립

1884년부터 외국상인의 내지통상이 개시됨에 따라 가장 먼저 타격을 입은 것은 개항장객주였다. 외상이 이들을 거치지 않고 직접 내지객주를 통하여 수출입무역을 하였으므로 거래를 주선하고 얻던 구문이 현저히 떨어진 것이다. 조선정부 역시 외국상인의 내지통상 및 밀무역으로 인하여 관세 수입이 감축되고 개항장객주로부터 징수하던 상업세 수입 역시 감소함으로써 개항장객주 보호의 필요성을 느끼게 되었다.

양자의 이해관계가 일치하여 설립되기 시작한 것이 객주상회소라는 조직이다. 이는 1883년의 원산상회소를 필두로 하여 1887년 이후 다수 창설되었

73) 하지연, 〈타운센드상회연구〉(《한국근현대사연구》 제4집, 한국근현대사연구회, 1996), 8~33쪽.

74) 한우근, 앞의 책, 95쪽.

는데, 부산의 釜山商會所·東港商會·商法會社·同契社·均興商會社, 인천의 船商會社·均平所·商法會社, 부산·원산·인천 세 개항장객주가 조직한 均平會社 등이 그것들이다.[75]

그러나 조선정부는 관세율의 인상이나 불평등조약의 개정 등은 거의 생각지 않고 조선상인에 대한 통제와 수세를 강화하는 정책으로 일관함으로써 사실상 국내 상업 보호를 방기하는 결과를 낳았다. 정부가 취한 정책은 밀무역을 방지하기 위하여 개항장객주에게 수출입무역의 유통 지배권을 부여하는 것과 아울러 세수 확보를 위하여 개항장객주에게 영업세 징수권을 부여한 것이었다.

정부는 1883년 부산항객주 중에서 別檢을 선정하도록 하였으며 1885년에는 부산항의 객주와 거간들이 속임수를 일삼아 분쟁을 일으키는 폐단을 시정한다는 명목으로 元客主 2명을 차정하여 선상과 행상을 통제하도록 하였다. 1884년 4월에는 인천감리의 고시로 잡품을 제외한 모든 수출화물은 반드시 객주나 상회를 거쳐 報單에 기입한 후 수송할 수 있도록 하였다. 이 고시문은 일본측이 자유무역을 보장한 통상조약에 위배된다고 항의하여 곧 철폐되었으나 얼마 동안은 그대로 시행되었다.

또 1886년 6월에는 인천항 萬石洞에 부두를 쌓고 內港으로 삼아 국내 상선을 정박하게 하고 외국선박과 뒤섞여 外港인 圻浦를 출입하지 못하게 하였다. 이는 국내상선이 외국 선박과 뒤섞여 항세를 포탈하는 것을 막고 내항의 객주에게도 상업 이익을 보호해 주어 상권을 넓히는 한편 수세하려는 데 그 목적이 있었다. 이 조치의 일환으로 만석동 선상객주들은 1887년 12월 선상회사를 설립하여 광무국과 통리아문에 구문의 일부를 납부하는 대가로 인천항에 운송되는 화물의 중계 독점권을 확보하였다.

그러나 내항·외항을 구별하여 선상은 내항객주가 전담하고 육로 객상은 외항객주가 담당하게 한 이 시책은 외항객주의 반발을 사 만석동으로의 화물 출입을 차단하는 집단행동을 야기하였다. 게다가 조선 선박을 고용한 일본상인도 화물을 만석동에서 부리면 외항 근처에 있는 조계지 부두까지 다

75) 홍순권, 〈개항기 객주의 유통지배에 관한 연구〉(《한국학보》 제39집, 일지사, 1985), 109쪽.

시 수송해야 되는 번거로움과 운송 부담이 늘어남에 따라 자유무역에 위배된다고 철폐를 요구해 왔다. 이로 인하여 만석동 내항은 1892년 말까지 여러 차례 철폐와 복설을 반복하였다.

정부는 재정수입 보충을 위하여 1889년 9월부터는 종래의 구문제도를 영업세제도로 바꾸고 인천항 객주 중 徐丙浩를 船陸首客主로 선정, 매년 1만 냥을 납부하도록 했다가 객주들의 요청에 따라 객주분읍제를 실시하기로 하였다. 1889년 11월부터 인천항에서 실시된 25객주 분읍제는 객주 중 비교적 자본이 많은 25명을 선정하고 각각에게 전국의 주요 읍을 전관지역으로 할당하여 매매주선 독점권을 부여하되 각 읍 시장의 규모에 따라 등급을 매기고 영업세를 상납하게 한 것이다. 이러한 객주지정제도는 원산과 부산에서도 실시되었다. 특히 부산은 인천과 유사한 방식으로 1890년 3월 25家 객주제가 시행되어 인천과 함께 매년 2만 냥의 영업세를 상납하도록 하였다.

이 제도는 선정에서 탈락된 객주와 상품 유통량이 적은 읍에 배정된 객주, 그리고 전보다 구문 부담액이 늘어난 데다가 예전처럼 임의로 객주를 선택할 수 없게 된 선상·행상 등의 반발을 사게 되었다. 특히 후술하는 일반 상회사 역시 이들의 독점권에 대하여 격렬한 저항을 보이게 되었다. 이와 아울러 외국공사들의 격렬한 항의도 불러 일으켰다. 즉 통상조약에 보장된 자유무역 조항, 관세 이외의 모든 세금의 면제 조항에 저촉된다고 하는 외국공사들의 격렬한 항의에 부딪혀 후술하는 균평회사와 비슷한 시기인 1890년 6월경 모두 폐지되었다.76)

조선정부는 25객주 분읍제 실시 기간 중 내외의 반발과 제도적 미비점을 보완하기 위하여 도량형 정비라는 명분 하에 균평회사를 설치하였다. 개항 후 청상·일상은 조선의 도량형이 통일되지 않은 점을 악용하여 각각 자국의 斗衡을 사용하면서 조선상품 구입 시에는 후한 두형을 사용하고 수입품 판매시에는 박한 두형을 사용하는 등의 농간을 부리는 폐단이 심해지고 있었기 때문에 도량형의 통일은 시급한 일이었다.

1885년 인천·부산의 상인들이 도량형 통일을 기하기 위하여 스스로 노력

---

76) 나애자, 앞의 글, 196~197쪽.

하기도 하였으나 현실적으로 효과를 보지 못하였다. 1887~1889년 사이에는 정부에서 직접 權平局·均平所 등을 특설하여 도량형 통일을 꾀하려고 하였지만 이 역시 효과를 보지 못하였다. 이러한 시도 끝에 정부는 25객주 분읍제를 실시하던 중인 1890년 1월 3港에 개항장 객주를 중심으로 均平會社를 설립하게 하였다.

정부에서 승인한 절목에 의하면 균평회사는 일본 됫박과 서양 저울 중 가장 공평한 것을 선정하고 이를 각 개항장에 20개씩 나누어 주고 수출입무역시 도량의 준거로 통용하도록 하였다. 균평회사는 이 화물 도량을 담당한 대가로 貨主에게서 每石當 1升씩의 斗稅를, 每秤當 1兩씩의 衡稅를 거두어 그 일부를 정부에 상납하게 하였다.

균평회사의 설립은 단순히 도량형이 정비되지 못한 문제를 해결하려는 목적만을 지닌 것이 아니었다. 그동안 차인을 파견하거나 관지정 25객주로 하여금 징수하게 하던 상품과세를 균평회사라는 제도적 틀을 통해 지속시키려는 의도에 따른 것이었다. 즉 모든 거래 상품을 균평회사를 통하게 함으로써 25객주 분읍제 시행에 강제력을 부여함과 동시에 객주구문과 혼합되어 있던 상품과세를 분리하여 균평회사로 하여금 징수, 監理署에 납부하도록 함으로써 영업세 창설로 주요한 세원을 잃게 된 감리서의 경비를 보족하려는 것이었다.[77]

그러나 균평회사 역시 위 25객주 분읍제와 같은 운명을 걸었다. 내적으로는 균평회사의 독점성을 비판하는 일반 조선상인의 반발, 외적으로는 균평회사를 무역화물세 징수를 위한 기관으로 파악한 외국공사들의 반발로 인하여 설립된 지 3개월만인 1890년 4월 이후 6월에 걸쳐 모두 폐지되고 말았다.[78]

이로써 개항장객주를 보호하려고 했던 정부의 의도는 좌절되었으나 재정수입을 보충하려고 했던 의도는 계속 관철되었다. 이후에도 개항장객주의 영업세 상납 의무는 계속되었고 정부는 원활한 영업세 징수를 위하여 客主頭

---

77) 전우용, 〈19세기말~20세기초 한인회사연구〉(서울대 국사학과 박사논문, 1997), 74~77쪽.

78) 박수경, 〈개항후 인천항 객주에 관한 연구〉(《대한제국연구》 5, 이화여자대학교 한국문화연구원, 1986), 72~74쪽.

目, 監董 등을 임명하고 납세를 연체하는 객주를 처벌하는 등 수세 강화 정책으로 일관하였다.79)

객주상회사와 함께 나타난 조선상인의 움직임으로 船商 등 일반상인들이 합자하여 설립한 상회사들이 있었다. 이들 상회사는 정부의 육성정책에 의하여 1883년 이래 〈표 10〉과 같이 전국 각지에서 다수 설립되었다.

〈표 10〉 1883~1894년간 설립된 상회사

연 도	상 회 사 명	소재지	업 종
1883	大同商會	한 성	매매,운송
1884	義信會社	한 성	상업, 무역, 어업, 선운업
	順信昌會社	인 천	매매
	布木商會社	경상도	매매
	金泉商會	경상도	매매
	博林社	한 성	매매
	乃成里商會	안 동	매매
	太平會社	한 성	매매
	永信商會	한 성	매매
1886	大興商會	인 천	상업
	濟興社	인 천	상업
	信昌商會	순 천	상업
1887	大安商會	천 안	상업
	船商會社	한 성	상업
1888	濟生會社	한 성	무역
	湊會社	부 산	상업, 수세
	太平會社	경상도	상업
1889	海産會社	부 산	어획, 매매
	廣成會社	인 천	상업
	槐興會社	괴 산	상업
	蓉湖會社		상업
1890	濟通會社	부산	상업
	新福商會社	부산	상업
	汝産會社	부산	상업

* 출전 : 전우용, 앞의 박사논문, 〈부록 1〉 1883~1910년간 韓人會社一覽 중 상업·무역과 관련된 회사만 정리함

79) 한우근, 앞의 책, 191~194쪽.

이들 상회사는 관허회사로 인가를 받았고 업종에 따라 세금 상납의 의무를 지는 대신 내지객주의 푼세 등의 잡세나 세력가의 수탈로부터 보호를 받았고, 개항장으로 화물을 싣고 가 매매를 할 때에 객주의 중계를 거치지 않아도 되었다. 이처럼 상회사가 국가권력의 보호를 받았던 것은 당시 정부의 상업진흥책에 의한 것이었다. 이 점은 전현직 관리들이 상당수 상회에 출자하였고 정부에서도 양반의 상업 참여를 권장하고 있었던 데서도 알 수 있다. 양반의 상업에 대한 투자는 이미 조선 후기부터 나타나고 있었지만 개항 후 무역 발전에 따른 상업이익의 증가로 더욱 확대되고 정부에서도 이를 적극 권장하였던 것이다.

이들 상회사는 3항구에서 25객주 분읍제가 실시되었을 때 종전과 달리 개항장에서 화물을 매매하려면 반드시 객주의 중계를 거쳐야 하게 되었으나, 객주와의 상권 분쟁 끝에 상회의 자본으로 구매 수송한 물품에 대해서는 판매권을 인정받을 만큼 상당한 성장세를 보이게 되었다. 그러나 이들 상회사 역시 정부로부터의 허가를 받고 특정 물종에 대한 독점 영업권을 가진 이상, 소상인과 소상품생산자들의 불만을 샀고 이러한 폐단 때문에 광성회사·해산회사 등 몇몇 상회사가 철폐되는 결과를 빚었다.[80]

나. 외국상인 점포 철수운동

개항장객주가 외국상인의 침투로 인하여 고통받았지만 가장 큰 타격을 받은 것은 한성의 시전상인들이었다. 조선정부는 시전상인의 요구를 받아들여 1885년 봄부터 청국측에 청상 점포의 한성 철수를 제의하기 시작하여 그해 12월 원세개에게 청상의 한성 점포를 도성 밖의 근접지인 용산·양화진 등지로 이설해 줄 것을 공식적으로 요청하였다. 1886년 2월 원세개가 조선정부의 요청에 동의하였지만 조선정부의 즉각적인 행정조처, 특히 도성내 추가 입주의 금지, 도성내 정주 청국 상인에 대한 토지·가옥 보상 문제 등이 이루어지지 않았고 청국측의 무성의로 인하여 진전이 없었다.

일본측에도 동일한 요구를 하였으나 일본은 '청국 상민 점포 철수에 대해 영국 독일 양국은 물론 여타 조약 체결국도 모두 동의를 표하고 조선정부가

80) 나애자, 앞의 글, 200~203쪽.

철수하는 일본 상민의 가옥·토지를 실비로 보상해 줄 경우' 철수할 수 있다고 하였다. 즉 일본측은 조선정부의 재정 궁핍을 알고 조약 조문에도 없는 이전 비용 문제를 제기하여 사실상 조선정부의 철수 요구를 좌절시키고자 하였다.81)

이로써 조선정부는 청·일 양국에 대한 점포 철수 요구를 보류해 두고 있었다. 그러나 1886년 4월부터 시전상인들의 집단적 저항운동이 시작되었다. 이들은 통리아문에 외국상인의 한성 개잔으로 인한 폐해를 호소하는 한편, 외국상인에 대해서는 물화의 매매시에 물품 사용세와 같은 세금을 징수할 수 없으므로 매일 자기 휘하의 廛員을 외국인 거류지 및 점포에 파견하여 외국상인과 상거래를 하는 내국인에게 그 구입액에 따라 일정한 세금을 취득하기도 하였다.

시전상인들의 두 번째 저항운동은 1887년 2월 3일에 다시 폭발하였다. 이들은 청상들에 의한 피해는 그런 대로 참아 왔지만 그동안 진고개 일대에서만 상행위를 하고 있던 일상들이 1887년에 들어 종로 일대에 점포 개설 요구를 해 온 데 격분하였다.

이번에는 통리아문에 대한 호소에만 그치지 않았다. 시전상인들은 2월 3일 아침부터 미곡·어물 등 일용품 판매상을 제외한 모든 점포를 폐문 철시하여 버렸다. 이들은 일용품을 제외한 모든 상품에 대해 일상과의 매매거래 일체를 금지한다는 취지의 방문을 붙이고 수천 명이 통리아문에 몰려가 한성 개잔 및 용산·양화진 개시를 규정한 조약의 개정을 건의하였다. 시전상인의 진정에 대해 통리아문에서는 청국이 점포 철수를 약속하였으니 3~4월까지 기다리면 각국 정부의 회신이 도착하고 외국상인들이 철수할 것이므로 그동안 가옥·토지를 사사로이 외국인에게 매각하지 말고 생업에 충실하라는 취지의 답변으로 일단 시위를 진정시켰다.

그러나 청은 점포를 철수하기는커녕 그해 9월 종래의 입장을 바꾸어 일본 상인들의 점포가 증가하고 계속 가옥을 건축하고 있다는 구실 하에 청상의 용산 이전을 거부하고 이전 비용을 보상해 줄 것을 요구하였다. 1889년에 들

81) 김경태, 〈갑신·갑오기의 상권 회복 문제〉, 앞의 책, 302~305쪽.

어서는 청상의 보호를 이유로 남대문 안 경운궁 옆에 중국인 거류지역을 하나 더 지정하게 하고 그곳에 있던 조선인 가옥을 헐값으로 구입할 수 있도록 촉구하는 조치를 취하게 했으며 도성 한가운데에 청국 경찰서를 설치하는 등의 횡포를 부렸다.82)

외국상인의 점포 철수가 지지부진함에 따라 시전상인들은 본격적인 저항운동에 돌입하였다. 1890년 1월 6일부터 12일까지 1주일간에 걸친 철시와 연좌시위 운동이 그것이다. 수백 명의 상인들이 통리아문 근방 시가지에 돗자리를 깔고 연좌시위에 들어갔고, 米廛(쌀가게)를 제외하고는 六矣廛과 육의전의 分店, 술집, 음식점 등 거의 모든 상점이 철시동맹파업에 동참하였다. 이들의 주장 중에서 주목되는 것은 외국상인은 인천항에만 국한시키고 조선상인은 한성을 전담하게 되면 인천과 한성이 서로 표리를 이루어 쌍방이 모두 편리하게 된다고 하여 외국상인의 점포를 인천에만 한정시킬 것을 제기하고 있는 점이었다.

철시동맹파업은 1월 9일부터 11일까지 사흘간 절정에 도달하였다. 銀麵廛(술 담그는 누룩 판매하는 가게)과 佐飯廛(반찬가게)를 비롯하여 심지어 골동품가게까지 철시를 하여 시위에 가담하였다. 이같은 철시동맹파업에 겁먹은 일본 대리공사는 일본 외무대신에게 군함 급파를 요청하는 한편 한성에 거류하는 일본 부녀자들을 인천으로 피난시키기까지 하였다.

조선정부는 1월 12일 일본공사와 회담하여 청·영국·독일이 조약 변경을 허락하고 점포 철수에 따른 비용을 보상한다면 일본도 이에 따를 것이라는 회답을 받았다. 이어서 시전상인 대표를 소집하여 20일의 말미를 주면 그 기간 내에 청국정부로부터 청국 점포 철수 확답을 획득하겠다고 약속하여 철시파업을 중단하게 하였다.

그러나 조선정부 대표가 고종의 친서를 휴대하고 天津으로 가서 청의 북양대신 이홍장을 만나 회담한 결과는 실망적이었다. 이홍장은 원세개의 보고에 기초하여 이전 비용 20만원을 사전에 보상할 것과, 청국의 점포 철수 후 일본도 철수한다는 확약을 받을 것 등 두 가지 전제조건이 충족되지 않으면

82) 손정목, 《한국개항기 도시변화과정연구》(일지사, 1982), 185~188쪽.

조선정부의 점포 철수 요구를 들어줄 수 없다고 함으로써 외국상인의 점포 철수 문제는 좌절되고 말았다.[83]

〈都冕會〉

2. 국내적 상품유통의 변동

개항으로 국내적 상품유통은 일정한 영향을 받고 있었다. 이 시기는 농민전쟁 이후나 보호국화된 뒤의 단계만큼 유통구조의 재편이 전면적인 것은 아니었지만 대외무역이 증대하고 각 지역의 상권이 개항장을 중심으로 재편되면서 종래의 상품유통권, 유통상품의 구성, 유통조직 등 유통구조는 전반적으로 변화하고 있었다.

각 개항장은 전통적 원격지 유통의 중심지를 대신하여 각지에서 생산된 상품이 집산되고 국내의 각 포구 등으로 중계하는 유통의 거점으로 등장했다. 종래 동해안과 서해안 사이의 원격지 유통의 중심지로, 특히 북어의 집산지로 명성이 있었던 마산의 상권이 부산의 개항으로 몰락했던 것은 그 대표적 사례이다. 원래 전통적 국내상품유통권은 크게 경상도의 동해안과 강원도의 영동지방 및 함경도를 연결하는 유통권과 전라·경상도에서 서울·개성을 거쳐 황해·평안도를 잇는 유통권으로 양분할 수 있다.[1]

그런데 개항 직후부터 대일무역이 증가하면서 부산항 중심의 새로운 유통권이 형성되어 갔다. 원산항이 1880년 4월, 인천항이 1883년 11월에 개항되기 이전에는 주로 부산을 통하여 수출되고 있었다. 1879년 당시 수입품의 대종을 이루던 카네킨의 판매지역은 대개 경상도·전라도·충청도·강원도 등 4개 도였는데 수입품이 엽전을 매개로 곡물로 바뀌어 수출되었던 것으로 미루어 부산항 중심의 새로운 유통권에는 이 4개 도가 포함되었다고 보여진

83) 김경태, 앞의 글, 315~318쪽 ; 김정기, 〈1890년 서울상인의 철시동맹파업과 시위 투쟁〉(《한국사연구》 67, 1989), 78~80쪽.

1) 李重煥, 《擇里志》 卜居總論 生利條.

다.[2] 당시 국내적 유통과 대외교역에서 큰 비중을 차지했던 쌀과 콩 등의 국내적 곡물수급구조는 이 새로운 유통권이 형성되면서 위협받았다. 종래 함경도 지역은 강원도의 영동지방과 경상도 동해안을 연결하는 곡물 유통권 아래 경상도에서 미곡을 공급받고 있었다. 그러나 부산항의 곡물수출이 증가하면서 함경도로 공급되던 곡물이 줄어들게 되었다. 이 때문에 식량의 부족현상이 일어나서 함경도의 많은 농민이 유민화하고 만주지역으로 월경하는 사람이 늘어나게 되었다. 1882년의 임오군란이 곡물의 대일수출에 따른 미가상승과 식량부족에서 발생했다는 지적도 이 새로운 곡물유통권의 형성으로 인한 전국적인 곡물수급구조의 교란현상에 근거한다.[3] 실제로 개항 이전에 주로 서울로 운송되던 전라도의 미곡은 1890년을 전후하여 10분의 7·8이 부산항으로 수출되고 있었다.[4] 그래서 1892년 전라감사는 '외국인의 곡물수출로 인한 폐단'을 막기 위하여 부안 등 14개 읍에 방곡을 실시하기도 했다.[5]

그 뒤 1885년과 1886년은 부산항의 수출비율이 총쌀수출액의 각각 83.6·98.1%을 차지했으나 그 이후는 인천항의 수출량이 늘어나면서 60% 전후를 차지하다가 1893·1894년경에는 오히려 인천항의 수출비율이 각각 73.3·82.9%로 역전되었다.[6] 두류(豆類)는 1887년 이후 인천항과 부산항의 수출비율이 대등하며 후기로 갈수록 오히려 인천의 수출양이 우세한 추세에 있었다. 그러므로 곡물수출의 주도권도 후기로 갈수록 초기의 부산 중심에서 인천으로 이동하였다. 인천항은 입지적인 관계로 서울의 유통권과 밀접한 관계를 가졌기 때문에 종래 서울로 향하던 무곡선은 인천항의 미가와 서울의 미가의 차이에 따라 이동하고 있었다. 그러므로 1890년 이후 급격한 곡물수출의 증가는 서울의 곡물가격을 등귀시키는 원인이 되었고 전통적인 국내 최대의 곡물소비지인 서울과 대일 곡물수출의 새로운 중심지로 등장한 인천항

2) 《日本外交文書》 12, 사항 9, 문서번호 125, 224쪽.
3) 彭澤周, 《明治初期日韓淸關係の硏究》(東京 塙書房, 1969), 292쪽.
4) 《明治官報》 2242(1890. 12. 17), 仁川米穀商況, 234쪽 ; 전라도의 미곡 가운데 珍島 이남은 주로 부산으로, 북부지역에서는 인천으로 운송되어 수출되었다고 한다(《通商彙纂》 55 號外 1, 28년 仁川港商況年報(1896. 8. 5)).
5) 《全羅道關草》 4책, 壬辰 11월 23일 完營報.
6) 李憲昶, 〈韓國 開港場의 商品流通과 市場圈〉(《經濟史學》 9, 1985), 130~31쪽.

사이에 같은 유통권의 주도를 놓고 상권대립이 치열했다. 그래서 1893년 1월 조선정부는 인천항으로의 곡물유출을 막기 위한 한 방법으로 외무독판이 〈萬石洞廻船令〉을 내려 조선선박의 인천항에서의 적하와 양륙을 금지했고, 이에 대항하여 일본상인들은 철폐를 요구하고 조선상인과의 거래를 거절하는 사례까지 나타났던 것이다.[7)]

한편 이 시기 기선을 중심으로 하는 근대적 운송수단의 도입은 원격지 유통의 확대와 이에 따른 국내 상품유통의 전반적 증대를 가져왔다. 부산의 예를 들면 1885년 국내상품 이입액이 38,495엔·이출액이 68,856엔이었던 데 비해 1894년에는 각각 520,848엔, 473,653엔으로 증가했다. 원산은 1885년에 이입 76,781엔, 이출 62,247엔이던 것이 1894년 이입 326,894엔, 이출 428,625엔으로 증가했고 인천도 1885년이 이입 16,649엔, 이출 5,174엔인데 1895년은 이입 297,601엔, 이출 277,164엔이었다. 이 가운데 이입액에는 외국과의 교역을 위한 상품이 다수 포함되어 있었지만 이출액은 대부분 국내적 유통을 위한 것이었다. 외국과의 무역상품으로 등장하지 않았지만 국내적 상품유통에서는 중요한 상품이었고 외국상품의 수입에 크게 영향을 받지 않던 명태와 마포의 예를 들면 명태는 1880년대 중엽에 5만엔 정도에 불과한 원산의 이출액이 1890년대에 30만엔 내외, 마포는 1885년 6만엔대에서 1890년대 초 한때 100만엔에 가까운 수준에 이르렀다.[8)] 이 같은 유통량의 증대는 무엇보다 기선이라는 근대적 운송수단의 발달로 인한 결과이며 한편으로는 조선사회 내부의 상품생산과 수요가 확대되고 있었음도 함께 의미하는 것이다. 즉, 대외무역 특히 곡물과 금 등의 대량수출로 전반적으로 조선사회의 상품구매력이 증진되고 있었던 것이다.

그런데 원격지유통은 주로 일본인이 소유한 기선에 의존했다. 따라서 국내적 상품유통에서도 일본상인이 주도권을 쥘 수 밖에 없었고 일본상인에 대한 조선상인의 종속도 심화되는 현상이 나타났다. 이들은 기선을 이용해 개항장 사이의 교역을 주도했고 개항되지 않은 연안의 포구에서 밀무역을 자

7) 《通商彙纂》 8호 附錄, 명치 26년중 仁川港商況年報.
《仁川府史》, 1029~1030쪽.

8) 李憲昶, 앞의 글 참조.

행하기도 했던 것이다. 일본상인들은 일본에서의 곡가가 하락할 때 매입한 곡물을 다른 개항장으로 이송하고 상업적 이윤을 취득했다. 항상적으로 부산항에서 미곡을 공급받고 있던 원산항으로의 일본기선에 의한 곡물수송이 바로 그것이다.[9] 이 같은 현상은 다른 상품에서도 마찬가지로 나타나고 있었다. 1889년 인천의 연안무역의 경우 미개항장에서의 미곡운송 등은 조선상인이 장악하고 있었지만 원격지인 부산의 미역, 원산의 명태 등의 상권은 대체로 기선을 이용한 일본상인이 담당했다.[10] 그래서 종래 조선상인에 의해 육로를 통하여 서울로 수송되던 함경도의 명태와 마포의 상권이 해로를 이용한 일본상인에게 침식당해 서울의 어물전상인이 손해를 입고 있는 실정이었고 1893년 일본인의 보고에 의하면 "명태어의 판매권도 점점 韓商의 손을 떠나 在留外商의 손에 이행"되고 있었다고 한다.[11] 뿐만 아니라 일본상인은 호남지방에서 목면을 서울에 반입하고 판매함으로써 백목전상인의 반발을 불러 일으키기도 했다.[12]

이 같은 외국상인의 상권침탈은 종래 유통경제를 장악하고 있던 전통상인에게 대응과 종속을 강요했다. 위의 어물전이나 백목전의 경우와 같이 외국상인이 직접 서울에 점포를 설치(漢城開棧)하며 시전상인의 상권을 침해하게 되자 이들은 외국상인의 점포철수를 요구하는 동맹철시를 하기도 했다.[13] 또한 조선 후기 이래 세곡운송을 통하여 성장하여 온 京江商人들은 서울시장을 중심으로 일정하게 상권을 유지하기는 했지만 일본기선의 세곡운송으로 말미암아 타격을 입고 있었다. 개성상인은 종래의 상업조직을 이용하여 개항 이후 활동영역을 수출입유통업으로 확대하는 방식을 통하여 이 시기까지는 서울 이북지방에서 계속 상권을 장악할 수 있었고 해주·재령상인들도 황해도 지방에서 미곡을 매집하는 일본상인과 대응하여 일정하게 유지했다. 평양상인들은 1883년 인천항에 대동상회를 설치하고 개항 초부터 수출입상품의 유통에 종사함으로써 적어도 진남포가 개항되고 일본상인이 적극적으로 침투

9) 《明治官報》 2726(1892. 7. 29), 釜山貿易景況, 313쪽.
10) 《通商報告》, 1890년 3월분, 명치 22년중 仁川港貿易景況, 66쪽.
11) 《通商彙纂》 4, 명치 6년중 京城商況年報(1894. 4. 16).
12) 《所志謄錄》, 戊子 9월 18일, 白木廛元必成等所志.
13) 《所志謄錄》, 戊子 11월 21일, 己丑 10월 11일조.

하기 이전까지는 상권을 오히려 전국적 규모로 확대하려는 경향을 보였다.[14] 보부상은 惠商公局에서 商理局으로 소속되는 등 어용상인화하면서 관권을 빙자하여 경제적으로 같은 처지에 있던 소상인을 침탈하는 전근대성을 면치 못함으로써 갑오농민전쟁에서도 보부상의 작폐 금지요구가 나왔던 것이다.[15]

개항 후 등장한 새로운 상인층으로는 개항장 객주를 들 수 있다. 이들은 개항 초기에는 경강과 외방의 객주와는 달리 주인권을 소유하지 않아 특권에 기초한 중개독점권이나 영업에 대한 제한이 없었다. 그러나 개항장무역이 활발해지면서 정부는 수출화물에 대한 수세와 함께 개항장 객주를 선정하는 등 통제를 시작했다. 개항장 객주들도 상회·상의소 등의 객주조합을 결성했다. 관허의 상회사는 상업세를 내는 대가로 정부의 비호를 받으며 매매주선권을 보장받는 특권적 상인으로 성장했다. 그런데 1880년대 말부터 외국상인들이 본격적으로 내지행상에 나서 산지의 객주에게 직접 상품을 매매하면서 개항장 객주의 상권은 위축되어 갔다. 봉건정부도 개항장 객주에게서 거두는 세입이 감소하자 이들의 특권적 지위를 강화하려고 특정 객주를 선정하여 이들에게 각 지역의 매매주선의 독점권을 부여하는 25가 객주전관제와 같은 특권적 상업정책을 실시했다가 행상 등 소상인의 반발과 외국공사들의 항의로 인해 곧 철폐하기도 했다.[16] 그런데 개항장 객주는 그 성격상 상품유통과정에서 외국상인과 관계를 가질 수밖에 없는 데다가 자본면에서도 외국상인, 특히 일본상인의 금융지배체제에 예속되어 있어 그 성장 자체가 매판화의 가능성을 함께 내포하고 있었다.

이처럼 개항 이후 상품유통은 개항장을 중심으로 급격히 진전되었고 국내 상품유통도 기선과 같은 근대적 수송수단의 도입과 대외무역의 확대에 따른 구매력의 증진에 힘입어 원격지 유통이 활성화되었다. 그러나 국내적 상품생

---

14) 李炳天, 《개항기 외국상인의 침입과 한국상인의 대응》(서울대 경제학과 박사학위논문, 1985), 제3장 참조.

15) 韓沽劤, 《韓國開港期의 商業硏究》(一潮閣, 1970), 142~172쪽 참조.

16) 韓沽劤, 위의 책, 172~204쪽.
朴修鏡, 〈開港後 仁川港 客主에 관한 硏究〉(《大韓帝國硏究》 V, 1982).
洪淳權, 〈開港期客主의 流通支配에 관한 硏究〉(《韓國學報》 39, 1985).
李炳天, 앞의 글(1985), 2장.

산과 수요확대는 국내적 요인에 의한 것이라기보다 세계자본주의체제 편입의 결과였으며 유통과정도 기선을 장악한 외국상인이 주도하여 감으로써 국내시장 자체가 보호되지 못하는 실정이었으므로 개항 이후 상품유통의 증대는 조선경제의 제국주의에의 예속과 긴밀한 관련이 있었다. 국내시장이 보호되지 못하는 속에서 상인조직도 외국상인과 연계를 가지지 않고서는 상권이 축소될 수 밖에 없어 이 시기 상인계급의 성장은 매판화의 가능성을 함께 가지는 것이었다.

3. 방곡령실시의 사례와 원인

防穀은 행정의 강제력으로 곡물의 域外流出을 금지하는 일종의 경제정책으로 조선 고유의 용어이다. 물론 이와 같은 예는 중국과 일본에도 존재했다. 고대 중국에서는 '遏糴'이라고 하여 他國으로 미곡의 유출을 막는 제후의 정책이 있었고,[17] 일본도 봉건제 시기에 貢納入 전이나 기근시에 領內의 곡물을 확보하기 위해 '津留'라는 경제정책을 썼다.[18]

조선 후기 이래 농민층 분화가 진행되면서 도시나 향촌지역에 곡물시장이 형성되고 지주·부농·곡물상인들이 무곡을 하고 있었다. 그러나 이들의 무곡행위는 곡물유출지역에서 곡물을 구매하여 생계를 잇던 빈농이나 무전농민의 반발을 초래했다. 곡물의 유출은 그 지역의 곡가등귀를 유발했던 것이다. 더구나 흉년의 경우 유출지역내 곡물수요자의 반발은 심각했다. 이에 지방관은 관할지역내 수요곡물을 확보하고 곡가의 안정을 꾀하는 수단을 강구하게 할 수 밖에 없었다. 이러한 사정에서 나타난 것이 곡물의 유출을 행정의 강제력으로 저지하는 방곡의 실시였다. 그러나 방곡은 원래 법전상에 규

17) 《備邊司謄錄》, 哲宗 11년 10월 20일조 ; "左議政趙[斗淳]所啓 今之防穀 卽古之遏糴也 春秋隣國之間 尙以遏糴大禁 況疆埸之內 安有彼此之別 而使貿遷路阻 緩急之不爲互濟乎" : 張洽, 《春秋集典》 ; "[僖公九年]九月戊辰 諸候盟于葵丘 孟子曰五霸桓公 爲盛 葵丘之會 諸候束牲載書 而不揷血 … 五命曰 無曲防無遏糴 …."

18) 《日本史辭典》(弘文書館, 1981), 341쪽.

정된 것은 아니었다.

1858년 우의정 趙斗淳은 방곡과 防納의 폐를 논의하면서 특히 방곡에 대해서는

> 한 州나 한 邑에서 편벽되게 관할지역의 경계 밖으로 貿遷하게 하지 않는 것이 어찌 법전에 적혀져 있는 것이겠습니까. 들으니 諸道에서 왕왕 방곡을 해서 이 때문에 상선이 빈 배로 갔다가 빈 배로 돌아와서 장시의 시가가 점차 등귀함을 면할 수 없습니다.[19]

라고 하여 법전에 규정된 것이 아니라고 했다. 물론 흉작시 지역내의 구황책으로써 곡물의 유출을 막는 것이 가장 효과적인 방법이긴 했으나,[20] 각 지역의 방곡이 심해질 경우 서울의 곡가안정을 꾀할 수 없었으므로 방곡의 발생시마다 이를 금하는 실정이었다.

그러나 관할지역내 민정의 직접적 책임을 지고 있는 지방관으로서는 환곡이나 진휼기능이 제대로 기능하지 않는 한 지주나 부농의 곡물유출을 막음으로써 곡가안정을 꾀할 수 밖에 없었다. 그 때문에 방곡은 중앙정부의 통제에도 불구하고 지방관들에 의해 곡가안정을 위한 경제정책으로 널리 시행되고 있었다. 더구나 개항 이후 곡물수출이 증대하면서 곡물의 상품화가 더욱 진전되고 기왕의 유통구조마저 변용되고 있어 곡물의 유출과 곡가등귀는 한층 심화되었고 방곡의 발생도 필연적 추세였다.

여기서는 유통과정의 변화를 전제로 방곡령을 크게 세 시기로 나누어 서술하려 한다. 제1기(1876~1884)는 일본상인의 행상이 허용되지 않던 시기였고, 제2기(1885~1894)은 일본상인이 행상으로 개항장 밖에서 곡물을 직접 매입하게 되는 시기였다. 제3기(1895~1904)는 곡물수출이 본격화하던 시기였지만 일본의 외교적 압력으로 방곡시행 자체가 어려웠다. 이렇게 나누어진 각 시기에 따라 실시의 원인이나 실시대상, 그리고 발생의 頻度數 등 제반사항이 달라진다. 따라서 시기적 구분은 방곡령의 성격 변화를 이해하기 위해 반

---

19) 《承政院日記》, 哲宗 9년 3월 20일조.

20) 《承政院日記》, 純祖 9년 6월 14일조 ; "救荒無他策 專任積穀 積穀亦無他策 一道之內 守該道所在之穀 一邑之內 守該邑所在之穀 穀在其土 然後民可得食."

드시 요구되는 것이며, 이를 통해 곡물유통과정에서의 일본상인과 조선인의 대립을 구체적으로 살필 수 있다.[21]

1) 제1기(1876~1884)

〈표 1〉은 각종 사료에 산견되는 이 시기(1876~1884) 防穀令의 사례를 정리한 것이다. 이 중 ①의 방곡으로 말미암아 충청·황해·강원 감사가 문책을 받고 있는 것과 ⑧의 경우 京畿·海西·三南地方에 방곡이 발생하여 정부가 禁飭을 내리는 것으로 미루어 ①에서 3건, ⑧의 삼남의 충청·전라·경상 각 도에서 각 1건씩만 일어났다고 해도 전체적으로 적어도 14건 이상이 발생되었다고 볼 수 있다.

이 가운데 각 지방관의 방곡으로 정부에서 논란이 된 것은 ①④⑤⑧의 경우이다. 이들의 공통점은 우선 전국적으로 흉작이었던 시기라는 점이다. 또, 방곡으로 말미암은 곡물유통의 장애로 서울의 곡가가 등귀하기 때문에 정부가 방곡의 철폐를 지시하고 있었다. 그 한 예로 ④의 1882년 정부가 지방관의 방곡을 금했던 경우를 보면

---

21) 개항 이후 防穀令에 대한 기왕의 연구로는 우선 1889년의 함경도와 황해도, 1890년의 황해도 방곡령사건으로 인한 賠償문제와 한일간의 외교적 분규를 다룬 田保橋潔과 唐澤たけ子의 연구를 들 수 있다. 田保橋潔의 연구는 방곡령에 대한 최초의 연구이지만 단순히 이 사건의 외교적 측면의 기술에 그치고, 唐澤たけ子는 개항 이후 1884년에서 1901년까지 27건의 방곡령 발생사례가 있었다고 하여 일부 학자들도 아무런 비판없이 이를 따르는 실정이다. 그러나 개항 이후 방곡령은 1876년에서 1904년까지 적어도 100건 이상이 발생되고 있었다. 그밖에도 한우근이 '東學亂' 원인 규명을 위해, 吉野誠은 1890년 이후 경상도·전라도 양 도의 자료를 중심으로 '米穀商品化'문제를 해명하기 위해 다루었다. 김경태는 대한제국시기에 한정해서 방곡령 실시의 원인을 분석한 바 있다.

田保橋潔, 《近代日鮮關係の硏究》(朝鮮總督府中樞院, 1940), 53~103쪽.

唐澤たけ子, 〈防穀令事件〉(《朝鮮史硏究會論文集》 6, 1969).

韓沽劤, 앞의 책, 262~82쪽.

吉野誠, 〈李朝末期における米穀輸出の展開と防穀令〉(《朝鮮史硏究會論文集》 15, 1978).

金敬泰, 〈大韓帝國時期의 米穀通商構造〉(《大韓帝國硏究》 Ⅳ, 1986).

> 의정부에서 계를 올렸다. 경기도 내의 농작이 흉작을 면치 못해 都下의 시가가 점점 올라 작은 근심거리가 아닙니다. 근래 들으니 外道에 빈번히 防穀하는 바람에 〔곡물 : 필자〕판매의 길이 두절된다 합니다 … 각 도 관찰사에게 영을 내려 管下 각 읍에 엄히 삼가하게 하고 〔판매를 : 필자〕 허가하면 유통에 지장이 없을 것입니다 … 왕이 윤허했다.[22]

라고 하여 흉작으로 서울의 곡가가 오르는데 각 지방관이 방곡을 하여 곡물의 販買之路가 막힌다고 하며 철폐를 지시하고 있었다. 이러한 각 지방관에 대한 정부의 방곡금지의 지시는 개항 이전과 마찬가지로 이 경우의 방곡령이 국내의 곡물수급구조내에서 발생되고 있었음을 보여준다.

특히 ①의 경우는 대일관계에서 지방관이 방곡령을 발령했다기보다는 대부분 종래의 유통구조내에서 발령한 것으로 보인다. 즉, 1876년과 1877년은 개항직후로 일본상인의 진출이 급격하지도 않았고, 국내의 대흉작으로 말미암아 일본으로의 곡물수출이 거의 되지 않고 오히려 일본의 곡물이 수입되고 있었으므로,[23] 이 경우의 방곡령은 국내 유통구조내에서 발생된 것이 대부분일 것이다. 그러나 이 가운데 충청도 지역의 방곡은 다소 사정이 다르다고 본다. 1876년 방곡의 실시로 문책을 받던 충청감사 趙秉式은 연해의 방곡실시는 '潛輸之弊'를 막으려는 의도에서 나온 것이라고 했다.[24] 이 해에 정부가 왜선의 潛賣를 막으라고 충청도에 지시하던 사실을 미루어 본다면,[25] 조병식이 막으려던 '잠수지폐'에 일본으로의 곡물유출이 관련되었을 가능성이 크다. ④⑤⑧의 각 지방관의 방곡은 이미 살핀대로 이 단계에서는 부산항을 중심으로 곡물의 대일유출이 증가되고 있었기 때문에 적어도 부산항 중심의 새로운 곡물

---

22) 《日省錄》, 고종 19년 10월 12일조 ; "命外道防穀嚴飭無碍流通 : 議政府啓言 畿內農形 未免歉荒 都下市直 漸就騰踊 誠非細憂 近聞外道輒多防穀 以致販買之路絶 … 令各該道臣 嚴飭管下各邑 許卽無碍流通 … 允之."

23) 《日省錄》, 고종 15년 5월 27일조 ; "德源府使文川郡守與日本船長問答記 … 我曰 … 故昨年我國歲飢 貴國米幾萬石 自萊館出來 …".

24) 《日省錄》, 고종 13년 10월 16일조 ; "疏略曰 以遏糴事 至承問備之典 臣之罪益著矣 盖沿海防穀 欲察潛輸之弊 以濟難食之患 區區愚淺 非私伊公 自有廟飭 隨帖許貿 初無防遏 之於守宰之恣意壅遏 京商之徒手空歸 以臣昏謬不能周察 不憚朝飭 闕罪何居."

25) 《忠淸兵營關子謄錄》 1책, 丙子 9월 30일조.

유통권에 포함된 경상·전라·충청·강원 지방에서는 이와 관련되어 나타나는 사례도 있었을 것이다. 따라서 ①④⑤⑧의 방곡은 종래의 곡물유통권과 개항장 중심의 새로운 유통권이 대립하는 가운데 양자 모두를 대상으로 지방관이 실시했고 전자가 보다 우세한 것으로 볼 수 있다.

〈표 1〉 1876~1884年의 防穀令 發生事例

번호	발생년월	발 령 자	발생지역	내 용	비 고(出典)
①	1876. 9~10 1877. 2~3 (음력)	各地方官	各地方	政府가 防穀禁飭 내림. 忠淸·黃海 江原 監司문책.	《日省錄》, 高宗 13年 9月 2日, 10月 6日, 10月 16日, 10月 20日, 14年 2月 20日, 3月 6日
②	1880. 5 (양력)	慶尙道地方官	慶尙道	釜山日本領事항의	《通商彙編》, 明治 14年 釜山港之部
③	1881. 5~6 (양력)	慶尙監司 各邑守令	경상도 각지	在釜山 日本領事 항의·철폐	위와 같음
④	1882. 10 (음력)	各 地方官	各地方	政府의 防穀禁飭	《日省錄》, 高宗 19年 10月 12日
⑤	1883. 10 (음력)	各 地方官	各地方	政府의 防穀禁飭	《日省錄》, 高宗 20年 10月 27日
⑥	1884. 4 (음력)	黃海道 鳳山 ·長淵府使	鳳山·長淵 200石 執留	大同商會 地租 甲申 4月 23日	《八道四都三港日記》
⑦	1884. 7 (양력)	德源府使	元山	都賈潛賣금지· 日本公使 항의	《日案》, 高宗 21年 閏 5月 19·20日
⑧	1884. 9 (음력)	各 地方官	京畿·海西· 三南	政府의 防穀禁飭	《日省錄》, 高宗 21年 9月 19日

* 비고 : ①④⑤⑧은 防穀의 발생으로 政府內에서 논란이 있던 年月이다.

⑥의 1884년 황해도 鳳山과 長淵의 방곡은 그 대상이 大同商會이다. 1883년 평안도상인을 중심으로 조직된 대동상회는 당시로서는 가장 큰 근대적 기업체라고 하지만,[26] 1884년에는 거의 수출입무역에 종사하지 않았다.[27] 더구나 地租 200석을 운반하다가 이 지방의 방곡령에 걸려 곡물을 운반정지 당한 것으로 미루어[28] 이 방곡령은 곡물수출과 관련된 것이 아니다.

---

26) 韓沽劤, 앞의 책, 220~223쪽.

27) 《通商彙編》, 仁川港之部, 명치 18년, 351쪽.

28) 《八道四都三港口日記》 1冊, 甲申 4월 23일 關鳳山府·長淵府條 ; "… 大同商會

② ③의 경상도 방곡령 때는 각 읍 수령이 境內의 방곡을 실시하고 감영에서는 관리를 보내어 東萊 부근에서 곡물을 執留했다. 1881년 부산항주재 일본영사 近藤眞鋤는 외무대신 井上馨에게 보내는 보고서에서 다음과 같이 말했다.

> 지난 달(양력 1881년 5월) 중순부터 조선인이 본 항으로 수송한 米穀이 점차 감소하고 하순에 이르러 거의 穀路가 杜絶되는 양상이 나타나기에 探偵하여 보니 梁山·九浦·金海 등의 지방에 大邱官吏가 출장하여 輸穀을 差留하고 있었다. 작년도 이 때쯤 되어서 같은 폐해를 받고 자못 곤란했는데, 전철을 밟고 있다.[29]

그래서 5월 23일 일본영사는 동래부사 金善根에게 현재의 미곡유출 저지사건은 양국간에 미협정된 것이어서 관리의 독단으로 개항장으로의 곡물유통을 막을 수 없다고 주장하며 항의했다.[30] 이에 대하여 김선근은 양식이 궁핍한 때 각 영 각 읍에서 백성을 위해 지방관이 방곡을 시행하는 것은 상례라고 했다.[31] 그러나 일본영사는 방곡은 바로 곡물수출을 금하는 것이라 하고 양국상민의 무역을 관리가 막을 수 없다는 〈丙子修好條規〉 제9관을 들어 반박하며 1880년 5월경(음력 4월)의 방곡에 대해 언급한 후 大邱官吏의 穀物執留를 철폐하라고 주장했다.[32] 그러자 김선근은 대구관리의 執穀은 '세곡의 횡령을 막으려는 것(稅穀防奸)'으로 商路를 막으려는 의도가 아니었다고 하며,[33] 대구의 감영에서는 항의에 따라 관리들이 철수했다.[34] 이 시기 빈번하던 세곡의 潛賣를 상기하면 ② ③의 방곡령에는 文面대로 세곡의 부정유출을 막기 위한 목적도 있었다고 보이며, 일본영사가 언급한대로 개항장으로의 곡물유출을 저지하려는 의도도 개재되었을 것이다.

社報稱 該商會社所貿 本郡地租二百石 現爲該地方防穀 至於執留云 …."

29) 《通商彙編》, 明治 14년, 釜山港之部, 제56호 大丘官吏輸穀差留候義ニ付東萊府使ト照會ノ始末上申, 132쪽.

30) 같은 책, 別紙 甲號(近藤→金善根), 133쪽.

31) 같은 책, 別紙 乙號(金善根→近藤), 133쪽.

32) 같은 책, 別紙 丙號(近藤→金善根), 133~134쪽.

33) 같은 책, 別紙 丁號(金善根→近藤), 134쪽.

34) 같은 책, 別紙 庚號(金善根→近藤), 135쪽.

함경도 元山에서 발령된 1884년 ⑦의 방곡령은 '都賈潛商'을 막기 위한 것이었다고 한다. 즉, 德源府使 鄭顯奭은 각 사(社 : 地方行政區域의 하나)에 낸 傳令에서 부랑무뢰가 饒戶의 돈으로 外村에서 곡물을 매점하여 利를 꾀하므로 조선인과 일본상인이 장시에서 곡물을 구입하지 못하게 되어 도고잠상을 금한다고 했다.[35] 그러나 日本署理公使 시마무라(島村久)는 이에 항의하여 10~20석의 곡물을 구입하는 것도 都賈라고 하여 막으니 일본상인이 곡물을 매입하지 못한다고 철폐를 주장했다.[36] 이에 정부는 덕원부사에게 철폐를 지시하는 한편,[37] 미개항장에서의 밀무역은 엄금하라 하며 이를 일본서리공사에게 통보했다.[38] 덕원부사의 傳令에는 도고잠상을 막는다고 하나 소량의 곡물매입까지 금지한 것과 일본공사가 항의한 것으로 미루어 원산항에서의 일본상인에 의한 곡물유출의 저지라는 의도도 있었다고 볼 수 있다.

그런데 이 방곡사건의 발단은 饒戶의 곡물매집이다. 요호, 즉 부농의 자금으로 부랑무뢰배, 곧 곡물상인들이 都賈행위와 무곡을 하고 있었던 것이다. 이미 조선 후기부터 계절적·지역적 곡가의 차이를 이용하여 부를 축적하던 지주·부농·곡물상인들이 개항장이라는 대규모의 곡물시장이 출현하면서 이를 대상으로 곡물의 상품화를 주도한 것은 당연한 일이다. 이 과정에서 곡가의 등귀는 필연적인 것이었고 이에 따른 빈농이나 무전농민의 반발은 결국 지방관의 방곡시행으로 나타날 수밖에 없었다.

이상에서 살핀 대로 이 시기의 방곡령은 크게 나누어 종래의 곡물유통구조내에서 발생된 경우와 개항장으로의 곡물반출이나 왜선의 잠매행위를 막으려는 의도에서 실시한 것으로 나눌 수 있으며 전자가 보다 우세했다. 그러나 후자의 경우에서도 그 대상은 조선의 곡물상인이었다. 앞서 살펴 본 바와

35) 高麗大學校 亞細亞問題硏究所編, 《舊韓國外交文書》 1(《日案》 1) ; 고종 21년 閏 5월 19일조(이하 《日案》으로 함) ; "前日德源府使 傳令於各社 以米粟豆太多出於邑部元山場市 然後我民與日本商民 可以分買均利 而近或有浮浪無賴輩 多持饒戶之錢 都賈穀物於外村 輸出他境 爲專利之計 使我民與彼商不得買取於場市 都賈潛商 邦禁至嚴云云."

36) 위와 같음.

37) 《八道四都三港口日記》 1책, 甲申 閏 5월 22일 關德源府使 ; 甲申 閏 5월 27일 關德源府使.

38) 《日案》, 고종 21년 윤 5월 19일조.

같이 1876년 8월의 〈朝日通商章程〉에 의하면 일본상인의 곡물유출을 제한하지 못하게 되었다. 또 1884년까지 일본상인의 개항장 이외 행상은 금지되어 있었으므로 그들은 산지에서 개항장에 이르는 유통과정에 직접 개입하지는 못했다. 따라서 이 시기(1876~1884)의 방곡령은 그 직접적 대상이 일본상인이 아니라 조선의 곡물상인일 수 밖에 없었다.

실시의 원인을 좀더 구체적으로 살펴 보면, 우선 무곡으로 부를 축적하던 부농이나 곡물상인들이 곡물을 매집 또는 유출하여 곡가등귀를 유발하고 이 때문에 지방관이 境內의 곡가안정을 위하여 실시하는, 종래의 국내 곡물유통과정에서 흔히 보는 경우로 이 시기 대개의 방곡령은 이와 관련되어 있었다. 1884년 덕원부사가 곡물상인의 도고행위을 막은 것도 여기에 속한다. 그리고 개항장으로의 곡물유출을 저지하기 위한 것이 있었다. 구체적으로 1876년 충청감사 조병식의 방곡령에서 보이는 곡물의 밀무역을 막기 위한 것, 1880·1881년 경상도 지역에서 개항장으로의 세곡의 부정유출을 막기 위한 것, 1884년 덕원부사의 방곡령에 내재된 원산항으로의 곡물유출을 막으려는 의도가 그러하다. 그리하여 후기로 갈수록 재래의 곡물유통권과 개항장 중심의 새로운 유통권이 대립하는 가운데 곡물의 대일유출을 저지하기 위한 방곡령의 실시도 빈번해지고 있었던 것이다.

2) 제2기(1884~1894)

개항직후의 無關稅貿易과 곡물의 대일유출에 따른 많은 폐단을 시정하기 위하여 조선정부는 일본과 계속적으로 접촉을 가지게 되어 마침내 1883년 7월 25일(음력 6월 22일) 42款에 달하는 〈在朝鮮國日本人民通商章程〉과 〈海關稅則〉을 조인하고 11월 3일(10월 4일)부터 발효하게 되었다.[39] 이 〈통상장정〉의 제37관에는

39) 이 조약의 성립 경위에 대해서는 다음의 글이 참고된다.
金敬泰, 〈不平等條約 改正交涉의 展開〉(《韓國史硏究》 11, 1975).
夫貞愛, 〈朝鮮海關의 創設經緯〉(《韓國史論》 1, 1973).
田保橋潔, 《近代日鮮關係の硏究》 上, 557~673쪽.

> 만약 조선국에 가뭄·수해·병란 등의 일이 있어 국내 양식의 결핍을 우려해 잠시 粮米의 수출을 금하려면 반드시 먼저 1개월 전에 지방관으로부터 일본 영사관에 통보해야 한다. 그 시기를 미리 항구의 일본상민에게 轉示하고 일체 준수해야 한다.[40]

라고 되어 있다. 개항 이후 일본에 의한 곡물유출을 저지할 조약상의 명분이 없던 조선은 이로써 제한적이나마 법제적 장치를 가지게 되었다. 즉 旱害나 水災, 또는 兵亂이 있어 국내양식의 결핍이 염려될 때 1개월 전의 사전통보로 방곡을 실시할 수 있게 된 것이다. 그런데 이 1개월 전의 사전통보라는 제한규정으로 말미암아 그 실효가 의심되어 고종도 "좀 늦지 않느냐? 빠른 것만 못하다"[41]라고 했다.

한편, 방곡령의 발령권자에 대해서는 논란이 많았다. 1888년 1월 경상도의 방곡령에 항의하던 일본영사 무로타(室田義文)에게 東萊府伯兼監理事務 李容植은 제37관의 '由地方官'의 유(由)는 자(自)의 의미로 원래 지방관만 그것을 專行할 수 있다고 주장했다. 그러나 일본영사는 정부가 곡물의 수출을 금하려 할 때 지방관에게 지시하는 것이며 지방관이 임의로 발령하는 것이 아니라고 했다.[42] 종래 관습적으로 방곡을 시행하던 쪽은 지방관이었다. 중앙정부는 방곡으로 인한 서울의 곡가등귀와 관련해 오히려 이를 저지하는 입장에 서 있었고 방곡을 지시할 처지가 아니었다. 이용식의 조약문 해석은 이 같은 사정을 염두에 두고 있었던 것이다.

그러나 일본상인에 의한 곡물유출이 증가되면서 그동안 지방관의 방곡에 대하여 '國之大禁'[43]이라는 입장을 취하던 중앙정부는 지방관이 임의로 발령한 방곡령을 인정하기도 했다. 즉, 1886년의 嶺南防穀으로 일본의 항의를 받

---

40) 《舊韓末條約彙纂》(上), 64쪽 ; "如朝鮮國 因有旱潦兵戎等事 恐國內缺乏粮食 欲暫禁粮米出口 須先期一個月 由地方官 知照日本領事館 以便豫將其期 轉示在口日本商民 一律遵照."

41) 《高宗實錄》 권 30, 癸巳 9월 22일조.

42) 《日本外交文書》 21, 事項 9, 문서번호 98, 260~69쪽.

43) 《日省錄》, 고종 20년 10월 27일조 ; "議政府啓言 防穀國之大禁也 卽聞外邑輒皆閉藏不出 遠近商賈有錢莫售云 萬萬慨歎 以此意三懸令 關飭諸道 許從便懋遷 … 請竝爲分付 允之."

자 조약상 국내에서의 외국인의 貿穀을 금할 수 없지만, 영남지방의 계속된 흉년으로 민정이 불안하므로 지방관의 방곡 역시 철폐할 수 없다고 했다.[44] 1887년 3월 경상도 관찰사의 방곡령에 대해서도 督辦交涉通商事務 金允植은 지방관의 방곡은 일종의 관습으로 조약에 저촉되긴 하나 민정이 불안하여 어쩔 수 없다고 일본공사에게 답했다.[45] 그러나 일본측의 지방관 임의의 방곡에 대한 계속적인 항의때문에 정부의 이 같은 입장은 고수될 수 없었다. 그래서 일본측의 항의가 있을 때마다 철폐를 지시하고 지방관이 임의로 방곡을 시행할 수 없다고 했다. 일례로 1891년 長湍府使의 방곡령에 대해 철폐를 지시하는 關文에서, "통상 이래 防穀一事는 장정에 정해진 대로 판단할 일이지 원래 각 營·邑에서 함부로 발령해서 막을 일이 아니다"[46]라며 지방관이 독자적으로 방곡령을 발령할 수 있는 것이 아니라고 했다.

완전하다고는 생각되지 않지만 사료에 산견되는 이 시기의 방곡령을 정리하여 보면 〈표 2〉와 같다. 이 밖에 각 읍 수령들에 의해 실시된 군소의 방곡도 적지 않았을 것이다.

이 표는 다소 복잡하지만 발령권자를 우선하여 정리하고 방곡령 발령지역 내의 하급관리들이 과세나 운반정지하여 발생된 사건은 그 발생의 일시와 지역, 집행한 하급관리, 대상 인명 및 화물 등 실제 내용을 세분함으로써 방곡령의 사례를 구체적으로 알 수 있도록 했다. 이 가운데 1893년 10월에서 1894년 3월 사이의 방곡령사건[표의 36~45]은 정부가 발령한 전국방곡령과 관련하여 나타나는 것이 대부분이다. 이 경우 정부가 개항장의 곡물유출만 막을 뿐 그밖의 지역에서의 방곡은 금하고 있는데도 각 지방관은 관할지역 내에 독자적으로 방곡을 실시했다. 그러나 이 때의 방곡은 지방관들이 정부의 방곡령을 빙자하고 더구나 정부방곡령이 방곡기간을 명시하고 있기 때문에 정부 방곡기간내에 발생된 방곡사건은 정부발령의 방곡령하에서 일어난

44) 《慶尙道關草》 1책, 丁亥 정월 23일 關嶺營; "所謂防禁課稅等事 嚴令該管速爲廢除 以符兩國章程等 因査此亦中 約條中旣許內地通商 則他國人貿穀者 雖不可禁現當嶺南屢歉之餘 民情修足頷頷 地方官防穀亦不可廢."

45) 《日案》, 고종 24년 3월 1일조; "穀物防禁 寔襲內地舊例 然有碍條約 … 惟嶺南民情見穀物出鄕 不可嗷嗷 該監司之防禁 諒亦不獲已也."

46) 《京畿道關草》 4책, 辛卯 11월 8일 關長湍.

것으로 보아 모두 1건으로 처리하고, 그 기간 이외의 것은 각 지방관이 발령한 것으로 보았다. 그래서 17의 경기 7읍, 21의 전라 9읍, 22의 경상 4읍, 23의 황해·전라 19건, 경기 17건, 경상 16건, 황해·충청 각 7건, 함경 5건, 강원 2건의 순이다. 그런데 1890년까지는 경상도 지역이 대부분이며 1891년 이후는 경기·전라·충청 등지가 가장 빈번하다. 이는 종래 부산항을 중심으로 곡물을 구입하던 일본상인들이 행상의 증가와 함께 서울 중심의 곡물유통권에까지 깊이 침투하는 데서 기인한다. 1890년대 이후 인천항의 곡물수출이 부산과 버금가거나 더 많아지고 있던 사정도 이와 무관하지 않다. 발령권자는 각 읍 수령이 단연 우세하고 다음으로 각 도 觀察使·水使·轉運使·兵使의 차례가 된다.

연도별 발령 빈도수로는 1885년·1886년 각 한 건이던 것이 후기로 갈수록 증가추세를 보인다. 이 같은 경향은 방곡령의 발생이 풍흉과의 관련보다는 오히려 일본상인의 곡물유통과정 침투와 더욱 밀접한 관계를 가지고 있었음을

〈표 2〉 1885~1894년의 방곡령 발생사례

<table>
<tr><th rowspan="2">번호</th><th rowspan="2">발령 연월 (양력)</th><th rowspan="2">발령자</th><th rowspan="2">발령 지역</th><th colspan="6">방곡령으로 발생한 사건의 내용</th><th rowspan="2">비고 〔出典〕</th></tr>
<tr><th>발생 연월</th><th>방곡 집행자</th><th>발생지역</th><th>대상인물</th><th>대상 화물</th><th>발생사항</th></tr>
<tr><td>1</td><td>1885.</td><td>慶尙 監司</td><td>慶尙道</td><td>·</td><td>·</td><td>·</td><td>·</td><td>·</td><td>·</td><td>〈日外書〉 21 #98</td></tr>
<tr><td rowspan="5">2</td><td rowspan="5">1886. 12.</td><td rowspan="5">慶尙 監司</td><td rowspan="5">慶尙道</td><td colspan="6">洛東江岸 沙門~九浦에 10餘 防禁穀物所 설치</td><td rowspan="5">〈日案〉, 고종 24년 1월 8일 (이하 高宗 생략)
〈慶關〉, 丁亥 1월 23일</td></tr>
<tr><td>1886. 12. 20</td><td>三浪 都監</td><td>守山·三浪 之間</td><td>河野忠次郎·古森兵助·大浦登</td><td>穀物</td><td>雲山에서 購買·운반정지</td></tr>
<tr><td>·</td><td>守令</td><td>守山</td><td>橋木彌三郎</td><td>穀物</td><td>課稅·地方民과 충돌</td></tr>
<tr><td>·</td><td>守令</td><td>玄風</td><td>日本商人</td><td>大豆</td><td>監營서 허가·반출</td></tr>
<tr><td>·</td><td>收稅官</td><td>院洞</td><td>·</td><td>·</td><td>課稅</td></tr>
<tr><td>3</td><td>1887. 3.</td><td>慶尙 監司</td><td>釜山 등지</td><td colspan="6">都賈防止 위해 防穀</td><td>〈日案〉, 24년 3월 1·2·5일</td></tr>
</table>

<table>
<tr><th rowspan="2">번호</th><th rowspan="2">발령
연월
(양력)</th><th rowspan="2">발령자</th><th rowspan="2">발령
지역</th><th colspan="6">방곡령으로 발생한 사건의 내용</th><th rowspan="2">비고〔出典〕</th></tr>
<tr><th>발생
연월</th><th>방곡
집행자</th><th>발생지역</th><th>대상인물</th><th>대상
화물</th><th>발생사항</th></tr>
<tr><td rowspan="8">4</td><td rowspan="8">1887. 11
~12.</td><td rowspan="8">慶尙
監司
·
轉運
御史</td><td rowspan="8">慶尙道</td><td colspan="6">宜寧·咸安·昌寧·大邱·玄風地方官의 大豆執留와 索錢</td><td>〈慶關〉, 丁亥 11월 18일</td></tr>
<tr><td>1887.
11. 7</td><td>守令</td><td>咸安
大山村</td><td>野田卯三郎</td><td>大豆
19石 2斗</td><td>宜寧·咸安에서 구매
운반정지</td><td rowspan="4">〈日案〉, 24년 11월 16·18·20·21일</td></tr>
<tr><td>11. 11</td><td>守令</td><td>咸安
道供村</td><td>梅野德治</td><td>大豆
91석</td><td>昌寧에서 購買·
課稅</td></tr>
<tr><td>·</td><td>守令</td><td>大邱·
玄風</td><td>川上市右衛門·坂口九郎·花岡幾次郎·小宮龜助·竹山村善九郎·藤井利助·大久保德藏</td><td>大豆</td><td>운반정지</td></tr>
<tr><td>·</td><td>守令</td><td>宜寧·
咸安</td><td>鞆田計之助</td><td>大豆 80
餘石</td><td>운반정지</td></tr>
<tr><td rowspan="3">11. 27</td><td rowspan="3">守令</td><td rowspan="3">東萊
下端</td><td>一倉喜作</td><td>大豆
108石</td><td rowspan="3">압수</td><td rowspan="3">〈日外書〉 21 #120</td></tr>
<tr><td>堀田忠三郎</td><td>大豆
400石</td></tr>
<tr><td>기타</td><td>大豆
5~600石</td></tr>
<tr><td>5</td><td>1888. 1
~3.</td><td>慶尙
監司</td><td>慶尙道</td><td colspan="6">1個月前 通報(1887.12.29~1888. 1.26)後 防穀</td><td>〈日外書〉 21 #98~103</td></tr>
<tr><td>6</td><td>1888. 7</td><td>咸鏡
監司</td><td>咸鏡道</td><td colspan="6">大豆輸出禁止에 日本領事 抗議로 政府의 撤廢指示</td><td>〈日案〉, 25년 6월 21일
〈咸關〉, 戊子 6월 27일</td></tr>
<tr><td>7</td><td>1888. 9
~11.</td><td>慶尙
監司</td><td>慶尙道</td><td colspan="6">米豆禁出令을 在釜山 日本領事에 통보</td><td>〈日案〉, 26년 8월 21일
〈釜錄〉, 戊子 10월 2일</td></tr>
</table>

<table>
<tr><th rowspan="2">번호</th><th rowspan="2">발령
연월
(양력)</th><th rowspan="2">발령자</th><th rowspan="2">발령
지역</th><th colspan="6">방곡령으로 발생한 사건의 내용</th><th rowspan="2">비고 〔出典〕</th></tr>
<tr><th>발생
연월</th><th>방곡
집행자</th><th>발생지역</th><th>대상인물</th><th>대상
화물</th><th>발생사항</th></tr>
<tr><td>8</td><td>1889. 2</td><td>咸鏡
監司</td><td>咸興・
定平</td><td>1889.
2. 1</td><td>守令</td><td>定平
布德里</td><td>中村寬治郎
・龍井貞造
・池本・本
田・大庭</td><td>大豆
大豆 4
~500俵</td><td>執留하고
課稅</td><td>〈元史〉, 110쪽</td></tr>
<tr><td rowspan="3">9</td><td rowspan="3">1889. 5
~6</td><td rowspan="3">黃海
監司</td><td rowspan="3">黃海道</td><td>・</td><td>・</td><td>虎頭浦</td><td>河田直一의
고용인
磯部六造・
石川芳太郎</td><td>大豆
2,383石</td><td rowspan="3">1~5월 곡
물매입・
課稅.
日本公使
의 항의로
政府의 철
폐지시</td><td>〈日案〉, 26년
5월 21일, 6월
27일, 8월 24일,
28년 12월 7일.</td></tr>
<tr><td rowspan="2">・</td><td rowspan="2">・</td><td rowspan="2">金川
助浦</td><td>磯部六造</td><td>大豆
2,130石</td><td>〈日外書〉, 22
#167~9</td></tr>
<tr><td>庄野嘉久藏
・吉妻保藏
의 고용인
日野彌
三郎・石川
芳太郎</td><td>大豆</td><td>〈黃關〉, 己丑
5월 21일</td></tr>
<tr><td rowspan="4">10</td><td rowspan="4">1889. 10
~11.</td><td rowspan="4">咸鏡
監司</td><td rowspan="4">咸鏡道</td><td colspan="6">10월부터 1년간 大豆防穀을 各公館에 통보・日本公使 항의로 철폐.
吉州 以北은 按撫使 管轄로 1890년 6월까지 계속 防穀</td><td>〈日外書〉 22#
170~4
〈元關〉, 己丑
9월 23일, 庚寅
1월 15일, 2월
9일, 4월 13일</td></tr>
<tr><td>1890.
4.</td><td>守令</td><td>端川・明川
・吉州</td><td>石井岩助</td><td>大豆
250包</td><td>・</td><td rowspan="2">〈日案〉, 27년
3월 12일</td></tr>
<tr><td>1890. 4</td><td>守令</td><td>端川</td><td>江夏喜平太</td><td>大豆</td><td>・</td></tr>
<tr><td>・</td><td>・</td><td>・</td><td>梶山新介・
大塚榮四郎
等 40人</td><td>大豆</td><td>課稅</td><td>〈日案〉, 28년
11월 7일</td></tr>
<tr><td>11</td><td>1890. 2</td><td>守令</td><td>慶尙道
河東</td><td colspan="6">日本商人 梶山의 前貸金으로 곡물 매입하려던 金成辰 被囚</td><td>〈釜錄〉, 庚寅
2월 8일</td></tr>
<tr><td>12</td><td>1890. 3</td><td>黃海
監司</td><td>黃海道</td><td>1890.
3.</td><td>黃州
兵使</td><td>鐵道</td><td>土井龜太郎
・佐竹甚三</td><td>米豆
6千餘石</td><td>1889. 10
~1890. 2
까지 平
安・黃
海道서
구매 운
반정지
・課稅</td><td>〈日案〉, 27년
2월 26일, 10월
6일, 29년 9월
28일
〈仁史〉,
1038쪽.</td></tr>
</table>

번호	발령 연월 (양력)	발령자	발령 지역	방곡령으로 발생한 사건의 내용						비고 〔出典〕
				발생 연월	방곡 집행자	발생지역	대상인물	대상 화물	발생사항	
12	1890. 3	黃海 監司	黃海道	1890. 3.		黃州·鳳山	美商 Townsend의 고용인 金贊奎	太 700石 米 200石	운반정지	〈統記〉, 27년 윤 2월 1일
13	1890. 3 ~6.	全羅左 水使	·	1890. 3.	·	水營	梶山嘉一	米	운반정지	〈釜錄〉, 庚寅 閏 2월 16일
14	1890. 4	守令	慶尙道 昌寧	·	·	昌寧 栗津	小宮 龜助之	米·太	執穀 ·課稅	〈釜錄〉, 庚寅 3월 6·13일
15	1890. ? ~6.	·	海南 珍島	·	·	·	·	·	·	〈釜錄〉, 庚寅 4월 5일
16	1890. 11 ~12	咸鏡 監司	咸鏡道	監司요청에 高宗諭旨로 1年間 防穀하려다가 日本公使 항의로 철폐.						〈日案〉, 27년 10월 21·24일
17	1891. 11 ~?	各 守令	京畿道 長湍 坡州·朔寧·漣川·麻田·積城·豊德	1891. 11.	長湍 守令	長湍	仁川 商民 李命根	大豆 幾百石	漣川에서 구입·운반정지	〈京關〉, 辛卯 11월 8일
							麻浦 商民 李泰鉉	大豆 750石	운반정지	〈京關〉, 壬辰 3월 16일
							三湖 商民 金聖文	大豆 700石	운반정지	〈京關〉, 壬辰 3월 18일
				·	守令	漣川	京居 尹羲景	大豆 600石	운반정지	〈京關〉, 壬辰 3월 28일
18	1891. 11.	泰仁 府使	全羅道 泰仁	·	·	泰仁府 黃山浦	入田八郞의 고용인 安岡德平·金汝玉·李德益	米豆 300包	압수	〈日案〉, 29년 2월 6·10일 〈仁牒〉, 壬辰 1월 24일
19	1891. 12.	咸鏡 監司	咸鏡道 咸興·定平	·	·	·	·	·	·	〈元史〉, 143쪽
20	1891. 12.	各邑 守令	慶尙道		·	·	·	·	·	〈東案〉, 辛卯 11월 15·22일

번호	발령 연월 (양력)	발령자	발령 지역	방곡령으로 발생한 사건의 내용						비고〔出典〕
				발생 연월	방곡 집행자	발생지역	대상인물	대상 화물	발생사항	
21	1892. 3.	各 守令	全羅道 光陽·興陽·靈光·求禮·順天·扶安·萬頃·羅州·康津	米穀 防穀에 日本公使 항의로 철폐						〈全關〉, 壬辰 2월 25일
22	1892. 3.	各 守令	慶尙道 晋州·河東·泗川·昆陽	·	·	·	·	米穀	운반정지	〈慶關〉, 壬辰 2월 25일
23	1892. 4	守令	黃海道 載寧·鳳山·信川·安岳·黃州	·	·	·	向山茂平의 고용인 小森 等 數人	穀物	운반정지	〈日案〉, 29년 4월 4일
24	1892. 5	守令	京畿道 永平	·	·	·	永平縣居 安達國	太 100餘包	운반정지	〈慶關〉, 壬辰 4월 8일
25	1892. 12.	全羅監司	扶安 등 14邑	政府지시로 실시. 釜山監理에게 日本領事 항의. 全羅監司가 政府에 완화요청.						〈全關〉, 壬辰 11월 23일
26	1893. 2.	·	全州	·			華商 東興隆號	米 1,000여 俵	운반정지	〈統記〉, 29년 11월 20일
27	1893. 2.	羅州 牧使	全羅道 羅州	·	·	·		米穀	·	〈日案〉, 29년 12월 24일
28	1893. 2.	守令	慶尙道 金海	·	·	·	·	米穀	·	同上, 〈東案〉, 癸巳 1월 7일
29	1893. 2.	各 守令	慶尙道	·	·	·	·	·	·	〈東案〉, 癸巳 1월 7·12일
30	1893. 2.	全羅 兵使	全羅道 康津	·	·	·	·	·	·	〈日案〉, 30년 12월 30일
31	1893. 2.	水使	全羅 左水營	·	·	·	·	·	·	同上

번호	발령 연월(양력)	발령자	발령 지역	방곡령으로 발생한 사건의 내용						비고 〔出典〕
				발생 연월	방곡 집행자	발생지역	대상인물	대상 화물	발생사항	
32	1893. 2.	水使	全羅 右水營	·	·	·	·	·	·	同上
33	1893. 2.	統制使	慶尙道 沿海 各邑	·	·	·	·	·	·	〈慶關〉, 壬辰 12월 30일
34	1893. 3.	長湍 府史	京畿道 長湍	·	·	高浪浦	林市治郞의 고용인 崔致雲	大豆 1,700 餘包	1892년 겨울부터 長湍·漣川·麻田에서 구입	〈日案〉, 30년 1월 27일, 2월 18일 〈京關〉, 癸巳 1월 29일
35	1893. 가을	古阜 郡守	全羅道 古阜	防穀前後의 穀價差異를 이용한 郡守 趙秉甲의 取利						〈資料〉, 中 344쪽
36	1893. 10.	忠淸 監司	忠淸道	·	·	·	·	·	·	〈日案〉 30년 10월 12일
37	1893. 11.	坡州 牧使	京畿道 坡州	·	·	·	林長太郞·山野源七	大·小豆	운반정지	〈日案〉 30년 11월 7일
38	1893. 11.	原州 守令	江原道 原州	·	·	·	力武平八	大·小豆 50石	운반정지	〈江關〉 癸巳 10월 17일
39	1893. 11.	安城 守令	京畿道 安城	·	·	·	京居 安兵使	米 110石 18斗	秋收穀의 운반정지	〈京關〉 癸巳 10월 22일
40	1893. 11.	各 守令	忠淸道 魯城·連山·林川·恩津·石 城	·	·	·	·	·	監官 李南洲를 파견하여 貿穀케 함	〈忠關〉 癸巳 10월 27일
41	1893. 11.	牙山 守令	忠淸道 牙山	·	·	·	桑名市平	穀物	水原·牙山에서 매입 운반정지	〈日案〉 30년 10월 25일
42	1893. 11.	長湍 府使	京畿道 長湍	·	·	·	力武平八	穀物	운반정지	〈日案〉 30년 10월 30일
43	1893. 12 ~ 1894. 3.	政府	全國	○ 仁川港 1個月(11. 6~12.6 : 음력 9.28~10.29) 後 12월 7일부터 防穀. ○ 釜山·元山港 1個月(11.1~12.1 : 음력 9.23~10.24) 후 12월 2일부터 防穀.						〈五關〉 癸巳 10월 1일 甲午 1월 7일

<table>
<tr><th rowspan="2">번호</th><th rowspan="2">발령
연월
(양력)</th><th rowspan="2">발령자</th><th rowspan="2">발령
지역</th><th colspan="6">방곡령으로 발생한 사건의 내용</th><th rowspan="2">비고 〔出典〕</th></tr>
<tr><th>발생
연월</th><th>방곡
집행자</th><th>발생지역</th><th>대상인물</th><th>대상
화물</th><th>발생사항</th></tr>
<tr><td rowspan="11">43</td><td rowspan="11">1893. 12
~
1894. 3.</td><td rowspan="11">政府</td><td rowspan="11">全國</td><td colspan="6">ㅇ 內地沿海各處防穀은 近港口之例에 따름
ㅇ 陸運은 許容.
ㅇ 米만 대상.
ㅇ 1894. 3. 7(음력 2.1) 解除.</td><td></td></tr>
<tr><td>1893.
12.</td><td>守令</td><td>全羅道
礪山</td><td>田中
良助</td><td>米</td><td>운반정지</td><td>〈日案〉 30년
11월 6일</td></tr>
<tr><td>1893.
12.</td><td>守令</td><td>京畿道
平澤
軍門浦</td><td>岸本保
之助</td><td>米
400石</td><td>운반정지</td><td>〈日案〉 30년
11월 7일
〈慶關〉 癸巳
11월 8일</td></tr>
<tr><td>1893.
12.</td><td>守令</td><td>京畿 水原
甕浦</td><td>力武平八의
고용인 松谷
虎次郎</td><td>米豆
1,000餘
石</td><td>운반정지</td><td>〈日案〉, 30년
11월 9일</td></tr>
<tr><td>1893.
12.</td><td>守令</td><td>京畿道
水原</td><td>筒井
伊勢治</td><td>穀物</td><td>운반정지</td><td>〈日案〉, 30년
11월 11일</td></tr>
<tr><td>1893.
12.</td><td>守令</td><td>京畿道 開城</td><td>丁致純</td><td>大豆
150石</td><td>仁川으로
운반도중
執留</td><td>〈五關〉, 癸巳
11월 11일</td></tr>
<tr><td>1893.
12.</td><td>湖南
轉運
御史</td><td>全羅道・
忠淸道
江鏡浦</td><td>澤田
總太郎・
太野
五平</td><td>米豆</td><td>운반정지</td><td>〈日案〉 30년
11월 11일
〈全關〉, 癸巳 11월
11일
〈忠關〉, 癸巳
12월 13일</td></tr>
<tr><td>1892.
12.</td><td>守令</td><td>黃海道
白川</td><td>力武平八 고
용인 佐藤庄
九郎</td><td>米豆
500餘包</td><td>운반정지</td><td>〈日案〉, 30년
11월 12・14일</td></tr>
<tr><td>1893.
12.</td><td>守令</td><td>京畿道 喬桐</td><td>力武善七</td><td>米 豆
1,000
餘石</td><td>운반정지</td><td>〈日案〉, 30년
11월 12일</td></tr>
<tr><td>1893.
12.</td><td>各
守令</td><td>京畿道 長湍
・坡州・
漣川・麻田</td><td>平原準雄</td><td>穀物</td><td>운반정지</td><td>〈慶關〉, 癸巳
至月 14일</td></tr>
<tr><td>1894.
1.</td><td>守令</td><td>忠淸道
稷山</td><td>岸本
保之助</td><td>穀物</td><td>水原・平
澤에서 구
매 운반정
지・課稅</td><td>〈日案〉, 30년
12월 4일
〈忠關〉, 癸巳
12월 5일</td></tr>
</table>

<table>
<tr><th rowspan="2">번호</th><th rowspan="2">발령
연월
(양력)</th><th rowspan="2">발령자</th><th rowspan="2">발령
지역</th><th colspan="6">방곡령으로 발생한 사건의 내용</th><th rowspan="2">비고〔出典〕</th></tr>
<tr><th>발생
연월</th><th>방곡
집행자</th><th>발생지역</th><th>대상인물</th><th>대상
화물</th><th>발생사항</th></tr>
<tr><td rowspan="3">43</td><td rowspan="3">1893. 12
~
1894. 3.</td><td rowspan="3">政
府</td><td rowspan="3">全
國</td><td>1894.
1.</td><td>各
守令</td><td>京畿道 朔寧·積城 黃海道 兎山·江原道 鐵原</td><td>平原準雄</td><td>米</td><td>운반정지</td><td>〈日案〉,31년12월 20일
〈江關〉,31년12월 21일</td></tr>
<tr><td>1894.
2.</td><td>監官</td><td>京畿道 平澤·軍門浦</td><td>巖本保之助</td><td>米太
438石</td><td>課稅</td><td>〈日案〉, 31년 1월 12일</td></tr>
<tr><td>1894.
2.</td><td>守令</td><td>京畿道 長湍</td><td>金森玄三</td><td>穀物</td><td>課稅</td><td>〈日案〉, 31년 1월 18일</td></tr>
<tr><td>44</td><td>1894. 3.</td><td>各
守令</td><td>京畿
朔寧·
漣川,
江原
鐵原</td><td>·</td><td>·</td><td>·</td><td>山野源七·
左近倉太</td><td>大豆</td><td>운반정지</td><td>〈日案〉, 31년 2월 27일</td></tr>
<tr><td>45</td><td>1894. 3</td><td>各
守令</td><td>京畿
麻田·
長湍·
坡州</td><td>·</td><td>·</td><td>·</td><td>村田忠三</td><td>米穀</td><td>운반정지</td><td>〈日案〉, 31년 2월 27일
〈京關〉, 甲午 2월 28일</td></tr>
</table>

* 備考 : 出典에서 略記된 史料의 原書名은 다음과 같다. 〈日外書〉→〈日本外交文書〉, 〈慶關〉→〈慶尙道關草〉, 〈咸關〉→〈咸鏡道關草〉, 〈黃關〉→〈黃海道關草〉, 〈平關〉→〈平安道關草〉, 〈忠關〉→〈忠淸道關草〉, 〈京關〉→〈京畿道關草〉, 〈全關〉→〈全羅道關草〉, 〈江關〉→〈江原道關草〉, 〈元關〉→〈元山港關草〉, 〈仁關〉→〈仁川港關草〉, 〈釜關〉→〈釜山港關草〉, 〈仁牒〉→〈仁川報牒〉, 〈五關〉→〈五都九道關草〉, 〈釜錄〉→〈釜山港監理署日錄〉, 〈東案〉→〈東萊監理署送電存案〉, 〈資料〉→〈朝鮮交涉資料〉, 〈元史〉→ 〈元山發達史〉, 〈仁史〉→〈仁川府史〉, 〈統記〉→〈統署日記〉.
  出典 中 〈日案〉과 重複되는 것은 생략했다.

의미한다. 일본상인의 행상은 1887년 이후로 급증하는데 방곡령의 발생 역시 이와 일치하는 것이다.

전 시기 방곡령의 실시대상이 모두 조선상인이었던 것과는 달리 이 시기 방곡령의 대상은 거의 일본상인이다. 물론, 중국상인과 미국상인 타운센드(Townsend)의 고용인도 각기 한 차례씩 방곡령에 저촉되는 사례가 있었다. 또 조선의 곡물상인도 관련되고 있으나 이들은 대부분 일본상인의 고용인이

거나 자금전대를 받은 자, 또는 개항장으로 곡물을 유출하려는 자들이었다. 그러므로 이 시기 방곡령 발생의 주된 원인은 일본시장과 조선의 곡물시장 간의 가격차이를 이용해 일본상인이 곡물유통과정에 침투하여 오는 데 있었고 결과적으로는 곡물의 대일유출에 대한 저항의 형태를 띠고 있었다.

그리고 표에서 1889년까지는 방곡령에 저촉된 일본상인의 대다수가 대두의 유출과 관련되어 있음을 알 수 있다. 이것은 곡물의 대일수출액 중 1889년까지 일본으로 수출된 곡물의 대부분이 대두였던 것과도 일치한다.

이 시기 방곡령 실시의 직접적 원인을 구체적으로 살펴 보면 다음과 같다.

첫째, 전국적인 흉년으로 곡물의 국외유출을 막기 위한 정부의 방곡령이 한 건 실시되었다.[47] 이 방곡령은 쌀만 대상곡물로 하고 있어 대두의 수출은 막지 못했고,[48] 쌀의 경우도 외국선박을 사용하지 않는 한 국내에서의 외국인의 곡물운수는 허용하고 개항장에서의 수출만 막았다.[49] 그런데 이 전국방곡령은 수출을 금지함으로써 일본미가에 국내미가가 연동하여 등귀하는 것을 막아 전반적으로 국내곡가를 안정시키는 효과는 얻었지만, 일본상인의 국내에서의 곡물운송은 그대로 둠으로써 그들의 곡물매집을 오히려 효율적으로 만들고 말았다. 일본영사의 보고에 의하면, "我商은 內地各道의 방곡으로 인한 米價低落을 틈타 쌀의 매집에 따르는 손실을 구실로 싼 가격으로 매입할 수 있어 該令의 영향은 전혀 일반의 예상과는 다른 의외의 호황"을 가져왔다고 한다.[50] 더구나 방곡으로 말미암아 조선상인은 곡물을 운반할 수 없게 된 데 반해 일본상인의 반출은 구애를 받지 않아 "이 때문에 韓商의 업무는 일시적으로는 다소간 일본 행상자의 수중에 옮겨진 상태가 되었다 … 이번 粮米수출 금지의 사건은 의외로 당지에서의 本邦商(일본상인－필자)의 상업을 內地로 확장하는 단서를 열은 것이라 하지 않을 수 없다"는 처지였다.[51] 그러므로 이 전국 방곡은 기대했던 만큼의 성과를 얻기 어려웠고, 이 전국 방곡을 전후해 각 지방관의 방곡사건이 많았던 것은 전국 방곡으로는

47) 《五都九道關草》 2책, 癸巳 9월 10일 關五都九道.
48) 위의 책, 癸巳 10월 1일 關五都九道.
49) 위의 책, 癸巳 10월 28일 關水原.
50) 《通商彙纂》 8 附錄, 명치 26년중 仁川港商況年報.
51) 《通商彙纂》 4, 명치 26년중 京城商況年報(1894. 4. 6 : 京城).

사실상 각 지역에서의 일본상인의 곡물반출을 막을 수 없었던 탓이었다.[52)]

둘째, 방곡령의 발령 때마다 지방관들은 대개 곡물유출로 인한 경내 곡물시장의 곡가등귀를 이유로 내세우고 있었다. 이는 전통적으로 방곡시행의 주된 원인이었다. 지주나 부농·곡물상인이 곡물의 상품화를 주도하며 곡물을 매집하여 곡가가 높은 지역으로 무곡하고 부를 축적하던 것이나 이로 인한 곡가등귀를 막으려던 지방관의 방곡은 조선 후기 이래 흔히 나타나는 현상이었다. 개항 후 자금력에서 조선의 곡물상인보다 한결 나은 일상이 유통과정에 침투해 들어옴으로써 방곡실시의 요구는 더욱 늘어날 수 밖에 없었다. 대개의 각 읍 수령의 방곡은 이에 속한다.

이 시기에는 민중이 직접 방곡령의 실시를 요구하며 저항하는 사례는 사료상에 나타나지 않지만 일본상인의 곡물유출로 말미암아 民情이 불안했던 일은 자주 있었다. 1886년 12월 경상도 防穀令 때 密陽管下의 守山에서는 곡물을 배에 싣고 지나던 일본상인 하시키(橋木彌三郎)는 관리의 수세에 항의하다가 군집한 민중에게 구타당하는 사건이 일어나고 있었다.[53)] 1887년 11월에서 12월에 방곡령을 실시한 경상도관찰사 李鎬俊은 흉작으로 米價가 高騰하는 처지에 일본상인들이 각 지역에서 米豆를 貿遷하는 바람에 곡가가 등귀하여 농민들은 種糧마저 준비할 수 없어 廢農의 지경이라고 했다.[54)] 또한 1889년 10월 경상도의 방곡 때 관찰사 趙秉式은 일본상인이 각 邑을 遍行하며 콩을 매집하여 각 邑·村閭의 장시에는 斗升도 나오지 않아 민정이 격앙된 상태라고 했다.[55)] 또 1893년 3월 경기도 長湍府使는 방곡실시의 이유를 '民情窘碍'라고 표현했던 것도 이 같은 이유에서였다.[56)]

---

52) 《統署日記》, 고종 30년 10월 16일 ; "防穀一事 只有禁穀之名 實無所防之益."

53) 《慶尙道關草》 1책, 丁亥 정월 23일 關嶺營.
《日案》, 고종 24년 1월 8일조.

54) 《日本外交文書》 21, 事項 9, 문서번호 103, 281쪽 ; "至昨秋沿海各邑 偏被歉荒 穡事纔畢 米直已高 窮蔀殘民 愈形遑汲 … 種糧罄乏之際 此日本商人 遍入內地 貿遷米豆 全省米穀 價値越添 農民之斗升種糧 無以辦備 勢將廢農"

55) 《咸鏡道關草》 2책, 己丑 10월 17일 關咸營 ; 《日本外交文書》 22, 事項 7, 문서번호 171, 409쪽 ; "今年穡事 三災極備 一省失望 以本土之穀 雖我民有無相資 猶患不贍 近見日人遍行各邑 其所貿太 尤有甚焉 各邑村閭場市之間 斗升不入 民情嗷嗷 方秋時節 事勢如此 嚴冬窮春 尤無可言."

56) 《日案》, 고종 30년 2월 18일조 ; "公稅收納 所重迥別 挽近民習不古 罔念先公

셋째, 수세를 목적으로 실시한 방곡령을 들 수 있다. 1887년 11월에서 12월에 걸친 경상도관찰사와 轉運使의 방곡령에 대하여 在釜山日本領事 무로타(室田義文)는

> 大邱監營과 轉運御史[現在 馬山浦에 滯在]의 명령으로 本年 경상도는 오곡의 수확이 나빠 인민의 식량이 결핍하다는 명분 아래 한 지방에서 다른 지방으로 미곡을 운수하는 것을 금하고 있으나 그 실제 목적은 운반 때 稅錢을 징수하는 수단이다.[57]

라고 곤도(近藤眞鋤) 대리공사에게 보고했다. 이 말은 상당히 진실에 가깝다고 여겨진다. 〈표 2〉의 발생사항에 적기된 과세는 모두 방곡령하에서 수세를 전제로 일본상인의 곡물반출을 허용한 경우이다.

1894년 충청도 恩津에서의 보고에 의하면, 일본상인의 반출곡물에 일체 수세하지 말라는 정부의 關文에 대해 수세는 公用을 위한 것이므로 재고해 주기를 당부했다.[58] 그러나 1889년의 황해도와 함경도 방곡령사건 때 일본상인에게서의 수세로 말미암아 외교적 분규와 함께 거액을 배상하게 된 정부의 입장에서는 "절대로 받지 마라. 일을 일으켜 후회할 일을 하지 말 것"[59]이라고 하여 일본상인에 대한 수세를 금할 수 밖에 없었다.

넷째, 곡물유출로 야기된 稅納穀物의 부족에도 방곡령 실시의 한 원인이 있었다. 앞서 본 1887년 11월 馬山浦에 滯在중이던 轉運使의 방곡령이나, 1893년 12월 전라도와 충청도 江鏡浦에서 곡물을 매집하던 일본상인 사와다(澤田總太郎)와 오오노(大野五平)가 호남 전운사의 방곡령으로 운반 정지당하는 사례가 바로 그것이다.[60] 전운사의 임무가 원래 세곡의 징수와 운송에 있

之義 欲售肥己之計 擔負米粮 繞路潛運 因之公納僭欠 民情窘碍 所以暫禁境內例運."

57) 《日本外交文書》 21, 事項 10, 문서번호 120, 354쪽.

58) 《忠淸道關草》 3책, 甲午 2월 20일 恩津報 ; "卽因關文 日本商所貿之穀物分稅切勿擧論之意 謄關令飭矣 各穀各物之貿遷也 其所收稅 初無一分私囊者 擧皆爲公用 各官各營所納 俱足莫緊之公納公用云 故茲以據案事."

59) 위와 같음.

60) 《日案》, 고종 30년 11월 11일조.
《全羅道關草》 5책, 癸巳 11월 11일 關湖南轉運使.

었음을 상기하면 이 경우의 방곡령은 세곡의 확보를 위한 것이 틀림없다.[61] 또 1893년 3월 일본상인 하야시(林市郎治)가 고용한 조선인 崔致雲이 경기도 長湍·麻田·漣川 등지에서 콩 1,700여 包를 운반하다가 長湍府使의 방곡령으로 말미암아 高浪浦에서 禁輸당했을 때[62] 장단부사는 경기도 관찰사에게 보낸 牒程에서 방곡의 실시이유를 공납의 부족으로 민정이 불안하기 때문이라고 했다.[63]

다섯째, 개항장을 중심으로 한 유통권의 변화 때문에 서울의 곡물유통권을 보호하기 위한 경우도 있었다. 1892년 12월 전라감사가 扶安 등 12개 읍에서 '外國人貿穀之弊'를 막으라는 嚴飭에 따라 방곡령을 실시한 것이 바로 그러하다. 그러나 부산감리에 대한 일본영사의 항의로 전라감영에서는 정부에 완화를 요청하고, 정부도 황해·함경 양도의 방곡령사건을 상기하여 즉각 철폐하도록 했다.[64] 원래 지방관의 지역적 방곡에 대하여 지방관이 방곡을 요청하는 몇 건의 사례를 제외하고 정부가 지역적인 방곡을 지시하는 예는 사료상에 나타나지 않는다. 그런데 이 경우는 지방관이 요청하지도 않는데 정부가 직접 지방관에게 방곡을 지시했다. 그 이유는 앞서 본 대로 1890년에 비해 1892년에는 서울의 미가가 3배 정도로 등귀하여 서울의 곡물사정이 악화되자 서울의 곡물수급에 중요한 부분을 차지하고 있던 전라도 곡물의 국외유출을 막음으로써 서울의 곡가를 안정시키려는 데 목적이 있었다고 보여진다. 즉, 서울을 중심으로 한 곡물유통권을 보호하려고 방곡령의 실시를 전라감사에게 지시했던 것이다.

여섯째, 일본상인의 개항장 밖으로의 행상이 증가함에 따라 조선상인의 기존상권이 위협받자 이들의 상권을 보호하려는 목적에서 실시된 사례도 있었다. 1889년 10월의 함경도 방곡령 당시 咸營의 關文에는 일본상인과 符同한 조선인으로 말미암아 원산의 객주들이 조직한 元山商會所가 廢館할 지경에

《忠淸道關草》 3책, 癸巳 12월 13일 關恩津.

61) 轉運使에 대해서는 韓祐劤, 앞의 책, 241~262쪽 참조.

62) 《日案》, 고종 30년 1월 27일조.

《京畿道關草》 4책, 癸巳 1월 29일 關畿營.

63) 《日案》, 고종 30년 2월 18일조.

64) 《全羅道關草》 4책, 壬辰 11월 23일 完營報.

이르렀다고 하며,[65] 일본인에게 고용되어 대두를 유출시키는 船主와 沙格에 대해서는 梟警 또는 刑配시킬 것이라고 했다.[66] 그래서 일본대리공사 곤도는 본국에 보고하기를, "該監司는 원산상회소(朝鮮客主의 集合所)를 보호하기 위해 內地行商을 억제하고 該會所와 通聯하여 現今 각국 商民을 제지하고 我行商과 거래를 못하게 하므로 숙박과 운반에도 지장이 있다"고 했다.[67] 이것은 개항장 객주의 상권을 보호하기 위한 지방관의 조처이지만 이밖에 일본상인의 행상으로 상권을 위협받는 일부 지방객주의 보호를 위한 것도 있었다고 믿어진다. 즉, 1890년 3월 吉州牧使가 城津의 客商主人 金成基에게 방곡의 傳令을 내린 것이나,[68] 1891년 11월 전라도 泰仁에서 仁川居留商人 이리타(入田八郞)의 고용인 야스오카(安岡德平)와 金汝玉·李德益이 米豆를 수송하려 할 때 객주 辛玉年이 방곡이라 하여 압수한 사례는 결코 이와 무관하지 않을 것이다.[69]

끝으로 또 한 가지 빠뜨릴 수 없는 원인이 있다. 1888년 1월 경상감사 李鎬俊이 1개월 전의 사전통보 후 방곡령을 실시했을 때 부산영사 무로다(室田義文)는 본국의 외무차관 아오키(靑木周藏)에게 보내는 보고서에서, "當 경상도는 물론 전라도 기타에 있어서도 한발과 수해 등의 징후는 조금도 없고 작년에는 諸道가 豊熟하여 미곡도 충분히 貯積했다. 그런데도 그것을 금지하는 이유에 대해서는 여러 설이 있다. 그 중에 대구감사가 미곡의 出口를 금하여 내지미곡의 가격 하락시 모두 그것을 매집하고 解禁 후 가격 등귀 때 매각하여 이윤을 얻으려는 계획에서 나온 것이라는 설이 가장 신빙할 만하다"고 했다.[70] 사실의 진위는 가릴 수 없지만 매집곡물이 대두의 경우라면 상당한 일리가 있다. 쌀은 흉작으로 일본보다 가격이 높은 형편이었으나 대두에 관한 한 비상한 풍작이어서 일본상인의 목적이 대부분 大豆수출에 있

---

65) 《日案》, 고종 26년 11월 21일 附 咸營關文.
66) 《日案》, 고종 26년 11월 21일 附 巡甘結(10月 21日出 11月 初 2日到) ; 巡甘結(11月 初 1日出 11日到).
67) 《日本外交文書》 22, 事項 7, 文書番號 174, 415쪽. 그밖에 같은 책 23, 事項 8, 문서번호 87, 210쪽에도 같은 내용이 보인다.
68) 《日案》, 고종 27년 3월 12일 附 吉州牧使 防穀傳令 庚寅 閏 2월 12일.
69) 《日案》, 고종 29년 2월 6·10일조.
70) 《日本外交文書》 21, 事項 9, 文書番號 100, 277쪽.

었으므로 가능성이 있다.[71]

또 1894년 古阜民亂 발생의 직접적 원인이었던 고부군수 趙秉甲의 탐학사항 가운데 하나가 그 전년 가을 방곡을 실시하고 미곡을 매수한 후 미가가 폭등할 때 방매하여 이익을 꾀한 것이었다고 한다.[72] 곡가의 계절적·지역적 차이를 이용한 지방관의 방곡행위는 사료에 잘 나타나지 않는다. 그러나 감사가 지역간 가격차이를 이용해 移貿하던 사례가 이미 개항 이전에도 있었던 것이나,[73] 이 시기에도 수령이나 이서층이 농민에게서 부세를 作錢할 때 최고의 시가로 거두고 곡가가 쌀 때 貿穀하는 일이 흔했던 것으로 미루어[74] 이 시기 방곡 중에는 앞서 일본영사가 지적한 사례가 적지 않았을 것으로 본다. 뒤에서 보겠지만 지방관이 방곡을 이용해 이익을 취하는 사례는 조세금납화가 시행되는 청일전쟁 후의 단계에서 더욱 증가한다.

이상과 같이 이 시기의 방곡령은 개항 이후 전시기를 통하여 가장 많은 방곡령이 실시되며 그 실시의 원인도 다양하게 나타난다. 그러나 이 시기 방곡령 실시의 원인 가운데 대다수가 일본상인의 개항장외 행상의 증가로 관할구역내 곡물이 심하게 유출됨으로써 곡가가 등귀하고 民情이 불안하여 지방관이 이를 막고자 실시한 것이었다. 개항 이전에도 계절적·지역적 가격차이를 이용해 지주나 부농·곡물상인들이 매점하거나 무곡함으로써 지역내 곡물시장의 보호가 절실했던 처지에 이 시기 일본상인의 곡물유출이 심화되면서 재래의 유통구조마저 붕괴되고 있는 이상, 지역적 소비곡물의 부족에 대한 민중의 반발을 무마하기 위해서라도 지방관의 방곡령은 필연의 추세였다. 일본이란 외압 앞에 무력할 수 밖에 없었던 정부가 방곡의 발생시마다 지방관들에게 철폐를 지시했지만, 境內·民情의 불안에 직접적 책임을 지고 있었던 지방관으로서는 이에 대한 유일한 대처방안은 방곡의 실시였던 것이다.

71) 위의 책, 문서번호 102·103 참조.

72) 巴溪生, 〈全羅道古阜民擾日記〉(《秘書類纂朝鮮交涉資料》 中), 344쪽.

73) 茶山硏究會譯註, 《牧民心書》 3, 1981, 13~14쪽.

74) 《備邊司謄錄》, 고종 22년 10월 25일.

3) 제3기(1895~1904)

청일전쟁 이후의 방곡령은 〈표 3〉에서 보듯이 전시기에 비해 발생건수가 줄어 18건 정도가 발생되고 있었다.

방곡령의 발령자를 살펴 보면 각읍 수령이 대부분이며 관찰사의 것이 2건, 암행어사의 것이 2건, 정부가 1건이었다. 방곡령의 대상은 여전히 일본상인이 대부분이었지만 발령지역내의 농민이 대상인 사례도 적지 않다. 발령지역으로서는 충청도와 전라도의 곡창지대가 대부분이며 함경·경상·제주도에도 한 두 차례 나타난다. 발생 연도별로 보면 1895년과 1896년의 청일전쟁 직후를 제외하고 매년 두 세 건의 방곡령이 발생되고 있었다.

이처럼 방곡령의 발생이 줄어들고 있었던 근본원인은 청일전쟁 이후 일본의 정치적 압력이 증대하면서 정부가 각 지방관의 방곡령을 인정할 수 없었던 데서 찾을 수 있다. 1897년 11월 충청남도 恩津을 비롯한 각 지방의 방곡실시에 대해 정부는 충청남도 관찰사에게 이의 철폐를 지시하는 訓令에서

> 防穀一款은 정부에셔 各公領事와 協商ᄒᆞ야 日期를 定限ᄒᆞ고 各道各郡에 訓知ᄒᆞ면 해지방관이 遵訓施行而已여날 胡爲乎徑行禁防ᄒᆞ야 致誤約章에 貽此外詰고 …75)

라고 했다. 즉, 방곡령은 정부가 각국 공·영사와 협의한 후 지방관에게 실시토록 하는 것이며 지방관의 독자적인 권한이 아니라는 것이었다. 뿐만 아니라 1901년 정부가 발령한 전국 방곡시에는 지방관의 방곡으로 일본상인이 손해배상을 청구할 때는 지방관으로부터 문책징수할 것이라 하고 1889년의 함경도 방곡령사건을 상기시켰다.76)

1901년의 전국방곡 때 정부가 일본으로부터 받은 외교적 압력은 정부의

75) 《忠淸南北道來去案》 1책, 광무 원년 12월 7일 훈령.

76) 《위의 책》, 광무 5년 10월 7일 훈령 제2호; "若外國人이 因此 〔地方官의 防穀 : 〔筆者〕 有責言이면 該地方官에게 倍償을 斷當責徵홀지니 必有後悔之日이며 年前咸鏡道防穀이 釀成鉅案ᄒᆞ엿스니 前鑑不遠이라."

방곡령 실시가 단지 개항장에서의 곡물유출만 저지할 뿐 실제로 방곡의 필요성이 절실했던 곡물 유출지역내의 곡물시장보호는 불가능했음을 보여 준다.

1901년 7월 24일 외부대신 朴齊純이 일본공사 하야시(林權助)에게 1개월 후의 방곡을 통보했을 때[77] 일본공사는 전국의 農況을 들어 2개월간의 방곡 실시 보류를 요청했다.[78] 또한, 방곡대상 곡물도 조선측에서는 쌀을 포함한 모든 곡물을 대상으로 삼았으나,[79] 일본의 강력한 항의에 부딪혀[80] 쌀만을 대상으로 했던 것이다.[81] 뿐만 아니라 일본공사는 〈在朝鮮國日本人民通商章程〉 제37관의 곡물수출 금지는 외국으로 수출을 금지하는 것일 뿐 국내 매

77) 《日案》, 광무 5년 7월 24일조.

78) 일본공사가 각 영사의 보고에 근거하여 주장한 농황은 다음과 같다. "平安南道와 黃海道의 일부분은 강우가 적지만 旱魃이라 할 수 없고 필경 2~3分의 減作에 불과하다. 平安道의 대부분 지방은 이미 상당한 강우가 있어 풍작은 평상과 다름이 없고, 평양부근에 黍·粟의 발육이 다소 妨害가 있으나 역시 일부분에 지나지 않는다. 江原·咸鏡 양 도의 풍작은 작년과 다를 바 없어 한발의 해가 조금도 없다. 慶尙道 大邱以南 洛東江一帶의 지방에서는 근래 충분한 강우가 있어 가장 먼저 파종이 끝나 한발이 전혀 없다. 全羅道는 全州부근에 비가 부족하지만 豊凶은 지금 판명이 곤란하다. 기타는 강우가 適量하여 京畿·忠淸 양 도는 目下 降雨가 鮮少하나 한발의 災害가 있다함은 의문스럽다"(《日案》, 광무 5년 7월 27일조). 그러나 일본영사가 본국에 보낸 보고에는 함경도·강원도 지방은 풍작이었고 전라도와 경상도에 다소의 降雨가 피해가 덜하지만 전국적인 흉작이라고 한다. 특히 경기도지방은 평년 수확의 5할에 불과한 극심한 흉작이었다(《通商彙纂》 臨時增刊 7, 仁川 35년 貿易年報(1903. 10. 22 : 仁川) ; 《通商彙纂》 臨時增刊 241, 釜山 34년 貿易年報(1902. 9. 15. 釜山) ; 같은 책, 元山 34년 貿易年報(1902. 10. 7 : 元山)). 실제현장의 시찰 보고는 "丙子(1876) 이래 大旱"이라 할 정도의 흉작이었다고 한다. 경기·강원·충청도 지역을 유력한 일본인의 보고로는 충주지방 같은 곳은 평년작의 1할도 거두지 못했고 대부분이 2~3할의 수확에 불과했다(《通商彙纂》 211, 韓國京畿道江原道及忠淸道農商況視察報告書(1902. 1. 14 : 京城), 120~21쪽).

79) 조선측은 〈在朝鮮國日本人民通商章程〉 제37관을 들어 방곡령을 발령했는데, 37관의 '禁粮米出口'의 粮米를 《周禮》를 인용하여 모든 곡물이라 했다(《日案》 광무 5년 7월 24일, 8월 10일 ; 《海關案》, 광무 5년 7월 24일, 7월 26일조).

80) 1876년의 〈通商章程〉 第6則, 즉 "嗣後於朝鮮國港口住留日本人民 粮米及雜穀得輸出入"에는 粮米와 잡곡으로 구별했으므로 37관의 粮米는 쌀에 한한다고 일본공사는 주장했다(《日案》, 광무 5년 7월 27일, 8월 10일, 8월 11일조 ; 《外部來文》 5책, 광무 5년 8월 3일).

81) 《日案》, 광무 5년 8월 16일, 8월 17일, 10월 1일조.
《海關案》, 광무 5년 8월 17일조.

매로 인한 지역간의 곡물이동과는 상관이 없다 하고 지방관의 방곡에 대해서는 다음과 같이 언급했다. 즉 "만약 誤認하여 이른바 방곡이란 것을 一般視하여 이것이 매매·운반을 금지하는 경우가 있을 때는 귀국상민은 물론 제국상인(일본상인-필자)의 迷惑이 심해서 商業停止의 결과가 생긴다. 오히려 매매·운반을 막는 것은 사실 粮米의 결핍을 고한 지방이 그를 보충할 길을 잃게 되는 것이다"라며 지방관의 방곡을 금할 것을 요구했다.82) 8월의 전국적 방곡령실시에 앞서 지방관의 방곡은 한발의 피해가 우려되는 지역, 특히 금강유역의 각 군에서 이미 광범위하게 실시되고 있었다. 일본공사의 국내방곡 허용요구는 바로 이 문제의 해결을 요구한 것이었다.83)

〈표 3〉 1895~1904年의 防穀令發生事例

번호	발생연월	발령자 및 집행자	발령지역	내 용	비 교(出典)
1	1897. ?~5	관찰사	함경북도	일본공사 항의로 철폐	《日案》, 건양 2년 5월 14·15일
2	1897. 4~6	전남관찰사 암행어사	寶城 및 각 읍	위와 같음	《日案》, 건양 2년 6월 3·4일
3	1897. 11~2	암행어사 (발령) 각 읍 수령(집행)	충남 恩津·德山·九萬浦·禮山·牙山·屯浦	위와 같음	《日案》, 광무원년 12월 4·7일
4	1898. 1. 12	·	경상도 固城	地方隊兵丁康津上納船 勒奪	《독립신문》, 광무 2년 3월 8일
5	1898 초	제주목사	제주도	방곡이용 부정으로 농민봉기	《濟州道防穀事》
6	1898. 6~12	목사	제주도	中山庄吉대두 매집, 운반정지	《全羅南北來案》, 광무 2년 10월 9일
7	1898. 5.	군수	충북 鎭州	·	《독립신문》, 광무 2년 6월 4일
8	1898. ?~12	군수	전남 홍덕	英學黨사건	《重犯供草》 9
9	1899. 11	군수	충남북각읍	·	《독립신문》, 광무 3년 11월 30일

82) 《日案》, 광무 5년 7월 27일조.
83) 《通商彙纂》 臨時增刊 231, 群山 34년 貿易ノ年報(1902. 6. 27 : 群山), 66쪽.

번호	발생연월	발령자 및 집행자	발령지역	내 용	비 교(出典)
10	1900	지방관	제주	·	《皇城新聞》, 광무 4월 112월 7일.
12	1901	군수	대구	수출곡물 매집금지	《通商彙纂》 196
12	1901. 7	군수	은진	日商米豆 1,500~1,600석 차압	《日案》, 광무 5년 7월 24일 · 10월 30일
13	1901. 8~ 11. 9.	정부(발령)	전국	1개월 전 통보 쌀에 한함	《日案》, 광무 5년 7월 24일, 10월 30일
		함경도 각 군수	함경도 각 지역	쌀 이외 곡물 방곡으로 일본항의	《日案》, 광무 5년 10월 30일
14	1902. 4.	각 군수	전라도 각 읍	상납금으로 무곡	《續陰晴史》 하
15	1903. 3.	진위대 군수	江界 후창군	강계진위대 후창군수 방곡	《各府部來牒》, 광무 7년 3월 28일
16	1904. 1	·	전라도 寶城 · 樂安	거제인 朴汝辰 곡물압류	《各郡狀題》 上, 甲辰 1月 10日
17	1904. 3	군수	전남 咸平	日商의 항의로 배상	《續陰晴史》 下
18	1904. 6	군수	平康	독일인광산 所運米 執穀, 世昌洋行에 배상	《內部案》, 광무 8년 6월 1일 · 7월 23일

그래서 정부는 충남북의 관찰사에게

> 此次防穀이 非謂內地販運이라 不過是暫禁出口니 出口者ᄂᆞᆫ 卽由通商港口 運出外國者라 此港口에셔 彼港口로 運出홈도 自不可禁이어ᄂᆞᆯ 況內地販運은 水陸間에 何以沮遏이리오 각 지방관이 不鮮約旨ᄒᆞ야 但稱防穀ᄒᆞ고 境內運出을 尙欲禁阻ᄒᆞ니 殊甚慨歎이라.84)

라는 훈령으로 지역적 방곡을 금했다. 그러나 개항장에서의 곡물유출 금지만으로는 지방에서의 일본상인의 곡물매집을 저지할 수는 없는 것이었다. 사실, 구매곡물로 생계를 잇던 도시의 빈민이나 농촌의 임노동자층의 처지에서 가장 절실했던 문제는 지역내 곡물가격의 안정이었지 단순한 개항장에서의

84) 《忠淸南北道來去案》 1책, 광무 5년 10월 7일 훈령 제 2호.

곡물유출 저지가 아니었다. 1901년 대구군수가 한발의 영향으로 미가가 등귀하자 수출을 위한 매점을 금지하는 방곡을 실시했을 때 일본인도 '빈민구조의 一策'이라고 수긍하고 있었다.[85]

그러나 정부가 일본측의 압력으로 지역적 방곡을 인정하지 않았기 때문에 각 지방관의 지역적 방곡실시가 어려워지고 있었다. 이에 따라 곡물유출지역에서의 빈민층이 불만을 가지게 된 것은 당연했다. 1898년 2월 15일 평양민 2천여 명은 평양의 '細民'이 기아에 처해 있는데 일본상인에 의해 미곡이 적출된다며 평양군수에게 방곡령의 실시를 요구하는 한편, 일본상인의 미곡을 적재한 선박의 출범을 막았다. 그러나 평양군수나 평안도 관찰사는 방곡령실시를 거부했다.[86] 같은 해 5월 20일 '平壤細民' 80~90명은 곡가의 앙등에 반발하여 재차 관찰사에게 방곡령의 실시를 요구했다.[87] 이러한 평양민의 요구에도 불구하고 평안도관찰사는 방곡령을 실시하지 않았는데, 이것은 중앙정부의 지역적 방곡을 인정하지 않는 입장에서 기인한 것이라 볼 수 있다. 더구나 지역내 곡물의 유출이 심하여 지방관이 정부에 방곡을 요청할 때에도 정부는 들어주지 않았다. 즉, 1897년 12월 황해도관찰사 金嘉鎭이 외부에 낸 보고서에는 흉작인데다가 내외국선박이 각 포구에 몰려와 高價로 곡물을 매집해 가는 것이 몇 천 석이나 되어서 곡가가 등귀하고 장시에 곡물이 나오지 않아 境內 백성이 걸식하는 참상을 보고하면서 방곡령의 실시를 요구했는데 정부는 실시의 지시를 내리지 않았다.[88]

1898년 제주도 방곡령사건 때에도 정부의 이 같은 입장은 마찬가지였다. 제주도 방곡사건은 이 시기 방곡령실시의 여러가지 요인들이 복합되어 일어

---

85) 《通商彙纂》 196, 韓國慶尙北道大邱附近農況(1902. 7. 16 : 釜山), 79~80쪽.

86) 《駐韓日本公使館記錄》 13(국사편찬위원회, 1995), 明治 31년 各領事館來信, 平壤亂民蜂起報告, 24~25쪽.

87) 같은 자료, 平壤細民蜂起ノ件. 이 경우 '細民'은 곡물을 구입하여 생계를 잇던 도시의 빈민층을 가리킨다.

88) 《黃海道來案》 1冊, 光武 元年 12월 1일 報告, " … 又況內外國賈船商船이 湊集各浦ᄒᆞ야 無論各穀ᄒᆞ고 厚價買之ᄒᆞ야 日日出浦者ㅣ 不知其幾千石乎아 由是而非徒穀價之刁騰이라 各郡場市에 每爲絶穀ᄒᆞ야 男女布袋가 之東之西에 乞糧不得ᄒᆞ야 號泣道路에 聽聞이 極慘이다온 若不及今通變이면 明春餓殍之相望은 勢所必至이온바 … 以此意로 知照各國ᄒᆞ와 貿穀一款은 限明年 新麥成熟ᄒᆞ야 俾爲嚴防之地 望흠"

난 대표적 사례이므로 좀더 자세히 살펴 볼 필요가 있다. 원래 제주의 土穀은 出陸하지 않는 것이 常規였는데, 1898년 초엽 제주목사 李秉輝는 표면상으로 방곡을 엄히 시행하면서도 裏面에서는 '受賂暗放'하여 民擾가 발생했다.[89] 즉 이병휘는 방곡을 시행하면서도 뇌물을 받고서 "牟利輩가 不知遠慮ᄒᆞ고 但思己欲ᄒᆞ야 豆太를 潛載出陸ᄒᆞᄂᆞᆫ 弊"를 묵인했던 것이다.[90] 이것이 구실이 되어 같은 해 3월 1일 島民 수만 명이 房甲(일명 鎭祉, 星七)을 중심으로 南學黨이라 칭하고 관아를 습격하여 제주목사 이병휘와 大靜郡守 蔡龜錫에게 중상을 입혔다.[91] 그리하여 朴用元이 察理使兼濟州牧使로 파견되어 민원에 따라 大豆의 유출을 금지함으로써 민심이 수습되었다.[92]

그 뒤 부산거류 일본상인 나카야마(中山庄吉)가 같은 해 3월 제주도에 행상하여 城山浦에서 周文喜 등 조선상인 수 명과 대두매매의 계약을 맺고 총계 1,400俵에 대한 前渡金으로 1,500관문을 9명의 상인에게 지급하고 6월에 太豆를 受授할 때 박용원은 방곡을 실시했다.[93] 이에 나카야마는 駐釜山日本警官 시라이시(白石由太郎)와 함께 와서 항의했으나 제주목사 박용원은 허가하지 않고,[94] 정부에 대해서도 민심수습의 명목으로 불허를 요청했다.[95] 그러나 정부는 일본공사가 항의한다 하여 철폐를 지시했으며 박용원이 재차 나카야마의 화물은 出給하나 방곡은 계속하게 해 줄 것을 요망했지만,[96] 정부는 방곡금지의 지령을 내렸다.[97] 이에 따라 12월 7일 박용원은 防穀撤鎖의 전령을 관하 三郡과 각 里坊曲에 내렸다.[98] 그러나 이듬해 나카야마는 실제 손해액보다 훨씬 많은 액수의 배상을 요구했다가 박용원의 항의에 賠償申請

89) 奎 26061 〈濟州島防穀事〉.
90) 《全羅南北來案》 1책, 광무 2년 8월 15일 보고서 제1호.
91) 金允植, 《續陰晴史》 上, 456~68쪽.
92) 〈濟州島防穀事〉.
93) 《全羅南北來案》 1책, 광무 2년 10월 9일 보고서 제2호 ; 奎 20711 《濟州太穀事報告案》, 外部報告書 제2호.
94) 《全羅南北來案》 1책, 광무 2년 8월 15일 보고서 제1호 ; 《濟州太穀事報告案》, 外部報告書 제1호.
95) 《全羅南北來案》 1책, 광무 2년 10월 6일 指令.
96) 위의 책, 광무 2년 10월 9일 보고서 제2호.
97) 위의 책, 광무 2년 11월 25일 지령 4호
98) 위의 책, 광무 2년 12월 7일 보고서 4호 ; 《濟州太穀事報告案》, 傳令三郡各浦口.

書를 정정하고[99] 일본공사를 통해 다시 배상을 요청했다.[100] 박용원은 손해배상액과 벌금을 물게 되자 나카야마에게 대두를 방매하던 상인들에게 배상하라고 강요했다.[101]

이상의 제주도 방곡사례에서 다음과 같은 사실을 알 수 있다. 우선 이병휘의 경우와 같이 지방관이 방곡을 이용하여 이익을 꾀하는 경우가 있었다는 것이다. 또 방곡령의 실시를 요구하는 민중의 봉기가 발생했고 이에 따라 지방관은 방곡령을 실시했지만, 일본의 압력으로 말미암아 정부는 민중봉기의 위험성에도 불구하고 철폐를 지시하지 않을 수 없었던 것이다. 그리고 지방관이 민중의 요구에 의해 방곡을 실시하더라도 배상문제가 발생했을 때는 지방관이 그 책임을 져야 했다. 따라서 지방관이 일본상인을 대상으로 방곡을 실시한다는 것은 기대하기 힘들었다. 1900년 제주의 곡물상인 金根煥 등이 제주도지역에서 곡물을 매집하고 木浦와 智島 등으로 운반하려고 했을 때 방곡의 실시로 출항하지 못하는 상황에서 "外國人은 無難貿米하야 出入無常하야 初無禁阻하고 唯獨矣等穀包만 末由遷動하온즉 …"이라고 農部에 호소한 내용은 방곡의 대상에서 일본상인이 제외되고 있던 사정을 보여주는 것이었다.[102]

그 때문에 전시기의 방곡령이 대부분 일본상인이 대상이었던 반면, 이 시기에는 일본상인이 그 대상으로 나타나는 경우가 표에서 보듯이 적을 수 밖에 없었다.

그러나 이 시기 대량의 곡물유출은 민중의 반발을 사고 있어 초기의병의 항쟁 때도 방곡령실시를 요구한 일이 있으며,[103] 활빈당도 그들의 강령에서 방곡령의 실시를 주장했던 것이다.[104] 또 前秘書丞 洪鍾宇는 1898년 4월 8일 경희궁 인화문 앞에서 인민 천여 명과 함께 상소를 올렸는데 상소의 제1항에

99) 《務安報牒》 2책, 광무 3년 8월 8일 보고 제43호, 8월 29일 보고 제47호.
100) 《日案》, 광무 3년 12월 1일조.
101) 《독립신문》, 광무 3년 8월 10일 잡보.
102) 《皇城新聞》, 광무 4년 12월 7일.
103) 糟谷憲一, 〈初期義兵運動について〉(《朝鮮史硏究會論文集》 14, 1977), 34쪽.
104) 信夫淳平, 《韓半島》(東京堂書店, 1901), 76~80쪽.
姜在彦, 《近代朝鮮の變革思想》(日本評論社, 1973), 87~94쪽.

서 곡물의 국외유출을 금지하는 방곡령의 실시를 요청했다.[105] 이 해 10월에도 保民會員 權明浩 등이 內部에 고소하여 "近因交隣通商하야 米穀이 輸出他邦하오니 所以로 豊年之穀이 貴於凶年하와 穀價가 高登하온즉 … 嗷嗷抑鬱한 民情을 特念하시와 米穀을 他邦으로 輸出치 勿하게 永爲邦禁하와 使此民으로 俾保生命하심을 望홈"이라 했지만 그 대답은 역시 "遏糴은 邦禁也라 決不可認許事"였다.[106]

중앙정부가 이처럼 방곡령실시 요구를 받아들이지 않고 지방관 임의의 방곡을 인정하지 않았음에도 불구하고, 境內 곡물유출로 인한 민정의 불안 때문에 지방관이나 암행어사에 의하여 지역적 곡물시장의 보호를 위한 방곡령이 몇 차례 나타난다. 1897년 4월 전라남도 지역에 방곡령을 발령한 암행어사는 그 이유를 포구에서 적출되는 미곡이 하루에도 수천 석에 이르러 민정이 불안하기 때문이라 했다.[107] 앞서 본 제주도민의 봉기 때 박용원이 방곡을 실시했던 것도 마찬가지였다. 그런데 방곡은 행정의 강제력으로 유통을 차단하는 행위여서 방곡하는 지역에서는 일단 곡가를 안정시킬 수 있었지만 정부의 방곡금지정책으로 방곡을 시행하지 못한 이웃한 지역에서의 곡가를 등귀시키는 사례도 있었다. 1898년 진천군의 방곡과 죽산군의 경우가 그러했다.[108]

---

105) 《독립신문》, 광무 2년 4월 9일 잡보.
그런데 홍종우의 상소에 대해 《독립신문》의 논설에서는 이를 반박하여, 방곡을 하면 通商港口로 곡식은 못나가지만 內地各浦口로 나가는 것은 더 심할 터이니 그렇게 되면 탁지부의 海關稅만 잃고 곡식은 곡식대로 나간다고 했다(《독립신문》, 광무 2년 4월 14일 론셜). 褓負商의 두령으로서 萬民共同會를 무력으로 해산시킨 홍종우와 독립협회와의 대립은 주지의 사실이지만, 이 경우 독립협회의 반박은 설득력이 없다. 독립협회가 주장하는 내지포구로 곡물이 나갈 것이라 함은 潛賣를 의미하는 것으로 이것은 방곡령실시가 아니라도 얼마든지 가능한 사실이었다. 독립협회의 자유무역적 성향 자체가 일종의 보호무역인 방곡과 배치되는 것이었다. 독립협회의 만민공동회선언문에서도 방곡령실시의 요구사항은 보이지 않는데 이는 공동회의 구성인원 가운데 곡물을 구입하여 살던 도시빈민이나 농촌의 임노동계층의 참여가 적었다는 것을 의미한다(《독립신문》, 광무 2년 12월 12일 참조).

106) 《皇城新聞》, 광무 2년 10월 21일조.

107) 《日案》, 建陽 2년 6월 3일조, "湖南雖是穀鄕 而一自海開埔之後 每日米船之載外不下數千石 以有限之穀 入無窮之海 億萬生靈莫不嗷嗷 不得不嚴防."

그러나 이 시기 방곡령의 실시 원인에서 볼 수 있는 두드러진 특색의 하나는 지방관이 상납금의 전용으로써 곡물을 매집, 무곡하기 위하여 방곡령을 실시했던 점이다. 1898년 12월 전남 興德郡에서 발생한 英學黨事件은 흥덕군수 林鏞炫의 탐학에서 비롯되었다. 군수의 탐학사항 중 하나가 군내에서 방곡을 실시하고는 공전을 가지고 다섯 곳에서 歇價로 貿米하는 데 매석에 시가로 15냥인 것을 13냥 5전에 사들여 차액을 착복한 것이었다.[109] 또 1902년 4월에는 전라도의 각 읍 수령들이 방곡을 실시하고 공전으로 읍의 곡식을 減價로 勒買해 東萊로 운반하고 매매함으로써 몇 갑절의 이익을 남겨 민간의 곡물매매는 생각도 할 수 없었다고 한다.[110]

이 경우의 방곡은 지방관이 상인과 결탁해서 실시하는 사례도 있었다. 1897년 《독립신문》의 "무곡하는 사람들이 수령들을 끼고 방곡을 하야 곡식을 장 밖에 나가지 못하게 하는 고로 그 고을 안에서는 곡식금이 싼지라 무곡장사와 수령들이 그 곡식을 싸게 사서 각 포구로 내보내어 중가로 밧고 파니 …"[111]라는 기사에서 보듯이 방곡을 貿穀商人과 수령이 지역간 가격차이를 이용하는 수단으로 시행하고 있었던 것이다.

이미 농민전쟁 단계에서 趙秉甲이 전라도 고부에서 곡물의 수확기에 방곡을 실시해 계절적 곡가차이를 이용하는 경우는 이미 살펴 본 대로지만 이 시기에 들어 이같은 현상은 더욱 심해지고 있었다. 租稅金納의 실시 이후 조세납입 이전까지 지방관이 상납금을 전용할 수 있었던 데다가 대일수출로 인한 시장확대가 계절적 차이만이 아니라 지역적 가격차이를 이용할 수 있는 더 많은 기회를 제공한 점 등이 이를 가속화시키는 원인이 되었다. 《韓國誌》의 다음과 같은 지적은 바로 이것을 가리키는 것이었다.

> 이 나라의 상업유통에 관여하는 관리들은 방곡령 때 자기들의 대리인을 통해서 농민들의 잉여농산물을 싼값으로 매점하여 자기들의 창고에 저장했다.[112]

---

108) 《독립신문》, 광무 2년 6월 4일조.

109) 奎 17282 《重犯供草》 9책, 興德郡亂民取招査案 ; 《韓國學報》 35(1984, 여름), 244~254쪽 所收. "防穀而歇價貿米段은 貿米於五處 而嚴截防穀 租每石時價十五兩者 以十三兩五錢 定價貿置 民多呼寃 至於此境 伏願明査處之敎味."

110) 金允植, 앞의 책(下), 12쪽.

111) 《독립신문》, 광무 원년 12월 2일 논설.

청일전쟁 이후 일본의 압력이 강화되면서 전시기에 비해 일본상인을 대상으로 지역적 곡물시장의 보호를 위한 방곡령실시가 줄어든 대신 지방관들이 상납금 등의 공전을 전용하여 경내 농민을 대상으로 방곡을 실시하고 싼값으로 곡물을 사들여 무곡하고 私腹을 채우는 경우가 많아졌던 것이다. 그러나 러일전쟁 이후 사실상의 식민지화와 함께 이러한 방곡령마저 소멸되고 말았다.

필자가 사료에서 찾아낸 바로는 일본상인을 대상으로 한 마지막 방곡령의 실시는 1904년 3월 전라남도 함평군수가 실시한 것이었는데, 이 사례에서 우리는 러일전쟁 이후 방곡령이 발생되지 못했던 사정을 짐작할 수 있다. 즉 함평군의 방곡이 엄해서 同鄕之民도 식량을 못구해 怨聲이 잦던 차에 일본인 5명이 政堂에 돌입하여 군수를 구타하고 조약위반의 손해배상금을 요구했다. 이에 군수는 우선 2천 냥을 주었고 또 일본인이 곡물을 모두 매입해 가는 바람에 지역민은 식량조차 구할 수 없게 되었다고 한다.[113] 러일전쟁 도중의 일개 일본상인의 횡포가 이러했으니 이후 방곡령의 발생은 기대조차 할 수 없는 것이었다. 국가기구가 일본의 손에 넘어가는 단계에서 방곡령의 소멸은 당연한 결과였다.

원래 防穀은 행정의 강제력으로 시장기능을 마비시키는 전근대적 경제정책이었다. 상품화가 고도로 진전되면 소멸될 수 밖에 없었다. 그러나 이 시기 중앙정부가 외국미의 수입이나 轉運使·檢稅官 등의 무곡으로 서울지역의 곡가를 조절하는 데 반해, 환곡이나 진휼이 제대로 역할을 하지 못하는 지역의 지방관의 입장에서 선택할 수 있는 곡가안정의 방법은 방곡밖에 없었다. 따라서 개항 이후 100건 이상 발생했던 방곡은 대부분이 중앙정부의 곡물가격정책이 제대로 기능하지 못하는 상황에서 지방관이 조선 후기 이래 관습화된 정책으로 시행했던 것이었고 실시된 지역내에서는 나름대로 곡가안정이라는 기능을 수행했다. 그리고 그 대상은 종래의 계절적·지역적 가격차이를 이용해 무곡하던 조선인 지주·부농이나 곡물상인에서 새로이 곡물유통과정에 침투하여 수출곡물의 유통을 장악하던 일본상인으로 옮겨가고

112) 러시아대장성 편, 《구한말의 사회와 경제》(유풍출판사, 1983), 215쪽.
113) 金允植, 앞의 책(下), 85~86쪽.

있었다. 결국 개항 이후의 방곡령은 중앙정부가 외압으로 국내시장을 보호하지 못하는 가운데 일제의 경제적 침탈과 직접 대면하게 된 지역적 곡물시장권의 대항이었던 점에서 그 역사적 의의를 찾을 수 있다.

〈河元鎬〉

4. 사회신분제의 동요

조선시대 신분구조는 良·賤과 班·常의 二元的 對立構造를 바탕으로 양반·상민·노비의 3대 주요 신분이 신분구조의 기축을 이루면서, 중인·서얼·향리 등 반·상의 사이에 위치하는 중간신분층 성격의 신분들과 백정·재인 등 양·천의 사이에 위치하는 身良役賤 성격의 신분들이 폭넓게 존재하는 다소 복잡한 내부구성을 지니고 있었다. 크게 볼 때 이러한 신분구성은 15·16세기에 대개 형성·확립된 후 17세기의 조정기를 거쳐 18세기 이후 동요와 해체의 국면에 접어든 것으로 이해될 수 있다.

신분제 폐지는 1894년 동학농민전쟁의 주요 역사적 지향 가운데 하나였다. 이는 조선 후기 동안 진행되어 온 역사 과정에도 불구하고 신분제가 이 시기까지 현실 속에서 작동하고 있었음을 반증한다. 또한 동학농민전쟁의 성격을 정확히 밝히기 위해서는 당시의 신분제의 상태를 포함하는 '신분의 역사'에 대한 일정한 해명이 선행되어야 함을 말해준다.[1] 이러한 관점에서 19세기 후반 신분제의 동태에 관하여 조선 후기 전체를 시야에 넣으면서 각 신분별로 살펴 보기로 한다.[2]

---

1) 다만 개항으로부터 농민전쟁에 이르는 시기의 신분제 내지 신분구조의 구체적 상태에 대해서 우리는 아직 충분한 지식을 보유하지 못하고 있다. 농민전쟁의 발상지인 古阜의 경우를 보더라도, 이 지역 士族들의 官界와의 오랜 단절로 인한 殘班化 현상 정도를 추정의 수준에서 거론하는 데 그치며, 여타 신분층의 동향이나 고부군 전체의 신분구성 등에 대해서는 아직 접근하지 못하고 있다. 李羲權, 〈19世紀 後半 古阜의 社會組織構造〉(《全羅文化論叢》 7, 1994).

2) 조선 후기 신분제의 변화에 관한 각 신분별 상세한 설명은 《한국사》 34(국사편찬위원회, 1995) 참조.

1) 노비제의 변화

(1) 제도적 변화

제도적 측면에서 19세기 노비제의 상태에 영향을 끼친 주요 변화는 內寺奴婢 해방, 免賤·從良의 기회 확대, 노비신분세습법의 변경과 폐지로 요약될 수 있다.

순조 원년(1801) 정월에 단행된 內寺奴婢 해방은 16세기 이래 진행되어 온 공노비제도의 동요 현상을 일정하게 반영한 것이지만, 이는 1894년 노비제 폐지로 마무리되는 19세기 노비제 해체의 역사의 단초를 연 매우 중요한 의미를 지니는 사건이었다. 이 때 內奴婢 36,974명과 寺奴婢(各司奴婢) 29,093명 등 도합 66,067명의 내시노비가 해방되었다.[3] 내시노비가 공노비의 대부분을 차지하고 있었던 조선 후기의 실정을 감안하면 내시노비 혁파는 사실상 공노비의 폐지를 의미하는 것으로도 볼 수 있다.[4] 이 조치에서 제외된 各官奴婢도 지방 관아의 供役을 담당하는 데 필요한 최소한의 노비조차 확보하기 어려울 정도로 그 수가 크게 줄어 들고 있었다.[5] 내시노비 해방의 결과 19세기 노비제는 내부 구성의 면에서 이전 시기의 노비제와는 중요한 차이를 나타내게 되었다.

조선 후기에 들면서 노비의 면천·종량 기회는 조선 전기에 비해 크게 늘어났다. 면천·종량의 기회는 혈통(대체로 父系)에 따른 귀속적 성격의 從良路와 납속이나 공로 등에 의한 성취적 성격의 종량로로 대별된다. 귀속적 성격의 종량로는 補充隊를 통한 종량이 대표적이다. 보충대를 통한 천첩자녀의

---

3) 《純祖實錄》 2, 순조 원년 정월 을사. 內寺奴婢의 해방은 奴婢案을 소각하는 방식에 의해 이루어졌다. 內奴婢 가운데 일부 누락되는 사례는 있었다(《고종실록》, 고종 원년 7월 30일). 한편 寺奴婢의 경우 이 조치 이후에도 籍沒 등에 의해 발생하는 형벌노비 중 京中 거주자는 刑曹에 소속시켜 사역하도록 조치하였으므로(《승정원일기》, 순조 원년 9월 20일) 제도적인 면에서 완벽한 폐지를 달성한 것은 아니다.

4) 全炯澤, 《朝鮮後期奴婢身分硏究》(一潮閣, 1989), 228쪽.

5) 全炯澤, 위의 책, 255쪽.

종량은 임진왜란 이후에는 크게 문란해져서 형식적 절차에 지나지 않게 되었고, 특히 去官 제도는 유명무실하게 되어 반드시 거관하지 않아도 손쉽게 종량될 수 있었다.[6] 또한 같은 범주지만 더 쉽게 종량될 수 있었던 왕실의 천첩자녀의 경우에도 조선 후기에 적용 대상이 더욱 확대되었다. 《경국대전》에서 일부 宗親(緦麻以上親)과 外戚(小功以上親)의 천첩자녀에게 贖身없이 종량하도록 하였던 것을, 《속대전》에서는 先王의 방계 후손은 6대 이상(無贖身) 또는 7대에서 9대까지(代口贖身) 외손은 6대까지(代口贖身) 확대하였고, 다시 《대전통편》에서는 嫡孫의 경우 限代를 철폐하고 庶孫은 9대까지 그리고 외손은 7대까지 공사천을 막론하고 대구속신토록 확대하였다. 한편 사족 집안의 경우에도 《속대전》에서 承蔭者가 공천을 취하여 낳은 천첩자녀 또는 士族朝官의 공천 소생 承重者에게 대구속신의 길을 열어주었다.[7]

이와 같이 귀속적 성격의 종량로를 통한 면천·종량의 기회가 조선 후기에 들어 확대되고 있었던 것과 함께 世代內 사회이동을 가능케 하는 성취적 성격의 종량로들도 조선 전기의 엄격성에 비하면 상대적으로 완화되었다. 임진왜란을 계기로 크게 열린 군공 또는 납속에 의한 면천·종량의 길이 그 대표적 유형이다. 그 외에 양인 모칭자 중 과거급제자에 관한 대구속신,[8] 親騎衛·別武士 등 특수 군종에 입속한 노비 중 武才가 뛰어난 자에 대한 면천,[9] 捕盜·陳告 등 특별한 공로를 세운 노비에 대한 포상 차원의 면천 등이 허용되었다. 이 가운데 특히 납속면천은 경제적 부를 축적한 노비들에게 신분 변동의 가능성을 열어 줌으로써 조선 후기 동안 진행된 奴婢戶 격감의 한 요인으로 작용하였다.[10]

현종 10년(1669)에 처음 시행되어 영조 7년(1731)에 확정된 '奴良妻所生從母役法'은 조선 후기 노비제의 심대한 변화를 이끈 요인이 되었다는 점에서 중

6) 平木實, 《朝鮮後期奴婢制硏究》(知識産業社, 1982), 184~185쪽 참조.
7) 여기서 承蔭者는 '東西班三品正職之子與孫'과 '曾經吏兵曹司諫院司憲府弘文館都摠府宣傳官之子'에 해당된다. 二品以上의 有子女賤妾은 《經國大典》에 贖身이 가능하도록 규정되어 있다.
8) 平木實, 위의 책, 179쪽.
9) 全炯澤, 위의 책, 221쪽.
10) 全炯澤, 〈한국 노비의 존재양태〉(《奴婢·奴隸·農奴－比較史的 檢討－》, 역사학회 특별심포지움, 1996. 8. 31.), 10~11쪽.

요한 의미를 지닌다. 본래 15세기 중엽에 확립된 조선의 노비신분세습법인 從母/從父法은 고려의 '一賤則賤'과 다를 바 없는 것으로서 노비소유의 안정과 확대에 이해관심이 있는 노비소유자들에게는 크게 유리한 성격의 것이었지만, 거꾸로 노비의 입장에서는 世代間 사회이동의 가능성을 봉쇄함으로써 '有入無出'의 신분적 유폐 현상을 초래하는 주요인이 되었다. 종모/종부법은 良賤相婚의 경우에도 그 소생을 모두 노비로 만드는 법이므로 노비소유자들은 특히 奴의 경우 良女와 혼인하도록 강제함으로써 노비소유의 확대를 획책하였다.[11] 실제로 16·17세기 울산 지역의 경우 노비와 양인:양녀 간의 혼인이 널리 행해졌고, 이를 통해 양인 인구가 침식되어 가는 현상을 보이고 있었다.[12] 이 법에 의해 노비 인구가 늘어날수록 그것과는 길항 관계에 있는 양인 인구의 위축 현상 곧 良少賤多 현상을 촉진하는 요인으로 작용하게 되는 것이다.

새로운 노비신분세습법은 노와 양녀 사이에 출생한 자녀가 종래 '從父役'의 규정을 받아 노비로 되던 것을 막고 이들에게도 '從母役'의 규정을 적용하여 양인이 되도록 함으로써 기왕의 노비신분세습법에 일대 변형을 가한 것이었다. 아울러 이 법에 의해 종모/종부법에서 '종부'를 제거함으로써 조선의 노비신분세습법은 從母法으로서의 완전한 의미를 비로소 획득하게 되었다. 또한 노와 양녀 간의 혼인을 통한 노비 인구의 확대재생산이 불가능하게 되었고 노비의 세대간 신분이동을 차단했던 엄격함도 완화되었다.

'노양처소생'에 대한 從母從良의 시행은 특히 조선 후기 동안 진행된 奴婢戶口 감소에 커다란 영향을 미쳤던 것으로 추정된다. 공노비 감소에 미친 영향은 예컨대 영조 37년(1761) 12월 강원도 관찰사 金孝大가 다음과 같이 말한 것을 보면 그러한 사정을 미루어 알 수 있다.

> 辛亥(영조 7년) 이후 奴良妻所生을 어미의 役에 따라 양인이 되도록 허락한 후 各驛과 各邑의 노비가 날로 점점 줄어들어 이제는 모양을 이룰 수 없다.[13]

---

11) 平木實, 위의 책, 143쪽.
12) 韓榮國, 〈朝鮮中葉의 奴婢結婚樣態〉(《歷史學報》 75·76·77, 1977·1978).
13) 全炯澤, 앞의 책, 252쪽 참조.

사노비에 미친 영향에 관해서는 茶山 丁若鏞(1762~1836)이 종모법 시행 이후 19세기 사족층의 보유 노비가 급격히 감소되는 현상에 대해 우려하면서 다음과 같이 언급한 것에서 대개 짐작할 수 있다.

> 이로부터 상층은 약해지고 하층은 강해졌으며 기강이 해이해지고 民志가 흩어져 제어되지 않는다. 드러나서 뚜렷해진 것으로써 말해 본다면, 萬曆 壬辰之難 때 남쪽 지방에서 倡義한 집은 모두 家僮 數百으로 卒伍를 편성할 수 있었는데 嘉慶 壬申之難 때는 故家名族이 서로 일을 의론하였으나 한 집에 家僮 하나 얻기도 어려웠다. 이 한 가지 일을 두고 보더라도 大勢가 완전히 변했음을 알 수 있다. 국가가 의지하는 바는 士族인데 無權失勢함이 이와 같으니, 만약 위급한 때에 小民들이 모여들어 亂을 일으킨다면 누가 능히 그것을 막을 수 있겠는가. 이로써 보건대 노비의 법은 좋게 변한 것이 아니다.[14]

즉 임진왜란 때는 의병장들이 家奴 수백 명을 부대원으로 동원할 수 있었지만, 종모법 시행 이후 노비소유가 위축되어 임신년(1812) 洪景來의 亂 때는 '一家一僮'을 내기 어려울 정도로 대세가 '全變'하였다는 것이다.

이와 같이 중대한 변형을 경험한 노비신분세습법은 고종 23년(1886)에 이르러 완전히 폐지되었다. 내시노비 해방의 뜻을 이어받아 노비의 世役을 금한다는 취지를 담은 傳敎에 의거하여 형조에서 마련한 節目에 의해 노비의 신분세습은 법적으로 폐지되었다.[15]

(2) 노비 호구의 변화

노비는 조선 후기에 들어와 호와 인구의 양면에서 감소 추세를 나타내었다. 지금까지 호적 분석을 통해 알려진 노비 호구의 구성비를 종합할 수 있도록 모아 보면 〈표 1〉에 제시되어 있는 것과 같다.[16]

---

14) 丁若鏞, 《牧民心書》 禮典 辨等.

15) 《고종실록》 23, 고종 23년 1월 2일 ; 3월 11일. 이 절목에는 救活奴婢·自賣奴婢·世傳奴婢의 世役 금지, 救活奴婢·自賣奴婢 소생의 매매 금지, 負債에 의한 壓良爲賤 금지 등이 포함되어 있다.

16) 표를 작성하는 데 참고한 문헌은 池承鍾, 〈朝鮮後期社會와 身分制의 動搖〉(《韓國의 社會와 文化》 10, 1989), 30쪽 참조. 井上和枝, 〈李朝後期慶尙道丹城縣の社會變動－學習院大學藏丹城縣戶籍大帳硏究－〉(《學習院史學》 23, 1985)의 분석결과를 추가함.

〈표 1〉 朝鮮後期 奴婢戶口構成比의 變化 : 槪觀

(단위 : %)

	年度	戶	人口	地域	研究者	備考
①	1606		41.66	山陰	盧鎭英	賤民
②	1606	18.18	64.37	丹城	韓基範	賤民
③	1609		47.0	蔚山	韓榮國	東・西・南・北面
④	1630		34.53	山陰	盧鎭英	賤民
⑤	1663	53.5		서울	Wagner	北部
⑥	1672	10.8		金化	Shin	賤民
⑦	1678		56.4	丹城	金泳謨	
⑧	1678	46.7		丹城	李俊九	
⑨	1684	46.0		蔚山	金泳謨	內廂面
⑩	1690	37.1	43.1	大邱	四方博	
⑪	1711	8.2		彦陽	朴容淑	賤民
⑫	1717	27.6	45.0	丹城	朴容淑	
⑬	1717	25.9		丹城	李俊九	
⑭	1720		44.1	丹城	金泳謨	
⑮	1729	13.93	31.03	蔚山	鄭奭鍾	農所面
⑯	1729	26.5		蔚山	Somerville	柳浦・農所・凡西面
⑰	1732		43.0	丹城	金泳謨	
⑱	1732	26.6	32.4	大邱	四方博	
⑲	1738	20.6		尙州	金容燮	賤民
⑳	1753	16.8		蔚山	Somerville	柳浦・農所・凡西面
㉑	1759		28.2	丹城	金泳謨	
㉒	1759	17.6		丹城	李俊九	
㉓	1765	7.73		蔚山	Somerville	柳浦・農所・凡西面
㉔	1765	2.0	17.07	蔚山	鄭奭鍾	農所面
㉕	1771	7.5		蔚山	金泳謨	內廂面
㉖	1783	5.0	15.9	大邱	四方博	
㉗	1786	8.8	25.9	丹城	朴容淑	
㉘	1786		26.2	丹城	金泳謨	
㉙	1786	7.7		丹城	李俊九	
㉚	1798	1.4		彦陽	朴容淑	賤民
㉛	1804	0.54		蔚山	Somerville	(柳浦・)農所・凡西面
㉜	1804	0.92	22.99	蔚山	鄭奭鍾	農所面
㉝	1825		3.5	鎭海	武田幸男	賤民・男丁
㉞	1825		4.4	鎭海	武田幸男	賤民・男丁 東・西面
㉟	1825	2.1	10.5	丹城	井上和枝	男丁
㊱	1858	1.5	31.3	大邱	四方博	
㊲	1861	0.3		彦陽	朴容淑	賤民
㊳	1867	0.56	14.39	蔚山	鄭奭鍾	農所面
㊴	1876		2.6	鎭海	武田幸男	賤民・男丁 東・西面
㊵	1882	0.0	14.5	丹城	井上和枝	男丁 新等・法勿也面
㊶	1885	0.0		蔚山	金泳謨	內廂面

* 비고란에서 '賤民'은 연구자가 분류를 賤民으로 하였음을 뜻함. '男丁'은 인구 통계에서 男丁만 계산하여 婢子가 빠져 있음을 나타낸 것임.

〈표 1〉은 시기적으로 17세기 초부터 19세기 말까지 걸쳐 있다는 점에서는 만족스러우나 지역적으로 편중되어 있는 점, 戶와 口를 동시에 제시하고 있는 연구 사례가 적다는 점 등에서 일정한 결함을 가지고 있다. 〈표 1〉으로부터 일차적으로 확인할 수 있는 현상은 獨立奴婢戶의 감소 현상이 조선 후기 전체를 일관하여 나타나고 있다는 점이다. 특히 18세기 전반과 후반 사이에 커다란 감소현상을 보이고 있다. 독립노비호는 18세기 후반 이후 급격히 감소하여 19세기말에 이르면 적어도 호적대장 상으로는 거의 자취를 감추었다고 볼 수 있다. 지역별로는 노비호에 대한 통계가 가장 많이 밝혀져 있는 蔚山 지역의 경우, 대체로 18세기 후반에는 10%이하에 머무르고 있으며 19세기에는 1% 이하로 그 비율이 현저하게 떨어지고 있음을 볼 수 있다. 丹城 지역도 1717년의 27.6%에서 1786년에는 8.8%로 급감하고 1825년에는 2.1% 정도에 그치고 있다. 大邱 지역에서도 1690년과 1732년에 각각 37.1%와 26.6%의 비율이었던 것이 1783년에 5%로 떨어지고 다시 1858년에는 1.5%에 불과한 것으로 나타나고 있다.

한편 노비 인구의 구성비 상의 변화는 독립노비호의 그것과는 다소 다른 양상을 보이고 있다. 표에서 보는 것처럼, 대구·울산·단성 세 지역 모두 18세기 후반에 이르러 노비 인구의 비율이 현저히 감소하였다. 그러나 대구와 울산의 경우를 볼 때 18세기 후반 이후에는 더 이상 그러한 경향이 진전되지 않고 있으며, 오히려 1858년의 대구와 1804년의 울산의 경우 역으로 그 비율이 증가되어 나타났다.

〈표 2〉는 호적대장을 통해 추적할 수 있는 19세기 단성현 2개 면의 노비 호구의 변화를 男丁에 국한하여 나타낸 것이다. 표에서 보듯이 노비호는 19세기에 이르러 아예 존재하지 않거나 소수만 잔존한 상태에서 소멸의 길을 밟고 있음을 알 수 있다. 그러나 노비 인구는 19세기 중반까지 증가하여 1861년에 이르러 2개 면 모두 1825년 대비 2배 이상 그 수가 늘어난 것으로 나타나고 있다. 이러한 노비 인구 추세의 '反轉 현상'은 호적대장에 등재된 전체 호수나 인구는 줄어드는 상황과도 잘 대비된다.

〈표 2〉 19世紀 丹城縣 新等·法勿也面 奴婢戶口의 變化(男丁)

	新等面				法勿也面			
	戶數		人口		戶數		人口	
	奴	面全體	奴	面全體	奴	面全體	奴	面全體
1825	9	345	54	624	0	566	47	914
1846	7	314	97		0	495	93	
1861	1	277	114		0	494	119	
1882	0	173	54	345	0	374	81	583

* 자료 : 井上和枝, 위의 글, 13~17쪽에서 재구성.

이와 같이 노비 인구는 17세기 이후 감소 추세를 나타내면서 18세기 후반에 접어들어 현저한 감소 현상을 겪게 되지만, 이후로는 대체로 안정 국면에 들게 되고 지역에 따라서는 '반전 현상'을 보이는 경우까지 있었다. 이러한 노비 인구의 추이는 外居奴婢와 率居奴婢를 구분하여 고찰할 때 좀 더 정확한 이해에 도달할 수 있다. 다음 〈표 3〉은 大邱(四方博)·蔚山(鄭奭鍾)·彦陽(朴容淑)의 사례를 토대로[17] 첫 해의 노비수를 기준(100)으로 삼아 '獨立'(외거)노비와 '從屬'(솔거)노비가 시기별로 어떤 추이를 보이는가를 재구성하여 나타낸 것이다. 전반적인 인구증가율과 관련된 측면은 여기서 고려되어 있지 않다.

〈표 3〉의 大邱 사례를 보면, 1690년과 1732년경 사이에 전체 노비수가 13% 가량 감소하고 있는데, '독립' 노비는 35% 가량 감소하지만 '종속' 노비의 수는 오히려 1.5배 가량 증가하였음을 알 수 있다. 즉, 17세기 말에서 18세기 초에 이르는 기간 동안 진행된 노비 인구의 감소는 어디까지나 '독립' 노비의 감소 경향이 반영된 것이며, '종속' 즉 솔거노비의 수는 오히려 증가하였다. 1786년경에 이르면 '독립' 노비는 더욱 크게 감소하여 1690년의 8.7% 규모에 지나지 않고, '종속' 노비도 1732년경과 비교할 때 절반 가까이 줄어

17) 大邱의 경우 甘勿川·月背·西下 등 3개 면은 문제가 있다고 보고 제외하였다. 蔚山은 農所面에 국한되며, 彦陽의 경우는 私奴婢만 반영되어 있다.

들었다. 1858년의 경우, '독립' 노비는 1690년 대비 2.3%에 지나지 않게 되어 거의 소멸상태에 이르지만, '종속' 노비는 오히려 대폭 증가하여 이전 어느 시기보다도 많은 숫자를 기록하였다.

蔚山 農所面의 경우, 1729년과 1765년 사이에 '독립' 노비가 격감하고 '종속' 노비도 절반 가까이 줄어 들었다. 이후 '독립' 노비는 계속 감소하여 1804년 이후 1729년 대비 3% 이하로 줄어 들었지만, '종속' 노비는 1765년과 1804년 사이에 크게 늘어나는 反轉 현상을 보였고 다시 줄어든 1867년에도 1765년의 수준에 가깝게 유지되고 있다. 彦陽의 경우는 18세기 초에 비해 18세기 말의 전체 노비수가 오히려 늘어난 사례인데, 이는 '독립' 노비 수가 격감했음에도 불구하고 '종속' 노비 수가 170% 가량 크게 늘어난 데서 기인한다. 이 지역에서도 18세기 중후반의 어느 시기에 전반적인 노비 인구 감소 현상이 있었을 것으로 추측되지만 자료의 한계로 인해 밝혀지지 않고 있다. 이후 1861년에 이르면 '독립' 노비는 완전히 소멸된 것으로 나타나지만, '종속' 노비의 규모는 그대로 유지되고 있어서 전체 노비의 수도 1711년 대비 97.4%를 기록하고 있는 것으로 나타났다.

〈표 3〉 朝鮮後期 地域別 獨立·從屬奴婢數의 推移

大邱				蔚山				彦陽			
年度	獨立	從屬	總數	年度	獨立	從屬	總數	年度	獨立	從屬	總數
1690	100 (3,875)	100 (1,333)	100 (5,208)	1729	100 (234)	100 (555)	100 (789)	1711	100 (526)	100 (809)	100 (1,335)
1729 1732	65.5 (2,524)	150.8 (2,010)	87.1 (4,534)	1765	15.0 (35)	51.4 (285)	40.6 (320)	–	–	–	–
1783 1786	8.7 (338)	85.5 (1,140)	28.4 (1,478)	1804	3.0 (7)	87.9 (488)	62.7 (495)	1798	34.8 (183)	170.5 (1,379)	117.0 (1,562)
1858	2.3 (91)	208.6 (2,780)	55.1 (2,871)	1867	2.6 (6)	51.7 (287)	37.1 (293)	1861	0.0 (0)	160.7 (1,300)	97.4 (1,300)

* ( )안은 奴婢 實數(名).

요컨대, 이 세 지역 사례를 통해서 볼 때, 조선 후기 동안 진행된 노비 인구의 감소는 '독립' 노비의 격감에 의해 주도된 것, 그리고 노비 인구 추세의 反轉 현상이 나타날 경우 이는 곧 '종속' 노비의 증가에 기인한 것임을 알 수 있다. 또한 19세기 중반의 '종속' 노비 수는 18세기 초엽에 비해 오히려 더 늘어난 상태이거나(대구 · 언양) 18세기 중반의 규모를 유지하고 있어서(울산), 이 시기에 이르러서도 노비제에 기초한 신분 관계는 해체되지 않고 지속되고 있음을 확인할 수 있다. 호적대장을 토대로 파악된 이러한 '독립' 노비와 '종속' 노비의 상태는 외거노비와 솔거노비의 개념으로 바꾸어 적용해도 무방할 것이다.

이상 살펴본 바 조선 후기 노비 호구의 변화는 다음과 같이 요약될 수 있다. 첫째, 전체적으로 戶와 人口의 양면에서 노비가 차지하는 비중이 감소되어 갔다. 戶의 감소는 급격히, 인구의 감소는 상대적으로 완만하게 진행되었다. 노비 호구의 감소 현상은 18세기 후반에 현저히 진행된 것으로 보인다. 둘째, 대개 외거노비에 해당하는 독립노비호는 18세기 후반 이래 급격히 감소하여 19세기에는 거의 소멸 상태에 놓이게 되었던 것으로 보인다. 셋째, 솔거노비도 감소 추세에 있었지만 그다지 커다란 동요는 겪지 않았던 것으로 보인다. 18세기 후반 이후에 보이는 노비 인구의 상대적 안정화 경향은 대체로 이 맥락에서 이해될 수 있다.

이러한 노비 호구의 감소 경향을 낳은 요인으로는 앞서 서술한 바 1801년의 내시노비 해방, 일련의 면천 · 종량의 기회 확대, 1731년에 확립된 '노양처소생종모역법' 등과 같은 제도적 요인과 함께, 조선 후기에 나타나는 광범한 노비 도망과 *身分冒稱* 등 노비의 처지에서 벗어나려는 개인적 차원의 노력들을 들 수 있다.

특히 외거노비의 경우 그 일반적 유형이 조선 후기에는 상전에 대해 신공의 의무만 부담하는 소농민이었음에 주목할 필요가 있다.[18] 외거노비는 소경영에 의한 경제적 성장을 바탕으로 사회적 존재양태의 면에서는 양인 농민과 별로 다를 바 없는 존재로 되어 갔고, 대부분 면천 · 속량의 확대로 양인

---

18) 이하 朝鮮後期 *外居奴婢*에 대한 서술은 *全炯澤*, 앞의 글 참조.

화되어 노비호 격감의 요인으로 작용하였을 것으로 추정된다. 이들 외거노비의 경제적 자립성 강화 경향을 조선 후기 노비 호구 감소의 요인 가운데 하나로 지목할 수 있다.

다른 한편, 솔거노비는 상전의 직접적 통제를 받으며 예속되어 있었고, 노비의 처지를 벗어날 여러 수단들에 접근할 기회가 제약되어 있었다. 대개 양반 신분인 노비소유자의 편에서도 솔거노비는 생활양식의 유지를 위한 조건 가운데 하나였으므로 노비소유의 안정적 유지를 위해 부심하였을 것이다. 18세기 후반 이후 지역에 따라 나타나는 솔거노비 수의 '반전' 현상은 대개 이러한 맥락에서 이해될 수 있겠으나, 앞으로 이 현상을 해명하기 위한 정밀한 연구가 있어야 할 것이다.

노비 호구 감소의 결과, 19세기에 이르러 외거노비는 거의 소멸하고 솔거노비가 노비의 대부분을 점하며 잔존하게 되었다. 이에 따라 노비제의 구성적 범주는 사노비 중 솔거노비와 내시노비 혁파 당시 제외된 공노비 중 각관노비의 두 범주로 대별됨으로써 이전 시기의 노비제와는 상당한 차이를 드러내게 되었다. 그러나 노비제의 본질적 부분에 속하는 솔거노비가 해체되지 않고 상당한 규모로 존재하고 있었으므로 진정한 의미에서의 노비제 해체에 도달하였다고 하기는 어렵다. 그렇기 때문에 1894년 농민전쟁에서 전개한 노비제 폐지 운동과 개화파 정부에 의해 단행된 노비제의 법적 폐지 조치는 아직 그 여신이 남아 있는 노비제의 역사에 일대 타격을 가하였다는 점에서 중대한 역사적 의의를 지니게 되는 것이다.

2) 중간신분층의 동향

서얼은 15세기 후반 이래 법과 관습의 양 측면에서 규제되고 차대되는 확고한 하나의 신분으로 성립되었다. 서얼은 《경국대전》의 규정에 의하여 과거응시자격을 박탈당하였다. '勿許赴擧'에 의한 서얼금고는 서얼의 양반 신분에의 참여 가능성을 봉쇄한 것으로, 嫡子孫들과 구별되는 독자적인 신분을 성립시킨 중요한 계기가 되었다. 또한 관직에 진출한 서얼에 대해서는 限品敍

用과 雜職叙用의 제약을 가함으로써 양반 신분에의 참여 가능성을 더욱 철저히 봉쇄하였다. 이와 같은 仕宦의 제한은 신분으로서의 서얼이 당면하게 된 일차적 문제였고, 이는 '許通'과 '通淸'의 문제로 집약되었다.

서얼 신분에게 가해진 사환의 제한은 순서상 허통의 문제로부터 완화되기 시작하였다. 일찍이 명종 8년(1553) 양첩자의 아들대부터 허통하는 조치가 있은 후, 인조 3년(1625)에는 다시 천첩자의 손자대부터 허통되었다. 이후 숙종 22년(1696)에 이르러 앞서 선조 16년(1583) 이후부터 양첩의 아들과 천첩의 아들・손자에게 적용하였던 '納米許通'의 조건을 폐지함으로써 '물허부거'의 문제는 일단 해소되었다. 또한 이 때 서얼 신분이 과거에 나아갈 때 허통 또는 서얼로 표기하던 직역 명칭도 業儒(文)・業武(武)로 바꾸되 양첩의 손자와 천첩의 증손부터는 幼學을 칭하도록 허용하였다. 직역 명칭에 대한 규제는 숙종 34년(1708) 경부터 서얼 당자만 업유・업무를 칭하고 그 아들부터는 幼學을 사용해도 무방하도록 허용함으로써 더욱 완화되었다. 이와 같이 17세기 말엽에 이르면 서얼 허통의 문제는 법제적 수준에서는 대개 해결 국면에 들게 된다.

그러나 통청의 문제, 즉 과거나 음서를 통해 관직에 나아간 서얼에게 가해진 제약이 해소되는 데는 좀 더 긴 시간이 필요하였다. 인조 3년(1625)에 '요직은 허용하나 청직은 불허한다(許要而不許淸)'는 원칙을 세워 戶・刑・工曹의 낭관에 서얼 출신도 서용할 수 있도록 하였지만 실제 임용된 사례는 희소하였다.[19] 이후 18・19세기에 걸쳐 치열하게 전개된 서얼통청운동과 맞물려 제약이 완화되어 갔다.[20] 정조 원년(1777)의 〈丁酉節目〉에서 문관은 호・형・공 3조(참상관)와 直講, 무관은 五衛將・中樞・虞候 등을 허용하였고, 지방 수령도 목사(문무당상)・부사(문무당하)・군수(生進・蔭)・현령(未生進・引儀出身) 등에 차등을 두어 임명될 수 있게 하였다. 순조 23년(1823)의 〈癸未節目〉에서는 限品을 종2품으로 상향 조정하고, 문관은 左尹・右尹과 호・형・공 3조의 참의 및 臺職, 음관은 목사, 무관은 병사를 허용하였다. 〈계미절목〉은 〈정유절

19) 《英祖實錄》 2, 영조 즉위년 12월 병술.
20) 李鍾日, 〈18・19세기의 庶孼疏通運動에 대하여〉(《韓國史硏究》 58, 1987).

목〉에 비하여 疏通 범위가 다소 넓혀지고 비록 臺官에 한한 것이긴 하지만 淸職에도 진출할 수 있도록 배려되어 있다. 다시 철종 2년(1851)에는 서얼도 사족과 같이 '文槐武宣' 즉 문과 급제자는 承文院에 分館하고 무과 급제자는 宣傳官廳에 薦望할 수 있도록 함으로써 제약이 더욱 완화되었다.

한편, 17세기 초 인조 대에 이르러 중인 신분이 기술직의 세습화 경향과 '淸職에의 枳塞' 관행을 배경으로 양반과 구별되는 중인의 명호를 얻게 되면서 하나의 신분으로 성립되었다. 중인은 19세기 후반에도 그 品第와 等級이 서얼과 엇비슷하여 '中庶'라 통칭되고 있었다.[21] 이들은 서얼이 통청운동을 통해 신분상황을 개선해 나가는 데 자극 받아, 철종 2년 서얼의 '문괴무선' 허용 조치를 계기로 한 때 대대적인 통청운동을 전개하려는 노력을 펴기도 하였으나 실행에 옮기지는 못하였다.[22] 중인은 운동의 실패를 우려해서 자제할 만큼 현실적으로 누리고 있던 이익 또한 적지 않게 가지고 있던 신분이었다.[23] 중인은 다른 신분층에 비해서는 소수에 지나지 않았지만, 그 가운데서도 상층에 속하는 역관·의관 등은 상당한 경제적 기반을 형성하거나 사신 행차의 수행원으로서 국제 정세에 관한 상당한 식견을 지니기도 하였다. 김옥균 일파를 지도하는 입장에서 개화사상의 형성과 전파에 공헌하였던 吳慶錫(역관)·劉鴻基(의관) 등이 그 대표적인 인물로 꼽힌다.

향리의 경우, 조선 후기에 오면서 내부 3계층의 위계질서 즉 三壇에 대한 언급은 사라지고 그 대신 향리와 '假吏'의 구분이 강조되었다. 18세기 초반까지 가리층은 주로 노비로 충원되었지만 이후로는 양민층이 대거 참여하는 양상을 보인다.[24] 가리의 향리직으로의 활발한 진입으로 인해 향리 직임을 둘러싸고 경쟁·대립이 격화되어 가고, 그만큼 입지가 좁아진 기존 향리층은 이들의 진입이나 득세를 막기 위해 각종 完議나 節目을 만들어 향리와 가리의 구분을 강조하였다. 또한 향리 가문 내에서도 향리직에 계속 참여하는 경

---

21) 黃 玹, 《梅泉野錄》 권 1, (《黃玹全集(下)》, 亞細亞文化社, 1978), 93쪽.
22) 韓永愚, 〈朝鮮時代 中人의 身分·階級的 性格〉(《韓國文化》 9, 1988).
23) 金弼東, 〈중인 신분의 형성과 발전〉(《차별과 연대-조선 사회의 신분과 조직-》, 문학과지성사, 1999), 133쪽.
24) 金俊亨, 〈朝鮮後期 蔚山 地域의 鄕吏層 變動〉(《韓國史硏究》 56, 1987).

우와 탈락하는 경우로 분화되는 양상을 보였다. 이에 따라 같은 향리 가문 내에서도 향리와 유학 등 다른 신분직역이 혼재되는 경우도 나타난다. 이는 사족층의 입지가 점차 약화되어 가고 있던 당시 현실상황에서는 경제적 이권이 많은 향리직을 고수하는 것이 오히려 더 유리하다고 판단했기 때문이었을 것으로 추정된다.[25] 다른 한편, 호장·육방·색리층 간의 엄격한 위계관계도 무너져가고 각 직임이 가지는 현실적 힘이 더 중요하게 되었다. 향리층은 조선 후기의 사회변화 속에서 이미 구조화·관행화된 중간수탈구조를 형성하고 있었고[26] 이들은 지방행정에 능통한 점을 악용하여 수령과 밀착해 가면서 鄕廳(鄕所)의 통제도 벗어나고 있었다.

중간신분층은 임오군란 직후인 고종 19년(1882) 7월에 이르러 왕이 門地와 귀천을 가리지 않고 "西北·松都·庶孽·醫譯·胥吏·軍伍를 顯職에 通用한다"[27]는 방침을 천명함으로써 관직 진출의 면에서 새로운 전기를 맞이하게 되었다. 예를 들어, 고종 년간에 서얼로서 淸顯에 이른 자로 첫 손에 꼽는 李祖淵이 청요직에 진출하여 이조참판의 망에 들고 左營使에 이를 수 있었던 것은 임오년 이후였다.[28] 또한 1894년 갑오개혁에 참여한 소장 관료 가운데 서얼(金嘉鎭·安駉壽·權在衡·李允用·尹致昊), 중인(鄭秉夏·高永喜·吳世昌), 토반(金鶴羽·張博) 등 한미한 신분배경을 가진 '亞流兩班'들이 다수 포진되어 있었다.[29] 특히 이들 중 서얼 출신인 金嘉鎭·權在衡·安駉壽 등은 각각 공부·군부·탁지부의 협판직을 맡아 개혁을 적극 추진하는 위치에 있었다.[30]

이처럼 19세기 후반에 이르기까지 중간신분층, 그 중에서도 특히 서얼의

---

25) 崔承熙, 〈朝鮮後期 鄕吏身分移動與否考 2〉(《韓國文化》 4, 1983).

26) 張東杓, 〈18~19세기 吏額增加의 현상에 관한 硏究〉(《釜大史學》 9, 1985).

27) 《高宗實錄》 19, 고종 19년 7월 22일.

28) 黃 玹, 위의 책, 79쪽.

29) 柳永益, 〈甲午更張과 社會制度 改革〉(朱甫暾 외, 《韓國社會發展史論》, 一潮閣, 1992), 238쪽.

30) 서얼 출신으로 갑오년 이후 大官에 이른 사람들로는 李祖淵을 비롯 李範晋·金嘉鎭·閔致憲·閔商鎬·閔泳綺·李允用·尹雄烈·安駉壽·金永準 등이 꼽힌다. 黃玹, 위의 책, 93쪽.

신분적 지위가 많이 개선되어 사환의 제한에 관한 법적 제약은 거의 해소되었다. 그러나 서얼의 경우, 관의 지배 영역에서 가해졌던 제약이 완화되어 갔던 것과는 달리 사회 관습의 영역에서는 차대가 엄연히 존재하였고 오히려 더욱 심화되어가는 일면도 있었다.[31]

3) 양반 신분의 동향

(1) 양반 호구의 변화

영조 26년(1750) 知敦寧府事 李宗城은 왕에게 올린 글에서 다음과 같이 지적한 바 있다.

> 서울이나 외방의 士庶는 큰 부자나 녹을 먹는 사람 이외에는 대체로 궁핍한 사람이 많은데, 그 중에서도 양반이 가장 많고 또 가장 가난합니다. 士夫의 公卿 자손과 鄕人의 校生 이상을 통칭 양반이라고 하는데, 그 수효는 거의 모든 백성의 반절이 넘습니다.[32]

이처럼 지배신분인 양반의 수효가 여타 신분보다 많아지는 이른바 역계층화 현상은 조선 후기 신분구조의 주요 특징 가운데 하나이며 신분제 동요 현상에 관한 주된 근거로서 흔히 설정된다. 양반 신분에 해당하는 호구의 수가 조선 후기 동안 계속 증가하였다는 사실은 호적 연구에 의해 구체적으로 밝혀졌다. 〈표 4〉는 각 지역별 호적 연구에 의해 양반 신분으로 파악된 호구의 전체에 대한 구성비를 개관할 수 있도록 한 데 모아 정리한 것이다.

---

31) 宋俊浩, 〈朝鮮時代의 科擧와 兩班 및 良人〉(《歷史學報》 69, 1976), 123~124쪽.
32) 《英祖實錄》 71, 英祖 26년 6월 癸巳.

〈표 4〉 朝鮮後期 兩班身分戶口構成比의 變化 : 槪觀

(단위 : %)

	年度	戶	人口	地域	硏究者	備考
①	1606		13.75	山陰	盧鎭英	職
②	1606	48.33	18.15	丹城	韓基範	職
③	1609		2.5	蔚山	韓榮國	職
④	1630		15.85	山陰	盧鎭英	職
⑤	1663	16.6		서울	Wagner	形
⑥	1672	14.2		金化	Shin	形
⑦	1678		5.6	丹城	金泳謨	職·準
⑧	1678	13.6		丹城	李俊九	職
⑨	1684	5.1		蔚山	金泳謨	職·準
⑩	1690	9.2	7.4	大邱	四方博	形
⑪	1711	29.1		彦陽	朴容淑	形·準
⑫	1717	19.9	12.8	丹城	朴容淑	形
⑬	1717	19.1		丹城	李俊九	職
⑭	1720		8.0	丹城	金泳謨	職·準
⑮	1729	26.29	19.39	蔚山	鄭奭鍾	形
⑯	1729	14.48		蔚山	Somerville	職·鄕班
⑰	1732		10.0	丹城	金泳謨	職·準
⑱	1732	18.7	14.8	大邱	四方博	形
⑲	1738	30.1		尙州	金容燮	職
⑳	1753	19.79		蔚山	Somerville	職·鄕班
㉑	1759		9.7	丹城	金泳謨	職·準
㉒	1759	24.4		丹城	李俊九	職
㉓	1765	23.45		蔚山	Somerville	職·鄕班
㉔	1765	40.98	32.11	蔚山	鄭奭鍾	形
㉕	1771	16.4		蔚山	金泳謨	職·準
㉖	1783	37.5	31.9	大邱	四方博	形
㉗	1786	32.2	23.4	丹城	朴容淑	形
㉘	1786		14.3	丹城	金泳謨	職·準
㉙	1786	31.4		丹城	李俊九	職
㉚	1798	68.3		彦陽	朴容淑	形·準
㉛	1804	35.8		蔚山	Somerville	職·鄕班
㉜	1804	53.47	43.67	蔚山	鄭奭鍾	形
㉝	1825		38.6	鎭海	武田幸男	職·準·男丁
㉞	1825		32.6	鎭海	武田幸男	職·準·男丁 東面
㉟	1825	57.1	42.1	丹城	井上和枝	職·準·男丁
㊱	1858	70.3	48.6	大邱	四方博	形
㊲	1861	84.4		彦陽	朴容淑	形·準
㊳	1867	65.48	67.07	蔚山	鄭奭鍾	形
㊴	1876		36.9	鎭海	武田幸男	職·準·男丁 東面
㊵	1882	83.4	65.8	丹城	井上和枝	職·男丁
㊶	1885	38.6		蔚山	金泳謨	職·準

* 연도, 지역 및 연구자 배열은 〈표 1〉과 같음. 〈표 1〉에 있는 비고란의 面地域 표시는 대개 동일하므로 여기서는 생략하였음.

** 비고란에서 '職'은 '職役表記', '形'은 '記載形式'의 줄임이며 분류기준임. '準'은 '準兩班'이 포함되어 있다는 뜻임.

이 표의 형태는 노비 호구에 관한 앞의 〈표 1〉과 동일하지만, 노비의 경우 그 범주의 획정이 단순하고 호적상에도 대개 분명하게 나타나므로 연구자들 간에 상위함이 거의 없음에 비해, 양반 신분에 대한 파악방식은 다양한 견해 차이를 보이고 있다. 〈표 4〉의 비고란을 보아도 대개 짐작할 수 있듯이 호적에서 양반 신분을 판별해 내는 기준이 연구자들 간에 통일되어 있지 않다. 이러한 견해 차이는 대략 다음 세 가지로 압축할 수 있다. 우선 판별 기준이 기재형식인가 아니면 직역표기인가 또는 이 둘을 혼용할 것인가에 대한 견해 차이가 그 하나이고, 직역표기를 분류기준으로 사용할 경우 양반 직역의 범주에 관한 견해 차이가 그 둘이며, '준양반'을 구별되는 하나의 범주로 독립시킬 것인가에 대한 견해 차이가 그 셋이다. 〈표 4〉에 나타나 있는 통계치에는 이러한 연구자 간의 견해 차이가 그대로 반영되어 있다. 그 단적인 예로서 〈표 4〉의 ㉗㉘㉙는 동일 호적대장을 자료로 삼아 양반 호구를 추출한 것이지만 세 연구자가 적용한 기준이 상이하기 때문에 그 구성비가 일치하지 않고 있다. 따라서 이러한 통계치만 가지고 시기별 추이 분석이나 지역간 비교를 정확히 행하기는 어렵다. 여기에 다시 지역적 특수성이 반영되어 있을 가능성까지 감안한다면 이들 지역별 통계치를 단순 비교하여 어떤 결론을 내리기에는 난점이 있다. 그러므로 〈표 4〉는 이를 통해 양반 호구의 추이에 관한 개략적인 정보를 얻는 정도로 그 의미가 제한된다.

이러한 전제 아래 〈표 4〉를 보면, ②의 경우와 한 번만 조사된 지역을 제외하고 거의 모든 지역 사례에서 兩班戶 및 兩班人口가 시간이 갈수록 증가되는 것으로 나타나고 있다. 그리고 이 증가 경향은 大邱(⑩⑱㉖㊱)와 彦陽(⑪㉚㊲)에서 가장 극적으로 나타나고 있다. 대구 지역의 양반호는 17세기 말의 9.2%에서 19세기 중엽에 이르기까지 대략 50년마다 倍增하여 1858년에 이르면 전체의 70.3%를 점유하는 것으로 파악되어 있다. 언양의 양반호(준양반 포함)도 1711년과 1798년 사이에 2배 이상 구성비가 높아지고 다시 1861년에 이르면 전체의 84.4%라는 압도적인 구성비를 기록하고 있다.

이리하여 19세기 후반에 이르면 兩班戶의 전체에 대한 구성비가 지역별로 70.3%(大邱), 84.4%(彦陽), 65.48%(蔚山 農所面), 83.4%(丹城 新等・法勿也面)에 달하고 兩班人口도 48.6%(大邱), 67.07%(蔚山 農所面), 65.8%(丹城 新等・法勿也

面)에 달하고 있어서 이 사실로만 본다면 양반 신분의 소수 특권지배신분으로서의 성격은 무의미하게 되었다고 말할 수 있다.

호적 분석에 의해 파악된 양반층의 급증현상은 '幼學' 직역층의 급증에 의한 것인데, 대구의 경우 幼學戶의 전체 양반호 중 점유율이 1690년의 41.4%에서 1858년의 89.8%로, 언양의 경우 1711년의 54.6%에서 1861년의 98.4%로, 단성의 경우 1678년의 41.5%에서 1825년의 98.8%로 각각 크게 증가하였다.[33] 19세기 후반까지 자료가 밝혀져 있는 단성 新等面과 法勿也面의 사례를 〈표 5〉를 통해서 보면, 1825년 이후에도 양반호 가운데 유학호의 점유율은 최저 96.7%에서 최고 99.6%까지, 양반 인구 가운데 유학 인구의 점유율은 97.0%에서 99.7%까지 매우 높은 수준에서 유지되고 있음을 볼 수 있다. 이 2개 면의 경우, 1882년의 유학호 점유율은 新等 96.7% 法勿也 99.0%, 유학 인구 점유율은 新等 97.0% 法勿也 99.3%를 각각 기록하였다.

〈표 5〉 19世紀 丹城縣 新等·法勿也面 幼學戶口의 變化(男丁)

	新等面				法勿也面			
	戶數		人口		戶數		人口	
	幼學	全體	幼學	全體	幼學	全體	幼學	全體
1825	123 (97.6)	126	142 (97.9)	145	166 (99.4)	167	204 (99.5)	205
1846	144 (98.6)	146	148 (97.4)	152	254 (99.6)	255	324 (99.7)	325
1861	187 (97.9)	191	247 (97.2)	254	323 (99.4)	325	365 (99.5)	367
1882	147 (96.7)	152	196 (97.0)	202	301 (99.0)	304	406 (99.3)	409

* 자료 : 井上和枝, 위의 글, 15쪽에서 재구성. 이 표에서 '全體'는 兩班 全體를 말하며 準兩班으로 분류되는 것은 제외하였음. ( )안은 양반 전체에 대한 幼學 호구의 점유율(%).

33) 李俊九, 〈양반층의 증가와 분화〉(《한국사》 34, 국사편찬위원회, 1995), 16~17쪽.

이처럼 18세기 이후부터 幼學 호구가 급증한 배경에는 유학의 자기 재생산 뿐만 아니라 忠義衛에서 유학으로의 직역 이동과 서얼 후손을 비롯한 중간신분층의 유학 호칭, 그리고 有役下層民의 冒稱幼學 등 다양한 신분층의 유학 호칭이 주요 요인으로 작용하였다. 특히 유역 하층민의 모칭유학은 18세기를 거쳐 19세기로 오면서 유학층 증가의 결정적인 요인으로 작용하여 군역제의 동요와 함께 신분제의 동요를 가속화하였다.[34] 유학은 16·17세기까지는 대개 양반의 직역에 해당하였으나, 18·19세기로 오면서 하위신분층에 의하여 모칭되었고 호적상 모칭유학의 추세는 관에서도 제어할 수 없는 상태에 이르렀다.[35] 그러므로 호적대장 상에 幼學 직역으로 기재된 호구의 급증 현상을 곧바로 양반 신분층의 급증으로 해석하는 데는 일정한 한계가 따르며, 오히려 이를 신분과 직역 간의 불일치 현상으로 해석하고 신분직역제의 해체 문제와 관련지울 수도 있는 것이다.[36]

이러한 한계에도 불구하고, 호적 분석에서 일관되게 나타나고 있는 兩班戶口의 증가 현상은 양반 신분층의 동요 현상을 설명하는 지표로서의 가능성을 여전히 보유하고 있다. 다양한 신분층, 특히 유역 하층민이 19세기로 오면서 양반의 직역인 유학을 모칭할 수 있었다는 사실이 입증될수록 양반 신분층의 폐쇄성 약화 내지 권위 하강에 관한 증거도 강화될 수 있기 때문이며 그 결과는 중세적 신분질서 해체의 징후로 연결되어질 수 있기 때문이다.

(2) 양반 신분의 동요와 분화

조선 후기 양반신분의 동요를 초래한 배경은 비양반층의 신분적 상향 이동의 결과라는 관점에서 조명될 수 있다. 비양반층은 과거라는 좁은 통로를 거쳐 양반으로 상향 이동할 수 있었다. 그러나 이러한 이동 방식은 양반층의 신분적 지위 자체에는 거의 타격을 주지 않는 성격의 것이며, 양반 신분으로의 充員의 의미를 띠는 班常制의 제도적 과정의 하나일 뿐이다. 그러므로 양

34) 李俊九, 위의 글, 17~21쪽 참조.
35) 崔承熙, 〈朝鮮後期 幼學·學生의 身分史的 意味〉(《國史館論叢》 1, 1989), 117쪽.
36) 任敏赫, 〈朝鮮後期의 幼學〉(《淸溪史學》 8, 1991), 158쪽 참조.

반 신분의 동요는 과거 이외의 다양한 합법적·불법적 수단들을 통한 상향 이동에 의해 초래되었다고 할 수 있다. 이러한 반상제의 제도적 과정을 벗어난 수단들을 통하여 새로이 양반 신분층에 대량으로 진출함으로써 양반 호구가 그만큼 늘어나고 그로 인한 양반 신분의 동요가 야기되었다고 볼 수 있는 것이다.

대표적인 합법적 상향 이동 수단이 곧 納粟授職이다. 납속수직은 米穀으로 대표되는 일정 財貨를 국가에 헌납한 자에게 그 대가로 官爵을 수여하는, 말하자면 賣官과 다를 바 없는[37] 재정염출책이다. 경제적 여유가 있는 부유한 상민들은 정상적인 경로를 통해서는 접근할 수 없는 관직이나 품계를 납속수직의 방법을 통하여 획득함으로써 자신의 신분적 지위를 향상시킬 수 있었고 국가는 그러한 신분 상승의 열망을 이용하여 부족한 재원을 메꿀 수 있었다. 조선 후기에 들어와 賑恤·軍糧確保·軍器補修·宮闕營建·築城 등을 위한 비용을 마련하기 위해 납속수직이 빈번하게 행해졌다. 납속에 의해 획득할 수 있는 관직은 대개 老職·贈職·影職·加設職 등으로서 職事가 없는 명예직이 주류를 이루었다. 納粟品官은 군역이 면제되지 않는 등 일반 사대부와 동등한 대우를 받지 못하고 구별되어 그 신분적 지위는 양반과 상민의 중간에 위치하는 정도였던 것으로 추정되지만,[38] 제도상의 규정과는 달리 시일이 흐름에 따라 본래의 양반층과 마찬가지로 양반 행세도 할 수 있게 되었다.[39]

납속수직 이외에도 각종의 冒稱·冒屬·冒錄 등 다양한 불법적 방법을 동원하여 양반으로의 신분 상승을 도모하였다. 비교적 부유한 상민들은 籍吏와 결탁하여 호적에 幼學으로 冒錄함으로써 避役을 피하였으며 이러한 冒稱幼學은 상민 가운데 약간의 식견과 재력이 있는 자는 쉽게 넘볼 수 있었다.[40]

---

37) 《英祖實錄》 6, 영조 원년 5월 계묘. 侍讀官 徐宗燮의 말 참조.

38) 李俊九, 〈朝鮮後期兩班身分移動에 關한 硏究(上)〉(《歷史學報》 97, 1983), 152쪽.

39) 金容燮, 〈朝鮮後期에 있어서의 身分制의 動搖와 農地所有〉(《朝鮮後期農業史硏究》, 一潮閣, 1970), 413쪽.

40) 鄭奭鍾, 〈朝鮮後期 社會身分制의 變化〉(《朝鮮後期社會變動硏究》, 一潮閣, 1983), 255쪽 ; 金容燮, 〈朝鮮後期 軍役制의 動搖와 軍役田〉(《東方學志》 32, 1962), 110쪽 참조.

또한 재력있는 상민들은 璿派·勳族을 모칭하고 관작을 거짓 기재하여 僞譜를 만들거나, 빈궁한 양반의 족보를 사서 후손으로 冒錄하는 방법 등을 사용하였다.[41] 이와 함께 忠義衛·業儒·業武·校生·院生·軍官·將校 등의 신분직역을 모칭하거나 거기에 모속함으로써 피역을 위한 신분 상승을 도모하였다.

비양반층의 상향 이동이 활발해지고 이들이 양반 신분층에 대량으로 진출함에 따라 양반 신분은 크게 동요되었고 이는 양반 신분의 분화 현상을 촉진하였다. 본래의 양반 신분은 李重煥(1690~1756)이 지적한 바와 같이 士大夫와 鄕曲品官의 구별이 있었고, 사대부 간에도 大家·名家의 경계가 있었다.[42] 또한 柳壽垣(1694~1755)이 素門平族과 高門大族을 나눈 것과 같이[43] 家世와 門地에 따라 한미한 가문과 문벌 가문을 구분하는 풍토가 있었다. 경제적으로도 대지주로부터 "사는 꼴이 걸인을 방불케 하는"[44] 빈곤층에 이르기까지 분화되고 있었다. 지역적으로도 18세기 이후 서울을 중심으로 하는 數十家의 양반 권세가에 정권이 집중되어 간 이면에는 지방 사족(특히 영남 사족)의 향족화 현상이 자리잡고 있었다.[45]

그런데 비양반층의 대량 진출에 의해 촉진된 양반층의 분화 현상은 이러한 전국적 수준에서 상·하를 구분하는 형태와는 다소 다른 방향에서 진행된 것이라는 점에서 주목할 필요가 있다. 이 분화의 새로운 형태는 주로 양반 신분의 하부에 해당하는 재지사족 내지 향반의 수준에서 향촌사회를 공간적 배경으로 하여 나타난 것으로 보인다. 그 가운데 가장 주목되는 것은 '儒鄕分岐' 즉 士族과 鄕族·鄕品의 분리 현상이었다.[46] 영남 등 일부 지역을 제외하고 거의 전국적 수준에서 진행된 유향분기는 사족지배체제에서 守令-吏·鄕支配體制로의 변화에 따른 재지사족의 鄕權 상실 경향과도 관련된다. 관 주도의 향촌사회 통제책 시행에 따라 향임이 고역으로 전락하자 본래

41) 鄭奭鍾, 위의 글, 261~263쪽 ; 金容燮, 위의 글, 116쪽 참조.
42) 李重煥, 《擇里誌》 總論.
43) 柳壽垣, 《迂書》 2, 論門閥之弊.
44) 宋俊浩, 〈1750年代 益山地方의 兩班〉(《全北史學》 11, 1983).
45) 韓沽劤, 《東學亂 起因에 關한 硏究》(서울대학교출판부, 1971), 42~45쪽.
46) 이하 儒鄕分岐에 대한 서술은 李俊九, 앞의 글, 36~38쪽 참조.

의 사족층은 이를 기피하였고, 향임을 담당하는 향족·향품층은 이들과 구분되는 하나의 계층으로 형성되어 갔다. 18세기 후반 이후 향임은 아래로부터 올라오는 부민층이 대거 참여하는 현상이 일반화되었다. 지역에 따라 향임·서얼·이서 등으로 구성된 '新鄕'의 향안 입록을 둘러싸고 기존 입록자인 '舊鄕'과의 사이에 전개된 '鄕戰'과 이를 배경으로 한 향안 파치 현상도 같은 맥락에서 재지사족층의 분화를 보여 주는 한 예로 삼을 수 있다.

다른 한편, 1832년경 晉州 지역에서 나타난 元儒와 別儒의 구분과 차별 양상도 재지사족 수준에서 진행된 분화 현상과 관련하여 음미되어야 할 사례이다.[47] 원유와 별유는 다같이 幼學을 직역으로 하면서도 원유는 토착·전통적인 지배신분층, 별유는 신분상승 혹은 後來移住로서 지배신분층의 하부에 첨입된 존재로 파악된다. 원유와 별유의 구분은 급증된 兩班戶의 자체 구별의 양상을 띠고 있으며 분명한 신분적 상하 관계를 나타내고 있다는 점에서 양반층의 증대에 따른 기존 사족층의 자기 방어 차원의 대응 양상을 잘 보여 준다.

이러한 분화의 제양상은 모든 사회에서 정치적 권력과 경제적 부, 그리고 사회적 위신이 불평등하게 분배된다는 관점에서 보면 당연한 현상일 수 있다. 그러나 조선 후기 양반신분의 분화 과정은 신분제 동요의 결과 또는 징후와 관련될 수 있다는 점에서 중요한 특징이 있다. 상민을 비롯한 여러 신분층의 사회적·경제적 성장과 이를 바탕으로 하는 양반 신분으로의 대량 진출이 양반 호구의 증대를 낳고 그에 대한 사회적 반응으로서 양반 신분의 분화가 촉진될 수 있었다고 볼 수 있기 때문이다. 다만 상층 양반이 이러한 사회·경제적 요인에 의하여 동요된 흔적은 발견하기 어렵다. 오히려 전형적인 양반 가문은 이질적 요소나 하층 양반과의 구별을 강조함으로써 스스로를 강화시켜 나갔을 것으로 보인다.

그러므로 양반 신분의 동요와 관련하여 주목하여야 할 부분은 양반 신분의 하부이다. 이 비교적 수심이 얕은 곳에 상민을 비롯한 여타의 신분층이 뛰어들어 휘저어 놓음으로써 반·상의 混淆가 일어나고 호적대장 상의 양

47) 李海濬, 〈朝鮮後期 晉州地方 儒戶의 實態〉(《震檀學報》 60, 1985).

반층 증대 현상이 야기되었다고 볼 수 있는 것이다. 그런 점에서 18·19세기에 이르러 다양한 신분층이 幼學 직역에 진출함으로써 이 직역 기재로는 본래의 신분을 구별할 수 없게 된 현상은[48] 충분히 주목될 가치가 있는 것이다.[49]

〈池承鍾〉

5. 개항기 지주제와 농업경영

1) 개항 후 농업변동의 요인

(1) 통상무역의 확대와 농촌사회

조선 후기 농촌사회는 신분제의 해체, 농업생산력의 발전과 생산관계의 변동, 상품화폐 유통경제의 발전 등의 요인으로 중세적 기저가 크게 흔들리고 있었다.[1] 이러한 변화는 1876년 조일수호조규로 국교가 확대되면서 더욱 가속화되어 갔다. 이 조약으로 조선사회는 세계자본주의 체제에 불평등한 관계

---

48) 崔承熙, 위의 글, 117쪽.

49) 兩班層 增大와 奴婢戶 激減으로 요약되는 조선 후기 신분제 동요의 추세는 조선시대 신분구조의 구성 원리인 班常制와 良賤制에 심각한 타격을 주었다. 19세기 후반의 신분제는 幼學 職役의 사례에서 극명히 표출되듯이 신분직역체제가 파탄 국면에 이르게 되면서 국가신분제로서의 성격은 거의 상실하게 되었다고 볼 수 있을 것이다. 이 점에서 19세기 후반의 계층구조에 대하여 이를 사회적 신분과 경제적 계급을 함께 고려하여 파악하려는 입장, 예컨대 "상층부에는 兩班士族을 모태로 하는 土豪層과 班常을 포괄하는 신분구성을 갖는 饒戶富民層이 있고, 하층부에는 平民·賤民 신분층의 小貧民層이 존재하고 있었다"고 보는 입장은 일정한 타당성을 가질 수 있다. 이영호, 〈1894년 농민전쟁의 사회경제적 배경과 변혁주체의 성장〉(《1894년 농민전쟁연구 1》, 역사비평사, 1991), 26쪽 참조.

1) 조선 후기 사회변동은 근대사연구회, 《한국 중세사회 해체기의 제 문제》 상·하, 한울, 1987과 한국역사연구회, 〈중세사회의 발전과 해체〉(《한국역사입문》 ②, 풀빛, 1995에 잘 요약 정리되어 있다.

로 강제로 편입되었으며, 여기에 기본적으로 규제를 받으면서 자기변신을 해 갔다. 특히 통상무역의 확대에 따른 경제 변화가 이를 주도했다. 쌀·콩·소가죽 등 농산물의 수출 판로가 국제적으로 확대되면서 이를 겨냥한 농산물 생산의 급속한 발전, 공장제 면제품의 수입에 따른 전통 토포산업의 위축이라는 사태를 맞이하여 농촌사회가 급격히 분해된 것이다.[2] 이 중에서도 쌀이 변화를 주도했다. 일본 자본주의는 후발성을 극복하기 위해 값싼 노동력이 필요했으며, 그 기반은 값싼 쌀이었다. 질의 측면에서 조선 쌀은 일본 쌀과 같은 종류였기 때문에 일본자본주의는 조선 쌀을 수입하여 이 문제를 해결하려 했다. 이리하여 일본자본주의가 성장하면서 일본내 쌀 부족 현상이 심화되자 조선과의 쌀무역은 더욱 확대되어 갔으며, 그만큼 조선내의 쌀값은 앙등되었다.[3]

쌀무역은 국내 곡물시장의 전면적 재편을 초래했다. 개항 이전의 곡물시장은 지주와 국가에 의한 전국적 유통망과 농민에 의한 국지적 유통망이 짝을 이루면서 서울 중심으로 형성된 유통구조였다. 그러나 개항이 되면서 사정은 달라졌다. 여기에 부산·원산·인천항 등 개항장을 중심으로 산지·포구 객주↔중개곡물상↔개항지 객주↔거류지 일본무역상이라는 유통권이 새로 추가된 것이다. 이것은 곧 서울 중심의 유통권이 개항지 중심의 유통권으로 양분되어 재편 발전해 간다는 것을 의미했다. 당시 서울도 쌀값이 오르고 구매력이 커져 갔으나, 대체로 서울보다 개항장의 흡입력이 더 강세

---

2) 면업의 생산과 유통구조는 다음 글이 참고된다.
梶村秀樹, 〈李朝末期 綿業の流通及び生産構造〉(《東洋文化硏究所紀要》 46, 1968).
吉野誠, 〈李朝末期における綿製品輸入の展開〉 (《朝鮮歷史論集》 (下), 龍溪書舍, 1979).
권태억, 《한국근대면업사연구》 (일조각, 1989).

3) 개항기 무역과 국내 유통구조는 다음 글이 참고된다.
姜德相, 〈李氏朝鮮 開港直後 朝日貿易의 展開〉(《歷史學硏究》 265, 1962).
吉野誠, 〈朝鮮開國後の穀物輸出について〉(《朝鮮史硏究會論文集》 12, 1975).
吉野誠, 앞의 글(《朝鮮歷史論集》 (下), 龍溪書舍, 1979).
이병천, 《개항기 외국상인의 침입과 한국상인의 대응》 (서울대학교 박사학위논문, 1985).
하원호, 《한국근대경제사연구》(신서원, 1997)를 참조.

를 보였다.[4]

외국과 잇달아 통상조약을 맺으면서[5] 개항장의 수, 거류지와 조차지의 수와 규모, 외국인의 토지이용 허용범위, 외국인의 활동허용 범위가 확대되어 무역의 영향력은 더 커져 갔다.[6] 외국 상인, 특히 일본상인은 이를 적극 활용하여 활동무대를 넓혀 갔다. 중개곡물상과 개항지 객주를 배제하고 산지 포구 객주와 직접 거래하는 유통구조를 형성한 것이다. 개항장의 유통권이 더욱 강한 규정력을 발휘하면서 일본상인은 조선의 상권을 점점 장악해 갔다.

쌀무역은 부산항이 주도했다. 쌀의 수출지가 일본이라는 거리상의 이점과 쌀 가격이 인천보다 부산이 좋다는 점이 반영되어 부산항으로 집중되는 현상을 보였다. 부산항에서 수출한 쌀의 산지는 전라도 산이 7분, 경상도 산이 3분을 점하였다. 부산항의 비중은 청일전쟁을 계기로 대일 무역이 더욱 활성화됨에 따라 더욱 커져 갔다.[7] 콩도 대일 수출에서 차지하는 비중이 매우 컸다. 생산량은 쌀의 10%에 불과했지만 수출액은 쌀에 필적할 정도였다. 그 원인은 질좋고 값이 싸 일본산에 비하여 경쟁력이 있었기 때문이었다. 그 영향으로 콩의 경작기술이 크게 발전하고, 신간전이나 밭의 언덕·둔덕 등도 개발하여 재배면적을 크게 확대했다. 콩은 쌀과 달리 지주제가 덜 발달한 부산항의 배후지인 경상북도에서 상품화가 두드러졌으며, 계층에 관계없이 전농민층이 참여하여 재배했다. 쌀은 지주제의 발전에, 콩은 농민적 부의 축적에 기여했을 것이라 판단된다.[8]

---

4) 이 시기 곡물 유통구조는 다음 글이 참고된다.
이세영, 〈18·19세기 곡물시장의 형성과 유통구조의 변동〉(《한국사론》 9, 1983).
하원호, 앞의 책, 1997과 주3)의 글.

5) 통상조약의 내용은 국회입법조사국 편, 《구한말조약휘찬》 (상)(중)(하), 1964 참조.

6) 한국역사연구회 편, 《한국역사입문③》(1996)에 소개된 글과 김정기, 〈조선 불평등조약의 間行權·漢城開棧權 분석〉(《한국근현대의 민족문제와 신국가건설》, 지식산업사, 1997).

7) 하원호, 〈곡가변동의 추이와 원인〉, 앞의 책, 1997, 253~263쪽.

8) 콩의 재배와 상품화는 宮嶋博史, 〈朝鮮 甲午改革以後의 商業的 農業〉(《史林》 57-6, 1974 ; 《한국근대경제사연구》, 사계절, 1983, 219~220쪽) 참조.

이러한 유통구조 속에서 쌀무역에 직접 참여한 양반관료와 상인들, 그리고 쌀을 생산 판매하는 병작지주·경영지주들은 크게 이익을 보고 있었다.[9] 생산활동에서 잉여가 있는 부농들도 여기에 동참할 수 있었다. 쌀 생산이 크게 이익을 가져와 이들의 토지 구입열도 상승해 갔다. 이들이 구입한 토지는 주로 소빈농층이 방매한 토지였다. 소빈농층도 상품화폐 유통경제권의 확대에 따라 여기에 포섭되어 쌀의 상품화에 참여했지만, 그것은 궁박 판매의 형태였다. 이들은 여기서 발생한 손해를 회복하기 위해서 자기의 생존수단인 토지라도 방매하지 않을 수 없었다.

쌀값과 땅값은 때로는 하락하는 경우도 있었지만, 대체로 동반 상승하는 것이 일반적인 경향이었다. 그 중에서도 쌀값이 땅값에 비해 상대적으로 상승률이 더 큰 경향을 보였다.[10] 더 많은 쌀을 생산하여 더 많은 수익을 거두기 위해 각계 각층은 경영규모를 확대하기 위한 대책을 강구했다. 부농들은 차경지를 중심으로 하면서 때로는 소유지를 확대해 가기도 했으며, 상인 지주들은 소유지를 중심으로 대책을 강구했다. 이들의 토지 구입방식은 고관대작이나 부호의 경우 개항장 부근에 일시에 농지를 구입하기도 했지만, 일반적인 지주들은 소빈농층이 방매하는 토지를 한 두 필지씩 구입하여 20~30년 지나는 사이 대지주로 성장해 갔다.[11]

---

9) 쌀무역과 지주제 변동과의 관련성은 김용섭, 〈개항과 농업문제의 심화〉(《한국근현대농업사연구》, 일조각, 1992)에 잘 정리되어 있다.

10) 이 시기 땅값과 쌀값의 동향은 최원규, 〈한말 일제하 농업경영에 관한 연구〉(《한국사연구》 50·51, 1985)와 하원호, 앞의 책, 1997 참조.

11) 김용섭, 〈근대화과정에서의 농업개혁의 두 방향〉(《한국근현대농업사연구》, 일조각, 1992), 21쪽.

〈표 1〉 총수출입액과 쌀수출입액 비교

(단위 : 円)

년도	총수입액	면제품 수입액	총수출액	쌀			콩	
				수출액	%	단가	수출액	%
1876	188246	11623	92518			円		
1877	126569	54250	58759	1959	3.3	4.00	4155	7.1
1878	244545	167894	181469	50600	27.9	3.51	25323	14.0
1879	566955	477222	612174	358812	58.6	4.33	99123	16.2
1880	978014	768467	1256225	729706	58.1	5.31	119307	9.5
1881	1873976	147157	2230296	381283	17.1	4.99	196695	8.8
1882	1562169	178640	1768619	21011	-1.2	4.90	311325	17.6
1883	2178400	912856	1656078	45625	2.8	4.25	293955	17.8
1884	793734	497593	884060	196	0.0	3.73	100705	11.4
1885	1671652	1122359	388023	15691	4.0	4.85	28884	7.4
1886	2474185	1305731	504225	12193	2.4	5.18	51733	10.3
1887	2815441	1894324	804996	90071	11.2	3.73	335415	41.7
1888	3046443	1961932	867058	21810	2.5	3.28	471541	54.4
1889	3377815	1709142	1233841	77578	6.3	5.55	645429	52.3
1890	4727839	2674807	3550478	2037868	57.4	5.74	1005156	28.3
1891	5256468	2874837	3366344	1820319	54.1	5.05	913939	27.1
1892	4598485	2185073	2443739	998519	40.9	5.36	797884	32.7
1893	3880155	1733458	1698116	667165	21.6	6.06	628324	37
1894	5831563	2494544	2311215	979292	42.4	7.85	506888	21.9
1895	8088213	4713755	2481808	305196	31.2	7.24	923695	39
1896	6531324	3478924	4728700	2509343	57.1	7.00	1277071	29
1897	10067514	5273119	8973869	5556700	68.7	9.12	1710211	21.1
1898	11825249	5185406	5709489	2759046	61	12.12	1124048	24.9
1899	10307830	5384460	4997845	1417842	33.7	8.36	1974863	47.0
1900	11013590	5764990	9439867	3625629	50.1	9.17	2368545	32.7
1901	14822003	6182912	8461949	4195309	56.6	8.13	1881014	25.5
1902	13657063	5561400	8317070	3524619	53.8	9.36	1735945	27.8
1903	18374814	6009321	9477603	4224712	55.6	11.43	1528834	20.1
1904	27034345	8456940	6933504	1300790	22.8	12.88	2399513	42.1

* 출전 : 이세영, 〈개항기 지주제의 동향〉(《한국사》 12, 한길사, 1994, 71쪽).
하원호, 앞의 책, 23 · 125 · 219쪽.
* 비고 : 쌀값은 부산항의 1석당 円화 가격이다(하원호, 앞의 책, 219쪽).

그렇지만 쌀무역이 지주제 발전에 무조건 유리하게 작용한 것만은 아니었다. 농민들은 지주적 상품화에 반대하여 지대인하 투쟁을 통한 농민적 상품화를 지향했으며, 당시 전국 각지에서 일어난 민란과 항조운동은 이러한 표현의 하나였다.[12] 그리고 콜레라 등 전염병이 유행하고, 수재·한재 등 자연재해가 잇달아 일어나 외적 형편도 지주경영을 강화하기에 좋은 것만은 아니었다. 쌀무역의 활성화와 더불어 이같은 생산량의 저하 현상은 국내의 쌀 부족을 가져와 쌀값을 더욱 앙등시켰다. 이럴 때 중앙정부나 지방정부는 농민들의 생존과 관련하여 대일 쌀무역을 저지하지 않으면 안될 상황에 처하기도 했다. 이에 조선정부는 이를 고치는 데 힘써 1883년 일본과 〈在朝鮮國日本人民通商章程〉을 맺으면서 제한적이나마 전통적인 방곡령을 발동하여 이를 막을 수 있었다.[13] 쌀이 부족하여 민심이 흉흉하여 통치가 어려워지는 것을 막기 위한 조처였다. 일제는 방곡령으로 쌀무역이 심각한 타격을 받게 되자 강경한 자세로 여기에 대처했다.[14] 조선정부에 배상책임을 묻는 한편 쌀무역을 확대 강화해 갔다.

대일 쌀무역은 일제가 청일전쟁에서 승리를 쟁취하고 친일 개화파 정권을 수립하면서 어느 정도 불안정성을 해소할 수 있었다. 그러나 무역에 의존하는 한 일본내 쌀 수급의 안정성을 기하는 데는 한계가 있었다. 더구나 일본자본주의가 '산업혁명기'에 접어들면서 저임금 구조의 기반인 값싼 쌀을 확보해야 할 필요성은 더 커졌다. 그리하여 일본자본주의는 장기적 안목에서 한국 내에서 토지를 구입하여 직접 경영을 통해 쌀을 확보하는 대책을 강구했지만,[15] 조선내의 조건도 쌀무역의 활성화에 부응해 갔다. 상품화폐 유통

---

12) 한국역사연구회, 《한국역사입문②》 중세편, 1995, 537~539쪽과 《한국역사입문③》 근대·현대편, 1996, 216~219쪽.

13) 국회도서관, 《구한말조약휘찬》 상, 64쪽.

14) 하원호, 〈개항후 방곡령 실시의 원인에 관한 연구(상)·(하)〉(《한국사연구》 49·50·51, 1985) 참조.

15) 일제의 토지침탈에 대해서는 다음 글이 참고된다.
李在茂, 〈いわゆる《日韓併合》=《强占》前における日本帝國主義による朝鮮植民地化の基礎的 諸指標〉(《社會科學硏究》 9-6, 1958).
김용섭, 〈고종조 왕실의 균전수도문제〉(《한국근대농업사연구》 하, 일조각, 1988).
최원규, 〈1900년대 일제의 토지권 침탈과 그 관리기구〉(《부대사학》 19, 1995).

경제가 발전해 가는 가운데 갑오개혁에서 조세 금납화를 전면적으로 실시하자 농민경제 전체가 그 영향권에 포섭되면서 쌀 상품화가 크게 진전되었던 것이다.[16] 이러한 경제적 조건은 지주들이 성장 발전할 수 있는 좋은 조건이었으며, 여기에 힘입어 특히 개항장 배후지의 지주들이 반사이익을 크게 얻고 있었다.[17] 이들은 이를 극대화하기 위해 토지소유를 늘려나가는 한편, 농업경영 방식의 전환을 시도하기도 했다. 강화도 김씨가의 성장과정이 이를 잘 보여준다.[18]

(2) 정부 지배층의 농업문제 인식과 농업정책

19세기 후반 전국 여론은 농촌문제의 해결방식을 둘러싸고 크게 지배층과 피지배층으로 나뉘어 서로 다른 의견을 내놓고 있었다. 문제의 소재는 신분제·부세제도 등 각 분야에 걸쳐 있지만, 특히 토지제도의 개혁문제를 둘러싸고 첨예하게 의견 대립을 보였다. 전자는 지주적 입장에서 지주제를 유지하는 가운데 부세제도의 개혁을 통해 이 문제를 해결하려고 했다. 후자는 농민적 입장에서 조선 후기 실학자들의 토지개혁론의 전통을 계승하는 차원에서 井田論·均田論·限田論 등을 제안했다. 이들은 근대 사회를 독립 자영하는 소농경제에 기초한 사회여야 한다는 원칙 아래 이 문제에 접근한 것이다.[19] 이를 위해서는 상업이 발달해야 하며, 지주는 지주제를 해체시키는 가운데 상업 자본으로 전환하고, 농민의 경제 안정과 상품생산을 통한 근대화

---

16) 갑오개혁의 조세 금납화에 대해서는 다음 글이 참고된다.
오두환, 〈갑오개혁기의 부세 금납화에 관한 연구〉(《경제사학》 7, 1984).
왕현종, 〈한말(1894~1904) 지세제도의 개혁과 성격〉(《한국사연구》 77, 1992).
이영호, 《1894~1910년 지세제도연구》(서울대학교 박사학위논문, 1992).

17) 홍성찬, 《한국 근대농촌사회와 지주층》(지식산업사, 1992)의 참고 문헌의 사례연구 참조. 여기에 예시된 지주들은 대부분 개항과 더불어 급격히 상승해 가는 전형적 모습을 잘 보여 주고 있다. 이들의 성장은 신분적 속성과 크게 관계가 있는 것은 아니었다.

18) 김용섭, 〈강화 김씨가의 지주경영과 그 성쇠〉(《한국근현대농업사연구》, 1992)에서 연구대상으로 삼았던 강화 김씨가는 개항기 쌀무역과 관련한 전형적인 성장의 모습을 보여 주고 있다.

19) 김용섭, 〈한말 고종조의 토지개혁론〉(《한국근대농업사연구》 하, 일조각, 1988) 참조.

를 겨냥한 것이었다. 기본적으로는 이러한 입장에 동의하면서 지주층과 일정한 타협을 겨냥한 방안도 제시되었다. 지주의 토지소유를 인정하되 지대를 대폭 낮추어 장기적으로 지주제 해체를 겨냥한 減租論이 그것이다. 감조론은 당시 농업문제 해결방안의 한 조류였으며, 대한제국이 실시한 토지조사사업에 참여했던 海鶴 李沂도 주장한 바 있다.[20]

반면 문명개화론자들은 지주의 상품생산을 자본주의적 생산으로 연결시켜야 한다는 명제 아래 농업문제 해결책을 두 방향에서 모색했다. 하나는 주류견해로 이제까지 발전해 온 배타적인 사적 소유권을 그대로 추인하는 가운데 지주제를 중심으로 생산력을 발전시켜 농업문제를 해결하고 국가재정을 확보하려는 것이었다. 김옥균·박영효 등이 조선 후기 이래 정부 지배층이 추진해 온 삼정개혁론의 입장에서 지조개정을 주장하고, 신전개발·산림 천택의 치수·도로와 수리시설의 보수·목축의 장려 등 생산력 확충방안을 제시한 바 있었다.[21]

다른 하나는 소유권은 기존대로 유지하게 하고 경영권에서 타협점을 제시한 견해이다. 유길준의 개혁안에서 그 예를 볼 수 있다. 그는《護富論》에서 사유재산권은 보호해야 하며, 토지개혁은 부유층의 원한을 사고 농민들의 사행심을 조장한다는 이유로 반대하고, 지주제를 주축으로 한 농업진흥론을 주장하였다. 이를 통해 농민경제를 안정시키고 부국강병한 근대국가를 수립하고자 했다. 방법은 서양 농학을 도입하여 농업기술을 개량하고 농지개발을 추진하여 생산력을 발전시키는 것인데, 정부에서 자금을 대여하여 새로운 회사형태의 조직을 만들어 이 과제를 수행하려는 것이었다. 개혁은 지주제를 바탕으로 하되 농민의 입장을 일정하게 고려한 방식으로 수행하려는 것이었다. 구체적으로는 지대를 경감하고 작인의 경작권을 보장하는 대신, 지세는 지주와 작인이 공동 부담하는 방안이었다.[22]

---

20) 李 沂, 〈田制〉(《海鶴遺書》, 국사편찬위원회, 1956). 이기의 田制에 대해서는 김용섭, 〈광무년간의 양전·지계사업〉(《한국근대농업사연구》 下, 1988).
최원규, 〈19세기 양전론의 추이와 성격〉(《중산정덕기박사화갑기념 한국사학논총》, 1996) 참조.

21) 김용섭, 〈갑신 갑오개혁기 개화파의 농업론〉(《한국근대농업사연구》 下, 일조각, 1988) 참조.

정부는 문명개화론자들의 방안을 정책의 기조로 채택하였으며, 그 내용은 소유관계는 논외로 하고 농업기술 문제나 농업경영 구조개선 문제가 중심을 이루었다. 갑신정변 전야 정부는 1880년 이후 계속된 한해·개항무역·물가상승·군란발생 등에 대비하기 위해 농업생산력 확충을 정책의 최우선 과제로 설정하고 이를 구체화시켜 갔다.23) 농과규칙과 농정에 관한 교지가 그 대책이었다.

통리군국사무아문에서 공포한 農課規則(1883년 11월 29일)은 通戶規則·農務規則·農桑規則으로 구성되었다.24) 통호규칙은 5가작통의 戶法 아래 각 통에는 統首, 마을에는 副正, 읍에는 農課長의 직제를 신설하고, 권농에 힘쓰고 농사를 방해하며 놀고 먹는 자를 금하라는 것이 주 내용이었다. 농무규칙은 농지개간과 수리시설의 신설과 보수를 강조했다. 농상규칙은 양잠업을 비롯한 목면 마포 등 상업적 농업을 육성 발전시키는 것을 주 내용으로 했다. 특히 농무규칙은 진황지를 개간한 자에게 소유권을 부여하는 조치로, 진전을 개발하여 국가 수입을 증대하고 농민경제를 안정시키는 것이 목적이었다. 이 방안은 일반 민인이 진황지를 개간하여 자기 소유지를 확대해 갈 수 있도록 한 조치였지만, 계속 발전해 온 사적 소유권을 일면 부정하는 조치이기도 했다. 권력층은 이 조문을 빌미로 개간이라는 명분 아래 농민의 사유지를 약탈하는 데 이용하여 사회적 혼란을 불러 일으키기도 했다.25)

1884년 9월에 시달한 농정에 관한 교지도 부국강병을 위한 생산력 확충 방안이었다.26) 그것은 농상·직조·목축·차·종이 등을 관장하는 기구를 설치하고, 민간자본을 동원하여 敎民興業하는 방안이었다. 정부는 전자로서 蠶桑公司·織造局 등의 기구를 만들고, 후자로는 사업에 필요한 자금을 국가자

---

22) 유길준전서편찬위원회, 《유길준 전서》 1(서유견문), 일조각, 1971, 120~121쪽 ; 《유길준 전서》 4(정치 경제편), 지제의, 135~178쪽.

23) 정부의 농정책은 김용섭, 앞의 책(하), 〈갑신 갑오개혁기 개화파의 농업론〉, 1988과 이영학, 〈개항기 조선의 농업정책〉(《한국 근현대의 민족문제와 신국가 건설》, 1997) 참조.

24) 《한성순보》 제7호 내아문포시, 1883년 12월 1일.

25) 김용섭, 앞의 책(하), 〈고종조 왕실의 균전수도 문제〉, 1988에서 전북지역에서 왕실이 농민의 소유지를 개간을 빌미로 약탈한 경우를 예시하고 있다.

26) 《일성록》, 1884. 9. 12.

본 이외에 민간자본을 도입하여 새로운 회사형태의 농장경영 시스템을 도입하여 달성하는 안을 제시했다. 중소지주층 이상의 부력이 있는 자를 중심으로 자금을 모아 구래의 계나 향약을 기반으로 서구 자본주의사회에서 성행하는 방식의 회사를 설립하여 民富와 國富를 꾀하려는 방안이었다.[27]

1885년 정부는 중앙에는 京城農桑會社章程을, 지방에는 交河農桑會社節目를 만들어 회사 설립에 관한 구체적 방안을 제시했다.[28] 회사 설립자금은 양반지주층을 중심으로 평천민의 지주나 부농층도 사원으로 흡수하여 충당하도록 했다. 운영방식은 향약이나 계의 규약을 기반으로 삼되, 본래의 주 기능인 농민통제 기능은 제거하고 상부상조의 기능을 살리는 것이었다. 이익은 출자에 따라 배당하도록 했다. 사업은 신전이나 진전 등 농지개발을 통해 富를 축적하는 것이 주 목표였으며, 아울러 몰락하여 놀고 먹는 사람에게 임금을 지급, 정착 경영하도록 하여 농촌경제의 안정성도 동시에 달성하는 것이었다. 농지경영 방식은 소작인에 대여하는 지주경영, 임노동을 이용하여 직영하는 농장경영, 자본가로서의 차지경영 등 다양한 방법을 모색했다. 전반적으로 회사 경영 양식은 자본가적인 방향을 지향하는 것이었으나 신분제적 농민통제기능을 완전히 탈피한 것은 아니었다.

이 점은 1894년에 경성농상회사장정을 기초로 재정비한 官許農桑會社章程에서 수정 보완되었다.[29] 생산력 확충 방법으로 관개시설을 수축하고 水糞法을 채용하여 생산성을 높히는 전통적인 방안 외에, 서구의 기계와 농학을 도입하고 학교를 세워 교육시키는 방안도 새로 제시하고 있다. 사업자금은 단순 모집한 사원의 투자에만 의존하는 것이 아니라 국채 혹은 외채를 도입하기 위한 방안도 강구했다. 그리고 장정 안에 남아 있던 신분제적 요소는 완전히 제거했다.[30]

서양 농학을 도입하여 농업기술을 향상시키려는 노력은 농업시험장의 설치와 연구, 농학교의 설립, 농서의 편찬 등을 통해 구체화되고 있었다. 1884

---

27) 《한성순보》, 회사설, 1883. 10. 21.

28) 《京城農桑會社章程》, 《交河農桑會社節目》(奎古 4256-44).

29) 《官許農桑會社章程》(奎 15322).

30) 한우근, 《한국개항기의 상업연구》(일조각, 1970), 230~232쪽과 김용섭, 앞의 책, 〈갑신 갑오개혁기 개화파의 농업론〉, 1988, 74~89쪽.

년 농무목축시험장을 설치하고 미국으로부터 농기구와 종자 및 가축 등을 수입하여 새로운 농업을 개발하기 위한 실험을 했다. 책임자는 崔景錫이었다. 그는 국내외 작물 344종, 가축 64수를 길러 수확물 종자와 해설서를 305개 지방으로 보내 재배하도록 권장했다. 그리고 양잠을 육성하기 위해 잠상공사를 설치하고 독일인 기사를 고빙하기도 했다. 특히 중국의 농서를 번역하여 보급할 것을 꾀했다. 李祐珪와 金思轍은 《增補蠶桑輯要》(1884), 이희규는 《蠶桑輯要》(1886)를 편찬했으며, 이우규는 더 넓은 계층에 보급하기 위해 한글본의 《桑蠶撮要》를 편찬하기도 했다.

서구 농학 중심의 농서를 편찬하여 보급하는 시도도 했다. 安宗洙의 《農政新編》(1881), 鄭秉夏의 《農政撮要》(1886), 李宗遠의 《農談》(1894), 池錫永의 《重麥設》 등이 그것이다. 일본 농학계에 소개된 서구 농학을 그대로 도입 소개한 것으로 지주의 상업적 농업과 상품화가 주 목표였다.[31)]

농학교를 설립하여 서구의 농학을 교육시키는 작업도 병행했다. 2년제의 農務學堂을 설립하고 영국인 농학교사를 초빙하여 서구의 농학을 교육시켰다. 교육내용은 토지개량·목축·농지개간 등이 중심이었으며, 교과로는 농학·耕圃學·농화학·농기학·가축학·수학 등 구래의 농학과는 전혀 다른 것이었다.

조선정부의 농정책은 현실적으로 지주의 도움없이 수행하기는 어려웠지만 지주만을 염두에 둔 것은 아니었다. 정부는 소유권에 안주하여 지대만을 수탈하는 지주가 아니라 농업경영 능력이 있는 지주를 비롯한 부농층을 대상으로 한 농정책을 구상했다. 당시 서로 다른 두 개혁론이 서로 대립 갈등하면서도 정부측의 이같은 농정책에서 볼 때 경영권을 중심으로 양자간에 일정한 타협을 예상할 수도 있었다. 실제로 1894년 농민전쟁에서는 정부와

31) 농서의 편찬과 내용은 다음 글이 참고된다.
이광린, 〈안종수와 농정신편〉, 〈농무목축시험장의 설치〉(《한국개화사연구》, 일조각, 1969).
김용섭, 앞의 책(하), 〈갑신·갑오 개혁기 개화파의 농업론〉, 1988.
김용섭, 앞의 책, 〈근대화과정에서의 농업개혁의 두 방향〉, 1992.
김영진, 《농림수산고문헌비요》(서울농촌경제연구원, 1982).
이춘녕, 〈개항 및 일정시대의 농학에 관한 연구〉(《학술원논문집(자연과학편)》 31, 1992).

농민군이 〈土地는 平均으로 分作케 홀 事〉라는 경영권을 중심으로 한 타협안을 마련하기도 했다. 서로 지향점에는 차이가 있었지만 외세의 침입이라는 사태에 직면하여 기존의 소유관계를 인정하는 가운데 경작권 차원에서 농민경제의 안정과 균산을 바탕으로 한 생산력 확충방안을 타협안으로 도출했다고 할 수 있을 것이다.[32)]

대한제국은 1898년 이 점을 고려하여 양전·관계발급 사업이라는 일련의 근대적 토지조사사업에 착수했다. 사업 내용은 구래의 소유권을 근대의 소유권으로 추인하되 경작권을 물권으로 인정하고, 지세는 지주와 작인이 공동책임 납부하도록 하여 국가재정을 마련 근대 개혁을 수행하는 것이었다. 대한제국 정부는 무엇보다 생산력 확충을 통한 국부의 증진이 최대 목표였기 때문에 여기에 충실한 지주층을 근대 개혁의 바탕으로 삼고 농민층도 여기에 가능한 끌어 들이는 방향에서 정책을 결정했던 것이다.[33)]

2) 지주제의 유형과 동향

개항기 지주제는 조선 후기 지주제를 기본 토대로 재편 발전하고 있었다. 종전 지주제는 크게 병작지주와 병작과 家作을 겸영하는 경영지주로 구분된다.[34)] 병작제는 경작인이 독립 소경영을 하고 지주는 농업경영에서 분리된

32) 최원규, 앞의 책, 〈19세기 양전론의 추이와 성격〉, 1996 참조.
33) 한국역사연구회, 《대한제국의 토지조사사업》(민음사, 1995) 참조. 이 때 양전사업을 담당했던 김성규는 사업 직전 이 방식을 자기 관할지역의 역둔토에서 실제 실행에 옮기기도 했다. '作人常定法' '恒定賭租法'을 정하여 실시하고 이를 관리할 농촌자치기구의 개혁안을 내놓았던 것이다. 이에 관한 자세한 사정에 대해서는 김용섭, 〈광무개혁기의 양무감리 김성규의 사회경제론〉(《한국근대농업사연구》 하, 일조각, 1988) ; 박찬승, 〈한말 역둔토에서의 지주경영의 강화와 항조〉(《한국사론》 9, 1983) 참조.
34) 조선 후기 지주제에 대해서는 다음 글이 참고된다.
김용섭, 《조선후기농업사연구(증보판)》 1(일조각, 1995).
김용섭, 《조선후기농업사연구(증보판)》 2(일조각, 1990).
허종호, 《조선 봉건말기 소작제연구》, 1965.
이세영, 〈18·19세기 농촌사회의 계급구조〉(《동양학》 21, 1991).
김건태, 《16·18세기 양반지주층의 농업경영과 농민층의 동향》(성균관대학교 박사학위논문, 1996).

채 경제외적 강제를 통해 지대만을 수취하는 형태였다. 병작지주는 주로 권력을 동반한 왕실을 비롯하여 양반·중인 등 중앙 권귀들로, 소유규모가 만 석, 천 석, 수백 석에 달하는 대지주들이 주류였다. 경영지주는 병작을 주로 하면서도 소유지의 일부를 지주가 직영하는 가작제를 겸영하는 존재로, 일반적으로 재지 양반지주들의 농업경영 형태였다. 따라서 경영의 성격은 상업적 목적보다는 양반으로서의 체모를 유지하는 자족적 성격이 강했다.35)

전통적으로 병작지주는 지주경영에서의 지대, 長利 혹은 甲利라는 고리대를 통해 부를 축적하여 토지를 집적해 갔다. 신분질서·향촌통제력 등 경제외적 강제가 지주경영의 유지와 확대에 결정적 요소로 작용했다. 그러나 생산력과 상품화폐 유통경제가 발전하면서 지주제는 확대 발전의 전망과 동시에 위기에 직면하기도 했다. 신분제의 해체가 노골화되면서 이를 저지하려는 농민적 상품화를 지향하는 농민층의 도전도 그만큼 격렬해졌다. 拒納, 衍納 나아가 항조운동이 격심해지고, 몰락 농민층이 크게 증대하고 도적떼가 빈번히 출몰하는 등 지주경영에 어려움이 닥친 것이다.

이러한 현상은 개항 이후 더욱 증폭되어 갔다. 쌀무역이 확대되면서 지주의 재부축적 여건이 좋아진 반면, 이에 반대하는 농민운동도 농민항쟁·농민전쟁으로 양적 질적으로 확대 발전해 간 것이다. 농촌현실은 지주제의 발전과 농민몰락의 증대라는 현상과, 지주제의 정체와 농민경제의 안정화 운동이라는 모순된 현상이 중첩되는 모습을 보였다. 조선경제가 세계자본주의 체제에 강제로 편입되는 새로운 조건 아래 구래의 경영구조를 적극 탈피해 가면서 합리적 경영방식을 동원하여 쌀 상품화에 적극 참여한 지주나 부농층은 성장해 간 반면, 구래의 신분적 지배력을 상실했으면서도 여기에 의존한 종래의 경영방식을 묵수한 지주들은 농민적 상품화 세력의 강력한 도전을 받고 정체 혹은 쇠퇴의 길로 접어들었던 것이다. 개항이라는 격변기에 대처하는 대응자세에 따라 지주들 스스로가 자기운명을 결정한 것이다.

전자는 개항 무역을 적극 활용해 가는 상인 관료적 성격을 일신에 체현하며 경영변화를 시도한 지주이며, 후자는 반일·반개화 입장에서 중세적 질서

35) 김용섭, 〈조선후기 양반층의 농업생산〉(《조선후기농업사연구(증보판)》 2, 1990) 참조.

를 묵수해 간 지주였다.[36] 전자의 유형에는 개항 전에 양반 관료 혹은 궁방의 중간관리인으로 상당한 규모의 토지를 소유한 지주도 있었지만, 빈농 소상인에서 입신하여 대토지를 집적한 경우도 있었다.[37] 이 점은 신분적, 관료적 지배력이 여전히 지주제의 유지와 발전에 중요한 요건이기는 했지만 유통경제에 대한 적응력이나 농업경영 능력이 더욱 결정적인 조건이 되기 시작했다는 것을 알려 주는 것이다.

시대의 변동 추세에 능동적으로 대응하지 못한 채 봉건적 성격을 간직한 후자의 유형에는 주자학으로 무장한 양반지주, 원격지의 부재지주, 그리고 궁방·서원·향교 등과 같은 봉건기관 지주들을 들 수 있다.[38] 이들은 대체로 중세 해체기라는 조건에 적절히 대응하지 못하여 지주경영의 성패를 좌우하는 지주의 경영능력 및 경작인과 舍音 등 지주지 관리자들을 장악하는데 여러 문제점을 노출시켜 재무구조를 악화시키고 있었다. 특히 농민이 사실상 소유권적 권리를 가진 일부 궁방전의 경우는 더욱 관리가 어려웠다. 이들의 성장과 유지를 가능하게 해 준 것은 경제외적 강제였으며, 이것이 제 기능을 발휘하지 못하게 됨에 따라 지대수입은 불안정성을 노출하면서 계속 감소경향을 보였다. 지주가 직접 농업경영권을 장악하지 못한 가운데 나타난 구조적 문제였다. 소유권과 경영권이 거의 완전히 분리된 상태에서 정율지대에 기생하는 지주가 이 문제에 효율적으로 대처하기는 어려웠다. 지주들이 소유권의 절대성을 확보하여 토지권을 전일적으로 행사하지 못하는 만큼 경작권이나 마름 등의 관리권이 강화되는 상황의 반영으로 마름의 중간 작폐

---

36) 홍성찬, 〈한말 일제하의 지주제 연구〉(《동방학지》 49, 1985), 114~115쪽 ; 〈한말 일제하의 지주제 연구〉(《동방학지》 53, 1986), 156~170쪽.

37) 장시원, 《일제하 대지주의 존재형태에 관한 연구》(서울대학교 박사학위논문, 1989). 그러한 예로는 홍성찬, 앞의 글(《한국사연구》 33, 1982)가 참고된다.

38) 이러한 예로는 이영훈, 〈개항기 지주제의 일 존재형태와 그 정체적 위기의 실상〉(《경제사학》 9, 1985) ; 〈개항기 농촌사회 재편의 역사적 의의〉(《한국자본주의론》, 한울, 1989) ; 〈한국사에 있어서 근대로의 이행과 특질〉(《제39회 전국역사학대회 발표요지》, 1996). 그리고 최원규, 〈조선후기 서원전의 구조와 경영〉(《손보기박사정년기념 한국사학논총》, 지식산업사, 1987)이 참고된다. 궁방전에서 농민의 성장 가능성을 예시한 논문으로는 왕현종, 〈19세기말 호남지역 지주제의 확대와 토지문제〉(《1894년 농민전쟁연구 1》, 역사비평사, 1991)이 참고된다.

가 심해지고 작인들의 항조운동이 격발한 것이다. 여기에 휩싸인 지주제는 정체 혹은 쇠퇴할 수밖에 없었다.

지주제는 세제의 도결화나 조세 금납화와 같은 부세제도의 변동에서도 영향을 받았다.[39] 토지에 집중적으로 조세가 부과되는 도결화로 지세부담이 가중되자 지주들은 작인에 부담을 전가하여 이 문제를 해소하기도 했지만, 지주제 강화에 반하는 작용도 했다. 즉 이는 당장은 지주권의 강화를 의미하지만, 다른 한편 지주를 경영에서 더욱 배제하여 결과적으로 지주권을 약화시키는 결과를 초래하기도 했다. 경영에서 배제되어 기생적 성질을 가진 지주제는 봉건적 제 관계가 약화 소멸되면서 존립기반이 위태로울 수 밖에 없었다. 소유권적 권리가 경작권에 크게 위협을 받은 것이다. 조세 금납화도 조세납부 주체가 누구인지에 따라 이해관계가 엇갈렸다. 조세 금납화는 종전 현물조세를 상품화하여 화폐로 납부하는 것을 의미한다. 이 경우 관료가 조세를 현물로 거두어 상품화하여 납부하는 경우도 있지만, 조세부담 주체와 관련하여 지주적 상품화에 혹은 농민적 상품화에 기여했다.

국교확대라는 새로운 경제환경에 맞추어 지주경영을 확대 성장시켜 간 지주들이 주목된다. 이들은 자기가 처한 조건을 적절히 활용하여 다양한 대책을 강구했지만, 우리는 이 중에서 구래의 전형적 경영형태인 병작 경영방식을 탈피하고 직영지 경영을 확대하는 등 경영방식의 전면적 개편을 통해 성장해 간 지주들을 특히 주목하고 싶다. 이들의 직영지 경영에는 예속적 노동력이나 임노동이 동원되었다. 농업환경의 변동과 작인의 저항에 능동적으로 대응하여 지주제의 위기를 극복하고 성장의 기틀을 마련하는 데 이 방법이 유효했던 것이다.[40]

구래의 경영지주들이 동원한 노동력의 유형에는 다음의 종류가 있다. 대여지 경영에 동원되는 농민들은 지대납부 외에는 지주가와 무관한 독립 소경영을 하는 존재였던 반면, 직영지 경영에 동원되는 노동력은 지주가 보유한

39) 부세제도의 변동은 한국역사연구회, 《한국역사입문②》, 537~539쪽의 글 참조.
40) 이러한 직영지 경영의 사례연구로는 김용섭, 〈나주 이씨가의 지주경영의 성장과 변동〉(《한국근현대농업사연구》, 1992)와 최원규, 〈한말 일제하의 농업경영에 관한 연구〉(《한국사연구》 50·51, 1985)가 참고가 된다.

노비나 고공, 호저집 노동력 등으로 지주가의 농업경영에 종속된 채 예속적 노동에 종사하는 존재였다.41)

19세기 신분제가 해체되면서 이들의 처지도 변동되었다. 전과 달리 지주의 예속관계를 벗어난 몰락농민들이 주류를 이룬 것이다. 이들은 단기 고공이나 일고처럼 양반 토호에 인신적 지배를 당하는 관계가 아닌 자유로운 임노동자였지만, 借地 借家하는 작인으로서 고역적 노동을 강요받는 존재이기도 했다.42) 이들은 주로 지주가의 직영지 경영이나 연료채취, 퇴비제조 등에 동원되었다. 그 대신 반대급부로 소작지를 헐하게 경작하거나 지대를 면제받았으며, 농촌인구의 20~30%정도로 적지 않은 비중을 점하였다.43) 이들을 고용하는 경영지주는 병작지주와 달리 지주가 직접 농업경영에 종사한다는 점에서 자연스럽게 경영형 지주로 자기 변신을 꾀하기도 했다. 이 때가 되면 이러한 형태의 경영방식이 이미 토호양반의 전유물은 아니었다. 부농경영을 하는 서민들도 지주제로 변신을 할 때는 이 제도를 도입하여 성장을 꾀하기도 했던 것이다.

대여지와 직영지는 경영방식의 차이로 구분한 것이지만, 수확물의 사용처에도 차이가 있었다. 전통적으로 家作 직영지의 수확물은 지주가와 노복의 생활, 즉 가계운영을 위한 용도로 사용되었다.44) 그러나 쌀의 상품화의 진전,

---

41) 조선 후기 직영지 경영을 하는 지주에 대한 연구로는 김용섭, 앞의 책, 〈조선 후기 양반층의 농업생산〉, 1990 ; 이세영, 〈18·19세기 양반토호의 지주경영〉(《한국문화》 6, 1985)가 있다.

42) 토호의 행랑 등에 거주하는 협호는 행랑인·협방인·랑속·랑저로, 토호가 지어 준 독립가옥 즉 農幕에 거주하는 협호는 고직·농막인·묘직으로 불렀다. 이들은 종속소작인이라는 제목으로 조선총독부, 《조선의 소작관행》 상(1932, 816~821쪽), (하) 속편(99~111쪽)에 당시 실태가 조사되어 있다.

43) 협호에 대해서는 다음 글이 참고된다.
이영훈, 〈언양호적을 통해본 주호-협호관계와 호정의 운영상황-〉(《조선후기사회경제사》, 한길사, 1988).
박용숙, 〈18·19세기의 고공-경상도 언양현 호적의 분석-〉(《부대사학》 7, 1983).

44) 이두순·박석두, 《한말 일제하 양반 소지주가의 농업경영》(한국농촌경제연구원, 1993)과 이종범, 〈20세기초 자영(소)지주의 농업경영과 농민생활〉(《학림》 16, 1994)에 소개된 구례 유씨가의 자작경영은 1898년, 1899년의 경우 총 답 44두락과 전 5두락의 규모였다. 가작은 糧米冊의 〈流來家作1〉 이라는 표현에

특히 개항후 쌀무역이 확대되고 작인들의 항조운동이 격화되면서 가작경영도 시세변화에 대응하여 그 운영방식을 달리하고 있었다. 당시 지주는 쌀의·상품화에 최대의 목표를 두고 그 주축을 대여지 경영에 두었지만 직영지도 여기서 제외한 것은 아니었다. 이들은 두 방식을 적절히 활용하여 최대의 수익을 확보해 간 것이다. 대여지 경영이 어려울 때는 직영지를 늘려가고, 그 반대의 경우에는 직영지를 축소하는 경향을 보였다. 항조운동과 같은 작인들의 저항이 발생하여 대여지 경영이 어려울 때 특히 이러한 양상을 보였다.

〈표 2〉 해남 윤씨가 직영지 규모

(단위 : 결-부-속)

년도	총농지소유면적	자작지	%	년도	총농지소유면적	자작지	%
1872	18-40-2	3-4-4	16.5	1893	-	4-85-8	-
1878	18-80-0	3-38-3	18	1894	21-44-0	6-40-2	29.9
1882	19-29-5	2-88-8	15	1895	21-44-0	-	-
1885	18-34-2	2-95-9	16.1	1919	36-32-3	2-59-7	7.1
1889	21-22-5	3-16-8	15	1929	-	11두락	-
1890	21-11-9	3-6-8	14.5				

*자료 : 최원규, 앞의 글, 《한국사연구》 50·51, 297쪽.

해남 윤씨가의 농업경영에서 전형적인 예를 살펴 볼 수 있다.45) 농민전쟁기를 전후한 시기에 대여지 경영을 축소하고 직영지 경영을 확대해 가는 모습을 보였다. 당시 지주들은 지대 경감책이나 탈경 이작책만으로는 양자의 대립관계를 근본적으로 해결할 수 없게 되자, 직영지를 확대하여 작인 농민과의 대립을 피하고 소득도 늘릴 대책을 강구한 것이다. 구시대와 달리 소유와 경영을 집중시키는 방식으로 지주경영의 구조조정을 시도한 것이다. 이 방식은 여러 사례연구에서 예시한 것처럼 당시 관행적 농업경영 방식의 하나였다. 봉건성과 근대성을 동시에 지닌 이러한 지주경영 방식의 추이는 지

서 보듯 유씨가의 전통적인 농업경영 방식의 하나였다. 그리고 김병하, 《한국농업경영사연구》(한국정신문화연구원, 1993)에 소개된 전라도 부안의 황상익가는 146.8두락 중 45두락 31%가량을 직영했다.

45) 최원규, 앞의 글(《한국사연구》 50·51, 1985) 참조.

주권과 경작권의 힘의 역학관계 속에서 결정되었다. 직영지 경영은 일제하에 지주제가 강화되어 감에 따라 소멸되는 모습을 보였다.

3) 농업생산과 지대의 변화

국교확대는 지주경영 내부의 변동도 초래했다. 理財에 밝은 지주들은 시장 경쟁력이 높은 양질의 쌀을 확보하기 위해 농업경영에 직접 개입을 시도했다. 우량품종의 재배강제, 적기수확, 적당한 건조 제조를 위한 감독, 정미가공업의 도입 등 생산과정에 개입하여 출하 쌀의 질을 높여 나가는 한편, 자금을 확보하여 미가 동향에 민감하게 반응하여 수익을 극대화시키는 작업을 시도했다. 그리고 수리시설을 확보하고 개간지를 확보해 가는 작업도 병행했다.[46] 생산과 유통과정의 구조개편 작업을 추진한 것이다.

이 작업은 조선 후기 지주제의 발달과 더불어 시작되었지만 개항기에는 더욱 강도 높게 추진되었다. 특징적으로는 일본의 쌀 수출과 관련하여 경남 호남 등의 개항 배후지에서 왜도를 도입하여 품종을 교체하는 작업이 시도된 것을 들 수 있다. 부산 지역에서는 1890년 중반, 전남 학교와 함평은 1890년 전후, 나주·영산포부근은 1894·5년경, 부안·만경지방에서 전래되어 널리 퍼진 것은 1897년 이후였는데 10중 2~3이 倭粗의 재배지역이었으며, 전주지방도 10중 4~5의 비중을 보여 주고 있다. 이를 주도하는 계층은 일본품종이라는 점에서 지주·부농 등 상업적 농업을 주도하는 계층이었을 것이다.[47]

지대징수 방식도 지역에 따라 변화를 보였다. 종래 지주경영에서는 주로 타조로 지대를 받았다. 지역에 따라 차이가 있지만 18세기말·19세기 주류적 형태였던 타조제는 점차 도조제로의 전환 경향이 증가해 갔다. 賭地制는 풍흉과 비교적 관계없이 지대가 일정하기 때문에 흉년이 들 경우에는 경작자

46) 수리문제에 대해서는 다음 글이 참고된다.
이광린, 《이조수리사연구》, 1961.
宮嶋博史, 〈李朝後期の農業水利〉(《東洋史硏究》 41-4, 1983).
최원규, 〈조선 후기 수리기구와 경영문제〉(《국사관논총》 39, 1992).
47) 하원호, 앞의 책, 299~301쪽.

의 타격이 컸기 때문에 농작이 비교적 안정적인 곳에서 실시되었다. 특히 한전에서는 병작 경영이 곤란하여 도지제의 발전이 현저했다.

도지제로의 변화 요인은 여러 곳에서 찾을 수 있다. 변화의 기본 토대는 생산력 발전에 있었지만, 지주경영 방식에 따라 변화 수준에 차이가 있었다. 특히 궁방같은 부재지주지에서 많이 발생했다. 궁방에서는 안정적으로 재정을 확보해야 한다는 특수성과 부재지주로서 경영의 편리성 때문에 도지제를 선택하는 경향이 많았던 것이다. 지대수취의 번잡성과 항조운동을 해결하기 위한 대책으로서도 도지제를 선택하는 경향이 있었으며, 이것이 농촌사회의 관행으로 자리잡게 된 것이다.48)

이러한 와중에 지주는 더 많은 지대를 확보하기 위해 도지를 혁파하고 병작반수의 타조제로 다시 역전을 시도하기도 했다. 도지제가 관행으로 정착되는 과정에서 지주와 경작자가 이해관계를 둘러싸고 대립 갈등했다. 그 이유는 통상 도조가 타조에 비해 지대가 저렴하고 경작기간이 보장되어 지주가 마음대로 移作도 할 수 없는, 경작자에 유리한 경영방식이었기 때문이었다. 그러나 도지제가 반드시 지주에게 불리하게 작용한 것만은 아니었다. 타조와 달리 도지제에서는 종자와 지세를 경작자가 부담한다는 점을 이용하여 작인에 더 많은 부담을 강요하는 것이기도 했다. 그 결과로 지대는 타조제→도지제→타조제→도지제라는 반복된 변화로 나타났다

이 시기에는 도지제 이외에 지대수취방법에 여러 변화가 일어났다. 도지제보다 지대가 낮은 정액 원정제가 실시되었으며49) 지대의 운반문제, 作錢과정

---

48) 도지제 변동에 대해서는 다음 글이 참고된다.
허종호, 앞의 책, 1965.
김용섭, 〈한말에 있어서의 중답주와 역둔토지주제〉(《한국근대농업사연구》 하, 1988).
이영호, 〈18·19세기 지대형태의 변화와 농업경영의 변동〉(《한국사론》 11, 1984).
도진순, 〈19세기 궁장토에서의 중답주와 항조〉(《한국사론》 13, 1985).
이윤갑, 《한국근대의 상업적 농업연구》(연세대학교 박사학위논문, 1993).

49) 《筆岩書院誌》 권 3, 散文 稟報, 고종 경자 윤 8월. 〈院畓九斗落在於西二麥洞 而以賭租言之 可捧六石 而本孫渠自元定四斗耕作 且四斗落在於邑東月坪 而以賭租言之可捧二石 而本孫渠自元定十五斗耕作 卽院任之力 皆未能移時作 且未能破元定 盖年有久矣 前敢緣由稟報特爲處分爲臥乎事〉.

에서의 폐단 문제, 그리고 지주측의 일정한 화폐수요를 반영한 作錢上納도 실시되었다. 나아가 정액 화폐제인 도전제도 나타나고 있었다.[50] 이러한 추세 속에서 1880년대에는 타조법에서 도조법으로의 전환이 집중적으로 일어나는 곳도 있었다.[51]

도지제는 지주의 경작강제를 배제하고 작인이 경영권을 강화시켜 간 표현물이었다. 도지제에서 작인에게 지세를 부담시킨 것은 소유권을 배제하고 경작권이 국가와 직접 관계를 맺는다는 점에서 국가 재정담당자로서 작인의 권리가 신장되었다는 것을 의미하기도 한다. 이 때 작인은 경영의 독립성을 획득한 생산력 증가의 주체로서 농민적 상품생산을 주도해 갈 수 있었다. 이를 주도한 계층은 그 중에서도 생산력적 조건이 우위에 있는 이점을 살려 차지경쟁에서 승리한 부농이었으며, 이들은 일고 노동자를 고용해 廣作을 하고 상업적 농업을 통해 부농경영을 해 갔다. 그러나 차지경영의 확대는 동시에 다른 농민을 몰락시키는 결과를 가져와 농민층 분해를 촉진시키고 이들의 반발을 초래하기도 했다.[52]

경작권의 강화와는 반대로 지주제의 확대 강화 경향도 동시에 보였다. 구래의 지주와 달리 지주가 농업경영에 직접 개입하여 수입을 극대화시켜 가는 방향이었다. 일반 민전지주제, 그 중에서도 개항장 배후지에서 이러한 경향이 현저했지만, 왕실에서도 소유권이 약화되어 가는 현실 속에서 지주경영을 확대 강화하는 조치를 강구했다. 궁방전의 경우는 소유권적 권리가 있는 유토에서 변화가 일어났다. 유토에는 궁방(지주)↔작인의 구조, 궁방(수조자, 지주)↔중답주(中畓主) 도장(導掌 지주)↔작인의 구조로 된 것이 있지만, 어느 경우에도 경영이 불안정하여 지대가 감소하는 등 현실적으로 지주경영에 많

50) 허종호, 앞의 책, 1965와 홍희유, 〈18세기중엽 화폐지대의 발생〉(《역사과학》, 1966. 4) 참조.

51) 이윤갑, 앞의 글, 1993, 111쪽. 그리고 홍성찬, 앞의 글(《동방학지》 49, 1985, 123쪽)에 예시된 原定이나 元定은 1909~1910년의 예이지만, 이 때는 전반적으로 지주제가 강화되던 시기라는 점에서 도조제의 강인성을 보여주는 적당한 사례라 생각된다.

52) 러일전쟁 이후 일본인 지주들의 한국 농촌지배가 강화되면서 집수제가 도입되는 등 지주들의 농민장악이 강화되기에 이르렀다. 이윤갑, 앞의 글, 1993, 105~114쪽.

은 어려움에 봉착했다. 궁방은 갑오개혁 무렵부터 이를 타개하기 위한 여러 조치를 강구했다.

첫째 소유권을 확보하고 확인하는 작업을 시도했다. 배타적 소유권자로서의 위치를 확실히 하기 위해 역둔토 사검사업을 실시하여 소유권 확인 작업을 벌이는 한편, 개간규정을 이용하여 소유지를 확대시키는 조치도 강구했다. 여기서 개간자인 왕실과 사실상의 소유자인 농민이 소유권을 둘러싼 분쟁이 발생하기도 했다. 둘째 합법적으로 권리가 보장되었던 중답주권을 빼앗아 중답주를 제거하고 지대수입을 증가시켰다. 셋째 작인 파악을 강화하고 지대를 인상하는 조치를 취했다. 그러나 이 조치는 수탈 강화라는 측면도 있지만, 민전 도지제 처럼 작인의 경작권을 보장해 주는 대신 지대수취의 안정성을 확보하기 위한 시도였다. 궁방의 일차적 목표는 배타적 소유권의 확보에 있었고 이를 얻는 대가로 경작권을 일정하게 보장해 준 것이었다.[53]

지주층은 농민전쟁에서 승리를 획득했으나 작인의 견제와 저항, 그리고 외압에 직면하여 그 과실을 완전히 획득하지 못하고 작인들과 일정한 타협 속에서 이 같은 길을 택한 것이다. 여전히 부농적 발전의 길이 아직 열려 있었다고 할 수 있을 것이다. 이러한 점에서 지주제도 부농적 경영방식을 도입할 때 성장의 가능성이 더 컸다는 것을 의미하는 것이기도 하다. 이 점은 지주가 사례연구에서 보듯 지주들이 농민전쟁이나 의병전쟁에서 작인들과 대립갈등하면서도 작인과 적절히 타협하는 가운데 대응책을 강구하여 일정한 성장을 보인 데서도 알 수 있다.

한편 민전 지주들의 경우 작인과의 마찰을 피하기 위해 직영지 경영을 확대하거나 분쟁이 발생한 지주지를 방매하는 등의 방법으로 지주제를 일부 포기하기도 했지만 기본적으로는 지주제를 유지하는 방향에서 해결책을 강

53) 이 문제에 대해서는 다음 글이 참고된다.
김용섭, 〈한말에 있어서의 중답주와 역둔토지주제〉, 앞의 책(하), 1988.
김용섭, 〈고종조 왕실의 균전수도문제〉, 앞의 책(하), 1988.
배영순, 〈한말 역둔토 조사에 있어서 소유권 분쟁〉(《한국사연구》 25, 1979).
박진태, 《한말 역둔토조사의 역사적 성격 연구》(성균관대학교 박사학위논문, 1995).
최원규, 〈한말 일제초기 일제의 토지권 인식과 그 정리방향〉(《한국근현대의 민족문제와 신국가건설》, 1997).

구했다. 일부 지주들은 지대 수취를 강화하는 쪽으로 방향을 잡고 작인에 대한 강경책을 시도했다. 차지 경쟁이 격화되고 있는 상황을 이용해서 경작권을 뺏는 이작을 통해 작인을 통제하는 방안을 강구한 것이다. 경작권 박탈은 작인의 생존권을 뺏는 가장 강력한 수단이었다. 쟁송이 벌어질 경우 지주는 臨農奪耕이 아닌 한 승리를 거둘 수 있었지만 쉬운 일은 아니었다. 奪耕移作을 하려 하나 작인의 항쟁이 두려워 이작을 하지 못함은 물론 지대를 받지 못하는 곤경에 빠지기도 했다.[54] 지주의 경영강화책에는 한계가 있었다.

이러한 한계를 인식하고 대립을 완화하는 방향에서 지주경영책을 마련한 경우가 일반적이었다. 그 한 예를 서울 지주가의 《勸農節目》에서 살펴 볼 수 있다.[55] 권농절목은 작인에게 일정한 양보를 전제로 장토를 경영하여 수익을 확보하려는 지주의 경영개선책이었다. 여기서는 이작에 관한 사항이 15개항 중 8개조를 차지한 데서 보듯, 작인들의 대지주 투쟁의 원인이 移作에 있다고 보고 상호 대립을 완화하는 데 초점을 두었다. 우선 舍音이나 監打官의 請囑을 받아 이작을 하는 행위를 금지하여 작인들로부터 지극한 원한을 사지 말도록 주의를 환기시킨 뒤 작인 선정의 원칙을 말하고 있다. 농사에 게으르고 항조하는 자와 협잡 타조하는 자는 탈경 이작시켜 극력 제거하도록 하고, 영농과 상납에 근실한 농민은 계속 차경시키도록 했다. 그리고 이작은 농업경영과 관련하여 농민들의 농지를 재조정하여 거주지 부근 농지로 옮기는 등 작인들의 생산의욕을 자극하고 생산력을 발전시키는 범위 내에서 실시할 것을 지시했다. 가능한 한 부농층을 작인으로 끌어 들이려는 방안이라고 하겠다.[56]

지주제를 해체하지 않는 한 대립은 경작권의 운영을 둘러싸고 전개될 수밖에 없었으며, 이러한 점을 고려하여 현재의 경작자를 가능한 한 포괄하여 대립을 해소하는 방안도 제시되었다. 지주와 작인이 義契 같은 契를 함께 조직하여 상하간의 의리를 강조하면서 농민의 저항을 방지하는 방안이 그 일환으로 제기되기도 했다.[57] 여기서 한 걸음 더 나아가 지주측이 지주로서 양

54) 김용섭, 〈18·19세기의 농업실정과 새로운 농업경영론〉, 앞의 책(상), 1988, 66쪽.
55) 《勸農節目》(奎古 No. 163507의 1).
56) 김용섭, 위의 글(《위 책》 상, 1988), 66~7쪽.

보할 수 있는 최고 수준인 〈均分而作〉하여 이들이 살아가도록 하는 방안이 제시되어 실천에 옮겨지기도 했다.[58] 1894년 농민전쟁 때 농민군은 전쟁과정에서 지주의 도조나 전답문서를 몰수하는 등 지주경영에 저항하면서도 정부 지배층이 제시한 이 안에 따라 토지의 평균분작을 타협안으로 도출한 것이다.[59] 이 안은 지주의 소유권은 용인하되 경영권은 농민에 맡겨 농민경제를 안정화시키는 방안이었다.

4) 1894년 이후 지주제 전망

1894년을 계기로 쌀무역이 급격히 증대되었다는 점, 농민전쟁에서 농민군이 패배했다는 점 등을 고려할 때 향후 지주제의 양적 질적 발전을 전망할 수 있을 것이다. 그러나 이러한 전망은 현실적인 두 가지 문제에 직면했다. 하나는 의병전쟁·활빈당 운동 등 농민층의 저항과 집단항쟁이 여전히 계속되는 등 지주제 강화를 위한 무력적 기초가 확보되지 못했다는 점이다. 둘째는 일제의 침략이 심화되면서 지주와 농민간의 계급갈등보다 당면한 민족문제의 해결이 급선무로 대두되어 서로 타협점을 마련하지 않으면 안되었다는 점이다.

이러한 타협선에서 대한제국은 근대화 개혁의 일환으로 경제정책과 토지정책을 추진했다. 특히 양전·관계발급사업은 기존 소유권을 근대적 소유권으로 추인한다는 점에서 지주제를 대원칙으로 했지만, 경작권의 물권화 그리고 지주와 작인 동시 납세제를 추진했다는 점에서 농민적 상품화의 여지를 여전히 남기고 있었다. 그리고 대한제국이 지주자본을 산업자본으로 전화를 목표로 여러 정책을 추진했으며, 이에 따라 직조업·철공장·금융·보험회사 등 각종 근대적 시설이 설립되고 여기에 지주들이 자본을 투자했다는 점도 주목해야 한다. 특히 관료들의 참여가 두드러졌다. 이들은 관료로서의 지위 특권을 이용하여 부를 쌓은 지주층으로서 이른바 지주자본을 산업자본으로

---

57) 최원규, 앞의 글(《한국사연구》 50·51, 1985), 282~286쪽.
58) 홍성찬, 앞의 글(《동방학지》 53, 1986), 162쪽.
59) 신용하, 《동학과 갑오농민전쟁연구》(일조각, 1993), 27~281·373~385쪽.

의 전환을 시도한 것이라 할 수 있을 것이다.[60] 또한 이것은 당시 지주경영이 위기에 직면했음을 반영하는 현상으로, 그 위기를 극복하기 위한 탈출책이기도 했을 것이다.

그러나 러일전쟁 이후 상황이 급변했다. 일제는 한국을 무력으로 장악하고 통치권을 확보하면서 지주제를 토대로 한국 농촌사회를 완전히 장악할 수 있도록 체제 재편정책을 편 것이다. 그것은 소유권의 절대성을 토대로 한 지대강화를 주 내용으로 하며, 이는 곧 경영권까지 장악한다는 것을 의미했다. 그 결과 한국의 농촌사회는 지주적 상품화의 절대적 지위 확보, 농민 수탈강화, 대토지소유와 영세 소경영이 확대되고 경영분해가 둔화되어 부농경영은 몰락하거나 지주경영으로 급속히 경영전환을 추진해 갔다.

〈崔元奎〉

60) 한말 자본의 동향에 대해서는 다음의 글이 참고된다.
조기준, 《한국자본주의 성립사론》(대왕사, 1973).
권태억, 《한국근대 면업사연구》(일조각, 1989).
전우용, 《19세기말－20세기초 한인회사연구－》(서울대 박사학위논문, 1997).

Ⅳ. 동학농민전쟁의 배경

1. 동학농민전쟁의 사회경제적 배경

2. 동학교조 신원운동

IV. 동학농민전쟁의 배경

1. 동학농민전쟁의 사회경제적 배경

1) 개항 이후 미곡수출의 증대와 지주경영의 강화

1876년 우리 나라가 경험한 개항은 세계사적으로 볼 때 세계 후진 제지역에서 보편적으로 경험한 사실이었다. 그러나 우리의 개항은 이러한 세계사적 보편성과 더불어 한국사적 특수성도 지닌 것이었다. 한국사적 특수성은 산업혁명도 달성하지 못한 일본에 의해 개항됐다는 사실에서 비롯된다. 일본은 歐美선진국가에서 직물류의 자본제 상품을 수입하여 한국에 수출하는 중개무역을 수행하였다. 그러므로 일본에 대한 개항은 일본에 대한 종속만이 아닌, 구미선진국가를 중심국으로 하는 세계자본주의 시장체제에의 일본을 매개로 한 종속이었던 것이다.[1] 따라서 개항을 계기로 우리 나라는 후진국가인 일본과 청나라의 압력 뿐만 아니라 선진자본주의 국가의 압력을 이중적으로 받았다. 특히 자본주의 발달이 미숙한 일본과 청에 의해 가해진 외압은 자본주의적 논리가 아니라 정치적, 군사적 외압을 통해 관철되는 원시적 축적형 외압이었다.[2]

이러한 이중의 외압은 구체적으로 일본과 청을 비롯한 구미열강과의 불평등조약 체결로 구체화되었다. 朝日修好條約에서 관세자주권의 상실, 일본화폐의 유통권 허용, 곡물수출의 허용이 이루어졌고, 1882년 朝美修好條約·朝清商民水陸貿易章程과 그 이듬해 수정체결 된 朝英條約을 계기로 서울, 양화

---

1) 정창렬, 〈韓末 變革運動의 政治·經濟的 性格〉(《韓國民族主義論》, 창작과 비평사, 1982).

2) 梶村秀樹, 〈동아시아 지역에서의 帝國主義體制로의 이행〉(《韓國近代經濟史硏究》, 사계절, 1983).

진의 개방과 내지통상권이 허용됨으로써 불평등조약체제하의 우리 나라의 시장은 서울은 물론 내륙지방까지 외국자본에 전면 개방되었던 것이다.[3]

이와 같은 불평등조약체제의 성립은 미숙하나마 국내적 분업체제에 의해 형성되었던 종전의 상품생산과 유통구조에 커다란 변화를 야기하였다. 이러한 변화 가운데 가장 심각한 변화는 일본에 대한 미곡유출로 야기된 농업환경의 변화였다. 개항 이전 조선사회는 농업생산력의 발전에 따라 농업에서의 상품생산이 성장하고 있었으며, 농민적 상품화폐경제도 확대되는 추세였다. 특히 지주경영은 19세기 중반 이후 광범위한 농민항쟁으로 말미암아 정체되는 추세에 있었다. 그러나 개항 이후 곡물수출의 증대와 이로 말미암은 미곡가격의 상승은 위기에 처한 지주제가 강화되는 계기로 작용하였다. 인천의 개항장을 끼고 있는 강화지역의 지주층들은 미곡무역에서 경제적 이익을 확보하고 토지에 투자하여 대지주로 성장할 수 있었으며,[4] 호남지역에서도 금강, 영산강을 중심으로 한 포구와 내륙장시로 연결되는 시장권을 통하여 미곡의 상품화가 활발하게 진행되면서 지주제가 발전하였다.[5] 지주층은 직영지의 확대, 소작경영의 강화, 그리고 精米를 통한 상품화과정을 직접 장악하는 방식으로 지주제를 강화하였다. 지주의 직영지경영은 신분적 관계에서 벗어난 노비·雇工·挾戶層 혹은 임노동층을 노동력으로 동원하였으며, 소작지경영에서도 빈번한 作人교체와 마름에 대한 통제강화를 통해 지대수입을 증대시켰다. 지주층은 종전과 달리 증대된 소작료 등을 시장에 판매하거나, 또는 고리대나 상업투자를 통해 화폐자본을 축적하였고, 이를 다시 토지에 투자함으로써 대규모 토지를 집적하여 대지주로 성장할 수 있었던 것이다.

반면 소작농민층은 지주층의 직영지 확대와 소작경영강화로 인해 점차 몰락하여 갔다. 차지규모도 10두락 내지 5두락 정도로 열악해졌으며, 소작권의

---

3) 김경태, 〈丙子開港과 不平等條約關係의 構造〉(《梨大史苑》 11, 1973).

4) 김용섭, 〈江華島 金氏家의 秋收記를 통해서 본 地主經營〉(《東亞文化》 11, 1972).

홍성찬, 〈韓末 日帝下의 地主制硏究－江華 洪氏家의 秋收記와 帳冊分析을 중심으로－〉(《韓國史硏究》 33, 1981).

5) 왕현종, 〈19세기말 호남지역 지주제의 확대와 토지문제〉(《1894년 농민전쟁연구 1－농민전쟁의 사회경제적 배경－》, 역사비평사, 1991).

잦은 이동으로 안정적인 생계마저도 위협받았던 것이다.

한편 미곡유출로 인해 미곡의 상품화가 진전되고, 기선 등의 근대적 운송수단의 도입을 기반으로 사회적 분업이 발전하면서 상업적 농업은 활성화되었고, 이 과정에서 부농경영도 성장하였다. 부농경영의 성장으로 농촌의 소빈농층들은 농업경영에서 점차 驅逐되고 임노동자로 몰락되어 갔다.[6] 그러나 부농경영의 성장은 지주제 강화와 대립될 수 밖에 없었다. 그러므로 농민전쟁 직전에 이르러서는 상농층, 특히 부농의 경영도 위기에 몰리게 되었다. 곡물수출은 곡물의 상품화를 촉진하면서 경작면적의 증대와 생산력의 발전을 통해 부농성장의 가능성을 열어 놓기는 했지만, 농민경리에서의 잉여는 대부분 외국상인과 지주층에 의해 수탈당했기 때문에 결국 부농경영도 위기에 처할 수 밖에 없었던 것이다.[7]

이와 같이 자본주의 시장체제에의 편입으로 결과한 농업환경의 변화는 농촌사회의 급속한 분해, 재편성을 초래하였다. 지주층은 경제적 이익을 획득하였지만, 소빈농층은 시장관계로의 강제적 편입에 따라 농민적 잉여의 유출을 강요당함으로써 전반적으로 몰락하여 갔다. 지주적 상품생산은 성장하고 농민적 상품생산은 쇠퇴하였다. 이렇듯 세계자본주의 시장체제에의 강제적 편입은 민족적 모순 뿐만 아니라 봉건적 생산관계인 지주－소작인간의 모순도 심화시켰던 것이다.

---

6) 이윤갑, 〈개항~1894년 농민적 상품생산의 발전과 갑오농민전쟁－경북지역의 농업변동을 중심으로－〉(《계명사학》 2, 1991).

7) 하원호, 〈개항후의 곡가변동에 대하여(1876~1894)〉(《이우성교수정년논총 민족사의 전개와 그 문화(하)》, 창작과비평사, 1990). 개항 이후 부농경영의 추이에 대해서는 학계의 견해가 일치되고 있지 않다. 대체로 미곡상품화의 진전에 따른 부농경영의 성장가능성을 인정하고 있지만, 이 가능성이 농민전쟁기까지 지속된다는 견해와 1890년을 기점으로 부농성장이 억제되고 있다고 보는 견해가 대립되고 있다. 이러한 견해의 차이는 농민전쟁의 주체문제와 관련하여 매우 중요한 사안의 하나이다. 즉 1890년대를 기점으로 부농성장이 저지, 억제되고 있다는 하원호의 입장은 농민전쟁의 참여집단으로 부농층을 상정하는 반면, 부농성장이 농민전쟁기까지 계속 유지되었다고 보는 이윤갑의 견해는 부농을 외세와 봉건지배세력 사이에서 끊임없이 동요하는 층으로 설정하고, 이들은 농민전쟁기에 소빈농층의 공격대상이 되었다고 판단하고 있기 때문이다. 이러한 부농성장추이에 대한 논란은 하원호, 《韓國近代經濟史硏究》(신서원, 1998) 참조.

2) 일·청상의 침투와 제국주의적 상품유통구조의 창출

개항 이후 국내적 분업의 발달과 개항장을 중심으로 한 대외무역의 확대로 상품유통경제도 성장하였다. 이러한 상품유통경제의 성장은 조선 후기 이래 성장하던 농민적 상품화폐경제가 활성화된 결과가 아니라 제국주의적 상품유통구조가 새로 창출되면서 나타난 결과였다. 제국주의적 상품유통구조는 조선의 시장을 제국주의 국가의 상품시장과 원료공급지로 재편하는 과정에서 창출되었다. 이러한 유통구조는 1882년 漢城開棧權과 내지통상권의 허용으로 더욱 확대될 수 있었으며, 이를 개척한 상인들은 일본 상인과 청국 상인들이었다. 이들은 영국제 섬유제품을 중심으로 한 중개무역을 전개했는데, 이들의 무역은 국내의 물가표준이 정해지지 않은 단계를 이용한 기만적인 약탈무역의 성격을 지닌 것이었다.[8] 이들은 중개무역에서 나아가 시전상인의 전매상품인 백목면·명태 등 국내물품까지 취급하였으며, 기선과 같은 근대적 수송수단을 매개로 조선의 연안유통권을 장악하고 이를 토대로 내륙장시 시장권까지 침투하여 국내 선상들의 취급품목인 북어·다시마 등의 상권에 침투하기도 하였다.[9] 청과 일상은 수출입품만 아니라 국산품의 유통과정까지 침투해 선상과 행상, 시전상인 등 조선상인의 상권을 침탈하면서 제국주의적 상품유통구조를 구축했던 것이다. 이 과정에서 청·일상은 국내 상인보다는 취급상품이 유사한 청·일상인 사이에 훨씬 치열하게 경쟁하였다. 1885년에서 1894년까지의 무역추이를 보면 절대액에서는 일본과의 교역액이 높았지만, 청상은 주로 수출무역에 중점을 두었으나 일상은 자본재상품의 수출과 더불어 미곡수입에 집중하였기 때문에 조선은 청나라와의 교역에서는 항상 적자를 면치 못했으며, 일본과는 흑자를 보이는 경우도 있었다.[10] 이러한 것은 일본상인에게 있어 조선의 시장이 상품시장 뿐만 아니라 자국의 자본주의적 발전을 위한 원료공급지로서 역할이 중시되었기 때문이었다.

---

8) 하원호, 《韓國近代經濟史研究》(신서원, 1998) 참조.

9) 나애자, 〈韓國近代海運業史研究》(국학자료원, 1998).

10) 吉野誠, 〈朝鮮開國後の穀物輸出について〉(《朝鮮史研究會論文集》 12, 1975).

제국주의적 상품유통구조는 1880년 1월 원산항, 1883년 1월 인천항의 개항을 계기로 나타난 개항장 중심의 유통권 형성으로 구조화되었다. 개항장 중심의 유통권도 제국주의적 유통구조의 확대에 따라 변동하였다. 1890년대를 기점으로 곡물수출의 중심지가 종전의 부산항에서 인천항으로 이동하였는데, 이는 인천이 서울과 인접하고 있다는 지정학적 이점이 작용한 것으로서 제국주의적 상품유통구조가 전통적인 서울중심의 시장권으로 확대되고 있음을 반영하는 것이었다.[11]

국내에 제국주의적 상품유통권이 형성되었기 때문에 조선상인들도 이에 대응하지 않을 수 없었다. 서울의 특권상인이었던 어물전이나 백목전 등의 시전상인은 외국상인이 서울에 직접 점포를 설치하여 시전상인의 상권을 침해하자 외국상인의 점포철수를 요구하는 동맹철시를 시도하였으며,[12] 선박을 통해 전국의 해상유통권을 장악하여 조선 후기 강력한 상인으로 성장하였던 경강상인도 서울을 중심으로 상권을 유지했지만 일본기선의 세곡운송으로 타격을 입었다. 다만 개성상인과 평양상인들은 종래의 상업조직을 이용해 활동영역을 수출입 유통업으로 확대하는 방식 등을 통해 서울 이북지방에서 상권을 장악할 수 있었다.[13] 또한 지방 포구의 상권을 장악하고 있었던 포구주인이나 여각, 객주층들은 외국상인들이 근대적 기선을 이용하여 포구시장권을 장악하는 과정에서 점차 이들 상인에 종속되면서 제국주의적 상품화폐경제에 기생하는 층으로 전락하여 갔다.[14]

제국주의적 상품유통권의 핵심인 개항장에는 개항장 객주가 성장하였다. 객주는 원래 상품유통을 중개하는 위치에 있으면서 봉건권력과 결탁하여 독점과 특권을 누렸던 상인이었는데, 개항장 무역이 활성화됨에 따라 이들은 상회·상의소 등의 객주조합을 결성하여 정부에 대해 상업세를 부담하는 대가로 특권상인으로 성장한 것이다. 그러나 1880년대 말부터 외국상인의 내지

---

11) 이헌창, 《開港期 市場構造와 그 變化에 대한 연구》(서울대 경제학과 박사학위논문, 1990).

12) 김정기, 〈1890년 서울상인의 撤市同盟罷業과 시위투쟁〉(《韓國史硏究》 67, 1989).

13) 이병천, 《開港期 外國商人의 侵入과 韓國商人의 對應》(서울대 경제학과 박사학위논문, 1985).

14) 고동환, 〈18·19세기 外方浦口의 商品流通發達〉(《韓國史論》 12, 1985).

행상이 활발해지면서 개항장 객주의 상권도 위축되었다. 이에 정부는 객주상권을 보호하기 위해 인천항에 개항장의 상품유통을 독점하는 25객주 전관제를 실시하였지만 외국공사의 항의와 소상인들의 반발로 25객주 전관제는 곧 철폐되었다.[15] 이와 같이 제국주의적 상품유통구조의 창출과정에서 시전상인이나 경강상인 등 전통적 대상인의 상권은 점차 위축되었고, 포구시장권을 장악한 객주·여각층들은 이들 외국상인의 하부에 기생하는 상인층으로 전락하였다. 다만 내륙 장시시장권을 장악하고 있었던 개성상인들은 외국상인과 경쟁하면서 제한적이나마 상권을 유지하거나 성장할 수 있었다.

한편 개항 이후 상품화폐경제의 진전으로 농민경리도 본격적으로 화폐경제에 편입되고 있었다. 예컨대 1876~1894년간 조선에서 소비된 면포의 반 정도는 지역내에서 자급하고, 나머지 반 정도를 자본제상품이나 토착면포의 형태로 외국이나 다른 지역에서 완제품을 구입하고 있을 정도로 기본 의류인 면포의 상품화율이 높았던 것이다. 이처럼 상품화폐경제영역이 확대됨에 따라 화폐유통량 역시 확대되고 있었다. 정부는 화폐유통량의 증대와 재정악화를 보전하려는 의도에서 1883년부터 명목가치는 5배이나 실질가치는 2~3배에 불과한 當五錢을 발행하였다. 그 결과 전국은 당오전 유통지역과 당일전 유통지역으로 구분되었다. 당오전 유통권은 서울을 중심으로 한 경기지역·황해도·충청도의 대부분지역·강원도 연해지방 등에서 통용되었고, 그 외의 지역에서는 엽전인 당일전이 통용되었다. 한편 1891년부터는 當一錢 가치의 1/3에 불과한 平壤錢이 발행되었다. 이 평양전은 당일전 유통권인 원산·부산 등지까지 침투하여 당일전의 가치를 하락시켰다. 이와 같은 악화남발로 인하여 1892년경에는 당일전·당오전·평양전이 동일한 가치로 통용되게 되었다. 엽전시세 역시 1883년부터 1893년까지의 10년 사이에 3/5수준으로 폭락하였다. 특히 개항 이후 일본화폐의 유통권이 인정됨으로써 개항장을 중심으로 화폐유통권이 재편되었고, 나아가 일본화폐에 의한 조선화폐가 평가되는 엽전시세도 성립되었다. 이 과정에서 수출곡물가격을 엽전으로 지급하던 일본상인이 엄청난 폭리를 취하였던 반면, 화폐가치의 하락으로 물가가 폭등

15) 한우근, 《韓國開港期의 商業硏究》(일조각, 1970).

함으로써 곡물을 구입하여 생계를 해결하던 도시와 농촌 임노동자, 하급군인, 관리 등의 생계가 곤란해졌으며 정부물자를 조달하는 공인층도 몰락위기에 처하였다. 정부의 악화남발 때문에 극심한 인플레이션이 초래되었으며, 이는 하층민중의 생계를 압박하고 일본화폐의 유통확대로 일본금융자본에 대한 조선상인의 종속을 심화시켰던 것이다.[16] 봉건적 상업체제 아래서 제국주의적 상품유통구조가 창출되면서 소상인과 소상품생산자의 경제적 성장은 저지, 억제되었던 것이다. 이러한 상품화폐경제는 봉건지배층의 수탈을 강화시키는 원인으로도 작용하였기 때문에, 국내에 민족적 모순 뿐만 아니라 봉건적 모순도 더욱 격화시켰던 것이다.

3) 부세운영의 변화와 농민몰락의 심화

조선 후기 부세제도는 18세기 후반기에 이르면 田政·軍政·還政이라는 三政體制로 확립되었다. 이러한 삼정체제는 지주제, 신분제, 군현제와 현물경제체제를 근간으로 운영되는 것으로 전정에서의 比摠制, 군정에서의 軍摠制, 환곡에서의 還摠制 등의 군현단위의 총액제의 방식으로 운영되었다.[17] 이러한 총액제적 부세운영은 국가가 토지와 인민을 일일이 파악하지 않고 군현단위로 미리 정해진 수취총액을 담세자의 증감과 관계없이 공동부담케하는 제도였다. 신분제의 변동과 농민층 분해에 따라 담세자가 줄어 들고 담세능력이 약화되는 사회변동에 대응하여 중앙정부가 군현단위로 일정한 액수의 조세량을 미리 정해 줌으로써 조세수취의 안정을 도모하려는 의도에서 시행된 것이다. 그러나 총액제적 부세운영은 조세수취업무를 군현의 수령과 향촌지배세력에게 전적으로 위임하는 것이었기 때문에 이들 사이의 상호보장적 관계속에서 농민에 대한 무제한적 수탈이 가능하였다. 때문에 부농이나 서민지주들은 신분상승 등의 방법으로 조세부담에서 면제되었고, 이들이 부담해

---

16) 도면회, 〈화폐유통구조의 변화와 일본금융기관의 침투〉(《1894년 농민전쟁연구 1-농민전쟁의 사회경제적 배경-》, 역사비평사, 1991).

17) 김용섭, 〈朝鮮後期 賦稅制度 釐正策〉(《증보판 韓國近代農業史硏究 상》, 일조각, 1988).

야 할 조세는 몰락해 가던 빈농층에게 전가되어 조세불균이 심화되는 것이었다. 그러나 19세기에 이르면 하층농민들도 더 이상 가혹한 조세수탈을 감내할 수 없어서 대부분 유리와 도망의 방법으로 향촌사회를 떠나고 있었다. 그러므로 군현의 수령들도 이들에게 무한정의 수탈을 감행할 수는 없었다. 때문에 대부분의 군현에서는 군역에서의 洞布制·軍役田과 환곡에서의 里還·結還 등 면리단위의 공동납 관행으로 할당된 조세를 마련하고 있었다.[18] 이와 같은 공동납 관행으로도 부족한 군포와 환곡 등은 대부분 토지에 부과하여 보충하고 있었다. 이러한 과정을 거쳐 19세기 중엽에 이르면 대부분의 조세는 地稅化되고 있었다. 이와 같은 조세의 지세화는 신분제의 붕괴와 함께 토지생산력의 발전이라는 사회현상을 반영하는 것이었을 뿐만 아니라, 향촌단위에서 신분제에 의거한 조세운영을 포기했음을 의미하는 것이다.[19]

이와 더불어 상품화폐경제의 발전을 반영하여 조세의 금납지역도 확대되고 있었다. 특히 大同의 布木 징수지역은 19세기 중반에 가면 대부분 화폐납으로 전환되었고 군포도 일부지역을 제외하고는 代錢納이 일반화되었다. 그러나 여전히 중앙정부의 재정운영의 기조는 현물을 기초로 하는 것이었다. 그러므로 금납화가 공인되지 않은 지역에서는 농민들에게 화폐로 조세를 거두고 다시 현물을 구매하여 조세를 상납하는 稅穀防納이 성행하였다.

상품화폐경제의 진전으로 인하여 환곡에서도 화폐경제를 이용한 수탈이 가중되어 갔다. 移貿·加作·錢還 등은 바로 이러한 방식의 농민수탈이었다. 이와 같은 세곡방납과 환곡수탈은 국가적 상품화폐경제의 주도권을 장악한 서리나 수령 등이 농민의 경리를 완전히 화폐화할 수 없었던 상품화폐경제의 미숙성을 이용하여 자행하는 것이었다. 이를 계기로 농민층은 더욱 몰락하고 있었다. 이처럼 조세의 화폐납의 진전 뿐만 아니라 부세운영의 화폐화가 진전되고 조세의 지세화가 진행되면서 새롭게 나타나는 부세운영방식이 도결제였다.[20]

---

18) 고동환, 〈19세기 賦稅運營의 변화와 呈訴運動〉(《국사관논총》 43, 1993).
19) 고동환, 〈19세기 부세운영의 변화와 그 성격〉(《1894년 농민전쟁연구 1—농민전쟁의 사회경제적 배경》, 역사비평사, 1991).
20) 안병욱, 〈賦稅의 都結化와 봉건적 수취체제의 해체 1〉(《국사관논총》 7, 1990).

도결제하에서는 모든 조세가 한꺼번에 화폐로 수납되었으며, 기존 작부제하의 민간조세 수취기구가 부정되고 관에서 조세수취기구를 장악하여 부세를 운영하는 것이었다. 19세기 초반 등장하기 시작하여 19세기 중엽 무렵에는 대부분 군현에서 보편적으로 실시되었던 도결제는 결국 우리 나라 봉건적 조세수취제도의 최종적인 표현임과 더불어 근대적인 지세제도로 전화하는 과도적인 조세형태였다. 봉건적인 조세제도가 신분제, 지주제, 그리고 자연경제를 기초로 하여 각 단계의 생산력과 국가권력의 향촌사회에 대한 지배력에 조응하여 만들어진다고 볼 때, 도결제는 신분제의 붕괴, 지주제의 확대발전과 토지생산성의 증가, 그리고 상품화폐경제의 농촌경리에의 침투를 배경으로 하여 나타난 조세수취형태였다. 또한 도결제는 봉건국가의 향촌민에 대한 지배력이 향촌사회의 유력자를 매개로 하지 않고 곧바로 관료기구만을 매개로 장악되어 가는 국가공권력이 인민에 대한 개별적 지배력의 강화과정에서 나타난 조세수취형태이기도 하다. 이는 전반적으로는 근대적인 조세수취를 지향하는 것이기는 하지만 여전히 봉건적 틀을 벗어나지는 못한 것이었다. 아직까지도 봉건적 조세를 부과, 수취하는 주요한 경제제도가 봉건적인 지주전호제로 고정화되고 있었으며, 다른 한편에서는 조세수취의 기준이 각 향촌공동체 내에서의 세력관계의 강약에 따라 이루어지기 쉬운 結負制에 여전히 기초하고 있었다는 점에서 그러하였다. 즉 농업생산력의 발전으로 인한 토지생산성의 차별성이 약화되는 시점에서도 여전히 세력의 강약에 따른 조세수취의 불균등성이 유지됨으로써 봉건적 조세수취의 한 본질이 유지되었던 것이다.

도결제는 19세기 이후 조세의 지세화와 금납화의 최종적인 도달점의 성격을 지닌다. 그러므로 19세기 부세운영변화의 제도적 성격은 점차 봉건적 특권에 따른 부세불균을 지양하면서 균등한 조세부과를 향해 나아가고 있었다고 할 수 있다. 그러나 이러한 도결제하에서도 여전히 총액제와 공동납원칙은 고수되고 있었다. 때문에 결가의 고액화현상은 빈농층의 유리를 막을 수 없었고, 나아가 빈농층의 유리로 발생한 조세부족분을 손쉽게 요호부민들에게 전가할 수 있는 방법이기도 하였다. 각종 특권을 이용하여 조세부담에서 면제되었던 부농들도 결국에는 부세수탈의 주요한 대상으로 변해 갔던 것이다. 이는 조세의 토지집중과 상품화폐경제에 기초한 부세운영과정에서 신분적 특권이 더 이상 작용하지 않게 된 현상을 반영하는 것이었다. 특히 개항 이후 물가가 급등함에 따라 농민부담은 더욱 늘어날 수 밖에 없었다. 결가의 고액화는 소빈농층의 재생산기반을 완전히 붕괴시켰을 뿐만 아니라, 부농층에게도 더 이상 성장의 여지를 없애는 결과를 가져 왔다. 이러한 조세불균의 심화는 관과 민의 관계를 악화시켰을 뿐만 아니라 궁극적으로는 지주와 전호, 부농과 빈농사이의 계급대립을 첨예화시켰다. 또한 도결제는 각 군현단위로 달랐던 부세의 운영방식을 단일한 체계로 만드는 결과를 초래하였다. 이는 결국 농민항쟁에서 군현단위의 분산고립성을 극복하고 전국적인 연대하에서 대국가투쟁을 전개할 수 있는 하나의 조건을 만든 것이었다.[21)]

농민전쟁 당시 농민들은 폐정개혁안을 통해 대원군의 섭정 요구와 같은 정치적 요구나 탐관오리의 침학을 제거하는 요구와 더불어 삼정의 폐단을 시정할 것을 주된 요구로 내걸고 있었다. 농민들의 부세수탈의 시정요구의 내용은 대체로 軍錢의 濫徵을 금지하고, 洞布錢의 정액화를 요구하였고, 結錢의 매년 증액금지, 臥還의 폐지, 陳結加稅의 금지, 稅米의 無名加捧금지, 각종 烟役의 疊徵을 금지할 것 등 다양하였다.[22)] 19세기 후반 향촌사회에서 나타나는 이와 같은 부세수탈의 문제는 단순히 봉건기강의 해이에서 비롯된 부세운영상의 문제라기 보다는 중세사회 해체기에 신분제의 동요와 상품화폐경제의 진전에서 비롯된 구조상의 문제였다. 그러므로 이에 대한 저항은 빈농을 주력으로 하고 부농 그리고 중소지주층까지 포함한 세력들이 서리, 영주인층, 수령과 감사 등 국가적 상품화폐경제를 장악한 세력에 대한 투쟁으로 나타나고 있었던 것이다. 부세운영에 관한 한 지주-소작관계의 모순이 전면화되기 보다는 국가적 상품화폐경제를 둘러싼 대립관계가 보다 전면화되고 있었던 것이다.

---

21) 고동환, 〈19세기 부세운영의 변화와 그 성격〉(《1894년 농민전쟁연구 1-농민전쟁의 사회경제적 배경》, 역사비평사, 1991).

22) 한우근, 《東學亂 起因에 관한 硏究-社會的 背景과 三政의 紊亂을 중심으로-》(서울대 출판부, 1971).

4) 향촌사회의 변동과 농민항쟁의 고양

조선 후기 향촌사회의 지배구조였던 사족지배체제는 18세기 이후 점차 동요, 해체되고 수령-서리로 이어지는 공적 권력이 지배의 주체로 성장하였다. 종전 수령과 사족간의 견제와 협조를 통해 향촌민을 지배하던 관행이 점차 사라지고, 재지양반이 장악한 향청은 수령권에 철저히 종속되었던 것이다. 수령권에 의한 향촌장악과정에서 일부 사족들은 관권과 결탁하여 토호로 성장하였고, 새로운 향촌사회의 실력자로서 新鄕세력이 대두하였다.[23] 그러나 향촌사회의 실력자였던 신향층이나 饒戶富民層은 구래의 사족의 권위를 완전히 부정하고, 새로운 지배체제를 형성할 단계까지 이르지는 못하였다.[24] 이들은 상업적 농업이나 상업에의 투자 등 구래의 사족과 부의 축적기반이 다른 측면이 없지 않았으나, 대부분은 부세운영과정에 관권과 결탁하거나 또는 고리대 등의 방식으로 부를 축적하는 등 구래의 사족과 부의 축적기반이 다를 바가 없는 계층이었다. 그러므로 이들은 구래의 지배체제를 대체하여 새로운 사회를 열어 나갈 주체로 성장하기 보다는 새로운 사회체제와 봉건적 사회체제 사이에서 끊임없이 동요하는 계층이었다.[25]

이처럼 19세기 향촌사회는 구래의 사족지배체제가 동요되는 가운데 새로운 사회세력으로 신향과 요호부민층이 대두하는 등 사회구조가 점차 변동하고 있었다. 18세기에 전면화되었던 향촌사회의 주도권을 둘러싼 신향과 구향간의 대립은 적어도 19세기 중엽 이후에는 표면적으로 드러나지는 않고 잠복된 형태로 존재하였다. 향촌사회의 구체적인 대립은 지주와 소작관계, 나아가 수령-서리를 중심으로 전개된 부세운영을 둘러싸고 이에 반발하는 요호부민·빈농층의 대립이 심화되고 있었던 것이다. 이러한 조건하에서 19세기에 이르면 농민층의 항쟁도 점차 고양되어 갔다.

---

23) 고석규, 《19세기 조선의 향촌사회연구-지배와 저항의 구조-》(서울대출판부, 1998).

24) 안병욱, 〈19세기 壬戌民亂에 있어서의 鄕會와 饒戶〉(《韓國史論》 14, 1986).

25) 이윤갑, 〈19세기 후반 경상도 星州地方의 농민운동〉(《손보기박사정년기념 한국사학논총》, 1988).

18세기 수령권에 대한 저항은 殿牌作變, 松田放火 등과 같은 간접적인 방법으로부터 수령에 대한 직접적인 위해행위까지도 나타나지만 개인적이고 개별적인 저항에 그치는 것이 일반적이었다.[26] 억울한 일이 있을 때에도 대부분 동리민인들이 관청앞에 몰려가 官門會哭의 형태로 시위를 벌이는 정도에 그치는 것이 일반적이었다. 그러나 19세기에 이르면 이와 같은 농민층의 저항은 합법적인 공간속에서 呈訴運動이라는 형태로 나타나고 있었다. 적어도 수령이나 서리의 잘못에 대해서 官門會哭이라는 소극적인 저항을 뛰어넘어 所志를 작성하고 직접 수령에게 억울한 일을 시정해 줄 것을 합법적으로 요구하는 것이었다. 19세기에 이르면 이러한 정소운동은 대부분의 군현에서 광범위하게 전개되고 있었다. 정소운동의 전개는 당연히 농민층 내부에 문자를 아는 농민적 지식인층의 형성을 전제로 하는 것이다. 이들은 문자를 모르는 농민들의 억울한 일을 대신하여 소지를 작성하거나 부세문제의 농민적 해결에 앞장서는 자들이었다. 이들은 1862년 晉州民亂의 柳繼春의 사례에서 보듯이[27] 특정 직업을 지니지 않고 '呈營呈邑'을 직업으로 삼고 있는 자들이었다. 1894년 고부민란단계의 전봉준의 경우도 처음에는 이와 같이 부세문제의 농민적 해결을 위해 농민들의 소지를 대신 작성해 주는 역할을 수행하고 있었다.[28]

이러한 농민적 지식층의 성장은 향촌사회의 제반 문제들을 농민들의 요구에 맞게 제기하고, 농민적 해결을 추진하는 데 매우 중요한 요소였다. 1862년의 농민항쟁이 일시에 70여 개 군현에서 동시다발적으로 발생할 수 있었던 것도 바로 민란이라는 봉기단계 이전에 이와 같은 합법공간에서의 다양한 정소운동의 축적이 있었기 때문에 가능한 것이었다. 물론 이들 가운데는 권력과 유착하여 농민들을 수탈하는 자도 없지는 않았지만 농민봉기에 돌입했을 경우 대부분 이들이 지도자로 추대되고 있었다.[29]

한편 농민층의 조직역량도 성장하였다. 부세운영에서 도결제가 도입되면서

---

26) 한상권, 〈18세기 중·후반의 농민항쟁〉(《1894년 농민전쟁연구 2-18·19세기의 농민항쟁》, 역사비평사, 1992).

27) 망원한국사연구실, 《1862년 농민항쟁》(동녘, 1988).

28) 《全琫準供招》 乙未 二月二十一日 全琫準 再招問目.

29) 고동환, 〈19세기 賦稅運營의 변화와 呈訴運動〉(《국사관논총》 43, 1993).

동리민인들이 부세운영에 참여할 수 있는 기회가 확대되었고, 이러한 문제들을 논의하는 장으로서 민회나 리회 등의 농민집회가 대부분의 향촌에는 존재하였다. 이 뿐만 아니라 촌계류의 생활공동체나 두레와 같은 노동공동체도 농민들의 일상적인 조직체로서 기능하였던 것이다.[30]

특히 개항 이후 대원군 정권기에도 병인양요와 신미양요라는 두 차례의 외세와의 전쟁을 경험한 뒤에도 농민항쟁은 계속되고 있었다.[31] 특히 대원군이 하야하고 민씨정권이 들어선 이후 농민항쟁은 더욱 고양되고 있었다. 고종 25년(1888)을 경계로 민란은 더욱 활성화되고 전국적으로 확산되어 갔다.[32] 민란의 일상화 속에서 축적된 항쟁의 경험은 농민적 지식인층의 주도하에 농민들이 항쟁의 주체로 대두되고 있었던 것이다. 개항 이후 향촌사회의 모순이 심화되면서 이와 같은 농민적 지식층들도 성장하고 있었다. 이들은 전봉준의 사례에서 보듯이 향촌사회 문제, 특히 부세운영에 관련한 사항들에 대해서 매우 해박한 지식을 지녔을 뿐만 아니라 향촌에서 농민들로부터 상당한 신망을 얻고 있는 자들이기도 했다. 농민항쟁은 이들의 주도하에 촉발되고 있었던 것이다.

한편 향촌사회를 기본 공간으로 하여 전개된 항쟁 이외에도 처음부터 무장봉기를 목적으로 추진된 병란도 19세기 후반에는 빈발하였다. 고종 6년(1869) 광양란과 고종 8년(1871) 이필제란 등은 그러한 예였다. 또한 정감록류의 도참비기사상에 근거한 각종 변란도 19세기에는 자주 나타났다. 이들 병란이나 변란의 주도자들은 향촌내부에 존재근거를 지니기 보다는 동학이나 정감록류의 이념에 기초하여 조선왕조를 부정하던 지식인층이었다.[33] 동학농민전쟁은 이와 같은 두 부류의 움직임이 하나로 합일되면서 전국적 규모의 전쟁으로 발전하게 된 것이다.

---

30) 김인걸, 〈朝鮮後期 村落組織의 변모와 1862년 농민항쟁의 조직기반〉(《진단학보》 67, 1989).

31) 고동환, 〈대원군 집권기 농민층 동향과 농민항쟁의 전개〉(《1894년 농민전쟁연구 2-18·19세기의 농민항쟁》, 역사비평사, 1992).

32) 백승철, 〈개항이후(1876~1893) 농민항쟁의 전개와 지향〉(《1894년 농민전쟁연구 2-18·19세기의 농민항쟁》, 역사비평사, 1992).

33) 배항섭, 〈19세기 후반 '變亂'의 추이와 성격〉(《1894년 농민전쟁연구 2-18·19세기의 농민항쟁》, 역사비평사, 1992).

그러나 농민전쟁의 기본흐름은 향촌사회에 기반하여 사회적 모순을 농민적으로 해결하려는 민란의 흐름을 계승하는 것이었다. 왜냐하면 동학사상은 농민전쟁의 지도이념이 될 수 없는 정치적 空洞性의 사상이었기 때문이다. 동학사상에서는 당시 농민의 현실을 죽을 처지에 빠진 인민 등의 상태로 파악함으로써 어느 정도는 현실 그대로, 그리고 구체적으로 파악하고 있기는 했지만, 모순된 현실을 극복하고 미래의 바람직한 사회의 모습을 後天開闢·同歸一體·輔國安民으로 인식하고 있었다. 이것은 관념, 환상의 영역에서 존재하는 추상물에 지나지 않은 것이었다. 그러므로 동학이념은 농민들의 생활상의 문제를 해결하기 위해 폐정개혁안을 제시하고, 그것을 실현하기 위해 집단의 힘으로 투쟁해 갈 수 있는 이념을 제공할 수 없었다. 농민전쟁시 농민들의 사상과 행동은 동학에 근거하기 보다는 스스로의 사회적 이익을 실현하기 위해 농민들이 주체적으로 창조한 것이었다.[34] 이러한 이념과 사상은 정소운동의 주도자라고 할 수 있는 농민적 지식인층, 즉 향촌사회에 뿌리를 굳건하게 내린 자들에 의해 마련되고 있었던 것이다. 그것은 봉건적인 제수탈에 반대하는 반봉건 이념과 동시에 제국주의적 정치, 경제적 침탈에 반대하는 반제국주의적 성격을 지닌 것이었다.

〈高東煥〉

2. 동학교조 신원운동

1) 동학교단의 조직과 운영

동학농민전쟁의 성격을 규명하고 그 역사적 의의를 조명하는 데 있어 우선적으로 연구되어야 할 과제중의 하나가 그 전단계의 투쟁 양상을 밝혀내는 일이다. 이른바 조선 후기에 들어 빈발하던 民亂과 동학교단측에 의해 주

34) 정창렬,《甲午農民戰爭 硏究－全琫準의 思想과 行動을 중심으로－》(연세대학교 박사학위논문, 1991).

도된 敎祖伸寃運動이 바로 그것이다. 그러나 지금까지 동학농민전쟁을 연구하는 데 있어서 교조신원운동은 대체로 동학교단이 주도한 단순한 종교운동으로 파악함으로써 1894년 동학농민전쟁이 어떠한 경로를 거쳐 전국적인 투쟁으로 발전하게 되었는가를 규명하는 데 소홀했음이 지배적인 연구 경향이었다.[1)]

1894년 동학농민전쟁의 전단계 투쟁으로서 동학농민전쟁을 趨動해 내었다는 사실만으로도 중요한 의의를 갖고 있는 교조신원운동에 대한 연구는 동학농민전쟁의 실체를 객관적으로 밝혀내는 바탕이 될 수 있을 뿐 아니라, 여전히 학계의 쟁점이 되고 있는 東學과 동학농민전쟁의 관계를 규명하는 데 있어 중요한 연구 과제이기도 하다.

조선 후기에 들어와 지배체제의 모순이 심화되면서 민란이 빈발하고 있을 무렵, 1860년 4월 5일 慶尙道 慶州에서 몰락양반의 庶子나 다름 없던 崔濟愚(1824~1864)[2)]에 의해 창시된 東學은 지속되는 정치의 부패, 조세수탈의 가중,

---

1) 敎祖伸寃運動에 관한 기존의 연구성과를 연도순으로 정리하면 다음과 같다.
李光淳, 〈崔海月과 非暴力運動〉(《韓國思想》 1·2, 1957).
金義煥, 〈1892~1893년의 東學農民運動과 그 性格-參禮聚會·伏閤上訴·報恩集會를 中心으로-〉(《韓國史研究》 5, 1970).
韓㳓劤, 〈東學의 性格과 東學敎徒의 運動〉(《한국사 17 : 동학농민봉기와 갑오개혁》, 국사편찬위원회, 1973).
趙景達, 〈東學農民運動과 甲午農民戰爭의 歷史的 性格〉(《朝鮮史研究會論文集》 19, 1982).
鄭昌烈, 〈東學敎門과 全琫準의 關係-敎祖伸寃運動과 古阜民亂을 中心으로-〉(《19世紀 韓國傳統社會의 變貌와 民衆意識》, 高麗大 民族文化研究所, 1982).
——, 〈古阜民亂 研究〉 上·下(《韓國史研究》 48·49, 1985).
張泳敏, 〈東學의 大先生伸寃運動에 관한 一考察〉(《白山朴成壽敎授華甲紀念論叢 韓國獨立運動史의 認識》, 1991).
申榮祐, 〈報恩과 東學集會〉(《外俗離 書院溪谷 文化遺蹟》, 충북대 호서문화연구소, 1992).
——, 〈장안 마을 東學 大都所와 돌성 築造의 의미〉(《報恩 帳內里 東學遺蹟》, 충북대 호서문화연구소, 1993).
박찬승, 〈1892, 1893년 동학교도들의 '신원'운동과 '척왜양'운동〉(《1894년 농민전쟁연구》 3, 역사비평사, 1993).
배항섭, 〈1890년대 초반 민중의 동향과 고부민란〉(《1894년 농민전쟁연구》 4, 1995).

2) 최제우는 정확하게 말한다면 庶子가 아니라 再嫁한 寡婦의 아들이다.

계급적 모순의 심화, 흉년과 질병으로 인해 불안과 고통속에서 삶을 지탱해 가던 조선사회의 기층민들에게 큰 호소력으로 파고 들었다. 기존의 부패한 현실을 부정하고 이상적인 미래를 제시하면서 민중들에게 포교된 동학은 사회개혁을 바라던 일부 지식인층과 민중들을 사로잡기에 충분한 사상체계를 갖추고 있었다. 그러나 유교적 윤리가 지배하던 당시 사회에서 동학은 이단시되었고, 일부 지식층과 기층 민중을 중심으로 한 동학 교세의 급격한 증가는 커다란 사회문제로 부각되었다. 그리하여 1863년 12월 체포된 최제우는 '左道로 백성들을 미혹시켰다'는 죄명으로 이듬해 3월 10일 처형되었다. 최제우의 처형 이후 동학교세는 일시적으로 위축되었으나 그의 제자 崔時亨(1827~1898)의 노력으로 1870년대 후반에는 지도체제가 확립되었고, 동학의 기본 경전인 《동경대전》과 《용담유사》의 集成이 이루어졌으며, 주요 종교의식이 확립되어 교세가 증가하기 시작하였다. 1880년대에는 丹陽·槐山·淸風·忠州·淸州·沃川·報恩·公州·木川·禮山 등 충청도 지역을 중심으로 교세가 급격하게 증가하였다. 그리하여 증가되는 동학의 교세는 당시 지배층에게 만만치않은 위협으로 인식되었고, 그에 따라 지방 수령들은 지속적으로 동학에 대한 탄압을 계속했다. 1880년대 이후 지방 수령들에 의한 동학 탄압은 邪學을 금단한다는 명분 아래 동학교도의 재산을 수탈하거나 잡아 가두는 등의 형태로 이어졌으며 동학교도들은 피신과 도망, 석방금을 내고 풀려나는 소극적인 방법으로 교문을 지켜 나갔다.[3]

그러나 1890년대 초에 들어와 동학교단은 '敎祖伸寃運動'[4]이라는 합법적 청원운동을 통해 동학을 공인받고자 하였다. 교조 최제우의 억울한 죽음을 伸寃함으로써 동학의 공인과 포교의 자유를 인정받고자 했던 교조신원운동은 經國大典에 보장된 伸訴제도를 통해 조정의 공인을 받기 위한 집단적 시위운동으로 나타났다.

---

3) 1880년대에 지방 수령들에 의해 자행된 동학 탄압사례는 필자의 다음 논문에 잘 밝혀져 있다.
朴孟洙, 《崔時亨硏究－主要 活動과 思想을 中心으로－》(韓國精神文化硏究院 韓國學大學院 博士學位論文, 1996), 〈표 12〉 참조.

4) 1864년 3월 10일에 '左道惑民之律'에 의해 처형당한 동학교조 최제우의 억울한 죽음을 伸寃하려는 운동으로서, 교조의 신원은 곧 東學의 公認과 布敎의 자유를 허락받는 것이나 다름없었다.

2) 교조신원운동의 전개

(1) 공주취회

공주취회는 1890년대 초에 전개된 최초의 교조신원운동이라는 점에서 주목되어 왔다. 또한 당시 동학교단을 이끌고 있던 최시형의 지도노선을 평가하는 데 있어서 중요한 집회로 인식되어 왔다. 기존 연구는 徐丙鶴·徐仁周 등이 최시형의 승인이 없이, 혹은 반대를 무릅쓰고 공주취회를 추진한 것으로 이해해 왔다.[5] 이같은 연구는 1871년 3월에 일어났던 寧海民亂 당시 李弼濟의 제의를 최시형이 적극 만류하고 가담하지 않았다는 주장과 맞물려 최시형을 더욱 '보수적인 인물'로 규정하는 바탕이 되기도 했다. 그러나 근래 들어 새롭게 발굴된 자료들은 최시형에 대한 그동안의 인식이 바로 잡아져야 한다는 근거를 제시하고 있다. 최근에 발굴된 자료들에 의하면 최시형은 영해민란에도 적극 참여했으며,[6] 1892년 7월에 서인주와 서병학에 의한 교조신원운동 전개 요청 이후 교조신원운동을 전개하기 위한 준비를 서두르고 있었던 것으로 확인된다. 즉, 최시형은 1892년 8월 21일 淸州 松山 孫天民家에 머물면서 忠州에 거주하는 辛司果에게 서한을 보내 40명의 '望碩之士'를 선발하여 그 명단을 가지고 9월 10일까지 직접 청주 松山 孫士文家[7]로 찾아오도록 지시하였다.[8] 또한 1892년 8월 29일에는 호남좌우도 편의장 南啓天에게도 비슷한 내용의 〈輪照〉를 하달하였다.[9] 南啓天에게 보낸 〈윤조〉 역시 1백여 명을 선발하여 주소성명이 적힌 명단을 9월 5일까지 보내도록 지시하

---

5) 기존 연구들은 〈海月先生文集〉, 〈本敎歷史〉, 〈侍天敎宗繹史〉 등 동학교단사에 근거하여 최시형이 1892년 7월에 徐仁周와 徐丙鶴이 제의한 敎祖伸寃運動 전개 요청을 거절하였다고 한결같이 주장하고 있다.

6) 관변측 자료인 〈嶠南公蹟〉과 〈寧海賊變文軸〉, 교단측 자료인 〈崔先生文集道源記書〉와 〈海月先生文集〉 등은 최시형이 1871년 3월의 寧海民亂에 적극 가담하였음을 분명하게 밝혀 주고 있다.

7) 孫士文은 孫天民을 가리킨다. 士文은 손천민의 字이다.

8) 〈神師의 遺墨〉(《天道敎會月報》 195, 1927. 3).

9) 〈1892. 8. 29 輪照〉(《海月文集》, 《海月文集》에 대한 상세한 해제는 앞에 소개한 朴孟洙의 학위논문에 실려 있다).

고 있다. 이같은 조치는 모두 공주취회가 열리기 직전에 이루어지고 있는 점에서 본격적인 교조신원운동의 전개를 위한 사전준비였다고 생각된다.

1892년 10월 서인주와 서병학은 재차 최시형을 찾아와 교조신원운동을 전개할 것을 요청하였다. 최시형 역시 수령과 이서 토호들의 침학에 시달리고 있던 교도들의 절박한 사정을 알고 있었기 때문에[10] 두 사람의 건의를 받아 들여 교조신원운동을 허락하는 立義通文을 하달하였다. 1892년 10월 17일 밤에 하달된 입의통문의 요지는 각 접주와 교도들에게 伸寃의 大義에 합력할 것을 촉구하는 내용이었다. 따라서 1892년 10월에 전개된 公州聚會는 종래 알려진 것처럼 서인주·서병학 2인이 최시형의 허락없이 전개한 것이 아니라 최시형의 허락 아래 교단적 차원에서 추진되었다고 보는 것이 타당하다. 서인주와 서병학 등이 최시형의 허락을 얻어낸 까닭은 교주의 허락이 있어야 동학조직의 동원이 가능하고 많은 교도들을 동원할 수 있었기 때문이었다.

'伸寃의 大義에 적극 참여하라'는 최시형의 입의통문이 각지의 접주들에 하달된 후 충청감사에게 최제우의 신원을 호소하기 위한 公州議送所가 설치되었다.[11] 이 내용에 의하면, 각 접주는 '誠德信義知事之道儒'를 인솔하고 공주의송소로 와서 清州로부터의 명령을 기다려 처사를 하도록 지시하고 있다. 여기서 清州는 최시형이 은거하고 있던 清州 松山 손천민가를 말하는 것으로 생각된다. 당시 손천민가에는 孫天民·徐仁周·徐丙鶴 등 신원운동 지도

10) 당시 최시형이 교조신원운동을 허락하게 된 배경에 대하여 〈天道敎創建史〉는 "이 해 十月에 徐仁周 徐丙鶴이 또한 固請하고 諸道人이 亦是 指目을 견디지 못하야 굳게 伸寃함을 請한대 神師 이에 立義文을 지어 各地에 遍諭하시니(《東學思想資料集》 貳, 135쪽)"라 하였고, 〈東學史〉에서는 이 해 十月에 四方에 있는 道人들이 指目에 쫓기여 모여온 자 많아야 伸寃할 일을 請하는 자 많은 지라 先生은 이 여러 사람의 뜻을 쫓아 許諾을 하고 곧 입의문을 지어 효유하니(《東學思想資料集》 貳, 426쪽)"라 하여 관의 탄압과 지목에 시달리던 하층교도들의 요구와 이에 부응한 서인주 서병학 등의 요청을 받아들여 교조신원운동을 전개할 것을 허락하였다고 하였다.

11) '公州議送所'에 관한 내용은 奎章閣에 소장된 〈東學書〉, 동학·천도교측 자료인 〈本敎歷史〉, 〈侍天敎宗繹史〉 등에는 없고 全北 扶安에 있는 천도교 호암수도원에 소장되어 있는 『海月文集』에만 실려 있다. 立義通文이 도착된 후 각 地方 接主들이 취해야 할 행동지침을 담고 있어 주목된다.

부가 왕래하면서 최시형의 명을 받고 있었던 것으로 추측된다. 그러므로 공주취회에 참가한 각 접주 및 교도들은 최시형－손천민, 서인주, 서병학－공주의송소로 이어지는 명령계통을 따라 행동하고 있었던 것으로 생각된다. '공주의송소'에 모인 각 지방 접주들과 교도 1천여 명은[12] 10월 20일경[13] 교조신원을 요구하는 議送單子를 작성하여 충청감영에 제출하였다. 이 의송단자는 10월 17일 밤에 발송한 立義通文에서 최시형이 주장했던 동학교조 최제우의 신원을 요구하는 동시에 西學의 만연 현상 및 倭國之商의 부당한 행위를 비판하는 내용이 포함되어 있다.[14] 충청감사에게 제출된 의송단자에 나타난 西學과 倭商에 대한 비판 내용은 다음과 같다. "방금 서양 오랑캐의 學이 우리 나라에 들어와 뒤섞여 있고 왜놈 우두머리의 毒이 외진에 도사리고 있으니 망극할 일이며, 음흉하고 거역하는 싹이 임금님의 수레 바로 밑에서 일어나고 있으니 이것이 바로 우리들이 절치부심하는 일이다. 심지어 왜놈 상인들은 각 항구를 두루 통하여 싸게 사서 비싸게 팔아 얻는 이익을 저들이 마음대로 하니 돈과 곡식이 마르고 백성들이 지탱하고 보전하기 어렵다. 心腹같은 땅과 咽喉같은 장소의 관세 및 시장세와 산림과 천택의 이익마저 오로지 바깥 오랑캐에게로 돌아가니 이것이 또한 우리들이 손을 어루만지며 눈물을 흘리는 바이다."[15] 여기에 나타난 斥倭洋의식은 1892년 11월의 삼례취회에서, 그리고 1893년 2월 광화문 복합상소단계와 3월의 보은취회, 그리고 1894년의 동학농민전쟁 단계에서도 한결같이 강조된다. 왜양을 강하게 배척하고 동학금단을 구실로 한 전재수탈을 금해줄 것을 요구한 의송단자를 받은 충청감사는 10월 22일 "동학을 금하고 금하지 않는 것은 오로지 朝家의 처분에 달린 것이므로 監營에서는 단지 조가의 명령을 따라 시행할 뿐이므로 감영에 와서 호소할 일이 아니라"고 답변하였다. 그리고 10월 24일에는

12) 〈時聞記〉(《東學農民戰爭史料大系》 2, 驪江出版社, 1994), 175~176쪽.

13) 충청감사의 題音이 10월 22일에 나왔으므로 의송단자 제출일자를 10월 20일경으로 추론하였다.

14) 원래 東學의 斥倭洋意識은 1860년에서 1863년 사이에 최제우가 지은 東經大全과 용담유사 등의 저작 속에 이미 드러나 있었다.

15) 〈各道東學儒生議送單子〉(《韓國民衆運史資料大系 : 東學書》, 驪江出版社, 1986), 64~65쪽.

각 군현 守宰들에게 동학을 금한다는 핑계로 討索하는 행위를 금하는 조치를 담은 甘結을 하달하였다.[16)]

충청감사의 감결은 실제로는 기만적인 것이었지만 30년동안 탄압과 지목에 시달려 온 최시형으로서는 동학금단을 구실로 한 수령, 이서, 토호배들의 수탈행위를 금하겠다는 충청감사의 조치에 대하여 일정한 성과를 거둔 것으로 평가하였다. 충청감사 조병식에게 〈各道東學儒生議送單子〉라는 청원서를 제출함으로써 시작된 공주취회는 집단적인 呈訴 형식 덕분에 희생자가 없었다. 비록 '敎祖의 伸寃'이란 원래 목적은 달성하지 못했지만 동학교도에 대한 관리의 탐학을 금한다는 甘結을 얻어냄으로써 동학교단 지도부는 상당히 고무되었다. 그리하여 최초의 신원운동인 공주취회는 이후 전개될 삼례취회를 비롯 광화문 복합상소, 보은취회 등 일련의 집회를 연달아 개최하는 계기를 마련했다는 점에 그 의의가 크다.

(2) 삼례취회

공주취회에서 충청감사로부터 '지방관들의 동학금단을 구실삼은 토색을 금한다'는 甘結을 얻어낸 동학교문은 크게 고무됐다. 공주취회의 성과를 적극적으로 평가한 교단 지도부는 충청도와 함께 탄압이 극심했던 전라도에서도 교조신원운동을 전개함으로써 충청감영에서 얻어낸 성과들을 전라감영에서도 얻어낼 수 있을 것으로 기대하였다. 이에 최시형 등 교단 지도부는 교통이 편리한 參禮驛을 집결 장소로 택하였다.

전라도 삼례에 집결하라는 동학 지도부의 동원령이 담긴 敬通[17)]은 1892년 10월 27일(음력) 밤 全羅道 參禮道會所 명의로 각 포에 발송되었다. 이 경통은 '錦營에 억울함을 호소하였으니 完營에 議送單子를 내는 것 또한 天命'[18)]이라 하여 삼례집회의 목적을 밝히는 한편, '모임에 달려오지 않으면 별단의 조치를 마련함은 물론이요 하늘로부터 죄를 받을 것'[19)]이라며 교도들의 참여

16) 위의 책, 68~70쪽.

17) 동학교단 지도부와 각 지역의 包와 接, 또는 포와 포, 접과 접끼리 중요사항을 전달하기 위하여 발했던 通文을 말한다.

18) 〈敬通〉, 《韓國民衆運動史資料大系 : 東學書》, 70쪽.

19) 〈敬通〉, 위의 책, 71쪽.

를 독려하였다. 그리하여 10월 29일부터 각지에서 몰려들기 시작한 동학교도들은 11월 1일에 이르러서는 수천을 헤아리게 되었다.[20] 11월 2일 姜時元·孫天民 등은 최시형의 재가를 받은 〈各道儒生議送單子〉를 전라감사 李耕稙에게 제출하여 大先生[21]의 원한을 풀어 주도록 간청하였다. 이 議送單子에서 동학교도들은 "최제우선생이 上帝의 명을 받아 儒佛仙 三道를 합해 하나로 만들어 한울님을 지성으로 섬기며 儒로서는 五倫을 지키며 佛로서는 심성을 다스리고 仙道로는 질병을 제거케 했다"[22]며 동학사상의 정당성을 천명한 뒤, 대선생이 무고한 죄명으로 처형된 지 30년이 지나도록 그 寃抑을 풀어 大道를 떳떳이 세상에 彰明할 수 없었던 恨을 호소했다. 또 동학과 서학을 '氷炭의 관계'로 규정하고 동학을 "윤리도 없고 분별도 없는 西學과 더불어 차별없이 취급하는 것은 不可하다"고 주장하면서 '서학의 여파로 간주, 유독 동학에 대해서만 힘을 기울여 배척하는 행위'의 온당치 못함을 지적하였다.[23] 뿐만 아니라 "列邑의 수령들이 빗질하듯 잡아 가두고 재산을 討取하여 쓰러져 죽는 자가 끊이지 않고 더불어 豪民들마저 侵虐에 가담하여 道人(동학교도)들이 정처없이 떠돌며 살 길이 없게 하고 있다"[24]며 동학에 대한 지방 수령과 토호들의 탄압과 이를 빙자한 토색을 고발하고, 동시에 "서양오랑캐의 學과 왜놈 우두머리의 毒이 다시 外鎭에 들어 앉아 날뛰며 제멋대로 행하고 있다"[25]며 外勢의 창궐을 강하게 경고하는 내용을 담아 공주취회에서도 주장한 斥倭洋의 의지를 강하게 드러내었다. 결국 의송의 요지는 동학은 서학을 배격하는 忠君孝親·廣濟蒼生·輔國安民의 敎이므로 조정이 현실적으로 인정하는 여러 道에 대해 간여하지 않는 것과 마찬가지로 동학 포교의 자유를 공인해 달라는 것이었다.

---

20) 이 때의 참여 규모를 〈天道敎書〉는 "11월 1일 각지 두령이 포내 도인들을 솔하고 參禮驛에 赴하니 그 參會者 수천인이라"하였고, 〈天道敎會史草稿〉는 "11월 3일에 각지 두령이 포내 도인을 솔하고 삼례역에 會集한 자 수천이라"고 전하고 있다.

21) 당시 동학교도들이 교조 최제우를 존칭하여 부르던 호칭.

22) 〈各道東學儒生議送單子〉, 위의 책, 71~72쪽.

23) 〈各道東學儒生議送單子〉, 위의 책, 72쪽.

24) 위의 책, 73쪽.

25) 위의 책, 74쪽.

그러나 동학교도들이 제출한 의송단자에 대해 전라감영은 침묵으로 일관하였다. 엿새가 지나도록 아무런 반응이 없자 삼례취회 지도부는 11월 7일경 독촉 議送을 다시 보냈다. 11월 9일에야 "너희 동학은 나라에서 금하는 바이다. 사람의 심성을 갖추고서도 어찌하여 正學을 버리고 이단을 좇아 스스로 죄를 범하는 것인가. 소장의 내용인즉 동학을 널리 포교토록 허용하기를 바랐으니 더욱 말이 되지 않는다. 곧 물러가 모두 새 사람이 되어 미혹하는 일이 없도록 하라"[26]는 題音을 내렸다. 이러한 무성의한 제음은 동학교도들을 크게 자극하였다. 그러자 이경직은 11월 11일자 甘結을 통해 '동학 禁斷을 빌미로 한 錢財의 수탈을 금하라'는 지시를 내렸다.[27] 11일자 감결은 동학을 공인하지 않은 채 교도들에 대한 지방수령들의 토색질을 금한다는 내용이었다. 충청감영에서 하달된 감결과 비슷한 요지였다. 이에 따라 동학교단 지도부는 11월 12일 完營道會所 명의의 경통을 내려 '道는 비록 나타났으나 冤은 아직 풀지 못했다'며 삼례취회의 제한적 성과를 내세우고 '法軒(해월 최시형)의 지휘를 기다려 雪冤을 도모토록 고심하는 것이 도리'라고 밝히면서 '곧 귀가하여 길가에서 방황하지 않도록 하라'고 해산을 종용하였다.[28] 12일자의 경통은 또 "첫째, 처신과 행사는 도리에 합당했으니 이제부터 더욱 도리에 힘쓰자. 둘째, 삼례취회는 대의명분에 떳떳하다. 해월 선생이 직접 지휘하지 못한 것을 달리 생각하지 마라. 셋째, 이후 무단한 탄압이 있을 경우 소장 등을 제출하며 적극 대응하라. 넷째, 도리를 어기고 기강을 어지럽히는 자는 엄히 책망하라. 다섯째, 일찍부터 대의에 참여, 살림이 어려워진 교도들을 함께 도우라"[29]는 다섯 가지 행동강령도 하달하였다. 이로써 10여 일에 걸친 삼례취회는 공식적으로 막을 내렸고 임시로 설치됐던 완영도회소는 철수했다. 그러나 지도부의 공식 해산명령에도 불구하고 상당수 교도들은 해산하지 않고 있었다. 11월 19일자 北接道主 명의로 나온 통문이 이를 반증한다. 즉 '임금께 伏閤상소할 계획을 다시 도모하려 하니 다음 조치를 기다려 달라'

---

26) 〈題音〉, 위의 책, 75쪽.
27) 〈甘結〉, 위의 책, 77~78쪽.
28) 〈1892년 11월 12일 敬通〉, 위의 책, 78~79쪽.
29) 위의 책, 79~80쪽.

'서로 도와 떠돌아 다니지 않도록 하여 합심해 異論이 없도록 하라'[30]는 경통 내용이 그 증거이다. 19일자 경통과 함께 21일자로 하달된 전라감영의 감결 또한 일부 교도들이 21일까지도 해산하지 않고 있었다는 사실을 확인시켜 주고 있다. '한글로 번역하여 널리 게시하라'는 당부까지 곁들인 두번째 감결의 주된 내용은 '동학도들을 잘 타일러 편안히 살게 하며 읍속들은 토색질을 금하라'는 것이었으나 서두에서 '동학교도들을 安接토록 할 것'을 다시 지시하고 있어[31] 이때까지 해산하지 않거나 다른 곳을 떠돌며 귀향하지 않은 교인들이 있었음을 짐작케 한다. 곧 삼례취회가 지도부에 의해 11월 12일 공식 폐회됐다 할지라도 실질적인 해산은 21일 이후로 볼 수 있다.

삼례취회는 당시 동학교단 교주인 최시형이 직접 주도한[32] 조직적인 신원운동이었다. 노골적이고 집단적인 대중집회를 통해 동학의 공인 및 포교의 자유획득과 같은 '정치적 요구'를 달성하려 했으며, 교문 자체의 문제를 넘어 당시 민족적 현안이었던 '斥倭洋倡義'의 실현까지를 언급했다는 점에서 삼례취회의 역사적 의의는 더욱 높이 평가받고 있다. 삼례취회는 또 집단적인 운동을 통해 일정한 성과를 얻어낼 수 있음과 동학교단과 일반민중과의 결합 가능성, 대중집회에 대한 실험 등을 성공적으로 타진함으로써 장차 동학농민전쟁의 징검다리로서의 의의를 갖는다.

(3) 광화문복소와 척왜양방문 게시운동

공주와 삼례에서 행한 동학교도들의 신원운동은 당초 요구에 미치지는 못했지만 지방 수령들의 성과를 거두는 데 성공하였다. 동학교도들에 대한 부당한 침학행위를 말라는 공식적인 명령을 충청감사와 전라감사로부터 얻어낸 것이 바로 그것이다. 그러나 여러 자료들에 의하면 충청·전라 양 감영의 공문은 별 효과가 없었던 것으로 보인다. 동학의 공인문제와 교조의 신원문

30) 위의 책, 82쪽.

31) 위의 책, 85쪽.

32) 삼례취회 무렵 최시형은 경상도 尙州 功城面 旺室에서 말을 타고 삼례로 출발하려다 낙상하여 실제 참석하지는 못하였다. 그러나 삼례취회를 지도한 孫天民, 姜時元 등은 최시형의 심복 제자들로서 사실상 최시형의 명령을 그대로 수행하였다.

제가 근본적으로 해결되지 못했기 때문이었다. 이에 동학교단 지도부는 교도들을 더욱 조직화하여 중앙 조정을 향한 신원운동을 준비하기 시작하였다. 양 감영에서 모두 동학의 공인문제는 중앙 조정의 권한이라 언명하였기 때문이다.

중앙 조정을 향한 복합상소 계획은 이미 삼례취회 단계에서 결정되어 있었다. 삼례취회를 결산하는 1892년 11월 19일자 동학 지도부의 敬通이 이같은 사실을 뒷받침한다. "임금님께 복합할 계획은 방금 상의해서 다시 도모하려 하니 다음 조치를 기다리라"[33]는 내용이 바로 그것이다. 이 경통 내용은 광화문 복소가 공주·삼례 신원운동의 연장선상에서 준비되었음을 보여 준다. 동학교단 지도부는 우선 1892년 12월 6일경 복합상소에 대비한 도소를 충청도 報恩 帳內에 설치하였다. 12월 6일 도소를 설치하였다는 사실이 실린 〈本敎歷史〉에 의하면, "당시 도소를 설치하자마자 각지로부터 오는 교도의 수가 폭주하여 迎送과 사무처리가 폭주했다"[34]고 전한다. 광화문 복합상소 계획은 이같이 몰려드는 민중들로 새로운 방향을 모색하지 않으면 안되었다. 동학지도부는 1차적으로 도소에 몰려드는 교도들을 통제하기 위해 12월 6일자로 도소출입을 제한하는 경통을 보냈다. 그러나 복합상소는 쉽게 실행되지 못했다. 복합상소에 대한 지도부의 의견이 통일되지 않았고 복합상소 계획에 대해 최시형의 허락도 얻지 못했기 때문이었다. 또한 복합상소의 성과가 어떻게 나타날 지 알 수 없는 상태였고 복합상소를 전후한 탄압을 예상했기 때문이었다.

이같은 상황에서 동학 지도부는 12월 중순께 서울로 직접 올라가지 않고 중앙 조정에 소장을 올렸다. 첫머리에서 "道란 사람으로서 다같이 행할 바를 이름한 것이니 邪가 있고 바름이 있으며 같음이 있고 다름이 있는 것은 모두가 사리를 바르게 구한 것이니 헛된 판단만이라 할 수는 없다"[35]고 〈朝家回通〉[36]이라는 상소장에서 지도부는 東學이 이단이 아님을 역설하고 충청도

33) 앞의 註 30)과 같음.

34) 〈本敎歷史〉(《天道敎會月報》 28, 1912. 11), 24쪽.

35) 〈朝家回通〉, 《韓國民衆運動史資料大系 : 東學書》, 87쪽.

36) 명칭 그대로라면 '조정이 어떤 글에 대한 답을 내린 글'이라는 뜻이지만 내용을 보면 東學 都所에서 조정에 보낸 소장임을 알 수 있다.

·전라도 지역에서 관리들의 탐학을 열거하면서 조정의 공평한 조처를 요청하였다. 동학의 정당성을 주장하고 관리들의 탐학금지를 요구하는 이같은 상소에 대답이 없자, 동학 지도부는 상경투쟁인 복합상소를 본격적으로 준비했다. 그리하여 1893년 1월 清州 松山에 있던 孫天民의 집에 奉疎都所가 설치되었다.[37] 봉소도소의 임원은 姜時元·孫天民·孫秉熙·金演局·徐丙鶴 등이 주축을 이루었다. 이들은 복합상소 계획을 각 지역에 알린 다음, 2월 초순경 서병학을 먼저 서울로 보내 都所를 정하는 문제와 숙소문제를 해결하도록 했다. 서병학외 다른 지도자들은 2월 8일 과거보러 올라가는 선비차림으로 분장하여 일제히 상경했다. 이 무렵 서울에는 동학교도 수만 명이 외국인을 몰아내기 위해 상경한다는 소문이 널리 퍼졌다. 복합상소 당시 상경한 동학도의 수는 분명치 않다. 수만 명이라는 기록도 전하지만 당시 일본《東京日日新聞》이 게재한 수백 명 정도가 상경한 것으로 보인다.[38] 복합상소는 2월 11일부터 시작됐다. 광화문 앞에 출두하여 복소한 인원에 대해서도 여러 설이 있다. 9명에서부터 80여 명에 이르기까지 분분하지만 대체로 동학지도부의 주요 인물들과 중견 동학지도자 40여 명이 복소에 나선 것으로 확인되고 있다.

朴光浩를 疎首로 한 복소참여자는 13일까지 3일동안 상소문을 붉은 보자기에 싸서 상을 받들고 광화문앞에 나아가 엎드려 호소했다. 상소절차의 잘못을 들어 상소접수조차 거부하던 중앙정부는 14일 '집으로 돌아가 생업에 안주하면 원하는 바를 따라 해주겠다'는 내용의 傳敎를 내렸다. 정6품의 관원인 司謁이 전한 이같은 대답은 해산명령과도 같은 통고였다. 이리하여 1892년 10월부터 전개해 온 신원운동은 복합상소에서 아무런 성과를 얻지 못함으로써 원점에 서게 되었다. 오히려 소두 박광호를 잡아 들이라는 왕의 명령으로 동학교도들은 더욱 가혹한 탄압을 받게 됐다. 그러나 이같은 외형적인 별무성과에도 광화문 복소는 동학교인들의 역사적 자각을 불러 일으키게 했으며 향후 투쟁방향의 새로운 전환을 준비할 필요성을 인식하게 되었다.

---

37) 〈權秉悳自敍傳〉(《韓國思想叢書》, 330쪽).
〈天道敎會史草稿〉(《東學思想資料集》 壹, 448쪽).

38) 《東京日日新聞》, 명치 26년(1894) 4월 19일.

광화문 복합상소 직후 京鄕에서는 斥倭洋운동이 거세게 일어났다. 서울의 외국 공관과 교회당에 외국인을 배척하는 掛書가 나붙었으며 지방 관아에도 외국인을 배척하는 榜文이 게시되었다. 특히 미국인 선교사 기포드의 학당에 붙은 괘서를 시작으로 한 달 여동안 서울에서 잇따라 발생한 斥倭洋榜文 게시사건은 당시 국내외에 커다란 파문을 일으켰다. 특히 광화문 복합상소 이전부터 수만 명의 동학교도들이 외국인을 배척하고 몰아내기 위해 상경한다는 소문이 널리 퍼져 있던 상황에서 외국인들을 더욱 불안과 공포에 떨게 만들었다. 서울주재 외국공관에서는 유사시에 대비하여 본국과 연락을 취하고 자국민의 피난을 고려하는가 하면 조선정부에 대책을 촉구하는 등 부산한 움직임을 보였다. 대내외적으로 큰 파문을 던진 이같은 척왜양방문 게시사건을 주도한 세력은 과연 누구이며 일련의 교조신원운동과는 어떤 관련을 맺고 있는가. 또 1894년 동학농민전쟁의 전면에 내세워진 '斥洋斥倭'의 주장과는 어떤 연결고리를 갖는가. 이같이 제기되는 여러 의문은 척왜양방문 게시사건을 주도한 주도세력 문제와 관련지어 최근 학계의 가장 뜨거운 쟁점의 하나로 떠오르고 있다.

지금까지 알려진 서울에서의 척왜양방문은 미국인 선교사 집에 붙은 두 건과 프랑스·일본 공사관에 나붙은 각 한 건의 榜文이 전부이다. 모두 한문으로 기록된 이들 괘서는 내용상 서양의 기독교 침투와 일본의 세력확장에 강한 증오심을 담고 있다.

첫 괘서는 광화문 복합상소가 해산한 다음 날인 1893년 음력 2월 14일 밤 미국인 선교사 기포드 학당의 문에 붙었다. "아, 슬프도다. 소인배들은 이 글을 경건히 받을지어다. 헤아려 보면 우리 동방의 나라는 수천년 예의와 범절의 나라였노라. 이러한 예의지국에 태어나 이 예의를 행하기에도 오히려 겨를이 없거늘 항차 다른 가르침을 생각하겠는가. (중략) 우리 도의 근원은 하늘에 나서 밝은 하늘의 뜻을 천하에 비치니 감히 날뛰면서도 도를 능멸할 수 있는가. 세상을 一致할 도는 理致중에 있으니 어떻게 조심하지 않으랴. 소인배들은 대도를 함께 하여 사람마다 그 書冊을 불태우면 혹시 만의 하나라도 살 수 있는 길이 있을 지 모르겠다."[39] '白雲山人 弓之先生'이라 하였을 뿐 정확한 이름을 밝히지 않은 채 붙은 이 방문은 기독교를 믿는 조선인들에게 경고한 글로 보여진다. 기독교를 배척하는 방문은 이어 같은 달 18일 미국인 존스의 집 교회당에도 붙었다. "敎頭 등을 효유하노라"로 시작되는 이 방문은 그 말미에 "너희들은 빨리 짐을 꾸려 본국으로 돌아가라. 그렇지 않으면 忠信仁義한 우리는 갑옷·투구·방패를 갖추어 오는 3월 7일에 너희들을 성토하겠노라"[40]라는 내용이 들어 있어 외국인들을 공포로 몰아 넣었다. 또 프랑스공관에도 같은 달 20일을 전후해 비슷한 내용의 괘서가 붙었다. 만일의 경우에 대비 프랑스 공사는 본국에 兵船 세 척의 파견을 요청했고, 병선이 인천항에 대기중이라는 기록이 전한다.[41] 1893년 3월 2일 일본공사관 앞벽에도 방문이 나붙었다. "일본 상려관은 펴보아라"로 시작된 이 방문은 "아직도 탐욕스런 마음으로 다른 나라에 웅거하여 공격하는 것을 으뜸으로 삼아 혈육을 본업으로 삼으니 진실로 무슨 마음이며 필경 어찌하자는 것인가. (중략) 하늘은 이미 너희들을 증오하며 스승님은 이미 경계하였으니 安危의 기틀은 너희가 취함에 달려 있다. 뒤늦게 후회하지 말고 빨리 너희 나라로 돌아가라"[42]라고 하여 당시 일본의 침략을 경고하고 있다.

이상과 같이 광화문복소를 전후하여 榜文揭示를 통해 척왜양운동을 이끈 세력은 과연 누구일까. 방문 자체가 모두 익명으로 된 데다 당시의 척왜양의식은 어느 한 계층에 한정되지 않고 조선사회 전반에 자리잡고 있었다는 점에서 주도세력을 지목하는 데 어려움을 겪고 있다. 현재까지 학계에서는 대체로 세 가지 가능성이 점쳐지고 있다. 첫째 동학교단 지도부가 복합상소운동과 병행하여 벌였을 가능성, 둘째 동학교단 내의 혁신세력이 독자적으로 주도했을 가능성, 셋째 동학과는 별개의 세력들이 벌인 척왜양운동일 가능성 등이 그것이다. 당시의 동학교단 지도부가 척왜양방문 게시사건을 주도한 세력일 것이라고 이해하는 입장은[43] 동학사상과 동학교단 안에서 일관되게 주장되어 온 척왜양의식을 강조한다. 특히 公州·參禮취회 단계에서 강하게 표

39) 《舊韓國外交文書》 10 : 美案, 高宗 30년 2월 18일(高麗大 亞細亞問題硏究所, 1967), 718~719쪽.
40) 《舊韓國外交文書》 10 : 美案, 高宗 30년 2월 19일, 719쪽.
41) 金允植, 《續陰晴史》 上, 癸巳 2月 24日條, 257쪽.
42) 《舊韓國外交文書》 2 : 日案, 高宗 30년 3월 2일, 385쪽.
43) 張泳敏, 앞의 글 참조.

출된 척왜양의식을 기반으로 동학지도부가 복합상소운동과 병행하여 배외운동을 벌였으며, 이후 보은취회에서 '斥倭洋倡義'의 깃발로 올려졌다는 입장이다. 동학지도부는 그동안 지방관리들의 탐학행위는 직접 체험했으나 외국세력의 위협은 현실적으로 느끼지 못했다. 광화문복소를 위해 상경한 뒤 비로소 외세의 위협을 실감한 지도부는 보국안민의 절박한 역사의식에서 배외운동을 제기했다고 보는 것이다. 이와 함께 광화문복소 직후 일어났다든지, 동학을 지칭하는 것으로 보이는 문구가 방문 내용 여러 군데에서 발견되고 있다는 점도 그 근거가 되고 있다. 둘째 1893년 3월의 척왜양운동을 주도한 세력에 관한 또 하나의 입장은 동학의 혁신파를 지목하는 견해이다. 동학내에 지도부와 다른 성격의 혁신세력이 당시 이미 존재했음을 전제로 한 이같은 견해는 종래 학계의 가장 많은 지지를 받았다. 이는 온건한 방법의 광화문복소 대신 실력 대결을 주장했던 徐丙鶴 등 혁신파가 지도부의 제지에 뜻을 이루지 못하고 복소와는 별도로 배외운동을 벌였다는 것이다. 이같은 견해는 천도교 일부 자료에 "서인주·서병학은 상소하여 진정할 뜻이 없고 교도로 하여금 兵服을 바꿔 입도록 하고 병대와 협동하여 정부 간당을 소탕하고 조정을 크게 개혁하기로 결정하였는지라, (중략) 神師(최시형)가 이에 부당함을 책하였다"[44]는 데 근거를 두고 있다. 이 견해에 대해서는 서병학이 복합상소를 비롯한 신원운동을 처음부터 주도하였고 보은취회에서 금구취회를 비난한 말, 무력침입의 시기적 폭발성을 들어 비판되고 있다. 또 당시 조선주재 일본 변리공사가 본국에 보낸 외교문서 등에 근거, 서울에서의 척왜양방문 게시사건이 전라도 지방의 동학의 여러 갈래가 중심이 됐다고 주장하는 견해도 있다.[45] 즉 여러 갈래의 동학교도들이 척왜양방문을 게시하고, 괘서에 나오는 3월 7일 서울에서의 왜양성토를 시도했으며 이를 위해 지방에서의 상경 움직임이 조직적으로 이루어졌음을 여러 자료에서 보여준다고 설명하고 있다. 이같은 일련의 과정에서 하나의 세력으로 응집되어 이후 金溝에서 독자적인 취당을 갖는 세력으로 성장했으며, 그 지도자가 全琫準이라는 것이

44) 〈天道敎會史草稿〉(《東學思想資料集》 壹), 449쪽.
〈天道敎創建史〉(《東學思想資料集》 貳), 143쪽.

45) 鄭昌烈, 앞의 글 참조.

다. 셋째 척왜양방문 게시사건이 동학도의 복합상소 직후에 일어났고, 동학교도가 상경하여 외국인을 습격할 것이라는 소문을 근거로 동학교도들이 중심이 된 척왜양사건으로 단정하는 것은 무리라는 견해도 나오고 있다.[46] 이와 관련 광화문복소를 계기로 동학과는 별도의 광범위한 배외세력들을 결집하여 일으킨 배외운동일 가능성에 대한 검토가 필요하다는 것이다. 당시 조선사회는 프랑스와 미국선교사들의 거리낌없는 활동, 방곡령에 따른 일본의 배상요구, 청·일상인들의 조선 상권의 잠식 등으로 외세에 대한 일반인들의 반감이 팽배해 있던 점에서 충분한 개연성이 있다는 주장이다. 외세에 대한 조선사회의 반감은 괘서사건이 발생하기 전에 이미 화적들의 외국상인 습격이나 중국상인 점포에 대한 방화, 1890년 서울 상인들의 집단적인 同盟撤市 투쟁으로 나타났다는 점에서도 일반 세력의 가능성을 배제할 수 없다는 것이다. 척왜양방문 게시사건의 주도세력을 놓고 이처럼 해석이 엇갈리고 있는 것은 이를 뒷받침할 만한 결정적 자료가 없기 때문이다. 이같은 각 입장차이는 직접적인 근거 대신 어디까지나 가능성에 머무르고 있다.

(4) 보은취회와 금구취당

1893년 3월 11일, 報恩 帳內里에서 시작된 '보은취회'는 동학농민전쟁의 전단계를 밝히는 역사적 사건으로서 전라도 金溝縣 院坪에서 이루어진 '院坪聚黨'과 함께 중요한 의의를 갖고 있다. 학계의 연구성과에 따르면 '금구취당'이 동학농민전쟁의 前史로서 그 정치적 성격이 크게 부각되고 있는 것에 비해 '보은취회'는 물리적 투쟁을 되도록 자제하려 했기 때문에 한계를 보였다고 평가하고 있다. 그러나 보은취회가 동학교단의 조직역량을 확인시킨 집회였던 점, 이전의 신원운동이 '교조의 신원'이라는 종교적 요구 중심으로 이뤄졌던 데 비해 보은취회는 '척왜양'의 기치를 전면적으로 드러낸 집회였던 점, 그 목적이 척왜양에만 있었던 것이 아니라 탐학관리와 세도가들을 처단하고자 하는 데 있었던 점으로 볼 때 보은취회 역시 사회개혁운동의 한 맥락으로, 또한 동학농민전쟁의 전단계 투쟁으로서 일정한 역사적 의의를 지니고 있다.

---

46) 배항섭, 앞의 글, 34~36쪽.

보은취회는 우선 전국 각 지역에서 수만 명의 道人들이 참가했다는 점이 가장 큰 특징이다. 조정에서 파견된 宣撫使 魚允中이 올린 보고서를 보면, “처음에는 부적, 주술로써 무리를 현혹하고 참위를 전하여 세상을 기만하였는 데, 필경에는 才氣를 갖추고도 뜻을 얻지 못한 자, 貪墨이 횡행하는 것을 분하게 여겨 민중을 위해 목숨을 바치려는 자, 外夷가 우리의 利源을 빼앗는 것을 분통하게 여겨 큰소리 하는 자, 貪士·墨吏의 침학을 당해도 호소할 바 없는 자, 京鄕에서의 武斷과 협박때문에 스스로를 보전할 수 없는 자, 京外에서 죄를 짓고 도망한 자, 營邑屬들의 부랑무리배, 영세농상민, 풍문만을 듣고 뛰어든 자, 부채의 참독을 견디지 못하는 자, 常賤民으로 뛰어나 보려는 자가 여기에 들어 왔다”[47]라고 하여 당시 사회의 기층민중과 사회구조에 큰 불만을 가진 세력 등 다양한 계층에서 모여 들었음을 보여 준다. 3월 말까지 지속적으로 모여든 인원은 대략 3만 명 정도였던 것으로 알려져 있다.[48] 이들은 산아래 평지에 성을 쌓고 그 안에서 대오를 정비하며 ‘斥倭洋倡義’라고 쓴 기를 내거는 한편 새로운 방문과 통문을 냈다. 날이 갈수록 숫자가 느는 데다 통문을 나붙이는 등 세가 더해지자 3월 16일 보은 군수 李重益이 해산령을 내렸으나[49] 이에 대해 도인들은 “창의함은 오직 척왜양에 있으니 비록 巡營의 甘飭이나 主官의 面諭라도 그칠 수 없다. 또 동학은 처음부터 邪術이 아니며, 설사 사술이라 하여도 임금이 욕을 당하고 신하가 죽는 지경에서는 忠義 하나 뿐이니, 각처 유생이 한 마음 한 뜻으로 죽음을 맹세하고 충에 진력하고자 한다”[50]라고 하여 해산을 거부하고 다시 “왜양지사를 치는 것으로 죄삼아 가둔다면 和를 주장하는 매국자를 상준단 말인가? 어찌 우리 순상의 밝음으로써 헤아리지 못함이 이처럼 심하단 말인가? 혹 미혹하여 왜양의 신복이 되려는 자는 관령을 따르라”[51]라는 榜을 내걸어 척왜양의 의지를 과시하였다.

---

47) 〈聚語〉(《東學亂記錄》 上), 122쪽 ; (《東學農民戰爭史料大系》 2), 66~67쪽.
48) 金義煥, 《近代朝鮮의 民衆運動》, 68~69쪽.
표영삼, 〈보은 장내리 척왜양창의〉 (《新人間》 505, 1992. 5), 33~36쪽.
49) 東學人令, 〈聚語〉(《東學農民戰爭史料大系》 2), 39쪽.
50) 〈聚語〉(《東學農民戰爭史料大系》 2), 35쪽.
51) 〈聚語〉, 위의 책, 35~36쪽.

이처럼 보은에 모인 동학교도들은 보은군수의 해산령을 거절하면서 척왜양 의지를 더욱 강력하게 표출했다. 보은집회의 세력들이 척왜양을 대의명분으로 내세운 것은 물론 그것이 큰 목적이기도 했지만 당시 유림에 풍미하고 있던 衛正斥邪사상과 동일한 선상에 놓여질 수 있기 때문이었다. 이를테면 그들이 집회의 명분으로 내세웠던 척왜양은 조선사회를 이끌고 있던 봉건적 지배층에 의해 무난하게 용납될 수 있었던 봉건적인 대외사상에 부합되는 것이었던 셈이다. 이들은 3월 22일 보은군수의 해산령도 거절하고 "지금에 이르러 생명이 도탄에 빠진 것은 방백수령의 탐학무도함과 세호가의 무단에 있으니 만약 지금 소청하지 못하면 어느 때에 국태민안이 있겠는가"라고 하여 지방수령들의 탐학을 강력하게 비판하였다. 그리하여 갈수록 확대되는 보은취회의 양상을 방관하고 있을 수 없게 된 조정에서는 3월 25일 충청감사 趙秉式에게 책임을 물어 파직시키고 이들을 해산시킬 선무사로 어윤중을 보내는 한편, 충청병사 洪在羲에게 군사 3백 명을 이끌고 장내리로 가게 했다. 양호선무사 어윤중은 보은출신이었다. 그는 장내리로 가서 접도들을 온갖 감언이설로 회유하고 협박하면서 왕의 칙유문을 발표했다. 이에 보은취회 지도부는 해산을 약속하고 노약자와 어린이를 돌려 보내기 시작했다. 이때부터 집회는 이합집산의 양상을 드러내게 되었다. 특히 보은취회 지도부는 4월 1일 순무사 어윤중이 公州營將, 清州兵營 軍官, 報恩 군수를 대동하고 찾아와 왕의 綸音을 읽고 퇴산을 명하자 3일 안에 해산하기로 약속을 하였고 崔時亨・孫秉熙・徐丙鶴 등은 도인들을 남겨 둔 채 4월 2일 밤을 틈타 도망하고 말았다.

광화문 복합상소에 이어 보은취회 역시 무력하게 해산되고 만 것은 결국 지도부가 무력투쟁을 회피한 결과였다. 이같은 보은집회에 대한 학계의 평가는 크게 두 가지로 집약되고 있다. 첫째는 보은집회 지도부의 기만성, 불철저성, 패배주의로 인해 별다른 성과없이 실패한 점을 들어 동학농민전쟁의 전단계로서 높은 위치를 부여하기 어렵다는 주장이 있고,[52] 둘째는 이 집회를 통해 민권의식이 나타나기 시작했고 종교운동에서 벗어나 정치적 방향으로 나아간 성격을 보이고 있는 점에서 그 의의를 어느 정도 평가하고는 있

52) 趙景達, 앞의 글 참조.

지만 그것은 금구취당을 주도한 세력의 독려에 힘입은 것이라는 주장이 있다.[53] 지금까지 학계의 연구성과로 볼 때 보은집회는 동학농민전쟁의 전단계로서 큰 위상을 부여하기는 어렵지만 신원운동의 차원에서 정치적 투쟁의 단계로 발전하는 과정을 보여 주었다는 역사적 의의를 과소평가할 수 없다.

한편, 보은취회가 열리던 시기에 전라도 금구현 원평에서도 취회가 열리고 있었다. '金溝聚黨'이 바로 그것이다.[54] 충청도 보은의 장내리에서 이른바 보은취회가 진행되고 있는 동안 全羅道 金溝縣 水流面 院坪里[55]에서도 동학교도들의 별도 집회가 열리고 있었음은 여러 자료들에 의해 확인되고 있다. 원평은 전라감영이 자리잡고 있는 전주에서 서남쪽으로 15㎞ 정도 떨어진 곳에 위치해 있고, 큰 場이 서 인근에서 생산되는 物産이 풍부하게 거래되었으며 따라서 사람의 왕래가 잦은 교통의 요충지이기도 했다. 따라서 대규모 집회를 가질 수 있는 여건이 충족된 데다 官衙가 있는 금구로부터 적당한 이격거리를 두어 여러 모로 안성맞춤이었다. 또한 母岳山과 金山寺로 상징되는 독특한 지리적 배경은 종교적 집회장소로의 선택에 중요한 고려가 됐을 가능성이 높다. 즉 금산사를 중심으로 한 원평지역 일대는 예나 지금이나 비결신앙의 상징처럼 일컬어지고 있다. 당시에도 민간신앙의 근거지였고 이 곳을 항상 감싸고 있는 적당한 신비로움이 고단한 현실에 찌들고 지친 민중들을 효과적으로 끌어 모아 주었으리라 추정할 수 있다. 이와 함께 원평집회가 수월하게 이뤄질 수 있었던 배경 중의 하나는 이곳이 보은으로 가는 전라도지역 교인들의 중간 기착지로 볼 수 있다는 점이다. 원평은 정읍·고창·장흥·영광·나주·함평·무안·순천·영암 쪽에서 올라오는 교도들이 반드시 거쳐 지나야 하는 거점이었다. 더욱이 金溝는 동학지도자 金德明包의 본거지로 상당한 경제적 기반을 가진 金德明이 동학교단의 大接主 위치에서 일정 정도의 역할을 맡았으리라는 추측은 충분히 가능하다.[56]

---

53) 鄭昌烈, 앞의 글 참조.

54) 《日省錄》, 고종 30년 3월 21일.

55) 현재의 김제군 金山面 院坪.

56) 원평은 금구취회의 집결지로서 뿐 아니라 동학농민들이 원평주위에서 성장하거나 활동했으며 사건의 주요한 지역들이 이곳을 중심으로 반경 20㎞이내에 자리잡고 있다. 멀리 북쪽으로 삼례가 20㎞ 거리에, 전봉준의 舊居가 있는 정

'금구취당'은 1893년 3월 21일(음력) 이전에 이뤄지고 있었다. 이 시기는 보은취회가 진행되고 있던 때이다. 《일성록》 高宗 30년(1893, 癸巳) 3월 27일자 기사는 새로운 전라감사에 부임하는 金文鉉이 고종에게 辭陛하는 자리에서 나눈 대화내용을 기록하고 있다. "고종이 가로되 '湖南은 왕조가 일어선 터전이고 御眞을 모신 慶基殿이 있어 다른 지방과 달리 소중하고 나라 살림의 창고와도 같은 곳이다. 근래에 이르러 어찌된 까닭인지 풍속이 타락하고 인심이 간사, 교활해져 일종 동학의 무리가 창궐하여 날뛴다 하니 백성들을 안도하게 할 계책과 없애버릴 방책을 경이 판단하여 처리토록 하라.' 文鉉이 답하기를 '신의 역량이 보잘 것 없어 제대로 보답하지 못할 듯하오나 이른바 비도들이 준동한다는 것은 참으로 변괴라 할 것입니다' (중략) 고종이 이르기를 '말이란 한 번 두 번 옮기다 보면 터무니 없는 말을 지어내게 되는 것이니 족히 믿을 것이 못된다. 호남에서도 金溝에 가장 많다 하니 전주 감영에서 어느 정도 거리인가. 먼저 그 소굴을 격파하여 금단하고 일소하는 방도를 삼도록 하라.' 文鉉이 답하기를 '30리 가량 되는 데 금구, 원평에 과연 취당하고 있다 하옵니다."[57]

금구취당을 확인해 주는 또 다른 보고서는 〈討匪大略〉이다. 1894년 11, 12월의 농민군 토벌기사가 주로 실린 〈토비대략〉에는 "계사년(1893년) 4월 동학군 4, 5만 명이 일부는 湖西의 報恩 帳內에서 屯據하고 있었고 일부는 湖南의 金溝·院坪에 둔거해 있었다"[58]며 보은취회와 더불어 금구에서도 일정

읍군 이평면 장내리 조소마을이 서남으로 17㎞ 지점에, 金開南의 고향이자 全州和約 이후 전봉준이 기거했다는 정읍군 산외면의 지금실이 남쪽 9㎞지점에 각각 위치해 있다. 전봉준이 어린 시절 한때를 보냈던 정읍군 감곡면 계룡리 황새마을 또한 서쪽 1.5㎞에 불과하며 말목장터는 서남쪽 13.5㎞, 1894년 3월 25일경 동학농민군이 연합하여 결진했던 白山은 서쪽 19㎞가량 떨어진 곳에 자리하고 있다. 또 대접주 金德明이 출생한 용계마을은 원평 동쪽 1㎞ 지점에 있고 그가 성장하고 활동의 본거지로 삼았던 巨野마을은 원평 동쪽 2.5㎞ 지점에 자리해 있다. 따라서 이들 지역은 오늘날로 치면 원평을 중심으로 한 1일 생활권이었으며 한편으로는 院坪 市場圈에 속하는 곳이다. 이처럼 원평은 동학농민전쟁의 태동과 전개과정에서 항상 지리적 밀접성을 지니고 있다. 또한 전봉준장군이 지휘하는 최후의 전투인 구미란전투(1894년 11월 25일)를 원평은 직접 체험하게 된다.

57) 《日省錄》, 고종 30년 3월 21일.

한 규모의 집회가 진행되고 있었음을 보여 주고 있다.

금구 원평집회에 모여든 동학교도들은 1만 명이 넘었던 것으로 분석되고 있다. 신임 전라감사 김문현이 전주감영에 도착했을 때 軍司馬 崔永年으로부터 "금구에 운집한 東徒가 거의 만여 명이나 된다"[59]는 보고를 받았다고 기록되어 있다. 또 충청도 沔川에 유배돼 있던 金允植의 '沔陽行遣日記'에도 "또 금구 원평취당 수만 인은 장차 제물포로 直走하겠다고 聲言했다고 한다"[60] "전라도에서는 금구 원평에서 도회하였는 데 그 괴수는 보은에 사는 黃河一·茂長접주 孫海中(孫化中의 誤記)이며, 만여 인을 거느리고 21일 도착한다는 뜻을 私通했다고 한다"[61]며 적어도 1만 명 이상의 동학교도들이 집결, 세를 과시하고 있었음을 말해 주고 있다. 그렇다면 금구취당은 과연 누구에 의해서 주도됐으며 이들은 어떤 형태의 시위를 벌였을까. 금구취당의 주도인물은 全琫準이었다는 것이 학계의 대체적인 견해이다.[62] 《日省錄》 등의 자료에 의하면 보은취회 해산 이후 '湖西의 徐丙鶴, 湖南의 金鳳集·徐璋玉을 該道의 감사로 하여금 營獄에 체포 구금토록 하라'는 주모자들에 대한 체포령이 의정부로부터 발령됐는데 '金鳳集'은 全琫準의 가명이었다는 것이다. 이는 김윤식의 '면양행견일기', 吳知泳의 '東學史' 등이 金鳳集을 '全哥나 全琫準으로 고쳐 기록하고 있으며, 전봉준이 '金鳳均' 등 여러 가명을 실제 사용했다는 자료들이 이를 뒷받침하고 있다. 특히 동학교문측의 기록인 《侍天敎歷史》에서도 "법소에서는 교도의 난동을 금하였다. 이것이 전봉준이 교도들을 사사로이 빼앗아서 전라도 금구 원평에 주재하고 있었기 때문이었다"며 금구취당을 전봉준이 거느리고 있던 집단으로 전하고 있다. 그러나 위에서 언급했던 자료에는 금구취당이 현지에서 보인 행동들이 전혀 기록돼 있지 않다. 그러므로 실제 이들은 가시적인 시위를 벌이지 않았을 가능성이 높다. 금구취당은 보은취회에 일부가 직접 참여, 일련의 급진적 행동을 보였

58) 〈討匪大略〉(《韓國民衆運動史資料大系 : 1894년의 農民戰爭篇》, 驪江出版社, 1986), 395쪽.
59) 〈東徒問辨〉(《東學亂記錄》 上, 國史編纂委員會, 1959), 155쪽.
60) 〈沔陽行遣日記〉 癸巳 3월 28일조, 《續陰晴史》 上, 262쪽.
61) 위의 책, 癸巳 4月 5日條, 264쪽.
62) 鄭昌烈, 앞의 글 참조.

으며 전봉준도 참여를 시도했다는 주장도 있다.[63] 따라서 院坪에 모여 있되 별도의 행동은 하지 않고 보은취회 세력과 聲氣를 통하면서 보은쪽의 추이를 예의주시하고 있었을 것이라는 분석이 설득력이 있다. 금구취당이 보은취회에서 벌인 행동들은 서병학이 선무사 어윤중에 보낸 密報에서 간접 확인되고 있다. 보은취회의 주모자였던 서병학은 보은취회의 해산을 종용하는 어윤중에게 "湖南聚黨은 얼핏 보면 우리와 같지만 종류가 다르다. 통문을 돌리고 방문을 게시(發文揭榜)한 것은 모두 그들의 소행이다. 그들의 情形은 극히 수상하니 원컨대 공께서는 자세히 살피고 조사 판단하여 그들과 우리를 혼동하지 말고 玉石을 구별해 주시오"[64]라고 했다. 이같은 徐의 '밀고'에 따르면 보은취회에서 내걸린 척왜양의 기치들은 지도부의 의지와는 상관없이 모두 금구취당의 의도에 따른 것으로 파악된다. 徐의 이러한 진술이 전적으로 사실이라면 금구취당은 교조인 水雲의 伸寃을 위해 계획 실행된 종교적 성향의 보은취회를 척왜양의 슬로건을 전면에 내세우는 정치집회로 변질시킨 動力으로 작용했다는 엄청난 정치적 의미를 부여받게 된다. 학계에서는 실제 이러한 방향의 연구가 진행돼 금구취당의 성격을 脫종교적이며 보다 투쟁적이고 정치적 지향을 지닌 세력으로 규정하기도 한다. 최근 학계에서는 금구취회의 성격을 규명하는 데 있어 대체적으로 두 가지 논의가 전개되고 있다. 첫째는 금구취회가 보은취회와는 달리 독자적으로 열렸으며 척왜양과 지방관의 탐학금지 등 강한 정치적 성향을 지녔다고 보는 시각이다. 이와 함께 일련의 교조신원운동의 과정에서 전봉준이 동학지도부와는 별도의 세력을 갖추고 금구취회를 계기로 완전히 성장, 1894년 동학농민전쟁을 주도케 된다는 견해이다. 둘째는 금구취회가 '전봉준에 의해 주도된 정치성 강한 집회'라는 데는 일단 동의하되 보은취회와 성격을 완전히 분리하거나 지나치게 정치성을 부여하는 데 대해 비판적 태도를 보이는 연구이다.

첫번째 견해에 따른 연구에서는[65] '동학농민전쟁의 최대 지도자인 전봉준이 어떤 경로로 고부민란에서 갑자기 지도자로 출현하고 1893년 11월 사발

63) 張泳敏, 앞의 글, 257쪽.

64) 〈聚語〉(《東學亂記錄》 上), 121~122쪽 ; (《東學農民戰爭史料大系》 2), 69~70쪽.

65) 鄭昌烈, 《甲午農民戰爭硏究》(延世大 博士學位論文, 1991), 44~82쪽.

통문 서명자의 한 사람으로 등장하는가'에 대한 의문을 '금구취당'이라는 열쇠로 풀어 놓고 있다. 즉 김봉균이라는 가명으로 전봉준이 주도한 금구취당은 이미 1893년 2월 중순에서 2월 말 사이 서울서 척왜양방문 게시운동(이른바 괘서사건)을 전개했고 2월 말에서 3월 초까지는 전주에서 비슷한 운동(3월 1일경 전라감영문에 붙여진 榜文)을 벌였으며 3월 7일에는 서울에서 외국선교사, 상인의 축출과 지방관리의 압제와 탐학 제거를 위한 일대 정치공세를 벌이자고 선동하는 등 강도높은 척왜양 반압제운동을 전개한 집단이라는 것이다. 이러한 과정에서 하나의 세력으로 응집돼 늦어도 3월 초에는 내부적인 규율을 갖춘 집단으로 성립되었고 적어도 3월 중순에는 금구에서 독자적인 집회를 가질만큼 완강한 세력으로 성장했다는 견해이다.[66] 이처럼 전봉준을 주축으로 한 금구취당은 이른바 북접지도부와 노선을 달리하면서 투쟁의식을 강화해 동학농민전쟁의 주도세력으로서의 잠재력을 갖춰 나갔다는 것이다.

이같은 논증은 탁월하고 상당한 설득력을 지니고 있으나 신진학자들에 의해 제기되는 몇가지 반론에 부딪혀 있다. 즉, 금구취회가 비록 독자적으로 會集하고 척왜양이라는 정치적 목표를 강하게 내세웠다고는 하나 공주－삼례－광화문－보은으로 이어지는 동학교단의 신원운동과 투쟁의 연장선상에서 크게 벗어나 있지 않다는 것이다. 이들은 서울에서 벌어진 괘서사건을 금구취당의 동학교도들이 주도했고 금구취당의 總代 20명이 서울에서 운동을 벌이다 포도청에 구류됐다는 주장에 대해서도 사료의 오독이거나 지나친 추리라며 의문을 제기하고 있다. 또한 '금구취당이 남접과 합세해 보은취회를 좀더 정치적으로 몰고 가기 위해 보은에 집단적으로 참여하려 했으나 취회가 해산해 버리자 선발대 천여 명이 忠州로 방향을 돌려 上京하려 했다'는 해석은 명백히 사료를 오독한 것이라는 반박을 받고 있다.[67] 4월 2일 보은취회가 해산하면서 '사잇길로 원평에서 충주로 간 자가 천여 명'이라는 한 報恩 將吏의 보고서가 전하는데 이는 서울에서 별도 계획을 실행하려고 상경하려던 금구취당의 선발대가 아니라 보은취회에 참여했다가 충주쪽으로 돌

66) 위의 글, 82쪽.
67) 張泳敏, 앞의 글, 253쪽.

아가던 보통의 동학교도들이었다는 것, 여기서 나오는 원평은 보통의 전라도 금구 원평이 아니라 현재 '忠北 報恩郡 山外面 院坪'이라는 지적이다. 또 하나는 금구에서 보은과 별도의 취회가 이뤄진 것은 단순히 참여 교도들의 식량조달의 한계 때문에 집회를 분산시킨 것 뿐이라는 주장도 있다. 즉, 보은·금구취회는 동일한 목적 아래 분산적으로 열렸던 신원집회라며 금구취당에 대한 별도의 의미 부여를 차단하고 있다.[68]

이상과 같이 금구취당은 동학교도들이 최대 규모의 세를 과시한 보은취회의 시기에 별도로 열리고 있었다는 점과 이를 전봉준이 주도했다는 점에서 큰 주목을 받고 있다. 따라서 금구취회에 관한 배경과 올바른 성격 규정은 동학농민전쟁의 전반을 재조명하는 데 중요한 연결고리인 것이다. 1893~1894년 사건 전반에 걸친 안타까움이긴 하나 특히 금구취회에 관해 직접적으로 관련된 문건이 단 한 건도 발견되지 않고 있음은 큰 아쉬움이 아닐 수 없다.

〈朴孟洙〉

---

68) 표영삼, 〈보은 장내리 척왜양창의〉(《新人間》 505, 1992. 5).

V. 제1차 동학농민전쟁

V. 제1차 동학농민전쟁

1. 동학농민군의 봉기

동학농민전쟁은 한국 근대 민족운동사에서 한 획을 긋는 중대한 사건이었다. 그것은 조선 후기 이래 군·현 단위로 전개되어 온 반봉건 농민항쟁의 흐름을 전국적인 규모에서 종합하여 봉건 모순의 척결을 촉구하는 한편, 개항 이후 제국주의의 침략으로 야기된 민족 모순을 극복하여 근대민족국가를 수립하려는 반제·반봉건 운동이었다.

동학농민전쟁은 대체로 네 단계로 발전되어 갔다고 보는 것이 일반적이다.[1] 제1단계는 '고부민란'의 단계이다. 고부에서 민란이 발발하여 농민 약 1천여 명이 고부관아를 습격한 1894년 1월 11일(양력 2월 17일)경부터 3월 3일(양력 4월 8일) 신임군수 朴源明의 설득으로 해산하기까지의 시기이다. 제2단계는 '제1차 농민전쟁'의 단계이다. 3월 20일(양력 4월 25일) 무장에서 전라도 일대의 농민들이 전봉준·손화중·김개남 등의 지도하에 기포한 때부터 5월 7일(양력 6월 10일) 전주화약에 이르기까지의 시기이다. 제3단계는 '執綱所 시기'이다. 청군과 일본군의 침략으로 농민군이 정부군과 '전주화약'을 체결한 5월 8일(양력 6월 11일)부터 9월 12일(양력 10월 10일)까지 농민군은 전라도 각 군현에 집강소를 설치하여 농민 통치를 실시하였다. 제4단계는 '제2차 농민전쟁'의 단계이다. 농민군이 일본군을 몰아내기 위하여 재봉기한 9월 13일부터 농민군이 일본군과 관군에 패배한 1894년 말까지의 시기이다.

---

1) 신용하, 《동학과 갑오농민전쟁 연구》(일조각, 1993).
정창렬, 《갑오농민전쟁연구－전봉준의 사상과 행동을 중심으로－》(연세대 박사학위논문, 1991) 참조.

1) 고부민란

(1) 고부민란의 배경

동학농민전쟁의 발단은 전라도 고부에서 일어난 민란이었다. 고부민란은 조선 후기의 여느 민란과 비슷한 원인과 과정으로 전개되었으나, 그 지도자와 민중이 민란의 경험을 통해 과거에 비해 한 차원 높은 농민전쟁으로 발전시킬 수 있었던 데에 그 중요성이 있다고 볼 수 있다. 고부민란은 전라도 전역의 농민전쟁으로 발전하는 계기가 되었다.

조선 말기의 농촌은 수령의 수탈체제에 완전히 노출되어 있었다. 고부민란은 조선 후기 다른 고을의 민란과 기본적으로는 동일한 객관적 조건에서 시작되었다. 정치기강의 문란과 매관매직의 성행, 관리들의 극심한 부패에 농민들의 불만은 높아만 갔다. 이러한 모순 구조 아래에서 어느 지역이나 할 것 없이 계기만 주어지면 민란이 폭발할 구조를 안고 있었던 것이다.

전라도는 삼남 중에서도 가장 넓은 평야와 비옥한 토질을 가진 조선의 곡창지대였다. 그리하여 중앙정부의 재정도 주로 전라도에 의존하고 있었을 뿐 아니라, 궁방이나 관아에서도 조선왕조를 통해 다른 어떤 지방보다도 가장 많은 둔전이 있었던 곳이었다. 따라서 궁방이나 관아에서 파견한 導掌이나 監官에 의한 조세 수탈과 탐학은 어느 지방에서보다도 더 혹심하여 농민들은 이중 삼중의 부담을 져야 했다.

고부는 미곡의 집산지로서 전라도에서도 가장 번성했던 고을 중의 하나였다. 고부는 동진강을 끼고 김제평야와 만경평야를 연결하는 넓은 평야에 자리잡아 그 주변의 28개의 촌락을 거느린 곡창이였을 뿐 아니라, 이 고을을 둘러싸고 줄포, 염소, 동진, 사포 등 네 포구가 있어 여기서부터 원근 각처에 수출되는 미곡의 수량만도 적지 않았다. 특히 고을 서쪽으로 20리쯤 떨어져 있는 서해안의 줄포에는 捧稅漕倉이 있어 부안의 법성포와 더불어 稅米轉運의 중심지였다. 그런 만큼 고부군은 다른 어느 지방보다도 그 수탈의 가능성이 컸고 실제로 수령의 탐학이 심했다. 특히 古阜郡守 趙秉甲, 均田使 金昌錫, 轉運使 趙弼永의 수탈은 타의 추종을 불허할 정도였다.

여러 지방의 수령을 역임하는 동안 탐학행위로 악명을 떨쳐 온 조병갑이 고부군수로 부임해 온 것은 1892년이었다. 조병갑은 1893년부터 탐학의 본색을 드러내기 시작하여 고부읍 북쪽 동진강 상류에 있던 萬石洑를, 아무 이상도 없는데도 새로 수축하기 위해 농민들을 강제로 징발하고 남의 산에서 수백년 묵은 나무들을 마구 잘라 썼다. 이렇게 해서 만들어진 새 보의 수세로 논 한 마지기에 상답에는 米 2두, 하답에는 1두씩을 거두어 모두 700여석을 거두어 들였다. 또 조금 살만한 집을 골라 不孝니 淫行이니 하는 허무맹랑한 죄목을 씌워 재물을 빼앗은 것이 2만냥에 달했다. 황무지를 개간하면 세금을 받지 않겠다고 약속하고서도 추수할 때가 되면 강제로 세금을 거두어 갔다. 또한 대동미를 농민들로부터 징수할 때에는 1결에 정백미 열여섯말에 해당되는 돈을 받아 챙겼다가 정부에 바칠 때는 나쁜 쌀을 사서 갖다 바치고 나머지는 모조리 자기 배를 채우기도 하였다. 심지어 자기 아버지가 예전에 태인군수를 지냈다고 하여 그 공을 기려 비각을 세운다면서 군민들에게 천여냥을 강제로 거두어 들였다.[2)]

均田使 金昌錫의 수탈도 고부군민들은 참기가 힘들었다. 호남의 연해 지방은 1870년대 중반 이후 거의 매년 자연재해로 수확이 형편없었던 데다, 특히 1893년은 호남의 대부분 지역이 큰 가뭄으로 한 해 농사를 거의 망쳤다. 당시 조선 정부는 이런 식으로 농사를 지을 수 없어 고향을 떠나는 농민들을 붙들어 매기 위해 균전사를 파견하고 있었다. 호남균전사 김창석은 농민들에게 몇 년간 면세해 주겠다고 약속하면서 묵은 땅을 개간하도록 하였으나 추수를 하자마자 그 해부터 세금을 거둬 들였다. 이를 분하게 여긴 농민들이 이듬해에는 땅을 묵혀 농사를 짓지 않았는데도 김창석은 전년처럼 세금을 받아 챙겼다.[3)] 白地徵稅나 다름없었다. 이는 그렇지 않아도 궁핍으로 생존을 위협받던 농민들의 저항을 더욱 부채질했다. 실제 봉기과정에서 재해를 많이 입은 군 북쪽의 면민들이 봉기에 적극 참여했다는 사실은 우연만은 아니었다.

轉運使 趙弼永의 탐학도 여기에 뒤지지 않았다. 종래 조운과 선상에 의해 세곡을 나르다가 1886년부터 전운국을 설치하여 외국에서 구입한 선박에 의

2) 〈全琫準供草〉, 初招問目(《東學亂記錄》 下, 國史編纂委員會, 1959), 522쪽.
3) 한우근, 《한국개항기의 상업연구》(일조각, 1970), 252·255쪽.

한 세곡운반제도가 도입되었는데, 1893년 공미 운수사업을 위해 이운사가 생기면서부터 선박 수선비 및 파손비 등 과외 세금을 거둠으로써 전운사 조필영에 대한 농민들의 불만은 더욱 커졌다.[4] 조필영은 이에 불응하는 농민들을 붙잡아 고문했는데 수염을 뽑거나 상투를 매다는 악형도 서슴지 않고 자행했다. 실제로 동학농민전쟁 단계에서 농민군들이 전운사에 대한 불만을 맨 처음 적시한 것을 보면, 신식제도를 도입하면서 저지른 전운사의 탐학을 짐작할 수 있다. 또한 전운 문제는 일 개 군에 국한된 문제가 아니라 전라도 각 군에 공통으로 해당되는 문제였다.

이러한 상황에서 1893년 11월에 '沙鉢通文'이 돌자 민중들은 곳곳에 모여서 말하되, "낫네 낫서 난리가 낫서", "에이 참 잘되얏지 그양 이대로 지내서야 백성이 한사람이나 어대 나머 잇겟나"하며 민란이 나기를 기다릴 정도였다.[5] 이처럼 동학농민전쟁 전야의 고부에서는 민란이 폭발하기에 충분한 조건이 구비되어 있었던 것이다.

(2) '사발통문' 거사계획

고부민란을 동학농민전쟁의 전주곡으로 규정짓기 위해서는 민란이 농민전쟁으로 발전되어 가는 과정을 추적하는 것이 중요하다. 이 과정에는 고부민란을 이끌고 그것을 농민전쟁으로 전화시킨 전봉준이라는 지도자가 있었다. '세상을 건지기 위해' 동학에 가담한 전봉준은 보은집회·삼례집회 등의 교조신원운동 때부터 동학조직을 이용하여 봉건적 폐정을 개혁하려는 정치운동을 일찍이 구상하고 있었다. 1893년 보은취회 당시 금구취당의 독자적인 세력으로 활동한 것이나 서울에서의 방문 게시 활동과 같은 것이 그러한 구상에서 나온 것이었다.[6] 고부민란과 관련하여 전봉준의 이러한 활동의 단면을 보여 주는 자료가 '沙鉢通文'이라고 생각된다.

1968년에 고부 송준섭씨 집 마루 밑에 묻혀 있던 족보 속에서 발견되어

---

4) 한우근, 〈동학란 기인에 관한 연구-특히 일본의 경제적 침투와 관련하여-〉(《아세아연구》 7호, 고려대아세아문제연구소, 1964), 32쪽.
5) 〈전봉준자료집〉 沙鉢通文(《나라사랑》 15, 1974, 외솔회), 134쪽.
6) 정창렬, 〈고부민란의 연구(상)〉(《한국사연구》 48집, 한국사연구회, 1985) 참조.

처음 공개된 사발통문에 대해서는 그간 학계에서 많은 논란이 있어 왔다. 우선 '사발통문'의 내용을 보면 다음과 같다.

계사십일월 일
(가) 癸巳十一月 日
ᄀᆞᆨ이이집ᄀᆞᆼ 좌하
各里里執綱 座下

우 여 격문 ᄉᆞ방 비전 물논 승비 ᄆᆡ일난망
(나) 右와 如히 檄文을 四方에 飛傳ᄒᆞ니 物論이 昇飛ᄒᆞ얏다. 每日亂亡을
구ᄀᆞ 민중 처처 ᄂᆞᆫ이
謳歌ᄒᆞ던 民衆드른 處處에 모여서 말ᄒᆞ되 '낫네 낫서 亂離ᄀᆞ 낫서'
백성
'에이 참줄 되얏지 그양 이ᄃᆡ로 지ᄂᆡ서야 百姓이 ᄒᆞᆫ사ᄅᆞᆷ이ᄂᆞ 어ᄃᆡ
기일
ᄂᆞ머 잇겟ᄂᆞ' ᄒᆞ며 期日이 오기ᄆᆞᆫ 기다리더ᄅᆞ

도인 선후책 토의결정 위 고부 서부면 죽산이
(다) 이ᄯᅢ에 道人드른 先後策을 討議決定ᄒᆞ기 爲ᄒᆞ야 古阜 西部面 竹山里
송두호ᄀᆞ 도소 정 고 ᄆᆡ일 운집 ᄎᆞ서 결정 결의
宋斗浩家에 都所를 定ᄒᆞ고 每日 雲集ᄒᆞ야 次序를 決定ᄒᆞ니 그 決議된
내용 좌 여
內容은 左와 如ᄒᆞᄃᆞ

고부성 격ᄑᆞ 군수 조병갑 효수 ᄉᆞ
一. 古阜城을 擊破ᄒᆞ고 郡守 趙秉甲을 梟首ᄒᆞᆯ 事.
군기충 화약고 점영 ᄉᆞ
一. 軍器倉과 火藥庫를 占領ᄒᆞᆯ 事.
군수 ᄋᆞ유 인민 침어 ᄅᆞᆷ이 격징 ᄉᆞ
一. 郡守의게 阿諛ᄒᆞ야 人民을 侵漁ᄒᆞᆫ 貪吏를 擊懲ᄒᆞᆯ 事.
전주영 ᄒᆞᆷ낙ᄒᆞ고 경ᄉᆞ 직힝 ᄉᆞ
一. 全州營을 陷落ᄒᆞ고 京師로 直向ᄒᆞᆯ 事.

우 여 결의 군략 능 서ᄉᆞ 민활 영도ᄌᆞ
右와 如히 決議ᄀᆞ 되고 ᄯᆞᄅᆞ서 軍略에 能ᄒᆞ고 庶事에 敏活ᄒᆞᆫ 領導者될
장
將 … (이하 판독 불능)(가, 나, 다 번호는 필자가 첨부한 것임)

이 자료에 대해서는 여러 가지 해석이 있어 왔으나, 현재로서는 이 자료가 1893년 11월 당시의 사발통문 원문 자체는 아니며, 사발통문에 참가한 어떤 동학교도의 후일의 간단한 회고록의 극히 일부를 필사한 것이라는 해석이 널리 받아 들여지고 있다.[7] 다만 (가)-(다)항이 어떤 시점의 사실을 기록한 것인가에 대해서는, 3개 항의 내용이 모두 1893년 11월의 정소운동을 위한 사발통문과 직결되는 사건이며 시간적으로 약간의 차이가 있기는 하지만 대체로 11월 말 조병갑이 익산군수로 전임발령되기 이전에 이루어진 것으로 보기도 하고,[8] 1893년 11월에서 1894년 3월 무장기포 시기까지 4~5개월에 걸쳐 이루어진 사실들을 엮어 놓은 것이라고 이해하기도 한다.[9]

우선 (가)는 1893년 11월에 고부읍의 각 리 집강들에게 돌린 사발통문의 일부임이 명백하다. 정작 통문의 내용이 있어야 하는 데 문서가 잘려 나가서 1893년 11월 당시 구체적으로 어떤 결의를 했는지는 분명하지 않고 서명자 명단만이 실려 있다. (나)는 사발통문이 돌고 난 이후의 어느 시점에 민심의 동향을 기록한 것으로서 (가) 이후의 일을 쓴 것인데 그 시기는 명확하지가 않다. 여기에 대해서는 1893년 11월에 돌린 (가)의 사발통문에 대한 민중의 반응을 적은 것이라고 보는 견해가 있는가 하면,[10] 이 문서가 원본이 아니라 훗날 씌어진 점을 고려하여 1893년 11월부터 1894년 무장기포가 일어나기까지의 기간 중에 어떤 격문이 있었고, 그 격문에 대한 민중의 반응을 적은 것이라는 해석[11]도 있다.

문제가 되는 것은 (다) 부분, 특히 4개항의 결의사항이다. 이 결의가 언제 어떤 맥락에서 이루어졌는지를 밝히는 일은 고부민란이 농민전쟁으로 발전하는 과정을 파악하는 데 핵심적인 문제이다. 이에 대해 정창렬은 사발통문을 돌린 직후인 11월 말경에 전봉준 등이 결의한 것으로 본 반면에,[12] 신용하는

---

7) 신용하, 〈고부민란의 사발통문〉(《동학과 갑오농민전쟁연구》, 일조각, 1993) 참조.

8) 정창렬, 〈고부민란의 연구(하)〉(《한국사연구》 49집, 1985), 101~105쪽.

9) 신용하, 앞의 책, 124~127쪽.

10) 정창렬, 앞의 글(하), 101쪽.

11) 배항섭, 〈1890년대 초반 민중의 동향과 고부민란〉(《1894년 농민전쟁연구 4》, 역사비평사, 1995), 57쪽.

12) 정창렬, 앞의 글(하), 99쪽.

결의사항 중의 2항과 4항은 고부민란에서 전혀 실행되지 않은 것인 만큼 고부민란 단계가 아니라 전봉준이 무장에 남접도소를 차린 3월 중순경에 결의된 것으로 추정하였다.[13] 그런데 고부민란과 농민전쟁의 연속성을 밝히려는 최근의 연구에 의하면, (다)의 '봉기계획'을 마련한 시점은 11월 고부군수 조병갑에게 등장을 올린 다음이 아니라 전주감영에까지 정소한 다음인 12월에서 1894년 1월 11일 고부민란 발발 사이의 어느 시점인 것으로 추정하고 있다.[14] 전봉준 등 동학의 개혁세력은 교조신원운동 단계에서부터 중앙권력의 교체를 목표로 운동을 전개해 온 연속선상에서 중앙권력을 목표로 한 봉기계획이 구상되고 있었는데, 이 문건에서 그러한 계획이 나타나고 있다는 것이다. 즉 결의사항 중의 제4항이 고부민란에서 당장 기도되지는 않았다 하더라도 중앙권력을 목표로 한 전국적 항쟁은 이 단계에서 이미 구상되어 있었으며, 고부민란은 그러한 구상과 유기적인 관계 속에서 이루어졌다는 것이다.[15] 이러한 주장은 고부민란의 전개과정에서 전봉준을 비롯한 '사발통문' 거사계획에 참여한 지도부가 보인 움직임을 보면 다소 설득력을 갖는 것처럼 보인다.

(3) 고부민란의 전개

고부민란은 전봉준 등의 지도부에 의해 조직적으로 계획되었다는 견해도 있지만, 민란의 발생 자체는 조선 후기의 일반 민란과 유사하게 시작된 것으로 보인다. 고부민란은 조병갑의 학정에 "온 고을의 인민이 참고 또 참다가 종말에는 더 참을 수 없어서 起鬧하였던"[16] 것이므로 애초에 그것은 고부 농민만의 행동이었다. 황현의 《梧下記聞》에서도 "백성들이 견딜 수 없어 약속을 하지 않았는데도 수천 명이 모여서 진정 호소하려 하였으나, 조병갑이 전주로 달아났다"[17]고 하였다. 李復榮의 《南遊隨錄》에서는 "고부민들이 처음에는 소원하기 위해 관문밖에 모였는데, 몇 명에 불과하였으나 점차 소문을 듣고 모인 자가 많아져 무리를 이루었으며, 전봉준이 거기에 뛰어들고 선동

13) 신용하, 앞의 책, 124~126쪽.
14) 배항섭, 앞의 글, 59쪽.
15) 위의 글, 60쪽.
16) 〈全琫準供草〉, 初招問目, 524쪽.
17) 黃玹 著·김종익 譯, 《오하기문》(역사비평사, 1995), 69쪽.

하여 민란으로 발전"한 것으로 그리고 있다.[18)]

다만 고부민란이 여느 민란과 달랐던 점은 자연발생적 민란에 전봉준이라는 지도자가 자신의 의도를 가지고 개입한 점이다. 즉 고부민란은 조병갑에 대한 고부민의 원한이 자연발생적으로 민란 발발 직전의 상황으로 치닫게 되고, 그에 따라 모여든 고부민들이 전봉준을 지도자로 추대하자, 앞의 사발통문 거사계획에서 보는 바와 같이 때를 기다리던 전봉준이, 준비가 미흡하였지만 고부민의 자연발생적 동요를 이용하여 거사를 일으키려 결심함으로써 발발한 것으로 생각된다.

전봉준은 중민이 글자 깨나 알고 있는 자신을 추대하였기 때문에 자연스럽게 주도자가 되었다고 법정에서 진술하였지만,[19)] 그가 단순히 피동적으로 떠밀려서 민란의 주도자가 된 것은 아니었다. 전봉준은 민란 중민과는 달리 일찍부터 '濟世安民'의 대업을 이루기 위한 '사발통문' 거사계획을 가지고 있었다. 재판과정에서 전봉준은 "너는 고부군수에게서 피해도 많지 않았는데 무슨 목적으로 민란을 일으켰는가?"하고 묻자, "세상 일이 날로 그릇되어 갔으므로 개연히 한 번 세상을 건지려는 목적이었다"고 밝히고 있다.[20)] 즉 고부군수 조병갑 개인의 문제가 아니라 '백성'과 '세상'이라는 보다 열려진 의식 지평이 지도자 전봉준에게 이미 획득되었기 때문에, 고부민란은 종래의 다른 민란과는 달리 농민전쟁으로 발전될 수 있었던 것이다.

1894년 1월 11일 아침 일찍 말목장터에 모인 1천여 명의 민란 중민은 전봉준을 지도자로 추대하고 두 대로 나누어 고부 관아를 향해 행진해 나갔다. 한 대는 영원 운학동을 거쳐서, 다른 한 대는 천치재를 넘어서 고부관아에 들이닥쳐 고부관아를 힘들이지 않고 점령했다. 민란 중민의 습격을 눈치챈 조병갑은 단신으로 뒷문으로 빠져나가 담장을 넘어 재빨리 도망쳤다. 그는 입석리 진선마을 부호 정참봉의 집에 숨었다가 변장을 하고 정읍, 순창을 거쳐 전주 감영으로 허겁지겁 도망쳤던 것이다. 민중들은 이청의 아전들을 끌어내서 악정의 시말을 엄중하게 취조 처벌하고, 무기고를 부셔서 무기를 차지하고, 수세

---

18) 李復榮, 《南遊隨錄》, 甲午 4월 9일자.
19) 〈全琫準供草〉, 初招問目, 525쪽.
20) 〈全琫準供草〉, 再招問目, 534쪽.

로 거두어 들인 양곡 1,400여석을 몰수하고, 진전에서 거둔 세곡을 주인에게 돌려 주며, 만석보 밑에 새로 쌓은 둑을 허물었다. 그러는 동안 민란 중민은 읍내에 진을 치고 밤에는 모닥불을 피웠다. 6일 뒤인 1월 17일에는 말목장터로 다시 진을 이동하였다. 이 때 노약자들은 모두 돌려 보내고 장정들만으로 민란군을 구성하였다. 일정한 지휘를 받는 농민군이 형성된 것이다.

이처럼 고부민란의 양상은 처음부터 여느 민란과 다른 점이 많았다. "진영은 정숙하였고, 호령은 명석하여 여느 席旗軍(일본에서 농민들의 봉기시에 석기를 내세우고 일어난 데서 온 말) 같지가 않았다"거나, 조병갑을 쫓아낸 것이나 다름없고, 관아를 점령하여 탐묵한 이서배를 징치하였으며, 창고를 헐어 곡식을 나누어 가지는 등, '난민'들로서는 요구하던 바를 일정하게 쟁취하였음에도 불구하고 해산하지 않고 민란이 장기적으로 또 조직적으로 지속된 것도 바로 지도자가 있었기 때문이었다.[21]

그러나 민란이 전봉준의 뜻대로만 전개된 것은 아니었다. 자연발생적으로 일어난 '난민'과 거사계획을 사전에 가졌던 지도부 사이에 의식상의 차이가 있었고 사전에 조율이 있지도 않았기 때문이다. 지도부와 민란 중민들 간의 갈등은 민란 초기부터 나타났다. 관아를 점령한 후 창고의 곡식을 헐어 나누어 가지는 등 민란 중민들의 요구가 일정하게 관철되자 중민들은 "요구하는 바를 이루었으니 돌아가겠다"고 하였다.[22] 그러나 사전에 거사계획을 가지고 있던 지도부로서는 그러한 분위기를 용납할 수 없었다. 전봉준은 해산하려는 민란 중민들에게 "너희들은 官米를 먹었으니 죽을 죄에 해당한다. 그러니 함께 살 길을 도모하자"고 하면서 위협 또는 설득을 통해 민란 중민들의 이탈을 방지하고자 하였다.

또한 백산으로 진을 옮긴 뒤에 전봉준이 민란 중민들에게 "함열 조창에 나아가 전운영을 격파하고 전운사 조필영을 징치할 것"을 촉구하였으나, "군중은 이에 응하지 않았다. 그것은 民擾가 월경을 하면 반란의 칭을 받는다는 이유"였고, 민란 중민들은 해산하고자 하였다.[23] 민란 중민들의 대체적인 분

21) 巴溪生, 〈古阜民擾日記〉(《주한일본공사관기록》 1, 국사편찬위원회, 1986, 번역본), 54쪽.

22) 《南遊隨錄》, 갑오 4월 9일자.

위기는 일반적인 민란의 양상을 벗어나는 '반란'에는 동의하지 않았기 때문에 민란 중민과 지도부는 의견의 일치를 보지 못하고 있었던 것이다.

지도부와 민란 중민 간의 이러한 의식상의 불일치를 해소하기 위해 전봉준은 동장・집강 등의 향촌자치기구를 중간 매개기구로 활용하기도 하였다. "그들(전봉준 등)은 책임을 자신들에게만 한정시키지 않고, 각 촌의 동장・집강 등으로 하여금 모두 같은 책임을 지게 하였다. 때문에 하루아침에 일이 그르쳐지는 경우에는 18개 區面의 동장・집강도 곧 같은 책임을 지기 때문에, 백성들도 오활하게 퇴산하거나 혹은 싫증을 일으키는 지경에 이르지 않고 단결도 일층 공고해지는 경향이 있었다."[24] 그러나 끝내 지도부와 중민 사이의 괴리는 해소되지 못하였고, 신임 고부군수로 부임한 朴源明의 효유로 민란 중민들은 해산하고 말았다.

고부민란이 전봉준의 의도대로 전개되지 못한 데는 인근 고을의 호응이 이루어지지 않았다는 점도 중요한 요인으로 작용하였다. '사발통문' 거사계획을 실행에 옮기기 위해서는 고부읍 단독으로는 불가능하고, 고부읍에서 시작하면 인근 고을에서 호응할 때 가능한 것이었기 때문에 전봉준은 인근 고을과의 연계를 꾸준히 모색해 오고 있었다. 그러나 고부민란의 발발이 사전에 인근 고을과의 합의하에 이루어진 것이 아니었기 때문에 조직적인 호응이나 연계가 이루어지지 않았다.

이와 같이 고부민란의 발발은 거사계획을 가진 전봉준의 입장에서 볼 때 미처 준비가 부족한 상태에서 폭발한 것이었다. 민란의 폭발을 보고 전봉준이 개입하지 않을 수 없었지만, 준비가 미처 되지 않았기 때문에 지도부와 민란 중민 사이에는 갈등이 노정되었고 이웃 고을의 호응도 받지 못한 상태에서 소강상태에 들어갔다. 농민군은 관아에서 물러났지만, 해산하지 않고 말목장터를 거점으로 둔취하고 있었다.

(4) 관권의 대응

민란군이 고부읍을 점령하고 말목장터에서 진을 치고 있다는 정보를 입수

---

23) 張奉善, 〈全琫準實記〉(《井邑郡誌》, 履露齋, 1937), 353쪽 ; 배항섭, 앞의 글, 67쪽.
24) 巴溪生, 앞의 글, 56쪽.

한 전라감사 김문현은 조병갑을 재부임시킨 책임을 추궁당하는 것이 두려워 중앙에 보고도 하지 않은 채 은밀히 영병을 출동시켜 농민군을 해산시키려 하였다. 우선 김문현은 전주감영의 군위 정석진과 부하 10여 명을 말목장터 안의 농민군으로 가장하여 전봉준의 진영에 잠입시켜 내부 사정을 정탐케 했다. 정석진은 스스로 전봉준의 막사를 찾아 군민들의 해산을 종용하는 한편, 병정들을 시켜 전봉준을 습격하여 그를 체포하도록 꾀하였으나 도리어 그 정체가 드러나서 정석진은 농민군의 죽창에 살해당하고 계획은 완전히 실패로 돌아가고 말았다.[25]

2월 15일 김문현의 장계가 중앙에 보고되자 의정부는 조병갑의 仍任을 추천했던 김문현에게 越俸三等의 감봉처분을 내리고 조병갑을 잡아 들여 국문하기로 하였다. 이어 조병갑의 후임으로 용안현감이었던 朴源明을 신임 고부군수로 임명하고, 장흥부사 李容泰를 안핵사로 임명하여 민란을 조사·보고케 하고 읍폐의 교정을 강구하도록 하였다.

신임군수 박원명은 온건무마책의 일환으로 전봉준의 민란군 부대에 글을 보내어 "새로이 명을 받고 이 지방에 도임한 뜻은 백성의 휴양에 전념하려는 것이며 지금부터는 卿 등의 일당과 이 지방의 施政을 의논하려고 하니 民軍 중에서 吏部 이하 중요한 자를 선발하라"[26]고 하면서 민란군과 시정을 의논하고자 하였다. 또 "3월 3일에는 음식상을 크게 차려놓고 난민을 초대하여 조정에서 농민군들의 죄를 용서하고 돌아가 농사짓고 편히 살 것을 허용하는 뜻으로 타일렀다. 난민은 모두 해산하였고 장두 전봉준 등 3인은 어디로 갔는지 알 수 없다"[27]고 하듯이 그의 온건무마책으로 3월 3일 무렵에는 민란 중민들은 해산하고 말았다. 민란 중민들은 전임군수가 수탈한 양곡도 되돌려 받고, 군수도 원만한 인물로 교체되었으며 민란에 대한 책임도 묻지 않겠다고 했으니 해산 쪽으로 기울어지지 않을 수 없었다.

그러나 안핵사로 임명된 이용태는 농민군의 주력이 해산하기를 기다리다가 강경 탄압으로 일관하였다. 이용태는 2월 16일에 안핵사에 임명되었으나

25) 장봉선, 앞의 글, 383쪽.
26) 巴溪生, 앞의 글, 56쪽.
27) 《오하기문》, 71쪽.

병을 핑계하여 시일만 끌다가 3월 2일에 역졸 8백여 명을 거느리고 고부에 난입하였다. 이용태는 "박원명이 했던 것과는 정반대로 일을 처리하였는데, 병갑을 두둔하면서 난민들은 반역의 죄목으로 몰아 넣어 죽이고자 하였으니,"[28] "신임군수 박원명을 협박하여 그로 하여금 민란 참가자와 그 괴수를 색출케 하였으며, 역졸은 온 고을에 퍼져 마을에 횡행하면서 부녀자를 강간하고 생선꿰미 같이 포박하니 온 고을 백성의 원한이 골수에 맺혔고",[29] "기포 인민을 모두 동학이라 일컫고 이름을 열기하여 잡아들이고 그 집을 불태웠다. 본인이 없는 경우에는 그 처자를 잡아들이고 살육을 감행하였다."[30] 신임군수에 의해 거의 가라앉으려던 군민에게 안핵사 이용태의 포학은 보다 더 큰 불씨를 안겨준 꼴이었다. 이용태의 이러한 학정은 제1차 농민전쟁의 불을 지피는 데 중요한 소재가 되었음은 말할 필요도 없겠다.

(5) 고부민란의 농민전쟁으로의 발전

고부민란과 제1차 농민전쟁의 연결고리를 찾기 위해서는 고부민란이 소강상태로 들어간 이후 신임군수의 설득으로 민란 중민이 해산하는 동안 전봉준을 위시한 지도부가 어떠한 활동을 하였는지를 추적해 보는 것이 중요하다.

대개 군현 단위의 민란은 고립적으로 전개되다가 안핵사가 파견되어 민중을 기만적으로 설득하여 해산하면, 주모자를 색출하여 처벌함으로써 실패로 끝나는 것이 일반적 현상이었다. 전봉준을 비롯한 농민전쟁 지도부는 바로 이러한 실패의 경험에서 많은 것을 성찰했을 것이다. 한 고을의 문제는 전국적인 문제와 밀접히 연관되어 있기 때문에 한 군의 민란으로는 해결할 수 없으며, 여러 고을을 묶는 조직세력이 없이 농민들의 단순한 집합만으로는 봉건정부가 기만책을 쓰는 경우에는 쉽게 해체되어 목적을 달성할 수 없다는 것을 깨닫게 되었을 것이다. 전봉준은 군현 단위의 산발적인 민란을 묶어낼 조직으로 동학조직에 주목했고 이러한 조직에 기초한 봉기만이 그 시대의 폐정을 개혁할 수 있다는 인식에 도달하고 있었던 것이다.

---

28) 《오하기문》, 71쪽.
29) 崔永年, 〈東徒問辨〉(《동학란기록》 상), 157쪽.
30) 〈全琫準供草〉, 初招問目, 526쪽.

전봉준은 소강상태에 빠진 민란에 새로운 돌파구를 찾기 위해 인근 고을의 동지들을 설득, 규합하는 노력에 착수한 것으로 보인다. 앞서 말한 '사발통문' 거사계획을 실행에 옮기고자 한 것이다. 《오하기문》에서는 "그리하여 그 일당 金箕範·孫化中·崔景善 등과 함께 화를 복으로 바꾸어 준다는 꾀로 백성들을 유혹하고 선동하여 그들을 끼고 함께 반란을 일으키고"[31]라고 기록하고 있는데, 전봉준은 민란 중민이 해산하자 무장으로 잠행하여 전라도의 동학지도자 손화중·金開南·金德明·최경선 등과 모의하여 南接都所를 차려 농민전쟁을 준비한 것으로 보인다.

고부민란이 소강상태에 빠진 2월부터 전라도 각지의 농민들의 움직임이 시작되었다. "음력 2월에 이르러서는 '保國安民倡大義'라는 큰 깃발을 펄럭이며 완전히 반항의 결심을 보이기에 이르렀다. 그래서 사방 이웃이 이 기세에 휩쓸려 찾아와 가담하는 자가 많았고 칭하기를 동학당이라 하였다(그 수효가 1천 2, 3백 명이라고도 하고 8, 9백 명이라고도 한다)."[32] 이러한 소식이 들리자 2월 22일 전라감사 김문현은 "다섯 개 진영과 금구·정읍·부안·김제·담양·무장·태인·홍덕 등 11개 고을에 군대를 점검하여 만일의 사태에 대비토록 하라"[33]고 할 정도였다.

특히 주목되는 것은 이 때 전봉준이 전라도 각지에 봉기를 공개적으로 촉구하는 격문을 띄운 점이다. 민중의 규모가 천 여명 정도의 세력으로 불어나자 전봉준은 그 여세를 몰아 민란을 전라도 전역으로 확산하여 거사계획을 실천에 옮기고자 2월 20일경 '倡義檄文'을 날린 것이다.

> 백성을 지키고 길러야 할 지방관은 治民의 도를 모르고 돈벌이를 본원으로 삼는다. 여기에 더하여 전운영이 창설됨으로써 폐단이 煩劇하여 민인들이 도탄에 빠졌고 나라가 위태롭다. 우리는 비록 초야의 遺民이지만 차마 나라의 위기를 좌시할 수 없다. 원컨대 각 읍의 여러 군자들은 한 목소리로 의를 떨쳐 일어나 나라를 해치는 적을 제거하여 위로는 宗社를 보전하고 아래로는 백성들을 편안케 하자.[34]

31) 《오하기문》, 72쪽.
32) 《주한일본공사관기록》(번역본)1, 15쪽.
33) 《오하기문》, 70~71쪽.

이것은 민란의 차원을 넘어서서 '반란'을 선동하는 격문으로 볼 수 있다. 이 격문에서 전봉준은 전운영이라는, 일개 고을의 문제를 넘어서는 문제를 제기하여 민란의 확산을 꾀하고 있으며, '나라를 해치는 적'을 제거할 것과 '宗社를 보전'할 것을 주장함으로써 과거의 민란과는 차원이 다른 전국적인 문제를 제기하고 있는 것이다. 전봉준은 '사발통문' 거사계획에서 제4항 '전주성을 함락하고, 京師로 직향할 사'라는 계획을 실행에 옮기기 위한 사실상의 농민전쟁을 기도한 것으로 생각된다. 그 핵심적 내용이 탐관오리를 제거하고 나아가 중앙의 권신 제거를 촉구하는 것이기 때문이다. 그리고 여기에서 제시된 근본 취지는 제1차 농민전쟁 기간 중의 각종 창의문이나 통문 등에 반복해서 나타나고 있다.

이 격문이 날아간 열흘 정도 뒤인 2월 말부터 고부 인근 고을에서 농민들의 움직임이 나타나기 시작했다. 2월 29일 김제의 죽산으로부터 동쪽으로 40여리 떨어진 곳(금구 원평 일대)에 동학이 둔집하였다는 소문이 있었다.[35] 3월 11, 12일경 동학당 약 3천여 명이 금구로부터 태인을 거쳐 부안으로 가는 것이 태인에서 목격되기도 했다.[36] 3월 16일 농민군 수천 명이 무장 당산에 집결하기 시작하였고, 3월 16일부터 18일까지는 사방에서 농민군 천여 명이 몰려들어 영광·법성 경계에 모였는데, 이들 가운데 수백 명이 법성 진량면 황현리 대밭에서 죽창을 만들고 민가에서 총포 등을 마련했다.[37] 《오하기문》에도 "우도 일대 10여 읍이 일시에 봉기하여 열흘 정도에 수만 명이 모여들었고 동학과 '난민'이 함께 어우러진 것은 이 때부터였다. 봉준 등은 무장에서 큰 집회를 열고 그들의 생각을 민간에 알렸는데…"[38]라고 하여 고부 인근 고을의 농민군들이 3월 초부터 집결하기 시작하여 무장에서 기포했음을 기록하고 있다.

이처럼 2월 20일 격문을 발한 이후 열흘 정도가 지난 이후부터 본격적으로 전라도 각지의 농민들이 모여들기 시작하여 소강상태에 있던 고부민란은

34) 《南遊隨錄》, 甲午 2월 20일.
35) 《주한일본공사관기록》 1, 38쪽.
36) 위의 책, 43쪽.
37) 《南遊隨錄》, 甲午 3월 18일.
38) 《오하기문》, 72쪽.

전국적인 농민전쟁으로 발전하게 되었다. 이렇게 된 데에는 고부민란의 수습 과정에서 안핵사 이용태가 저지른 만행도 작용했겠지만,[39] 그보다도 전봉준이 동학조직을 이용하여 인근 고을의 농민들을 하나로 묶을 수 있었기 때문이었다.

요컨대 고부민란의 처음 시작은 조선 후기의 여느 민란과 큰 차이가 없었다. 그러나 일찍부터 나라를 건지려는 뜻을 가진 전봉준 등과 같은 지도자가 결합하여 고부민란은 한 차원 높은 농민전쟁으로 발전할 수 있었다.

2) 전봉준의 기병과 격문

(1) 무장기포

제1차 동학농민전쟁은 1894년 3월 20일(일설 3월 21일) 무장에서 창의문을 발표하면서 본격적으로 시작되었다.[40] 2월 20일 각 고을에 농민전쟁을 촉구하는 격문을 띄운지 약 한 달만에 각지에서 모인 농민군이 결집하여 농민전쟁의 봉화를 올린 것이다.

전봉준이 무장에 잠행하여 동학의 도소를 설치한 것은 동학농민전쟁의 전 과정에서 매우 중요한 의미를 갖는다. 동학은 이미 충청도 보은에 최시형을 대접주로 하는 대도소를 설치하고 있었다. 동학의 조직체계로서는 각지의 包, 接은 직접 이 대도소의 지휘를 받는 것이었지 따로 도소를 둘 수 없었다. 그럼에도 불구하고 전봉준은 호남의 동학을 공공연히 '南接'이라고 부름으로써 대도소(北接)에 대해 조직의 독자성을 천명한 것이라고 할 수 있다. 전봉준이 독자적인 남접도소를 설치한 것은 동학 내부의 헤게모니 문제라기보다는, 동학의 조직과 활동을 종교의 범주에 한정시키고 싶어 하는 北接의 제약과 간섭에서 벗어나서 동학의 조직과 활동을 종교의 범주를 벗어난 전체 국가와 사회의 개혁운동에 적극 활용하고자 한 목적 때문이었다고 볼 수 있다.[41]

---

39) 〈전봉준공초〉, 초초문목, 313쪽.
40) 신용하, 〈갑오농민전쟁의 제1차 농민전쟁〉(《한국학보》 40호, 1985).
41) 위의 글, 123쪽.

무장 堂山에서 봉기한 농민군은 농민전쟁의 봉기를 알리는 창의문을 전국에 선포하고 통문을 전국에 발송하였는데 여기에서 농민전쟁의 목표를 천명하였다.

倡 義 文[42)]

세상에서 사람을 가장 귀하다 하는 것은 人倫이 있기 때문이다. 君臣父子는 인륜 중에서 가장 큰 것이다. 임금이 어질고 신하가 곧으며 아버지가 자식을 사랑하고 아들이 효도한 이후에야 집과 국가에 無彊이 미칠 수 있는 것이다. 지금 우리 임금은 仁孝慈愛하고 神明聖叡한지라, 賢良方正의 신하가 있어서 그 聰明을 도울지면 堯舜의 德化와 文景의 善治를 가히 써 바랄 수 있을지라.

그러나 오늘날의 신하된 자는 報國은 생각지 아니하고 한갓 祿과 位만 도둑질하여 총명을 가리고 아부와 아첨만을 일삼아 忠諫하는 선비를 妖言이라 하고 정직한 사람을 匪徒라 하여 안으로는 輔國의 인재가 없고 밖으로는 虐民의 관리만 많도다. 人民의 마음은 날로 흐트러져 들어서는 즐거운 삶의 生業이 없고 나가서는 몸을 보존할 대책이 없도다. 虐政은 날로 더해가고 怨聲은 그치지 아니하니 君臣의 義와 父子의 倫과 上下의 分이 드디어 다 무너지고 말았다. 管子가 가로되 四維가 베풀어지지 않으면 국가는 멸망한다 하였으니 오늘의 형세는 옛날의 그것보다 더 심하도다. 公卿부터 方伯守令까지 모두 국가의 위태로움은 생각지 아니하고 한갓 자신의 살찜과 가문의 윤택의 계책만을 도둑질하며, 科擧의 문을 돈벌이의 길이라 생각하고 應試의 장소는 매매하는 저자로 변하고 말았도다. 허다한 돈과 뇌물은 國庫로 들어가지 아니하고 도리어 私腹을 채우고 있도다. 국가에는 누적된 빚이 있으나 갚을 생각은 하지 아니하고 교만과 사치와 음란과 더러운 일만을 거리낌없이 일삼으니, 八路는 魚肉이 되고 萬民은 도탄에 빠졌도다.

守宰의 貪虐에 백성이 어찌 곤궁치 아니하랴. 백성은 나라의 근본이니, 근본이 쇠잔하면 나라는 반드시 없어지는 것이다. 輔國安民의 방책은 생각지 아니하고 밖으로 鄕第를 설치하여 오직 제몸 하나 온전함의 방책만을 꾀하고 오직 祿과 位만을 도둑질하는 것이 어찌 옳은 일이라 하겠는가!

우리는 비록 草野의 遺民일지라도 君土를 먹고 君衣를 입고 사는 자이라, 어찌 국가의 危亡을 앉아서 보기만 하겠는가! 八路가 마음을 합하고 수많은 백성

---

42) 〈聚語〉(《東學亂記錄》 上), 142~143쪽 ; 〈東匪討錄〉(《韓國學報》 제3집, 一志社, 1976), 235쪽 ; 吳知泳, 《東學史》(영창서관, 1940), 108~109쪽. 이 창의문은 종래에는 고부에서 기포한 농민군이 홍덕, 고창을 거쳐 4월 9일 무장을 지나면서 발표한 것으로 알려져 있었으나, 신용하에 의해 3월 20일 농민군의 최초 봉기 때 발표된 것으로 밝혀졌다. 신용하, 앞의 글 참조.

이 뜻을 모아 이제 의로운 깃발을 들어 輔國安民으로써 死生의 맹세를 하노니, 금일의 광경은 비록 놀랄만한 일이기는 하나 驚動하지 말고 각자 그 業을 편안히 하여 昇平日月을 함께 빌고 임금의 덕화를 함께 입게 되기를 바라노라.

甲午 月 日

湖南倡義所

全琫準
孫和中
金開南

이 창의문에서는 기존의 유교적 윤리를 준거로 하여 양반관료를 중심으로 하는 봉건체제에 대한 통렬한 비판을 가하고 농민군 봉기의 정당성을 농민대중에게 선포하고 있다. 이전의 민란 단계에서 고을 수령이 주요 타격목표가 되었던 것에 비해 여기서는 '公卿부터 方伯守令까지'의 봉건통치층 전체가 규탄의 대상이 되고 있는 것이다. 농민군이 지역적 차원의 문제를 넘어서서 조선봉건체제 전체를 문제시하고 있다는 점이 중요하다. 또한 '輔國安民의 방책은 생각지 아니하고' '오직 제몸 하나 온전함의 방책만을 꾀한다'고 하는 데에서 반제 민족주의 의식을 표시하고 있다. 그러나 이 창의문은 동학농민전쟁 최초의 창의문이기 때문에 아직 농민전쟁에의 호응도가 불확실한 조건에서 일반 농민의 지지를 널리 구하기 위하여 쓰여진 것이기 때문에 당시 일반 농민들의 이데올로기적 인식정도를 의식하여 儒敎의 용어와 사상에 근거하여 자신들이 국왕에 반역하는 것이 아니라 충성하는 것임을 누누히 강조하는 어조로 되어 있다.[43] 즉 이 창의문에서는 농민군 지도부의 봉기목표를 명확하게 제시하는 데 중점이 두어졌다기 보다는 봉기의 대중적 지지를 겨냥하는 데 일차적 목표가 있었다고 볼 수 있다.

무장에서 편성된 농민군의 수는 약 4천 명이었다. 이 외에 동학의 비밀조직을 통하여 태인접주 최경선이 3백여 명의 농민군을 조직해서 대기하도록 준비되었고 고부읍에서 1천여 명의 농민군이 동원되기로 되어 있었다. 전봉준이 단기간에 당시로서는 대단히 큰 규모의 농민군 부대를 동원할 수 있었

43) 신용하, 앞의 글(1985), 126쪽.

던 것은 보은집회 시기의 남접의 금구취당 세력을 활용하였기 때문인 것으로 보인다.[44] 황현은 무장 기포에 대해 "어리석은 백성들은 이 말에 솔깃하여 우도 일대 10여 읍이 일시에 봉기하여 열흘 정도에 수만 명이 모여들었고 동학이 난민과 함께 어우러진 것이 이때부터였다"[45]고 쓰고 있는데, 이로 보아 茂長봉기에는 동학의 조직이 매개되었음을 알 수 있다.

무장기포 때의 농민군의 무기는 그동안 민란 때 관아의 군기고에서 빼앗은 무기와 민간의 무기로서 소총·화승총·창·칼·활·도끼·철퇴·죽창 등이었으나 잘 무장되어 있었던 것 같지는 않다. 이 밖에 말목장터에 집합하기로 약속된 농민을 무장시키기 위하여 말목장터 근방의 민가에 총창 수백 개를 은닉해 놓았다. 무장기포 때의 군량은 이 지방 부민에게서 징수하고 봉납케 하여 충당하였다. 군량 뿐만 아니라 짚신과 군용전도 징발했던 것으로 보인다.

이렇게 해서 편성된 4천여 명의 농민군은 당시로서는 매우 큰 규모였으며 농민의 사기는 충천하였다.

(2) 고부점령

무장에서 기포한 농민군은 '東徒大將' 전봉준의 지휘와 손화중·김개남의 인솔 아래 농민군의 제1차 공격 목표로 미리 결정된 고부읍을 향해 3월 20일 오후 사기 충천하여 진군을 시작하였다. 농민군이 맨처음 공격목표를 고부로 택한 것은 안핵사 이용태 군에게 짓밟히고 있는 고부농민의 참상과 일부 체포된 고부민란 주동자들의 목숨이 위태로웠기 때문이기도 하였지만, "전주성을 함락하고 경사로 직향"한다는 '사발통문' 거사계획의 실행과정이기도 하였다.

전봉준이 지휘하는 농민군 4천여 명은 3월 20일 무장의 굴치를 넘어 흥덕을 거쳐서 고부로 전진하는 중에 태인접주 최경선이 인솔하는 농민군 3백여 명의 합류를 받고 그날 밤 고부군 북면 말목장터에 도착하여 미리 연락을 받고 대기하고 있던 고부 농민 약 1천여 명과 합류했다. 전봉준은 여기서 말

---

44) 정창렬, 앞의 글(상) 참조.

45) 《오하기문》, 72쪽.

목장터 부근 마을의 민가에 준비해 감추어 두었던 총창 수백 개를 거두어 들여 비무장의 농민들을 무장시켜 농민군에 편입한 다음, 계속 진군하여 그 날 밤 고부읍의 북성안으로 들어서서 총을 쏘고 고함을 지르며 고부군아를 향하여 야습을 감행하였다.

이 때 고부군 안핵사 이용태와 고부 관졸들은 처음에는 대항해 보려고 했으나 5천여 명의 사기충천한 농민군에 압도되어 이용태와 역졸들은 전주를 향하여 도망치고 座首와 吏屬들만 남아 있다가 대세가 이미 틀렸다고 생각하여 모두 나와서 농민군에 항복하였다. 농민군은 고부읍을 점령한 것이다.

고부읍을 점령한 농민군은 우선 옥문을 열어 고부민란으로 투옥된 주동자들과 억울하게 투옥되어 있는 농민들을 석방하고, 군기고를 열어 총창과 탄약을 수습해서 농민군의 무기를 보충하고 읍내에 있는 청죽을 베어 죽창을 만들어 총없는 농민을 무장시키는 한편, 관속 중에서 안핵사 및 군수에 부화뇌동하고 탐학한 자 수 명을 색출하여 처형하고, 식량창고를 열어 빈민들을 구휼하고 고부읍의 폐정을 대략 정리하였다.

농민군이 고부읍을 점령하여 만 3일간 농민통치를 하는 사이에 무장기포 때에 미리 조직화하여 창의를 통지해 둔 각지의 동학 두령들이 농민군을 이끌고 고부읍에 도착하였다. 3월 20일부터 24일까지 고부읍에 모인 농민군을 표로 만들어 보면 다음과 같다.[46)]

〈표〉 농민군의 고부점령 직후 고부에 모인 농민군

포 별	지 역 별 두 령	농민군수
손 화 중 포	고창두령 오하영, 오시영, 임형로, 임천서 등	1,500
	무장두령 송경찬, 강경중 등	1,300
	흥덕두령 고영숙 등	700
	정읍두령 손여옥, 차치구 등	1,200
김 개 남 포	태인두령 김낙삼, 김문행 등	1,300
김 덕 명 포	태인두령 최경선 김제두령 김봉년 금구두령 김사엽, 김봉득, 유한필 등	2,000
합 계		6,700

46) 吳知泳, 《東學史》(영창서관, 1940), 111쪽 참조.

위의 〈표〉를 보면 무장에서 봉기해 온 4천여 명을 빼고 고부에 도착한 농민군은 약 2,700명 정도였다. 여기에 고부에서 무장한 고부농민 1천여 명을 합하면 농민군 총 수는 7,700명까지 추산해 볼 수 있다. 농민군의 신분적 구성은 양인 노비 출신이 주를 이루었으며, 계급적으로는 주로 빈농 혹은 소작농이었다.[47)]

(3) 백산대회

무장 당산에서 기포한 농민군은 고부읍을 점령하여 대강의 폐정을 개혁하고 대오를 강화한 다음, 3월 25일에는 백산으로 이동하여 진을 쳤다. 백산은 광활한 호남평야 가운데 조그마하지만 우뚝 솟은 전술적 요충지였다. 이곳에 올라서면 사방을 한눈에 내려다 볼 수 있었을 뿐 아니라 교통의 요지이기도 하였다.

이곳에서 전봉준 등 지휘부는 농민군을 확대개편하고 이른바 대진군을 위한 전열체계를 갖추었다. 전봉준 등 지도부가 고부읍에서 백산으로 본진을 옮겼을 때 무장기포의 창의문과 통문을 보고 백산으로 몰려든 농민군들의 행렬은 줄줄이 이어졌다. 부안·태인·금구·원평을 비롯한 각 지역에서 달려온 농민들은 이제 8천여 명에 이르렀고 지도부는 연합농민군을 재편성했다. 비로소 한 군 단위의 국지성을 벗어나 지방단위별로 본격적인 농민군이 조직된 것이다.

전봉준·손화중·김개남이 통솔하는 농민군이 무장 당산에서 기포하여 고부로 전진할 때 그 숫자는 4천여 명이었다. 여기에 전라도 각지에서 봉기하여 모인 농민군 부대와 태인에서 기다리고 있던 최경선이 이끄는 농민군 3백여 명, 말목장터에서 대기중이던 고부 농민 1천여 명이 합류하여 농민군의 병력은 8천여 명에 달했다.

확대개편된 농민군의 간부는 다음과 같다.

大將 全琫準
總管領 孫化中·金開男

47) 신용하, 〈갑오농민전쟁의 주체세력과 사회신분〉(《동학과 갑오농민전쟁연구》, 일조각, 1993), 62~84쪽.

總參謀 金德明・吳時泳
領率長 崔景善
秘書 宋熹玉・鄭伯賢

백산에서 농민군 지도부 구성은 무장에서 봉기할 때의 지도부체제와 크게 달라진 점은 없었지만, 고부읍을 점령할 즈음 합류한 접주급 지도자들을 지도부에 흡수하여 조직을 확대, 직위를 배분함으로써 농민군의 지휘체계를 확대 강화해 본격적인 진군체제를 갖춘 것이다.

농민군 지도부는 백산에 '湖南倡義大將所'를 설치하고 대장기에 무장기포 때의 동도대장 이외에 '保國安民'이란 네 글자를 크게 써 넣었으며, 격문을 공포해 전라도를 비롯한 전국에 띄워 백성들의 궐기를 촉구했다.

檄　　文[48]

우리가 義를 들어 此에 至함은 그 本意가 斷斷 他에 있지 아니하고 蒼生을 塗炭의 중에서 건지고 국가를 磐石 위에다 두자 함이라. 안으로는 貪虐한 관리의 머리를 버히고 밖으로는 橫暴한 强敵의 무리를 驅逐하자 함이다. 兩班과 富豪의 앞에 苦痛을 받는 民衆들과 方伯과 守令의 밑에 屈辱을 받는 小吏들은 우리와 같이 寃恨이 깊은 者라. 조금도 躊躇치 말고 이 時刻으로 일어서라. 萬一 期會를 잃으면 後悔하여도 미치지 못하리라.

甲午　月　日
湖南倡義大將所　在白山

무장기포의 창의문에서는 봉기가 국왕에 대한 반역이 아님을 국민들에게 널리 알리기에 급급하여 봉기의 본 뜻을 충분히 솔직하게 표현하지 못하고 유교의 용어로 분식한 경향이 강하였다. 그러나 고부 점령에 성공하고 백산에서 1만여 명의 농민군을 편성하는 데 성공한 농민군 지도부는 위의 격문에서 거리낄 것 없는 자유로운 조건 위에서 대담하고 솔직하게 봉기의 목표를 밝히고 있다.

이 격문은 농민혁명 선언문의 성격을 가지는 것으로 제1차 농민전쟁의 민

48) 《東學史》, 112쪽.

족주의의 반제 반봉건 투쟁의 목적을 극명하게 선언하고 있다. 즉 "안으로는 탐학한 관리의 머리를 버히고", "창생을 도탄의 중에서 건지고"는 반봉건 투쟁의 목적을 상징적으로 표현한 것이고, "밖으로는 횡포한 강적의 무리를 구축하고자 함이다", "국가를 반석위에 두고자 함이라"는 반제국주의 투쟁의 목적을 상징적으로 표현한 것이라고 할 수 있다.

또한 이 격문은 봉기의 주체세력을 농민을 중심으로 한 민중임을 분명하게 밝히면서 그 봉기의 적대관계를 양반·부호 대 민중, 방백·수령 대 小吏의 대립관계로 파악하고 있으며, 民과 三政운영에서 대립, 갈등관계에 있는 아전층까지 동맹군으로 끌어 들임으로써 농민군의 역량을 증대시켜 나가려는 전략이 담겨 있다.

농민군 봉기의 목표는 농민군이 백산에 집결하여 간부를 확대 개편한 후에 공포한 四大名義에서 가장 단순하고 분명한 형태로 선언되었다.

四大名義[49]

① 사람을 죽이지 않고 물건을 파괴하지 않는다(不殺人不殺物).
② 충과 효를 모두 온전히 하며 세상을 구하고 백성을 편안케 한다(忠孝雙全濟世安民).
③ 일본 오랑캐를 몰아내어 없애고 왕의 정치를 깨끗이 한다(逐滅倭夷 澄淸聖道).
④ 군대를 몰고 서울로 들어가 권세가와 귀족을 모두 없앤다(驅兵入京 盡滅權貴).

농민군이 발표한 4대명의는 농민군의 일종의 강령으로서, 여기서 전봉준이 오랫동안 소망해 오던 민비수구파정권의 타도와 일본침략세력의 추방 및 새로운 정치의 실현이 봉기의 목표로 공개리에 선포되었다. 좀 더 자세히 보면 ①과 ②는 휴머니즘과 충효사상을 나타내는 것으로 농민군 봉기의 보편적 목표를 선언한 것이라고 한다면, ③은 개항후 국내에 침투한 일본제국주의 세력을 쫓아내려는 선명한 반제국주의 투쟁의 선언이며, ④는 구체제의 골간인 민씨정권과 양반귀족을 타도하겠다는 반봉건 혁명의 선언이라고 해석된

49) 鄭喬, 《大韓季年史》 上(國史編纂委員會, 1971), 74쪽.

다. 제1차 농민전쟁에서는 반제·반봉건의 근대민족주의 농민혁명이 선명하게 공포되고 있는 것이다.[50]

또한 농민군은 3월 29일에서 4월 4일 사이의 무렵에 행군의 '4개 약속'과 행동지침으로서 '12개조 기율'을 마련하였다.

4개 약속[51]

1) 적을 대할 때는 언제나 칼날에 피를 묻히지 않고 이기는 것을 가장 큰 공으로 삼는다.
2) 비록 부득이 싸우더라도 절대로 인명을 상하지 않는 것을 귀하게 여긴다.
3) 행군할 때에는 언제나 절대로 남의 물건을 해쳐서는 안된다.
4) 효제충신한 사람이 사는 마을이 있으면, 그 주위 10리 안에는 주둔하지 않는다.

농민군 지도부는 또한 농민군이 지켜야 할 기율로서 다음과 같은 '농민군 12개조 기율'을 제정하여 공포하였다.[52]

1. 항복하는 자는 사랑으로 대한다(降者愛待).
2. 곤궁한 자는 구제한다(困者救濟).
3. 탐학한 자는 추방한다(貪者逐之).
4. 순종하는 자에게는 경복한다(順者敬服).
5. 도주하는 자는 쫓지 않는다(走者勿追).
6. 굶주린 자는 먹인다(飢者饋之).
7. 간사하고 교활한 자는 그치게 한다(奸猾息之).
8. 빈한한 자는 진휼한다(貧者賑恤).
9. 불충한 자는 제거한다(不忠除之).
10. 거역하는 자는 효유한다(逆者曉諭).
11. 병든 자는 진찰하여 약을 준다(病者診藥).
12. 불효한 자는 형벌을 가한다(不孝刑之).

12개조의 기율은 충효제신 등 유교윤리적 덕목에 기초한 행동지침이었다.

---

50) 신용하, 앞의 글(1987), 71쪽.
51) 金允植,《續陰晴史》上(國史編纂委員會, 1971), 311쪽.
〈東匪討錄〉(《韓國學報》 3), 244쪽.
52)《주한일본공사관기록》(번역본) 1, 19~29쪽.

이러한 농민군 기율은 농민군이 엄정한 규율과 기강을 갖고 행동하는 군대로 편성되었음을 말해주는 것이라 하겠다. 진군 당시에 농민군들은 실제로 이러한 규율을 지켜 김윤식의《續陰晴史》에서도 "匪徒(농민군 : 필자)가 지나가는 곳에서는 오히려 추호도 민을 범하지 않았고 관민들은 궤향을 즐겁게 제공하였다"고 기록하였다.

백산대회에서 만들어진 격문, 행동강령, 기율 등을 종합해 볼 때 농민군은 이를 통해 혁명적 목적과 의지를 처음으로 명백하게, 또 구체적으로 밝히면서 대의적 명분을 스스로 확인하고 천명했다고 할 수 있다.

동학농민전쟁의 제1차 농민전쟁에서 농민군은 반제·반봉건의 과제를 명확히 제시했다. 농민군은 이전의 민란 시기의 자연발생적이고 지역적인 한계를 뛰어 넘어 조직적인 투쟁의 대오를 갖추고 명확한 슬로건을 제시했다.

전봉준이 남접도소를 설치하여 농민전쟁의 총본부로 삼고 무장에서 창의문을 선포함으로써 이제 과거의 민란 형태의 자연발생성과 지역적 한계성을 극복하고 지속적이고 전국적인 농민전쟁으로의 비약이 가능하였다. 민란 단계의 농민봉기가 일회성으로 끝나고 끊임없는 반복으로 일관하였다면, 이제는 이러한 악순환에서 벗어나 장기적이고 지속적인 조직적 기반을 갖추고 뚜렷한 투쟁목표를 제시할 수 있는 조직적 형태를 갖추었다고 할 수 있다. 이 점이 고부민란을 포함한 종래의 민란과 농민전쟁을 결정적으로 구분지우는 것이다. 즉 이제 농민군은 지방관리들의 학정에 대한 수동적인 저항의 차원을 벗어나 국가권력을 투쟁의 대상으로 하고 나아가 국가권력의 장악을 목표로 할 수 있는 조직적 형태를 꾸려나가는 과정에 있었다고 볼 수 있다.

2. 동학농민군의 격전

1) 관군의 남하와 황토현·장성전투

(1) 농민군의 진군과 감영군의 출동

갑오년 3월 25일 전봉준을 총대장으로 하는 농민군 부대는 정연한 기율

속에 백산에서 전주성을 향해 진군을 시작했다. 이들의 1차 목표는 전라감영이 있는 전주성 점령이었다.

'保國安民'과 '東徒大將' 기를 앞세우고 그 뒤에 청·홍·묵·백·황의 오색기를 벌려 각기 방향을 표시했다. 포사의 어깨에는 弓乙을 붙이고 등에는 同心義盟 넉자를 붙였다. 전봉준 대장은 백립·백의 차림에 손에는 염주를 들고 입으로는 '三七'주문을 외며 지휘했으며 대오는 삼삼오오 진법에 따라 질서정연하게 행진했다.[53]

이즈음 각 고을의 관청은 자체방어능력을 상실하고 있었다. 아전들의 상당수가 농민군에 투신했다. 농민군은 3월 28일 태인현 동헌과 내아를 점령하여 군기를 탈취하고 4월 1일 오전 10시경에는 금구현 원평까지 진출하였다.[54] 이들은 원평에서 진을 치고 하루를 묵으며 전주감영의 동향을 살피는 한편 무장을 강화하고 양식을 확보하는 등 전주성 입성 전략을 모색했다.

전라감사 김문현은 비로소 사태의 심각성을 깨닫고 농민군의 심상치 않은 동향을 수시로 조정에 보고하는 한편 감영군을 출동시킬 것을 결심한다. 우선 이서와 군교를 풀어 전주성의 서·남문 경비를 강화하는 한편 농민군을 제압할 감영군을 소집했다. 감영군의 주력은 1893년 설치된 武南營의 병력이었으며 각 고을에서 징병한 향병과 보부상들이 합세했다. 우영관 李璟鎬를 총지휘관으로 하여 영병 7백여 명, 토병 5백여 명, 보부상 1천여 명 등이 진압군으로 편성되었다.[55] 이들은 4월 3일 오전 10시경 농민군의 진격을 막기 위해 금구쪽으로 진출했다.

감영군의 출동소식을 접한 농민군의 주력부대는 3일 오후 4시경에 재빨리 방향을 바꿔 태인현의 인곡·북촌·용산 등지로 진을 옮겨 버렸다.[56]

한편 농민군의 일대는 백산에서 곧바로 부안으로 진출하여 그곳에서 봉기한 세력과 하동면 분토동에서 합류했다. 이들은 약 5백명이었으며 홍·백의 '保國安民旗'와 부안·고부·영광·무장·홍덕·고창 등의 읍이름을 새긴 소

53) 崔琉鉉, 《侍天敎歷史》(東學思想資料集》 3, 아세아문화사, 1978), 616쪽.
54) 《오하기문》, 75~76쪽 ; 《주한일본공사관기록》 1, 2쪽.
55) 鄭碩謨, 〈甲午略歷〉(《동학란기록》 상), 63쪽.
56) 洪啓薰, 〈兩湖招討謄錄〉(《동학란기록》 상), 163쪽 ; 《오하기문》, 78쪽.

기 등을 내걸고 행진했다. 부안으로 진출한 농민군 중 2백여 명은 4월 1일 부안 현아에 들이닥쳐 옥에 갇혀 있던 사람들을 풀어준 뒤 분토동으로 돌아갔다. 이튿날 아침에는 부안 공형에게 '장시에 폐막이 없도록 하라'는 경고문을 보냈으며 일부는 이날 오후 6시경에 분토동에서 서쪽으로 2리 떨어진 서도면 부흥역으로 진을 옮겼다.57)

농민군의 주력부대는 4월 3일 밤을 태인에서 지낸 다음 일부 견제병력만을 현지에 남기고 부안으로 이동했다. 4일 오전에는 부안에 진을 치고 있던 농민군 일대와 합세한 농민군 주력부대는 부안 동헌에 돌입하여 현감 李喆和를 감금하고 아전들을 결박한 뒤 군기를 탈취했다.58) 또한 이날 영광 법성포의 이향에게 다음과 같은 통문을 보내었다.59)

> … 또 우리가 오늘 의거한 것은 위로 宗社를 보존하고 아래로 백성을 편안하게 할 것을 죽음으로써 맹서하였으므로 두려워 동요하지 마시기 바랍니다. 차례로 살펴 보건대 앞으로 고쳐야 할 문제들로서, 전운영이 吏民에게 폐단이 된 것, 균전관이 폐단을 제거한다면서 폐단을 만드는 것, 각 시정에서 금전으로 나누어 세금을 거두는 것, 각 포구의 선주들이 강제로 빼앗는 것, 외국의 潛商들이 고가로 사들이는 것, 염전에 대한 시장세, 여러 물품을 도매하여 이익을 취하는 것, 起田과 陳田을 막론하고 私田에 백지징세를 하는 것, 오래된 환곡의 본전을 뽑는 것 등등 폐막을 이루 다 기록할 수 없습니다. 그러므로 사농공상의 네 가지 업에 종사하는 백성들은 한 마음으로 협력하여 위로 국가를 돕고 아래로 빈사상태에 있는 백성들을 편안하게 하면 어찌 다행이 아니겠습니까?
>
> 濟衆義所

이 통문은 폐정개혁에 대한 농민군의 구체적인 요구조항들이 처음으로 제시된 것으로서 영광 법성포 뿐 아니라 당시 농민군의 영향권 아래에 있던 고부·부안·흥덕·태인·정읍·장성·무장·함평 등의 수십 개 고을에 발송되었다고 생각된다.

---

57) 《남유수록》, 甲午 4월 1일 ; 〈양호초토등록〉(《동학란기록》 상), 163쪽.
58) 《남유수록》, 甲午 4월 5일 ; 〈양호초토등록〉(《동학란기록》 상), 163쪽.
59) 〈동비토록〉(《한국학보》 3, 一志社, 1976, 여름), 244쪽.
《주한일본공사관기록(번역본)》 1, 20쪽.

4월 6일 오전 농민군의 주력부대는 부안을 떠나 고부를 향해 진군을 계속했다. 태인쪽의 잔여세력들도 진을 풀고 고부쪽으로 향했다. 이들의 합류목표지점은 도교산이었다.[60] 도교산은 황토산이며, 황토산은 곧 황토현이다.

감영군은 농민군의 뒤를 쫓아 원평을 지나 백산쪽으로 진군해 왔다. 부안의 농민군을 압박해 가던 감영군은 6일 죽산쪽으로 진출해 있던 일대와 백산에서 합류하여 고부쪽으로 향한 농민군 주력을 추격했다. 감영군은 농민군을 추격하면서 연도에서 닥치는대로 노략질을 일삼아 백성들의 빈축을 샀다. 농민군에 대해 적대적인 태도를 보였던 黃玹은 관군과 농민군의 행태에 대해 다음과 같이 기록하고 있다.

> "관군은 서쪽으로 진군하면서 향병과 영병이 뒤섞여 행군하였다. 행군을 하게 되면 연도에서 닥치는대로 노략질하였고, 점포를 망가뜨리고 상인들의 물건을 겁탈하는가 하면, 마을로 가득 몰려가니 닭이나 개가 남아나는게 없었기에 백성들은 한결같이 이를 갈면서도 겁이나 피했다. (중략) 적(농민군-필자)은 관군의 소행과는 반대로 하기에 힘써 백성들에게 폐를 끼치는 일은 하지 않게끔 명령을 내려 조금도 이를 어기지 않으면서 쓰러진 보리를 일으켜 세우며 행군하였다. 이때 관군이나 도적들 양 진영은 모두 양식을 마련하지 못했기 때문에 다만 민간으로부터 먹을 것을 구하여 힘들게 옮겨와 나누어 주었다. 그런데 적들의 진영에는 음식을 담은 광주리가 끊이지 않았지만, 관군은 굶주린 기색이 얼굴에 나타났다."[61]

(2) 황토현전투

황토현에 전운이 감돌기 시작한 것은 4월 6일 오후부터였다. 전봉준이 지휘하는 농민군은 최소 4천여 명이었다. 감영군은 무남영의 정예 병력 3백여 명을 포함하여 도합 2천여 명이었다.

오후 4시경에 첫접전이 이루어졌다. 첫 접전은 일종의 탐색전이었는데 농민군은 짐짓 패한 척하며 황토현에서 후퇴하여 남쪽의 시루봉 자락으로 진을 돌렸다.

---

60) 〈양호초토등록〉(《동학란기록》 상), 163쪽.
61) 《오하기문》, 79~80쪽.

감영군이 이를 추격하여 황토현에 이르렀을 무렵 날이 저물고 더 이상의 진격이 불가능하게 되자 이곳에서 숙영을 했다. 감영군은 이 일대의 지리에 전혀 생소했고 때마침 비가 그친지 얼마되지 않아 안개마저 자욱했다. 농민군의 전력을 과소평가한 감영군은 소를 잡고 술까지 마셔가며 한가로운 저녁을 보내고 있었다.

이러한 대치 상황에서 때를 기다리던 농민군은 4월 7일 새벽 4시경에 무방비 상태에 있던 관군의 진영을 일시에 기습하여 대승을 거두었다.《오하기문》은 당시의 전투상황을 다음과 같이 기록하고 있다.

> "이 때 이미 날이 어두워져 양쪽이 모두 병영을 점검하여 움직이지 않고 다만 군호를 알리는 포성만 들렸다. 밤이 깊어지자 적(농민군) 진영은 조용해졌고 포성소리도 들리지 않았다. 관군은 의아스러워하며 소나무를 잘라 횃불을 만들고 진영 가득히 장작을 쌓아 놓고 불을 붙이자 진중이 마치 대낮과 같았다. 그러나 막사 밖으로는 연기가 자욱하였고 때마침 안개가 크게 끼어 사방을 분간할 수 없었는데 갑자기 콩 볶듯이 포성이 들리더니 포탄이 발 밑에 떨어지자 관군은 마치 삼이 쓰러지듯 엎어지고 자빠졌다. 적은 삼면을 포위하고 서쪽 한 방향만 열어 놓고 함성을 지르며 압박하자 관군은 일시에 무너졌다. 이 때 날은 이미 훤하게 밝았고 안개도 걷혔으므로 적은 지방에서 모집된 병사로 흰 옷을 입은 사람들은 뒤쫓지 않고 영병으로 검은 옷을 입은 사람들과 보부상으로 붉은 도장을 찍은 것을 등에 붙인 사람들만 끝까지 따라잡아 어금니를 악물고 칼을 휘두르는 품이 마치 사적인 원수를 갚듯이 하였다. 또 산 아래 너른 들녘에는 봄갈이를 끝내고 물을 받아 놓았는데 아득하니 넓었다. 패잔병들은 물을 보고 뛰어 들었지만 물이 깊고 진흙은 질어 허우적거리다 내리치는 창·칼에 맞아 피가 땅을 적시고 논물을 붉게 물들였다. 관군이 버린 군수물자가 도로에 가득하였다."62)

이날 전투에서 감영군은 1천명 이상의 사상자를 내었다. 영관 李昆陽·태인 보부상의 우두머리 劉秉直·서기 李敦昇 등이 모두 죽었고, 영관 이재섭·유수근·정창권·백낙유 등은 모두 도망쳤다. 관군의 참패였고 농민군의 첫 승리였다.

황토현 전투에서의 승리는 제1차 동학농민전쟁에서 중요한 전기가 되었다.

---

62)《오하기문》, 80쪽.

첫 전투에서 관군을 물리쳐 농민군의 사기가 하늘을 찌를듯이 올라갔을 뿐 아니라 봉기를 관망하던 일반 농민들이 봉기의 대열에 가담하는 계기가 되었음을 짐작하기는 어렵지 않다. 실제로 황토현 전투 이후 전주성 점령에 이르기까지 농민군의 전력은 양적·질적으로 강화되어 갔다.

(3) 경군의 남하와 농민군의 남행

한편 농민군의 무장기포와 백산대회의 보고를 받은 정부는 4월 2일 전라감사 겸 壯衛營 정관령이던 洪啓薰을 兩湖招討使로 임명하고, 전라병사에 李文永을 임명하여 농민군의 진압에 나섰다. 장위영 군대는 외국인 교관에 의해 훈련되고 최신무기를 갖춘 정예부대였다.

홍계훈은 8백여 명의 부대를 이끌고 6일 군산에 도착했다. 홍계훈 부대가 군산을 떠나 임피를 거쳐 전주에 도착한 것은 전주감영군이 황토현 전투에서 농민군에 참패를 당한 4월 7일이었다.[63] 초토사 홍계훈이 거느린 경군은 감영군이 농민군에 패퇴했다는 소식이 전해지자 2~3백명이 도망해 버려 5~6백명만 남게 되었다.[64] 도망자 중 상당수가 농민군에 가담했다고 한다. 또한 "초토사는 출병하지 않고 전투도 하지 않았으며 土兵만 앞세웠기 때문에 불평이 많았다"[65]는 기록으로 미루어 보아 관군 내부에 갈등이 있었고 사기 또한 높지 않았던 것으로 보인다.

한편, 황토현 전투에서 대승을 거둔 농민군은 곧장 전주성으로 향하지 않고 기수를 남쪽으로 돌려 정읍·홍덕·고창·무장·영광·함평·장성 등 전라도 서남부 지역을 차례로 제압했다.[66] 농민군이 전주성으로 북상하지 않고 남행을 한 것은 농민군의 자체 세력을 강화하고 배후 세력을 완전히 제압할 필요가 있었기 때문이었다. 농민군은 황토현 전투로 상당한 조직력을 갖추었고 사기 또한 충천했지만, 농민군 토벌을 위해 파견된 감영 주둔 정부 정규군에 정공법으로 맞서기에는 아직 역부족이라는 판단을 했을 것이다. 실제로

---

63) 〈양호초토등록〉(《동학란기록》 상), 162쪽.

64) 《주한일본공사관기록》 1, 12쪽.

65) 위의 책, 23쪽.

66) 정읍에서 함평까지의 농민군의 행로는 〈양호초토등록〉(《동학란기록》 상), 166~170쪽 참조.

남하과정에서 농민군의 세력은 더욱 확대되었고, 장성 황룡촌 전투에서 경군을 대파함으로써 손쉽게 전주를 점령할 수 있는 계기를 만들었다.

황토현 전투에서 관군을 격파한 농민군은 곧바로 정읍으로 진출했다. 농민군은 정읍현을 습격하여 옥을 부수어 6명의 죄수를 풀어 주고 군기고를 열어 무장을 강화했다. 농민군은 또 아전들과 농민군 토벌에 앞장선 보부상들의 집을 불태웠다.

이날 저녁 10시께 고부 삼거리(현 정읍군 소성면 소재지)에서 잠을 잔 농민군은 다음날 8일에는 흥덕으로 나아가 군기고를 부수고 무기를 확보한 뒤 다시 고창으로 진출했다. 고창읍에 들어간 농민군은 옥문을 깨어 7명의 죄수를 풀어 주고 군기를 탈취했다. 동헌을 파괴하고 인부를 빼앗으려 할 때 고창현감은 도주해 버렸다. 또한 고창 부호 殷大靜의 집을 부수고 불사른 농민군은 다음날인 9일 무장으로 나아갔다. 이 때 농민군의 수는 1만명으로 불어나 있었다. 농민군은 동헌과 공해를 부수고 갇혀 있던 40여 명의 죄수를 석방했으며 향임·이속들을 잡아 들였다. 농민군은 성을 둘러싸고 수시로 포를 쏘며 위세를 나타내는 한편 무장읍 외곽 여시메봉에 진을 쳤다.

3일 동안 무장에 주둔한 농민군은 12일 아침 영광으로 출발했다. 영광을 점령할 무렵 군수 민영수는 세미를 거두느라 법성포에 있다가 읍의 함락소식을 듣고 배를 타고 도망했다. 농민군은 14일께 법성포의 전·후 산과 구곡산 등에 진을 치고 창과 칼을 들고 포를 쏘면서 법성포에 정박한 선박에 들어가 일본인과 선원들을 구타했다. 당시 법성포에는 조창이 있어 세곡을 나르기 위한 전운선의 출입이 잦았으며, 전운영의 횡포에 피해를 본 농민군들은 법성포의 전운선을 몰아내고 세곡 수송을 두절시켰다. 농민군은 4일 동안 영광에 주둔하면서 "매일 진법을 조련하고 밤이면 경문을 송독하는"[67] 등 세력을 정비 강화했다.

4월 16일 농민군은 두 대로 내누어 3~4천명은 계속 영광에 머물고, 본대인 6~7천명은 함평으로 남하했다. 농민군이 함평으로 진격할 때 이 지역 교리·官奴사령·수성군 등 150여 명이 관문을 지키며 대항했으나 농민군의

---

67) 《주한일본공사관기록》 1, 19쪽.

우세한 병력에 역부족이었다. 관속의 대부분이 부상을 입고 달아나 버렸다.

이에 앞서 농민군이 진격해 온다는 소식을 접한 영광 각 면 사민 1백여 명이 동헌을 보호하는 것을 보고 농민군은 "우리가 탐관오리를 징치하고 읍폐를 교정코자 왔는데 사민이 자진 수성하는 것을 보니 수령의 치적을 알겠다"[68]며 선화당에서 물러났다. 대신에 농민군은 공해에 머물며 부민과 공형을 잡아들여 곤장을 친 다음 쫓아버렸다.

농민군이 남행하여 전라도 전역을 석권하고 있는 동안 초토사 홍계훈은 농민군의 기세에 눌려 접전을 위한 추격을 하지 않고 전주성에 앉아 있으면서 병력을 파견하여 농민군의 꽁무니만 따라다녔다. 농민군이 정읍·홍덕·고창을 거쳐 무장을 점령한 4월 9일 홍계훈은 농민군의 전주 진격을 막기 위해 경병 160명과 향병 200명을 금구·태인으로 파병했다. 초토사 홍계훈은 농민군의 위세가 갈수록 강화되고 있음을 정부에 보고하고 淸兵의 借兵을 건의하는 한편, 진압에 자신을 잃고 증원병을 요청했다. 홍계훈은 전주에 계속 머물러 있다가 농민군이 영광으로 진격한 이틀 뒤인 4월 14일에야 무장현 근처에 일부 병력을 파견하여 농민군의 동태를 살피게 했다. 그는 또 전라감사에게 영을 내려 향병을 동원시켜 순창-담양-광주-나주에 방어선을 구축하도록 했다.[69] 정부는 16일 총관령 산하 강화도 병정 4백명을 증파하기로 결정하고 다음날 일부 증원군을 파병했다. 농민군이 무장에서 영광을 거쳐 함평에 주둔하고 있던 18일에야 홍계훈은 직접 경군을 이끌고 전주를 출발하여 농민군을 추격하기 시작했다.[70]

함평에 주둔하고 있던 농민군은 18일 나주 공형에게 대원군의 재집권과 폐정개혁을 요구하는 통문을 보냈다.[71]

> 우리들의 오늘의 의거는 위로는 국가에 보답하고 아래로는 백성들을 편안케 함이라. 여러 읍을 거쳐 오면서 탐관을 징치하고 청렴한 관리를 표창하며, 읍폐와 민막을 바르게 개혁하며 전운영의 폐막을 영구히 혁파한 것이다. 임금의 명

---

68) 〈양호초토등록〉(《동학란기록》 상), 170쪽.
69) 위의 책, 195쪽.
70) 위의 책, 196쪽.
71) 《오하기문》, 87쪽.

을 듣고 국태공을 받들어 국사를 감독하며, 난신에게 아첨하고 비루한 자들을 모두 쫓아내려는 데 본래 뜻이 있을 뿐이다. 그런데 어찌하여 너희 官司들은 나라의 형세와 백성들의 실정을 생각지 않고 각 읍의 군대를 동원하여 공격하는 것을 위주로 하고 살육하기를 힘쓰니 이는 진실로 어떤 마음인가. 그 행한 바를 조사하여 마땅히 서로 만나 죄없는 이민을 가려 불쌍히 여겨야 할 것이다. (중략) 이 같은 뜻을 관사에 곧바로 고해 각 읍의 모군을 집으로 돌아가게 하고 갇혀 있는 도인들을 바로 풀어 준다면 우리들은 그곳에 들어가지 않겠노라.

탐관을 징치하고 권귀를 몰아냄으로써 보국안민을 실현하겠다는 농민군의 목표를 여기에 담고 있다. 농민군은 이어 19일에도 경군을 끌고 내려온 초토사 홍계훈에게 呈文을 띄었는데, 역시 폐정개혁을 통한 보국안민이 봉기의 목적임을 강조했다.

또 다음날인 19일에는 폐정개혁의 항목을 열거한 원정서를 초토사 홍계훈에게 보내었다.[72] 원정서에서 열거한 지방관들의 탐학을 보면 1)軍錢은 아무때나 부과하고 2)환곡은 원본을 회수하고도 이자를 독촉하며 3)세미는 명목도 없이 징수하며 4)민가에 부과하는 각종 잡역은 나날이 늘어가고 5)인척에게 재물을 빼앗는 것도 마다하지 않고 6)轉營官은 실제보다 더 거두어들이면서 독촉이 심하고 7)균전관은 토지면적을 속여서 세금을 징수하고 8)각 관청의 구실아치들은 백성들로부터 강제로 빼앗고 가혹하게 구는 것 등이다. 이러한 폐단을 개혁하기 위해서 농민군은 "모든 백성들이 마음을 합치고 온 나라가 상의하여 위로는 국태공을 모시어 부자의 도리와 군신의 윤리를 온전하게 하고, 아래로는 백성들을 안정시켜 종묘사직을 온전히 보전하기"[73]를 강력히 주장하였다.

4월 21일 경군이 영광에 도착할 무렵 전봉준은 홍계훈의 경군을 분산시킬 의도로 농민군을 나주와 장성으로 나누어 진격시켰다. 경군을 영광에 묶어둘 정도의 부대를 나주로 보내는 한편, 본진은 장성쪽으로 향했다.[74] 인천을 출발한 증원군 부대가 목포에 상륙하여 홍계훈의 경군과 함께 남북으로 협

72) 《오하기문》, 88~89쪽.
73) 《오하기문》, 89쪽.
74) 《주한일본공사관기록》 1, 30~31쪽.

공할 것이라는 정보를 입수한 때문이었다. 보름여에 걸쳐 전라도 서남부 지역을 휩쓴 농민군의 군세는 이때쯤 크게 강화되어 있었다. 농민군의 수가 수천에서 수만으로 불어났고 탈취한 무기로 화력이 강화되었으며, 전술 또한 치밀하게 준비되고 있었다. 곧장 북상하지 않고 남행한 작전의 효과가 나타났던 것이다. 장성에 도착한 농민군 본대는 월평 장터에서 쉬면서 삼봉 아래에 진을 쳤다. 함평에서 나주로 들어간다는 소문을 퍼뜨리고 사잇길로 빠져 장성으로 들어가버린 농민군의 진로는 홍계훈을 당황시키기에 충분했다.

18일 전주를 출발한 홍계훈의 경군은 금구·태인·정읍·고창을 거쳐 21일에야 영광에 도착하여 농민군의 동향을 살폈다. 이 때 농민군은 함평에서 장성으로 이동한 뒤였다. 경군은 다음날 농민군을 쫓아 장성으로 향했다. 마침내 농민군과 경군 간에 결전의 순간이 다가오고 있었다.

(4) 장성전투

영광·함평·무안을 거쳐 장성에 이르는 동안 가는 곳마다 승승장구하면서 달려온 농민군은 마침내 뒤쫓아 내려온 홍계훈의 경군과 장성에서 만나 접전을 벌였다. 이른바 장성 황룡촌 전투였다.

농민군이 장성 월평촌에 진을 친 이틀 후인 4월 23일 뒤따라 장성에 도착한 홍계훈은 대관 李學承·원세록·오건영에게 농민군의 동정을 살피게 했다.[75] 선봉 이학승은 황룡강가에 집결하여 장터에서 점심을 먹고 있던 농민군을 선공함으로써 전투의 포문을 열었다.[76] 엉겁결에 공격을 받아 수십명의 사상자를 낸 농민군은 곧바로 삼봉에 올라가 전투태세를 갖추었다. 이리하여 농민군과 경군의 대접전이 시작되었다.

농민군은 황토현에서 전주감영군과 전투를 해 본 적은 있으나 조선 최정예부대와 싸우는 것은 처음이었다. 경군은 외국에서 수입해 온 쿠르프식 야포, 회전식 기관총, 모제르식 소총 등의 최신장비로 단단히 무장하고 있었다. 농민군은 각 고을을 점령하면서 지방군의 무기들을 접수하여 처음보다 무장이 강화되었다고는 하나 경군의 무기에 비하면 성능이 훨씬 떨어지는 재래

75) 〈양호초토등록〉(《동학란기록》 상), 172쪽.
76) 《오하기문》, 90쪽 ; 《동학사》, 122~123쪽.

식 무기에 불과했다. 그러나 장성 황룡강의 지형 지세를 환하게 익혀 둔 농민군들은 삼봉의 정상에서 학 모양의 진을 치고 관군을 공격하기 시작했다. 포를 쏘아대는 관군 앞으로 장태가 수없이 굴러 내려갔다. 불을 뿜은 장태는 관군의 화력을 소모시켰고 이에 당황한 관군이 정신차릴 틈을 주지 않고 농민군은 장태 뒤에서 맹공격을 퍼부었다.

장성 전투에서 농민군의 무기로 특기할 만한 장태는 원래 닭을 키우는데 쓰이는 닭구장태 만드는 법을 이용해 제작된 것으로 농민군은 이 장태 안에다 짚을 넣어서 불을 붙인 뒤 수백 개를 경군 쪽으로 굴려 화력을 모두 소모시키고 그 뒤에 농민군들이 따라 붙어 경군에 접근하며서 공격했다. 《오하기문》에서는 장태를 이렇게 묘사하고 있다.

> 적은 위에서 아래로 관군을 내려다보고 있다가 잠시 후 홀연히 커다란 대나무로 만든 통을 밀고 나왔는데, 둥그스럼한 닭의 집과 비슷한 것이 수십 개였다. 밖으로 창과 칼이 삐죽하게 꼽은 것이 고슴도치 같았고 아래에는 두 개의 바퀴를 달아 미끄러지듯 아래로 내려왔다. 관군은 총탄과 화살, 돌을 쏘았지만 모두 대나무 통에 차단되어 버렸다. 적은 대나무 통 뒤에서 총을 쏘며 따라오다가 고함을 지르며 뛰어들었다. 초토군의 진영은 멀리서 빤히 바라보면서 도와주지 못한 채, 그들이 사방으로 달아나도록 방임하였다.77)

이미 죽음을 무릅쓴 농민군의 위세와 용기는 관군이 확보한 신식무기 앞에서도 주저함이 없었다. 경군은 영광쪽으로 길을 따라 퇴각하면서 신촌리 뒷산 까치골 능선에서 농민군과 마지막 접전을 벌였다. 이곳에서 최후의 항전을 벌였던 경군 대관 이학승이 전사했다.

이 전투에서 농민군은 대관 이학승과 다수의 경군을 죽이고 대포 1문, 쿠르프식 기관포와 회전식 기관포 각 1문, 그리고 양총 다수를 노획하는 대승을 거두었다. 반면, 경군은 대관의 전사로 전의를 완전히 상실하여 영광쪽으로 도망쳤다. 평소 경군들에게 오합지졸의 무리로 인식되어 왔던 농민군은 이제 더 이상 만만한 상대가 될 수 없었으며 그들의 용맹성을 직접 체험하면서 경군의 사기는 더욱 저하되었다. 이후 경군과 접전이 있을 때마다 농민

77) 《오하기문》, 90쪽.

군의 용맹성은 전국적으로 널리 퍼졌고 동학농민군은 信符를 지니고 있어 총탄을 맞지 않고, 또 맞아도 죽지 않는다는 이야기가 나돌 정도로 그들의 용감성은 전설화되기도 하였다.[78]

장성 황룡촌 전투는 농민군과 정식훈련을 받은 정규군인 경군이 최초로 접전을 벌인 곳이었으며 이 전투에서 농민군이 대승함으로써 농민전쟁의 전개과정에서 또 다른 새로운 전기를 맞게 되었다. 첫째는 왕이 파견한 경군을 이겨 내었다는 사실이 농민군의 의식에 커다란 진전을 가져오게 하였다. "처음 동학과 난민들이 어울릴 때는… 감히 드러내놓고 관군과 대적하지는 못하였으며,"[79] 또 얼마 전 함평에서만 해도 농민군은 초토사 홍계훈 부대를 두고 "이 군대는 우리 主上의 명을 받고 내려온 사람들이므로 貪官들의 兵隊와 달라 결코 저항할 수가 없습니다. 만일 싸움을 벌이면 우리들은 역적의 죄를 모면할 수 없습니다"[80]라고 하여 아직 왕에 대해 직접 공격하는 것에 대해서는 유보하는 듯한 태도를 보였지만, 장성 전투를 통하여 이러한 의식을 극복할 수 있는 계기가 마련되었다는 점에서 중요한 의미를 갖는 것이었다. 장성전투 승리 이후 농민군은 "王師를 가볍게 여기는 마음이 생겼고 멀리 달려서 전주에 이르렀다."[81] 둘째로 장성전투 직전에 전라도의 농민군이 합류하여 대농민군부대를 이룸으로써 거괴와 정예가 다 모인 강력한 농민군부대가 이루어졌고, 이러한 물리력을 배경으로 연래의 목적이었던 전주점령이 성사될 수 있었다.

황룡촌에서 경군 대관 이학승을 뉘이고 대승한 농민군은 사기가 충천하여 기수를 전라감영이 있는 전주로 돌렸다. 갈재를 넘어 정읍·태인·금구·원평을 내달았다. 농민군에게는 오로지 '이 나라를 바로 잡아보겠다'는 보국안민의 의지와 확신이 있을 뿐이었다.

78) 《동학사》, 122~123쪽.
79) 《오하기문》, 92쪽.
80) 《주한일본공사관기록》 1, 25쪽.
81) 《謙山遺稿》 19, 〈金城正義錄〉, 3쪽 ; 정창렬, 앞의 글, 156쪽.

제1차 농민전쟁 시기 농민군 및 감영군·경군의 진격로

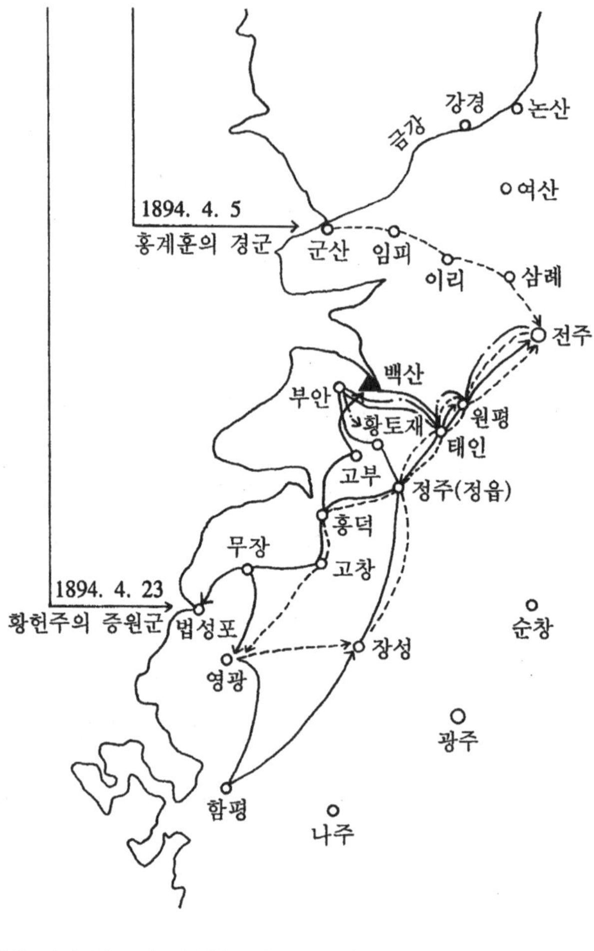

농민군 진격로(——) ; 무장(3.20) → 고부(3.21) → 백산(3.25) → 태인(3.28) → 원평(4.1) → 태인(4.3) → 부안(4.4) → 황토현(4.6) → 정주(4.7) → 홍덕(4.8) → 고창((4.8) → 무장(4.9) → 영광(4.12) → 함평(4.16) → 장성(4.21) → 황룡촌 전투(4.23) → 정주(4.24) → 태인(4.24) → 원평(4.25) → 전주(4.27)

감영군 진격로(— · —) ; 전주(4.3) → 원평(4.3) → 태인(4.4) → 부안(4.6) → 황토현(4.6)

경군 진격로 (……) ; 군산(4.5) → 전주(4.7) → 원평(4.9) → 태인(4.18) → 정주(4.19) → 홍덕(4.20) → 고창(4.20) → 영광(4.21) → 장성 황룡촌(4.23) → 정주(4.26) → 태인(4.27) → 원평(4.27) → 전주(4.28)

4월 24일 장성을 출발한 농민군은 정읍을 거쳐 태인에서 하룻밤을 머문 다음 25일 원평에 이르렀다. 이곳에서 때마침 관군을 위로하기 위해 내탕금 일만냥을 가지고 서울에서 내려온 선전관 李周鎬와 수행원 두 명을 체포했다. 이에 앞서 왕의 윤음을 가지고 왔다가 장성에서 붙잡힌 초토영 종사관 이학승·배은환 등과 함께 이들을 원평 장터에서 참수했다.[82] 다음날인 26일 농민군은 경군이 뒤쫓아 북상하고 있다는 정보를 입수하고 이내 전주부를 향해 진격했다. 농민군은 원평에서 금구현아가 있는 금구쪽으로 나아가지 않고 오른쪽으로 길을 꺾었다. 농민군은 큰 길을 택하지 않고 다소 험하지만 지름길인 독배재를 넘어 전주성의 코앞인 三川에 도착하여 26일밤을 보냈다. 삼천에 진을 친 농민군의 바로 앞에 전주부가 그들의 충천한 사기의 함성을 기다리고 있었다.

2) 전주성의 점령과 화약

(1) 전주성 점령

갑오년 4월 27일 아침이 밝았다. 삼천에서 하루밤을 묵은 1만여 명의 농민군은 전봉준 대장의 지휘 아래 아침 일찍부터 전주성 공략에 나섰다. 용머리 고개를 중심으로 진을 편 농민군은 성내외의 동정을 살피다 마침내 정오 무렵부터 전주성 공격을 개시했다. 27일은 마침 서문 밖에 장이 서는 날이었다. 《동학사》는 농민군의 전주성 입성 장면을 다음과 같이 실감나게 기록하고 있다.[83]

> 동학군은 장꾼들과 함께 섞여 이미 수천명이 시장 속에 들어와 있었다. 때가 오시쯤에 이르자 장터 건너편 용머리 고개에서 일성의 대포소리가 터져 나오며 수천방의 총소리가 일시에 장판을 뒤덮자 장꾼들이 정신을 잃고 뒤죽박죽되어 서문과 남문으로 물밀듯이 들어가는 바람에 동학군들은 이들과 섞여 문안으로 들어서며 함성을 내지르고 총질을 했다. 서문에서 파수보던 병정들은 도망질하기에 바빴다. 순식간에 성안에도 동학군 소리요, 성밖에도 또한 동학군의 소리다. 전대장은 유유히 대군을 거느리고 서문으로 들어와 선화당에 자리하니…

82) 〈양호초토등록〉(《동학란기록》 상), 172쪽.
83) 《동학사》, 123쪽.

이른바 무혈입성이었다.

사실상 전주성은 무방비 상태였다. 전라감사 김문현은 4월 18일자로 이미 파면되었고 '督判交涉通商事務'으로 있던 金鶴鎭이 후임으로 임명되었으나 아직 부임하지 않고 있었다. 감영의 군사들은 초토사 홍계훈 군에 배속되어 있었기에 전주성은 이미 무장해제 상황이나 다름 없었다.

농민군은 동문을 제외한 서·남·북문에서 공격했으며 장성전투에서 노획한 대환포로 서문을 깨뜨렸다. 곧 성문이 열렸고 전봉준은 전라감사의 집무실인 선화당을 접수했다.[84]

전라감사 김문현은 체통도 잊은 채 가마를 버리고 떨어진 옷과 짚신으로 변복한 뒤 동문을 빠져나가 공주까지 도주했다. 달아난 것은 김문현 뿐이 아니었다. 중영장 임태두, 판관 閔泳昇 등도 자신의 목숨 하나를 도모하는 데 바빴다.

경황중에도 조경묘 참봉 장효원은 慶基殿에 모셔져 있는 태조의 御影을 둘둘 말아 허리에 꽂고 조경묘에 있는 전주 이씨의 시조인 李翰의 위패를 끌어안고 위봉산성을 행해 내달렸다. 홀로 달아나던 판관 민영승이 장참봉을 발견하고는 어영을 재빨리 넘겨받아 위봉사 대웅전에 모셨다.[85] 성을 버렸다는 죄를 훗날 면제받고자 하는 영악함이었다.

선화당에 자리한 전봉준은 농민군의 대오를 정비하고 4문을 굳게 방비하는 한편 기강을 세우며 농민군의 무질서를 바로잡아 나갔다. 이들은 성 안에서 검가와 검무를 즐겼으며, 옷감을 거두어 오랫동안 갈아 입지 못한 겨울옷을 벗고 여름옷을 새로 지어 입기도 했다.

한편 전봉준의 계략에 말려 5백여리를 뒤쫓아 다닌 홍계훈의 경병들은 전주성이 함락된 27일에야 뒤늦게 금구에 도착했다. 홍계훈은 장성 전투에서 선봉 이학성이 패배하고 농민군은 갈재를 넘어 정읍으로 향했다는 보고를 받고도 곧바로 출발하지 않고 영광에 머물러 있다가 25일에야 영광을 출발하여 고창, 정읍을 거쳐 금구에 도착했던 것이다.[86] 홍계훈은 금구에서 '전주성이 비도의 손에 떨어졌다'는 소식을 접하고, 전주성이 점령된 이유를 "감영부의

---

84) 이하 전주성 함락 상황은 《동학사》, 123~124쪽 참조.

85) 〈양호초토등록〉, 《동학란기록》 상, 173쪽.

86) 위의 책, 172쪽.

관속배 중 내응하는 자가 많았기 때문"[87]이라고 중앙정부에 보고했다.

전주성 점령은 동학농민전쟁의 전기간에 걸쳐 농민군이 거둔 최대의 승리이자 최후의 승리이기도 했다. 전주는 조선왕조의 발상지이자 전라도의 심장부였으며 호남일대의 으뜸가는 부였다. 따라서 농민군의 전주성 점령은 중앙정부에까지 엄청난 충격을 던져 주었다. 전주감영의 점령은 곧 전라도의 장악을 의미했고 나아가 조정에 대한 실질적 도전을 뜻했다.

전주성 점령소식이 조정에 전해지자 4월 29일 긴급 대신회의가 고종의 주재하에 열렸다. 이 자리에서 고종은 淸兵借兵案을 제기하였다. 김병시 등의 반대의견도 있었으나 여러 대신들은 '事勢가 부득이 하다'고 하여 동의하였다.[88]

(2) 완산전투

전주성을 점령함으로써 농민군은 1차목표를 달성했다. 무장기포 이후 한달여 남짓 전라도 서남부 지역을 잇따라 점령하여 치밀한 작전으로 관군을 유인한 뒤 전주성을 마침내 함락시킨 것이다. 그러나 싸움은 이제부터였다. 농민군은 그동안 유인작전으로 관군을 효과적으로 분산시켰으나 전주성 입성으로 관군과의 정면 전투가 불가피해졌다. 전주성을 놓고 농민군의 수성과 관군의 공성으로 치루어진 완산전투는 향후 동학농민전쟁의 방향을 결정짓는 분수령이 되었다.

농민군의 뒤를 쫓아온 홍계훈의 관군은 4월 28일 전주 용머리고개에 도착했다. 농민군이 전주성을 함락한 다음날이었다. 관군은 바로 완산에 진을 쳤다. 내칠봉, 외칠봉, 좌우칠봉의 삼면칠봉으로 이루어진 완산은 최고봉이 해발 186m밖에 안되지만 전주성이 훤히 내려다 보이는 전략적 요충지였다. 전주성 남쪽을 빙둘러 요소요소에 주력부대를 배치한 관군과 성을 차지한 농민군이 전주천을 사이에 두고 대치함으로써 전주는 일촉즉발의 전운속에 휩싸였다.

수성과 공성의 입장이 바뀐 농민군과 관군의 완산전투는 관군의 선제공격으로 시작되었다. 홍계훈의 관군은 28일 진을 친 직후 곧바로 농민군이 주둔

87) 위의 책, 173쪽.
88) 〈甲午實記〉(《동학란기록》 상), 8쪽.

한 전주성을 향해 야포공격을 퍼부었다. 이에 농민군 수백 명이 성을 나와 동서로 완산칠봉을 오르려했으나 저지당했다.

이날 오전부터 날이 저물도록 양군 간에 공방전이 벌어졌다. 전투 결과에 대해 홍계훈은 "갑옷을 입고 칼을 휘두르고 천보총을 쏠 수 있는 자 30인을 포함하여 수백 명의 적을 참획했다"[89]고 기록하고 있는 것으로 보아 농민군 측에 다소 피해가 컸던 것 같다. 이 과정에서 관군이 성 안을 향해 대포를 쏘아대서 경기전이 훼상했고[90] 성 안밖의 수천 호가 불에 탈 정도로[91] 관군의 포격이 격심했다.

이후 며칠간 공방전이 계속되었다. 29일에는 농민군이 북문으로 나와 황학대를 공격할 때 관군이 회선포를 쏘아 농민군 수백 명이 사살당했다.[92] 5월 1일에는 "적은 남문으로 대대가 떼거리로 몰려 나왔지만, 관군이 회선포를 발사하자 맥없이 흩어져 다시 달아났다. 이때 죽은 사람이 300여 명이었다."[93] 2일에는 농민군이 서문쪽으로 몰려나와 용머리고개의 관군 진영을 공격하려고 하였으나 관군이 또다시 대포를 계속하여 발사하자 다시 물러났다. 연이은 대포공격에 농민군은 점점 흐트러지기 시작하였다.

농민군과 관군 사이에 사활을 건 대접전은 5월 3일에 이루어졌다. 농민군은 이날 오전 10시께 서문과 북문으로 진출해 사마교와 구근 하류를 건너 유연대를 공격했다. 농민군의 위세에 눌린 유연대 주둔 관군은 남쪽으로 도주했고 이를 추격한 농민군은 일거에 다가산을 점령한 뒤 관군의 본영이 있던 완산으로 육박해 들어갔다. 이날 농민군의 모습에 대해 《오하기문》에서는 다음과 같이 기록하고 있다.[94]

> 선봉에 선 이복룡은 커다란 깃발을 세우고 유연대를 거쳐 황학대를 지나 곧바로 완산으로 올라갔다. 이들은 마치 굴비를 꿰듯 한 줄로 늘어서서 진격하였으므로 다만 좌우의 상황만 살필 수 있었을 뿐, 앞뒤의 상황은 알 수 없었다.

---

89) 〈양호초토등록〉(《동학란기록》 상), 173쪽.
90) 〈全琫準供草〉, 初招問目(《동학란기록》 하), 528쪽.
91) 〈갑오약력〉(《동학란기록》 상), 64쪽.
92) 〈양호초토등록〉(《동학란기록》 상), 173쪽.
93) 《오하기문》, 99쪽.
94) 《오하기문》, 100쪽.

> 이 때문에 앞에 가던 사람이 꼬꾸라져도 뒤에 오는 사람들은 알지 못한 채 용기를 내어 봉우리를 기어 오르며 더욱 기세등등하였다. 계훈은 칼을 뽑아 손에 들고 큰소리로 병사들을 독려하였고 경병은 연달아 대포를 쏘았다.

설욕을 노리던 농민군은 이날 전투에서도 성과를 올리지 못하고 전주성으로 다시 후퇴했다. 이날 전투에서 농민군은 전봉준이 왼쪽 허벅지에 총상을 입었고 소년장사 이복룡(당시 14세)과 용장 김순명을 잃었다. 그외에도 수백명의 농민군이 전사하고 농민군 전열이 더욱 흔들리게 되었다.[95] 농민군 중에 도망자가 속출하고, 일부에서는 전봉준을 잡아 홍계훈에게 바치고 목숨을 빌어보자는 논의가 일어나기도 하였다. 이날 전투를 끝으로 관군과 화약을 맺어 5월 8일 농민군이 자진해산할 때까지 더 이상의 전투는 없었다.

(3) 전주화약

5월 3일 대접전 이후 농민군의 동요가 있자 전봉준은 5월 4일 홍계훈에게 읍폐민막의 개혁을 위한 폐정개혁안이 포함된 所志를 제출하였다.[96] 5월 5일 內署에서 홍계훈에게 보낸 전보에서는 "귀하의 말을 믿을 수 없다. 기어이 소멸하도록 하라"[97] 시달하였는데, 조정에서는 5월 5일 현재로서는 전봉준의 휴전제의를 거부하기로 결정하였다고 생각된다. 5월 6일 오후 2시경에 전봉준의 使者 2명이 홍계훈에게 와서 다시 휴전을 제의하였다. 5월 7일에는 그 사자가 일전에 소지한 바 민원을 상계하고 실시하면 해산하겠다는 供文(각서)을 제출하였다. 5월 5일 이후 조정에서는 논의를 거쳐 전봉준의 휴전제의를 수락하기로 결정하고 고종이 홍계훈에게 수락을 지시함으로써 5월 7일에 전주화약이 성립되었다. 즉 정부에서는 27개조의 폐정개혁안을 실시하고 농민군은 전주에서 철수하기로 협정되었던 것이다. 이에 제1차 농민전쟁은 전주화약으로 종결되었다.

전봉준이 전주성을 점령하여 서울로 진격한다는 애초의 계획을 중단하고 정부군과 화약을 맺은 연유는 무엇일까? 그리고 정부군이 농민군 토벌의 목

---

95) 〈양호초토등록〉(《동학란기록》 상), 174쪽.
96) 위의 책, 207쪽.
97) 〈兩湖電記〉, 39쪽 ; 정창렬, 앞의 글, 160쪽.

표를 성취하지 않은 채 휴전에 합의한 까닭은 무엇일까? 여기에는 농민군과 정부군이 각각 그럴만한 사정이 있었기 때문이라고 생각된다.

먼저 농민군의 상황을 보자. 첫째로 농민군 최고 지도자 전봉준은 淸兵의 파병을 크게 의식했다. 조선정부가 4월 29일 청군의 파견을 요청하는 조회문을 청국에 보내자 이를 기다리고 있던 청국의 북양대신 이홍장은 5월 2일 즉시 910명의 병력을 출발시키고, 뒤이어 1,500명의 병력을 출동시켰다. 이에 5월 5~7일에 걸쳐 2,500명의 청군이 충청도 아산만에 상륙하였다.[98] 농민군은 전주화약 후 5월 12일의 통문에서 "듣건대 청병은 3천명 뿐이라고 하는데 수만 명이라고 와전되었고 또 각군 군대가 길에 쫙 깔려 있다고 하기 때문에 우선 잠시 퇴병하였다. 지금 들으니 그렇지 않아서 후회가 막급이다. 일이 이왕 이렇게 되었으니 청병이 퇴거하기를 기다려서 다시 의기를 들 것이다"[99]고 하였다.

둘째로 청·일 양군의 진주로 인한 국제분쟁의 확대와 국가적 위기를 막기 위해 전봉준은 휴전을 제의했다. 일본은 4월 30일 조선 조정이 청국에 청군의 차병을 요청하는 공문을 보냈다는 보고를 받자 즉시 수상 伊藤博文의 주재하에 참모총장과 차장을 참석시킨 내각회의를 열어 조선정부의 요청이 없었음에도 불구하고 조선에 출병할 것을 결정하였다. 이에 일본은 청국군이 아산만에 상륙하기 전인 5월 6일부터 약 6,000명의 혼성 여단을 인천 부평지구에 상륙시키고 5월 10일에는 주조선 일본공사 大鳥圭介가 420명의 육전대와 20명의 순사에 대포 4문을 이끌고, 농민전쟁의 '진압'을 위해서 경군이 모두 남하하여 무방비 상태에 있는 서울에 침입하였다.[100] 일본군과 청국군 침입의 정보가 들어오자 그 이전까지 결사적으로 관군에 공격적이었던 농민군 총대장 전봉준은 나라의 앞일을 염려하여 관군과의 화약을 모색하게 되었다.

세째로 戰勢上의 불리함과 농민군의 동요로 화약을 모색하지 않을 수 없었다. 농민군은 무장기포 이후 승승장구, 승리의 쾌거로 이끌어왔던 전세와

---

98) 신용하, 〈갑오농민전쟁 시기 집강소의 설치〉(《동학과 갑오농민전쟁연구》, 일조각, 1993), 163쪽.

99) 《주한일본공사관기록》 1, 89쪽.

100) 박종근, 《청일전쟁과 조선》(일조각, 1989), 16~17쪽.

는 전혀 다른 상황을 이곳 전주성에서 맞고 있었다. 28일의 첫싸움에서부터 손실을 입은 농민군은 싸움을 걸기도 하고 선공을 당하기도 하면서 치러낸 싸움마다 전과보다는 피해를 거듭 입었다. 가뜩이나 열세 속에 놓여 있던 농민군 진영이 참패한 것은 5월 3일의 전투에서였다. 그간의 접전에서 관군의 신식무기를 제압한 농민군이었지만 이미 대포로 무장한 관군의 위력을 당하기에는 역부족이었다. 그동안 전투마다 승리로 사기가 진작되어 있던 농민군에게 예상치 못한 전세가 펼쳐지자 농민군 내부에서는 예상보다 큰 충격으로 동요가 일어났고 지도부 또한 이러한 분위기를 바로잡기 위한 전략이 필요했을 것이다. 게다가 농심을 천심으로 알고 살아 온 농민군으로서는 농번기가 닥쳐 있어 어떤 형식으로든 이 상황을 돌파할 필요가 있었던 것이다.

네째로 제1차 농민전쟁과정에서 농민군은 폐정개혁안을 끈질기게 제기하고 휴전교섭 과정에서도 완강하게 요구하였는데, 이로 보아서 농민군은 위정자들이 청일양국군의 침입으로 조성된 국가적 위기를 고려하여 농민군의 현실성있는 요구를 수락하여 폐정을 개혁하리란 기대를 버리지 않고 있었고, 그러한 이유에서 휴전화약을 제기하였다고 생각된다.

다음으로 관군의 입장에서도 전주성 공방을 계속하기 힘든 상황이었다. 관군의 병력만으로는 농민군의 진압이 힘들다고 판단한 조선정부는 淸兵의 차병을 요청하여 사태를 해결하려고 했으나, 일본군이 제물포조약을 빙자하여 군대를 출동시킨다는 정보를 입수하고 예기치 못한 상황을 맞게 되었다. 출병을 강행하려는 일본을 막기 위해 정부는 원세개에게 청국군의 상륙을 중지시킬 것을 요구했으나 일본군은 기민하게 5월 6일 이미 제물포를 통해 입경했고, 같은 시각에 청국군 또한 아산의 백석포에 상륙하여 정부는 곤경에 처하게 되었다. 농민군의 위압적인 대세를 외세에 의존해 쉽게 해결하려했던 정부로서는 스스로의 계책에 옭아매인 셈이어서 이에 대한 해결이 시급했다. 거기에다 전주성에서의 전투가 관군의 승리로 역전되자 당초의 원병 빌미가 이미 없어진 상황에서 청·일 병력의 출병은 빨리 들어내야 하는 화약고와도 같은 것이었다. 따라서 정부로서는 청일 양국군을 철수시킬 명분을 만들기 위해 어떻게든 빠른 시일 내에 전주성을 되찾아야 하는 절박한 상황에 놓이게 되었다. 실제로 조선정부는 화약 후 5월 10일에는 청국에, 5월 11일

에는 일본에 철병요구를 했다.[101]

양측의 이러한 사정이 맞물려 협상이 시작되었다. 고종은 외국군, 특히 일본군 주둔의 빌미를 없애기 위해 신임 전라관찰사 김학진에게 신속히 사태를 수습할 수 있는 전권을 주었고, 김학진은 농민군과 협상을 해서라도 전주성을 수복하여 자신의 임무를 완성해야만 했다. 전봉준은 청일 양국에 군사 주둔의 빌미를 제공하지 않기 위해 화약을 맺되, 봉기의 시초부터 주장해 온 폐정개혁의 실시를 요구하였다. 27개조항으로 된 농민군 측의 요구를 김학진과 홍계훈이 받아들임으로써 협상이 타결되자 5월 7일 '전주화약'이 비공식적으로 성립되었다. 그리하여 홍계훈은 농민군의 안전을 보장하는 勿侵標를 발급하였고 농민군은 5월 8일 전주성을 관군에게 비워주고 '귀화'라는 형식적 이름 하에 자진해산하였다.

제1차 동학농민전쟁은 '전주화약'이 이루어지고 농민군들이 일단 전주성에서 나와 해산하였으므로 막을 내렸다. 비록 농민군이 당초의 목표대로 서울로 직향하여 중앙권력을 변혁시키지는 못했다고 할지라도 관군을 격파하고 정부가 파견한 경군까지 곤경에 몰아 넣어 '폐정개혁'의 약속까지 받아냈다는 것은 어찌됐든 농민군으로서는 눈부신 성과임에 틀림없었다. 이는 과거의 민란에서 국지적으로 고립되어 안핵사에 의해 주모자가 체포되어 효수되고 민란군이 해산되는 것을 반복한 것과 비교해 볼 때 엄청난 진전이었다. 이런 점에서 전주화약은 성공적인 쾌거로 평가되고 있는 제1차 동학농민전쟁의 승리를 상징하는 의미를 갖는다고 하겠다.

3. 동학농민군의 폐정개혁 요구

제1차 동학농민전쟁에서 농민군은 무엇을 목표로 싸웠는가? 농민군은 봉기의 시초부터 그들의 요구를 여러가지 형태로 제시해 왔다. 농민군은 창의문, 격문 등을 통해 봉기의 정당성을 널리 알리기도 하였고 전쟁의 상대였던

---

101) 위의 책, 29쪽.

조선정부에 대하여는 자신들의 구체적인 요구를 담아 '原情', '通文' 등의 형태로 제시하기도 하였다. 정부측에 제시한 농민군의 요구사항들은 일종의 폐정개혁안 내지 사회개혁안의 성격을 띤 것이었다. 여기서는 폐정개혁안의 분석을 통해 농민전쟁 당시 농민들에게 부과되었던 사회적 모순의 성격과 농민전쟁의 목표 내지 농민군의 사회경제적 지향을 구체적으로 분석해 보고자 한다.

농민군이 제1차 농민전쟁 기간 중에 조목별로 제시한 폐정개혁 요구안 중 지금까지 남아 있는 기록은 모두 여섯 가지이다. 4월 4일 부안을 점령한 농민군이 법성포 이향에게 보낸 '東學軍通文' 9개조,[102] 4월 19일 경군을 이끌고 내려온 招討使 홍계훈에게 제시한 '湖南儒生原情' 8개조,[103] 5월 초 전주화약 직전 화약의 조건으로 초토사 홍계훈에게 제시한 27개조 중 14개조,[104] 전주성에서 물러나와 5월 11일경 巡邊使 이원회에게 제시한 '全羅道儒生等原情' 14개조[105]와 5월 17일경 '原情列錄追到者' 24개조,[106] 그리고 5월 20일 경 長城에서 전라감사 김학진에게 제시한 '개혁안' 13개조[107] 등이 그것이다.

물론 농민군은 농민전쟁을 일으킨 당초부터 체계적이고 상세한 폐정개혁 조목을 제시한 것은 아니었다. 농민군은 처음 봉기했을 때에는 간단한 구호

102) 이것은 농민군이 古阜 점령 당시에 法聖浦 吏鄕에게 보낸 통문인데, 일본 상인들이 공사관에 보낸 甲午년 4월의 정황보고 속에 들어 있다. 《주한일본공사관기록》 1, 20~21쪽 ; 伊藤博文, 《秘書類纂 朝鮮交涉資料》(秘書類纂刊行會, 1936), 332~333쪽.

103) 《오하기문》, 88~89쪽 ; 〈東匪討錄〉, 353쪽.

104) 이것은 전주화약 때에 招討使 洪啓薰에게 제시한 것으로 모두 27개조로 되어 있었는데 전봉준 판결문에는 14개조만이 실려 있다. 〈全琫準判決宣言書〉, 《韓國學報》 39집, 1985, 188~189쪽.

105) 이것은 전라도 儒生등(농민군)이 巡邊使 李元會에게 폐정개혁을 原情한 것으로 다음의 '原情列錄追到者'와 함께 실려 있다. 金允植, 《續陰晴史》 上(國史編纂委員會, 1971), 322~323쪽.

106) 〈東匪討錄〉, 《韓國學報》 3집, 264쪽 ; 金允植, 《續陰晴史》 上, 323~325쪽. 〈東匪討錄〉에는 巡邊使 앞으로 보낸 '所願列錄' 23개조가 수록되어 있는데, 이것은 《續陰晴史》의 '原情列錄追到者' 24개조의 내용과 일치하되 그 중 1개조(軍錢春秋每戶一兩式 元定事)만이 누락되어 있다.

107) 이것은 농민군이 長城에 퇴거하여 전라감사 金鶴鎭에게 제시한 것이다. 鄭喬, 《大韓季年史》 上(國史編纂委員會, 1971), 86쪽.

에서부터 시작하였고 전쟁을 계속하는 동안 필요에 따라 폐정개혁안을 발표, 제시하였다. 따라서 개혁안은 애초부터 체계적으로 마련되어 완결된 일정불변의 어떤 조목들이 아니라 집약된 구호에서부터 몇 가지의 구체적인 조목으로 나타났으며, 그것도 모두를 다 기록하기가 힘들었기 때문에 가장 긴급하다고 느껴진 조목들이 먼저 제시되었을 것이다.[108] 그러므로 기록에 따라서 조목 수나 내용에 있어서 차이가 발생한 것은 당연한 일이었을 것이다. 그럼에도 불구하고 농민군이 제기한 요구조항들은 각 개혁안에서 동일한 조항들이 다수 있다.

여섯 가지 개혁안들을 내용별로 보면 1) 조세수취체제와 이에 관련된 탐관오리에 관한 조항 2) 무역·상업문제에 관한 조항 3) 기타 정치적 요구조항으로 분류할 수 있다. 아래의 '폐정개혁 요구사항 분류목록'은 여섯 가지 개혁안에 나열된 요구조항들을 같은 내용의 것을 묶어 28개 조항으로 정리한 것이다.

폐정개혁 요구조항 분류목록[109]

(1) 조세수취체제에 관련된 조항
(가) 조세수취체제 일반에 관한 조항
1) 軍政·還穀·田稅 三政은 通編의 예에 따라 준행할 것(續1)
조세를 명목도 없이 더하여 징수하는 것(東)
(나) 田政에 관한 요구조항
2) 田稅는 전과 같이 할 것(全)
3) 흉년의 白地징세를 없앨 것 (續2)
각읍의 陳浮結은 영원히 면세할 것(續1)
起田과 陳田을 막론하고 私田의 白地徵稅를 하지 말 것(日)
4) 均田官이 폐단을 없앤다고 하면서 도리어 폐단을 낳는다 (日)
均田御使를 혁파할 것(大)

108) 한우근, 〈동학군의 폐정개혁안 검토〉(《역사학보》 23집, 1964), 61쪽.
109) 각 항의 끝에 ( )하여 적어 놓은 것은 각 요구조항이 있는 출전을 가리킨다. (日)은 東學軍通文 9개조가 실려 있는《日本公使館記錄》, (東)은 湖南儒生原情이 실려있는 〈東匪討錄〉, (全)은 湖南儒生原情 14개조가 실려 있는 〈全琫準判決宣言書〉, (續1)은 全羅道儒生等原情 14개조가 실려 있는《續陰晴史》上, (續2)는 原情列錄追到者 24개조가 실려 있는《續陰晴史》下, (大)는 長城 改革案 13개조가 실려 있는《大韓季年史》를 말한다.

均田官이 토지면적을 속여서 세금을 징수하는 것(東)

均田官의 陳結 농간은 백성을 괴롭히는 바가 심대하므로 혁파할 것(續2)

5) 각 宮房의 輪回結은 모두 혁파할 것(續1)

6) 어느 곳을 막론하고 洑를 쌓아 세금을 거두는 것을 革罷할 것(續2)

(다) 軍政에 관한 요구조항

7) 봄 가을 두차례의 戶役錢은 이전 例에 따라 戶마다 2兩씩으로 내려서 配定할 것(大)

洞布錢은 每戶당 春秋 二兩씩으로 정할 것(全)

軍錢을 때도 없이 과다 징수하는 것(東)

姻戚에게 부과하는 것을 마다하지 않는 것(東)

軍錢은 봄 가을 매호 당 1兩씩 원래대로 정할 것(續2)

8) 各項의 結錢收斂은 平均으로 分排하여 濫徵하지 말 것(大)

나라의 結稅는 더 보태지 말 것(全)

結米는 옛 大同의 예로 復古할 것(續2)

結上頭錢·考錢 등은 매년 증가하고 있는데 이를 혁파할 것(續2)

(라) 還穀에 관한 요구조항

9) 臥還은 그 본전을 뽑아버릴 것(日)

환곡의 본전을 회수하고도 이자를 독촉하는 것(東)

환곡은 옛 수령이 그 본전을 거둔 것은 다시 징수치 말 것(續1)

도내의 환곡은 옛 수령이 거둔 것을 다시 민간에서 거두지 말 것(全)

옛 수령이 이미 거둔 환곡은 다시 징수치 말 것(續2)

10) 賑庫는 一道 내 인민의 膏血인 바 곧 혁파할 것(續1)

본 감영의 賑庫錢은 모두 인민의 膏血인 바 이를 영원히 혁파할 것(續2)

11) 오래된 私債를 官長을 끼고 억지로 받아내는 것을 일체 금할 것(續2)

(마) 雜稅·雜役에 관한 요구조항

12) 浦口의 魚鹽稅는 혁파할 것(全)

각 浦의 魚鹽稅는 시행하지 말 것(續2)

鹽田의 市稅는 거두지 말 것(日)

각 浦口의 船主가 억지로 빼앗는 것을 금할 것(日)

13) 沿陸에 새로 생긴 각종 雜稅를 혁파할 것(續1)

14) 각읍의 官況은 원래 수요 외에 더하여 磨鍊하는 것을 모두 혁파할 것(續1)

烟戶雜役을 줄일 것(全)

각종 잡역이 나날이 늘어나는 것(東)

烟戶雜役을 따로 나누어 加斂하는 것을 모두 혁파할 것(續2)

(바) 轉運營에 관한 조항

15) 轉運營의 吏民에 대한 폐단을 혁파할 것(日)

轉運所를 혁파할 것(全)

轉運司를 혁파하고 이전과 같이 각 읍에서 상납케 할 것(大)

轉運營이 加斂하면서도 독촉하는 것(東)

轉運營의 漕運은 해당 읍으로부터 상납하는 예를 복고할 것(續2)

輪船上納 이후 每結당 加磨鍊米가 3, 4 斗나 되었는데 이를 혁파할 것(續1)

각 浦口의 船主가 억지로 빼앗는 일(日)

(사) 貪官汚吏에 관한 요구조항

16) 貪官汚吏는 징계하여 쫓아낼 것(大)

탐관오리는 모두 쫓아낼 것(全)

임금의 총명을 가리어 賣官賣爵하고 국권을 조롱하는 자는 모두 쫓아낼 것(全)

각 관청의 관속들이 강제로 빼앗고 가혹하게 구는 것(東)

각읍의 貪官汚吏는 모두 쫓아낼 것(續1)

殘民을 침학하는 貪官汚吏는 일일이 쫓아낼 것(續2)

奸臣이 권력을 농단하여 國事가 날로 어그러지니 그 賣官하는 것을 懲治할 것(大)

17) 各邑의 守令이 그 地方에서 묘지를 쓰고 田庄을 사들이는 것을 嚴禁할 것(大)

해당 邑의 지방관이 논을 사서 본읍에 묘지를 쓰는 것을 법에 따라 처분할 것(續2)

官長은 자기 경내에 묘지를 쓰지 않고 또 논을 매입하지 말 것(全)

각읍의 수령이 아래로 민인의 山地를 강제로 빼앗아 묘지를 훔치는 것을 금할 것(全)

세력을 가지고 남의 壟土를 빼앗은 자는 죽임으로써 징계할 것(續2)

18) 各邑의 포흠한 吏胥는 千金이상이면 죽이고 일족에게 물리지 말 것(大)

公錢을 포흠한 것이 千金이면 殺身贖罪케 하고 族戚으로부터 거두지 말 것(續2)

19) 各邑 吏胥의 分房할 때 請錢을 받지 말고 쓸만한 사람을 뽑아 任房할 것(大)

各邑의 吏屬을 임명함에 있어 任債하는 일을 嚴禁할 것(續2)

각읍 아전의 任債는 모두 혁파할 것(續1)

각읍의 任房 名色은 모두 혁파할 것(續1)

20) 각읍 관아의 物種所入은 時價에 따라 取用할 것(續1)
각읍 관아의 物種所入은 時價에 따라 排用하고 常定例는 혁파할 것(續2)

21) 京·營邸吏의 料米는 옛날 예에 따라 삭감할 것(續2)

(2) 무역·상업문제에 관련된 조항

(가) 제국주의 세력의 경제적 침투에 관한 조항

22) 다른 나라의 潛商이 쌀값을 올리는 것을 금할 것(日)
각 浦口에서 사사로이 쌀을 사고 파는 것을 엄금할 것(大)
각 浦口 潛商의 쌀거래를 엄금할 것(續2)
각 浦口의 貿米商을 모두 금단할 것(續1)
大同상납 전의 각 浦口에서의 潛商의 쌀거래를 금지할 것(全)

23) 各國 상인은 各 港口에서만 買賣케 하고 都城에 들어와 設市치 못하게 하며 各處에서 任意로 行商치 못하게 할 것(大)

(나) 국내 상업문제에 관한 조항

24) 각읍 市井의 각 물건에 대한 分錢收稅와 都賈 名色은 혁파할 것(續2)
각종 물건을 매점매석하여 이득을 취하는 것을 금할 것(日)

25) 각 市廛이 分錢收稅하는 것을 금할 것(日)
보부상의 폐단이 크니 이를 혁파할 것(大)
보부상의 작폐를 금단할 것(全)
보부상·雜商의 작당행패를 영원히 혁파할 것(續2)

(3) 기타 요구조항

26) 電報는 민간에 폐단이 심하므로 철폐할 것(續1)
電報局은 민간에 폐가 가장 심하므로 혁파할 것(續2)

27) 東學人으로 무고하게 살륙되고 갇힌 자는 일일이 伸寃할 것(續2)

28) 大院君이 국정에 관여한즉 民心은 얼마간 바라는 바가 있을 것이다(大)

1) 조세수취체제에 대하여

(1) 조세수취제도 전반에 관하여[110]

위에서 보듯이 농민군이 제시한 개혁안에서 절반 이상의 항목이 조세수취

110) 이하의 폐정개혁안 분석은 정진상, 《갑오농민전쟁에 관한 사회사적 연구》(서울대 박사학위논문, 1992), 85~117쪽 참조.

체제와 직접 관련된 것이고 탐관오리의 작폐에 관련되는 조항을 합치면 28개 조항 중 21개가 조세수취체제에 관련된 요구조항들이다. 여기서 우리는 농민군의 봉기가 기본적으로 봉건적 모순에서 시작되었음을 금방 알 수 있다.

요구조항 1)의 "軍政·還穀·田稅 三政은 通編의 예에 따라 준행할 것"은 수취체제 전반에 대한 농민군의 요구를 총체적으로 표현한 것이다. 신분제를 매개로 한 봉건적 조세제도인 租庸調체계가 조선 후기의 사회 변동으로 동요하면서 새로이 정립된 조세체계는 전정·군정·환곡으로 표현되는 三政이었다. 조선시대의 농민이 무엇보다도 봉건국가의 조세수취체계 속에서 수탈의 대상으로 방치되어 있었기 때문에 농민군의 생활상의 요구는 무엇보다도 삼정문란의 개선으로 나타날 수 밖에 없었다. 三政 문란에 대한 농민들의 직접적인 생활상의 요구가 개혁안을 통해 표출되고 있는 것이다. 그런데 농민군의 요구는 표면적으로는 봉건적 수취제도 그 자체를 거부하거나 삼정제도의 근본적인 개혁을 주장하는 것으로 나타나지 않고 조세수취제도의 운영상의 문제를 지적하고 있다. 그리고 그것은 "通編의 예에 따라 준행할 것"에서 나타나는 바와 같이 언뜻 보기에는 복고적인 방향으로 나아가고 있는 것처럼 보인다. 그러나 농민군의 이러한 주장은 주관적으로는 당장의 생활상의 요구를 방어하기 위한 것이었지만, 조선 후기에 봉건체제가 해체기에 들어서고 그 유지의 근간의 하나인 조세수취제도가 극도로 문란해진 상황이라는 객관적인 조건에서 보면 그것은 봉건적 조세수취체제에 대한 근본적인 공격이 될 수 밖에 없었다. 봉건정부는 이러한 농민군의 요구를 현실적으로 수용할 수 없었기 때문에 농민군을 체제전복 세력으로 간주하여 진압에 나섰던 것이다.

(2) 전정에 관한 요구조항

2)~6)은 田政에 관한 농민들의 요구조항들을 열거한 것이다. 조선 봉건국가는 토지세가 재정의 근간이었다. 그러나 조선왕조가 후기에 이르러 전쟁과 천재지변으로 국결이 줄어들고 정치적 기강이 해이해지는 틈을 타 土豪·관리·모리배의 토지 잠식으로 국가의 세입이 줄어들자, 농민들에게 과다한 징세를 하게 되는 각종 폐단이 수반되었다. 게다가 조선 후기 상품화폐경제의

진전에 따라 금납이 전세수취의 방법으로 시행되는 데 따라 이를 둘러싼 폐단도 발생하게 되었다. 농민군은 전세수납 방법을 둘러싼 여러 문제를 제기하여 '田稅는 전과 같이 할 일'을 요구조항으로 내걸었던 것이다.

3)의 요구조항은 白地징세와 陳浮結에 관한 것이다. 陳田은 전국적으로 결코 적은 것이 아니었다. 조선 후기에 흉년으로 늘어난 陳田으로 말미암아 田地의 實結數는 원장부의 결수보다 훨씬 적었으며, 그 위에 吏胥의 농간과 白地징세의 폐가 심했다. 진전이 많이 발생하여 전세가 줄어들자 진전의 일부에 대해서는 白地징세가 부과되었고 때로는 '族徵', '里徵'이 수반되기도 하였다.[111] 이에 농민군은 '각읍의 陳浮結은 영원히 면세할 것'을 주장하고 백지징세에 반대하였다.

4)의 均田使에 관한 조항은 陳田 징세에 대한 구체적인 폐단을 지적한 것이었다. 균전사의 작폐에 관해서는 여러 개혁안에서 중복하여 나타날 만큼 그 폐단이 큰 것이었다. 고종 27년 말 고종의 특명으로 균전사에 임명된 金昌錫은 수년 간의 면세를 약속하고 流亡民으로 하여금 진전을 起墾케 하고는 약속과는 달리 추수시에 징세를 강행하였으며, 또 다시 진폐된 田畓에 대해서는 그 전년의 장부에 의거하여 징세하기도 하였다.[112] 이에 농민군은 관직을 이용한 불법징수에 저항하여 '均田御使를 혁파할 것'을 주장하였다.

5)는 宮房輪廻結의 폐지를 요구하는 조항이다. 各 宮房의 導掌들은 宮房權勢에 의탁하여 농민을 침학하거나 舊災라고 모칭하여 公稅를 납부하지 않고 私腹을 채우는 일이 많았다. 宮房田은 有土, 無土를 막론하고 이에 대한 收斂이 일반 민결에서와 다를 바 없게 되었을 뿐 아니라, 궁방의 權勢에 의탁한 導掌·吏胥輩의 작간·침학이 한층 더한 것이었다.[113] 그리하여 농민군은 '각 宮房 輪回結은 모두 혁파할 것'을 주장하였던 것이다.

6)은 수리시설에 관한 농민군의 요구조항이다. 堤堰이나 洑는 일반적으로 관의 관리하에 있어 그 修築에는 흔히 농민이 동원되었다. 농민의 동원에 있어서는 防水用의 防築과 아울러 다수의 농민이 요역을 감당해야 했다. 제언

111) 한우근, 《동학란 기인에 관한 연구》(서울대출판부, 1971), 100쪽.
112) 黃 玹, 《梅泉野錄》(국사편찬위원회, 1971), 109쪽.
113) 한우근, 앞의 책, 116쪽.

이나 보에 관련하여 가장 직접적인 민폐는 역시 水稅의 남징에 있었다. 즉 새로 洑를 쌓는다는 것을 빙자하여 농민으로부터 수세를 남징하는 처사가 성행되었다. 고부민란의 발단이 고부군수 趙秉甲의 萬石洑 新築이었다는 점[114]은 築洑와 水稅에 대한 농민들의 인식을 단적으로 말해 주는 것이다.

(3) 군정에 관한 요구조항

7)과 8)은 軍政에 관한 농민의 요구이다. 7)의 요구조항은 軍布의 경감에 관한 것이다. 1750년의 균역법은 良丁의 군포 2필을 1필로 경감하고, 대원군 집정시에는 양민에게만 부과시키는 군포를 양반에게도 같이 부과시키자는 취지에서 戶布制를 실시하여 班常을 가리지 않고 1丁에 대하여 1년에 2냥씩의 동포전을 징수케 하였다. 그러나 이러한 동포전의 실시는 도리어 구제보다도 더 과중한 부담이 되었다. 따라서 농민은 한편에서는 법규의 준행을 호소함과 함께 다른 한편에서는 이같은 불법행위의 기초를 이루는 세제의 철폐를 요구하였다. 여기서도 농민군은 봉건적 조세인 군역 자체의 폐지를 주장한 것이 아니라, 군포를 징수하되 국법에 따라 '洞布錢은 每戶당 春秋 二兩씩으로 정할 것'을 호소하고 있다.

8)의 조항은 結米에 관한 것이다. 1750년 균역법의 실시에 따라 군포 2필을 1필로 감하는 대신 그 보충책으로 토지에 結米 또는 結錢을 징수케 하였다. 이러한 결미·결전의 가렴 또한 심하였다. 田結에 대한 기본수세액은 그리 과다한 것이 아니었으나, 여기에 부가되는 각종각색의 結役이 허다하여 결당 수세액은 높아지기 마련이었다. 田結에 대한 총세액으로 결산된 것이 소위 結價인데 여기에는 원래의 田稅·大同·三手米稅·結錢은 물론이요 소위 각종 수렴이 첨가되어 농민의 부담이 커졌던 것이다.[115] 농민군이 '各項의 結錢收斂은 平均分排하여 濫徵하지 않을 일'이나 '結米는 옛 大同의 예로 復古할 일'을 주장한 것은 이러한 맥락에서 나온 것이다. 여기서도 농민군은 봉건적 조세제도 그 자체에 대한 문제제기를 하고 있지는 않고 다만 舊例대로 집행할 것을 요구하였다.

---

114) 〈全琫準供草〉 初招問目(《동학란기록》 하), 522쪽.
115) 한우근, 앞의 책, 135쪽.

(4) 환곡에 관한 요구조항

9)~11)은 還穀제도에 관련된 요구조항이다. 還穀은 본래 빈민구제를 위하여 설치한 대부제도인데 조선 후기에는 그 성격이 변질되어 소위 삼정의 문란 중에서도 환곡의 폐가 가장 심하였다고 할 정도였다. 이것은 지방관의 고리대업의 수단이 되었으며, 지방관은 帳簿위조에 의한 불법징수, 이중징수, 이자율의 인상 등으로 농민을 항상적 채무자로 몰아간 것이었다. 환곡을 통한 농간에는 군현의 수령 뿐만 아니라 각 도의 감사도 개입하고 있었다. 환곡 시행에 따르는 폐단에는 여러 가지 원인이 있었다. 환곡을 分給·收斂할 때 폐단이 따랐으며 환곡 逋欠의 폐도 계속되었다. 가장 심각한 폐단은 元還穀이 없어진다는 것이었다.[116] 게다가 수령이 교체되는 경우 기왕의 逋欠으로 인한 허부화된 원곡을 채우기 위해 다시 농민에게 징수하였다. 농민군이 환곡의 폐단 중에서 특히 '臥還은 그 본전을 뽑아 버릴 것'이라든지 '환곡은 옛 수령이 그 본전을 거둔 것은 다시 징수치 말 것'을 주장한 것은 이러한 맥락에서 나온 주장이었다. 이와 같이 농민군의 환곡제도에 대한 문제제기도 역시 제도 그 자체가 아니라 법에 정해진 대로 시행하고 관리의 부정을 없애자는 것이었다.

10)은 社倉 혹은 賑庫를 철폐하라는 요구를 담고 있다. 고종 4년(1867)에는 환곡의 폐를 시정하기 위해 社倉制를 실시하기로 하였는데, 社倉節目에 의하여 먼저 社倉을 각 면에서 인구가 가장 많은 동에 설치하고 근실하고 부유한 자를 택하여 社首로 삼아 이를 관장토록 하되 각 동의 근간인으로 동장을 삼아 사수의 지시를 받아 감독케 하였다.[117] 그러나 据納者에 대한 감독은 당연하다 하더라도 流亡者에 대해서는 동민에게 공동책임을 지웠기 때문에 실제로는 종래의 白徵과 다름없었다. 또한 사창미까지도 환곡과 같이 중외의 경비보충의 주요한 재원으로 쓰이고 고리대금업으로 이용되자 농민에게는 이름을 달리한 또 하나의 수탈기구로 인식되었다. 그리하여 농민군은 새로 생긴 社倉 혹은 賑庫를 혁파할 것을 주장한 것이었다.

116) 위의 책, 157쪽.
117) 위의 책, 164쪽.

11)은 고리채에 관한 조항이다. 조선 후기에 상품화폐경제의 발달과 환곡의 고리대화로 인해 사적인 고리대 행위는 널리 퍼져 있었다. 그 중에서도 지방의 영읍에서는 庫債라 하여 均役·賑恤 등의 庫錢을 그 관리자가 유용하여 빌려준 다음 사리를 도모하는 일이 흔했다.[118] 고리대 행위의 자행 중에서도 공금을 유용하여 이를 대부하거나 또는 公債를 빙자하여 사채를 勒徵하는 폐가 매우 심했다. 이와 같이 사채가 대부분 공금을 이용한 것이기 때문에 그것을 받아낼 때에는 당연히 수령의 권력을 이용하는 경우가 많았다. 농민군은 '오래된 私債를 官長을 끼고 억지로 받아 내는 것을 일체 금할 일'이라고 하여 사채를 강제로 대부하거나 억지로 빼앗는 것을 금지할 것을 요구하였던 것이다.

(5) 잡세·잡역에 관한 요구조항

12)의 조항은 魚鹽稅의 혁파를 요구하고 있다. 어염세는 원래 균역법 실시에 따르는 보충책으로 마련된 것이었다. 그러나 중간물주를 배제하고 세수의 증대를 꾀한 균역법 실시의 의도와는 달리 번잡한 稅制의 결함때문에 도리어 영세 魚鹽民에게 과다한 부담을 지웠으며 게다가 영세 어염민의 도산에 따라 隣徵·族徵이 자행되고 또 白徵의 폐단마저도 심하였다. 또한 이같은 상황에서 어장·염분은 다시 내수사를 위시한 各宮·各司 내지 향반·토호들에게 다시 점탈되어 私稅의 남징·첩징의 폐가 어염민을 이산하는 지경으로 몰아넣었다.[119] 게다가 개항 후 외국 어민, 특히 일본어민의 침투가 보다 절박하게 한국의 어민을 위협하게 되었다. 봉건국가의 조세와 일본어민의 침투로 이중의 압박을 받은 영세 어민은 어염세 자체의 혁파를 요구하고 있었으며 농민군은 이들의 요구를 개혁안 속에 포함시키고 있었다고 할 수 있다. 여기서 우리는 농민군에는 연안의 영세 어염민도 농민군에 참여하고 있었음을 알 수 있다.

10)은 無名雜稅의 혁파에 관한 조항이다. 沿江에 있어서는 흔히 어염선에 대하여 잡세를 신설하는 경우가 많았다. 그 외에도 대원군 집정시에 신설한

118) 위의 책, 177쪽.
119) 위의 책, 145~146쪽.

都城門稅, 한강유역에 있어서 水上·水下의 무명잡세, 각 營邑에서의 무명잡세 등이 있었다.[120] 이 같은 沿江·場市에 있어서의 신설세는 각 衙門·각 宮房에서의 징색으로 말미암은 것이었다. 농민군은 이와 같이 각 아문·궁방·지방관의 탐학에 의해 부과되는 봉건적인 무명잡세의 폐지를 요구하였다.

14)는 각읍의 官況과 烟戶雜役에 관한 요구조항이다. 官況, 즉 지방관원의 봉록은 원래 국법[121]으로 정하기로는 大同경비 중에서 지출하게 되어 있어 따로 징수하지 못하도록 되어 있었지만 각 읍에서는 添徵하는 것이 통례로 되어 있었다. 또한 每戶에 부과되는 요역부담을 烟戶雜役 혹은 烟役이라 불렀는데 여기에는 애초에 어떠한 제한이 없어서 수령의 탐학이 개재될 여지가 많이 있었다. 그리하여 농민군은 '각읍의 官況은 원래 수요 외에 더하여 磨鍊하는 것을 모두 혁파할 것'과 '烟戶雜役을 줄일 것'을 요구하였던 것이다.

(6) 전운영에 관한 조항

폐정개혁 분류목록의 15)는 전운영에 관한 농민들의 요구조항을 열거한 것이다. 개항 이후 과거 목선에 의한 선운 대신 기선에 의한 공물 운송이 시작되었는데 이를 맡은 관청이 轉運營이었다. 전운영의 폐단으로는 우선 정부의 기선 구입에 따르는 경비로 선가미를 따로 거두어 들였기 때문에 농민의 세미 부과는 가중되었다. 또한 전운사가 선운을 관장한 이후로 田稅·大同米를 위시하여 船價米·三手米·永宗米 등 농민과 선상에게 부과되는 일체의 稅米를 督徵·수송하는 책임과 권력을 갖고, 그 밑에 監官·船主 등의 횡포와 弄奸·逋欠의 여지가 많았다.[122] 위의 목록에서 보는 바와 같이 농민군이 제시한 모든 개혁안이 전운영 혁파를 거론하고 있을 뿐 아니라 그것도 개혁안의 맨 앞에 나타나곤 하였던 점은 전운영에 대한 농민군의 怨聲을 짐작할 수 있게 한다. 전운영에서의 수탈은 국가의 징세기구에 있어서의 중간수탈이

---

120) 위의 책, 153쪽.
121) 《續大典》 戶典 外官供給條.
122) 한우근, 〈동학란 기인에 관한 연구(상)-특히 일본의 경제적 침투와 관련하여-〉(《아세아연구》 7-3호, 고려대아세아문제연구소, 1964), 36쪽.

라는 성격을 가지고 있었다. 전라도 전운사 趙弼永은 당시 일반적으로 자행되고 있던 중간수탈을 가장 전형적으로 보여준 인물이었다.[123] 그래서 농민전쟁을 관찰한 한 유생은 "호남의 난(농민전쟁)은 趙弼永으로부터 시작되어 趙秉甲을 거쳐 李容兌(泰)로 끝났다."[124]라고 말하고 있을 정도이다.

전운영 혁파의 문제는 이전의 민란 단계에서 전국적인 농민전쟁으로 발전할 수 있게 한 계기를 만들어 주기도 한 것으로 볼 수 있다.[125] 과거의 민란은 개별 군현 단위의 邑政이 문제의 발단이 되었고 민란의 전개도 일개 군현을 벗어나지 못하고 고립적으로 전개되었던 반면에, 전운영의 문제는 적어도 전라도의 여러 군의 공통 관심사가 되어 농민들을 군현 단위에서 끌어내어 전국적 규모로 단결하게 한 문제로 제기될 수 있었던 것이다. 일본공사관의 보고에는 다음과 같은 기록이 있다.

> "민란의 수령은 앞서 비밀히 58주[53주]의 동학당에게 격문을 띄웠다. 그 목적은 다만 한 郡의 利害에 그치지 않고 먼저 전운영을 파괴하고 나아가 폐정을 개혁하려는 데 있다고 한다. 兵糧은 우선 軍倉의 稅穀을 빼앗아 이에 충당한다고 한다."[126]

농민군은 전운영 문제를 통해 "한 군의 利害에 그치지 않고" 공통의 관심사를 발견하고 있었던 것이다. 제1차 농민전쟁 중에 농민군은 실력으로 전운사를 공격하는 활동을 전개하였다.[127]

---

123) "趙弼永이… 갖은 명목을 교묘히 붙여 가렴하니 세납선여전이 100만 꿰미나 되었다. 국왕은 그를 재주있다고 여겨 3년이 되었어도 교체하지 않았다. 재물로 소론 갑부가 되었다…."《梅泉野錄》, 87쪽.

124) 崔永年, 〈東徒問辨〉(《동학란기록》 상), 158쪽.

125) 정창렬, 《갑오농민전쟁연구－전봉준의 사상과 행동을 중심으로－》(연세대학교 박사학위논문, 1991), 123~124쪽 참조.

126) 巴溪生, 〈全羅道古阜民擾〉(《주한일본공사관기록》 1), 56쪽.

127) 주한일본공사관의 보고에는 "沃溝의 群山과 靈光의 法聖浦에 주둔하고 있는 동학도들이 함께 轉運船을 공격하여 모두 쫓아냈으므로 운반할 길이 끊겼다. 이 民擾는 다만 백성들만이 일으킨 것이 아니라, 諸邑의 吏胥들도 轉運하는데 피폐하였으므로 죽을 힘을 다해 轉運을 폐지하려고 백성들과 함께 안팎에서 서로 호응하였다"라고 하여 농민군의 전운사 공격에 대해 보고하고 있다. 《주한일본공사관기록》 1, 23쪽.

(7) 탐관오리에 관한 요구조항

위에서 살펴 본 田政·軍政·還穀 및 雜稅에 관한 폐단의 매개고리는 기실 거의 모두가 지방관리, 즉 守令과 吏胥의 불법·협잡·탐학이었다. 그리하여 동학농민전쟁에서 농민군의 주요한 공격대상은 貪官汚吏이며 국정을 위태롭게 하는 매관매작을 행하여 국권을 조롱하고 있는 인물들이었다. 전봉준은 "각읍의 守宰는 上納을 칭하고 혹 結卜을 加斂하여 戶役을 횡탈한다. 조금 부유한 백성이 있으면 공연히 죄로 엮어 재산를 늑탈하고 토지를 횡탈하는 일이 비일비재하다"[128]고 보았으며, 이로 인한 농민의 피해를 없애기 위해 봉기했으며 그 구체적인 공격목표를 전라도의 탐학한 관리의 일소와 중앙의 賣爵權臣의 배제에 두고 있음을 분명히 밝혔다. 또 농민군이 무장에서 기포할 때 발표한 倡義文에서도 관료층의 부패가 국가의 위망을 초래하며 만민을 도탄의 극에 빠뜨리고 있다고 지적하였다. 국가의 위망을 염려치 않고 오로지 '肥己潤家之計'를 꾀하고 있는 公卿 이하 方伯·守令에 이르는 탐학이야말로 농민군의 주요한 공격대상이었던 것이다. 16)에서 보는 바와 같이 거의 모든 개혁안에서 중복하여 貪官汚吏의 징치를 요구하는 조항이 들어 있는 것을 보면 농민군의 공격의 목표를 잘 알 수 있다. 또 농민군은 이러한 요구가 받아 들여지지 않자 실력으로 탐관오리를 징치하기도 하였다.

수취체제의 문란과 직접 관련되는 조항 외에도 농민군이 구체적으로 제시한 守令·吏胥의 탐학행위가 여러 가지로 저질러지고 있었다. 17)은 守令이 인민의 토지와 묘지를 점탈하는 것에 대한 지적이다. 英朝朝 이후로 수령이 民家나 民塚을 점탈하는 것은 법으로 금해 왔지만, 수령이나 관찰사가 그들의 권세를 믿고 인민의 토지나 묘지를 점탈하는 경우가 많았다. 더구나 宮房이나 班家에서 묘지의 경계를 무시하고 이를 광점하는 경우 민답이 이에 몰입되는 수도 있었다.[129] 농민군은 이와 같이 지방관이 그 권세로써 民田을 점탈하고 묘지를 함부로 발굴하는 불법을 규탄하고 '各邑 守令이 자기 地方에서 田庄을 사들이는 것을 嚴禁할 것'을 요구하였던 것이다.

128) 〈전봉준공초〉, 재초문목(《동학란기록》 하), 532쪽.
129) 《日省錄》, 高宗 7년 9월 6일조 ; 한우근, 앞의 책, 183쪽.

18)의 조항은 公金의 유용에 관한 것이다. 공금의 逋欠·犯用이 삼정을 여러모로 더욱 어지럽게 하였기에 농민군은 逋吏 자체를 규탄의 대상으로 삼았다. 조선 후기에는 경외를 막론하고 吏胥의 民에 대한 주구가 심하였다.[130] 결세는 물론 각종의 상납까지도 모두 포흠의 대상이 되었으며 그 중 대동·저치미 등을 포함한 환곡에 있어서 그 폐가 가장 심하였다. 이러한 이서의 逋欠을 보충하기 위해서는 관부에서의 감독이 없을 수도 없어서 그것이 바로 民斂·族徵의 폐단을 자아내었다. 농민군에 '各邑의 포흠한 吏胥는 千金이상이면 죽이고 族徵하지 말 것'을 주장한 것은 이와 같은 사정에 근거한 것이었다.

19)는 任債에 관한 요구조항이다. 각 읍에서 새로 吏任을 선임할 때 차임되는 衙前은 금전을 상납하는 것이 상례로 되어 있었는데 이를 任債라고 했다. 그것은 또 비단 衙前 즉 吏任에만 있었던 것이 아니라 오랜 관습에 따라 鄕任(座首·別監)이나 校任(향교의 役員)·面任 등에까지도 예사로 되어 있었다. 탐학한 수령은 관례 이상의 뇌물을 받게 되기가 일쑤여서 이러한 뜻에서는 흔히 任賂라 하였다.[131] 그러나 이같은 임채는 결국은 吏胥 등이 평민을 침탈하는 근원이 되었기 때문에 농민군은 '各邑의 吏屬을 임명함에 있어 任債하는 일을 嚴禁할 것'을 요구하였던 것이다.

20)은 각읍 관아의 잡비를 충당하는 데서 나타나는 징렴의 폐단을 지적한 것이다. 관아에서 사용하는 物種은 官庫와 임시물자를 다루는 民庫가 있어 각각 민간으로부터 구입하였는데 관아에서는 官需를 구입할 때 시가에 좇아야 함에도 불구하고 일반적으로 공정가격이 낮게 정해져 시가보다도 헐값으로 강제 구매하는 일이 잦았다. 또한 관에서 권력을 의탁하여 가격조작에 의한 부당이득을 취하기도 하였다.[132] 게다가 당시는 만성적인 인플레 상태에 있어 저가격에 의한 물자수용은 수용되는 측에 큰 손실을 가져 왔다. 그리하여 농민과 영세상인의 생활은 더욱 큰 핍박을 받았다. 농민군이 '각읍 관아

130) 吏胥輩가 逋欠을 자행하게 된 이유는 그들에게 일정한 봉급제가 마련되어 있지 않았기 때문이었다. 그 위에 그들은 신분지위의 향상을 좀체로 기대할 수도 없었다. 그들은 흔히 營邑의 各庫 色吏에 차출되어 여기서 생활비를 마련하게 되어 있었다. 한우근, 앞의 책, 188쪽.

131) 한우근, 앞의 책, 195쪽.

132) 위의 책, 201쪽.

의 物種所入은 時價에 따라 取用할 것'을 주장한 것은 인플레 하에서의 생활 방위였으며, 관리의 부정과 수탈에 대한 반대를 나타낸 것이다.

21)은 京·營邸吏의 폐단에 관한 것이다. 京·營邸吏는 경저리, 영저리 등을 말하는데 그들은 공납문첩을 전관하여 왔을 뿐 아니라 대동법 실시 이후로는 공납청부업자의 구실도 하게 되었다. 경저리·영저리 役價米는 법정세 외에 邑用으로 읍민에게서 添徵되는 명색의 하나로 이른바 계판에 드는 것이었다.[133] 이들 邸吏는 흔히 환곡 등 公穀을 유용하여 고리대업을 하기도 하고, 邸吏 役價를 먼저 환곡의 利殖으로 받아 감으로써 결국은 읍민에게 피해를 주었다. 농민군은 이러한 京·營邸吏의 役價米를 첨징하지 말고 구례에 따를 것을 요구하였다.

2) 무역·상업 문제에 대하여

(1) 일본의 경제적 침투에 대하여

농민전쟁에서 제기되었던 농민군의 폐정개혁안은 1876년 개항 이후 일본의 정치·경제적 침략 양상과도 긴밀하게 연관되어 있다. 농민군이 제1차 농민전쟁 시기부터 '斥倭洋倡義'·'逐滅倭夷'의 기치를 내건 것은 일본제국주의의 경제적 침략에 그 원인이 있었다. 농민군이 폐정개혁안을 통해 직접적이고 명시적으로 일본의 침탈에 반대한 것은 미곡의 유출과 외국상인의 내지행상이었다.

폐정개혁 분류목록 22)는 일본상인의 미곡 유출에 대한 농민군의 요구를 담고 있다. 농민군이 제시한 모든 개혁안에서 미곡의 국외 유출문제를 거론하고 있는 것을 보면 그것의 중요성을 짐작할 수 있다. 개항 이후 일본으로의 미곡 유출이 날로 심하여지자 지방관들은 방곡령으로 이를 막아 보려고 하였지만, 그때마다 일본공사의 항의로 철회하게 되고 곡물유출은 늘어가기만 하였다. 이같은 곡물유출로 종래의 국내 곡물수급구조는 위협받았으며, 곡물의 대일 수출 증대에 따른 곡물 상품화의 진전과 곡가의 등귀는 직접적

---

133) 《日省錄》, 고종 15년 4월 4일조 ; 한우근, 앞의 책, 202쪽.

으로 임노동자층과 빈농의 생계를 압박하여 광범한 농민층의 저항을 촉발하는 원인이 되었다.[134] 농민층도 곡물의 상품화에 참여하고 있었지만, 상품화의 이익은 자가소비 부분까지 판매하는 경우에는 수탈의 다른 형식에 불과하였다. 농민이 잉여생산물을 판매하는 경우에 있어서도 반드시 그 이익이 농민에게 돌아간 것이 아니었고, 조선의 곡물상인과 일본상인, 그리고 봉건 지배계급이 농민의 잉여를 착취하는 양상을 보이고 있었다.[135] '각 浦口 潛商의 쌀거래를 엄금할 것'을 요구조항으로 내건 것은 미곡의 상품화 자체가 강요되고 있는 현실에서 미곡의 유통과정에서 농민층의 이익을 수호하려는 요구였다.

폐정개혁안 분류목록의 23)은 외국상인의 내지행상을 금지할 것을 요구하고 있다. 개항 후 조선에 들어오기 시작한 청국상인과 일본상인은 서울시장에 침투하여 수입품만이 아니라 市廛상인의 전매상품인 백목면, 명태 등의 국내품까지 취급하였다. 이러한 일본상인의 내지행상은 곡물의 상품화를 가속화하며 가격의 등귀를 유발하여 농촌의 임노동자층과 빈농의 불만을 고조시켰다. 뿐만 아니라 일본상인의 내지행상은 농민적 상품교환의 장으로서의 농촌 場市에 타격을 가하였다.[136] 이러한 사정으로 인해 농민군은 '各國人 상업은 各港口에서만 買賣케 하고 都城에 들어와 設市치 못하게 하며 各處에서 任意로 行商치 못하게 할 것'을 구체적인 요구로 내세웠던 것이다. 농민군은 수출시장과 연관되어 있던 미곡의 상품화 자체를 반대했다기 보다는[137] 미곡 매매를 농촌 장시의 시장질서 내부로 한정함으로써 場市를 중심

---

134) 하원호, 〈곡물의 대일유출과 농민층의 저항〉(《1894년 농민전쟁연구》 1, 역사비평사, 1991), 273쪽.

135) 하원호, 위의 글, 269쪽.

136) 吉野誠, 〈李朝末期における米穀輸出の展開と防穀令〉(《朝鮮史硏究會論文集》 15, 朝鮮史硏究會, 1978), 110쪽.

137) 전봉준은 체포 후 법정 신문에서 "그러면 일본군대와 경성에 머무르는 외국인들을 모조리 구축하려고 하였는가"라는 질문에 대하여 "그렇지 않다. 다른 나라는 단지 통상만 하고 있을 뿐이다. 그런데 일본은 군대를 거느리고서 경성에 주둔하고 있어서 우리나라의 영토를 침략하려는 것이 아닌가 의아했다"라고 하여 외국과의 무역관계 그 자체에 대해서는 객관적인 사실로서 전제하고 있었다. 〈全琫準供草〉(《동학란기록》 하), 538쪽.

으로 한 재래의 시장구조의 파괴를 막고, 그럼으로 지역적인 재생산구조의 유지를 도모하려는 것이었다.[138] 여기에는 소생산자로서의 농민과 소상인의 이해관계가 표현되고 있다.

(2) 국내상업문제에 대하여

일본의 무역을 통한 경제적 침투는 직접적으로 조선 농민을 압박하기도 하였지만 국내상인을 매개로 하여 조선민중을 압박하기도 하였다.

폐정개혁안 분류목록 24)는 都賈혁파에 대한 농민군의 요구이다. 일반적으로 객주·여각은 도매상이라는 의미에서 널리 都賈라고도 일컬어졌다. 또한 개항후 개항장에서의 무역은 개항장 객주라는 새로운 상인층을 출현시켰다. 개항장에서 자유상인(상회)이 대두하여 전통적이고 전근대적인 객주의 권익을 침해하는 것으로 나타나자 재정부족에 허덕이던 봉건정부로서는 특허독점적인 객주·여각의 체제를 더욱 통제하여 세입의 확보를 꾀하려 하였다.[139] 객주는 그 독점적인 특권에 의하여 대소 상민을 탐학하였다. 또한 개항장에 있어서는 물론 미개항장에 있어서도 객주·여각은 일본 상인의 매매를 중간 주선하는 일을 담당하는 중에 그들의 미곡매출을 알선하는 역할도 하고 또 그들의 상품행상인, 즉 보부상에게 연계시켜 주는 기능도 하였다. 객주·여각은 일본인의 미곡매출과 상품매각에 중간 매개적 역할을 하여 결국 미곡을 유출시킴으로써 농민군의 공격대상이 되지 않을 수 없었다. '각 읍 市井의 각 물건에 대한 分錢收稅와 都賈 名色은 혁파할 것'이라는 농민군의 주장은 봉건정부와 이에 결탁한 특권상인들의 分錢收稅를 철폐하고 봉건적 특권상인제도를 철폐하라는 요구로 해석된다. 봉건적 상업정책에서 소외되어 독점적 특권 상인의 지배아래 이윤을 수탈 당하던 소상인과 소상품 생산자의 불만이 고조되면서 이러한 요구가 나왔던 것이다. 이는 봉건적 상업체계를 극복하고 소상인의 자유로운 상업활동을 보장받으려는 것이었다.

폐정개혁안 분류목록 25)는 市廛과 褓負商의 폐단에 대한 농민들의 요구조항을 열거해 놓은 것이다. 조선시대에 있어서 서울의 시전과 지방의 보부

138) 吉野誠, 앞의 글, 114쪽.
139) 한우근, 앞의 글(하), 155쪽.

상은 상업활동의 핵심체라 할 수 있다. 그들은 각기 길드적인 조직을 가지고 관부에 대하여 소정의 역(납세)을 지는 대가로 상품 독점매매의 특권을 차지하여 정부와 상호 보상관계를 맺고 있었다. 개항 이후 일본을 위시한 제국주의세력의 경제적 침투로 이들 상인들은 타격을 받았지만, 봉건정부의 봉건적 특권상인체제 강화정책으로 모순이 민중에 전가되었다.

원래 상업기구인 시전체제는 조선 후기부터 한편으로 정부가 부과하는 과다한 收稅에 시달리고 다른 한편으로 세도가의 豪奴 등에 의한 任意 亂廛 행위로 쇠퇴의 길을 걸었다. 게다가 개항으로 청국상인과 일본상인이 서울에 점포를 개설함으로써 더욱 약화되었다.[140] 난전이 치성하고 외국상인이 침투해 들어오자 시전상인은 소상인에 대한 분전수세를 강화하려 하였기 때문에 농민군은 '각 市廛이 分錢收稅하는 일을 금할 것'을 요구하였던 것이다.

보부상단은 1881년 이후로 1885년에 이르는 동안에 정부로부터 비호를 받아 특권적인 행상 길드 조직을 강화하는 동시에 정부에 대하여 일정의 납세와 충성의 의무를 져서 이를테면 완전한 어용집단이 되었다.[141] 행상길드 조직으로 장시를 지배하게 된 보부상의 독점적 특권은 일반 상인의 자유로운 상거래를 배제했으며, 그들이 객주여각을 통하여 외래 상품을 구득하여 이것을 일반 소비자에게 판매하는 역할도 맡았다. 보부상은 특권 어용상인으로 장시를 지배하고 상리를 농단하였을 뿐 아니라 외국상인－객주·여각－보부상의 루트를 통하여 외국의 경제적 침투를 가능케 하는 말단조직의 기능을 지니기도 한 것이다. 이러한 보부상의 특권적 행위는 소상인과 농민의 원망의 대상이 될 수 밖에 없었다. 그리하여 농민군은 '보부상의 작폐를 금단할 것'을 요구하였던 것이다.

뿐만 아니라 정부에 충성하는 집단으로서 갑오농민전쟁에서 농민군과는 원래적으로 적대관계에 서게 되었다. 실제로 농민군토벌의 巡邊使는 보부상을 조발하여 전선을 수호케 하고 정탐의 역할 등을 맡겼다.[142] 첫 전투인 황

---

140) 한우근, 〈개국후 일본인의 한국침투〉(《동아문화》 제1집, 서울대 동아문화연구소, 1963) 참조.

141) 한우근, 앞의 글(하)(1964), 173쪽.

142) 《續陰晴史》 上, 307쪽.

토현 전투에서 보부상단이 농민군의 적대 편에 섰으며, 갑오 5월에 전라도 금산군 지방의 농민군은 보부상대에 의하여 격파당하기도 하였다.[143] 농민군 또한 보부상을 적대세력으로 명확히 인식하고 있었다.[144] 또한 관군이 전주성을 회복할 때에도 보부상단이 정부군과 합세하였다.[145]

3) 기타 정치적 요구조항

사회경제적 요구조항 이외에 폐정개혁안에 나타나는 농민군의 요구사항으로는 전보국의 혁파, 동학인의 신원, 대원군의 섭정 요구 등 세 가지가 있다.

먼저 폐정개혁 분류목록 26)은 전보국의 혁파를 주장한 것이다. 개항 이후 일본인이 설치한 전보국의 폐단은 전국 각지를 전선으로 연결하면서 세운 전신주가 농지를 침탈한 데서 유래한 것이다. 농민들의 생활과는 전혀 관계없는 전신, 전화는 농민들에게는 토지 침탈로 밖에 해석되지 않았을 것이다.

27)의 조항은 동학인이라는 이유로 피해를 받은 농민들의 신원을 요구한 조항이다. 동학은 정부에서 금했기 때문에 지방관리들은 동학교도들에 대해 온갖 협박과 박해를 가했을 뿐 아니라 수탈대상으로 지목되면 동학인으로 몰아 부치기도 하였다. 고부민란 후 안핵사 이용태가 고부 군민들에 대해 행한 학정이 대표적인 사례이다.

28)의 요구조항은 농민군의 권력구상을 짐작해 볼 수 있는 유일한 조항이다. 제1차 농민전쟁에서 농민군은 주로 봉건지배층, 즉 민씨정권의 타도를 일차적인 목표로 내걸었다. 그러나 제1차 농민전쟁 단계에서는 농민군은 민씨정권을 타도한 후 대원군의 집정을 막연한 형태로 생각하고 있었던 것으로 보인다. 이 단계에서는 독자적인 권력구상을 하지 못하였던 것이다. 농민군은 4월 20일경 招討使에게 보낸 湖南儒生原情書에서 "일이 이지경에 이르른즉 억조창생이 마음을 같이 하고 팔도의 백성이 뜻을 모아 위로는 國太公

143) 《주한일본공사관기록》 1, 4쪽.

144) 보부상들은 대체로 동학당들에 대해 원한을 가지고 있습니다. 동학당들이 부상들만 보면 죽이기 때문인데, 그 사이에 살상을 당한 (보부상의)수효가 수십 명이라고 합니다(《주한일본공사관기록》 1, 5쪽).

145) 《주한일본공사관기록》 1, 33쪽.

을 받들어 攝政을 맡겨 부자의 인륜과 군신의 의를 온전히 하며, 아래로는 백성을 편안케 함으로써 宗廟·社稷을 다시금 보존할 것을 죽기로 맹서하고 변하지 않을 것이다"146)라고 하였으며, 4월 18일 羅州公兄에게 보낸 通文에서도 폐정개혁을 "國太公을 받들어 맡김"으로써 폐정개혁을 할 수 있다고 설득하고 있다. 또 전주에서 화약 교섭중이던 5월 4일 招討使에게 보낸 所志에서는 "太公을 받들어 섭정을 맡기자는 것은 그 이치가 심히 당연하거늘 어찌하여 반역이라 일컫고 살해하는가"147)라고 하여 대원군 정권의 성립을 강력히 요구하였다.

이상에서 제1차 농민전쟁 시기 농민군이 제시한 폐정개혁안의 구체적 요구조항들을 검토하였다. 폐정개혁안에 나타난 조세수취체제에 관한 농민군의 요구는 임술민란 단계의 농민들의 요구와 일맥 상통하는 것이었다. 임술민란에서도 농민군의 주된 요구는 전정, 군정, 환곡 등 삼정문란의 폐단을 시정할 것과 수세담당자인 관리들의 부정행위를 포함한 조세제도 운영상의 문제를 주요한 문제점으로 제기하였던 것이다.148) 이것은 동학농민전쟁 시기의 봉건적 모순의 기본구조가 임술년의 그것과 기본적으로 같은 것이었다는 것을 의미하며, 다만 이 시기에는 그 모순이 더욱 첨예한 형태로 드러났기 때문에 지역적인 봉기의 수준을 넘어 전국적인 농민전쟁으로 발현된 것이라고 할 수 있다.

농민군이 제기한 폐정개혁안에서 주목해야 할 것은 농민군이 제1차 농민전쟁에 봉기할 때 '四大名義'와 '檄文'에서 내세운 민씨정권의 타도나 사회신분제의 폐지 등 구체제를 붕괴시키는 근본적 요구를 하지 않고, 당시 봉건정부가 생각하기에도 당연한 봉건적 가렴주구의 폐정의 개혁만을 요구하고 있다는 사실이다. 이렇게 된 데에는 몇 가지 이유가 있다고 생각된다. 우선 위에서 열거한 개혁안이 전쟁의 적대편에 있다고 인식한 대상, 즉 봉건정부를 향하고 있다는 사실이다.149) 이 경우는 일반적으로 운동의 전략적 목표를 천

146) 〈東匪討錄〉(《韓國學報》 3), 259~60쪽 ; 《오하기문》, 89쪽.
147) 〈양호초토등록〉(《동학란기록》 상), 207쪽.
148) 망원한국사연구실, 《1862년 농민항쟁》(동녘, 1988), 62~69쪽 참조.
149) 개혁안의 수취인은 巡邊使, 觀察使 등이었다.

명하기보다는 상대방이 받아들여 즉각적으로 실현될 수 있는 최소강령을 제시하게 된다. 또한 농민전쟁에 여러 계층이 참여하고 있었기 때문에 이들 모든 계층에게 직접적인 생활상의 요구로 나타나는 최소강령을 택한 것이라고 볼 수 있다. 따라서 폐정개혁안의 분석은 농민들의 구체적인 생활상의 요구를 파악하는 데는 대단히 유용한 것이지만, 농민전쟁의 역사적 성격을 밝히는 데에는 일정한 한계를 가질 수 밖에 없다는 점을 염두에 두어야 한다.

이러한 사정을 감안하더라도 농민군의 폐정개혁안 자체는 당시의 객관적 조건으로 볼 때 한계를 갖는 것이었다. 농민군은 당시의 봉건적 수취체제의 모순에서 파생된 여러 폐단들을 들어 그 시정을 요구하고 있지만, 그것이 봉건적 수취체제 그 자체에 대한 공식적인 거부를 표현하는 형태로 나타난 것이 아니라 '通編의 예'으로 돌아가자고 하는 데서 보이듯이 봉건적 수취제도의 정상화라는 외양으로 나타나고 있었다. 이 점은 아직 농민군이 봉건정부와의 싸움에서 자신감을 가질 수 없었던 전쟁의 초기 단계에 나타나는 의식과 행동의 미숙성에서 기인하는 것이라고 해석할 수 있다. 또한 '어느 곳을 막론하고 藥狀 收稅하는 것을 革罷할 것'에서 상징적으로 나타나듯이, 농민군은 봉건정부에 대하여 자신들의 즉자적인 생활상의 요구를 수세적으로 방어하는 모습을 보이고 있다.

물론 이러한 삼정문란의 책임을 이전의 민란단계에서는 각 군현단위의 守令·吏胥層에 돌리고 있었던 데 대하여, 농민전쟁의 최고지도자 전봉준은 "민폐의 근본은 吏胥들의 逋欠에 있고, 吏逋는 貪官으로 말미암은 것이며, 탐관은 집권자들의 탐람에 있다"[150]고 하여 그 책임을 궁극적으로 집권세력에 돌리고 있다는 점이 한 단계 진전된 모습을 보이는 것도 사실이다. 그러나 개혁안에서는 농민들의 생활상의 요구를 즉자적으로 반영한 것이기 때문에 농민 대중의 의식의 한계를 넘을 수 없었던 것으로 볼 수 있다.

요컨대 폐정개혁안에서 나타나는 농민군의 경제적 지향은 봉건적 조세수취체제의 모순이 파생시킨 여러 폐단들을 제거함으로써 소농민 경제의 자립성을 획득 내지 유지하려는 것이라고 볼 수 있다. 그리고 개혁안 자체는 다분

150) 〈東學軍通文〉(《나라사랑》 15, 외솔회, 1974), 136~137쪽.

히 봉건적 지배질서를 근원에서 부정하고 있지 않을 뿐더러, 공세적이라기보다는 수세적인 요구의 수준에 머물러 있었다. 그러나 당시 봉건체제가 봉건질서 안에서 농민들의 요구를 수렴할 수 없는 객관적 조건에 처해 있었다면, 이러한 최소한의 요구도 봉건체제 자체를 부정하는 결과를 낳을 수 밖에 없었다. 다시 말하면 농민군의 주관적인 요구가 설사 봉건체제의 개혁을 통한 구질서의 복귀에 있었다 할지라도, 그러한 요구가 전면적으로 실현된다면 조선왕조의 지배구조는 그 뿌리에서부터 붕괴될 수 밖에 없는 결과를 초래할 것이었다. 그 때문에 봉건정부는 그러한 농민군의 요구를 봉건체제에 대한 전면적인 도전으로 받아 들여 농민군의 진압에 나설 수 밖에 없었던 것이다.

다음으로 무역·상업문제에 대한 농민군의 요구조항들은 일본을 비롯한 제국주의세력의 경제적 침투와 이로 인해 변화된 상업구조에 대한 대응이었다. 조선 후기 이래 발전되어 오던 상품화폐경제는 개항으로 세계자본주의 체제에 편입되면서 새로운 단계로 나아가고 있었다. 자본제 상품의 수입과 곡물의 유출을 통한 제국주의 침탈은 먼저 유통부문을 재편시키며 생산구조에도 일정한 영향을 미치고 있었고 봉건지배계급도 이에 편승하여 수탈을 강화하였다. 이러한 상황은 임술민란 단계에서는 아직 본격화되지 않은 새로운 현상이었다.

이러한 상황에 대처하여 봉기한 농민군의 상품문제에 관한 구체적인 주장을 크게 두 가지로 요약해 보면 첫째, 물가 앙등의 원인이 되어 농민들을 핍박하고 있는 미곡의 국외유출을 방지하고 외국 상인들의 내지행상으로 인한 상권 확대를 금지할 것 둘째, 국내의 특권적 상인층(객주, 선주, 보부상 등)의 활동을 제약할 것 등이다.

첫번째와 관련하여 농민들은 미곡의 상품화 자체를 부정하고 있었던 것은 아니다. 요컨대 필요한 식량을 확보할 수 없을 정도의 미곡수탈이 미곡수출로 귀결되고 있는 사실을 문제로 하고 있는 것이며 다른 한편 미곡상품화의 경로를 문제삼고 있는 것이다. 개항 이후 미곡의 일본유출 경로는 지방관·吏胥가 농민으로부터 수탈한 미곡이 각 포구의 객주를 거쳐 일본인 미곡상을 통해 유출되거나 혹은 보부상이 장시에서 매입한 미곡이 객주를 경유하여 일본인 미곡상을 통해 유출되는 과정을 밟고 있었다. 이러한 경로에 의한 미곡의 상품화는 가격조작에 의해 농민의 불이익을 증대시켰으며 농민경영의 발전을 보증하는 것은 아니었다. 농민군은 제국주의 침투로 변화된 이러한 미곡유통구조를 개편하려는 지향을 가졌던 것이다.

두번째로 국내독점상인은 제국주의의 경제침투에 대응하여 더욱 독점이 강화되어 반동화되는 길을 걸었다. 조선정부는 전기적 특권상인들을 매개로 하여 제국주의 침투에 대응하려 했기 때문이다. 이로써 영세 상인층의 활동이 극도로 제한되고 일반 농민들도 독점상인의 매점매석으로 생활에 핍박을 받고 있었다. 그래서 농민군은 봉건적 상업구조의 철폐를 요구하고 소생산자적 상품유통의 길을 지향했던 것이다. 여기서 우리는 보부상 조직에도 들어가지 못한 농촌의 영세소상인층이 동학농민전쟁에 참여하여 자신들의 경제적 요구를 내세웠던 것을 알 수 있다. 요컨대 동학농민전쟁은 제국주의 세력과 조선정부 및 독점상인의 이중적인 침탈이라는 모순구조 속에서 허덕이던 농민들이 소상인, 소상품생산자들과 연대하여 제국주의 세력과 봉건지배체제를 무너뜨리려 한 농민전쟁이라고 할 수 있는 것이다.

이처럼 제1차 농민전쟁에서 농민군은 반제·반봉건의 투쟁목표를 명확한 형태로 표현하고 있었으나, 그러한 투쟁 목표를 달성할 수 있는 구체적인 대안을 농민군 스스로의 힘으로 구상하는 단계로 나아가지는 못하였다.[151] 농민군은 대원군의 섭정을 하나의 대안으로 생각하는 데서 보이듯이 아직 기존의 정치구조의 틀을 완전히 벗어나지 못하고 있었던 것이다. 요컨대 제1차 농민전쟁의 단계에서 농민군은 경제적으로는 봉건적 억압과 외래 자본주의의 침략의 억압으로부터 벗어나 소상품생산자로서의 자립·발전을 지향하였지만, 그러한 경제적 지향을 실현할 수 있는 독자적인 정치권력 구상을 형성하는 단계로까지 나아가지는 못하였다. 이러한 한계는 집강소 시기의 통치경험과 제2차 농민전쟁 과정을 통해 미구에 극복될 수 있는 것이었다.

〈鄭診相〉

151) 전봉준은 재판과정에서 제1차 농민전쟁의 봉기에 대하여 "무슨 의견으로 거병하였는가"라는 물음에 대하여 "한 번 세상을 건지고 싶었다"라고 하고 있는데 이 단계에서는 그 내용을 구체화시키지는 못하고 있었던 것으로 보인다. 〈全琫準供草〉, 재초문목(《동학란기록》 하), 534쪽.

Ⅵ. 집강소의 설치와 폐정개혁

1. 집강소의 설치
2. 집강소의 구성과 조직
3. 집강소의 폐정개혁

Ⅵ. 집강소의 설치와 폐정개혁

1. 집강소의 설치

5월 8일의 全州和約은 4월 23일 長城전투 승리 이후 농민군의 의식과 행동의 진전·성장의 결과이고, 따라서 농민군의 큰 승리였다. 이후 10월 중순의 제2차 농민전쟁의 개시 때까지 농민군은 사실상 전라도 지방을 장악하고 있었다. 이 시기에 농민군은 각지에 執綱所를 설치하여 폐정개혁을 스스로의 힘에 의하여 스스로가 주체적으로 실행하였다. 제1차 농민전쟁에서는 탐학관리를 응징하는 것이 폐정개혁의 구체적 실천방법이었음에 대비할 때, 이것은 큰 성장이었다고 하지 않을 수 없다.

스스로의 힘에 의하여 스스로가 주체적으로 개혁을 실행하였으므로 이 시기의 집강소 개혁사업에서 농민군의 의지와 이념, 그리고 개혁의 역량이 가장 전형적으로 드러나고 그 한계도 가장 뚜렷하게 나타나지 않을 수 없었다. 이러한 점에서는 갑오농민전쟁 전체의 현실적 성격, 농민적 변혁역량의 가능성, 그리고 그 한계성도 이 집강소의 단계에서 가장 잘 드러나게 된다고 생각된다.

1) 휴전과 집강소의 설치(5월 8일~6월 15일경)

5월 8일의 全州和約에서 농민군은 27개조의 폐정개혁안을 왕에게 啓聞하여 실시토록 한다는 약속을 정부측으로부터 받아 내었다. 전봉준 부대가 제1차 농민전쟁에서 현실적 구체적 행동에서는 탐학관리를 응징함으로써 폐정을 개혁한다는 수준에 있었다는 점에서 볼 때, 폐정개혁안의 실시 약속을 정부측으로부터 받아 내었다는 것은 농민군의 행동의 커다란 발전이었고 따라서 농민군의 승리였다.

홍계훈은 기왕에 각지에서 소집된 鄕兵을 돌려보내고 농민군들에게는 勿侵標를 주어 돌아가는 길의 안전을 보장하고 각 군현에 발령하여 돌아오거나 지나가는 농민군을 체포하지 않도록 조처를 취하였다.[1] 농민군은 和約에 의하여, 그리고 위의 조처에 의하여 각자의 고향으로 돌아갔다. 그러나 무장을 풀지는 않고 기왕의 조직도 대체로는 유지하고 있었다. 다만 전투행위는 하지 않았다. 농민군은 폐정개혁의 실시를 구체적으로 보기 전에는 농민군의 무장과 조직을 견지하려고 하였다. 예컨대 전봉준은 5월 12일 이전에 淸兵의 退去를 기다려서 재기할 것이니 대기하라고 하였지만,[2] 그러나 꼭 재기하겠다는 의지이기보다는 상황의 여하에 따라서는 재기할 것이니 무장을 해제하지 말고 대기하라는 취지의 것이었다고 생각된다. 전봉준의 통문을 돌리는 자를 잡아서 알아보니, "5·6백명씩 作隊하여 각처 깊은 산에 숨어있다"[3]는 것이었다.

전봉준은 또한 5월 8일 金溝에서 인솔부대에 다짐하기를 "우선 잠시 행선지에서 安身하고 결코 妄動하지 말라. 京軍과 淸軍이 비록 쫓아와 추격하더라도 결코 相戰하지 말고 기일을 기다리라"[4]고 하였다. 무장과 조직을 해제하지 않은 채, 폐정개혁의 실시를 지켜보려는 자세의 반영이었다고 생각된다.

이에 앞서 4월 27일 조정에서는 전주성 함락위기의 책임을 물어 洪啓薰을 待罪行軍케 하고 새로이 李元會를 순변사에 임명하고, 그로 하여금 군사를 이끌고 내려가서 기왕에 내려간 초토군까지 아울러 지휘하게 하는 조치를 취하였고,[5] 28일 순변사 이원회는 출발하였다.[6] 이원회는 5월 9일에 전주에 도착하였는데,[7] 전봉준은 5월 11일 경에는 이원회에게 弊政 14個條의 原情을,[8] 5월 17일경에는 弊政 24個條의 追到原情을,[9] 5월 18일에는 역시 이원회

1) 〈兩湖招討謄錄〉, 甲午 5月(《東學亂記錄》 上, 國史編纂委員會, 1971), 209~218쪽.

2) 《駐韓日本公使館記錄》 1(國史編纂委員會, 1986), 89·400쪽.

3) 위와 같음.

4) 《駐韓日本公使館記錄》 1, 〈5月 12日 探偵者報告〉(國史編纂委員會, 1986), 89~90쪽, 400쪽.

5) 《日省錄》, 고종 31년 4월 27일.

6) 위의 책, 고종 31년 4월 28일.

7) 《駐韓日本公使館記錄》 1, 〈5月初 9日 全羅監司電報〉, 87·398쪽.

에게 다시 '井邑境東學會生等狀'[10]을 제출하면서 일이 所願條列(27개조 폐정개혁안－인용자)대로 되지 않으면 결코 언제까지나 해산하지 않을 것이라고 강조하였다. 폐정개혁안의 조속한 실시를 이원회에게 촉구하고 있었다. 전봉준은 5월 20일경[11] 長城에서 이번에는 전라감사 金鶴鎭에게 13個條 原情을[12] 제출하였는데, 이것 역시 폐정개혁의 실시를 재촉하는 성격의 것이었다고 생각된다.

농민군이 무장을 해제하지 않고 상황의 변화에 대비하고 있었기 때문에 전라도 지방에는 농민군의 지배력이 일정하게 성립되고 있었다. "賊이 처음 봉기하였을 때에는 민간에 재물을 약탈하지 않고 다만 郡邑만 범하였기 때문에 愚民들은 賊이 장차 그네들을 살려 줄 것이라고 여겼다. 長城에서부터 전주를 함락함에 이르러서는 노략질이 헤아릴 수 없었다. 전주에서 물러나고서는 좌우도에 만연하여 마을에 있는 말, 노새, 총통, 창, 칼 등을 모두 거두고 부자집을 노략질하여 돈과 곡식을 빼앗아서 가져갔다. 따르는 자가 날로 늘어나고 똘똘 뭉쳐서 흩어지지 않았다"[13]는 상황이었다.

전봉준도 제1차 재판에서 전주화약 이후 일부의 不恒之徒는 민간에 剽掠하였지만, 그것은 자신의 농민군 부대와는 관계없다고 하였다.[14] 또 전봉준은 5월 4일 訴志에서, 전주입성 이전에 이미 보복과 堀塚과 討財가 있었지만 그것은 '우리들도 엄중히 금지하는 바였다'라고 하였다.[15] 金介男은 당시 泰仁

8) 《續陰晴史》 上(國史編纂委員會, 1960), 322~323쪽.

9) 위의 책, 323~324쪽.

10) 〈營寄〉 《隨錄》(《東學農民戰爭史料叢書》 5, 史芸硏究所, 1996), 234쪽.

11) '長城原情'에는 5月만 밝혀져 있고 날짜는 없다. 그러나 "前湖南轉運使趙弼永·均田使金昌錫 施以竄配之典 時東學黨退據長城"이라고 하였는데, 조필영은 5월 20일에 찬배되었다(《日省錄》, 고종 31년 5월 20일). 따라서 東學黨의 長城退據時는 5월 20일경이 된다고 생각된다. 전봉준은 제4차 재판에서 전주화약 이후의 전라도 지역 순회경로를 金溝→金堤→泰仁→長城→淳昌으로 말했는데 井邑은 泰仁과 長城 사이에 있으므로 5월 18일에 井邑에 있었던 전봉준이 5월 20일 경에 長城에 갔을 것으로 생각되며, 따라서 이 '長城原情'도 전봉준이 제출한 것으로 생각된다.

12) 鄭喬, 《大韓季年史》 上, 고종 31년 5월(국사편찬위원회, 1971), 86쪽.

13) 黃玹, 《梧下記聞》 1, 甲午 5月(《東學農民戰爭史料叢書》 1, 史芸硏究所, 1996), 86쪽.

14) 《全琫準供草》, 初招問目(《東學亂記錄》 下, 國史編纂委員會, 1971), 528쪽.

接主로서 태인을 근거지로 하고 있었는데 그 지역에서는 劫掠이 심하였다.[16]

농민군의 전라도 지역의 사실상의 장악과 폐정개혁 실시에의 강력한 의지, 그리고 정부의 폐정개혁문제 외면 등의 사정이 착종되면서 5월 중순경에는 산발적으로 집강소가 설립되기 시작하였다고 생각된다. 5월 17일경에[17] 감사 金鶴鎭은 다음과 같은 要旨의 효유문을 농민군에게 발하였다.[18]

제1조에서는 너희들의 말을 기다리지 않고도 民에게 해를 끼치는 弊政은 작은 것은 본영에서 혁파하고 큰 것은 계문하여 그 혁파를 요청하겠다고 하였다. 제2조에서는 너희들이 사는 面里에 집강을 임명하여, 농민들의 억울한 일이 있으면, 그 집강이 감사에게 직접 訴志케 하여 公決하겠다고 하였다. 농민군이 집강을 두어서 농민의 억울한 일을 해결하는 것을 위주로 하는 폐정개혁사업을 이미 시작하고 있었기에[19] 이러한 제의를 하였다고 생각된다. 뒤에서 언급되겠지만 고을 단위로 수령의 일을 행하는 농민군의 執綱을, 그 역할이 감사에의 訴志 보고로 한정되고 감사에 의해 面里 단위로 임명되는

15) 《兩湖招討謄錄》, 〈賊黨訴志〉(《東學亂記錄》 上), 207쪽 ; 《駐韓日本公使館記錄》 3, 14쪽, 406~407쪽에도 같은 현상이 지적되고 있다.

16) 黃玹, 《梧下記聞》 2, 甲午 6月(《東學農民戰爭史料叢書》 1), 161~162쪽.

17) 《駐韓日本公使館記錄》 1, 114쪽, 415쪽에 의하면 이 효유문이 金堤에는 5月 19日에 到付하고 있다. 따라서 감영에서 발포되던 시기는 5월 17일경으로 생각된다. 《梧下記聞》 2, 157쪽(《東學農民戰爭史料叢書》 1)에 의하면 求禮에는 6월 3일에 到付하였다.

18) 金星圭, 《草亭集》 4, 卷7, 〈公文〉. 金星圭는 당시 金鶴鎭의 從事官으로서 曉諭文을 직접 자신이 作成하였으며, 김학진의 핵심 참모였다(《梧下記聞》 2, 157~159쪽 참조).

19) 신용하(〈갑오농민전쟁 시기의 농민집강소의 설치〉(《한국학보》 41, 일지사, 1985 ; 《동학과 갑오농민전쟁연구》, 일조각, 1993, 175쪽)과 이이화(〈전봉준과 동학농민전쟁②〉 《역사비평》 8, 역사비평사, 1990, 343쪽)는 기본적으로는 농민군의 주체적 의지와 주도적 행위에 의하여 이미 제1차 농민전쟁 시기에 설치되기 시작하여 1894년 5월 중에는 전라도의 대부분의 지역에 집강소가 설치되었다고 파악하였다. 이에 반하여 노용필(〈동학농민군의 집강소에 대한 일고찰〉 《역사학보》 133, 1992, 103~106쪽)은 5월 하순부터 농민군 대표가 아닌 자가 집강으로 임명되다가 6월 7일 무렵에는 농민군 대표가 집강으로 임명되었으나 기본적으로는 김학진의 주도와 허용에 의하였다고 파악하였다. 김양식(〈1·2차 전주화약과 집강소 운영〉 《역사연구》 2, 역사문제연구소, 1993 ; 《근대한국의 사회변동과 농민전쟁》, 신서원, 1996, 133쪽)은 김학진의 주도하에 6월 중순부터 집강이 나타나기 시작했다고 보았다.

집강으로 격하시키려는 의도였다고 생각된다. 김윤식도 일기에서 5월 중순경,[20] "湖匪는 아직도 곳곳에서 屯聚하고 있었는데, 지나가는 곳에서 추호도 범하지 않았다. 民이 억울한 일이 있어 호소하면 옳고 그름을 갈라서 즉시 해결하니 오히려 민심을 얻었다"[21]라고 하였는데, 위의 농민군 집강의 활동을 반영하고 있다.

그러나 전반적으로는, 5월 15일에 전라도 지방의 상황을 보고하라는 일본공사의 지령을 받고서 5월 16일에 전보로 보고한 高島유학생(당시 전주에 있었음-인용자)은, 그 보고에서 "어느 곳에서도 동학당의 소요가 재발될 기미가 없다. 우리들은 돌아가도 좋은가"[22]라고 하였듯이, 농민군은 폐정개혁의 실시를 기다리고 있는 형세였다. 황현은 5월 농민군의 상황에 대하여 "봉준 등은 비록 죽지 못해 倡亂하였지만 또한 이와 같이 潰裂되리라고는 예상하지 못했다. 5월 이후 봉준은 列邑을 순회하면서 節制하려고 하였지만 그의 令은 오히려 시행되지 않고 농민군 부대는 각기 接을 이루어서 오로지 서로 강성하기만을 다투었다"[23]라고 파악하였다. 전봉준의 5월 8일부터의 전라도 순회 즉 金溝(5. 8)→金堤(5. 9)→泰仁(5. 10)→扶安(5. 13경)[24]→井邑(5. 18)[25]→長城(5. 20경)[26]→羅州(5. 25경)[27]→淳昌(6. 6)[28]→潭陽(6. 10경)[29]→南原(6. 15경)[30]에서 대체로 장성까지는 농민군 질서의 혼란을 절제하려는 것이었다고

20) 이 기사에 잇따라서 李南珪가 다시 상소한 사실을 기록하고 있는데, 이남규의 재상소는 5월 20일에 있었으므로(《高宗時代史》 3, 고종 31년 5월 20일, 國史編纂委員會, 1969, 458쪽 ; 〈甲午實記〉 《東學亂記錄》 上, 11쪽) 주21)의 현상은 5월 중순의 것으로 생각된다.

21) 《續陰晴史》 上, 고종 31년 6월 12일, 318쪽.

22) 《駐韓日本公使館記錄》 3, 19·410쪽.

23) 黃玹, 《梧下記聞》 1, 甲午 5月(《東學農民戰爭史料叢書》 1), 110쪽.

24) 《駐韓日本公使館記錄》 1, '6월 17일(음력 5월 14일-인용자)에 받은 探報者의 보고', 70쪽. 그리고 384쪽에서는 "한편 그 全祿斗도 도피하여 살았다는 말이 있는데, 그는 현재 扶安 등지에서 횡행하고 있다 합니다"라고 되어 있다.

25) 주11)과 같음.

26) 위와 같음.

27) 《駐韓日本公使館記錄》 3, '日本商人 白木彦太郎으로부터의 聞取書要點', 216·586쪽.

28) 《二六新報》, 명치 27년 11월 21일.

29) 《續陰晴史》 上, 甲午 6月 9日, 316쪽.

보인다. 나주 유생 李炳壽는 "초토사는 궁한 도적은 쫓지 말아야 한다고 생각하여 군사를 돌려 돌아갔다. 東徒는 초토사가 회군하고 오히려 징계하지 않고 무기를 거두어 들이는 것을 보고는 더욱 더 폭위를 떨쳐 곳곳에서 개미떼같이 둔취하였다"[31]라고 하여, 5월 19일의 초토사의 회군을 경계로 한 농민군의 동태의 현격한 차이를 강조하였다. 5월 19일 이전의 농민군 동태의 상대적 安穩을 알 수 있다.

이렇게 볼 때 5월 8일에서 5월 18일까지는 기본적으로는 휴전기였으나 그 말기에는 이미 지역에 따라서는 집강소가 설립되어 농민군 스스로의 힘에 의하여 스스로가 주체적으로 폐정을 개혁하는 사업이 시작되고 있었다고 할 수 있다. 5월 18일에는 순변사 이원회가, 그리고 5월 19일에는 초토사 홍계훈이 전주에서 철수하여 서울로 돌아갔다. 전주에는 강화영병 200명만이 남게 되었다. 전라도 지방에는 정부측의 무장력이 사실상 없는 상태가 되었다. 아울러 정부에서는 계속하여 폐정개혁을 외면하고 있었다.

이제 농민군은 폐정개혁 실시의 촉구를 그만두고 곳곳에서 개미떼같이 屯聚하고 "날마다 봉기하여 列邑을 遍行하며 軍庫를 파괴하여 兵器를 모두 탈취하고, (중략) 전라도 50고을이 문득 邪匪의 소굴이 되었다. 起軍하는 것을 起包라 하였는데 大包·小包의 칭이 있었고 接魁는 接主라고 하였는데 大接·私接의 명칭이 있었으며, 큰 接은 몇 수천인을 훨씬 넘었고 작은 接도 5,6백인을 내려가지 않았다. 또 接司·省察·砲士·童蒙의 칭호가 있었"[32]는데 그 包·接은 대개가 집강소를 가리킨 것이었다고 보인다.

황현은 5월 하순의 농민군의 상황을 다음과 같이 서술하였다.[33]

> 이에 오랫동안 동학에 물들었으면서도 두려워하여 엎드려서 관망하던 자들이 일시에 함께 일어나서 모두 道人이라 일컫고, 僧服을 입고 두건은 쓰지 않고 염주를 목에 걸고서 부적을 붙이고 주문을 외며, 노새나 말을 가려서 타지 않고 총과 칼을 잡고 무리를 이루고 진을 결성하여 산과 들에 가득했다.

---

30) 《梧下記聞》 2(《東學農民戰爭史料叢書》 1), 179쪽.
31) 〈錦城正義錄〉 甲編(《謙山遺稿》 卷 19), 3쪽.
32) 위와 같음.
33) 《梧下記聞》 1, 甲午 5月(《東學農民戰爭史料叢書》 1), 107~109쪽.

대체로 道人이라 자칭하는 자들은 그 학문을 이름하여 道라 하고, 그 무리를 包라고 하며, 그 모이는 곳을 接이라 했다. 그 괴수는 大接主라 했고, 그 다음은 首接主라 하고, 또 그 다음은 接主라 하며, 서로 존칭하여 接長이라 하고, 상대방에게 자기를 下接이라고 했다. 혹 만 명이 한 접이 되기도 하고, 혹 천 명이 한 접이 되기도 하고, 혹 백 명 혹 수십 명도 역시 스스로 한 접이라 한다. 큰 읍은 수십 접이요, 작은 읍은 3, 4접이다.

이들은 어지럽고 수가 많아서 마치 찢어진 솜에 불이 붙은 것처럼 어느 곳에서나 타지 않는 곳이 없고, 엎질러진 수은이 땅에 배듯이 틈마다 들어가지 않는 곳이 없었다. 여기에 대해서 봉준 등은 역시 두루 형세를 알아서 단속하지 못하고, 다만 서로 물어서 徐布·北布니, 南接·北接으로 그 연원을 찾을 뿐이었다. 대개 南은 곧 徐요 北은 곧 法이니, 이 때에 法布라는 자는 은거해서 道를 닦는 것을 말한 때문에 일어나지 않았고, 일어난 자는 오직 徐布였는데, 그 무리들은 이미 이러한 것이었다 한다. (중략)

또 읍마다 접을 설치하여 이를 大都所라고 하고, 한 사람의 접주를 내어 太守의 일을 행하게 하고 이를 執綱이라고 했으니, 수령이 있든 없든 개의하지 않았다. 都所는 또 大義所라고 일컬었고, 도로에 있어서는 行軍義所라고 일컬었다. 그 전하는 문자를 令紙라고 일컫고, 그 법은 귀천이나 노소가 없이 모두 같은 상대로 절하고 揖한다. 포군을 일컬어 砲士接長이라 하고, 童蒙을 童蒙接長이라고 한다. 종과 주인이 모두 入道하면 또한 서로 접장이라고 불러 친구와 같이 한다.

5월 하순에는 한 고을에 한 사람의 집강이 있는 大都所=都所=大義所=行軍義所=執綱所[34]가 전라도 지방에 보편적으로 설치되고 집강은 수령의 일을 하게 되었으며, 집강의 지시를 令紙라고 일컬었다고 한다. 상황이 이러하였기 때문에, 감영과 고을의 기존의 행정체계에 사실상 종속되는 面里執綱제도를 허용하겠다는 효유문을 6월 3일에 받아 본 농민군들은 비웃었다고 한다.[35]

전라도 지방에서의 집강소의 보편화에는 감사 김학진의 撫局(休戰和約의 局面-인용자)을 유지하려는 농민군 대책도 하나의 요인이 되었다. 김학진은 4월 18일에 감사에 임명되고 4월 24일의 辭陛에서도[36] "便宜從事의 권한을

34) 《梧下記聞》 2, 甲午 7月(《東學農民戰爭史料叢書》 1), 68~69쪽에서는 都所를 執綱所, 執綱處라고도 하였다.

35) 《梧下記聞》 2, 甲午 5月(《東學農民戰爭史料叢書》 1), 157쪽.

주셔야만 부임하겠습니다"라면서 고종에게 강청하였고 고종은 마지못해 "卿의 所爲에 일임하겠다"라고 허락하였다.[37] 이러한 농민전쟁 수습에서의 일정한 專決權을 획득하였기에 김학진은 전주화약의 성립에도 "경군과 농민군 양쪽에 사신을 보내어 조정의 명으로써 화해하게 하였다"[38]라고 하듯이 큰 역할을 하였던 것이다.

5월 하순 淳昌에는 집강소가 설치되었다. "순창군수 李聖烈은 城을 지켜 賊을 들이지 않으려고 하였으나 적은 이미 列郡에 屯據하였고, 京軍은 차례로 北退함에 聲援은 끊어지고 김학진은 연달아 각 고을에 關文을 보내어서 撫局을 무너뜨리지 말라고 하였다. 이성렬은 고립되어 대책도 없어서 吏民이 의탁하여 入道함과 都所를 설치함과 執綱을 두는 것을 허용하였다. 경내를 단속하여 다른 고을의 賊이 순창을 침범하지 못하게 할 뿐이었다. 吏民이 원래 그의 정사에 복종하였고 賊도 또한 그의 聲望을 존경하였으므로 감히 세력을 믿고 침범하거나 마음대로 횡포하지는 못하여 고을 사람들이 편안하게 여겼다. 그러나 이성렬은 뜻대로 施政할 수 없어서 울울하고 즐겁지가 않았다. 여러번 가만히 도망하려고 하였으나 吏民들에게 들켜서 도망가지 못하였다"[39]는 사정이었다. 농민 집강소와 기존의 행정기구가 병립되어 있었지만 농민 집강소 측의 지배력이 우세한 상태였다고 생각된다. 예컨대 "수령의 政事에 그 무리들(농민군－인용자)은 매일 矯非하여 수령은 마음대로 할 수 없었다"[40]는 상황이었다.

"적은 揚言하기를 '관리는 믿어 의뢰할 수 없고 지금 나라는 大亂하니 우리가 마땅히 代天理物하고 輔國安民해야 한다'라고 하고 드디어 砲馬를 거두어 들이고 錢粮을 나누어 주고 사방으로 내려가서 노략질하였다. 亂民이 곳곳에서 봉기하니 천리가 호응하였다. 달포사이에 3남이 들끓고 수령은 혹 도망하여 숨고 혹은 잡히어서 굴욕당하여 한 사람도 자기의 관할지역을 지키

36) 《日省錄》, 고종 31년 4월 24일.
37) 《梧下記聞》 1, 甲午 4月(《東學農民戰爭史料叢書》 1), 73쪽.
38) 〈甲午略歷〉(《東學亂記錄》 上), 65쪽.
39) 《梧下記聞》 2, 甲午 5月(《東學農民戰爭史料叢書》 1, 160쪽. 이하에서는 《叢書》로 略記한다).
40) 《金若濟日記》, 甲午 6月 2日(《叢書》 3), 61쪽.

는 자가 없었다."41) 이러한 수령·농민군 병립 상태하에서 농민군의 行態에 대하여 황현은 다음과 같이42) 서술하였다.

> 한번 그 黨에 들어가면 하지 못하는 일이 없어, 남의 무덤을 파고, 사사로운 債務를 받아 내고, 부자 백성을 겁탈하고, 양반을 욕하고, 官長을 조롱하고 욕하고 吏校를 결박하는 등, 천둥처럼 내닫고 바람처럼 달려서, 그 묵고 쌓인 원통하고 분한 기운을 다 풀었다.
>
> 그런 때문에 천한 자가 들어가고, 죄진 자가 들어가고, 사나운 자가 들어갔다. 부자도 혹 들어갔으나 이는 약탈당할 것을 두려워한 것이나, 들어갔어도 마침내 면치 못했다. (중략)
>
> 그러나 당에 富戶가 있으면 또한 주뢰를 쓰기 때문에, 한 달 사이에 50州의 백성이 들 밖에 2頃의 토지가 있고 집에 百金이 있으면 주뢰를 받지 않는 자가 없어, 이에 어지러워지고 짓밟히며, 달리고 모이고 합했다가 흩어져서, 賊 같기도 한데 賊이 아니고, 백성 같기도 한데 백성이 아니며, 수천 리 땅을 반드시 장차 다 없애고 말려고 했다.

폐정개혁을 목적으로 한 집강소의 설치였지만 그 폐정의 개혁은 '묵고 쌓인 원통하고 분한 기운을 다 풀어버리는' 즉 억울한 일을 해결하는 사업 중심이었다. 따라서 이 시기에는 곳곳에 設接되고 집강소가 설치되어43) 농민군의 힘이 비약적으로 증강되었으나, 증강되는 농민군은 구성면에서는 빈민·소농·빈농이었고 신분면에서는 천민들이었으며 따라서 집강소 질서의 최대의 특징은 종래의 계서적 신분제 질서의 현저한 붕괴였다.

> 그런 때문에 私奴·驛人·巫夫·水尺 등 모든 천인들이 가장 즐겨 여기에 따랐다.44)

상황이 이러하였기 때문에 김학진은 6월 초에도 다시 효유문에서45) 내용상으로는 5월 17일경의 효유문(再諭道內亂民文-인용자)을 반복하면서 전혀

---

41) 黃 玹, 《梅泉野錄》(국사편찬위원회, 1971), 甲午 6月, 154쪽.

42) 《梧下記聞》 1, 甲午 5月(《叢書》 1), 109~110쪽.

43) 朴周大는 "하루에도 한 고을에서 設接됨이 몇 수십이 되는지 알 수 없었다"라고 하였다. 《羅岩隨錄》(國史編纂委員會, 1980) 甲午 7月, 382쪽.

44) 주 33)과 같음.

45) 《草亭集》 4, 卷 7, '三諭道內亂民文', 28쪽.

위압함이 없이 농민군의 진정을 애걸하였다. 농민군에 의한 집강소의 보편적 설립을 반영하는 것이었다고 생각된다. 김학진은 6월 7일 다시 다음과 같은 효유문을 발포하였다.46)

四諭道內亂民文 開國 503년 甲午 6월 초7일

본 감사가 너희들을 曉諭함이 한두 번이 아니었다. 너희들의 訴冤도 또한 누차 있었다고 알고 있다. 너희들이 아직도 觀望하고 있음은 실은 의구하는 심정 때문임을 진실로 알겠다. 言文이 번거롭고 반복됨을 거리끼지 않은 所以는, 너희들로 하여금 聖上의 至意와 본 감사의 苦心을 洞然하게 알게 하고자 함이었다. 지금 너희들이 兵器를 반납한 것을 보고, 그리고 너희들이 몹쓸 사람들이 騷擾하는 것을 몹시 미워하고 엄금한다는 것을 보니, 너희들의 良善한 實心을 믿을 수 있다. 기왕의 너희들의 일도 窮迫에 말미암았으니 더욱 측은하다. 본 감사의 본의가 지금에야 성취될 것 같아 또한 정말 다행이다. 또 李容仁의 口伝에 의하면 너희들이 가지고 있던 各邑軍物은 각기 所在邑에 반납한다고 하는데, 각 고을 수령에게 반납무기의 소상한 기록도 반드시 제출해서, 즉시 감영에 轉報토록 할 것이며, 농민군 중의 무뢰배들이 東學을 가탁하여 그 더러움으로써 良善한 너희들을 더럽히니, 지방의 患害가 될 뿐만 아니라 또한 너희들에게도 원수가 되는 것이다. 각 고을에서 그 자들을 탐문해서 잡을 때에 혹 선량자와 해악자를 잘못 가려 事端을 일으킬까 우려된다. 너희들이 각기 그 고을에서 謹愼하고 有義한 자를 뽑아서 執綱으로 삼아 발각되는 대로 잡아서 그 고을에 넘겨서 처리케 하고 혹 執綱이 마음대로 하기 어려운 경우에는 그 해악자의 이름을 수령에게 알려서 수령이 法대로 체포하게 하되, 혹 적격이지 않은 자를 執綱으로 맡겨서 폐단을 제거하는 것이 오히려 폐단을 낳게 하는 것이 되지 않도록 해야 할 것이다. 지난 날 羅州에서의 刑殺은 너희들을 오해했을 때의 일이고, 오늘 이후로는 본 감사가 올바르게 처리하겠다. (하략)

김학진은 한 고을에 한 명의 집강을 농민들이 뽑도록 하고, 원한 풀기 위주의 '不法'의 제어에는 집강의 專權을 인정하고 최종단계의 처벌집행은 기존의 행정체계에서 장악하려는 의도를 나타내고 있다. 농민군과의 合力으로써 지방의 질서를 유지하려는 의도였다고 보인다. 이것은 농민군의 집강소 질서를 사실상 인정하는 것이었다. 농민군의 집강소 질서의 보편적 성립을

46) 《草亭集》 4, 卷 7, 〈公文〉, 29~30쪽. 작성은 5월이지만 앞뒤 사정으로 보아 발포는 6월초로 생각된다.

반영하는 것이라고 생각된다.

위의 효유문에는 6월 7일 이전에 농민군 중의 일부에서 무기를 고을에 반납하고, 농민군 중의 일부 과격파가 소요하고 剽掠하는 것을 금제하고 나아가서는 체포하는 움직임도 있었다는 것이 나타나고 있는데 이것은 전봉준 부대의 경우였다.47)

이 시기 농민군 집강소의 질서는, "이 때 湖南賊은 여러 부분으로 나뉘어 있었다. 金箕範 등은 右道를 경영하였고 전봉준은 左道를 경영하였다"라거나,48) "全琫準은 수천의 무리를 거느리고 金溝院坪에 屯據하여 全羅右道를 통솔하였고, 金開南은 수만의 무리를 거느리고 南原城에 둔거하여 전라 左道를 통솔하였으며, 그 이외 金德明·孫和中·崔景善 등도 각기 한 지역에 둔거하였다"49)라고 하였듯이, 전봉준·김개남·김덕명·손화중·최경선 등은 각기 한 지역을 장악·지배하고 있었다. 6월 이후 金仁培도 순천을 근거지로 하여 嶺湖都會所를 설치하고 부근 일대를 장악·지배하였다.50)

제1차 농민전쟁 때에도 3월 25일의 白山 농민군대회의 경우 농민군 최상층에서의 서열만 조직화·체계화되었을 뿐, 행동은 전혀 분산적·분할적으로 행동하였고, 휴전기에서의 '각기 接을 이루어서 오로지 서로 강성하기만을 다툰' 분할성이 집강소 초기에서도 여전히 지속되고 있었다. 이와 같은 분할성에 따라서 각 지역의 집강소 질서도 상대적으로 특색이 있었는데 "탐학하고 不法하기로는 金開南이 으뜸이었다. 全琫準의 경우는 東學敎徒에 빙자하고 의뢰하여 革命을 도모하였다. 이른바 우두머리들은 각자가 大將이라 일컫고 誅求를 일로 삼아 전봉준의 단속을 받아들이지 않았다. 때문에 전봉준도 어쩔 도리가 없었다. 이런 상태로 7월이 되고 8월이 되면서 무법천지는 더욱 심해져서 부자들은 모두 고장을 떠나고 賤民들은 모두 도량하여 討財할 뿐만 아니라 宿怨을 풀기도 하였던 바, 호남 일대가 混沌世界로 되었다"51)라고

47) 《梧下記聞》 2, 甲午 7月(《叢書》 1), 182~183쪽.
《隨錄》 6月(《叢書》 5), 243~244쪽.

48) 《梧下記聞》 2, 甲午 5月(《叢書》 1), 157쪽. 주 49)로 미루어 보아서 左右자가 바뀌었다고 보인다.

49) 〈甲午略歷〉(《東學亂記錄》 上, 65쪽).

50) 〈巡撫先鋒陣謄錄〉(《東學亂記錄》 上, 680쪽). 이하에서는 《記錄》으로 略記한다.

하였듯이 '묵고 쌓인 원통하고 분한 기운을 다 풀어버리는' 행태는 김개남의 장악·지배지역에서 상대적으로 현저하였다.

이 무렵 전봉준의 장악·지배지역은 興德이남 羅州이북 일대의 지방이었다고 생각된다.[52] 이 지역의 상황에 대하여 살펴보기로 한다. "동학당은 지금 더욱 더 창궐하여 무장·장성·정읍 등지는 현재 동학당의 집결지로 되어 있고 지방관 같은 것은 유명무실하여 동학당에게 좌우된다"[53]라거나 "홍덕이남 나주이북 일대의 지방에서는 모든 政令이 모두 黨人의 손에서 나와 지방관은 단지 그 콧김을 살피는 형편이 된 일"[54]이라는 보고가 있다. 6월 15일까지 恩律의 黃山에 체류하면서 전라도 지방의 농민군 상황에 대한 정보를 수집하고 돌아온 白木彦太郎은 그 보고에서 "지금 나주에 있는 全明淑(전봉준－인용자) 및 光州의 손화중 등으로 현재 5천여 명의 무리를 거느리고 있다"[55]라고 하였음에서도 전봉준의 장악·지배 지역은 홍덕이남 나주이북 일대의 지방임이 확실하다고 생각된다. 아울러 손화중의 장악·지배지역은 광주 일대라고 생각된다.

5월 하순 쌀을 매입하러 홍덕에 체재하였던 日高友四郎은 인천영사에게 다음과 같이 보고하였다.[56]

> 과연 5월 28일(7월 1일) 밤 東徒의 接主(2,000~3,000명의 首領이라고 함) 한 사람이 그 수하인 30명 정도를 인솔하고 旅舍에 와서 사들인 쌀의 有無를 묻기에 있다고만 말했더니, 그가 말하기를 "현재 이곳 근방의 米價의 폭등을 초래한 것은 해외수출이 심히 많은 데서 연유한다. 그러므로 너희들 日本人들이 이 內地까지 들어와서 米穀을 買集하면 土着民들이 졸지에 飢饉으로 죽을 지경이 된다. 따라서 금일부터 防穀을 嚴行하게 될 것이므로 勺合도 실어내지 못한다"는 뜻을 말했기 때문에, 나는 조약에 의거하여 정당한 수속을 밟고 內地에서 行商하는 자임을 내세워 抗辯하고 또 防穀令은 어느 곳에서 발포한 것인지 또

---

51) 주 49)와 같음.

52) 주 25)~29)에서와 같이 5월 20일에서 6월 10일경까지 전봉준은 홍덕 이남 나주 이북 지역을 순행하고 있었는데, 이 지역의 집강소 질서를 정비하고 있었다고 생각된다.

53) 《駐韓日本公使館記錄》 3, '本艦 分隊長 福井大尉 聞取書始末', 214·585쪽.

54) 위의 책, 210·582쪽.

55) 위의 책, 216·586쪽.

56) 위의 책, 210·582쪽.

> 令文이 있는지 반문하였다. 그랬더니 그는 懷中에서 한통의 公文같은 것을 끄집어내면서 東學黨의 首領으로부터 發令된 것이라고 말하였다.

'동학당의 수령'인 전봉준은 5월 28일에 자신의 장악·지배지역 일대에 방곡령을 실시하고 있었다. 그리고 같은 보고에서 "東徒는 항상 富豪者로부터 財穀을 강탈하여 貧困者에게 賑恤하고 혹은 약탈한 미곡을 時價에 비하여 5, 6할 廉價로서 방매하는 등 일반 인민의 歡心을 사는데 급급한 상태였다"57) 라고 하였다. 그리고 위의 방곡령 공문을 본 日高友四郎이 "그래서 곧 謄書를 시작하려 하였으나 그것을 허락하지 않고서 懷中에 넣어버렸으며 또 말하기를 '일본인이 조약에 의거하여 미곡을 사들였다고 말하면 지금 잠시 이것을 의논해야만 하겠지만 현재 이 都賣商 倉庫에 쌓아놓은 것이 都賣商이 사들인 물건이면 모두 다 실어내게 하라'는 말을 하였다. 현장의 실황을 살펴 보건대 도저히 이론으로써 저항하는 것은 불이익이 된다는 것을 깨닫고서 여러 방면으로 손을 써서 중재를 신청해 당시 사들인 쌀 百石만 무사히 실어낼 수 있었다"58)는 것이었다. 전봉준 부대의 경우에는 외국과의 조약은 준수하겠다는 의지가 반영되어 있으며, 都買행위는 응징하겠다는 의지를 강력하게 나타내고 있었다. 전봉준의 장악·지배지역에서는 '묵고 쌓인 원통하고 분한 기운을 다 풀어버리는' 질서에서 벗어나서, 민생문제를 현실적·구체적으로 해결하는 집강소 질서가 구축되고 있었다고 생각된다.

전봉준은 6월 6일 순창에서 일본인 鈴木을 만나, 그의 질문에 당시 列邑을 순행하는 목적은 폐정을 개혁하기 위한 것이라고 밝혔다.59) 위에서와 같은 방곡령 실시, 도고의 응징도 결국은 폐정을 개혁하는 사업의 일환이었다.

그러나 弊政의 개혁은 농민군의 일방적 자의에 의해 시행되는 것은 아니었다. 6월 7일 이전 6월초의 〈全琫準等再上書〉에서 "우리들의 이번 거사(농민봉기-인용자)는 탐관의 剝割에 말미암은 것이었다. 우리가 거쳐가는 고을

57) 위와 같음.

58) 위와 같음.

59) 《二六新報》, 명치 27년 8월 11일, '馬嘶劍鳴錄'(《사회와 사상》 1, 한길사, 1988, 252쪽)에 의하면 전봉준은 약 500명의 부대를 거느리고 6월 6일 순창에 체재하고 있었다.

들에서 작은 폐정은 수령에게 건의하여 시정하고 큰 폐정은 감영에 제출하여 시정한다"[60]라고 하였듯이, 폐정개혁의 마지막 단계는 고을과 道의 행정체계 안에서 마무리하는, 그러한 合力과 協力의 틀 속에서의 농민군 주도의 폐정개혁이었다고 생각된다.

5월 하순 염찰사 엄세영은 "봉준에게 가서 서로 깊이 結하고 전봉준의 포사 10명을 구걸하여 前導로 삼고 구례에 이르렀다"[61]고 하는데, 전봉준의 장악·지배의 정도를 나타내고 있다. 전봉준은 6월 9일에는 순창에서 담양으로 갔고[62] 이어서 6월 15일경에는[63] 남원으로 갔는데, 역시 모두 폐정을 개혁하기 위한 각지 순행의 지속이었다고 생각된다. '以圖革命'의 혁명은 기왕의 질서와는 다른 새로운 질서를 의미하지 않을까 생각되고, '不聽約束'의 약속은 새로운 질서를 수립하려는 지향에서 묵고 쌓인 원통하고 분한 기운을 다 풀어버리는 '不法'의 형태를 단속하는 것이었다. 예컨대 전봉준은 순창에서 6월 7일에 天佑俠에 보낸 회답서장에서 "심하도다, 유교의 道가 행하여지지 않는 것이"라면서 '民惟邦本 本固邦寧' 이념을 재강조하고 있다.[64] 이렇게 볼 때 '새로운 질서'란 '유교의 본래적인 道'가 행하여지는 세계를 의미하는 것이 아닌가 생각된다.

2) 집강소 설치의 전면화(6월 15일경~7월 5일)

황현은《梧下記聞》2의 7월조에서 다음과 같이 기술하였다.[65]

> 이달 보름 무렵에 全琫準 金開南 등이 南原에서 大會를 하였는데 무리가 수만명이었다. 전봉준이 各邑의 布에 令을 傳하여, 邑에 都所를 설치하고 그 親黨(농민군-인용자)에서 執綱을 두어서 守令의 일을 행하도록 하였다. 이에 道內의 軍馬錢糧이 모두 賊(농민군-인용자)의 것으로 되었다. 사람들이 逆謀가 이

60)《隨錄》6月(《叢書》5), 245쪽.
61)《梧下記聞》2, 甲午 5月(《叢書》1), 160쪽.
62)《二六新報》, 명치 28년 8월 11일, '마사검명록' 제5회(《사회와 사상》1, 252쪽).
63)《梧下記聞》2(《叢書》1), 179쪽.
64)《二六新報》, 명치 27년 8월 15일, '마사검명록' 제7회(《사회와 사상》1, 255쪽).
65)《梧下記聞》2, 甲午 7月(《叢書》1), 179쪽.

미 이루어져 그칠 수 없고 亂民이 되었음을 비로소 알았다. 그러나 金鶴鎭은 농민군이 休戰과 타협에 응함을 믿고 의뢰해 대응태도를 확정치 못하고 지켜보고 있었다.

우선 '是月'이 집강소 발전의 시기 획정에서 중요한 관건이 된다. 7월조의 부분에서 是月이라고 하였으니까 7월로 파악할 수도 있다.66) 그러나 '是月望間의 南原大會' 이후 김학진과 전봉준 사이에 일련의 교섭이 있었고 그 뒤 7월 6일에 김학진과 전봉준이 전주감영에서 만나서 새로운 질서의 집강소에 합의하였으므로 是月은 6월로 보는 것이 타당하다고 생각된다.67)

6월 15일 무렵 전봉준과 김개남은 남원에서 농민군 대회를 열고 각 고을에 都所(執綱所－인용자)를 설치하고 농민군 중에서 집강을 두어 수령의 일을 행하도록 각 고을의 농민군에 令을 내렸다. 농민군에 의한 집강소가 본격적으로 설치됨으로써 새로운 단계의 집강소 시기가 시작되었다. 이 결과 집강소는 軍馬와 公錢 그리고 公穀을 관리하는 지방행정기관으로서의 성격을 갖게 되었고, 이러한 지방행정기관으로서의 집강소가 羅州를 제외한 전라도의 모든 지역 52개 고을(당시 전라도에는 56개 고을이 있었는데, 제주도의 제주·대정·정의고을이 제외됨)에 설치되었다.68) 전봉준과 김개남이 '묵고 쌓인 원통하고 분한 기운을 다 풀어버리는' 행태에서 '새로운 질서수립' 위주의 행태에로 집강소 질서를 전환시키는 데에 합의하였기 때문에, 행정기관으로서의 성격이 보다 더 강화되는 집강소를 본격화시키는 이러한 새로운 조치를 취하게 되었다고 생각된다. 이러한 농민군 집강소의 본격적 전개에 대하여 김학진은 대책을 결정하지 못한 채 지켜보고 있었다.

김학진은 7월 1일 무렵에69) 전라도의 고을들에 甘結을 보내었는데 그 속

---

66) 이이화, 〈전봉준과 동학농민전쟁②〉(《역사비평》 8, 1990), 344쪽 ; 김양식, 〈1·2차 전주화약과 집강소 운영〉(《역사연구》 2, 역사문제연구소, 1993) ; 《근대한국의 사회변동과 농민전쟁》(신서원, 1996), 148쪽.

67) 신용하, 〈갑오농민전쟁 시기의 농민집강소의 설치〉(《한국학보》 41, 일지사, 1985) ; 《동학과 갑오농민전쟁연구》(일조각, 1993), 182쪽 참조.

68) 李炳壽, 《錦城正義錄》 甲篇(《叢書》 7), 10～11쪽.

69) 7월 6일의 전봉준과 김학진의 전주회담에 선행되는 것으로 보여, 7월 1일 무렵으로 생각된다.

에서, 농민군이 낸 原情을 보니 "지금 이 革旧自新의 때에 하늘이 내린 떳떳한 良心이 있음을 알겠다. 지금 이후에는 모두가 개과한 平民이니 지난 허물을 절대로 지목하지 말아야 할 것이고, 그들의 말이나 출입에 털끝만큼이라도 거리낌이나 막힘이 없게 해야 할 것이다. (중략) 무뢰배로서 빙자해서 소란을 일으키는 자는 농민군 중에서 執綱을 정하여 잡히는 대로 본 고을에 넘겨야 할 것이다. (중략) 탐사해서 잡아들임에 혹 소홀함이 있어 부득불 지방관에게서 힘을 빌려야 할 경우에는 고을 수령은 농민군 집강의 來告대로 校差를 보내어서 농민군과 합력하여 체포하도록 해야할 것이다"[70]라고 말하고 있다. 소란을 일삼지 않는 농민군에 대한 적극적인 평가, 농민군 집강의 현실적 권한의 자율성을 폭넓게 인정하는 점 등으로 보아 집강소 질서의 확대화·강화가 반영되어 있다고 보인다.

남원대회를 전후하여 농민군의 숫자는 더욱 불어나 "列邑에는 모두 接主가 있고 大接은 수만여 인이었고 小接도 수천 인이나 되었다"[71]고 한다. 公州에서도 공주 한 고을 안에 接이 수십여 개이고 그 중 大接은 1천여 인이며, 小接도 300~400인을 내려가지 않았다고 한다.[72]

이 시기의 이러한 농민군의 증가도 형태상으로는 동학교회의 형식하에서 이루어지고 있었다. 예컨대 황현은 입도하려는 사람이 많아지자 이전에는 입도절차에서 요구되었던 주문외우기도 생략한 채 입도식이 거행되었다고[73] 하였고, 오지영도 "布德에 대하여 무더기로 式을 행하였었다. 한 마당에서 10인이나 100인 이상의 다수가 입도를 하였다"[74]라고 기록하였다. 이렇게 외형상의 형태는 동학교문의 接이었지만 실체는 농민군이었기 때문에 李圭泰도 "지금 匪類들은 무리마다 接들이 있는데 接主는 곧 그 接의 괴수이다"[75]라고 하여 接을 농민군 부대, 接主를 농민군 부대장으로 인식하고 있다.

농민군의 압도에 따른 단위 교문으로서의 接의 팽창에 따라 接의 내부조

---

70) 《草亭集》 4, 卷 7, 〈公文〉, '甘結53州', 31쪽.
71) 金在洪, 《嶺上日記》, 甲午 6月 25日(《叢書》 2), 285쪽.
72) 李丹石, 《時聞記》, 甲午(《叢書》 2), 177쪽.
73) 《梧下記聞》 1(《叢書》 1), 109쪽.
74) 《東學史》, 152쪽.
75) 〈李圭泰往復書幷墓誌銘〉(《記錄》 下), 503~504쪽.

직이 敎政과 軍政으로 분화되어 나가고 있었다고 보인다. 예컨대 황현은 "그 접주 이외에 또 都接·接師·講師·講長·敎場·敎師·敎授 등의 명목이 있으니 이는 모두 포덕때 쓰는 것이요, 省察·檢察·糾察·周察·通察· 統領·公事長·騎砲 등의 명목은 모두 起布때에 쓰는 것이다"[76]라고 하였는데, 布德조직에는 都接이하 敎授까지가, 起布(=起包-인용자) 조직에는 省察 이하 騎砲까지가 있었고, 이 양자를 총괄하는 것이 接主였음을 알 수 있다. 말하자면 布德(敎政)과 起包(軍政)로 接의 내부조직이 분화되고 있었다고 할 수 있다. 즉 接主는 "領率之稱"[77]이며 "領率徒衆者"[78]였다.

이 시기의 집강소는 이전에 비하여 행정기관화의 경향을 증대시키면서 堀塚이나 討財 등의 행위는 규제되고 있었으나 富民에의 討財는 여전하였다. 그러나 이전의 討財와는 다른 성격의 것이었다고 생각된다. 예컨대 "부자를 협박하여 金穀을 빼앗아와 이를 빈민에게 (값싸게) 나누어주고 (중략) 빈부를 고르도록 하여 소수인으로 하여금 부를 오로지하는 것을 허락하지 않는 데 있다"[79]라는 보도가 있었는데, 이것은 전봉준의 장악·지배지역에서의 농민군 행태의 지속으로 생각된다. 전봉준이 장악한 지역의 집강소에서는 均産主義的 이념이 농민군의 행동에서 현실화되고 있었다고 생각된다.

3) 집강소의 공인 (7월 6일~10월)

黃玹은 《梧下記聞》 2, 甲午 7月條에서 다음과 같이 서술하고 있다.[80]

> 서울에서의 亂(6월 21일의 일본군의 경복궁 점령-인용자) 소식을 들은 후 김학진은 군관 宋司馬를 사신으로 삼아 편지를 가지고 남원에 있는 전봉준에게 보내었다. 宋사마는 전봉준 등을 설득해서, 동맹하여 國難(일본군의 경복궁 점

76) 《梧下記聞》 1(《叢書》 1), 104쪽.
77) 《全琫準供草》(《記錄》 下), 535쪽.
78) 《甲午略歷》(《記錄》 上), 67쪽.
79) 《東京日日新聞》, 명치 27년 8월 5일(음력 7월 5일-인용자). (박종근, 《청일전쟁과 조선》 209쪽에서 재인용). 음력 7월 5일의 보도이니까 6월 20일경의 상황이었다고 생각된다.
80) 《梧下記聞》 2, 甲午 7月(《叢書》 1), 65~66쪽.

령으로 인한 국가적 위기－인용자)에 함께 힘쓰고 농민군을 거느린 전봉준과 함께 전주를 지키고자 하였다. 전봉준이 농민군 일부의 소란행위를 금제하고 무기를 반납한다고 했기 때문에 김학진이 전봉준을 초청하여 그 거취를 보고자 한 것이다. 전봉준은 편지를 받고 나서 한동안 머뭇거리다가 "내가 한번 죽어 나라에 보답하고 내가 亂을 일으킨 것을 속죄하겠다"면서 수락하였다. 드디어 무리를 정돈하고 전주로 갈 계획을 세웠다. 김개남은 전봉준의 계획에 응하지 않고 부하들을 이끌고 지름길로 돌아갔다. 전봉준이 전주로 옴에, 전주에 가까워지자 무리들은 죽임을 당할까 두려워서 많이 도망가고 다만 가까운 동지 사오십명만 함께 들어왔다. 전봉준이 선화당에서 김학진을 만났는데, 김학진이 길 양편에 무장한 군인들을 배치시켜 놓았으므로 전봉준 등이 긴장해서 얼굴색이 변하였다. 전봉준 등은 머리를 조아리고 타이르는 말을 들었으며 군사력으로 쓰여지기를 원하였다. 김학진은 전봉준을 신뢰하여 전봉준에게 "그대가 항복하면 나머지 賊들은 종이 한 장으로 부를 수 있으니 큰 공을 이룰 수 있다"고 하면서, 마침내 진심으로 함께 이야기를 나누고 속마음까지 내보이며 의심하지 않는다는 것을 나타내었다. 전라도 일대의 軍政을 모두 전봉준에게 넘겨주었다. 얼마 지나지 않아서 남아있던 京軍마저 모두 돌아가니 감영의 군사력은 아주 약해졌다. 김학진은 지식인 관료로서 부하를 통솔하는 능력이 부족하였다.

전봉준은 스스로 생각하기를, 자신의 죄가 막중하여 용서받기가 어렵고 또한 다수의 농민군들이 자신의 명령을 따르지 않아 제어할 수도 없고, 서울의 安危도 알 수 없는 상황에서 호남 전체를 차지하고 정치국면 전체의 향방을 살필 수만 있어도 이 또한 견훤이 한쪽을 지배하였던 국면은 된다고 판단하였다. 이에 전봉준은 김학진을 옆에 끼는 것을 좋은 기회로 삼아 호남을 專制하였다. 김학진의 좌우에는 모두 자신의 심복들을 심어 놓고 몰래 다른 농민군 부대를 불러들였으니 명분은 성을 지킨다는 것이었으나 사실은 성을 포위하는 것이었다. 김학진은 마치 꼭두각시처럼 되어 기거하고 기침하는 것조차 마음대로 할 수 없었고, 다만 전봉준의 文書를 받들어 시행할 뿐이었으니 김학진을 사람들이 道人監司라고 일컬었다.

전봉준과 김학진은 7월 6일[81] 전주에서 회담하였다. 회담의 결과는 '官民

81) 《隨錄》, 甲午 7月(《叢書》 5, 275쪽) ; 《梧下記聞》 2, 甲午 7月(《叢書》 1, 68~69쪽) ; 6월 初에 전봉준이 전주감영으로 김학진을 찾아가서 회담한 결과 일정한 합의가 도출되었다는 파악도 있다(노용필, 〈동학농민군의 집강소에 대한 일고찰〉(《역사학보》 133, 107쪽)). 이러한 파악은 "6월에 관찰사가 전봉준 등을 감영으로 불렀다. 이때 성을 지키는 군졸들이 각기 총과 창을 가지고 좌우에 정렬하고 있었는데 전봉준은 삼베옷에 높은 갓을 쓰고 조금도 거리낌 없이 당당하게 들어왔다"(〈甲午略歷〉, 《東學亂記錄》 上, 65쪽)에 근거하고 있다.

相和'[82]의 원칙 하에서 '道人과 政府 사이에는 宿嫌을 蕩滌하고 庶政을 協力할 事'[83] 즉 농민군과 전라도 지방권력과의 타협과 협력에 의한 庶政의 쇄신과 전라도에서 군사적 지휘권을 전봉준이 장악한다는 것에 대한 합의였다. 여기에서 집강소 질서가 김학진에 의하여 공인되기에 이르렀다.

타협과 협력에 의한 庶政의 쇄신이지만 군사적 지휘권이 농민군측에 의해 장악되었던 만큼 농민군 주도와 우세에 의한 庶政의 쇄신이었다고 생각된다. "다만 전봉준의 文書를 받들어 시행할 뿐인" 김학진을 사람들이 道人監司라고 일컬었다"는 것이 그것을 반영하는 것이라고 생각된다. 그러한 사정을 公州儒生 李容珪는 다음과 같이 말하였다.[84]

> 신감사 金鶴鎭은 겁을 먹어 감히 들어가지 못하고 礪山에 이르러 한 달 가량을 체류하였다가, 전봉준이 전주성을 떠난 후에야 비로소 감영에 들어갔다. 전봉준은 歸化하였다고 일컫고 단신으로 감영에 들어와 監司의 일을 맡아 하였다. 巡營의 關文 甘結은 반드시 전봉준의 결재가 있은 연후에야 列邑에서 거행하였다. 전봉준이 여러 날 행정을 실시하면서 刑殺은 없었으나 兩湖의 大禍가 釀成되었던 것이다.

전감사 김문현의 군사마였던 崔永年은 "김학진은 (중략) 그 도임에 미쳐서는 宣化堂을 敵에게 내어주고 스스로 澄淸閣에 居하였는데 每事는 賊에 의하여 행해졌다"[85]라고 하였고, 황현은 "김학진은 賊에게 동정을 구걸하고 적의 호령에 빙자하였으니 마치 奉行하여 關和하는 것 같았다"[86]라고 하여, 김학진과 전봉준의 타협 · 합작을 비난하였고, 나아가서는 "아침에는 학진의 머리를 매달아 게시하고 저녁에는 전봉준의 시체를 찢었으면 좋겠다"[87]고까지

그러나 "이때 성을 지키는(하략)"의 이때는 6월과 분리해서 보는 것이 타당하다고 생각된다. 즉 《隨錄》과 《梧下記聞》 2의 7월 6일로 보는 것이 타당하다고 생각된다.

82) 鄭碩謨, 〈甲午略歷〉(《記錄》 上), 65쪽.
83) 吳知泳, 《東學史》(永昌書館, 1940), 126쪽.
84) 李容珪, 《若史》(《叢書》 2), 235쪽.
85) 崔永年, 《東徒問辨》, 갑오 7월(《記錄》 上, 160쪽).
86) 《梧下記聞》 2(《叢書》 1), 184쪽.
87) 위의 책, 181쪽.

비분강개하였다. 이렇게 전직관료나 보수적 유생이 비분강개하는 까닭은, 본격화는 되었지만 아직은 농민군에 의한 일방적인 행동이었던 집강소가 7월 6일부터는 김학진측에 의하여 공식적으로 인정된 집강소가 성립되었기 때문이다. 官民相和의 執綱所 질서에서의 양측의 合力·協力의 한 사례를 다음에서 볼 수 있다.[88]

甘結 茂朱

(상략) 이달 초 6일에 전봉준이 그 무리들을 데리고 영문으로 와서 나와 만나 속마음을 모두 털어놓은 후 또 牢約(굳은 언약-인용자)을 정했다. 모든 고을의 執綱에 보내는 通文을 지었다기에 그 통문을 받아서 보니 말이 實心에서 나왔고 일이 모두 이치에 맞고 지성스럽고 절실하여 지극함에 이르지 않은 것이 없어, 고로 그 대개를 들어서 左에 기록하여 이에 다시 甘結을 발포하니 到付하면 언문과 한문으로 마을마다에 게시하여 대소민인으로 하여금 경계하고 삼가 거행토록 하며 (하략)

甲午 7月 初 8日

都巡使

後

각읍 집강처에의 全琫準通文. 원래의 통문에서 대략 다음과 같이 말했다. 지금 우리들의 이번 거사는 오로지 民을 위하여 폐해를 제거하려는 것이었다. 오직 저들 교묘하게 남을 속이는 부랑배들이 도량하고 날뛰며 평민을 해치고 마을을 해쳐 소소한 미움과 작은 허물이라도 까딱하면 반드시 보복하니 이는 德을 거스르고 善을 해치는 무리들이다. 각읍 집강으로 하여금 밝혀 살피고 금단할 일이다.

後錄에서는 대략 다음과 같이 말했다.

一. 이미 거둔 砲槍刀馬는 이미 公納에 속한다. 각 접주에 通文을 돌려서 砲槍刀馬의 수효·소지자의 성명과 주소를 소상하게 기록하여 두 책으로 成冊하여 단장하고 종이에 싸서 감영에 제출한 후에 한 책은 감영에 두고 한 책은 각 집강소에 두어서 뒷날의 참고로 삼는다.

一. 驛馬와 商賈馬는 각기 본주인에게 돌려준다.

一. 지금부터 앞으로는 砲를 거두고 말을 거두는 것은 일체 금지한다. 돈과 곡식을 토색하는 자는 이름을 밝혀서 감영에 보고하여 軍律에 의해 처벌한다.

---

88) 《隨錄》(《叢書》 5), 275~276쪽과 《梧下記聞》 2, 甲午 7月(《叢書》 1), 279~280쪽을 종합하였다.

一. 남의 묘를 파헤치고 私債를 거두는 것은 시비를 막론하고 절대로 시행해서는 안된다. 이를 어기는 자는 감영에 보고하여 律대로 시행한다.

전봉준의 집강소에의 通文이나 지시는 김학진 휘하의 행정체계를 통하여 전달되고 있는데, 이것도 양측의 협력의 한 사례라고 볼 수 있다. 전봉준은 보복 위주의 행태나 쌓인 원한을 분풀이하는 식의 행태를 지양하고 질서 속에서의 庶政쇄신을 지향하고 있었는데, 이 지향에서 양측은 대체로 합의하고 合力하고 있었다고 생각된다.

전봉준이 이렇게 집강소 질서를 안정화시키려는 지향에는, 당시의 국내외 정치정세에 대한 깊은 고려까지 있었다고 생각된다. 전봉준이 전주의 都所에서 7월 17일에 각 집강소에 내린 通文의 내용은 다음과 같다.[89]

방금 外敵이 대궐을 침범하여 君父가 욕을 당하고 있으니 우리들은 마땅히 일제히 나아가서 義에 죽어야 한다. 그러나 그 외적은 바야흐로 淸兵과 敵對하여 그 기세가 심히 날카로워 지금 우리가 급하게 항쟁하면 그 화가 宗社에 미칠른지도 모른다. 물러나 몸을 감추고 시세를 관망하면서 우리의 기세를 돋구고 계책을 이루기를 힘써 만전의 책으로 삼는 것이 타당하다. 바라건대 모름지기 경내 각 접주에게 통문을 발하여 각 접주들과 직접 대면하여 상의하여 접주들은 민이 각기 생업에 안정하도록 하고, 경내의 무뢰배들을 금제하여 그들이 마을을 횡행하면서 소동을 일으키는 일이 없도록 할 것을 간절히 바란다.

이와 같이 거듭 훈계한 후에도 이런 폐해를 고치지 않는 무뢰배는 집강이 감영에 보고하여 엄히 처단하고 용서하지 말며 接人(집강소 소속인－인용자)이 금제를 어기면 마땅히 용서할 수 없는 죄로 시행해야 할 것이다. 해이해지지 말라.

6월의 일본군 경복궁 점령사건으로 말미암은 국내외 정치정세가 농민군의 행동에 큰 변수·조건으로서 고려되고 있었다. 전봉준은 대세의 추이를 주시하면서 농민군의 집강소 하에서의 서정의 쇄신에 기반하여 지방질서를 안정화함으로써 새로운 행동을 위한 역량을 기르려고 한 것으로 보인다. 6월 하순 전봉준에게 동맹을 제의한데서도 알 수 있듯이 김학진의 대외정세 인식에서도 양자는 공통성이 있었고, 이에 기반하여 양자의 타협과 협력이

89) 《隨錄》(《叢書》 5), 278~279쪽.

전라도에서 질서화될 수 있었다. 어느 일방의 결정·결재에 의하지 않고 양방의 결정·결재의 공존하에서 지방행정이 운영되고 있었다. 예컨대 金澈圭는 7월 3일에 전라좌수사에 임명되었는데[90] 그가 여수의 좌수영에 도임하는 데에는 전봉준의 標信과 전봉준부대 省察 4名의 護行이 있어서야 실현되었다.[91]

정부에서는 6월 22일에 김학진을 병조판서에 임명하고 장흥부사인 박제순을 전라감사에 임명하였다.[92] 그러나 김학진은 병조판서로 나아가려 하지 않았다. 박제순이 7월 8일 무렵에[93] 전주에 이르렀으나 김학진은 7월 10일 무렵에 "東徒들이 제가 병조판서로 나아가는 것을 말리고 있습니다. 만일 臣이 하루라도 없으면 撫局이 장차 무너지고 前功이 모두 무너지며, 후환이 악화될 것입니다"라고 계청하였다.[94] 이에 박제순은 김학진의 拒命에 분개하여 7월 17일에 김학진을 挾賊要君이라고 규탄하면서 전라감사직을 사직하는 상소를 올렸다.[95] 여기에서는 김학진의 병조판서 취임도 양측의 합의에 의하여 결정되고 있었다. 황현은 이를 가리켜 "김학진은 부름을 받은지 달포가 되었는데도 전봉준 등에게 만류당하여 출발할 수가 없었다"[96]라고 하였다.

나주목사 민종렬과 나주영장 李源佑는 7월 18일 파직되고 있다.[97] 이에 대하여 황현은 "전봉준이 나주에서는 道人을 많이 죽였다는 이유로서 학진을 위협하여 두 사람 (민종렬·이원우—인용자)을 論罷함으로써 道人들의 마음을 위로하였다"[98]라고 하였다. 지방수령의 임면문제도 양측의 합의에 의하여 결정되고 있었다. 전봉준은 8월 중순 농민군의 집강소 설치를 거부하고 있는

90) 《日省錄》, 고종 31년 7월 3일.
91) 《梧下記聞》 2, 甲午 7月(《叢書》 1), 184~185쪽.
92) 《日省錄》, 고종 31년 6월 22일.
93) 《日省錄》, 고종 31년 7월 8일.
94) 《梧下記聞》 2(《隨錄》 1), 180쪽.
95) 《日省錄》, 고종 31년 7월 17일 ; 《梧下記聞》 2(《隨錄》 1), 180쪽.
96) 《梅泉野錄》, 甲午 7月條, 157쪽.
97) 《梧下記聞》 2, 甲午 7月條(《隨錄》 1), 195쪽. 여기에는 파직일자가 없는데, 《日省錄》 고종 31년 7월 18일에 의하면 민종렬은 7월 18일에 同副承旨에 임명되었다가 任所에 있다는 이유로 같은 날에 교체되고 있는데, 이로 미루어서 파직일자를 7월 18일로 추정하였다.
98) 《梧下記聞》 2, 甲午 7月條(《叢書》 1), 195쪽.

나주에 들어가서 그 거부를 취소할 것을 권유하는[99] 감사의 지시를 제시하면서 집강소 설치를 수용할 것을 권하였다. 그러나 나주목사 민종렬은 끝내 거부하였고 전봉준은 14일 장성에서 나왔다. 나주에는 끝까지 집강소가 설치되지 않았다.

이상에서 특히 주목되는 것은 김학진이 전봉준 부대나 농민군 부대의 무력에 위압되어서만 농민군과의 타협, 官民合作을 진행한 것이 아니라는 사실이다. 김학진은 이미 6월 22일에 병조판서 발령을 받았으므로 전주를 떠나려면 얼마든지 떠날 수 있었다. 6월 21일의 일본군의 경복궁 점령 사건 이후 조성된 국가적·민족적 위기 상황 속에서 '共守全州 同赴國難' 구상을 다듬으면서 6월 28일경에는 그 구상을 전봉준·김개남에게 제의하였고, 7월 6일에는 전봉준과 회담하여 官民合作의 타협을 성립시키고 7월 10일 경에는 병조판서 임명을 취소해 줄 것을 고종에게 건의하였다. 당시의 정치질서에서 이러한 경우는 파격적인 것이었다고 생각된다. 김학진은 그런 파격을 무릅쓰면서 官民合作의 집강소 질서 수립에 진력하고 있었다.

2. 집강소의 구성과 조직

집강소 공인시기에 농민군은 더욱 늘어났다. "新附者가 날로 늘어나고 脅從者도 늘어나 시끄럽기 짝이 없었다. 한 도의 모든 고을이 그들에게 장악되었고"[100] "저 흉악한 자들은, 전일 전주성에 들어갈 때에 비하면 열 배나 된다"[101]는 것이었다. 충청도 태안에서는 농민군에 가입하지 않으면 위협하였으므로 98~99%는 가입하는 상황이었다고 한다.[102]

---

99) 전봉준은 제4차 재판에서 "8월 그믐께 감사의 令을 가지고 나주에 가서 民堡軍을 해산할 것을 권하고"라고 하였다(《全琫準供草》, 552쪽). '8월 그믐께'는 8월 중순을 잘못 기억한 것으로 보인다.

100) 〈錦城正義錄〉 甲編, 《謙山遺稿》 卷 19, 12쪽.

101) 위의 책, 11쪽.

102) 《김약제일기》 3, 갑오 8월 23일, 24일(《叢書》 3), 78~79쪽.

이렇게 늘어나는 농민군은 대부분이 천민신분의 농민이었다고 생각된다. 예컨대 "賊黨은 모두 賤人 奴隷였다. 때문에 양반 士族을 가장 미워하였다. 갓 쓴 자를 만나면 문득 '너도 양반이냐'라고 욕하면서 빼앗아서 찢어버리거나 자기가 쓰고는 저자를 횡행함으로써 욕보였다. 노비들은 賊에 가입했거나 안했거나를 막론하고 모두 賊을 당겨서 상전 주인을 위협하여 강제로 노비문서를 태워 從良케 하였다. 혹은 상전 주인을 묶어서 주리를 틀고 곤장치고 매질하였다. 이에 노비를 가진 자는 대세에 눌려 노비문서를 불태움으로써 피해를 막았다. 淳謹한 노비는 혹 태우지 말라고 하기도 하였으나 분위기가 이미 그런지라 상전 주인은 노비를 더욱 두려워 하였다. 혹 士族 상전과 노비가 같이 賊에 가입하면 서로 接長이라고 불러서 賊의 法에 순응하였다. 屠漢·才人들도 平民·士族과 맞먹으니 사람들이 더욱 이를 갈았다"[103]라고 하듯이 노비와 천민들의 농민군 가입이 특히 현저하였다.

이러한 추세는 갑오개혁에서 '劈破班常等級' '公私奴婢之典 一切革罷'의 조치가 취해지면서[104] 더욱 강화되었다.[105] 1894년 경상도 금산군 과내면에서는 私奴 金碧完이 放牛하여 呂生員宅의 논에 피해가 있자, 여생원댁에서 金을 불러다가 꾸짖으니 金은 "당신도 사람이고 나도 사람인데 당신이 어찌 나를 꾸짖는가. 내가 장차 당신을 꾸짖는 날이 있을 것이다"라고 하였다고 한다.[106] 이러한 상황에서 김개남 예하의 才人接[107]·손화중 예하의 賤人接[108]·洪洛官이 거느린 才人布[109]는 더욱 증강되었을 것이다.

상민신분의 농민들은 집강소 공인시기에 더욱 농민군에 참여하였다고 생각된다. 갑오개혁의 신분제 폐지에 '더욱 거리낌 없어졌고' 따라서 농민군에 적극적으로 참여하게 되었다. 예컨대 1894년 12월 12일 이규태가 무안현에 보내는 감결에서 "금년 동학배가 창궐함에 被勒者(강요되어 동학군에 가입한

103) 《梧下記聞》 2, 甲午 8月條(《叢書》 1, 214쪽).
104) 《日省錄》, 고종 31년 6월 28일.
105) 《김약제일기》, 갑오 7월 25일(《叢書》 3, 71쪽), 주 104)의 개혁조치가 있자 賤民 常民의 마음이 더욱 거리낌없어져서 노비는 自退免賤했다고 한다.
106) 〈訟案〉 2, 광무 1년 8월.
107) 《梧下記聞》 3, 甲午 10月(《叢書》 1, 257쪽).
108) 《梧下記聞》 2, 甲午 8月(《叢書》 2, 214쪽).
109) 《梧下記聞》 3, 甲午 11月(《叢書》 3, 342쪽).

자—인용자)는 요행이라고 생각하고 樂從者(자원하여 농민군에 가입한 자—인용자)는 지금이 시세를 탈 수 있는 때라고 생각하여 민첩하게 일제히 난장판에 몰려들었다. 평민으로서 농민군에 가입하지 않은 자는 거의 드물었다"[110]라고 하였듯이 상민신분 농민의 농민군 참여가 더욱 보편화되었다고 생각된다.

집강소 공인시기의 경우에도 동학신도들이 농민군에 많이 참여하였지만 이전의 경우와 마찬가지로 농민으로서의 입지에서 참여하는 것이었다. 그러나 동학신도의 자세를 버리는 것이 아니라, 그 자세는 그냥 가지면서 농민적인 입지에서 행동하는 것이었다. 동학신도로서의 자세는 예컨대 "賊은 師禮를 매우 존중하였는데 濟愚·時亨 등에 대해서는 모두 그 이름 부르기를 기위하였다. 濟愚를 가리켜서는 '濟字愚字'라고 하고 時亨을 가리켜서는 '時字亨字'라고 하였다. 接主에 대하여서도 마찬가지였는데 혹은 별호를 칭하고 혹은 某丈某氏라고 하였다"[111]고 한다.

집강소 상호간의 관계에서는 어떤 질서였는지에 대하여 살펴보기로 한다. 이 시기에도 전라도 농민군은 크게 보아 세 지역으로 갈라져 있었다고 보인다. 전봉준의 우도, 김개남의 좌도 그리고 손화중·최경선의 光州 일대[112]로 나뉘어져 있었다고 보인다. 예컨대 "巨魁에는 김개남·손화중·전봉준 등이 있었는데 각기 수 만의 무리를 장악하고 있었다"[113]고 한다. 이들 3거괴에 소속되지 않으면서 독립되어 있는 집강소도 많았다.

상부의 巨魁를 달리하는 집강소끼리는 갈등·대립도 많았다. "내종에는 남이 관리하는 사람을 유인하는 등 남의 진영에 들어가 인마 총포 탄약 등을 약탈하는 일까지도 있었다"[114]고 한다. 9월 18일에 順天 집강 梁河一이 金溝接과 南原接의 협력을 얻어서 樂安에 침입하였는데 낙안에서는 집강 金士逸이 寶城接의 힘을 빌려서 방어하였으나 패배하였다.[115] 淳昌에서는 5월 하순 이래 군수 李聖烈과 집강 李士文 竝立의 집강소가[116] 행정을 처리하고 있었

110) 〈先鋒陣各邑了發關及甘結〉(《記錄》 下, 328쪽).
111) 《梧下記聞》 2, 甲午 8月(《叢書》 1, 215~216쪽).
112) 《錦城正義錄》 甲編(《謙山遺稿》 卷 19, 15쪽).
113) 위의 책, 11쪽.
114) 《東學史》, 153쪽.
115) 《梧下記聞》 3, 甲午 9月(《叢書》 1, 246쪽).

는데, 6월 6일 전봉준의 淳昌 순행에서 나타나듯이 李士文은 전봉준 계열의 집강이었다. 9월 초순에 김개남 예하의 典糧官이면서 潭陽 接主인 南應三이 순창에 난입하여 소동을 피웠으나 李士文의 방어에 의하여 쫓겨났다.117) 김개남이 전봉준의 장악·지배지역을 잠식하려는 시도였다고 생각된다. 그러나 김개남과 전봉준이 꼭 대립하고 있었던 것은 아니었다. 7월 이후 雲峰은 朴鳳陽이 民砲를 조직하고 농민군을 축출하여 집강소가 없는 고을이었고, 박봉양은 김개남과 대립하고 있었는데118) 8월말경 전봉준은 운봉에 들어가 박봉양과 김개남을 通好케 하려고 노력하였으나 실패하였다.119) 여기에서는 전봉준과 김개남의 협력관계를 읽을 수 있다.

다음 집강소의 조직에 대하여 살펴보기로 한다. 집강소가 공식적으로 인정됨으로써 집강소 조직도 크게 정비되기에 이르렀다. 예컨대 정석모가 집강소가 "완연히 하나의 관청을 이루었다"120)라고 하였듯이, 집강소는 행정 기관화되면서 조직까지 정비되었던 것이다.

첫째, 집행기관 기능이 있었는데, 이에는 書記·省察·執事·童蒙 등의 직임이 있었다. 이들은 집강의 지휘를 받으면서 행정관련 사무를 처리하였다. 김덕명은 "院坪店에 都所를 설치하고 公穀·公錢을 거두었고",121) 집강소에서는 "軍器·軍糧과 王稅·軍木을 거두고 (중략) 말, 나귀와 사람, 총, 식칼까지라도 모두 거두어 들였으며",122) "賊은 軍需米·軍需錢·軍布를 거두었다"123)라고 하듯이, 우선 租稅 징수 기능을 수행하였다. 집강소 질서하에서는 전운영의 기능이 소멸됨으로써124) 집강소에서 거둔 조세는 중앙에 수납되지 않았고 지방질서의 유지와 농민군의 무장력 유지에 사용되었다. 태인의 집강

116) 《梧下記聞》 2, 甲午 5月(《叢書》 1, 160쪽).
117) 《梧下記聞》 3, 甲午 9月(《叢書》 1, 249~250쪽).
118) 〈朴鳳陽經歷書〉(《東學亂記錄》 下, 511쪽).
119) 《梧下記聞》 2, 甲午 8月(《叢書》 1, 211쪽).
120) 〈甲午略歷〉(《記錄》 上, 65쪽) ; 《駐韓日本公使館記錄》 1, '4월 13일 午時 초운사 전보', 12쪽, 342쪽 ; 《大韓季年史》 上, 고종 31년 4월, 75쪽.
121) 〈巡撫先鋒陣謄錄〉(《記錄》 上, 669~670쪽).
122) 《東學史》, 153~154쪽.
123) 《梧下記聞》 2, 甲午 8月(《叢書》 1, 216쪽).
124) 위의 책, 甲午 8月(《叢書》 1, 196쪽).

소에는 《徭役節目》 1책과 《田稅都錄》 1책이 보관되고 있었는데[125] 조세수납 행정에 쓰인 참고자료였다고 생각된다. 충청도의 鴻山에서는 농민군이 將廳과 作廳까지도 장악하여 운영하고 있었다.[126] 따라서 "吏胥輩는 모두 동학당에 入籍하여 姓名을 보존하였다"[127]라고 한 吏胥輩의 농민군 참여는 집행기관의 書記·省察·執事 등을 보조하는 역할이었다고 생각된다.

둘째, 의결기관이 있었다고 생각된다. 이는 "집강소를 설립하여 (중략) 매읍에 (중략) 議事員 약간인을 두었으며"[128]라는 기술에서 알 수 있다. 이 기관도 집강이 장악하고 있었다고 생각된다.

셋째, 호위군이 있었다고 생각된다. 이는 "관민간에 남은 군기와 마필을 거두어 집강소의 호위군을 세우고 만일을 경계하였다"라는 기술에서[129] 알 수 있다.

3. 집강소의 폐정개혁

농민군이 집강소를 설치한 것은 폐정을 자신의 힘으로 스스로가 주체적으로 개혁하기 위한 것이었고, 그 성장과 발전의 결과 7월 6일에는 집강소가 공인되었다. 관민의 타협·합작이라는 형태의 공인 아래서도 농민군 세력의 우세라는 배경에서 폐정개혁 사업은 더욱 본격화되었고 체계화되어 나아갔다. 《동학사》에는 집강소의 폐정개혁 내용으로서 12개조가 기재되어 있다.[130] 이 폐정개혁건 12개조의 실재여부 문제는 집강소 폐정개혁의 내용의 성격을 규정하는 것이고 따라서 갑오농민전쟁의 성격까지도 규정하는 것이다. 지금까지 여러 견해가 제시되었는데 그 윤곽을 알아보기로 한다. 전라도

---

125) 〈先鋒陣各邑了發關及甘結〉(《記錄》 下, 349쪽).
126) 이복영, 《일기 제10》, 갑오 10월 14일(《叢書》 3, 236~237쪽).
127) 《甲午略歷》(《記錄》 上, 65쪽).
128) 《東學史》, 126쪽.
129) 위의 책, 130쪽.
130) 《東學史》, 126~127쪽.

에는 "집강소가 설치되어 12개조의 프로그램에 의한 폐정의 개혁이 집행되었다"[131]라고 하고 그 폐정개혁건 12개조는 5월 8일의 전주화약 때에 농민군이 휴전의 조건으로 제시하였고 정부에 의하여 수용된 것이라고[132] 추가하는 견해가 있었다.

폐정개혁건 "12개조의 조항은 봉건제의 부정에 관한 전봉준의 이념으로서(중략) 구사회의 질서를 전복시키는 사상적 기반 위에 서는 것이며 낡은 이조사회의 질서를 전면적으로 개혁하려는 것이라고 하겠으며, 그것은 원리적으로는 근대사회 형성의 기본구조에 접근하는 것이라고 이해할 수 있다"[133]라고 하여 강령의 실재와 농민군에 의한 실천 의지와 시도를 인정하고 그 역사적 성격을 봉건제 부정·근대지향으로 정위하는 견해가 있었다.

이러한 적극적 평가에 반해 "동학 자체도 전주 패주 이후에는 그 세력이 쇠약되었다. 때문에 이무렵 '東學割據'의 지방에 일종의 자치기관은 나왔을 수도 있지만 이것이 전부 집강소라고 했을지 어땠을지도 의문이다. 이들 사실로 보아서 전주화약이라는 것은 상상의 산물임에 지나지 않고, 동학의 '폐정개혁안'이라는 것도 지어낸 이야기라는 것을 알 수 있다"[134]라고 하여, 폐정개혁건 12개조는 물론이고 전주화약 때의 27개조 폐정개혁안까지도 '지어낸 이야기'로 파악하는 견해가 있었다. 山邊의 의문제출에 찬성하면서도, 전주화약 때의 27개조 폐정개혁안의 역사적 실재는 긍정하고, 그러나 폐정개혁건 12개조는 '지어낸 이야기'로 보는 견해가 있었다.[135]

이러한 부정에 반하여 폐정개혁건 12개조 중 토지평균분작 조항에는 의문이 있으나 나머지는 "대체로 실제와 가까운 것"이고 "그 大綱은 실재 실시된 것으로 생각한다"[136]라고 하여, '지어낸 이야기' 설을 부정하는 견해가 있었

---

131) 강재언, 〈조선에 있어서 봉건체제의 해체와 농민전쟁(2)〉(《역사학연구》 177, 1954. 11), 18쪽.
132) 강재언, 《조선근대사연구》(일본평론사, 1970), 181쪽.
133) 김용섭, 〈전봉준 공초의 분석〉(《사학연구》 2, 한국사학회, 1958), 34쪽.
134) 山邊健太郞, 〈甲申事變과 東學의 亂〉(《世界의 歷史 11－흔들리는 中華帝國－》 筑摩書房, 1962), 279쪽.
135) 박종근, 〈갑오농민전쟁에 있어서 '전주화약'과 '폐정개혁안'〉(《역사평론》 140, 1962), 427쪽.
136) 김용덕, 〈북학사상과 동학〉(《사학연구》 16, 한국사학회, 1963), 119쪽.

다. 한편 "당시 집강소에서는 폐정의 개혁을 위한 행정의 요강을 공포했던 것으로 전해지고 있는데, 그것은 다음과 같은 12개조항으로 알려져 있다. (중략) 그러나 동학군은 그들이 제시한 12개조항의 개혁요강을 실지로 시행하는 데 있어서는 여러 가지 어려운 문제들이 있었다"137)라고 하여 역시 '지어낸 이야기'설을 부정하는 견해도 있었다.

집강소의 12개조 폐정개혁요강의 실재를 부정하는 견해는 "무엇보다도 양반유생 황현이 갑오농민전쟁 직후에(거의 당시에) 쓴 《오하기문》에 의하여 철저히 반박되고, 집강소와 그 폐정개혁요강의 실재가 잘 증명되고 있다"138)라고 하여 폐정개혁건 12개조의 역사적 실재를 강력하게 주장하는 견해도 있었다.

그러나 '지어낸 이야기'설이 다시 제기되었다. 토지평균분작안은 "만주집단이주를 통해서까지 그토록 혁신적으로 실현해 보고자 했던 오지영 자신의 토지개혁방안이 아닐까"139)라고 하여, 12개조는 오지영의 '상상의 산물'이라고 하는 견해가 있었다. 오지영의 《동학사》에 대하여, "역사소설이라는 관식사가 딸린 일종의 야사"로서 "믿어서는 안되는 자료"140)라고 하여, 12개조가 오직 그곳에서만 기술되고 있는 《동학사》의 자료적 신빙성을 근본적으로 부정하는 견해도 있었다. 이렇게 '지어낸 이야기'설이 다시금 제기되었다.

위에서와 같은 전면 긍정과 전면 부정을 종합하는 견해도 제기되었다. "12개조가 완전히 잘못된 것으로 볼 수는 없으며, 그 조항의 상당수가 실제 농민군들에 의해서 실천에 옮겨진 내용으로 파악해야 한다. 다만 12개조 모두가 전봉준과 김학진에 의해 하나의 강령으로서 문서화된 안건이 아니란 점이다. 이들 조항은 오지영이 당시의 농민군 활동과 폐정개혁의 내용을 정리하는 차원에서 조문화한 것이란 점을 충분히 염두에 두어야 한다"141)라는 견

137) 한우근, 〈동학농민봉기〉(《한국사》 17, 국사편찬위원회, 1973), 127·129쪽.

138) 신용하, 〈갑오농민전쟁 시기의 농민집강소의 활동〉(《동학과 갑오농민전쟁연구》, 일조각, 1993), 215쪽.

139) 노용필, 〈오지영의 인물과 저작물〉(《동아연구》 19, 서강대동아연구소, 1989), 94쪽.

140) 유영익, 〈전봉준 의거론〉(《이기백선생고희기념한국사학논총》 하, 일조각, 1994 ; 《동학농민봉기와 갑오경장》, 일조각, 1998), 17쪽.

141) 김양식, 〈1·2차 전주화약과 집강소 운영〉(《역사연구》 2, 역사문제연구소, 1993

해가 있었다. "12개조와 같은 명시된 폐정개혁정강은 없었다고 생각되지만 그 폐정개혁정강들은 집강소 시기의 정황을 상당히 잘 요약해서 보여주는 것들이다"[142]라고 하는 견해가 있었다. "《동학사》의 폐정개혁안의 조목은 (중략) 역시 모두 의심스럽다. 그러나 이들 조목을 오지영에 의한 전적인 作爲의 산물이라고 생각하고 있는 것은 아니다. 이러한 똑 부러진 강령은 없었더라도 폐정개혁 12조목은 都察의 직임을 가진 오지영이 각 도소에서의 민중의 내적인 요구나 실제로 행해진 폐정개혁을 견문한 것에도 터전하여 기술된 것이라고 생각되기 때문이다"[143]라고 하는 견해가 있었다. 앞의 세 견해는 똑 부러진 모습으로의 12개조 강령의 성립은 부정하면서도 그것이 집강소에 의한 폐정개혁의 역사적 내용을 충실히 반영하고 있다는 파악이다.

필자도 기본적으로는 주 138) 141) 142)의 견해에 동조한다. 그러나 필자는 김학진과 전봉준 사이에서 문서화하지는 않았지만 서로의 양해로서 묵인리에 합의된 사항들로서, 농민군이 실제로 시행한 개혁사업이나 장차 시행하려는 명시된 지향들 중의 일부를 오지영이 기술한 것이 12개조 폐정개혁건이라고 생각한다. 김학진은 왕명에도 복종하지 않으면서까지 양측의 협력·합력에 의한 지방질서 안정 위의 집강소질서라는 撫局을 유지하려 하였고, 전봉준은 7월 17일의 통문이나 8월 20일 무렵의 남원에서의 김개남·손화중과의 3자회담[144]에서와 같이 국내정세·국외정세로 말미암은 국가적 위기 속에서 관민합작의 집강소 질서를 유지하면서 좀 더 정세를 관망하는 것이 농민군의 개혁사업을 위한 만전지책이라고 인식하고 있었다. 따라서 전봉준은, 농민군의 우세한 실력에 밀린 마지못한 묵인에서일지라도 김학진의 동의를 전제로 하는 폐정개혁사업을 하였고, 농민군의 일방적 강행이나 일방적 선언의 폐정개혁사업을 하지는 않았다고 생각된다. '폐정개혁건 12개조'의 내용은 다음과 같다.

;《근대한국의 사회변동과 농민전쟁》, 신서원, 1996), 153쪽.

142) 박찬승, 〈1894년 농민전쟁의 주체와 농민군의 지향〉(《1894년 농민전쟁 연구》 5, 역사비평사, 1997), 126쪽, 127쪽.

143) 조경달, 《異端의 민중반란-동학과 갑오농민전쟁-》, (암파서점, 1998), 212쪽.

144) 《梧下記聞》 2, 甲午 8月(《叢書》 1, 210쪽).

1. 道人과 政府와 사이에는 宿嫌을 蕩滌하고 庶政을 協力할 事
2. 貪官汚吏는 그 罪目을 査得하여 一一嚴懲할 事
3. 橫暴한 富豪輩는 嚴懲할 事
4. 不良한 儒林과 兩班輩는 懲習할 事
5. 奴婢文書는 燒祛할 事
6. 七班賤人의 待遇는 改善하고 白丁頭上에 平壤笠은 脫去할 事
7. 靑春寡婦는 改嫁를 許할 事
8. 無名雜稅는 一幷勿施할 事
9. 官吏採用은 地閥을 打破하고 人材를 登用할 事
10. 外敵[145]과 奸通하는 者는 嚴懲할 事
11. 公私債를 勿論하고 已往의 것은 幷勿施할 事
12. 土地는 平均으로 分作케 할 事
(1, 2 등의 번호는 인용자가 편의상 붙인 것임)

첫째, 뚜렷하게 드러나는 특징은 봉건적인 계서적 신분제도를 전면적으로 철폐하려는 원칙이었다. 제4조, 제5조, 제6조, 제7조, 그리고 제9조가 그것이었다. 제7조는 이미 상민층과 천민층에서는 관행화되어 있었던 것을 공식적인 제도화로서 재확인하는 것이었고, 제4·제5·제6조는 제1차 농민전쟁과 집강소 시기에 농민군에 의하여 실천되었던 것을 공식적 제도화로서 재확인하는 것이었다. 그리고 이것은 제9조와 함께 갑오개혁에서 국가의 차원에서도 제도화되었다. 따라서 봉건적인 계서적 신분제도는 집강소 질서하에서 철폐되었다고 생각된다.

둘째, 봉건적 정치형태를 개량하려는 원칙도 두드러지고 있다. 제2조와 제9조가 그것인데, 제2조 역시 제1차 농민전쟁과 집강소 시기에 농민군에 의하여 실천되었던 것을 공식적 제도화로서 재확인하는 것이었다. 제9조는 갑오개혁에서 국가 차원에서도 제도화됨으로써 집강소 질서하에서 봉건적 정치행태는 크게 개량되었다고 생각된다.

셋째, 경제관계에서의 봉건적 폐단을 개혁하려는 원칙이었다. 제8조와 제11조가 그것인데, 제8조는 교정청의 개혁에서도 확인되고 있고[146] 갑오개혁

145) '○'으로 되어있는 것을 《東學史(草稿本)》에 의하여 '外敵'으로 고쳤다.
146) 《日省錄》, 고종 31년 6월 14일 ; 《續陰晴史》 上, 甲午 6月 21日條, 319쪽.

에서도 제도화되었다. 公私債의 勿施조항은 농민군측에게는 생활상의 절실한 문제였다. 부여 대방면에서 吳鳳龍은 李復榮으로부터 1888년에 租 10斗를 빌려서 1893년에 원리금 합하여 4石의 租를 갚았는데, 집강소 질서하에서 吳는 4石租의 반환을 요구하였고 결국 1894년 10월에 이복영은 4石租를 반환하고 있다.[147] 충청도 태안에서는 집강소 질서하에서 平民이 양반에게 20년전에 갚은 400金의 반환을 요구하였고 양반은 그것을 반환하였다.[148] 역시 태안에서 琴峴의 張淸一은 入道하고나서 전에 갚은 원리금을 모두 반환하기를 양반 債主에게 요구하였으나 그 양반 채주가 乞免함에 포기하고 있었다.[149] 충청도에서 이러하였으니까 농민군의 우세가 더욱 현저하였던 전라도 지역에서는 위와 같은 경우가 더 많았다고 짐작된다. 그러나 역시 부여 대방면의 집강소의 接司는 國典의 자모정식법에 준거하여 고리채문제를 해결하려고 하고 있었는데[150] 이러한 경우도 많았으리라고 짐작되며, 특히 고리채 문제는 지역에 따른 농민군의 지배력에 따라 편차가 많았으리라고 생각된다. 이상과 같이 집강소 질서하에서 경제관계에서의 봉건적 폐단도 일정하게 개혁되었다고 생각된다.

넷째, 횡포한 부민을 응징함으로써 均産의 이념을 실현하려는 원칙이었는데 제3조에서 나타나고 있다. 이는 농민군에 의하여 제1차 농민전쟁과 집강소 시기에 실천되고 있었던 현상이었다.[151] 그러나 그것은 무조건적인 富民응징이거나 富民으로부터의 討財는 아니었다. 그것은 富民도 이미 농민전쟁에 동조층으로서 참여하고 있었다는 점에서 증명되고 있다. 예컨대 "中流 이하의 民은 이번의 소란에 오히려 돈벌이의 기회가 열림을 반겨하였지만, 上流의 재산가로서 평소 사람들에게 인심을 잃었던 자들은 풍성학려하여 약탈당하지 않을까 두려워하여 아무데로나 도망하는 자가 많았다"라는 보도가

147) 홍성찬, 〈1894년 집강소기 設包下의 향촌사정〉(《동방학지》 39, 연세대국학연구원, 1983), 88~89쪽에서 재인용.
148) 《김약제일기》 3, 갑오 7월 27일(《叢書》 3, 72~73쪽).
149) 위의 책, 갑오 8월 1일, 74쪽.
150) 홍성찬, 앞의 글, 89쪽.
151) 오지영은 집강소 질서하에서는 "또는 부자나 양반이나 그 죄과를 懲習하는 일방"(《동학사》, 152쪽)이라고 하였다.

있고,[152] 충청도 홍주에서는 농민군 활동기의 절정기에서도 평소 潤産을 도모하지 않고 待客과 賙貧에도 힘을 기울였던 宋氏家에는 농민군들이 서로 경계시키면서 침입하지 않았다는 견문기사도[153] 있음에서 그렇게 생각된다. 이 제3조의 원칙은 김학진의 입장에서는 현실적으로 수용하기 어려운 것이었지만 상대적인 열세로 말미암아 부득이 양보함으로써 집강소 질서하에서 봉건적·관료적 특권에 의한 부축적은 크게 제약되었고 동시에 그런 방법에 의하여 부를 축적한 봉건적·관료특권적 부민은 크게 奪財당하였다고 생각된다.

다섯째, 外敵 구체적으로는 일본과 간통하는 자는 응징한다는 민족적 원칙이었다. 농민군은 3월 25일의 4개 名義[154] 이래 斥倭의 원칙을 일관되게 견지하였다. 그러나 농민군은 일본의 조선진출을 식민지화의 위기로는 인식하지 않았고,[155] 6월 21일 일본군의 경복궁 점령사건도 식민지화의 결정적 위기로까지는 인식하지 않았다고 생각된다.[156] 농민군의 최대·최고의 목적은 폐정개혁이었고 집강소 공인시기의 단계에서는 봉건적 모순의 근본적 해결이 최우선의 과제였다. 그 과제를 온전하게 수행하기 위한 여건으로서의 斥倭였다고 생각된다.

---

152) 《조선변란실기》, 26쪽. 信夫淸三郎, 《增補 日淸戰爭》(南窓社, 1970), 25쪽에서 재인용.

153) 洪楗, 《洪陽紀事》, 〈亂中記聞〉(《叢書》 9, 198쪽).

154) 《大韓季年史》上, 74쪽.

155) 公州儒生 李丹石은 "곳곳에서 봉기하니, 봉기하지 않은 고을이 없었다. 모두 斥倭를 명분으로 하지만 실은 火賊이었다"라고 하였고(《時聞記》 甲午條, 《叢書》 2, 177쪽), 일본인 기자는 "洋夷倭奴를 斥攘해야한다고 부르짖지만 이것은 구실일 뿐이고 실은 정부를 전복하여 혁신하려는 데에 목적이 있다"라고 보도하였다(《東邦協會報告》 38회, 명치 27년 6월 27일 보고, 95쪽).

156) 전봉준은 제2차 재판에서 일본군의 경복궁 점령사건을 '侵掠我國境土' 즉 식민지화의 위기로 인식하면서 그것에 대한 대처에 골몰하였다(《전봉준공초》, 538쪽). 8월 11일 전봉준은 전주에서의 일본인과의 회견에서, 일본군의 경복궁 점령사건 이후 "우리는 일본의 행동, 대원군의 행동을 아직 자세히 몰라서 안심할 수 없기 때문에, 나는 힘써 동지들의 분격을 가라앉힘과 동시에 우리 정부의 동태를 알려고 하고 있다"라고 말하였다(《日淸交戰錄》 12, 명치 27년 10월 16일(음력 9월 18일), 42~43쪽). 8월 17일의 일본군의 평양전투 승리 이전에는 청일간의 우열이 분명치 않았고, 일본의 한국제압도 극히 불안정한 상황이었다.

개화파 정권도 일본에 의하여 장악되어 있는 상황이 아니었다. 김홍집은 평양의 淸陣에 편지를 보내어 청일전쟁의 승패결과에 대비하면서 조선의 局外中立을 구상하고 있었고,[157] 김가진도 청일간의 승패의 귀결을 관망하고 있었다.[158] 개화파 정권에 의한 갑오개혁도 8월 17일의 평양성전투에서의 일본의 대승 이전까지는 개화파의 구상에 의하여 시행되었다고 생각된다.[159]

따라서 이 원칙은 양측에 의하여 어렵지 않게 합의되었고 恩津의 黃山에서는 6월 21일의 사건 이후 "이전 동도는 일본인에 대하여 하등의 방해를 하지 않았으나 이번은 일본인에 대한 감정이 매우 나쁘며"[160] 공주에서는 역시 6월 21일의 사건 이후 농민군이 일본을 討平하는 데에 군량이 필요하다는 이유로 富民·士族家에 곡물·말·총 등을 卜定하고 있었음에서[161] 나타나듯이 철저하게 준수되고 있었다.

여섯째, 토지소유 내지는 토지경작의 문제에 관한 원칙이었는데 제12조가 그것이다. 관민합작의 집강소, 공식적으로 인정된 집강소의 성격규정 문제에서 가장 핵심적인 관건이 되는 조항이라고 생각된다. 제12조의 파악문제 역시 집강소와 갑오농민전쟁의 성격을 근본적으로 규정하는 것이다. 따라서 이것에 대한 파악에서도 견해가 크게 갈리고 있다.[162] 그러나 필자는 제12조는

---

157) 伊藤博文編, 《朝鮮交涉資料》 中(原書房, 1970), 635~636쪽.

158) 《日本外交文書(韓國篇)》 5, '445. 京城狀況報告의 件', 701~702쪽.

159) 유영익, 〈갑오경장을 위요한 일본의 대한정책〉(《갑오경장연구》, 일조각, 1990), 3쪽.

160) 《駐韓日本公使館記錄》 3, 240쪽.

161) 《時聞記》, 甲午 7月 5日(《叢書》 2, 178쪽).

162) 주 131) 133) 138)의 논문들에서는 土地所有의 균등분배로 파악하였다. 그러나 90년대에 들어와서는 농민전쟁 연구가 심화되면서 대체로 부정되고 있다. 김양식은 "집강소의 주요한 기능은 무기관리와 부랑배 단속과 같은 치안유지였으며, 폐정개혁활동 역시 원칙적으로 합법적인 테두리 안에서 이루어졌으므로 집강소는 농민군 대 정치권력 사이의 문제해결 방식이었을 뿐, 사회구조의 혁명적 재편까지는 전망한 것이 아니었다"(주 141)의 논문, 165·167쪽)라고 하여 제12조의 역사적 실재를 부정하였다. 박찬승은, 농민들은 지주제의 해체를 희망하고 있었지만 농민군 세력은 객관적 여건상 "아직 토지혁명의 문제를 주된 목표로 설정할만한 주체적 역량을 갖고 있지 못하였다"(주 142)의 논문, 130쪽)라고 하여 제12조의 강령으로서의 성립을 회의하고 있다.
조경달은, 제12조는 "문자 그대로 토지소유의 均分을 의미하는 것이라고 생각"(주 143의 책, 212쪽)되지만, 그것은 민중의 내적인 요구·희망을 반영하고 있을 뿐 개혁강령으로서의 성립은 믿기 어렵다고 하였다.

말 그대로 토지의 경작을 평균되게 한다는 경작평균의 원칙이었다고 생각하며, 제2~11조 특히 제11조가 김학진의 상대적 양보였고, 그것에 반하여 제12조는 농민군측 즉 전봉준의 상대적 양보였다고 생각한다.

농민전쟁 진행과정에서 토지문제에 관련하여 농민들이 어떤 행동을 하였는지를 살펴보기로 한다. 1894년 7월 30일 태안에서 농민군 李某에게 畓文記를 빼앗긴 어떤 地主는 "道人들이 애초에 經界說이 없어서 畓文記를 빼앗아 갔다"[163]라고 말하고 있다. 道人들이 토지사유를 부정하고 있다는 것이었다. 역시 태안에서 金若濟의 從叔은 일단 畓券을 농민군들에게 빼앗겼다가 나중에 찾아오고 있다.[164] 농민전쟁 진행 중에 부안에서는 농민군 南眞元·金甫一이 金丙喜의 時作畓을 탈경하였다.[165] 역시 농민전쟁 진행 중인 7월과 9월에 光州의 최경선 농민군은 지주인 鄭士辰의 幷租를 탈취하고 있다.[166] 長城에서도 농민군이 地主의 賭租를 탈취하였다.[167] 농민군들이 지주전호제를 반대하고 토지소유를 지향하고 있음이 드러나고 있다.

전봉준부대의 경우에도 5월 하순의 행동과 6월 20일 무렵의 행동에서와 같이 균산주의적 지향을 나타내고 있었는데, 이는 위에서의 지주전호제 부정과 같은 궤도에 있는 것이었다.

《康津邑誌》'名僧草衣傳'(草本謄寫)에는 다음과 같은 기사가 있다고 한다.[168]

그러나 토지소유의 재분배·균등분배로 보는 견해도 더욱 실증적으로 주장되고 있다. 김용섭은 주 169)에서와 같이 농민군 지도부는 정약용의 《경세유표》에서의 토지개혁구상 즉 지주전호제도의 전면적 해체와 경작농민에의 토지소유 재분배를 내용으로 하는 토지제도 개혁구상을 공유하고 있었다고 하여, 제12조를 토지소유의 균등분배로 파악하였다. 신용하는 《경세유표》의 정전제의 농민군 지도부에의 계승, 《동학사》(초고본)의 두레제 강령 등을 종합하여, 제12조를 "지주제도를 폐지하고 경작농민들에게 私田 8구를 1구씩 균등하게 분배해주어 자작농으로하는"(신용하, 〈갑오농민전쟁과 두레와 집강소의 폐정개혁〉 《한국사회의 신분계급과 사회변동》, 문학과 지성사, 1987 ; 《동학과 갑오농민전쟁연구》, 일조각, 1993, 281쪽) 토지소유의 균등분배로 파악하였다.

163) 《김약제일기》 3, 갑오 7월 30일(《叢書》 3, 74쪽).
164) 위의 책, 갑오 8월 21일(《叢書》 3, 78쪽).
165) 《民狀置付冊》 2, 을미 3월 2일, 30쪽.
166) 《光州郡范治明獄事初覆檢文案》.
167) 〈巡撫先鋒陣謄錄〉(《東學亂記錄》 上, 650~651쪽).
168) 최익한, 《실학파와 정다산》, 1955. 여기의 인용은 청년사 재간본 411쪽에 의한다. 번역을 부분적으로 약간 수정하였다.

草衣는 정다산의 詩友일 뿐만 아니라 道交였다. 다산이 유배로부터 고향으로 돌아가기 직전에 《경세유표》를 밀실에서 저작하여 그의 문생 李晴과 親僧 초의에게 주어서 비밀히 보관 전포할 것을 부탁하였다. 그 전문은 중간에 유실되었고, 그 일부가 그 후 대원군에게 박해당한 南尙敎·南鍾三 부자 및 洪鳳周 일파에게 전하여졌으며, 그 일부는 그 후 강진의 尹世煥·尹世顯·金炳泰·姜雲伯 등과 해남의 朱挺浩·金道一 등을 통하여 갑오년에 기병한 全綠豆·金介男 일파의 수중으로 들어가서 그들이 이용하였다. 전쟁 끝에 관군은 〈정다산비결〉이 녹두 일파의 '匪賊'을 선동하였다 하여, 정다산의 유배지 부근의 민가와 高聲寺·白蓮社·大芚寺 등 사찰들을 수색한 일까지 있었다.

전봉준·김개남 등의 농민군이 정약용이 밀실에서 저작한 《경세유표》 즉 〈정다산비결〉을 이용하였다고 한다. 농민군들은 집강소에 의한 폐정개혁 사업을 실천하면서 자신들의 개혁방향·개혁이념을 다듬어나갈 필요성을 절감하였고, 그것을 다듬어나가는 과정에서 정약용의 《경세유표》 특히 井田制를 개혁의 기준으로 삼게 되었으리라고 생각된다. 정약용의 개혁사상과 농민군의 연결 가능성에 대해서 주목하는 견해도 있었다. "농민군 지도층이 실학사상, 특히 다산의 《경세유표》의 정치사상을 계승하고 있었다는 사실은 (중략) 다산 제자의 후손이 농민군에 가담하고 있었던 점으로서도 확인된다. 다산의 제자에는 尹鍾億이 있었고 그의 아들 尹樂浩는 학자로서 父學을 계승하고 있었으며, 그 아들에는 尹柱莘이 있었는데 이 尹柱莘은 강진에서 농민군(동학)에 가담하여 접주를 하였으므로, 정부군·일본군의 농민군 진압과정에서 체포되어 처형되고 있었다. 윤주신은 그 가학을 통해서 다산의 학문에 쉽게 접할 수 있었을 것이고, 그러하였다면 그러한 사상은 어렵지 않게 농민군 지도부의 공유의 사상이 될 수 있었을 것이다."[169)]

《경세유표》의 정전제 토지제도개혁안의 내용에 대해서도 견해가 크게 갈리고 있다. 견해의 다기성은 매우 복잡하지만 平均分作의 해석문제에 초점을 맞추어 정리하면 대개 세 가지 견해로 정리할 수 있다. 첫째는 토지소유의 재분배를 현실적 내지는 궁극적 목적으로 하였다는 견해이다. 대부분의 견해

169) 김용섭, 〈조선왕조 최말기의 농민운동과 그 지향〉(《한국근현대농업사연구》, 일조각, 1992), 370~371쪽. 신용하도 주 165)의 논문에서 정약용의 정전제 개혁사상의 농민군 지도부에의 계승을 강력하게 주장하고 있다.

가 여기에 속한다.170) 둘째는 지주전호제를 용인하면서 九一稅法을 실시하여 治田(생산력 발전-인용자)·皆職·均稅를 실현하려 하였다는 견해이다.171) 셋째는 정전제에는 均稅의 원칙만이 관철되고 있다는 견해이다.172)

필자는 둘째의 견해가 타당하다고 생각한다.173) 농민군 지도부는 집강소에 의한 폐정개혁을 경험하면서, 개혁방향·개혁이념을 다듬어야 할 필요성을 절감하였고 그 모색과정에서 정약용의 《경세유표》의 정전제 구상에 접하게 되었고, 지주제를 용인한 속에서 경작능력에 따른 경작지의 均分이라는 개혁원칙을 수립하게 되었다고 생각한다. 관민합작의 집강소 질서에서는 '경작능력에 따른 경작지의 均分'안이 지주제의 철폐를 전제로 하는 '토지소유의 均分'안보다는 훨씬 실현의 가능성이 많은 것이었다.

농민들의 압도적 다수는 지주제를 철폐한 속에서의 '토지소유의 均分'안을 희망하고 지지하였지만, 관민합작의 집강소 질서를 어디까지나 유지하는 속에서 폐정개혁을 진행한 전봉준에게는 '경작지의 均分'안이 현실적인 개혁원칙으로 될 수 밖에 없었다. 김학진 쪽에서도 '경작지의 均分'안은 세력의 열세 속에서 마지못해서나마 허용과 묵인의 여지가 많은 것이었다.

김학진의 종사관으로서 김학진의 난민효유문을 모두 작성하면서 농민전쟁 수습과정에서 김학진의 두뇌역할을 한 金星圭의 토지제도개혁안이 주목된다. 김성규의 지주전호제도 개혁안은, 요약하면 소작지의 균등분작과 그 소작인의 常定化를 전제로 하는 생산물의 1/4 수준에서의 恒定賭租法이었고174) 이

---

170) 김용섭, 〈18, 9세기의 농업실정과 새로운 농업경영론〉(《대동문화연구》 9, 성균관대 대동문화연구원, 1972 ; 《증보판 한국근대농업사연구》 상, 일조각, 1984) ; 박찬승, 〈정약용의 정전제론 고찰〉(《역사학보》 110, 1986) ; 성대경, 〈다산의 농업개혁론〉(《대동문화연구》 21, 1987) ; 정윤형, 〈다산의 재정개혁론〉(《다산학의 탐구》, 민음사, 1990) ; 강만길, 〈다산의 토지소유관〉(《다산의 정치경제사상》, 창작과 비평사, 1990) ; 안병직, 〈다산의 농업경영론〉(위와 같은 책).

171) 박종근, 〈다산정약용의 토지개혁사상의 고찰〉(《조선학보》 28, 1963) ; 정석종, 〈다산정약용의 경제사상〉(《이해남박사화갑기념사학논총》, 일조각, 1970) ; 신용하, 〈다산정약용의 정전제 토지개혁사상〉(《김철준박사화갑기념사학논총》, 지식산업사, 1983).

172) 이영훈, 〈정약용의 정전제론의 구조와 역사적 의의〉(《제4회 동양학 국제학술회의 논문집》, 성균관대 대동문화연구원, 1991).

173) 졸고, 〈한국사회경제사와 실학〉(《한중실학사연구》, 민음사, 1998).

러한 구상은 1904년에 문장화되었지만,[175] 그가 이와 같은 지주제 개혁안을 구상하게 된 것은 그 부친의 토지론이나 다산의 농업개혁론과도 관련하여 이미 오래전부터의 일이었다면,[176] '경작지의 *均分*'안은 김학진 쪽에서도 허용과 묵시적인 동의의 여지가 넓은 것이었다.

동학당 정토군 독립 제19대대 사령관 南小四郞 소좌가 전봉준을 포획한 당시에[177] 그를 취조한 口供書에서 전봉준은 "나의 종국의 목적은 (중략) 田制·山林制를 개정하는 것이었다"[178]고 하였다.

농민전쟁에서 田制의 개정을 종국적 목적으로 삼은 전봉준이 폐정개혁사업에서 田制의 개정에 관련되는 지향을 드러내지 않는다는 것은 있기 어려운 일이며, 집강소 체제 운영의 양쪽 당사자 모두에서 현실성이 많았던 '경작지의 *均分*'안이 제12조의 土地平均分作으로 성립되었다고 생각된다.

더욱이 정약용의 정전제 개혁안에서는 "자기 땅에서 스스로가 농사짓는 경우는 官에서 금단할 수 없다"[179]라고 하여 自耕其田者=自耕農은 능력에 따른 기준면적을 초과하여 경작하더라도 그대로 경작이 허용된다고 하였다. 힘써 농사짓는 富農에게는 환영의 여지가 매우 많은 개혁구상이었다. 따라서 제12조의 '경작지의 *均分*'안 역시 농민전쟁에 다수가 참가한 부농에게도 수용의 여지가 많을 수 있는 것이었다고 생각된다. 그러나 제12조는 개혁강령으로서만 성립하고 존재하였을 뿐, 현실화되지는 않았다. 그러나 봉건적 사회질서의 가장 핵심되는 기둥인 지주전호제를 현실적으로 크게 개혁시킬 수 있는 강령이 역사적으로 성립되었다는 것은 농민군의 커다란 성장을 반영하는 것이었다.

---

174) 김용섭, 〈광무개혁기의 양무감리 김성규의 사회경제론〉(《증보판 한국근대농업사연구》 하, 일조각, 1984), 134쪽.

175) 김용섭, 위의 글, 139쪽.

176) 김용섭, 위의 글, 135쪽.

177) 전봉준은 12월 2일 淳昌에서 체포되어 12월 7일 일본군에게 인도되었다(〈巡撫先鋒陣謄錄〉, 《東學亂記錄》 上, 611쪽). 따라서 口供書는 12월 초순에 이루어졌다고 생각된다.

178) 《東京朝日新聞》, 명치 28년 3월 5일, '동학당 대두목과 그 자백', (《사회와 사상》 1, 1988년 9월호), 261쪽.

179) 《與猶堂全書》 5, 《經世遺表》 田制10, 井田議 2, 145쪽.

이상에서와 같이 집강소 질서 하에서 제12조를 제외한 다른 조항은 실현되었다고 보인다. 봉건제도가 근본적으로 변혁되지는 않았지만 계서적인 신분제도는 전면적으로 해체됨으로써 봉건제도는 크게 개혁되었다고 생각된다. 그리고 농민군의 집강소가 기존의 행정체계와 이원적으로 병립되었지만 농민군의 자치적 행정기관으로서 확립되었고, 농민군세력의 군사적 우세성이 확고한 곳에서는 사실상 일원화됨으로써 농민의 지방권력기구로 성립되기도 하였다. 농민군은 지방의 차원이긴 하지만 자신의 힘으로 스스로가 주체적으로 자신들의 사회경제적 생활질서를 다듬어 나가고 새롭게 창출하기도 하였다. 이는 조선사회의 역사적 전진이었고 농민군의 비약적 성장이었다고 할 수 있다.

〈鄭昌烈〉

Ⅶ. 제2차 동학농민전쟁

1. 동학농민군의 재기
2. 반일투쟁의 전개
3. 동학농민전쟁의 역사적 의의

Ⅶ. 제2차 동학농민전쟁

1. 동학농민군의 재기

동학농민군은 9월 중순에 들어와 다시 무장 봉기를 결정하였다. 동학농민군이 전주성에서 물러난 후 3~4개월 동안 정국은 급변하였다. 동학 조직에는 많은 사람들이 합류해 왔고, 지방관아의 농민 통제력은 급속히 약화되었다. 동학농민군이 장악한 지역에는 民政기관인 집강소가 설치되어 농민들이 스스로의 힘으로 폐정을 개혁하는 전례없는 일들이 벌어졌다. 조선 국토 안에서 벌어진 청일 간의 전투로 인해 경기도・충청도・평안도 지역의 백성들이 전쟁의 참화 속에서 고통을 받았다. 더욱 놀라운 사실은 일본군이 경복궁을 습격한 사건이었다. 그리고 개화파 정권이 들어서서 일련의 개혁조치를 시행한 사실도 그때 그때 전국에 알려져서 사람들을 놀라게 하였다.

그러한 속에서 동학농민군이 재봉기를 결정한 것이었다. 이 재봉기는 지역면에서 볼 때 1차봉기와 크게 차이가 났다. 제1차 봉기는 전라도와 충청도의 일부 군현에서 시작되었지만 재봉기는 전라도와 충청도에서 일시에 궐기한 것은 물론 경상도・경기도・강원도・황해도의 많은 군현에서도 봉기하였다. 동학교단은 1차봉기를 승인하지 않았지만 재봉기에는 교주 崔時亨이 起包令을 내려 전국의 조직을 참여시켰다.

전국에 걸친 대규모의 재봉기가 이처럼 가능했던 것은 우선 斥倭라는 명분이 뚜렷했기 때문이었다. 동학과 사회여론은 斥倭의 명분 아래 일치하였다. 민간에는 壬亂 이후 남아있는 적개심 위에 다시 국왕을 위해한 경복궁 습격사건으로 반일감정이 격화되었고, 일본의 再侵 우려가 고조된 속에서 성립된 민족종교인 동학이 조직과 이념을 제공하면서 對日戰爭에 앞장섰던 것이다.

1) 남접농민군의 재기

전라도의 동학농민군이 전주성에서 물러난 직후 조선을 둘러싼 국제정세는 급격히 악화되었다. 청일 양국 군대가 국내에 파병되었고, 이들 군대들이 조선 영토 안에서 전쟁을 벌인 것이다. 국내에 들어온 강대한 외국 군대를 막아낼 힘이 없는 조선정부는 위기에 봉착하였다. 이러한 위기는 침략 기회를 노리던 일본의 야욕에서 비롯되었지만 동학농민군의 봉기에 당황하던 당시의 집권층에게도 일부의 책임이 있었다.

강화병을 이끌고 전라도로 내려간 초토사 洪啓薰은 관군 정예병조차 농민군을 진압하기가 어려운 것을 알게 되자 정부에 淸軍의 借兵을 요청하였다. 이 요청을 받은 민씨정권은 반대론에도 불구하고 全州城이 함락되는 급박한 시기에 淸兵 차병을 결정하였다. 淸의 실권자인 北洋大臣 李鴻章은 조선에 영향력을 강화할 기회가 온 것으로 생각하고 군함 두 척과 陸兵 1,500명을 파병하였다. 청병이 6월 10일 충청도 아산에 상륙하자 지역민들은 전란을 예상하고 동요하였다. 외국군대의 진주 소식을 들은 농민군은 관군의 강화요구에 응해서 정부와 타협을 하고 전주성에서 철수하였다. 조선 정부는 농민군과 화의가 성립되어 정국이 안정되었다는 사실을 알리고 청병의 철수를 요구하였지만 청은 이를 듣지 않았다. 오히려 증원군을 아산에 상륙시켜서 영향력을 증대시키려고 시도하였다.[1)]

이 같은 조선의 사정에 즉각 반응한 것은 일본이었다. 일본은 조선에서 철병한 뒤 청과의 一戰을 각오하고 군비확충을 서둘렀다. 그리고 농민군이 봉기하고 조선 내부가 소란한 시기에 정탐원을 파견해서 그 같은 사정을 염탐하고 기회를 엿보고 있었다. 그래서 일본은 天津條約에 따라 청이 파병 사실을 통고해 오기 이전부터 군사개입을 결정하고 대규모 병력을 파견하였다.

일본 군함 3척이 인천에 도착한 것은 6월 10일이었다. 일본은 조선 정부의 항의도 개의하지 않고 병력을 서울로 진주시키면서 잇달아 인천에 증원

---

1) 韓㳓劤,《東學과 農民蜂起》(일조각, 1983), 134쪽.

병력을 파병하였다. 일본은 서울에 주재하던 러시아와 독일 등 외교관들의 출병 이유를 해명하라는 요청도 무시하였다.

동학농민군이 해산해서 집강소를 설치하던 시기에 청일 양국 군대는 충청도 아산과 인천에 머물러 있으면서 대치상태에 들어갔다. 청은 일본에 공동 철병을 제의하였지만 일본은 청일 양국이 조선의 내정을 같이 개혁하자고 역제의하면서 노골적인 간섭 의사를 나타냈다. 그런 한편으로 조선 정부에 내정 개혁방안 강령 세목을 제시하고 개혁을 강요하였다. 일본 정부는 오토리공사에게 군사력으로 왕궁과 서울을 포위하고 조선 정부에게 강제 수단을 쓰라고 지시하였다.[2)]

6월 21일(양력 7월 23일) 오전 일본군이 돌연 경복궁을 습격하여 점거하였다. 동시에 京軍 병영에 침입해서 조선 관군의 무장을 해제하였다. 외국군대의 기습에 의해 전례없는 변란이 일어난 것이었다. 경복궁 안에 들어온 일본군은 경회루 부근에 주둔하면서 국왕과 관료들을 위협하여 그들의 뜻에 따르도록 하였다. 이에 따라 대원군이 왕명으로 입궐해서 중대한 政務와 軍務를 裁決하였고, 6월 25일 軍國機務處를 설치하여 중앙관제와 사회제도 개혁안을 의결 공포하였다. 전근대 조선의 법제를 개혁하는 甲午更張은 이와 같이 일본군의 궁궐 장악 하에 시작되었다.

6월 23일 청일 양국 군함이 해전을 벌임으로써 청일전쟁이 발발하였다. 일본 군함이 아산 앞바다에서 청의 군함 두 척을 포격전 끝에 침몰시킨 것이다. 27일에는 청일 양국군이 성환에서 충돌하고, 평택과 아산으로 전투가 이어졌다. 조선 정부는 일본의 강요에 따라 朝日攻守同盟을 체결했던 까닭에 일본군을 지원하지 않으면 안되었다. 일본은 대규모 군대를 동래에 상륙시켜서 육로를 통해 북상하고 있었고, 독단으로 경인과 경부간 군용전선공사를 벌였다. 일본군의 선제 공격을 막지 못하고 평택과 아산에서 패배한 청국군은 공주와 청주를 거쳐 평양까지 후퇴하였다. 8월 17일 평양에서 일대 회전을 벌였으나 청군이 대패하였다.

백성들은 경악하였다. 일본군의 경복궁 침범 소식은 사람들에게 커다란 위

---

2) 陸奥宗光, 《蹇蹇錄》, 6章.

기감을 갖게 하였다. 이와 함께 국토가 외국군대의 전장터로 변한 소문이 전국에 전파되었다. 조선왕조에서는 외국의 침략을 받으면 유생들이 명분을 내세우고 의병을 일으켜서 침략군과 맞서 싸우는 것이 전통이었다. 삼남의 양반가는 壬亂 당시 의병에 참여한 선대를 가문의 자랑으로 삼는 경우가 많았다. 丙寅洋擾를 맞이해서는 召募使가 임명되어 전국에 걸친 동원체제가 강구되기도 하였다. 1894년 여름 국왕이 외국군대에게 볼모와 같이 얽매여 자유롭지 못하게 된 사건은 丙子胡亂 이래 최대의 國亂이었다. 따라서 國定敎學인 유학을 배우고 익힌 유생들은 당연히 擧義蜂起해야만 하였다.

그러나 향촌사회의 양반 유생들은 1894년 여름에 영향력을 갖지 못했다. 이들의 힘은 관아의 비호 위에 양반으로서 상천민에게 존경을 받을 때 나오는 것이었고, 지주로서 농민들을 지배할 때 유지되는 것이였다. 그런데 신분차별을 용납하지 않고 경제관행을 인정하지 않는 동학농민군이 대두함으로서 이 모든 힘의 원천은 상실되었다. 반면에 양반 유생들이 세거해 온 전라도·충청도·경상도·강원도·경기도의 향촌사회는 점차 동학농민군의 세상이 되어 갔다.

전라도 각 군현은 전주에서 해산한 동학농민군이 돌아와 읍내를 장악해서 집강소를 설치하였다. 따라서 전라도의 유생들은 의병을 일으키기 위해 힘을 결집할 수 없었다. 그런 양상은 정도의 차이는 있지만 다른 지역도 같았다. 충청도에서도 동학 조직이 크게 세력을 증대시켜서 관아가 통제할 수 없었다. 경상도와 강원도 그리고 경기도의 많은 군현도 여름이 되면서 동학에 들어가는 농민들이 늘어났다. 거의 전국에서 양반들은 동학도들에게 압도되어 기를 펴지 못하는 상태였다.

청군을 물리친 일본은 조선정부에 대한 내정간섭을 강화하였다. 갑오경장의 급격한 개혁은 관료들까지 우려하지 않을 수 없게 하였다. 일본의 보호 속에 성립된 새 정권은 대원군과 개화파 인사로 구성되었다. 대원군은 민씨 일파를 배제하기 위해 옹립했지만, 軍國機務處를 다수결 방식의 의결기구로 운영해서 국정에는 간여하지 못하도록 막았다. 그러나 주요한 개혁은 일본공사 大鳥圭介의 지시대로 따르지 않으면 안되었다. 급격한 개혁에 따른 반발과 함께 일본의 내정 간섭에 대한 반감은 널리 확산되어 갔다. 전라도 구례의 유생 梅泉 黃玹은 일본공사의 標信이 없으면 百官이라도 대궐 출입을 하지 못하게 했다면서 제도개혁과 고위관직이 교체된 사실을 낱낱이 기록하였다.[3] 서울 소식은 지방관에게도 큰 관심사였다.[4]

1894년 여름에 유생들을 대신해서 일본과의 전쟁을 준비했던 세력은 동학농민군이었다. 본래 동학은 외세 배격을 주요 교리로 내세우고 있었고, 일본에게는 강화도조약 이전부터 재침 의도를 우려하면서 의혹의 시선을 거두지 않아 왔다. 일본군이 서울에 난입하고 경복궁을 침범했다는 소식이 들리자마자 각지의 동학 조직은 즉각 반응하였다. 일본군을 쫓아내기 위한 전쟁 준비에 나선 것이다.

동학농민군의 對日戰爭 준비는 지휘계통에 따라 체계있게 진행되지 못하였다. 각 지역의 동학 조직이 독자적으로 활동하고 있었기 때문이었다. 동학 교단에서 고위지도자들이 합의하거나 남접농민군 지도자들이 미리 결정을 하고 추진했던 것도 아니었다. 재봉기는 동학농민군의 하부 조직에서 스스로 시작한 무장강화 활동이 발단이었던 것으로 드러난다.[5] 남접농민군이거나 교단의 영향이 미치던 조직이거나 같은 시기에 준비를 시작하였다.

일본과 전쟁을 하려면 철저히 대비해야 했다. 일본군은 京軍을 기습해서 일거에 무장해제를 할 수 있을 만큼 강력한 무력을 가지고 있는 군대였다. 淸軍도 일방적으로 이겼을 정도의 막강한 일본군을 대적하려면, 관군과 싸웠던 것처럼 사전 대비없이 시작할 수는 없었다.

동학농민군의 전쟁 준비는 두 가지 방법으로 진행되었다. 우선 軍勢를 키우는 것이었다. 군세를 키우려면 동학에 사람들을 많이 입도시켜야 했다. 전국의 동학 조직에서는 입도자를 늘리기 위해 노력하였다. 농민들이 이에 적극 호응하여 대거 들어 왔다. 양반들도 참여해 왔지만 신분면에서 볼 때 농민군의 대부분은 상천민이었다. 입도하지 않은 사람들에게는 압박을 가하였다. 양반들에게도 예외가 없었다. 입도한 사람은 道人이라고 하면서 서로 도왔고, 입도하지 않은 사람은 俗人이라고 부르며 공세를 취했다. 양반들은 얼

3) 《梧下記聞》, 2필 6월(《東學農民戰爭史料叢書》 1), 129~150쪽.
4) 《固城叢瑣錄》(필사본).
5) 愼鏞廈, 《東學과 甲午農民戰爭硏究》(일조각, 1993), 295~296쪽.

굴을 아는 동학도들을 만날 것이 두려워 전전긍긍하였다. 반면에 동학교도들의 활동은 농민들의 지지를 받았다.

다음은 軍需錢과 軍需米를 모으고 武器를 확보하는 것이었다. 包接 단위로 수천 명 또는 수만 명의 군사력을 유지하려면 막대한 돈과 곡식을 마련해야 했지만 가난한 농민들이 이를 제공해 줄 수는 없었다. 동학농민군은 부농과 지주가를 찾아 다니면서 돈과 곡식을 헌납받았다. 각 지역의 동학 조직은 대접주 관할의 包나 수 개의 包가 연합한 都會가 중심이 되어 전쟁 준비를 하였다. 따라서 수십 명씩 떼를 이룬 작은 집단들이 읍내와 마을을 다니며 여러 차례 錢穀을 거두었기 때문에 부농들은 거듭되는 요구에 불만을 갖게 되었다. 양반지주들은 많은 재물을 헌납하도록 강요받는 동시에 집중되는 탈취에 시달린 까닭에 피신지를 찾아 숨는 사람이 늘어났다. 양반과 향리, 그리고 지주와 부농들은 동학농민군들의 활동에 반감을 갖게 되었다.

향촌사회 내의 이러한 사정은 여름과 가을에 걸쳐서 계속되었다. 동학농민군의 세력은 갈수록 커졌다. 전라도에서는 나주와 운봉만 동학농민군이 읍내를 점거하지 못했지만 다른 군현은 읍내까지 장악한 집강소체제가 대일전쟁을 준비하였다. 충청도의 군현들은 읍내를 제외한 지역이 동학농민군 세상으로 바뀌었다. 경상도는 전라도와 충청도에 이웃한 군현들이 같은 상태로 되었다. 충청도와 경상도의 일부 군현에서도 향촌사회의 질서를 집강이 통제하였다. 경기도 남부 군현과 강원도의 여러 군현에서도 동학 조직은 양반세력을 능가하는 힘을 지니게 되었다.

武器의 확보는 매우 어려웠다. 민간에서 보유한 칼과 창, 그리고 활 등을 수집한다고 해도 그 수량은 많을 수 없었다. 총은 관군이 무장한 것처럼 사정거리가 긴 신식소총은 구하지 못하고 얼마간의 火繩銃을 갖추는 형편이었다. 각 지역마다 대장간에서 칼을 벼려 지니기도 했지만 대개는 죽창을 만들어 무장하는 정도였다. 전라도에서 생산되는 대나무가 충청도와 경상도에 운반되어 죽창 재료로 이용되었다. 먼거리에서 적을 공격할 수 있는 활과 화살의 마련에도 힘을 쏟았다. 화살은 제작이 가능한대로 많이 만들어서 보유하였다.

이처럼 전국 각지에서 동학농민군은 일본과의 전쟁을 준비하고 있었지만 재봉기는 더 시간을 기다려야 했다. 제1차 봉기를 주도한 전봉준을 비롯해서 전라도의 주요 대접주가 합의하여 결정하는 방식을 취해야 가능한 문제였다. 남접농민군의 동원은 그러한 절차를 통해야 가능했기 때문이다. 또다른 방식은 제1차 봉기 때 남접의 무장활동에 동의하지 않았던 동학의 제2세 교주 최시형이 교단의 고위지도자들과 논의해서 결정하는 것이다. 전쟁 준비는 전라도가 중심인 남접은 물론 충청도·경상도·강원도·경기도의 조직에 영향력을 행사하는 북접 교단조직도 마찬가지로 진행해 왔지만 최시형은 기포를 언급하지 않았다.

그러나 6월 말 이래 동학농민군 지도자들에게 봉기에 나서도록 유도하는 시도가 외부에서 나오고 있었다. 하나는 흥선대원군이 밀사를 보내서 봉기를 촉구한 일이다.[6] 대원군은 정치 일선에 다시 나와 국왕을 대신하여 국정을 재결했으나 군국기무처의 설치와 동시에 실권을 빼앗겼다. 그 뒤 대원군은 청일 간의 전쟁이 청군의 승리로 종결될 것이라고 판단하고 평양에 주둔한 淸軍과 연락을 취하였다. 일본군이 조선에서 철병하고 친일개화파 정권도 무너질 것을 기대했기 때문이었다. 한편으로 삼남지역에 밀사를 나누어 파견하면서 전봉준 등에게 편지를 보내 동학농민군이 봉기하여 호응해 오기를 요청하였다. 전봉준 등은 이에 즉각 따르지는 않았지만 정국이 변화하는 양상에 따라 재봉기는 언제나 시작될 가능성이 있었다. 대원군이 밀사를 각지에 파견해서 봉기를 유도하고 정변까지 계획한 일들은 일본 공사관의 탐지망에 걸려서 세밀한 부분까지 파악되고 있었다.[7]

두 번째는 일본인들이 순창에 있던 전봉준을 찾아와서 봉기를 선동한 사실이다.[8] 일본은 1차봉기가 일어났을 때부터 조선 내의 사태를 면밀히 주시하며 天佑挾의 浪人輩를 첩자로 보내서 정보를 수집하였다. 이들 浪人輩들은

---

6) 李相佰, 〈東學黨과 大院君〉(《歷史學報》 17, 18합집, 1962).
金洋植, 〈대원군 일파의 정변계획과 농민군과의 관계〉(《근대한국의 사회변동과 농민전쟁》, 신서원, 1996).
7) 《駐韓日本公使館記錄》 5, 47~49쪽.
8) 韓沽劤, 〈東學軍에 대한 日人幇助說 檢討〉(《東方學志》 8집, 1967).
姜昌一, 〈天佑俠과 '朝鮮問題'〉(《史學雜誌》 97卷 8號, 1988).
韓相一, 〈동학과 일본우익 : 天佑俠과의 제휴에 관한 고찰〉(《갑오동학농민혁명의 爭點》, 집문당, 1994), 265~279쪽.

동학농민군을 지지하는 것처럼 위장하여 전봉준 등과 만나 도와 주겠다고 하면서 재봉기를 사주하였다. 이들은 조선 내부에서 혼란을 야기시켜 일본이 개입할 분위기를 만들려고 하였다. 낭인배들의 부추김은 그리 관심을 끌지 못했다. 반일 주장을 갖고 있던 동학농민군 지도자들이 이들의 말에 미혹되었거나 이후의 사태 진전에 영향을 받은 흔적은 없다.

동학농민군 지도자 가운데 가장 먼저 재봉기의 움직임을 드러낸 사람이 김개남이었다. 김개남은 6월 25일 남원에 들어가서 전라도 동북부 군현들인 순창·용담·금산·장수 등지의 예하 조직을 독자 세력으로 관장하였다. 60여일 동안 결집한 세력은 무려 5~6만에서 7만 명이나 된다고 하였다. 8월 25일경 김개남이 재봉기를 선언하자 전봉준이 남원으로 가서 만류하였다.[9] 그 요지는 "청일 간의 전쟁에서 승리하는 군대가 앞으로 우리를 공격할 것이니 지금은 歸化에 의탁해서 여러 군현에 흩어져 있다가 사태가 변하는 것을 기다리자"는 것이었다. 全琫準은 동학농민군이 비록 수는 많으나 훈련이 되지 않아서 정예군과 싸우기는 어렵다고 생각하고 있었다.

그 같은 생각은 대접주 손화중도 같았다. 손화중도 농민군 조직의 내부 실상을 털어놓고 김개남의 봉기 주장에 반대하였다.[10] 봄봉기가 시작된지 반년이 지나서 전라도 전역을 장악했다고 하나 "이름있는 士族이 따르지 않고 재산있는 사람이 따르지 않고 글 잘하는 선비가 따르지 않았으며", 합류해 온 사람들은 "愚賤해서 禍를 즐기고 剽竊을 기뻐하는 무리"이기 때문에 지금은 사방에 흩어져서 안전하게 지내는 편이 좋겠다는 것이었다.

김개남은 이러한 반대에 동의하지 않았다. 그의 주장으로 알려진 말은 "대중은 한 번 흩어지면 다시 모으기 어렵다"는 것 뿐이지만 정국을 파악하는 시각이 전봉준 등과 다르지 않았는가 한다. 8월 말은 각지에서 동학농민군이 이미 무장활동에 나서고 있던 시기였다. 전라도는 물론 충청도와 경상도 군현에서도 동학농민군의 활동은 활발하였다. 따라서 그러한 기세를 몰아서 재봉기에 나서자는 주장은 일면 타당성이 있는 것이었다.

당시 동학농민군과 치열한 전투를 벌이는 지역도 나타나고 있었다. 경상도

---

9) 《梧下記聞》 2필.

10) 위와 같음.

예천에서는 읍내의 민보군이 동학농민군 11명을 埋殺한 사건을 둘러싸고 13명의 대접주들이 都會를 열어 읍내를 봉쇄하였다가 28일 저녁 읍내 공격을 시도하였다. 비록 민보군의 완강한 반격을 막아내지 못하고 동학농민군이 패배하였지만 이 사건은 南營兵을 순회시키고 일본군이 파견되는 등 경상도 북부 군현을 전란의 소용돌이 속으로 들어가게 하였다.

이와 함께 동학농민군이 일본군과 충돌하는 사건도 일어났다. 일본군은 淸과 전쟁하기 위해 부산부터 서울까지 병참망을 구축하고 요지마다 병참기지를 두어 소수의 병력을 주둔시켰다. 경상도 북서부에는 해평·낙동·태봉·문경에 일본군 병참부를 설치하였는데, 태봉 인근의 山陽에서 동학농민군이 대규모로 聚會하고 일본군에 위협을 가했던 것이다. 그러자 태봉병참부에서 대위 1명과 사병 2명의 정탐조를 파견하였으나 발각되어 竹內大尉가 피살되기에 이르렀다.[11] 이 사건은 1894년에 처음으로 동학농민군과 일본군이 맞부딛친 사건으로서 그 즉시 일본군이 예천과 산양 일대의 동학농민군 근거지를 공격하는 빌미를 제공하였다.[12] 이미 8월 말이 되면 북접농민군은 민보군과 일본군에 맞서 전투를 시작하고 있었던 것이다.

그럼에도 전봉준이 8월 말에 재봉기를 결정하지 않고 미룬 것은 여러 이유 때문이었다. 그가 직접 밝힌 내용은 다음 세 가지이다.[13] 첫째, 수많은 사람들을 일시에 모두 집결시키기가 불가능하였다는 것이다. 전주성에서 나온 동학농민군들은 대개 출신지별로 각 군현에 흩어져서 활동하였고, 또 포접조직에 새로 합류한 사람들도 각기 근거지에서 활동하였다. 그래서 한 지역에 모두 집결시켜서 체계를 갖춘 군사조직으로 만든다는 작업은 군사지도자로서 본다면 불가능하다고 표현할 만큼 어려웠던 것이다. 더욱이 '수만명' 규모로 모인다면 이들을 위한 군량미와 무기 확보도 역시 그에 못지 않게 어렵게 생각되었을 것이다.

---

11) 《駐韓日本公使館記錄》 1, 116~117쪽.

12) 위의 책, 126~128쪽. 8월 29일 오전 일본군은 석문리를 기습해서 屋舍 11칸에 보관해 둔 화승총 103자루, 칼 천자루, 銅錢 9貫을 탈취해 갔다(《甲午斥邪錄》, 9월 1일자).

13) 《全琫準供草》, 五招問目. 問 ; 旣曰倡義 則聞宣卽行 何待十月고 供 ; 適有矣病 且許多人衆을 不能一時齊動 兼之新穀未登 自然至十月이외다.

다음은 새 곡식이 익기를 기다렸다는 말이다. 동학농민군은 말 그대로 농민들로 구성된 군대였다. 따라서 논밭에서 곡식이 익어가고 곧 추수를 해야 하는 때에 농민들에게 농촌을 떠나서 기포하라는 봉기령을 내리기는 쉽지 않았다. 더구나 갑오년은 조선 후기에 맞은 최대의 흉년이었다. 3년째 이어지는 가뭄 때문에 식량이 부족해서 고생을 한 농민들이 추수기를 앞두고 굶주리는 가족들을 남겨둔 채 전장터로 떠날 수는 없었다. 전봉준은 이러한 상황을 외면하지 못했다.

마지막으로는 전봉준 자신이 병이 있었다는 것이다. 사사로운 문제처럼 보이지만 이는 중요한 이유가 된다. 군사조직은 철저한 上命下服의 위계질서가 있어야 기능을 발휘하는 조직이다. 동학농민군이 무장봉기를 하면 수많은 병력을 장악해서 전투에 임해야 할 최고 군사지도자는 무거운 책임이 뒤따르게 된다. 따라서 전국에서 봉기할 동학농민군의 최고 지도자로서 그 책임을 져야 할 전봉준이 병약한 상태에 있으면 大軍의 지휘에 지장이 초래될 것이기 때문에 봉기를 늦출 수 밖에 없었던 것이다.

9월 초순 전봉준의 결단에 따라 마침내 남접농민군의 재봉기가 결정되었다. 8월 하순까지 기포에 반대했던 전봉준이 생각을 바꾼 큰 이유는 상황이 급변했기 때문이다. 무엇보다 김개남이 봉기를 강행하려고 한 사실이 큰 영향을 주었을 것이다.[14] 김개남은 남접농민군 조직에 지도력을 행사하는 점에서 전봉준과 경쟁하는 위치에 있었던 지도자였다. 그가 전봉준과 손화중의 만류를 듣지 않고 봉기에 나선다면 누구도 막을 방도가 없었다. 따라서 일부만 기포하는 상황을 지켜보기 보다 전면 봉기를 결정할 수 밖에 없었을 것이다.

재봉기 움직임은 김개남 뿐만이 아니었다. 각지에서 전쟁 준비에 나선 동학교도들은 무장을 하고 다니면서 이미 재봉기한 것과 다름없이 활동하였다. 주한일본공사 大鳥圭介가 외무대신 金允植에게 보낸 書翰을 보면[15] 일본군

14) 愼鏞廈, 위의 책, 298~300쪽.

15) 《駐韓日本公使館記錄》 1, 132~133쪽. "금년 8월에서 9월로 접어드는 때로부터 경상 전라 충청 각도에서 東學黨이 再起하여 良民들에게 심한 害를 입혔고 財物을 약탈하고 있으며 … ".

도 9월 초가 되면 再起한 것으로 판단하고 있었다. 이 서한의 요지는 8월 말과 9월 초에 이미 경상도·전라도·충청도에서 제1차 봉기 사태와 같은 상태가 되살아나고 있기 때문에 일본군을 보내서 진압하겠다는 통고였다.

전봉준은 淸軍이든 日本軍이든 청일전쟁에서 승리하면 동학농민군을 진압하러 올 것으로 생각하였다. 그러므로 평양 大會戰에서 일본이 승리한 소식은 일본군이 곧 동학농민군을 공격하러 내려온다는 말과 다름없었다. 전봉준이 적절한 시기라고 확신을 했던 하지 않았던, 9월에 들어서서 대세의 흐름은 재봉기를 향하여 나아가고 있었다.

남접농민군의 대도소로 선정된 장소는 삼례였다. 삼례는 1892년 교조신원을 위한 동학집회가 열린 곳으로서 전주 북쪽의 넓은 벌판에 위치하였다. 전라도의 동학농민군이 북상하는 길목에 있는 要衝地이기도 하였다.[16] 삼례역의 집결지에는 1차봉기 때부터 전봉준이 이끌던 4천 명의 정예 동학농민군이 다시 모여들었다. 남원의 김개남은 독자 행동을 하고 삼례 집결지에 오지 않았다.

2) 북접농민군의 기포

동학교단은 1894년 봄 사전에 허락을 받지 않고 남접농민군이 무장봉기에 나선 것을 승인하지 않았다. 敎祖 崔濟愚가 정부의 탄압을 받아 처형된 이후 관헌의 추적을 받으면서 동학의 교세를 비약적으로 키워 온 제2세 교주 崔時亨은 兵亂의 위험성을 잘 알고 있었다. 이전에 이필제에게 이끌려서 교조신원을 표방한 兵亂에 휩쓸린 까닭에 동학조직이 거의 무너질 정도로 위기에 처했던 경험이 있었던 것이다.

더구나 전라도와 충청도의 일부 동학조직을 책임진 접주들이 교주의 권위를 무시하고 독자 판단으로 무장봉기에 나선 일은 전례없는 사건이었다. 각 지역에서 활동하는 접주들은 교주 최시형과의 사이에 긴밀한 유대감을 갖고 있었다. 오랜 동안 관헌의 탄압 속에서 이루어진 이러한 인맥은 동학의

16) 〈全琫準判決宣告書原本〉(《東學關聯判決文集》, 정부기록보존소, 1994), 30쪽.

전국망을 유지하는 바탕이 되었다. 최시형을 정점으로 하는 동학 조직의 내부에서 교주와 대접주 그리고 접주를 연결하는 위계질서는 엄격하였다. 전봉준이 동학의 포접조직을 중심으로 농민군을 결성하고 무장 봉기한 사실은 이같은 질서를 크게 무너뜨린 사태였던 것이다.

최시형은 남접농민군의 봉기에 대하여, 敎祖伸寃을 둘러싼 논란이 있을 때와 같은 내용으로 반대 논리를 폈다. 그것은 때를 더 기다려야 한다는 것이었다. 최시형은 백성들의 어려움을 건져내려고 해도 "아직 운이 열리지 않았고 또 때가 오지 않았다"고 표현하였다.[17] 1890년대에 들어서서 동학에는 수많은 농민들이 입도해 왔고, 또 유능한 인물들도 들어와서 교세가 크게 증대되었다. 따라서 마음 급하게 행동하지 않고 시간을 기다리면 동학 조직이 전국에 걸쳐 견고하게 기반을 잡을 것이 예상되었다. 그러면 폭력을 사용하지 않고도 대세를 장악하여 동학에서 지향하는 이상사회를 만들 기회를 기대할 수 있을 것이었다.

최시형과 동학교단은 무장봉기를 보고만 있지는 않았다. 남접농민군에 뒤이어 輔國安民을 내세우면서 다투어 봉기하는 동학 조직들을 적극 막으려고 하였다.[18] 이 조치는 효과가 있었다. 전라도 일대를 제외한 대부분의 동학 조직이 최시형의 가르침에 순응하였기 때문이었다.

충청도 회덕과 진잠에서 전라도지역과 동시에 일어났던 봉기의 기세는 대단하였다. 청산에 모인 동학교도들은 4월 8일 회덕 읍내에 들어가서 관아에 보관된 무기를 탈취하고 진잠으로 향했는데 그 무리 중 흩어진 사람만 천여 명이라고 했다. 회덕에 남아 있던 이들은 청주의 진남영병이 들이쳐서 진압이 되었다.[19] 충청도에서 봉기한 동학농민군이 쉽게 진압된 것은 감영과 진남영병의 재빠른 기선 제압이 효과가 있었기도 했지만 큰 이유는 주변 군현의 동학 조직이 호응을 하지 않았던 때문이었다.

---

17) 《侍天敎宗繹史》 二編下. "玄機不露 勿爲心急 此是先師之遺訓也 運旣未開 時亦未至 勿爲妄動 益究眞理 毋違天命也"

18) 위의 책. "是時各處敎徒 聲言輔國安民 爭相揭竿而起 師憂其不遵指敎 馴致厲階 遂另差都禁察 令東各包"

19) 〈聚語〉(《총서》 2), 122~123쪽.
〈東匪討錄〉(《총서》 6), 165쪽.

최시형은 동학교도들에게 修道者로서 正業에 힘쓰며 天時를 기다리기를 요구하였다. 아직 그 때가 오지 않았는데 黨與를 모아 서로 응원하면서 과거의 불만을 터뜨리면 나라에도 해가 되고 생령을 도탄에 빠뜨리는 근심이 된다는 것이었다. 만약 이 가르침을 따르지 않으면 단호히 동학의 敎案에서 이름을 빼는 징계를 하겠다고 밝혔다.

더 나아가 각 포에 명해서 都接主가 都講長을 겸하고, 副接主가 副講長을 겸하게 해서 매달 《동경대전》과 동학가사를 배우는 講席을 열도록 하였다. 그래서 의문이 나는 구절은 계통을 따라 法所에 알리고 각 포의 都講長은 사계절의 마지막 달에 모여서 서로 會講하도록 했다.[20] 한창 전라도 일대가 동학농민군의 무장봉기로 격동하던 때의 일이었다.

그러나 동학 교단의 지침을 따르던 조직에서도 변화가 일어나고 있었다. 전라도의 남접농민군이 무장봉기한 사실은 관헌의 기찰에 쫓겨 오던 동학교도들에게 엄청난 파문을 불러 일으켰다. 더구나 황토현에서 監營軍을 물리치고 京軍과도 싸워서 이긴 다음 전라도의 首府인 全州를 점령한 소식은 충격처럼 들려왔다. 이와 더불어 각 지역의 동학 조직은 농민들이 다투어 입도해 옴으로써 크게 고무되었다. 3월 이후에는 이전과 같이 은밀히 포교하는 것이 아니라 공개리에 활동하기에 이르렀다. 충청도와 경상도의 각 군현에서 활동하던 동학 접주들과 접소의 위치도 인근에 알려지게 되었다.

충청도의 동학 교세는 크게 증대되어서 군현의 지방관은 물론 감사까지 막을 수 없는 상태가 되었다. 충청감사 이헌영은 신임감사로 제수되어 新延인사를 하는 자리에서 국왕에게 경내 전 지역이 보은집회 이래 동학교도들의 聚散을 거듭하며 소란한 상태에 있는 사정을 보고하고 있다.[21] 충청도와 경상도의 일부 군현에서는 전라도의 집강소 설치를 본따서 집강을 差定하여 향촌 내의 문제를 처리하기도 하였다.[22]

---

20) 위와 같음.
21) 〈錦藩集略〉(《총서》 4), 4쪽. "所謂匪類 自昨春報恩經擾以後 餘黨尙此聚散無常 湖西則雖不若湖南之猖獗 而至於懷德鎭岑等邑 未免侵逼 全省自爾騷訛 及今撫綏安業 爲急先務"
22) 충청감사 이헌영이 永同 執綱 孫仁澤 등에게 보낸 別甘을 보면 감영에서 영동의 집강 선임과 활동을 인정하지 않았나 한다. 또 경상도 金山에서도 片甫

일본군의 경복궁 습격 사건은 북접교단 예하의 동학 조직을 분격시켰다. 여러 자료에서 확인되는 동정을 종합하면, 6월 말부터 동학 조직들은 일본세력을 조선 안에서 내몰기 위해 義兵을 일으켜야 한다고 판단하고 전쟁 준비에 나섰다. 이러한 변화가 최시형을 비롯한 대접주 등 고위지도자들의 결정에 따른 것인지, 아니면 하부조직에서 독자 판단에 따라 노선을 바꾼 것인지 알 수는 없다. 그렇지만 동학의 위계질서상 대접주가 모르거나 사전에 지침을 내리지 않았는데 말단 접주나 동학교도들이 독자 활동을 한 것처럼 보이지는 않는다.

최시형과 교단의 고위지도자들이 머물고 있었거나 출입이 잦았던 보은에서 일어난 사건을 보면 당시의 상황을 알 수 있다. 보은군수 鄭寅亮이 감영에 보고한 牒呈에 따르면, 7월 2일 동학교도 수백 명이 보은 사각면 고승리의 냇가에 모인 일이 있었다. 한 老敎徒의 생일을 맞이하여 회집한 것인데 군수가 해산시키려고 현장에 갔더니 五里 밖의 山谷에 따로 자리를 만들어서 억지로 데리고 간 뒤 이번 모임이 倡義를 위한 것이라며 군수에게 倡義頭領이 되어 주기를 청했다.[23] 군수 정인량은 관리로서 동학교도들과 함께할 수 없다며 반대했지만 동학이 아니라 士儒로서 창의한다며 정인량을 都約長으로 이름을 올리고, 副約長에는 任圭鎬[24]·黃河一·李觀榮·金在顯과 이방 李商準을 기록했다.

이 사례는 두 가지 주목할 점을 전해 준다. 첫째는 7월 2일이란 시점이다. 일본군이 경복궁을 침범한 날자는 6월 21일이었는데 불과 10일만에 보은에서 동학교도들이 봉기를 위한 준비 모임을 가지고 있었던 것이다. 서울 소식을 들은 즉시 대응에 나선 모습을 전해 준다.

다음은 副約長에 이름이 오른 인물들이 동학 교단의 고위지도자라는 점

彦이 都執綱을 칭하고 활동한 기록이 나온다(〈錦藩集略〉(《총서》 4), 57~58쪽 ; 〈歲藏年錄〉(《총서》 2), 258쪽.

23) 이 때 군수 정인량이 반대하며 제시한 이유는 첫째 지금 서울 사정을 알지 못하고 妄發하는 것은 불가하고, 둘째 지방관으로서 東學輩 두령이 될 수 없고, 셋째 창의한다고 해도 巡兵營 兩營에 먼저 보고해야 한다는 것이다.

24) 任奎鎬의 誤記. 임규호는 또 任局鎬(《駐韓日本公使館記錄》)와 任局浩(《討匪大略》)로 잘못 표기되기도 한다.

이다. 任奎鎬와 李觀榮은 忠慶大接主와 尙公大接主로서 예하에 수많은 교도를 거느린 교단의 고위지도자였다. 임규호는 청주 옥산출신으로 동학에 입도한 뒤 보은 일대에서 포교하여 이 지역의 실력자로서 부각된 사람이다.[25] 이관영은 경상도 북서부에서 가장 강력했던 동학조직인 상주 공성면에 근거를 가진 대접주였다. 황하일은 그가 속한 包名은 확인할 수 없으나 대접주 반열에 속한 인물로서 남접지도자들과 가까운 사이로 알려져 있고, 일본군의 정보보고에도 보은의 동학 '巨魁'로 임규호보다 앞서 기명하고 있는 사람이다.[26]

교단의 고위지도자들이 가담한 이러한 시도를 교주 최시형이 사전에 허락했는지는 알 수 없다. 사각면은 교단의 고위 지도자들이 수시로 회동하는 보은 장내리의 대도소와 최시형이 주로 머물던 곳의 인근 지역이기 때문에 그 같은 동향은 알고 있었을 것이라고 생각된다. 그렇지만 최시형이 이를 우려했다거나 금지했다는 기록은 없다. 대접주들이 앞에 나섰던 이 사건은 일본군의 경복궁 침범 소식이 전해진 뒤 동학 교단의 분위기가 義兵 봉기로 집약되고 있었던 사실을 분명히 전해 준다.

교단의 고위지도자들이 관할한 포접조직의 동학교도들도 이런 분위기 속에서 활동한 모습을 보여 준다. 對日戰爭에 관한 의지는 교단과 하부조직이 서로 다르지 않았던 것이다. 각처의 접소에는 입도하는 농민들이 갈수록 늘어났다. 세력을 가진 동학교도들이 관아의 통제력을 무시하면서 활동 내용도 달라지게 되었다. 경전을 익히고 주문을 외우며 수행하기에 힘쓰기 보다 양반과 향리들에게 억압받아 온 농민 집단으로서 한풀이하는 사건들을 벌이게 되었던 것이다. 수십 명씩 떼를 지어 上典家나 地主家에 난입해서 과거사를 보복하는 사례는 지역별로 수없이 일어났다. 진천에서는 현감이 교체되었지만 동학교도들이 舊官을 願留한다면서 新官이 오는 것을 막기도 하였다.[27] 왕조정부의 지방관 교체까지 동학교도들이 간여하려고 한 일이었다.

25) 북접농민군 대군이 공주 우금치공방전 이후 충청도로 귀환할 때 상주 소모영 유격병대가 그 지도자를 정탐하였는데, 이 지역사람들이 북접농민군을 이끄는 최고지도자로서 임규호를 지목하였다(金奭中, 《討匪大略》).

26) 《駐韓日本公使館記錄》 1, 194~196쪽.

27) 〈錦藩集略〉(《총서》 4), 58쪽.

충청감사 이헌영과 호서선무사 鄭敬源은 이를 막을 수 있는 다른 대안이 없는 까닭에, 전라도에서 실시하는 방책처럼 충청도에서도 집강을 임명하여 동학교도들이 스스로 불법행위를 금지하도록 하였다.[28] 7월 15일 밤 정경원이 공주 감영으로 찾아가 감사와 만나는 자리[29]에서 이 조치가 논의된 듯 보인다. 집강으로 선임된 사람들은 동학의 대접주 또는 접주들로서 그 명단은 감영에 보고가 되었는지 8월 하순 충주에서 동학농민군을 진무하던 宣撫使가 소지하고 있었다.[30] 충청감사 이헌영은 영동에서 천여 명의 동학교도들이 인가에 들어가 錢財를 탈취해 간 것을 금지하지 못했다고 영동집강 孫仁澤[31]에게 甘結을 보내서 질책하고 있다.[32]

충청도 군현의 집강소는 최시형이 허락해서 설치된 것으로 보아야 한다.[33] 그렇지 않으면 대접주나 접주가 집강이란 이름으로 활동하지 못했을 것이기 때문이다. 더구나 최시형이 머물던 보은·청산·옥천·영동·황간 등지에는 동학의 유력한 지도자들이 두 명씩이나 집강으로 활약하고 있었다. 또한 청산에는 八路都執綱이란 직함으로 활동한 인물도 있었고,[34] 八路都省察과 副省察도 있었다. 이들이 이런 직함을 가지고 전국의 동학 조직이나 집강소의 개혁활동을 관장하는 일이 가능했는지는 명확하지 않다. 하지만 폐정개혁을 수행하는 군현 단위의 接所를 동학 교단 또는 대접주가 나서서 지도하는 모습은 확인이 된다.

경상도 예천에서는 백성들이 訟詞가 있으면 관부를 찾지 않고 동학 접소

---

28) 《洪陽紀事》, 甲午 7月 20日.

29) 《錦藩集略》, 7月 15日.

30) 《駐韓日本公使館記錄》 2, 61~64쪽. 일본군은 宣撫使(이름은 기록되지 않았으나 음력 8월 하순에 巡行하는 것으로 보아 李重夏로 추정됨)에게 명단을 받아 大鳥圭介공사에게 보고하고 있다.

31) 《駐韓日本公使館記錄》 2, 64쪽에는 孫仁澤의 이름 중 가운데 글자를 읽지 못해서 口字로 覆字임을 표시하였다.

32) 〈錦藩集略〉(《총서》 4), 57~58쪽.

33) 朴孟洙, 《崔時亨硏究》(한국정신문화연구원 박사학위논문, 1996), 242쪽.

34) 〈討匪大略〉(《총서》 11), 468~469쪽. 金景淵은 權吏로서 집강이 되어 현감까지 협박하고 무단을 꺼리지 않은 인물이라고 정탐되어 상주 소모영 유격장 金奭中이 체포 처형하지만 이 사건까지 포함해서 청산현감은 越權을 이유로 김석중을 감영에 고발하고 있다.

를 찾았으며, 마치 道伯처럼 행장을 차린 東徒 檢察官 張克元이 수행원을 데리고 각 읍을 순행하였는데 風威가 호랑이와 같아 가는 곳마다 소송자가 모여들어 저자를 이루었다고 한다.[35] 동학농민군의 包事는 보은의 교단과 상의해서 조정했으며 擧事도 그렇게 해서 결정되었다고 했다. 이런 문제를 논의하기 위한 按廉使 姜華山은 같은 시기에 풍기와 예천을 순회하였다.[36] 이런 모습은 1894년 여름에 교단과 대접주 차원에서 包接의 동학 조직을 이끌어 나가는 상황을 보여 주는 것이다. 이같은 교단의 간여나 지도가 교주 최시형의 지침과 거리가 있는 것은 아니었다.

최시형은 남접농민군이 전라도 일대에서 폭력을 행사하며 俗人을 능멸하고 非法을 저지르는 행위를 걱정하였다. 그런 상태는 점차 충청도와 경상도 등 지역을 가리지 않고 일어났다. 동학 조직에 대거 들어온 新入道人들과 말단 접주들이 휩쓸려 다니면서 양반과 지주들에게 보복행위를 하는 소식이 교단에 속속 전해졌다. 官令은 위세가 떨어졌고 세금은 거둘 길이 없었다. 향리들은 읍내를 떠나 面里에서 공무를 수행하는 것을 두려워 했다. 包에 따라서는 强包가 弱包를 위협하는 일도 생겼다. 무장활동을 앞세우는 남접계통의 조직이 교단의 지침을 따르는 조직에 적대하는 행위였다.

충청도 정산에서는 동학 조직에 힘이 있는 것을 이용해서 수십 명이 무장을 한 채 떼를 지어 십수 년 전의 빚을 받아 내는 일이 있었고,[37] 경상도 김산에서는 명당을 빼앗은 지주가의 무덤을 파헤치고 관을 끌어낸 뒤 錢財를 탈취해 가는 일도 있었다.[38] 이런 일은 전국에서 무수히 일어났다. 최시형은 여러 차례 불법을 저지르는 동학교도들을 만나서 깨우치고 또 편지를 보내서 경계하였지만 아무런 효과도 없었다. 따라서 8월에 들어와 이를 금지하는 강력한 내용의 통유문을 각지에 보내고 11條의 지침을 정해서 '金石之典'으로 삼도록 했다.[39]

이 지침은 다음 몇 갈래로 정리된다. 첫째는 신입도인의 증가로 혼탁해진

---

35) 《甲午斥邪錄》, 8月 20日.
36) 《渚上日月》, 8月 14日.
37) 〈錦藩集略〉(《총서》 2, 260~261쪽), 甲午 7월 7일, 定山縣監 牒呈.
38) 〈歲藏年錄〉(《甲午以後日記》).
39) 〈侍天敎宗繹史〉(《총서》 29), 109~112쪽.

동학조직의 계통과 위계질서를 바로잡는 내용이다. '각 包의 사무는 한 가지로 당해 主司와 別任의 知委에 좇을 事'와 '각 포 교도가 法所와 布德所의 文憑을 가지지 않고 마음대로 聚黨하는 사람은 즉시 제명할 事', 그리고 '각 포 사무는 대소를 막론하고 法所와 布德所의 指諭에 따라 삼가 봉행할 事'는 모두 조직 질서를 강화하기 위한 조항이다.

둘째는 교도로서 건실한 생활을 강조한 것이다. '修身行事는 반드시 忠孝로서 根本을 삼고 居家執事는 耕讀에 힘쓸 事'와 '주정, 도박, 騙財는 결코 도인의 행위가 아니니 일깨워도 좇지 않는 사람은 영구히 제명할 事'가 이 범주에 들어간다.

셋째는 包接 간과 교도들 사이에 서로 다투지 말도록 하는 내용이다. '무리한 일로 서로 詰難하며 毆打하는 사람은 同門 交友로서 대할 수 없으니 鳴告하여 각 포에 回示할 事'로 표현했지만 여기에는 坐包와 起包의 다툼을 금지하는 뜻이 있다. 더 강력한 항목은 '他包의 교도가 侵勒의 폐가 있으면 指名해서 法所에 즉각 알릴 事'이다. 이것은 일찍이 무장을 하고 包勢를 키운 남접의 교도들이 교주의 지시에 따라 무장활동을 하지 않는다고 북접 계통의 교도들을 위협해 온 행동을 금지시킨 항목인 것이다.

넷째는 사회관행상 불법한 일을 하지 못하도록 금지시킨 일이다. '남의 무덤을 강제로 파헤치고 錢財를 강탈하는 사람은 실정에 따라 관에 알려서 罪를 科할 事'와 '각 포 교도가 黨勢를 믿고 마땅히 갚아야 할 재물을 갚지 않고 도리어 부당한 재물을 취하는 사람은 엄히 징벌할 事' 그리고 '누구든지 오래되었건 근래의 것이건 빚 문제에 절대 간여하지 말 事'는 동학교도들이 주로 양반과 지주 또는 향리들에게 취했던 공세를 사안별로 나열한 것이다. 그 중 극심하다고 본 勒掘人塚이나 錢財奪取 등 화적과 같은 행위를 하면 관아에 알려서 죄값을 치루도록 하였다.

다섯째는 官衙와의 관계를 설정한 것이다. '官令에 복종하고 세금을 제때에 내도록 힘쓰며 營邑에 죄를 짓지 말 事'란 항목은 수 많은 군현에서 관아의 농민통제력이 상실된 당시의 실정을 생각하면 오히려 놀랄만한 내용을 담고 있다. 최시형은 국왕이 임명한 지방관의 권위를 인정하고 동학교도들에게 관령에 복종하기를 요구하였다. 농민들에게 무겁게 조세를 부과하고 그

위에 중간 수탈이 가중되어 온 것을 고려하면 公稅를 제때에 납부하도록 정한 지침도 보복이나 한풀이를 인정하지 않는 최시형의 지도방향을 알 수 있게 하는 것이다.

갑오년 8월은 교단이 영향력을 행사하는 지역에서도 동학교도들이 동학농민군으로 그 성격을 전환해 가던 시기였다.[40] 대일전쟁을 준비하던 동학농민군은 지방관아나 민보군과 치열하게 대립하고 있었으며 일본군과도 충돌하고 있었다. 8월 2일에는 동학농민군 수천 명이 무장한 채 깃발을 앞세우고 감영이 있는 공주 부내로 들어와서 시위를 하였다. 12일에는 천안에서 동학교도들이 일본인 6명을 살해한 일이 일어났다.[41] 19일에는 수천 명이 금강 근처에 모여 공주로 들어간다고 해서 감영의 군졸과 각 동민을 동원해서 밤새 防守하는 일이 있었다. 노성현에서는 무기를 탈취당해서 현감이 罷黜되었다.[42] '金石之典'이 동학 조직에서 준수되기에는 어려운 시기였던 것이다.

그렇지만 관동포의 예하 조직인 경상도 예천에서 이 지침을 따른 실례가 확인된다. 8월 11일 首接主 崔孟淳이 유천접주 趙成吉을, 읍내에 東徒 10여 명을 보내 지주 李裕泰에게 보복 구타한 사실을 기록한 罪案과 함께 읍내에 압송한 것이다. 동학농민군과 읍내의 민보군이 극단의 대치상태에 있었던 때의 일이었다. 교주 최시형의 지침은 교단의 영향력 아래 있었던 하부 조직에서 이처럼 존중되었다.

9월에 들어서도 최시형의 우려는 그치지 않았다. 남접 各包는 아직 재봉기를 결정하지 않았지만 擧義를 내세워서 민간을 侵掠하는 일이 두드러졌고, 동조하지 않는 북접 교도들을 戕害하는 등 용납하기 어려운 사건들이 일어났기 때문이었다. 만약 잘못되면 동학교도들이 玉石의 구분없이 모두 다칠 위험도 있었다. 그래서 또다시 이를 금지하고 전국의 敎友들이 오로지 각 포

40) 동학농민전쟁 연구에서 사용하는 용어들은 개념을 정리할 필요가 있다. 무엇보다 동학교도와 동학농민군은 구별해야 한다. 말 그대로 동학농민군은 동학교도들과 농민들이 군사편제를 하고 武裝을 갖춘 뒤 군사활동에 나섰을 때 쓸 수 있는 용어이다. 갑오년의 사정을 서술하는 글에서 남녀노소를 가리지 않고 동학에 입도한 사람들을 모두 동학농민군으로 표현하는 것도 적절하지 않다.

41) 《駐韓日本公使館記錄》 1, 118쪽.

42) 〈錦藩集略〉(《총서》 4), 43~44쪽.

두령의 지시와 단속에 따르도록 하라는 통유문을 발하게 된다.

이러한 통유문에는 일본군의 침략과 관계된 언급이 전혀 발견되지 않는다.[43] 반면에 최시형이 결정하지 않았으면 진행되기 어려운 대일전쟁의 준비사업은 교단의 내부에서 오랜동안 추진되어 왔다. 대접주들이 나서서 동학농민군의 확대와 무기 및 군량 확보를 위한 노력에 힘을 기울였던 것이다.

淸義大接主 孫天民은 근거지인 청주 松山에서 기포 준비를 하였다. 가을 찬바람이 난 이후 본격화되면서 화승총을 구하여 사격 연습을 하고 화약을 몰래 제조하였다. 칼은 대장간에서 벼려서 가져오고 전라도에서 운반해 온 대나무로 날을 세운 죽창도 만들었다. 예하 접조직에는 돈과 무기를 보내서 각기 봉기에 대비하도록 하였다.[44]

예천은 關東大接主 李元八이 주재해서 강원도와 충청도 그리고 경상도의 13접주가 모여 회합을 가졌던 곳이었다. 동학농민군과 읍내의 민보군은 서로 대치하는 속에서도 斥倭와 通文을 전하는 방식을 둘러싸고 상반된 의견을 나누었다. 동학농민군 수천 명이 읍내를 공격하기 전에 민보군에게 같이 합세해서 일본과 싸우기를 원했지만 민보군은 "斥倭는 朝家와 관계된 일"이라서 스스로 결정할 수 없는 문제라고 거부하였다.[45]

교단의 지침을 충실히 따르는 包接에서도 9월에 들어 오면 남접지역과 같은 상황으로 변하고 있었던 것이다. 경상도에서는 눈앞에 공격할 대상이 보였다. 일본군 병참부나 전신선로였다. 동학농민군은 전신주를 뽑아내고 전선을 절단하는 행동을 서슴치 않았고, 근거지에 집결해서 병참부를 기습하려고 시도하였다. 일본군은 즉각 대응해서 인근 병참부의 주둔병 등을 보복을 위한 증원군으로 파견하였다.

성주에서는 읍내에 접소를 설치하고 활동하던 10여 명의 동학교도들을 향리들이 체포한 뒤 처형하였다. 영남 북서부에 세력을 편 영동포·상공포·선

---

43) 1915년 간행된 《侍天敎宗繹史》는 처음 저술된 동학사 기록이기 때문에 뒤에 나온 교단사 저술에 큰 영향을 주지만 무단지배가 혹심했던 일제강점기라는 간행 시기와 侍天敎側의 기록이란 점에서 한계가 있는 점을 고려해야 한다. 일본과 관련된 자료는 세심한 사료비판이 요구된다.

44) 《다시피는 녹두꽃》, 321~332쪽.

45) 《甲午斥邪錄》, 8월 28일.

산포·충경포는 연합해서 보복할 것을 결의하고, 9월 초 수천의 동학농민군을 동원해서 읍내를 점거하고 인가에 방화하였다.[46] 이로 인해 읍내가 전소하고 인근의 지배층은 전전긍긍하였다. 이처럼 시국은 동학조직을 지키려는 최시형이 감내하기 어려운 방향으로 나아가고 있었다.

전봉준의 남접농민군이 재봉기해서 삼례에 대규모로 집결하고 있다는 소식은 교단의 영향 아래 있던 조직들도 자극시켰다. 예천 읍내를 공격한 동학농민군은 민보군에게 패배하였다. 예천의 민보군은 동학농민군이 집결했던 마을과 동학교도들에게 호되게 보복하였다. 그에 뒤이어 일본군과 남영군도 경상도 북서부 일대를 순회하면서 동학농민군 가담자들을 체포하는대로 처형하였다.

강원도에서도 9월 4일, 영월·평창·정선과 충청도 제천 등지에서 온 수천명의 동학농민군이 강릉 읍내를 점거하였다. 삼정 폐막의 개혁과 보국안민한다는 게시문을 내어 걸고 읍내에 머물던 동학농민군은 양반과 향리들이 민보군을 만들어 야밤에 기습해 온 것을 막지 못하고 다시 대관령을 넘어 후퇴하였다.[47] 이와 같은 상황과 함께 각지에서 동학교도들이 慘殺된다는 보고가 최시형에게 잇달았다.

한편, 남접농민군이 봉기하면서 북접 교단조직과의 사이에 갈등이 심각해졌다. 최시형의 지시를 따르는 포접 조직은 전라도에도 적지 않았다. 이들 조직은 최시형의 기포령이 내려 오지 않았기 때문에 삼례 집결지에 합류하지 않았다. 그로 말미암아 서로간에 언쟁과 육박전을 벌이다가 殺傷을 하는데 이르기까지 충돌하게 되었다.[48] 충청도에서도 충주와 진천 일대에서 남접 계통의 徐璋玉·許文叔과 북접 계통의 辛在蓮이 벌이는 갈등은 정도를 넘어섰다.[49]

최시형은 각 포의 대접주들을 청산에 불러 모아 대책을 논의하였다. 남북접 지도부를 오가며 조정에 노력했던 오지영도 호남의 정세를 보고하고 남

---

46) 《星山誌》, 《歲藏年錄》, 《討匪大略》.
47) 〈東匪討論〉(《총서》 12), 123쪽.
〈臨瀛討匪小錄〉(《총서》 12), 246~251쪽.
48) 吳知泳, 《東學史(草稿本)》(《총서》 1, 483~485쪽).
49) 《兩湖右先鋒日記》, 갑오 9월.

북접 조화책을 제시하였다. 마침내 9월 18일 최시형은 기포령을 내렸다. "先師의 宿寃을 쾌히 펴고 宗國의 急難에 같이 나아가라"는 결정을 내린 것이다. 이 기포령은 무장활동을 승인한 것인데, 무기 확보를 위한 읍내 관아의 점거와 북접농민군을 대도소가 있는 보은으로 집결시키도록 하는 것이 주요 내용인 것처럼 보인다.

기포령이 전달되자 일본과의 전쟁을 준비해 왔던 전국의 동학조직은 즉각 봉기에 나섰다. 북접농민군은 일제히 읍내 점거를 시도하였다. 경상도의 대읍인 상주와 선산이 9월 22일경 각각 수천의 농민군에 의해 점거되었다. 상주에서는 함창·예천·상주의 동학 조직이 동원되었고, 선산에서는 김산·선산 등지의 조직이 합세하였다. 대접주가 지휘를 해서 예하 포접 조직을 모두 동원하거나 몇 개의 포조직이 연합해서 점거에 나선 것이다.[50]

청주는 9월 24일경 수 천의 동학농민군이 읍성을 포위해서 공격하였다. 이 공격에는 손천민의 포조직은 물론 서장옥 계열의 동학농민군도 합세하였다. 병영이 있는 청주목의 공격은 난관에 봉착했다. 병사 李長會가 지휘하는 진남영은 우수한 무기를 지니고 반격에 나섰던 것이다.[51] 읍성에서 시작된 전투는 무심천을 사이에 두고 여러 날 동안 지속되었다. 청주 목사와 병사는 인근 군현과 감영 그리고 조정에 구원병 파견을 청하는 급보를 계속 보냈다. 정부는 경군을 파견하기로 결정했다. 그래서 이미 경기도와 충청도에 파견된 장위영과 경리청 병대를 시급히 청주로 가도록 했다.[52]

충주에서는 기포령이 내린 후에도 辛在蓮包와 許文叔包의 대립이 9월말까지 계속되었다. 신재련은 광혜원에 진을 치고 허문숙은 충주 용수포에 집결시켜서 동학농민군이 양측으로 나뉘어 접전을 하려는 기세였다. 신재련의 주장은 최시형과 같았다. 호남과 호서의 남접이 倡義라 칭하고 무리를 이끌어 취당해서 말과 병기를 거두고 평민을 侵掠하고 道員을 살해한다는 것이다. 新入道儒는 道의 大體를 모르면서 빚을 받아 내고, 남의 무덤을 파고, 옛 원

50) 《召募日記》, 《討匪大略》, 《甲午斥邪錄》, 《歲藏年錄》.

51) 경군 각 병영은 6월 말 일본군이 무장을 해제했지만 진남영병은 홍계훈이 병사로 있을 때 갖춘 신식무기를 보유하고 있었다.

52) 〈兩湖右先鋒日記〉(《총서》 15), 16쪽, 《先鋒陣日記》.

한을 갚는 일만 한다고 하였다.53) 동학의 주요 근거지인 충주 외서촌을 둘러싼 남북접 간의 갈등이 치열한 전투까지 이어진 것은 아니었다.

충주 일대에 있던 허문숙 조직은 일본군과 충돌하였다. 충주는 일본군의 병참선을 연결하는 요지였다. 일본에서 부산을 거쳐 오는 군대와 물자는 충청도의 안보와 가흥을 통해 서울 방면으로 올라갔다. 허문숙의 동학농민군은 가흥의 일본군 병참부를 공격하려고 준비하였으나 이를 정탐한 일본군이 선제 기습해 왔다. 동학농민군은 일본군의 우월한 무기를 당해내지 못하고 9월 16일에서 17일 밤에 이르는 동안 30명이나 살해당한 채 패산하고 말았다. 9월 25일에는 청안의 동학농민군이 일본군 정탐병을 찾아내서 처형하였다.

괴산 읍내는 동학농민군이 10월 6일에 읍내를 점거하였다. 괴산 읍민들이 접주를 격살한 뒷탈로 인해 민가가 放火되어 읍내가 전소하는 혹심한 피해를 입었다. 진천 읍내는 9월 29일 안성과 이천에서 온 동학농민군이 읍내를 포위, 현감과 공형을 결박하고 軍庫를 부순 뒤 무기를 하나도 남김없이 가져갔다. 보은으로 진군하는 길목에 있는 군현이 점거되었던 것이다.

북접농민군은 기포와 동시에 관군과 민보군 그리고 일본군의 공격을 받게 되었다. 조정에서는 9월 22일 동학농민군 진압기구인 兩湖都巡撫營을 설치하였다.54) 그리고 동학농민군의 활동을 막지 못한 경기도와 충청도 군현의 지방관에 경군 지휘관을 임명하였다. 경기도의 죽산부사에는 장위영 영관 李斗璜, 안성군수에는 경리청 부영관 洪運燮, 충청도의 서산군수에는 경리청 영관 成夏永을 겸임시켜서 병대를 이끌고 가도록 한 것이다.

일본군은 각지의 병참부에 주둔한 병력을 인근 지역의 사태에 즉각 개입시켰다. 낙동병참부는 상주 읍성을 기습해서 동학농민군을 퇴각시켰고, 해평병참부는 선산 읍성을 공격해서 관치질서를 회복시켰다. 가흥병참부는 충주 일대의 집결지를 공격하였다. 동학농민군을 진압하기 위해 새로 증파되어 온 후비보병 제19대대 병력도 북접농민군을 1차 공격목표로 삼아 三路로 나누어 내려 왔다. 대대본부가 포함된 中路軍은 청주를 목표로 내려 왔다.55) 西

53) 《兩湖右先鋒日記》(《총서》 15), 10~12쪽.

54) 《日省錄》, 고종 31년 9월 22일.

55) 《駐韓日本公使館記錄》 6, 64쪽.

路軍은 직산·천안을 거쳐 공주로 직행하였고, 東路軍은 이천·충주를 거쳐 강원도로 들어갔다. 공주 우금치로 간 일본군은 1개중대 병력이었고, 그 중 支隊는 홍주에 있었다. 즉 우금치전투가 끝날 때까지 증파된 일본군과 맞서 싸운 동학농민군은 주로 북접농민군이었던 것이다.

민보군은 여러 군현에서 결성되었다. 경상도의 거창과 안의는 지방관이 중심이 되어 경내 민정을 동원해서 결성하였고,[56] 경기도 지평은 前監役 孟永在가 결성하였다. 상주와 선산에서는 일본군이 읍성의 동학농민군을 내몬 뒤에 향리들이 민보군을 조직하였는데, 그 선례가 된 것이 예천의 민보군이었다.[57] 경군과 일본군이 지나간 군현에서는 儒會所 등이 조직되었다. 조정에서는 전국 각지에 召募使·討捕使 등을 임명해서 민보군을 결성하도록 軍權을 부여하였다.[58]

강원도의 동학농민군은 두 계통으로 연합해서 활동하였다. 하나는 홍천대접주 차기석이 이끄는 계통으로 홍천 일대에서 근거를 가진 세력이었다. 다른 하나는 평창·정선·원주·영월을 기반으로 활약한 세력으로 관동대접주 이원팔이 중심이었다. 이들은 강원도에서만 활약한 것이 아니라 경상도 북부와 충청도의 단양·충주지역 그리고 경기도까지 활동범위를 넓혔다. 동학농민군에는 평창과 강릉의 양반도 참여하였고, 집강과 같은 유력자도 들어왔다.

강원도의 주요 활동 지역은 평창·정선·영월·원주·횡성·인제·강릉·삼척·양양·간성·기린·춘천·김화·금성 등지이다. 그 중 두드러진 군사활동을 편 지역이 평창·정선·영월·홍천·강릉·삼척이었다. 10월 하순에는 영월·평창과 제천·청풍의 조직이 합세해서 정선 읍내를 점거하였다. 이때부터 11월 초 사이 정선읍에 3천 여명, 평창과 후평에는 1천 여명이 집결해 있었다.

이 시기 전열을 정비한 민보군과 관군이 진압에 나섰다. 전승지 李會源이

56) 《甲午以後日記》(필사본).
57) 〈甲午斥邪錄〉(《총서》 11), 95~96쪽.
〈召募日記〉(《총서》 11), 149쪽.
58) 《日省錄》, 고종 31년 9월 25·26일.

강릉부사로서 관동소모사를 겸임하였고, 원주 감영의 영군도 뒤늦게 출동하였다. 孟英在가 이끄는 경기도 지평의 민보군은 강원도의 동학농민군이 경기도를 거쳐 보은으로 남하하는 길목을 막았다.

일본군 후비보병 제19대대의 동로군은 이천·장호원·가흥·충주를 거쳐 강원도로 들어왔다. 이 일본군이 강원도로 직행한 것은 무엇보다 삼남 일대의 동학농민군이 험준한 산골에 들어와서 장기전을 펴는 것을 사전에 차단하려는 이유 때문이었다. 동로군은 인천 주재 일본군사령관이 직접 통제해서 10월 25일부터 11월 17일까지 22일간 강원도 여러 군현을 순회하였다. 일본공사 井上馨은 인천병참사령부에게 강원·함경도방면으로 올라가는 길목을 막도록 다시 1개중대 병력의 증파를 요청하였다.[59]

10월 중순부터 동학농민군은 진압군의 우세한 무기를 막지 못해 거듭 참패하게 된다. 경기도와 강원도의 도계 양쪽 지역에 걸쳐 있던 대접주 차기석 예하의 조직은 교단의 지시에 따라 경기도를 거쳐 보은으로 남하하려고 시도하였으나 지평의 맹영재 민보군에게 반격당하여 저지되었다. 대접주 차기석과 접주 박종백의 농민군은 10월 11일 홍천의 내촌면 東倉을 점거해서 곡식을 탈취하였다. 맹영재와 횡성 현감이 지휘하는 민보군과 관군은 차기석부대가 주둔한 장야촌과 서석면으로 몰려와 공격을 가했다. 맹영재는 다음과 같은 전투 기록을 남겼다. "10월 21일 행군해서 홍천 장야촌에 이르러 비류 30여 명을 포살했다. 다음날 서석면에 가니 비류 수천 명이 흰 기를 세우고 진을 쳐 모여 있었다. 총을 쏘며 접전을 벌였는데 탄환에 맞아 죽은 자의 수를 헤아릴 수 없었다."[60]

서석전투에서 패배한 동학농민군은 봉평 내면으로 근거지를 옮겼다. 대접주 차기석은 강릉·양양·원주·횡성·홍천 5읍의 동학조직을 지휘해서 진압군의 공격에 대비하였으나 다시 포위공격을 받게 된다. 11월 11일부터 14일까지 추위 속에 벌어진 협공을 막아내지 못하고 대접주 차기석과 주요 간부들이 체포되었다.

평창의 동학농민군은 11월 5일 서울에서 증파된 병력과 합류한 일본군 동

---

59) 《駐韓日本公使館記錄》 1, 165쪽.
60) 《甲午實記》, 11월 초2일.

로군 및 원주 소모관 鄭俊時가 인솔한 관군을 맞아 격전을 벌였다. 일본군은 "평창에 집결한 약 3천 명의 동학당을 공격했다. 동도가 사격으로 저항하여 격전 2시간에 점차 퇴각의 기세를 나타내서 오후 1시에 평창을 완전히 점령하였다. 동도의 사상과 포로는 즉사 70명, 부상 미상, 포로는 뒤에 저항하므로 10여 명을 총살했다"고 보고했다.[61] 이시모리(石森)대위가 이끄는 일본군의 화력이 동학농민군이 지닌 화승총과 창칼을 압도한 까닭에 일방적으로 패산하지 않을 수 없었던 것이다. 그렇지만 험한 지세를 이용한 강원도의 동학농민군은 완강하게 저항하였다. 전투상황을 비교하면 전라도와 충청도의 동학농민군들이 여러 지역에서 소수의 일본군이 진격해 들어오는 것만 보고도 흩어졌던 사례와는 다른 양상으로서 마지막까지 굳건히 대적한 모습을 보여주고 있다.

험난한 과정을 거쳐서 충청도·경상도·강원도·경기도에서 보은으로 속속 집결한 북접농민군은 영동과 황간으로 분산해서 주둔하였다. 장내리는 많은 군대가 모여 훈련을 하거나 오랜 기간 주둔하기에는 불편한 점이 많았다. 개활지에 인접하여 외부에 노출되기 쉬웠고, 잠자리와 물도 부족했다. 따라서 깊은 산골로 집결지를 옮겨서 出陣에 대비하였다.

영동과 황간에 머문 한 달 정도의 기간 동안 북접농민군 대군은 軍需錢과 軍需米를 구하기에 전력을 다했다. 전쟁 수행에 필요한 물자를 직접 확보하는 일은 매우 어려웠다.[62] 충청도 동남부 군현은 물론 추풍령을 넘어서 김산과 상주까지 사람을 파견해서 錢財를 강제로 헌납받아 왔다. 그러는 과정에서 무리도 뒤따랐다. 타지에서 원정 온 동학농민군은 넉넉한 집들을 지정해서 곡식과 돈을 내도록 하였는데 헌납을 못하면 후환을 꺼리지 않고 폭력을 가했다.[63] 이런 소문이 떠돌면서 영동과 황간의 북접농민군은 인근 군현의 양반지주들에게 공포의 대상이 되었다.

기포령은 일본과의 전쟁이 목적이었지만 동학농민군이 봉기한 뒤에는 전

61) 韓沽劤, 〈東學農民軍의 蜂起와 戰鬪〉(《韓國史論》 4, 1978), 373쪽.

62) 《召募日記》, 10月 22日字에는 다음과 같은 전문들을 기록하였다. "此時騷訛不可一一取信 而胥以黃永間 匪徒之結陣者 不知幾萬名 府吏鄕人 轉相興訛 有妨軍政" "永同匪徒 不過千餘名 而自相蹂亂 全無統率 食盡路窮 方嗷嗷思逃云"

63) 《甲午以後日記》(필사본).

쟁 준비과정에서 양반 향리에 대한 신분투쟁과 지주 부농에 대한 경제투쟁이 병행되었다. 斥倭라는 대의명분을 내세웠음에도 불구하고 양반지주층이 민보군 결성에 앞장서고 동학농민군 토벌에 잔혹했던 것은 그 때문이었다.

최시형은 북접농민군을 총지휘하는 統領으로 손병희를 지명하였다. 그리고 鄭璟洙包와 金奎錫包를 각각 선봉군과 후군으로 삼고, 李鍾勳包와 李容九包를 각각 좌우익으로 정했다. 당시 북접농민군의 주요 지휘자는 孫天民(청주)·李觀永(상주)·李元八(원주)·任奎鎬(보은)·李鍾勳(廣州)·鄭璟洙(안성)·朴容九(음죽)·高在堂(양지)·洪秉箕(여주)·金奎錫(이천)·吳一相(문의)·趙在壁(옥천)·姜建會(옥천)·辛在蓮(충주)·李容九(충주) 등이었다. 충청도 서해안 지역과 강원도 지역의 동학농민군은 여러 포 조직이 현지에서 읍내를 공격하거나 경군과 일본군에 맞서느라고 합류하지 못했다.

북접농민군은 대군[64]을 二隊로 나누어 一隊는 손병희가 이끌고 남접농민군과 만나기로 약정한 논산으로 10월 중순[65]에 출발하였다. 또 一隊는 오일상·강건회가 이끌고 회덕으로 가도록 하였다. 경군과 일본군이 충청도 청주·옥천 방향으로 남하하는 것을 막으려는 시도였다.[66] 손병희의 북접농민군과 전봉준의 남접농민군이 논산에서 만남으로써 남북접 연합군이 이루어졌다.

〈申榮祐〉

---

64) 북접농민군의 수는 《天道敎創建史》에서 약 6만 명으로 추산했고, 《東學史》는 약 10만 명이라고 했다. 이 수가 다 집결하지는 못했을 것이다. 愼鏞廈 교수는 《東學과 甲午農民戰爭》, 312쪽에서 손병희의 직할부대를 약 1만 명으로 추정하였다.

65) 북접농민군은 일시에 出陣한 것이 아니라 여러 차례 나누어서 행군한 것으로 보인다. 충청도의 사정 파악에 힘을 기울인 상주 소모사에게 다음과 같은 정탐 사실이 전해졌다(〈召募日記〉(《총서》 11), 161쪽. "各處探吏回告內 黃永諸賊 自二十三日 始蹃沃川 將向公州").

66) 이 시도는 결과적으로 성공하였다. 후비보병 제19대대의 중로군을 공주로 가지 못하게 길목을 막는 임무를 다했기 때문이다. 또 金子先에게도 10월 17일 일부 북접농민군을 이끌고 청주를 공격하도록 했는데 초정리 부근의 가는다리(細橋)에서 일본군을 만나서 패산하기도 하였다(〈討匪大略〉(《총서》 11), 461쪽).

2. 반일투쟁의 전개

1) 반일투쟁의 발발

농민군이 1894년 9월에 들어 다시 일어난 일차적인 목적은 일본의 침략행위를 물리치고 輔國安民하려는 데 있었다.[1] 농민군은 제1차 농민전쟁에서도 '斥倭洋' 구호를 제기하였지만, 그들의 행동이나 요구내용을 볼 때 일차적인 목적은 어디까지나 民에게 해악을 끼치는 폐정을 개혁하자는 것이었다. 그러나 농민전쟁이 전개되는 과정에서 청나라와 일본이 조선에 출병하는 뜻밖의 심각한 상황이 초래되었다. 6월 이후에는 일본의 경복궁 강점과 청일전쟁 개전, 내정간섭 등으로 이어지는 일련의 사태 속에서 일본의 침략의도가 점차 노골화하였다. 이에 따라 농민군 지도부, 특히 全琫準의 관심은 폐정개혁으로부터 반외세문제, 곧 '斥倭' 쪽으로 급격히 선회하였다.[2] 일본의 침략을 막아내지 못하여 국가가 멸망한다면, 폐정개혁은 고사하고 生民이 하루도 편히 살 수 없을 것으로 판단하였기 때문이다.[3]

이미 일본군에 의해 경복궁 강점과 청일전쟁이 발발한 직후부터 전라도 일대에서는 반일투쟁의 분위기가 형성되기 시작하였다. 경복궁강점 직후인 6월 23일경부터 일주일 안에 고부·부안·무장·김제 등지에서 농민군이 다시 봉기할 것이라는 소문이 돌았다. 이들의 巨魁들은 6월 8, 9일경에 모의하여 6월 16일 김제에서 대회를 가지기로 결정하였던 것이며, 일본이 大兵을 일으켜 우리나라를 집어삼키려 하므로 나라를 생각하는 자라면 모두 무기를 들고 일어나 막아야 한다며 사방의 士夫도 동참할 것을 촉구하였다고 한다.[4]

6월 29일 장성에서는 "倭兵이 장차 이를 것이므로 일이 매우 급박하다"면

1) 〈全琫準供草〉(《東學思想資料集》 壹, 亞細亞文化社, 1979), 318~319쪽 및 340, 362쪽.
2) 裵亢燮, 〈執綱所 時期 東學農民軍의 활동양상에 대한 一考察〉(《歷史學報》 153, 1997) 참조.
3) 〈東京朝日新聞〉, 명치 28년 3월 5일(《東學農民戰爭史料叢書》 22), 367쪽.
4) 〈東京日日新聞〉, 명치 27년 8월 5일(《東學農民戰爭史料叢書》 22), 509쪽.

서 500~600명의 농민군이 관아에 쳐들어와 무기를 탈취하여 갔다.5) 6월 22, 23일 무렵부터는 군산과 전라도에 인접한 강경지역에서도 농민군들이 청국병과 합세하여 일본군과 싸운다고 하며 총, 말 등 전쟁에 사용할 물품들을 민가에서 거두어 들였다.6) 7월 9일에는 전라도 부안의 농민군이 서천군으로 들어와 방포하며 "전라도 연해에 정박해 있는 일본선박이 몇백 척이나 되어 전라도 전체가 놀라고 있다. 계엄하지 않을 수 없으나, 부족한 것이 마필과 군기이다"라고 하며 총과 화약, 馬匹 등을 빼앗아 갔다.7) 8월 25일에는 전봉준보다 오히려 더 큰 세력을 형성하고 있던 金開南이 남원에서 대규모 대회를 열고 기포를 결의하였다. 8월 19일 경부터 농민군이 남원으로 모여 들었으며, 9월 1일에는 김개남과 기맥이 통하던 금구출신의 대접주 金仁培가 광양·순천의 농민군을 이끌고 경상도 하동을 공격하면서 사실상 재기포를 시작하였다.8)

전봉준도 이미 일본군의 경복궁 강점사건 발발 전인 6월 중순 경에 추수를 한 후 다시 일어날 계획임을 밝힌 바 있다.9) 또 일본군의 경복궁 강점 소식을 늦어도 7월에는 접하였지만,10) 8월 말까지도 재기포를 미루고 있었다. 여기에 대해 전봉준은 자신에게 병이 있었을 뿐만 아니라, 농민군들을 한꺼번에 불러 일으키기가 수월치 않았으며, 군량에 필요한 곡식의 수확을 기다리느라고 기포가 늦어졌다고 하였다.11) 그러나 재기포를 연기한 요인으로 지적되어야 할 것은 전봉준으로서는 중앙정국의 동향과 청일전쟁의 추이에 대한 정확한 정보도 없었고, 명확한 판단도 내릴 수 없었다는 점이다. 그것은 집강소시기 전봉준의 정세인식과 행동방침을 통해 엿볼 수 있다.

---

5) 《古文書》 2, 서울대 도서관, 412쪽.
6) 《駐韓日本公使館記錄》 3(國史編纂委員會, 1986), 236~240쪽.
7) 〈錦藩集略〉 別啓, 7월 7일조(《東學農民戰爭史料叢書》 4), 34~35쪽. 위 기사의 내용은 7월 9일에 일어난 일이지만, 7월 7일조에 잘못 실려 있다.
8) 〈梧下記聞〉 2筆(《東學農民戰爭史料叢書》 1), 209~210, 217~218쪽 ; 《駐韓日本公使館記錄》 2, 71~72쪽 ; 〈嶺上日記〉 8월 19일(《東學農民戰爭史料叢書》 2), 286~287쪽.
9) 海浦篤彌, 〈東學黨視察日記〉(《日本人》 18호, 1895년 2월), 130~136쪽.
10) 〈全琫準供草〉, 372쪽.
11) 〈全琫準供草〉, 364쪽.

이미 1893년 3월의 보은집회 무렵부터 권력장악을 위해 농민군을 이용하고자 하였던 대원군세력은 일본군의 경복궁 강점 직후 섭정을 시작하면서 농민군을 이용하여 자신의 정치적 야심을 채우려는 계획을 본격적으로 추진해 나갔다.[12] 섭정을 시작한 대원군은 6월 말에서 7월 초에 걸쳐 徐璋玉·徐丙學·張斗在 등 주요한 동학접주들을 석방하였다.[13] 이 가운데 장두재는 7월 초 무렵에 대원군을 만나서 청군과 합세하여 일본군을 물리치기로 합의한 후 7월 9일에는 金德明·金開南 및 孫化中 앞으로 기포를 촉구하는 편지를 보냈다.[14] 전봉준에게도 대원군의 밀사들이 수 차례 왕래하였을 뿐만 아니라,[15] 8월 10일에는 전봉준의 처족 7촌이자 全羅左右道 都執綱을 맡고 있던 宋熹玉이 善工主事로 임명된 바 있다.[16] 이는 대원군측이 자신들의 정변계획에 전봉준을 끌어들이기 위해 집요하게 노력하였음을 보여 준다. 따라서 전봉준측과 대원군측 사이에는 기맥이 일정하게 통하고 있었으며, 장두재의 편지 내용이나 대원군측의 의도도 전봉준에게 전달되었을 것으로 보인다. 그러나 전봉준의 생각과 행동은 대원군측의 의도와는 달랐다. 대원군과 밀의한 장두재가 농민군의 재기포를 촉구하는 편지를 김덕명, 김개남, 손화중에게 보낸 지 일주일 정도 후인 7월 17일 전봉준은 무주집강소에 다음과 같은 통문을 보냈다.

> 방금 外寇가 범궐하였다. 국왕이 욕을 당했으니, 우리들은 마땅히 달려가 목숨을 걸고 의로써 싸워야 하나 저 도적들이 바야흐로 청나라와 전쟁 중이어서

12) 대원군과 농민전쟁의 관계에 대해서는 李相栢, 〈東學黨과 大院君〉(《歷史學報》 27·28합집, 1962) ; 柳永益, 〈全琫準 義擧論〉(《李基白先生古稀紀念韓國史學論叢》 下, 1994) ; 김양식, 〈대원군일파의 정변계획과 농민군과의 관계〉(《근대한국의 사회변동과 농민전쟁》, 신서원, 1996) ; 張泳敏, 〈大院君의 東學農民軍·保守兩班 動員企圖에 관한 一考察〉(《重山鄭德基博士華甲紀念韓國史學論叢》, 1996) ; 양상현, 〈대원군파의 농민전쟁 인식과 동향〉(《1894년 농민전쟁연구 5》, 역사비평사, 1997) ; 배항섭, 〈전봉준과 대원군의 '밀약설' 고찰〉(《역사비평》, 1997년 겨울호) 참조.

13) 《駐韓日本公使館記錄》 8, 54쪽.

14) 《駐韓日本公使館記錄》 8, 54~55쪽.

15) 〈全琫準供草〉, 347쪽.

16) 《舊韓國官報》 1, 8월 초10일, 166쪽.

> 그 예봉이 매우 날카로우므로 갑자기 맞서 싸웠다가는 그 화가 宗社에 미칠지도 모른다. 물러나 은둔하여 시세를 관망한 연후에 기세를 올려 계책을 취하는 것이 萬全之策이다. 바라건대 반드시 경내의 각 접주에게 통문을 돌려 서로 상의하여 각자 安業하고 경내에서 胥動하는 무리를 일절 금단하여 마을에서 횡행하며 소동을 일으키지 못하도록 하기를 切望한다.[17]

'마땅히 달려가 싸워야 할 것'이라는 표현에서 이 통문이 재기포를 촉구하는 장두재의 편지로 인하여 자칫 동요할지도 모를 접주들을 자제시키려는 의도에서 나온 것으로 보인다.

약 한 달 후인 8월 11일에도 전봉준은 일본군에 의해 민씨정권이 축출되었고, 대원군이 집정하면서 폐정을 개혁하고 政法을 바로잡아 자신들이 원하던 바가 많이 달성되었으나, "일본이 하고자 하는 바와 대원군이 하고자 하는 바를 우리들은 아직 상세히 알 수 없어 마음을 놓을 수 없다. 때문에 나는 힘써 동지들의 분격을 가라앉힘과 동시에 우리 정부의 동태를 알려고 한다."고 하였다.[18] 이러한 전봉준의 입장은 8월 25일 무렵 김개남이 남원에서 재기포하는 데 반대할 때까지도 이어졌다.[19]

그것은 무엇보다 중앙정국이나 일본의 동향, 대원군의 의도 등에 대해 명확하게 파악하지 못하고 있었기 때문이다. 이에 따라 전봉준은 대원군측이나 일부 농민군 지도자들의 생각과는 달리 선불리 움직이기보다는 중앙정국이나 일본측의 동태를 좀더 신중하게 관찰하고자 하였다. 또 청일간의 전쟁이 끝나면 어느 나라든 농민군 진압에 개입할 것이지만, 현실적인 농민군의 역량으로는 그에 맞서기 어려우며, 그럴 경우 자신들이 소망했던 바를 이룰 수 없다고 판단하였다. 8월 말까지도 전봉준은 官과의 물리적 충돌을 최대한 자제하면서 '관민상화'체제를 유지하는 가운데 농민군의 역량을 효과적으로 보존·강화하고자 하였던 것이다. 나아가 일단 중앙정국과 청일전쟁의 추이를 지켜보면서, 필연적으로 도래할 반외세투쟁에 대비하여 士族이나 재산이 있

---

17) 〈隨錄〉, 茂朱執綱所, 甲午 7月 17日(《東學農民戰爭史料叢書》 5), 278~279쪽.
18) 〈時事新報〉, 명치 27년 10월 5일(《東學農民戰爭史料叢書》 22), 331~332쪽 ; 《日淸交戰錄》 12, 명치 27년 10월 16일, 43쪽.
19) 〈梧下記聞〉 2筆(《東學農民戰爭史料叢書》 1), 210~211쪽.

는 계층까지 포괄하는 연합을 추진해 나가려는 계획이었던 것으로 보인다.[20]

이러한 정세 인식에 입각하여 재기포를 유보하던 전봉준이 재기포를 결심하는 것은 대원군측의 밀사와 접촉한 직후인 9월 10일 무렵이었다. 전봉준이 제2차 기포, 곧 반일투쟁을 결심하기 직전인 9월 2일 대원군측 밀사인 朴東鎭과 鄭寅德 등이 전주로 내려왔다. 이들은 기포하여 상경할 것을 촉구하는 대원군의 密敎를 가져와 9월 7, 8일경 전봉준에게 전달하였다.[21] 이들은 먼저 전봉준의 처족 7촌이자 全羅左右道 都執綱을 맡고 있던 宋熹玉과 접촉하였다. 송희옥은 대원군측의 밀사를 만난 다음날 휘하의 농민군들을 거느리고 전주성을 빠져나갔으며,[22] 9월 6일 전봉준에게 다음과 같은 글을 띄웠다.

> 앞으로 더 일을 계획하고자 삼가 묻고자 합니다.
> (중략) 과연 어제 저녁 또 두 사람이 비밀리에 내려왔기에 상세히 그 전말을 알아본즉 과연 이는 開化邊에 압도되어 먼저 효유문을 발하고 뒤이어 秘計가 있었던 것입니다. 그래서 내려온 두 사람을 곧 가두어 두고 이들을 엄중히 지키도록 하여 서로 말을 통하지 못하도록 조치하여 두었으니, 밤을 아랑곳하지 말고 올라오시는 것이 어떻겠습니까. 湖中에도 이런 일이 있어서 벌써 발각되어 잡혀갔다고 합니다. 그러나 이런 일은 대체로 속히 행하면 萬全策이 되고 늦으면 기밀이 발각되는 것이므로 이를 양찰하시고 대사를 일으킬 수 있도록 천번 만번 빕니다. 호서지방에서는 초 10일에 대회를 갖고 한 쪽에서 올라가도록 명령하였다 하므로 계속하여 뒤좇아 간 다음에야 일이 완전하게 합치될 수 있습니다. 들뜨지 마시고 제대로 하시기 바라며 나머지는 아직 갖추어 올리지 못합니다.
>
> 甲午 9月 初6日
> 接弟 宋熹玉 再拜[23]

송희옥의 편지를 받은 전봉준은 삼례로 가서 박동진과 정인덕을 만났고,[24] 9월 8일 이전 李建英이 남원의 김개남을 찾아가서 국태공의 명령이라

20) 이 시기 전봉준의 정세판단과 행동방안에 대해서는 裵亢燮, 〈執綱所 時期 東學農民軍의 활동양상에 대한 一考察〉(《歷史學報》 153, 1997) 참조.

21) 〈隨錄〉(《東學農民戰爭史料叢書》 5), 296쪽 ; 《駐韓日本公使館記錄》 8(國史編纂委員會, 1993), 55쪽, 361쪽 ; 〈全琫準供草〉, 341쪽, 358~359쪽.

22) 〈隨錄〉(《東學農民戰爭史料大系》 5, 驪江出版社, 1994), 296쪽.

23) 《駐韓日本公使館記錄》 8(國史編纂委員會, 1993)(이하 생략), 55 · 361쪽.

며 '起兵赴京'할 것을 密諭하였다.[25] 같은 무렵 전봉준도 삼례에서 이건영을 만나 다음과 같은 국왕의 밀지를 받았다.[26]

> 너희들은 선대 왕조로부터 교화하여 내려 온 백성들로서 선왕의 은덕을 잊지 않고 지금까지 살고 있는 것이다. 조정에 있는 자는 모두 저들에 아부하고 있어 서로 은밀히 의논할 자가 한 사람도 없으니, 외롭고 의지할 데가 없어 하늘을 향하여 통곡할 따름이다. 방금 왜구들이 침범하여 화가 국가에 미치었는 바 운명이 조석에 달렸다. 사태가 이에 이르렀으니 만약 너희들이 오지 않으면 박두하는 화와 근심을 어떻게 하랴. 이로써 교시하노라.[27]

"국가의 운명이 조석에 달렸다"는 국왕의 밀지를 받은 전봉준은 국왕의 밀지가 도착한 사실과 그에 대한 비밀을 당부하는 회람을 義龍·月波·和中 등으로 명기한 동지들에게 돌렸다.[28]

이러한 몇 가지 자료들은 재기포 직전인 9월 초순 전봉준 등 농민군 지도부와 대원군측 사이에는 긴밀한 접촉이 있었음을 보여 준다. 전봉준이 재기포를 결심한 것은 이와 밀접한 관련이 있었다. 우선 전봉준이 아직까지 勤王主義的 의식을 엄연히 가지고 있음을 고려할 때[29] 起兵하여 상경해 줄 것을 절박하게 요청하는 밀지를 국왕이 직접 보냈다는 사실 자체가 '輔國安民'을 위한 기병을 결심하는 데 적지 않은 영향을 미쳤을 것으로 보인다. 그러나 보다 중요한 것은 대원군 밀사와의 접촉을 통해 8월 16일에 있었던 청일간의 평양전투에서 일본군이 승리한 사실, 일본이 명백한 침략의도를 가지고 있으며, 농민군 진압에 본격적으로 투입될 것이라는 사실, 대원군은 집정은 하고 있으나 일본이 내세운 개화파에 포위되어 사실상 자신의 뜻을 펼 수

---

24) 〈全琫準供草〉, 341쪽.
25) 〈甲午略歷〉(《東學亂記錄》 上, 國史編纂委員會, 1959), 67~68쪽.
〈梧下記聞〉 3筆, 247쪽.
26) 〈全琫準供草〉, 341쪽.
27) 《駐韓日本公使館記錄》 8, 54·360쪽.
〈東學文書〉(《東學農民戰爭史料大系》 5), 99쪽.
28) 《駐韓日本公使館記錄》 8, 54쪽, 361쪽. 〈東學文書〉에는 자신이 밀지를 보낸 사실이 누설될 경우 자신에게 화가 미칠 것이므로 철저히 비밀로 하라는 8월 14일자로 된 국왕의 밀지가 실려 있다(《東學農民戰爭史料叢書》 5, 112쪽).
29) 鄭昌烈, 《甲午農民戰爭硏究》(延世大學校 博士學位論文, 1991), 255쪽.

없게 되었다는 점 등 청일전쟁과 중앙정국의 추이, 일본군의 침략의도와 농민군 진압계획에 대한 정확한 정보를 제공받았을 것이라는 점이다.[30] 이에 따라 전봉준은 위에서 언급한 바 반일투쟁의 개시를 연기한 이유들 가운데 아직 수확이 완전히 끝나지 않았고, 특히 농민군의 역량이 취약하다는 점이 해소되지 않았음에도 불구하고 임진왜란의 참화를 연상하며 "국가가 멸망하면 생민이 어찌 하루라도 편할 수 있을까"하는 생각에서 "국가와 멸망을 함께"하기 위해 재기포를 결심하였던 것이다.[31]

재기포를 결심한 전봉준은 9월 10일경 삼례에 大都所를 설치하고 기병준비에 착수하였다. 삼례는 백여 호도 안되는 작은 고을이었지만, 도로가 사방으로 통하는 요충이었고 다수의 농민군이 임시거처로 사용할 수 있는 邸幕이 많았기 때문이다. 이때 삼례에서 모여 전봉준과 함께 모의한 인물은 진안의 접주 文季八·金永東·李宗泰, 금구의 접주 趙駿九, 전주의 접주 崔大奉·宋日斗, 정읍의 접주 孫如玉, 부안의 접주 金錫允·金汝中·崔卿宣·宋憙玉 등이었다. 전봉준은 삼례에 대도소를 설치하고 5, 6일 후에는 직접 손화중과 최경선이 있던 광주와 나주로 갔으며, 김개남에게도 연락하였다. 전봉준은 각지의 "忠義之士"에게 함께 일어날 것을 촉구하는 동시에 "이번 거사에 호응하지 않는 자는 不忠無道한 자"라는 통문을 돌렸다.[32]

전봉준은 각지의 官衙에도 재기병을 알리는 통문을 보내 군수품 조달에 협조할 것을 촉구하였다. 9월 10일 태인현에는 거사를 위해 公穀과 公錢을 이용해야겠으니, 軍需米 300석과 동전 2,000냥을 금구·원평의 대도소로 수송하기 바란다는 전봉준의 통보가 전달되었다. 17일에는 백미 300석, 동전 2,000냥, 白木 15同을 여산으로 보내라는 농민군 大都所의 傳通이 고산 관아에 도착하였다. 이외에도 9월 10일부터 20일 사이에 김제, 능주, 광주, 군산, 전주 등 각지의 관아에 화약·탄환 등의 무기와 쌀·白木 등 군수물자를 농

---

30) 《駐韓日本公使館記錄》 8, 55~76쪽.
〈全琫準供草〉, 3차문목·5차문목 참조.
31) 〈東京朝日新聞〉, 명치 28년 3월 5일(《東學農民戰爭史料叢書》 22), 367쪽.
32) 〈全琫準供草〉, 321~322쪽, 373~375쪽, 378쪽, 381~382쪽.
〈判決宣告書〉(《東學關聯判決文集》, 總務處 政府記錄保存所, 1994), 30쪽.
〈梧下記聞〉 3筆(《東學農民戰爭史料叢書》 1), 253쪽.

민군 도소로 보내라는 통문이 날아들었다.[33] 9월 18일경에는 장차 서울로 쳐들어가려 하니 군량을 준비해 두라는 통문이 충청도 각읍에도 전달되었다.[34]

이와 함께 인근 지역의 官衙를 공격하여 무기를 탈취하기도 하였다. 9월 9일에는 전라도 금구의 농민군이 고산 관아를 공격하고, 다음 날에는 무기를 탈취하여 전주쪽으로 향하였다. 10일 밤에는 삼례에 집결하였던 농민군이 여산을 공격하였고, 13일 밤에는 무기를 탈취하여 돌아갔다. 14일에는 삼례에 모여 있던 농민군 8백여 명이 전주성으로 쳐들어가 화포 74문, 탄환 9,773발, 탄자 41,234개, 환도 300자루 등 무기를 탈취해 갔고, 16일에는 백여 명의 농민군이 威鳳山城을 공격하여 무기를 빼앗아 갔다. 또 8월 말부터 남원에서 재기포를 준비한 金開南도 이 무렵 인근읍으로부터 무기와 군수물자를 적극적으로 끌어 모았고,[35] 9월 26일에는 孫化中도 통문을 돌려 인근 농민군을 광주에 결집시켜 전봉준에 호응하였다.[36] 농민군의 재기병 준비가 본격적으로 진행된 것이다.

2) 남·북접 연합과 봉기의 확산

전봉준의 재기포 결정이 북접과의 합의하에 이루어진 것은 아니었지만,[37] 전봉준은 北接과의 연합을 이끌어 내기 위해 북접에 함께 기포할 것을 요청하였던 것으로 보인다. 동학교단측의 영향을 강하게 받던 충청도 지역에서도 이미 1894년 3월 20일의 茂長起包를 전후한 시기부터 동학교도들의 움직임이 활발하게 전개된 바 있다. 5월, 6월에 들어 민보군의 활동과 관군의 반격, 교단지도부의 기포 금지지시 등으로 소강상태를 맞았으나, 7월 초부터는 사실상 기포단계에 들어갈 만큼 다시금 활발해졌고, 곳곳에서 교단측의 태도에

---

33) 《駐韓日本公使館記錄》 1(國史編纂委員會, 1986), 129~130쪽.
《駐韓日本公使館記錄》 8, 51쪽.

34) 金允植, 《續陰晴史》 上, 9月 18日(國史編纂委員會, 1960), 340쪽.

35) 《駐韓日本公使館記錄》 1, 129~130쪽.
《駐韓日本公使館記錄》 8, 51쪽.

36) 朴冀鉉, 〈日史〉, 甲午 9月 23日(《東學農民戰爭史料叢書》 7, 1996), 485~486쪽.

37) 〈全琫準供草〉, 343쪽.

반발하는 지도자들이 나타났다. 7월부터 다시 농민군의 활동이 활발해진 데는 충청도가 조선 왕조정부의 요청을 받고 농민군을 진압하기 위해 출병한 청나라 군대가 상륙한 곳으로 청일전쟁의 최초의 전장이었다는 사실과 깊은 관계가 있었다. 이에 따라 충청도 농민군은 각지에서 양반가를 공격하는 등 雪憤行爲를 하거나 일부지역에서는 농민군집강소를 설치하고 개혁활동을 시도하는 한편 '斥化擧義'를 주장하는 등 반일구호를 본격적으로 제기하기 시작하였다. 7월 이후 전개된 충청지역 농민군의 활동은 중앙정국과 청일전쟁의 동향을 살피며 기본적으로는 관민상화의 질서 속에서 개혁활동을 추진하고자 하였던 전라도 지역 농민군의 활동양상과는 대조되는 것이다. 조정에서는 7월 9일 鄭敬源을 湖西宣撫使에 임명하여 호서지역을 순행하며 농민군을 귀화시키도록 하였다. 이에 대해 동학교단은 충청각지의 접주급 인물을 집강으로 임명하여 교도들의 기포와 설분행위를 금단하는 등 조정의 대책에 호응하였다.[38]

7, 8월에 걸쳐 교도들에게 官令에 복종하고 교도 가운데 侵勒하거나 掘塚, 錢財 강탈 등을 자행하는 자가 있으면 교단에 알리거나 관에 고발토록 하는 내용이 포함된 通諭文을 잇따라 내렸다.[39]

교단측이 농민군의 봉기를 금압한 것은 관군으로부터 무차별적인 탄압을 받아야 했던 교도들이나 기포를 주장하는 접주들로부터 반발을 야기하였을 뿐만 아니라, 무엇보다 충청지역의 농민군이 남접에 호응하여 전면적으로 기포하는 데 커다란 제약요인이 되고 있었다. 이에 따라 전봉준과 서장옥은 재기포를 결심한 뒤 북접에도 함께 기포할 것을 요청하였다. 그것은 다음과 같은 북접의 통유문에서 확인할 수 있다. 북접은 9월에도 전봉준과 徐璋玉이 "倡義를 빙자하여 평민을 침학하고 도인을 죽이는 것이 끝이 없다"고 비난하며, 남접을 토벌하라는 통유문을 돌린 바 있다.[40] 또 같은 9월에 관청과

38) 배항섭, 〈충청지역 동학농민군의 동향과 동학교단－《洪陽紀事》와 《錦藩集略》을 중심으로－〉(《百濟文化》 23, 1994) ; 〈충청도지역 東學農民戰爭과 農民軍指導部의 성격〉(《동학농민전쟁과 농민군 지도부의 성격》, 서경출판사, 1997), 44~50쪽 참조.

39) 〈天道敎會史草稿〉(《東學思想資料集》 壹), 458~460쪽.

40) 〈天道敎會史草稿〉(《東學思想資料集》 壹), 461쪽.

일본군병참소에까지 전봉준과 서장옥이 "북접을 끼고 때를 틈타 함께 일어나려 했지만, 북접은 스승의 훈계를 각별히 따라 굳게 거절하고 따르지 않았다"라고 하며 북접을 남접과 차별화하고자 하는 글을 보냈다.[41]

전봉준 등의 기포 동참요청에 대해 북접에서는 "남접을 토벌하라"는 극언까지 불사하며 반대하였으나, 이미 7월, 8월에 걸쳐 충청도와 경상도 등지에서는 교단의 지시를 무시하고 기포하는 동학교도가 점증하였고, 사실상 기포상태나 마찬가지일 정도로 농민군의 활동이 활발하게 일어났다. 북접 산하의 접주들이나 농민군들이 이미 교단의 통제 밖에 있었음을 보여 준다. 또 측근들마저 동학교도들이 무고하게 살상당하는 참상을 보고하자, 드디어 9월 18일 崔時亨은 각포의 접주들을 청산에 불러 모으고 "교도들을 동원하여 전봉준과 협력하여"[42] "先師의 宿寃을 快伸하고 宗國의 急難에 同赴" 할 것을 지시하였다.[43] 함께 기포하자는 전봉준의 요청을 받아들인 것이다. 이에 따라 북접에서도 法所와 都所를 倡義所로 개칭하였으며, "우리 접주들은 힘을 합하여 倭賊을 쳐야겠다"는 통문을 돌리고 반일항쟁에 동참하게 된다.[44] 북접은 산하 각 지역에 기포령을 내렸으며, 이 무렵부터 각지에서 농민군들이 본격적인 기포를 시작하였다.

영동지역에서는 일본군이 대구에 들어오고, 성환전투에서 청나라가 일본에 패하였다는 소문이 난 다음인 7월 12일 무렵부터 활동하고 있던 농민군이 9월 26일 정식으로 기포하였다.[45] 홍주·예산·서산·태안 등지에서도 이미 7월 초순부터 농민군들이 사방에서 일어나 활동하고 있었으며,[46] 홍주목사 이승우의 농민군 진압에 대응하여 대대적인 기포준비를 하고 있다가 9월 30일 북접으로부터 기포령이 떨어진 이후에 정식으로 기포하였다.[47]

충청도와 마찬가지로 북접 영향하에 있던 경상도 지역에서도 지역에 따라

---

41) 〈侍天敎歷史〉(《東學思想資料集》 參), 625쪽.
42) 〈天道敎創建史〉(《東學思想資料集》 貳), 155쪽.
43) 〈天道敎會史草稿〉, 461쪽.
44) 《駐韓日本公使館記錄》 1, 173쪽.
45) 〈記聞錄〉(《東學農民戰爭史料叢書》 11), 554~564쪽.
46) 〈洪陽紀事〉(《東學農民戰爭史料叢書》 9), 96쪽.
47) 〈昌山后人 曺錫憲歷史〉(《東學農民戰爭史料叢書》 10), 130~132쪽.

서는 이미 3월 말부터 동학교도들의 활동이 활발해졌으며, 일본군의 경복궁 강점이 알려진 6월 말부터 활동이 격화되었다. 이어 8월에는 성주·예천 등지에서 농민군이 읍내를 공격하는 사실상의 기포가 이루어졌으며, 일본을 적대하자는 주장이 제기되면서 병참대의 일본군과 전투가 벌어지기도 했다.48) 김산지역 역시 3월 말부터 지주양반층은 농민군들로부터 시달림을 받고 있었으며 농민군은 8월 초부터는 곳곳에 모여 반관·반부민투쟁을 활발하게 전개하고 있었으나, 9월 25일 교단으로부터 기포하라는 통문이 도착하자 정식으로 기포하였다.49)

이에 따라 9월 하순이 되면 義兵이라 칭하며 국왕의 명에 항거하는 농민군의 봉기가 전라도와 충청도, 경상도 뿐만 아니라 강원도와 경기도, 황해도 등으로 확산되었고 평안도에서도 반일투쟁 양상이 전개되었다.50)

3) 관군 및 일본군의 남하

이미 9월 초부터 농민군이 서울로 쳐들어 온다는 소문까지 나돌고, 경기도 죽산과 안성에서도 동학농민군의 봉기가 일어나자 조정에서는 이들에 대한 본격적인 진압대책을 마련하였다. 9월 10일에는 壯衛營 領官 李斗璜과 經理廳 領官 成夏泳 등 무관들을 죽산부사와 안성군수에 임명하였고, 9월 21일에는 兩湖巡撫營을 설치하고 申正熙를 都巡撫使로 삼았다. 이어 이두황을 순무영 右先鋒, 별군관 이규태를 左先鋒으로 임명하였다.51) 또 전국 각지에 召募使와 討捕使 등을 임명하거나 파견하였다.52) 충청감영으로부터 농민군 수만 명이 병영을 공격하여 감영이나 병영의 병력으로는 도저히 막을 수 없다는 급보가 날아들자 9월 28일 순무영에 증원군을 파견하도록 명령

48) 申榮祐,《甲午農民戰爭과 嶺南保守勢力의 對應》(延世大 博士學位論文, 1991), 59~91쪽 및 이 글의 주 57)참조.

49) 〈歲藏年錄〉(《東學農民戰爭史料叢書》 2), 256~260쪽.

50) 《日省錄》, 고종 31년 9월 24일~26일 ; 〈甲午實記〉, 《東學亂記錄》 上, 35쪽. 각 지역별 농민군의 활동에 대한 최근의 연구로는 한국역사연구회, 《1894년 농민전쟁연구》 4, 1995 참조.

51) 《東學亂記錄》 上, 220쪽.

52) 《日省錄》, 고종 31년 9월 25일~29일.

하였다.[53] 9월 29일에는 더 이상 선무만으로는 농민군의 봉기를 진정시킬 수 없다고 판단하여 양호선무사 직함을 없앰으로써 오로지 무력진압정책을 펴기로 결정했다.[54]

순무우선봉 이두황은 장위영 병대 4개 소대를 이끌고 9월 20일[55] 서울을 출발, 용인을 거쳐(21일) 죽산에 도착하여(22일) 용인·죽산·이천·진천 등지의 농민군을 진압하다가 10월 9일 죽산을 출발하여 남하하였다. 음죽(9일)-음성(10일)-청안(11일)-청주 쌍교동(12일)을 거쳐 10월 13일 청주성에 입성한 이두황은 성하영의 경리청군 및 일본군 白木誠太郎 중위, 宮本竹太郎 소위와 합류하여 일본군의 지휘를 받게 되었다. 13일부터 15일까지 경리청군, 진남영병과 함께 보은 장내리 등을 수색하던 이두황은 16일 회인에 도착하였다. 이두황은 17일 아침 충청감영으로부터 전라도 지역의 농민군이 북상하여 노성·논산 등지에 진을 치고 있으니 급히 공주로 오라는 전령을 받고 공주를 향해 떠났다. 공주 접경인 부강점(17일)-연기 봉암(18일)을 거쳐 19일 유성에 도착한 이두황은 10월 20일 청주병영으로부터 목천 세성산에 농민군이 진을 치고 있다는 소식을 접하고 목천으로 향하였다. 천안-廣(松)亭(20일)을 거쳐 21일 세성산에 도착한 이두황은 그 곳에 진을 치고 있던 농민군과 접전하였다.

세성산성은 감영과 병영이 있던 공주와 청주 사이에 위치한 요충지로 서울로 통하는 길목이었을 뿐만 아니라 남하하는 관군의 배후를 위협할 수도 있는 지점이었다. 그러나 이두황은 세성산이 가지는 이러한 지리적 중요성뿐만 아니라 세성산의 농민군을 격파함으로써 선봉진 병사들의 사기를 올리고, 농민군의 기세를 꺾음으로써 장차 전개될 농민군과의 전투에서 승기를 다져보자는 의도에서 공주로 급히 올라오라는 통보에도 불구하고 세성산 공격을 감행한 것이다. 전투는 10월 21일 벌어졌다. 3,000여 명의 농민군은 삼면이 깎아지른 듯한 험준한 산세를 이용하여 관군의 공격에 맞섰으나 결국 농민군은 대장 김복용이 체포되어 참수되는 등 17명의 전사자를 내고

---

53) 《日省錄》, 고종 31년 9월 28일.

54) 《啓草存案》, 고종 31년 9월 29일.

55) 《舊韓國官報》 1(亞細亞文化社, 1973), 開國 503년 9월 19일, 520쪽.

패하여 달아났다. 세성산 인근의 농민군을 추적하여 진압하던 이두황은 10월 26일 세성산을 출발, 봉암을 거쳐(26일) 10월 27일 공주에 도착하였다. 그러나 공주에 도착한 직후 예산·서산·태안·해미 등지의 위급함을 보고받고 10월 29일 장위영병을 이끌고 예산지역으로 출발하여, 광정(29일~11월 2일)－온양(3일)－신창(4일)－예산(5일)－해미(6일－8일)를 거쳐 11월 9일 홍주에 도착하였다.[56]

이규태는 교도중대와 통위영 2개 중대를 이끌고 10월 10일 서울을 출발하였다. 교도중대는 경성에 있던 일본군 후비18대대의 히라키(白木) 중위와 미야모토(宮本) 소위의 지휘를 받도록 되어 있었다.[57] 이들은 과천(11일)을 거쳐 수원에 도착한 뒤(12일~17일) 17일 양지에서 일본군 서로분진대와 합류하여 진위로 갔다. 18일 진위에서 일본군은 2개의 枝隊로 나누어 하나는 안성 쪽으로 가고, 다른 하나는 일본병 87명과 대관군 43명을 거느리고 평택~아산 등지로 향발하였고, 이규태는 성환(18일)을 거쳐 천안으로 곧장 남하하여 19일 천안에서 일본군과 합류하였다. 22일까지 천안에 체류한 뒤 廣亭(23일)을 거쳐 10월 24일 공주에 도착하였다.[58]

이밖에 성하영은 9월 24일 안성군수로 부임,[59] 그곳의 농민군을 진압한 후 경리청 영관 구상조와 함께 경리청병 3개 소대를 이끌고 청안을 거쳐 10월 10일 청주로 가서 주둔하다가, 12일 이두황군과 합류한 뒤 회인·毛老院을 거쳐 19일 공주에 도착하였다.[60] 안성군수 홍운섭이 이끄는 경리청군 1개 소대는 10월 16일 안성을 출발 천안을 거쳐 19일 공주에 도착하였다.[61] 10월 27일 현재 공주에 주둔중인 경군은 장위영 850명(領官 이하 병정 692명, 書記

56) 〈兩湖右先鋒日記〉·〈巡撫先鋒陣謄錄〉(《東學亂記錄》 上) ; 《東學亂記錄》 下, 14~20쪽 등에서 정리.
57) 《駐韓日本公使館記錄》 1, 152쪽.
《駐韓日本公使館記錄》 3, 378쪽.
58) 〈先鋒陣日記〉, 〈巡撫先鋒陣謄錄〉(《東學亂記錄》 上) ; 〈先鋒陣呈報牒〉(《東學亂記錄》 下)에서 정리.
59) 안성군수는 9월 30일 홍운섭으로 교체되었고, 성하영은 10월 11일 서산군수로 임명되었다.
60) 《東學亂記錄》 上, 262·270·384·421·427쪽.
《駐韓日本公使館記錄》 3, 302쪽.
61) 《東學亂記錄》 上, 419쪽.

이하 군무요원 158명), 경리청 560명, 통위영 250명 등 1,660여 명이었다. 이 가운데 장위영 병대는 예산·덕산·홍주·해미 등지의 농민군이 창궐하므로 내포지역으로 이동하여 일본군과 함께 그 지역의 농민군을 초토하라는 지시를 받고 10월 29일 공주를 출발하여 홍주로 향하였다.[62]

한편 8월 16일 벌어진 평양전투에서 승리함으로써 청일전쟁의 승기를 잡은 일본은 본격적인 내정간섭을 시작하였으며,[63] 농민군 진압에 일본군를 직접 투입하기 시작하였다. 7월 초순부터 전선파괴 등 조선인들의 반일투쟁이 발생하기 시작하였고,[64] 8월 24일 무렵에는 전라도·충청도·경상도에서 농민군이 봉기하여 서울로 침입한다는 풍설이 나돌았다. 또 8월 25일·26일에는 태봉·용궁 등에서 일본군이 공격을 당하여 사망하거나 부상당하는 일이 발생하였다. 이에 따라 일본은 이미 8월 24일 이전부터 조선정부는 힘이 없어 이들을 진압할 수 없으며, 이들 지역으로부터 조세를 징수할 수도 없을 뿐만 아니라 일본의 이익에 방해가 되므로 일본군 1개 소대와 순사 30명을 조선정부에 빌려주어 농민군을 진압할 필요가 절실하다는 생각을 가지고 있었다. 이어 8월 28일 외무대신 무츠(陸奧宗光)는 부산항에 주둔중이던 일본군 1개 소대를 태봉·문경 지역으로 파견하도록 하였고, 9월 4일 이전에 부산에 주둔중이던 2개 중대가 두 차례로 나누어 파견되었다.[65]

그러나 농민군의 봉기가 각처에서 이어지자 9월 9일 일본공사 오오토리(大鳥圭介)는 외무대신 무츠에게 일본군을 동원하여 본격적으로 농민군 진압 태세를 취하는 것이 좋겠다고 상신하였다. 또 늦어도 9월 15일 이전에 조선정부는 농민군 진압을 위해 일본군대를 파견해 줄 것을 일본에 공식 요청하였으며,[66] 9월 18일 일본은 일본군 약간을 파병하여 조선군을 도와 농민군을 진압하고 싶다고 하여 승낙의 뜻을 전하였다. 조선정부가 9월 18일에 있었던 일본측의 제의를 공식 수락한 것은 9월 21일이었다. 이어 9월 27일 새로 부

---

62) 《東學亂記錄》 上, 298쪽 ; 《駐韓日本公使館記錄》 1, 246~247쪽.

63) 《駐韓日本公使館記錄》 2, 232~233쪽.

64) 《駐韓日本公使館記錄》 3, 333·335쪽.

65) 《駐韓日本公使館記錄》 3, 272~279쪽 ; 〈日本外務省外交史料館 所藏文書〉(《東學農民戰爭史料叢書》 19), 342~349쪽, 412·419쪽.

66) 《駐韓日本公使館記錄》 3, 353쪽.

임한 일본공사 이노우에(井上馨)는 9월 28일 대본영에 농민군 진압을 위한 1개대대 병력의 파견을 요청하였다. 9월 21일 본격적인 농민군 진압계획을 세운 대본영은 10월 2일 대대장 미나미(南小四郎)의 인솔하에 일본 후비보병 독립 제19대대를 출발시켰다.[67]

그러나 일본은 이보다 앞선 9월 17일 농민군 진압을 위해 일본군을 남하시키기로 결정하였고, 19일에는 2개 소대를 남하시켰다. 1개 소대는 原田 소위가 이끌고 용인·죽산을 거쳐 충주 지방으로, 1개 소대는 鈴木 特務曹長이 이끌고 수원·진위·천안을 거쳐 공주로 가도록 하고, 후자는 다시 두 개의 대로 나누어 하나는 아산·평택·홍주로 향하게 할 예정이었다.[68] 이에 따라 9월 27일 인천수비대 소속 1개 소대(49명) 병력을 原田常入 소위 인솔하에 남하시켰다.[69] 이들은 인천-수원을 거쳐 10월 5일 충주에 도착하였다. 10월 6일 原田常入 소위가 2개 분대를 이끌고 괴산지역을 정찰하던 중 농민군 200여 명과 조우하여 전투를 벌인 결과 原田 소위 이하 4명이 부상하고 1명이 즉사하자,[70] 용산수비대 대대장 飯森이 1개 소대, 인천수비대 소속의 山村대위가 2개 분대를 이끌고 각기 10월 7일과 10월 9일 충주로 증파되었다.[71] 이들은 합류하여 10월 14일부터 충주·괴산·청산·보은 등을 수색한 후 山村은 10월 말 용산과 인천으로 복귀하였다.[72]

한편 10월 2일 일본에서 출발한 일본군 후비보병 독립 제19대대의 본부 및 제1, 2중대는 10월 9일, 제3중대는 13일 인천에 도착하였다.[73] 이들은 14일 용산에 집결하였고, 10월 15일에서 17일 사이에 농민군 진압을 위해 남하하였다.[74] 10월 19일에는 용산수비대 1개 중대가 뒤따라 출발하여 동로분진대와 합류하였다.[75]

---

67) 鄭昌烈, 《甲午農民戰爭硏究》(延世大學校 博士學位論文, 1991), 244~247쪽 참조.
68) 《駐韓日本公使館記錄》 3, 284~289쪽·355~356쪽; 5, 64쪽.
69) 《駐韓日本公使館記錄》 1, 143~145쪽.
70) 《駐韓日本公使館記錄》 3, 297쪽 ; 6, 91쪽.
71) 《駐韓日本公使館記錄》 3, 297쪽 ; 1, 217쪽.
72) 《駐韓日本公使館記錄》 1, 218~220쪽.
73) 《駐韓日本公使館記錄》 3, 249쪽, 369~373쪽.
74) 《駐韓日本公使館記錄》 6, 60쪽 ; 3, 249쪽.
75) 《駐韓日本公使館記錄》 3, 300~301쪽.

일본공사 이노우에는 미나미가 인솔한 제19대대가 인천에 도착한 10월 9일에 조선의 외무대신 金允植에게 서한을 보내 앞으로 농민군 진압에 임하는 조선군과 각 지방관에게 일본군 장교의 지휘를 따르도록 해줄 것을 요청하였다.[76] 또 10월 13일 인천병참사령관 육군포병중좌 이토오(伊藤祐義)는 후비보병 독립 제19대대가 남하하기에 앞서 일본공사 이노우에에게 농민군 진압계획을 보고하였다. 그 요지는 다음과 같다.

1. 충청·전라 각지 東學黨의 근거지를 剿節하라.
2. 조선정부의 요청에 의해 후비보병 제19대대는 다음과 같은 세 개의 길로 分進하여 조선군과 협력, 沿道에 있는 동학당을 격파하고 그 화근을 剿滅함으로써 동학당이 다시 흥기하는 후환을 남기지 않도록 해야 한다. 우두머리로 인정되는 자는 체포하여 경성 공사관으로 보내고, 동학당 거물급 간의 왕복문서, 혹은 정부내부의 관리나 지방관, 또는 유력한 측과 동학당 간에 왕복한 문서는 힘을 다해 수집하여 함께 공사관으로 보내라. 이번 동학당을 집압하기 위해 파견된 조선군 각 부대의 진퇴와 調達은 모두 일본군 士官의 명령에 따르게 하고, 일본군법을 지키게 하며 만일 군법을 위배하는 자가 있으면 군율에 따라 처리하기로 조선정부로부터 조선군 각 부대장에게 이미 하달되었다.
3. 보병 1개 중대는 西路, 즉 수원·천안 및 공주를 경유, 전주부 街道를 전진하여 그 진로 좌우의 驛邑을 정찰하라. 보병 1개 중대는 中路, 즉 용인·죽산·청주를 경유, 성주 가도로 전진하여 그 진로 좌의 역읍을 정찰하라. 보병 1개 중대는 東路(일본병참선로), 즉 가흥·충주·문경 및 낙동을 경유, 대구부 가도로 전진하여 그 진로 좌우의 역읍을 정찰하라. 본부 중대는 중로 분진대와 함께 행진하라.
4. 동로 分進中隊를 조금 먼저 가게 해서 匪徒를 동북쪽에서 서남쪽으로, 즉 전라도방면으로 내몰도록 힘써야 한다. 만일 비도들을 강원도와 함경도 쪽, 즉 러시아 국경에 가까운 곳으로 도피케 하면 적지 않게 후환이 남을 것이므로 엄밀히 이를 예방해야 한다.[77]

이노우에 공사가 직접 나서서 진두 지휘한 일본군의 농민군 진압 계획의 요체는 농민군을 서남방 전라도 해안쪽으로 몰아넣은 다음 합세하여 초멸하는 데 있었다. 이를 위해 서·중·동 세 갈래로 나누어 남하하되 동로분진대

76) 《駐韓日本公使館記錄》 1, 150쪽.

77) 《駐韓日本公使館記錄》 1, 153~156쪽 ; 5, 67~68쪽.

에 1개 중대를 증원하고 중로, 서로분진대보다 빨리 남하하도록 하여 강원도와 경상도의 농민군을 전라도쪽으로 내몰도록 한 것이다.[78)]

농민군진압에 투입된 일본군의 규모는 ①미나미少佐가 이끄는 3개 중대로 이루어진 후비보병 독립 제19대대 ②충주 방면의 원군으로 서울에서 내려온 후비 제18대대 제1중대 ③홍주 방면의 원군으로 용산, 인천에서 온 후비 제6연대 제6중대 ④전라도 남부지방의 원군으로 부산에서 온 후비 제10연대 제4중대 등이 있고 ⑤황해도 방면에도 평양으로부터 후비 제6연대 제4중대 ⑥용산으로부터 파견된 후비 제6연대 제7중대(일부) ⑦황주에서 파견된 후비 제6연대 제8중대(일부) 등 모두 9개 중대였다. 청일전쟁 시기에 1개 중대는 221명 내지 198명으로 구성되었고, 또 일부는 결원이 있음을 감안할 때, 농민군 진압에 투입된 일본군은 약 1,900여 명에 이르렀던 것으로 추정되고 있다.[79)]

이 가운데 西路, 즉 수원·천안을 거쳐 공주로 진격하게 되어 있던 서로분진대(중대장, 森尾 대위)는 과천(17일)을 거쳐 18일 진위에서 예산지역의 농민군세력이 거세다는 정보를 입수하고 2개대로 나누어 본대(2개 소대와 2개 분대, 약 125명)는 공주로 남하하고, 枝隊는 예산으로 향하였다. 공주로 남하한 본대는 양성(18일)－직산(19일)－천안(20~22일)－덕평(23일)을 거쳐 10월 24일 공주에 도착하였다.[80)] 9월 말에 1개 소대를 이끌고 서울서 출발한 스즈키(鈴木) 特務曹長은 수원·진위·천안을 거쳐 10월 8일 이전에 이미 공주감영에 도착하여 그 곳의 조선군병들을 훈련시키며 주둔하고 있었다. 스즈키는 10월 9일 이토오(伊藤) 兵站監을 통해 보은·괴산지역의 농민군을 정찰하고, 곧 파견할 군대가 도착할 때까지 임기응변하며 청주로 가서 주둔하라는 이노우에 공사의 명령을 받았다. 그러나 전봉준이 충청감사에게 글을 보내면서 공주지역의 정세가 긴급해진 직후인 10월 18일 공주에 남아서 방어하겠다고 요청하여 10월 28일 승낙받았다.[81)]

---

78) 《駐韓日本公使館記錄》 1, 301~302쪽 ; 5, 65~66쪽.

79) 趙景達, 《異端の民衆反亂 : 東學と甲午農民戰爭》(岩波書店, 東京, 1998), 305쪽 참조.

80) 《駐韓日本公使館記錄》 6, 60~68쪽.

81) 《駐韓日本公使館記錄》 1, 169·174쪽 ; 3, 367·382쪽.

남하 도중 진위에서 서로분진대와 갈라져 해미지역으로 간 枝隊는 아카마쓰(赤松國封) 소위가 인솔하였으며 인원은 1개 소대와 2개 분대, 그리고 조선관군 34명이었다. 이 지대는 평택－아산(19일)－신창(21일)－예산(22일)－면천(23일)을 거쳐 24일 해미에 도착하였으며, 농민군 1만 5,000여 명과 승전곡에서 접전한 후 덕산으로 들어갔다.[82] 이어 25일에는 홍주로 퇴각하였으며, 농민군의 세력이 예상외로 크자 10월 27일 홍주에서 인천 병참부로 지원군을 요청하였다. 28일에는 내포지역 최대의 전투였던 홍주성전투가 28일 오후부터 29일까지 계속되었다. 이 전투에 가담한 관군 및 일본군은 2,000여 명이었다. 이때 농민군은 3만여 명이나 되었으나 크게 패하여 해미쪽으로 퇴각하였다. 이후 농민군은 해미 등지에서 일본군 및 관군, 민보군과 수 차례 접전하였으나 패배하여 많은 사상자를 남긴 채 각지로 흩어지고 말았다.

후원병인 인천 항구수비대 1개 소대와 용산주재 2개 소대는 후비보병 제6연대 제6중대장인 야마무라(山村) 대위의 인솔하에 11월 3일 오후 7시 인천을 출발하여 11월 5일 새벽 아산현에 상륙하였으며, 신창·신례원을 경유하여 11월 7일 오후 홍주에 도착하였다. 홍주 지역의 농민군의 세력이 약해지자, 11월 8일 후원병력만 홍주에 남고 아카마쓰 소위는 자신이 인솔하던 일본군 1개 소대와 2개 분대, 조선관군 34명을 이끌고 공주로 출발하였다.[83]

후원병은 사이토(齋藤) 소위에게 1개 소대와 민보군 300명을 내주어 해미·서산·태안을 수색하게 하고, 11월 12일 해미를 거쳐 인천으로 귀환 예정이었다. 그러나 11월 11일 홍주목사 李承宇로부터 한산 남포 지역에 농민군 수천 명이 활동하고 있다는 소식을 듣고 인천 귀환을 연기하고 한산으로 척후를 파견하고, 사이토 소위에게는 홍주로 복귀할 것을 지시하였다. 정탐 결과 한산 남포 등지 농민군 세력이 과장되어 있는 것으로 판단한 야마무라대위는 11월 13일 홍주로 복귀한 사이토와 함께 11월 14일 홍주를 출발, 태안(15일)·서산(16일)·덕산(17일)의 농민군 잔여세력을 진압하면서 수원을 거쳐 11월 23일 인천으로 복귀하였다.[84]

82) 《駐韓日本公使館記錄》 1, 206~208쪽 ; 6, 63~64쪽.
83) 《駐韓日本公使館記錄》 1, 206~208쪽, 211쪽, 222~233쪽 ; 3, 311·317쪽.
84) 《駐韓日本公使館記錄》 1, 233~239쪽.

이상으로 볼 때 공주전투가 벌어질 당시 공주감영에는 서로분진대 가운데 홍주 방면으로 빠져 나간 1개 소대와 2개 분대를 제외한 제2중대 병력과 스즈키(鈴木) 소위가 이끌고 와 있던 1개 소대 등 3개 소대와 2개 분대 병력(약 175명)이 주둔해 있었다.[85]

4) 농민군의 북상과 공주전투

삼례에 대도소를 설치하고 재기병을 준비하던 전봉준은 1개월이 지나도록 삼례에 머물러 있었다. 그것은 전봉준에게 병이 있었을 뿐만 아니라 무엇보다 9월 초에 재기포를 결심할 때도 여전히 해결되지 못한 채 남겨져 있던 두 가지 문제, 즉 추수가 끝나지 않아 군량과 농민군을 동원하는 데 한계가 있었다는 점, 농민군의 현실적인 역량이 취약하였다는 점과 관련이 있었던 것으로 보인다. 이에 따라 전봉준은 추수가 끝나기를 기다리는 한편, 각지에 통문을 띄워 함께 기포할 것을 촉구하였다. 또 전라 각지 邑鎭의 무기고를 탈취하여 무장력을 강화한 농민군은[86] 추수가 거의 끝날 무렵인 10월 12일경 북상을 개시하였다.[87] 이때는 이미 관군과 일본군의 무력진압이 본격적으로 시작된 다음이었다.

북상에 앞서 전봉준은 농민군의 군수품 조달을 위해 충청 각 고을에도 장차 서울로 갈 계획이므로 군량을 준비해 둘 것을 요청하는 통문을 보낸 바 있다.[88] 북상 당시 농민군은 약 4,000명이었고 이들은 주로 전라우도의 농민군이었다. 손화중과 최경선도 원래는 공주로 함께 북상하려 하였으나 일본군

---

85) 《駐韓日本公使館記錄》 1, 246~247쪽. 서로분진대에 앞서 공주에 도착하여 주둔하고 있던 스즈키(鈴木)는 서로분진대가 10월 24일 공주에 도착하자 곧바로 공주를 떠난 것으로 기록된 자료도 있으나(〈公山剿匪〉(《東學農民戰爭史料叢書》 2, 421쪽), 스즈키는 우금치 전투에 참여한 것이 확실하다(《駐韓日本公使館記錄》 1, 247쪽).

86) 9월 중순무렵 전라 각지 邑鎭 가운데 농민군에게 무기를 탈취 당한 곳은 29개 지역이었다(《啓草存案》, 고종 31년 9월 17일).

87) 전봉준은 삼례에서 재기한 날짜가 10월 12일이라고 진술하였고(〈全琫準供草〉, 368쪽), 삼례를 출발하여 논산에 도착한 날은 12일이었다(《東學亂記錄》 下, 382쪽).

88) 주) 34와 같음.

이 바다를 통해 내려 온다는 정보를 접하자 이에 대비하기 위해 광주로 내려가 주둔하기로 했다. 전봉준은 김개남에게도 함께 출전할 것을 요청하였으나 김개남은 49일을 채워야 한다는 참위설을 내세우며 남원에 머물렀다.[89]

한편 9월 18일을 기해 기포를 결정한 북접 동학교단은 산하의 각지 접주들에게 동원령을 전달하는 한편, 10월 2일에는 청산에서 대규모 대회를 개최하여 전열을 정비하였다.[90] 북접에서는 청산대회의 소식을 늦어도 10월 11일에는 전봉준에게 통보하였으며,[91] 대회를 마친 다음 남접세력과 합세할 계획이었던 것으로 보인다.[92] 재기포를 결심하고서도 한 달여 동안 삼례에 머물며 무장을 강화하고 있던 전봉준이 10월 2일 무렵에 북상을 개시한 것은 이 무렵 북접으로부터 청산대회에 대한 통보를 받았다는 점과도 밀접한 관련이 있었을 것으로 보인다. 전봉준이 이끄는 농민군이 북상을 시작하여 논산에 도착한 것은 10월 12일이었다.[93] 여기서 전봉준은 다시 농민군을 초모하였다. 삼례에서 북상하는 과정에서 농민군의 수는 불어났으며, 10월 12일부터 16일 사이에는 손병희가 이끌고 온 북접의 농민군과 논산에서 합세함으로써 논산에서 공주로 진격할 때에는 1만여 명으로 불어나 있었다.[94]

북상하는 농민군의 일차 공격목표는 충청감영이 있는 공주였다. 공주는 서울로 통하는 길목이자 삼면이 산으로 둘러쳐 있고, 북쪽으로는 금강이 흐르는 천혜의 지리적 조건을 갖추고 있었다. 일본군 소위 스즈키(鈴木)도 후비 19대대장 미나미에게 "공주를 동학도에게 넘겨주게 되면 사방의 동학도가 금방 봉기해서 걷잡을 수 없는 사태가 될 것"이다라고 하여 공주의 전략적 중요성을 강조하였다.[95] 이 때문에 전봉준은 공주성을 점령하여 지키면 일본

89) 〈全琫準供草〉, 325~326쪽, 375쪽 ; 〈梧下記聞〉, 253쪽.
90) 《東學亂記錄》 上, 276 · 279 · 407쪽.
91) 《東學亂記錄》 下, 382쪽.
92) 10월 16일 일본군은 보은에서 체포한 농민군으로부터 "최시형은 14일 청산으로 갔으며, 그곳에서 15, 16일에 걸쳐 2만여 명의 농민군을 규합한 후 황간 · 영동을 경유하여 전주로 가서 전봉준과 합세할 계획이라"는 진술을 받아냈다(《駐韓日本公使館記錄》 1, 219쪽).
93) 《東學亂記錄》 下, 382쪽.
94) 〈全琫準供草〉, 324 · 377쪽 ; 〈判決宣告書原本〉(《東學關聯判決文集》, 政府記錄保存所, 1994), 30쪽 ; 《駐韓日本公使館記錄》 8, 51쪽.
95) 《駐韓日本公使館記錄》 1, 174쪽.

군이 쉽게 공격하지 못할 것으로 판단하고 공주성을 점령한 후 일본군과 담판할 계획이었다고 밝혔다.96)

공주공격을 앞둔 전봉준은 남북접 농민군이 합세한 직후인 10월 16일 兩湖倡義軍領袖의 자격으로 골육상쟁을 피하고 항일전선을 강화하기 위해 관군의 동참을 촉구하는 글을 충청감사 박제순에게 보냈다.

〈全琫準上書〉

兩湖倡義軍의 領袖 全琫準이 삼가 湖西巡相 閤下에게 글을 올립니다.

(중략)일본 오랑캐(日寇)가 분란을 야기하고 군대를 출동하여 우리 국왕을 핍박하고 우리 백성들을 뒤흔들어 놓았으니 어찌 차마 말할 수 있겠습니까. 옛날 임진왜란 때 오랑캐가 왕릉을 능멸하고 궁궐을 불태웠으며, 국왕과 우리 부모들을 능욕하고 백성들을 살륙하여 臣民들의 公憤을 샀으니 千古에 있지 못할 원한입니다. (중략)지금 朝廷의 大臣들은 망령되이 자신의 몸만 보전하고자 위로는 국왕을 협박하고 아래로는 백성들을 속이며 東夷와 내통하여 남쪽 백성들의 원망을 사자 親兵을 妄動하여 先王의 赤子들을 해치고자 하니 실로 무슨 뜻이며, 마침내 무슨 일을 저지르려는 것입니까. 금일 우리가 하고자 하는 바는 실로 그것이 지극히 어렵다는 사실을 알지만, 一片丹心은 죽음과도 바꿀 수 없으며, 人臣으로서 두 마음을 품은 자들을 掃除하여 先王朝가 五百年 동안 遺育해준 은혜에 보답코자 하니, 엎드려 원컨대 閤下도 깊이 반성하여 죽음으로써 義를 함께 한다면 千萬 다행일 것임.

갑오 10월 16일

在論山謹呈97)

전봉준은 논산에서 10여일 이상 체류하였다. 박제순에게 동참을 촉구하는 글을 띄우고서도 1주일 이상을 더 머물렀다. 이것은 농민군의 역량을 최대화하려는 의도였으며, 아직 농민군의 역량이 취약하였음을 말한다. 그러나 손병희가 이끄는 북접의 농민군과 합류한 이후부터 전봉준은 공주공격을 위한 준비를 시작하였다. 10월 19일 무렵에는 은진·노성 사이에 농민군의 활동이 분주하였고, 노성의 창고미를 경천으로 옮기는 것이 관군에게 발견되었다.98)

---

96) 〈全琫準供草〉(《東學思想資料集》 壹), 319~320쪽.

97) 《東學亂記錄》 下, 383~384쪽.

98) 《東學亂記錄》 上, 79·222·406쪽.

논산에서 북상하기에 앞서 공주전투에 필요한 군량을 미리 확보해 두려는 의도였다. 드디어 23일 밤 논산의 농민군은 공주에서 남쪽으로 30리 지점에 위치한 경천을 점령하였다. 이 무렵 북접에서 온 옥천포 농민군은 공주 동쪽으로 30리 떨어진 大橋에 진을 치고 있었다. 남북접이 연합한 농민군은 남쪽과 동쪽에서 공주를 협공하려는 것이었다.[99] 이때부터 약 20여 일에 걸쳐 농민군과 관군 및 일본군 사이에는 공주감영을 둘러싼 치열한 공방전을 벌이게 되며, 이 전투는 농민전쟁의 성패에 결정적인 계기가 되었다.[100]

한편 충청감사 박제순은 전봉준이 논산에서 글을 보내는 등 공주를 압박해 오자 순무영과 일본군측에 급히 지원을 요청하였다. 이에 따라 관군과 일본군은 공주로 속속 이동하였으며, 농민군의 공주성 공격이 개시된 10월 24일 경에는 관군 810명, 일본군 2개 소대와 2개 분대, 약 120여 명이 공주로 집결하였다. 이외에도 감영병과 민보군이 있었을 것이나 자세한 병력수는 알 수 없다. 여기에 맞서는 농민군의 수는 많게는 4만여 명에 달하였다.[101] 청주방면으로 남하하였던 교도중대와 일본군 미나미의 대대본부, 그리고 중로분진대의 일부도 공주의 위급함을 듣고 공주로 향하여 공주 동쪽으로 50여리 떨어진 부강까지 왔다가 회덕·문의 지역의 농민군이 크게 위세를 떨치고 있다는 소식을 접하고 회군하여 돌아갔다.[102]

---

99) 《東學亂記錄》 上, 419·426쪽 ; 《東學亂日記》 下, 10쪽.

100) 공주전투에 대한 최근의 연구로는 이이화, 〈전봉준, 반제의 봉화 높이들다〉(《역사비평》 1990년 여름호) ; 韓㳓劤, 《東學과 農民蜂起》(전정판), 1992 ; 鄭昌烈, 앞의 글, 1991 ; 우윤, 〈공주대회전과 최후의 항전〉(《전봉준과 갑오농민전쟁》, 1993) ; 愼鏞廈, 〈甲午農民戰爭의 第2次農民戰爭〉(《東學과 甲午農民戰爭》, 1993) ; 서영희, 〈농민전쟁의 2차봉기〉(《1894년 농민전쟁 연구》 4, 1995) ; 양진석, 〈1894년 충청도지역의 농민전쟁〉(《1894년 농민전쟁 연구》 4, 1995) 등이 있다.

101) 전봉준은 공초에서 1만여 명이었다고 진술하였으며(〈全琫準供草〉), 10월 23일 경천으로 들어올 당시의 농민군 규모에 대해 관군측에서는 4만여 명으로(《東學亂記錄》 下, 10쪽), 일본군측에서는 우금치전투 당시 농민군 규모를 2만여 명으로 각기 추산하였다(《駐韓日本公使館記錄》 1, 247쪽). 대교방면에 집결해 있던 농민군의 수에 대해 관군측에서는 수만 명으로 기록하고 있으나, 민간기록에는 3, 4천명으로 되어 있다[(〈若史〉(《東學農民戰爭史料叢書》 2), 227쪽].

102) 《東學亂記錄》 上, 456쪽.
《駐韓日本公使館記錄》 1, 304쪽 ; 3, 310·387쪽 ; 6, 29쪽.

공주성을 둘러싼 최초의 전투는 10월 23일 이인에서 벌어졌다. 경천에 주둔한 전봉준은 부대를 둘로 나누어 북접계 농민군을 이인쪽으로 보내고 자신은 효포로 향하였다. 이인역에 진을 치고 있던 농민군은 10월 23일 스즈끼 소위가 인솔하는 일본군 50여 명,103) 성하영의 경리청 1개 소대 병력, 구완희가 이끄는 감영병력 4개 분대로부터 공격을 받았다. 이 전투에서 농민군은 취병산까지 후퇴하였다가 다음날 이인에서 물러났으며, 관군도 감영으로 후퇴하였다. 10월 24일에는 대교까지 진격하여 진을 치고 있던 북접 옥천포의 농민군이 경리청 副領官 洪運燮의 공격을 받고 20여 명의 전사자와 6명의 생포자를 남긴 채 40, 50리 이상 퇴각함으로써 이들은 농민군본대의 공주성 공략에 도움을 주지 못하였다. 2개 소대 병력을 이끌고 효포에 주둔하며 지키고 있던 홍운섭은 23일 밤 논산으로부터 경천을 향해 4만여 명의 농민군이 쳐들어온다는 소식을 듣자 자신들의 형세가 위태로와질 것으로 여겨 24일 새벽에 효포의 병력을 철수하여 대교의 농민군을 공격한 것이다.

같은 날 전봉준은 효포 건너편의 산쪽에 주력부대를 배치하고 있다가 홍운섭이 이끄는 경리청군이 大橋의 농민군을 공격하러 간 사이에 효포를 공격하여 점령하였다. 이에 대응하여 성하영·백낙완이 이끄는 관군이 이들을 공격하였으며, 24일 저녁에는 공주에 막 도착한 森尾대위 인솔하의 일본군 100여 명과 이규태가 이끄는 관군이 가세하였다. 陵峙를 중심으로 농민군은 관군에 대항하며 일대 접전을 벌였다. 농민군은 일본장교가 보기에도 병법을 아는 자가 있다 할 만큼 민첩하게 대응하며 항전하였으나, 50~70명의 전사자를 내고 거너편 時也山으로 후퇴하여 진을 치고 있다가 밤에는 경천으로 후퇴하였다. 효포에서 후퇴한 전봉준은 농민군의 전열을 가다듬기 위해 다시 노성·논산 방면으로 후퇴하였다. 논산으로 물러난 전봉준은 흩어진 병사들을 불러 모으는 한편, 각지에 원병을 요청하며 농민군을 다시 결집시켰다. 전봉준은 김개남에게도 구원을 요청하였으나,104) 김개남은 이때 청주일대를

103) 관군측 기록에 따르면 이때 공주감영에는 100명의 일본군이 있었다고 하였으나 [《東學亂記錄》 上, 439쪽 ; 〈公山剿匪記〉(《東學農民戰爭史料叢書》 2, 420쪽], 아직 서로분진대가 도착하기 전이었기 때문에 鈴木이 거느리는 1개소대 병력뿐이었다.

104) 〈公山剿匪記〉(《東學農民戰爭史料叢書》 2), 429쪽 ; 《東學亂記錄》 下, 309쪽.

공격하는 중이었으며 공주전투에는 가담하지 않았다.

전봉준이 삼례에서 북상할 때 함께 출전할 것을 요청하였음에도 불구하고 참위설을 빙자하여 남원에서 49일을 머문 김개남은 10월 14일 남원을 출발하여 북상을 시작하였다. 이때 농민군의 수는 8,000여 명이었으며, 16일 전주에 도착하였다. 22일 직전에는 삼례를 출발하여 22일 선봉대가 고산을 거쳐 금산을 점령하였다. 이후 금산은 11월 9일까지 농민군 수중에 떨어져 참혹한 보복을 당했다.[105] 일본군에 밀린 김개남 부대는 5,000명의 병력을 이끌고 11월 10일 오후 2시경 錦山 등지에서 鎭岑으로 진격하였다. 이들은 관청을 부수고 문서를 모두 불태웠으며, 창고를 털어 환곡을 탈취하는 한편, 읍내 민가를 침탈하여 재산을 빼앗았다. 이어 留鄕 및 公兄들과 邑屬들을 옥에 가두고 때려 거의 죽을 지경에 이르게 하였다. 11일 정오 무렵에는 청주로 가기 위해 懷德 新灘津을 향해 출발하였다. 13일 오전 8시경 신탄진 방향에서 진격해 간 농민군은 청주성을 공격하였으나, 淸州에 들어와 있던 일본군 및 청주병영의 관군의 공격을 받아 20여 명의 전사자를 내고 크게 패하였다. 이들은 진잠방면으로 후퇴하여 13일 밤 다시 진잠을 공격하였으나 관군에 밀려 연산방면으로 도주하였다. 14일에는 청주에서 패하여 도주한 일군의 농민군이 신탄진에 모여 있는 것이 발견되기도 했다.[106]

한편 전봉준은 논산일대에서 다시 결집한 농민군이 2만여 명에 이르자 노성과 경천으로 다시 진출하여 군량을 나르고 포대를 설치하며 전투를 준비하였다. 감영에서는 일본군과 관군이 3개의 부대로 나누어, 두 부대는 판치와 이인으로 나가 주둔하고 하나는 감영에 남아 있는 방식으로 서로 순환하며 농민군의 공격에 대비하고 있었다. 전투는 11월 8일 오후 3시쯤 시작되었다. 농민군은 두 갈래로 나누어 하나는 논산에서 곧장 고개를 넘어 오실산 옆길을 따라 이인을 향하여 공격해 왔고, 다른 부대는 노성현 뒷산과 경천쪽에서 판치와 효포를 공격하였다. 敬川에서 板峙로 진격한 농민군은 판치를

105) 鄭昌烈, 앞의 책, 259쪽 ; 李眞榮, 〈金開南과 동학농민전쟁〉(《한국근현대사연구》 제2집, 1995년) ; 김양식, 《근대한국의 사회변동과 농민전쟁》, 1996, 347~350쪽.
106) 《東學亂記錄》 上, 499쪽, 504~507쪽.
《駐韓日本公使館記錄》 1, 249~250쪽.

지키고 있던 구상조의 경리청병을 공주쪽 산 위로 밀어붙이고 효포 능치 일대의 산 위로 올라가 깃발을 꽂고 진세를 과시하며 관군과 대치하였다. 이인으로 진격한 농민군은 이인에 주둔하고 있던 성하영의 경리청군을 牛禁峙까지 후퇴시키며 공세를 펼쳤다. 이에 森尾대위가 일본군을 이끌고 와서 지원하며 맞섰으며, 성하영과 함께 이인에 나가 진을 치고 있던 백낙완은 농민군에 포위되었다가 저녁늦게야 포위망을 뚫고 감영으로 돌아왔다.

우금치가 위급해지자 11월 8일밤 森尾 대위는 우금치 옆의 가장 높은 봉우리로 올라가 진을 쳤다. 우금치 전투가 벌어진 11월 9일 아침 농민군은 동쪽으로 板峙 뒷산으로부터 서쪽으로는 鳳凰山 뒷기슭에까지 3, 40리에 걸쳐 마치 병풍을 펴놓은 듯한 진세를 펼치며 세력을 과시하고 있었다. 이에 대응하기 위해 관군은 金鶴洞에 통위영 대관 吳昌成과 敎長 朴尙吉을, 陵峙에는 경리청 영관 洪運燮·具相祖, 대관 曹秉完·李相德 등을, 孝浦 烽燧臺에는 통위영 영관 張容鎭, 대관 申昌熙 등을, 우금치에는 성하영, 우금치 견준봉에는 백낙완을, 주봉에는 영장 이기동 등을 배치하였다. 농민군은 11월 9일 오전 10시쯤 이인에서 우금치방향과 오실 뒷산방향으로 나누어 공격하였다. 오후 8시경까지 양측은 치열한 공방전을 4, 50차례나 펼쳤다. 결과는 농민군의 패배였다. 농민군은 많은 손실을 입고 퇴각하였으며, 11일·12일 경에는 능치 등 공주 부근 산봉우리에 남아있던 농민군마저 관군에 쫓겨 계룡산 등지로 후퇴함으로써 20여 일에 걸친 공주공방전은 농민군의 패배로 끝나고 말았다.[107)]

5) 항일연합전선의 추진

우금치전투에서 패배한 농민군들은 노성에 머물면서 다시 진영을 수습하려 하였다. 농민군은 東徒倡義所의 이름으로 11월 12일 京軍과 營兵, 吏校 및 市民에게 알리는 순한글로 된 고시문을 내걸어 斥倭와 斥化를 위해 동심합력할 것을 호소하였다.

---

107) 공주전투의 구체적인 전개과정에 대해서는 《駐韓日本公使館記錄》 1, 209~210쪽, 246~248쪽 ; 《東學亂記錄》 上, 228~238쪽·426쪽·440~444쪽 ; 下, 10~22쪽·28~32쪽 ; 〈公山剿匪記〉(《東學農民戰爭史料叢書》 2)에서 정리.

고시경군여영병이교시민

"무타(無他)라 일본과 됴선이 ᄀᆡ국(開國) 이후로 비록 인방(隣邦)이ᄂᆞ 누ᄃᆡ(累代) 젹국(敵國)이더니 성상(聖上)의 인후(仁厚)ᄒᆞ심을 힘입어 삼항(三港)을 허ᄀᆡ(許開)하사 통샹이후(通商以後) 갑신십월의 ᄉᆞ흉(四凶)이 협젹(俠敵)ᄒᆞ야 군부(君父)의 위틱(危殆)ᄒᆞ미 됴셕(朝夕)의 잇더니 종사(宗社)의 홍복(鴻福)으로 간당(奸黨)을 쇼멸(消滅)ᄒᆞ고 금년뉵월의[108] ᄀᆡ화간당(開化奸黨)이 왜국(倭國)을 쳐결(締結)ᄒᆞ여 승야입경(乘夜入京)ᄒᆞ야 군부(君父)를 핍ᄲᆡᆨ(逼迫)ᄒᆞ고 국권(國權)을 쳔ᄌᆞ(擅恣)ᄒᆞ며 우황 방ᄇᆡᆨ수령(方伯守令)이 다 ᄀᆡ화중 쇼쇽으로 인민을 무휼(撫恤)ᄒᆞ지 안이코 살륙(殺戮)을 죠하ᄒᆞ며 ᄉᆡᆼ녕(生靈)을 도탄(塗炭)ᄒᆞ미 이제 우리 동도가 의병을 드러 왜적을 쇼멸ᄒᆞ고 ᄀᆡ화를 제어ᄒᆞ며 됴정(朝廷)을 청평(淸平)ᄒᆞ고 ᄉᆞ직(社稷)을 안보ᄒᆞᆯ식 ᄆᆡ양 의병 이르ᄂᆞᆫ 곳의 병정과 군교(軍校)가 의리를 ᄉᆡᆼ각지 아니ᄒᆞ고 나와 졉젼(接戰)ᄒᆞ미 비록 승ᄑᆡ(勝敗)ᄂᆞᆫ 업스ᄂᆞ 인명이 피ᄎᆞ의 샹ᄒᆞ니 엇지 불샹치 아니 ᄒᆞ리요 기실은 됴션기리 샹젼(相戰)ᄒᆞ쟈 ᄒᆞᄂᆞᆫ ᄇᆡ 아니여늘 여시(如是) 골육샹젼(骨肉相戰)ᄒᆞ니 엇지 ᄋᆡ닯지 아니리요 ᄯᅩᄒᆞᆫ 공쥬한밧(公州大田) 일로 논지ᄒᆞ여도 비록 츈간의 보원(報怨)ᄒᆞᆫ 것시라ᄒᆞᄂᆞ 일이 참혹ᄒᆞ며 후회 막급이며 방금 ᄃᆡ군이 압경(壓京)의 팔방이 흉흉ᄒᆞᆫᄃᆡ 폄벽도이 샹젼만 ᄒᆞ면 가위 골육샹젼이라 일변 ᄉᆡᆼ각컨ᄃᆡ 됴션ᄉᆞ람 기리야 도(道) 혹은 다르ᄂᆞ 쳑왜(斥倭)와 쳑화(斥化)ᄂᆞᆫ[109] 기의(其義)가 일반이라 두어ᄌᆞ 글로 의혹을 푸러 알게ᄒᆞ노니 각기 돌여 보고 츙군(忠君) 우국지심(憂國之心)이 잇거든 곳 의리로 도라오면 샹의ᄒᆞ야 갓치 쳑왜쳑화(斥倭斥化)ᄒᆞ야 됴션으로 왜국이 되지 안이케 ᄒᆞ고 동심합녁ᄒᆞ야 ᄃᆡᄉᆞ를 이루게 ᄒᆞ올시라

갑오 십일월 십이일

동도창의쇼(東徒倡義所)[110]

---

108) 그 동안 학계에서는 '금년뉵월'이라는 구절을 두고 논란이 있었다. "개화간당이 왜국을 체결하여 승야입경하여 군부를 핍박하고 국권을 천자한" 사건은 문맥상 1894년 6월 21일 새벽에 일어난 일본군의 경복궁강점을 말하는 것으로 보이지만, 국사편찬위원회에서 펴낸《東學亂記錄》에는 '금년십월'로 표현되어 있기 때문이다. 최근 정창렬 교수가 국사편찬위원회에 보관되어 있는 원본 사진과 대조해 본 결과 '금년십월'은 '금년뉵월'의 오기임이 밝혀졌다. 그외에도 몇 군데 자구상의 오류가 있는 부분은 밑줄로 표기해 두었다. 이 자리를 빌어 자료를 보내주신 정창렬 교수님께 감사드린다.

109) 원래 이 고시문은 순한글로 쓰여진 것이나, 국사편찬위원회에서 활자화하면서 임의로 한문을 병기하였다. 이 과정에서 '척화'를 '斥華'로 기입하였으나, '斥化'로 해석하는 것이 타당하다. 여기에 대해서는 鄭昌烈, 앞의 글, 1991, 253~254쪽 참조.

110)《東學亂記錄》下, 379~380쪽. 같은 날 농민군은 이와 비슷한 내용의 한문으로

같은 날 倡義所 명의의 한문으로 된 고시문(示京軍營兵)도 제시되었다. 그 요체는 양차에 걸친 공주전투에 대해 후회막급임을 밝히는 동시에 앞으로는 절대로 서로 싸우거나 죽이지 말고 힘을 합하여 보국안민하자는 것이었다.111)

제2차 농민전쟁, 곧 반일투쟁에서 보이는 두드러진 특징 가운데 하나는 위의 고시문에서 보이듯이 다양한 세력을 포괄하는 항일연합전선의 구축을 구체적이고 적극적으로 추진하였다는 점이다. 우선 10월 16일 전봉준이 충청감사 박제순에게 올린 글이나 위의 고시문에서 강조하는 관료 및 경군·영병에 대한 합세촉구는 제1차 농민전쟁에서는 거의 나오지 않았던 주장이다. 제1차 농민전쟁에서 농민군은 吏胥層을 끌어 들이려는 노력은 보였지만, 관료들에게는 자신들의 행동이 반역이 아니며, 어쩔 수 없이 봉기한 것이라는 점을 호소하는 정도였지, 이들을 끌어 들이려는 노력은 보이지 않았다.112) 또 농민군은 초기단계에서는 경군과는 적대행위를 삼가는 모습을 보여 주었지만, 영병에 대해서는 가차없이 공격하였고, 4월 23일의 장성전투 이후에는 경군과도 거리낌없이 적대하였다.113)

전봉준을 비롯한 농민군지도부는 농민전쟁에 임하기 이전부터 '반봉건'과 '반외세'의 과제를 동시에 포착하고 있었다. 이에 따라 특히 전봉준은 손화중·김개남·최경선·김덕명 등 변혁지향적인 인물들 뿐만 아니라, 儒林을 비롯하여 褓負商·기름장수·鍮器장수·엿장수·솥장수를 포괄하는 다양한 세력과의 연합전선을 構想하였다.114) 5월 초 청·일 양국군이 조선에 출병한 이후 일본군이 내정개혁을 강요하는 데서 나아가 경복궁을 강점하고 청일전쟁을 일으키자 '반외세', 특히 反倭문제는 전봉준의 초미의 관심으로 대두되었다. 이에 따라 전봉준의 연합구상은 더욱 강화되어 갔다. 전봉준은 전라감사 金鶴鎭이 7월 6일 '共守全州 同赴國難' 하자고 제의하자 고심 끝에 전주로 가서 전라감사 김학진과 '官民相和'를 맺고 함께 협력하여 국난을 극복하

된 격문 〈示京軍營兵〉을 동시에 내놓았다(《東學亂記錄》 下, 185~186쪽).

111) 《東學亂記錄》 下, 185~186쪽.

112) 裵亢燮, 《東學農民戰爭硏究》(高麗大 博士學位論文, 1996), 104~108쪽 참조.

113) 鄭昌烈, 앞의 글, 156쪽.

114) 吳知泳, 〈東學史〉(《東學思想資料集》 2, 1979), 517~519쪽 ; 〈東學史〉(草稿本)(《東學農民戰爭史料叢書》 1), 455쪽.

기로 약속하였으며, 士族이나 지주층까지도 포괄하는 '반외세'를 위한 '민족적 대연합'을 통해 광범위한 연합전선을 구축하고자 하였던 것이다. 주체적으로 연합전선을 추구하였다는 사실은 농민군의 역량이 그만큼 성장해 있었음을 보여 준다.

그러나 연합의 성격과 대상 면에서 제1차 농민전쟁과 제2차 농민전쟁은 중요한 차이가 있었다. 농민군의 궁극적 목표는 '輔國安民'으로 집약할 수 있지만, 제1차 농민전쟁 시기에는 '安民'을 우선과제로 삼았기 때문에 반봉건 개혁을 위한 '계급중심의 연합'이었다. 이에 비해 제2차 농민전쟁 시기에는 '輔國'을 우선과제로 삼았기 때문에 斥倭斥化 투쟁을 위한 '반외세 연합'으로 그 성격이 변화하였다. 이렇게 볼 때 제1차 농민전쟁에서는 기본역량을 "양반과 부호 앞에 고통받는 民衆과 方伯守令 아래서 굴욕을 받는 小吏"에서 구하였지만[115] '반봉건' 개혁 특히, 민씨정권의 축출이라는 면에서 농민군과 개화파와의 연합가능성이 열려 있었다고 생각된다. 그러나 제2차 농민전쟁에서는 개화파세력이 일본과 함께 가장 주요한 타도대상이 되었다. 반면에 "조상의 뼈다귀를 우려 행악을 하여 백성의 고혈을 빨아먹는" 양반·보수유생층은 제1차 농민전쟁에서는 중요한 공격대상이었지만, 斥倭斥化를 1차적 과제로 한 제2차 농민전쟁에서는 보수유생층이 중요한 연합대상으로 바뀌게 된 것이다.[116]

객관적으로도 일본군의 침략행위가 명백해진 다음이었기 때문에 1차 기포에 비해 척사적 유생층들과의 연합 가능성은 그 만큼 넓혀져 있었다. 실제로 일부 유생들 사이에서는 '反倭倡義' 움직임이 일어나기도 했다. 예컨대 공주의 유생 徐相轍은 7월 2일에 안동에서 향청 명륜당에 모이라는 반왜창의문을 돌렸고, 8월 초에는 집결한 의병이 2,000여 명에 달하자 태봉병참부를 공격한 다음, 청풍(9월 18일)·경기 광주 곤지암(20일) 등에서 일본군과 전투를 치르고 곤지암쪽으로 피신하였다.[117] 서상철은 위로는 縉紳으로부터 아래로는 匹夫에 이르기까지 임진왜란 때 참화를 당하지 않은 사람이 없었음을 상

115) 〈東學史〉(《東學思想資料集》 貳), 467~468쪽.

116) 裵亢燮, 《東學農民戰爭研究》(高麗大博士學位論文, 1996), 204~213쪽 참조.

117) 金祥起, 〈朝鮮末 甲午義兵戰爭의 展開와 性格〉(《한국민족운동사연구》 3, 1989), 46~53쪽 ; 朴宗根 著·朴英宰 譯, 《淸日戰爭과 朝鮮》, 201~208쪽.

기하면서 일본이 경복궁을 강점하여 국왕과 관료들을 협박하고 군대를 쫓아낸 일은 임진왜란 때보다 더 심하다고 하였다. 또 일본은 우리 나라의 백세의 원수이며, 우리 나라 일은 우리가 자주해야 한다는 점을 강조하면서 有義君子들은 모두 무기를 들고 모이라고 촉구하였다.118)

9월 11일 전후 충청도 공주일대에서도 湖州大義所 명의로 "조정에서 密敎가 있었으며, 청나라도 우리 나라를 위해 진력하고 있으니" 輔國安民을 위해 창의할 것을 촉구하는 격문이 충청 각지에 발포되었다.119) 또 정확한 시점은 모르나 8월 말에서 9월 초로 추정되는 시기에 호남지역의 창의를 촉구하는 恩津義兵所 명의의 통문이 나돌았다. 조정에서는 매국자들이 원수의 군대를 불러 국왕을 협박하고 있으며, 大國에 저항하는 것은 의리상 잘못된 것이니 호남 53현에서 모두 창의하라고 촉구하는 내용이었다. 뒤에 첨부된 〈의병소조약〉에는 통문을 먼저 고산향교에 보내니 한 부를 베껴 놓고 다시 전주로 보내면 전주에서 여러 장을 만들어 각 읍으로 보낼 것을 요구하였다.120) 이외에도 8월 28일 경상도 예천 花枝 都會에서 보수집강소로 보내는 통문에는 "오백년의 왕정에 倭酋가 득세하여 억조창생이 덕화를 입지 못하였다. 千里邦畿 어느 지역도 도탄에 빠졌으니 생령을 어찌 보존하겠는가. 바야흐로 지금 道中의 본의는 척왜다. (중략)도인은 곧 의병이다"는 내용이 들어 있었다.121) 또 이미 9월 초에 倭賊을 섬멸하고 그들의 잔당을 토멸하자는 대회를 가진 바 있는 진주지역의 '東學黨'은 1894년 9월 10일 忠慶大都所의 명의로 다음과 같은 掛書를 내걸었다.

> 우리 나라는 옛날부터 소중화라 칭해 왔으며, 삼천리는 예의의 나라이고 풍부한 강토이다. 그러나 지금은 국운이 否塞하고 人道가 頹廢하므로 간신들이 화를 불러 들여 왜적들이 우리 국경을 침범하기에 이르렀다. (중략) 아! 東土의 의사들이여 어찌 피를 뿌리며 분개하는 마음이 일어나지 않는가?122)

118) 〈日本外務省外交史料館 所藏文書〉(《東學農民戰爭史料叢書》 19), 428~432쪽.

119) 〈黃海道東學黨征討略記〉, 公州湖西九接中(《韓國民衆運動史資料大系》 1, 驪江出版社, 1986), 539쪽 ; 〈大阪朝日新聞〉, 명치 27년 12월 1일자(《東學農民戰爭史料叢書》 23, 1996), 126쪽.

120) 〈隨錄〉, 285~290쪽.

121) 《甲午斥邪錄》, 8월 28일조.

예천의 화지 도회를 제외하고 湖州大義所·恩津義兵所·忠慶大都所의 실체나 반일통문이 나온 배경은 정확히 확인하기 어렵지만 그 내용이나 정황으로 볼 때 적어도 유생층이 개입했거나 유생층을 반일투쟁에 적극적으로 끌어 들이려는 의도에서 나온 것임이 분명하다.

농민군측에서도 이들을 끌어 들이기 위해 격문이나 구호에서 보수적 측면을 강조하였다. 전봉준에 앞서 10월 15일 농민군측에서는 公州倡義所義將 李裕尙 명의의 글을 박제순에게 올렸다. 이 글에서 이유상은 "감히 묻건대 청나라를 막자는 것인가 일본을 막자는 것인가 의병을 막자는 것인가. 청나라를 막자는 것은 大義를 멸시하는 것이고, 義兵을 막자는 것은 그 계책이 잘못되었다. 일본을 막자는 것은 壬辰倭亂 이후 누군들 이러한 마음이 없었겠는가"[123]라고 하여 역시 임진왜란 이래의 대일 적대감을 강하게 드러내는 동시에 청에 대한 적대는 大義를 어그러뜨리는 것이라 하고 있어서 '反日親淸的' 태도와 함께 斥邪的, 華夷論的 분위기를 보여 주고 있다.

전봉준도 10월 16일 박제순에게 보낸 글에서 '日寇'의 침략행위로 말미암아 국왕이 욕을 당하는 일, 조정대신(개화파-필자)들이 東夷와 連腸하여 국왕을 협박하고 백성들의 원한을 산 일 등을 임진왜란 당시 국왕이 욕을 당한 치욕·통분 등과 연결하여 강조하고 있다. 또 선왕의 적자로서 二心을 품은 자(개화파-필자)들을 공격하여 선왕조 오백년의 은혜에 감사하기 위해 일어섰음을 강조하며 박제순에게도 斥倭斥化투쟁에 동참할 것을 요청하였던 것이다. 전봉준의 글은 물론 '민족적 대연합'을 추진하기 위한 전술적 고려가 전제된 것이지만, 일본의 침략이라는 민족적 위기를 당하여 전봉준의 의식속에 온존되어 있던 근왕주의적 의식이 강하게 표출되어 있다.[124] 또 11월 13일의 고시문에서는 척왜척화를 위한 연합전선에 대한 강조와 동시에 반왜

---

122) 《駐韓日本公使館記錄》 1, 140~141쪽. 병사 閔俊鎬가 1년도 안되어 이임하고 倭의 세력을 업은 신병사가 부임하는 데 대한 부당함을 장황하게 역설하고 있다. 또 이들은 관군과 대적하여 싸우지도 않을 뿐 아니라 민준호도 이들을 탄압하기보다는 오히려 그들의 기세를 도와준다고 하였다(《駐韓日本公使館記錄》 1, 170쪽).

123) 《東學亂記錄》 下, 381~382쪽.

124) 주 97)과 같음.

의식의 강렬함이 왜와 조약을 체결한 개화간당에 대한 소멸, 나아가 개화 자체에 대한 제어로까지 발전해 나가고 있음을 볼 수 있다.

실제로 일부 유림에서는 농민전쟁이 일어나자 그 원인을 제공한 집권층의 부패를 비판하기도 하였고, 특히 斥倭와 관련하여서는 동정 내지 공감을 하고 있었다. 이에 따라 일부 관리들과 유학자들은 농민군에 직접 가담하기도 하였다.[125] 그러나 보수유생층으로부터 적극적인 지지를 이끌어내지는 못하였다. 관리나 유생 가운데는 농민군에 동조하거나 가담하는 인물도 있었지만, 조직적이고 집단적인 연합으로까지 나아가지는 못하였다. 대부분의 관리들이나 유생층은 민보군을 조직하여 반농민군활동을 벌이거나 일본과 연합한 민보군의 농민군 탄압에 침묵할 따름이었다.

연합을 이끌어내지 못한 가장 큰 요인은 보수층의 계급적 속성이나 이념적 한계 때문이지만, 여기에는 농민군의 역량이 항일연합전선을 구축해 낼 만큼 성장해 있지 못했다는 측면도 작용하였다. 집강소 시기 이래 곳곳에서 분출된 농민군 대중의 사적인 보복이나 약탈적 행동은 항일연합전선의 기반을 축소할 수 밖에 없었다. 충청도 예산 일대에서 기포한 접주 朴熙寅은 재기포 당시 "많은 道衆이 招募되었으나, 군율이 있을 수 없고 법적 규제가 지켜질 수 없는 이 烏合之衆으로는 日軍까지 합세한 관군과의 싸움은 아무리 해도 성공할 수 없을 것"이라는 비관적 견해를 보이고 있었다.[126] 이 점에서 전봉준이나 손화중 역시 다를 바 없었다. 8월말 무렵 전봉준은 농민군에 대해 "무리가 비록 많으나 烏合之衆이어서 쉽게 무너져 소망하였던 것을 끝내 이루지 못할 것이다"고 평가하였으며, 손화중은 농민군이 "어리석고 천하여 禍를 즐기거나 빼앗고 훔치는 일을 즐겨하는 무리들"이어서 일이 성사되기 어렵게 되었다고 평가하였다.[127]

농민군 대중의 이러한 행동은 2차전쟁 시기에 들어 열세에 몰리게 되자 대중들을 강제로 동원하는 과정에서 더욱 심하게 노정되었다. "광양·순천

125) 裵亢燮, 〈1894년 東學農民軍의 反日抗爭과 '民族的 大聯合' 推進〉(《軍史》 35, 1997), 121~124쪽 참조.

126) 〈昌山后人 曺錫憲歷史〉(《東學農民戰爭史料叢書》 10), 137쪽.

127) 〈梧下記聞〉 2筆, 210~211쪽.

지방의 적은 거리낌없이 평민들을 협박하여 날마다 억지로 동학에 가입시켰으므로 백성들이 명령을 감당할 수가 없었으며",[128] "최근에 들리는 소문에는 비적들이 강제로 양민을 몰아서 모두 저들의 무리에 끌어 넣어 집을 버리고 생업을 잃어버린 채 울부짖게 만든다고 하는데 추종하기를 원하지 않는 사람이 열이면 아홉이나 된다"고 하였다.[129] 10월, 11월에 들면서 강제로 농민군에 끌어 들이는 행동은 더욱 심화되었다. 일부 농민군 지도자가 선량한 양민을 전투시에 앞에 세우거나 돈을 받고 강제 징집을 면제해 준다거나,[130] 일부 지역에서는 민인들을 강제로 동원하는 과정에서 돈을 받고 제외시켜 주는 사례가 나오기도 하였다.[131] 이 점은 충청도나 경상도에서도 마찬가지였으며,[132] 지도부에서 추구한 보수유생과의 항일연합전선을 구축하는 데도 적지 않은 방해요인이 되었다.[133]

6) 농민군의 후퇴와 농민전쟁의 좌절

우금치에서 패배한 후 논산쪽으로 후퇴한 전봉준은 11월 14일 밤 강경·논산 어름에서 김개남 부대와 합류하였던 것으로 보인다. 김개남은 11월 13일 청주전투에서 패배한 후 진잠을 거쳐 14일 연산에서 다시 집결하여 일본군 및 관군과 접전하였으나, 오후 5시쯤 노성·은진방면으로 퇴각하였던 것이다.[134] 전봉준과 김개남 부대가 합세한 농민군은 15일 魯城 烽火山·논산 大村의 圓峯과 小土山·은진 黃華臺 등에서 추격하는 관군과 일본군 공격을 받고 오후 4시경에는 남쪽으로 후퇴하여 전라도로 들어갔다.[135] 김개남부대

128) 〈梧下記聞〉 3筆, 256쪽.
129) 〈梧下記聞〉 3筆, 291쪽.
130) 〈梧下記聞〉, 279~289쪽.
131) 〈嶺上日記〉(《東學農民戰爭史料叢書》 2), 289쪽.
132) 裵亢燮, 앞의 글(《歷史學報》 153), 101쪽 참조.
133) 이 점과 관련하여 집강소시기 "전라도 作亂의 일은 잘못된 것"이었다는 오지영의 지적은 시사하는 바가 크다(〈東學史〉, 529쪽).
134) 《駐韓日本公使館記錄》 1, 252쪽 ; 〈梧下記聞〉 3筆(《東學農民戰爭史料叢書》 1), 268쪽 ; 《東學亂記錄》 下, 463쪽.
135) 《東學亂記錄》 上, 245~248·317~319·523~530쪽 ; 下, 39~43·187~189쪽.

가 합류하기 전인 14일 오후 노성 봉화대에 주둔해 있을 당시 농민군의 수는 공주전투시의 1만~4만여 명에서 2,500명 정도로 줄어 있었다. 김개남이 합류한 이후인 15일에는 3,000여 명이었다.[136] 남원에서 북상할 당시 8,000여 명에 달하던 김개남 휘하의 농민군은 500여 명에 불과할 정도로 위축되어 있었던 것이다.

1,000여 명의 농민군을 이끌고 전라도로 후퇴한 전봉준은[137] 11월 19일 전주로 들어갔으며, 23일에는 금구쪽으로 이동하였다.[138] 전주까지 전봉준과 김개남은 함께 행동하였으며, 자신들의 본거지인 이곳에서 흩어진 농민군을 다시 모아 최후의 항전을 준비하였던 것으로 보인다. 이들은 23일 전주를 떠났으며, 이때 두 개의 부대로 나누어 전봉준은 고부·태인 방향으로, 김개남은 남원방향으로 간 것 같으며, 전봉준이 이끄는 부대는 적어도 6,000~7,000명 정도는 되었다.[139] 전봉준이 이끄는 농민군은 25일 원평에 도착하여 진을 치고 일본군 및 관군과 접전하였다. 오전 9시경에 시작된 전투는 오후 4시경에 끝났다. 이 전투에서 농민군은 37명의 전사자를 내었으며, 관군과 일본군은 回龍銃 10정·조총 60정·鉛丸 7石·화약 5櫃·子砲 10坐·刀鎗 200자루·米 500石·錢 3,000냥·木 10同·소 2마리·말 11필·牛皮 10장·虎皮 1令·文書 2籠 등을 노획하였다.[140]

원평에서 물러나 태인으로 간 농민군은 11월 27일 태인의 주산인 성황산·한가산·도리산 등 3개 산 9개 봉우리에 진을 쳤다. 태인까지 추격해 온 관군과 농민군 사이에 전투가 시작되었다. 오전 10시부터 약 12시간에 걸쳐 농민군은 치열한 접전을 벌였으나 4, 50명이 생포되고 3, 40명이 전사하였으

136) 《駐韓日本公使館記錄》 1, 253쪽. 관군측에서는 이때 농민군의 수를 만여 명이라 하였다(《東學亂記錄》 下, 39쪽).

137) 전라도 쪽으로 후퇴할 당시 농민군의 수는 1,000명 정도였다(《東學亂記錄》 上, 318쪽, 528쪽 ; 《東學亂記錄》 下, 43쪽).

138) 〈札移電存案〉, 甲午 11月 30日(《各司謄錄 63 : 啓草存案 外》, 國史編纂委員會, 1992), 288쪽.

139) 《駐韓日本公使館記錄》 6, 45쪽. 관군측에서는 23일 금구 원평으로 간 농민군이 數三千명, 25일 원평에 집결해 있는 농민군의 수가 1만여 명 이상인 것으로 보고하였다(《東學亂記錄》 上, 553쪽 ; 下, 199쪽).

140) 《東學亂記錄》 上, 553쪽.

며 회룡포 15정, 조총 200여 정과 다수의 탄약·죽창·말 6필 등을 노획당하는 참패를 당하고 고부와 남원 방면으로 퇴각하였다. 이때 전봉준·金文行·劉公萬 등이 이끄는 농민군의 수는 8,000여 명이었으며, 경군은 230명, 일본군은 40명이었다.[141] 전봉준은 태인전투에서 패한 후 농민군을 다시 결집하였으나 이미 더 이상 전투에 임할 대오조차 갖출 수 없었다. 전봉준은 여기서 농민군을 해산할 수 밖에 없었다.[142]

사실 재기포를 시작할 당시 농민군의 역량은 일본군에 맞서 싸우기에는 취약하였다. 농민전쟁이 실패로 끝난 가장 중요한 원인은 제2차 봉기에 직접적으로 진압에 가담한 일본군에 비해 농민군의 군사력이 턱없이 취약하였다는 점에서 찾아야 할 것이다. 농민군은 관군측으로부터 노획한 회룡포(에피르)·回旋砲(캇트링)·極老砲(크르프)·레밍턴총이나 스나이더총과 같은 근대적 화기로 무장하기도 하였지만[143] 대부분은 鳥銃으로 무장하였고, 그것도 없을 경우 창이나 죽창으로 무장하였다. 따라서 농민군측에서도 일본군과 1대 1로 맞설 수 없다는 점을 잘 알고 있었다. 농민군측에서도 농민군 100명 정도가 일본군 1명을 당해낼 수 있다는 계산을 하고 있었다.[144] 또 일본군에 비해 조총은 사거리가 짧았기 때문에 전투에서 극히 불리할 수 밖에 없었다. 이에 따른 전투상황을 황현은 다음과 같이 묘사하였다.

> 우리 나라 총의 사거리는 100보 정도에 불과하지만, 일본총의 사거리는 400~500보도 더 되었으며, 불이 총대안에서 저절로 일어나 불을 붙이는 번거로움이 없었다. 따라서 비록 눈이나 비가 내린다고 하여도 계속 쏠 수 있었다. 적과 수백 보 떨어진 거리에서 적의 총탄이 미치지 못할 것을 헤아린 다음 비로소 총을 쏘았으므로 적은 빤히 쳐다보면서 감히 한 발 쏘지 못하였다.[145]

---

141) 《東學亂記錄》 上, 326~327쪽·565~566쪽. 일본군은 태인전투시에 농민군의 수가 대단히 많아 수만 명에 이르는 것으로 추산하기도 했다(《駐韓日本公使館記錄》 6, 44~45쪽). 관군측에서는 8,000명, 혹은 5,000~6,000으로 추산하기도 했다(《東學亂記錄》 上, 565·327쪽 ; 下, 85쪽).

142) 〈全琫準供草〉, 320쪽.

143) 《駐韓日本公使館記錄》 1, 161쪽 ; 《駐韓日本公使館記錄》 6, 28쪽.

144) 《駐韓日本公使館記錄》 1, 217쪽.

145) 〈梧下記聞〉 3筆, 254~255쪽.

이에 따라 일본군 1인이 농민군 수천 명을 당해낼 수 있고, 관군 1인은 수십 명을 상대할 수 있다는 극단적인 전력평가가 나오기도 하였다.[146] 농민군 지도부에서도 이 점을 잘 알고 있었다. 전봉준은 "동학당의 軍, 그 무리들은 훈련받지 못하였고 무기는 玩具와 같다. 사람, 무기 모두 정예한 일본군에 비길 수 있다고는 본디 믿지 않았다"고 하였고,[147] 10월 16일 충청감사 박제순에게 보내는 〈上書〉에서도 자신들의 "하고자 하는 바가 극히 어려움을 실로 잘 알고 있다"고 하였다.[148]

그러나 농민전쟁이 실패로 돌아간 또 하나 이유로 지적해야 할 점은 조직적 결합도나 의식 등 농민군 내부의 문제점이다. 농민군의 역량에 대한 위와 같은 부정적 평가도 농민군 내부의 문제점과 밀접한 관련이 있었다. 이것은 의식을 성장시키고 조직적 결합도를 강화할 수 있는 중요한 계기였던 집강소시기에 농민군이 전개한 개혁활동이 왜곡 내지 저지되었다는 점과 무관하지 않다. 여기에는 외세의 개입이라는 정세변화가 중요한 요인으로 작용하였다.

전봉준은 5월초 청·일군대의 조선진출이라는 예기치 않은 사태를 맞아 관심의 초점을 폐정개혁이라는 내부적 문제로부터 반외세 문제로 전환시켜 갔다. 이에 따라 전봉준은 5월 8일 전주성에서 철수한 이후 청·일군이 계속 주둔할 수 있는 빌미를 주지 않기 위해 농민군들의 私的인 雪憤행동을 엄금하고자 하였다. 이어 경복궁 강점이 일어나면서 반외세문제가 더욱 시급한 과제로 대두되자 7월 6일 전라감사 金鶴鎭과 '官民相和'를 맺고 함께 협력하여 국난을 극복하기로 약속하였으며 士族이나 지주층까지도 포괄하는 '반외세'를 위한 '민족적 대연합'을 통해 광범위한 항일전선을 구축하고자 하였던 것이다.

반외세, 곧 반일투쟁이 당면과제로 제기되면서 연합의 내용과 대상이 바뀜에 따라 전봉준은 제1차 농민전쟁시기에 제기하였던 폐정개혁요구의 수위나 내용을 일정하게 양보 내지 유보하지 않을 수 없었다. 그것은 '官民相和'의

---

146) 《東學亂記錄》 上, 91쪽.
147) 〈東京朝日新聞〉, 명치 28년 3월 5일(《東學農民戰爭史料叢書》 22), 366쪽.
148) 《東學亂記錄》 下, 382쪽.

한 주체인 김학진의 입장과 크게 상치되거나 반외세투쟁을 위한 연합세력으로 인식하고 있던 보수유생층과 재산이 있는 자들을 자극할 경우 압도적 힘의 우위를 가진 외세의 침략행위를 목전에 두고 敵前分裂을 자초할 수 있었기 때문이었다. 이에 따라 전봉준은 급격한 폐정개혁활동을 자제하면서 '官民相和'에 입각한 체계적인 폐정개혁을 추진해 나가는 한편 농민군의 私的인 雪憤행위를 제지시켰다.

그러나 전봉준의 이러한 생각과 행동은 농민군의 그것과는 달랐다. 각지에서 치안의 공백을 틈타 등장하였던 '무뢰배'들은[149] 논외로 치더라도, 집강소 시기 농민군의 주력층을 이루던 것은 신분적으로는 상천민, 계급적으로는 소빈농이었다. 집강소 시기에는 천민층이 집중적으로 입도하였고,[150] 농민군의 활동도 대체로 향촌사회에 着根하지 못한 유랑적 부류에 의해 이루어졌다.[151] 이러한 농민군 대중과 일부의 지도자들은 '민족적 모순'보다 '계급적 모순'에 더 관심이 많았다. 이들은 '경제적 균산주의'와 '사회적 평등주의'에 입각한 민중적 이상사회의 실현을 추구하였으며, 그들이 평소에 품어 왔던 양반과 지주에 대한 원초적 반감이나 저항의식이 폭력을 수반하며 집단적으로 표출되었다.[152]

이에 따라 전봉준과 농민군 대중 간에는 갈등과 균열상이 노정되었고, 지도부 간에도 내분의 조짐이 일어났으며,[153] 그렇지 않아도 느슨하던 농민군 내부의 결합도는 더욱 취약해졌다. 이러한 사정에 대해 농민군 진압에 투입되었던 후비보병 독립 19대대장 南小四郎은 농민군 조직에 대해 6월 이전에는 농민군에게 일정한 지휘계통이 있었지만, 그 이후에는 "각 지방에는 각각 巨魁라고 하는 자가 있어서 配下를 통솔하지만, 거괴들을 통솔하는 대거괴는 없다 …… 각 거괴는 각자의 의견에 따라 각 지방에서 기포하여 자기 의사를 결행하려고 한 것 같다"[154]고 할 정도로 조직적 결합은 느슨하였다.

149) 〈梧下記聞〉 首筆, 108·110쪽.
150) 〈梧下記聞〉 수필, 109쪽.
151) 〈兩湖電記〉(《東學農民戰爭史料叢書》 6), 148쪽.
152) 裵亢燮, 앞의 글(1996), 154·159쪽 참조.
153) 〈梧下記聞〉 首筆, 110쪽.
154) 《駐韓日本公使館記錄》 6, 25~26쪽.

초기에 보여준 농민군들의 엄격한 기율도 약화되면서 제2차 기포 초기부터 문제가 발생하기 시작했다. 김개남은 자기 휘하의 중간 지도자인 남응삼에게 10월 旬頃 기병할테니 무리를 이끌고 올 것을 요청했으나 불응하였다. 이때 남응삼의 書記는 김개남을 '烏合之卒鼠竊之將'이라 하며 출전하자마자 패배할 것이라고 평가하였다.155) 9월 16일 청풍에서도 내분이 일어나 동학도들이 접주를 무기로 위협하면서 "너는 왜 우리를 간교한 말로 동학에 끌어들였느냐. 이제는 하루 속히 사죄하고 우리 모두가 화를 입지 않도록 하라" 하고 상주부에 그를 송치하는 일이 일어나기도 했다.156) 논산에서 공주로 북상하는 과정에서도 농민군 내부의 결속도가 저하되고 있었다. 매일 點考할 때마다 闕額이 수백 명에 달하였고, 추위와 배고픔을 못이겨 도망하는 자가 많았으며, 서로 선봉에 서기를 꺼려 내분이 일어난다는 소문이 돌았다. 이에 따라 충청감사 박제순은 이때 농민군을 공격하면 쉽게 승리할 수 있을 것이라며 빨리 지원병을 보내 줄 것을 요청하기도 했다.157)

전봉준은 우금치전투에서 "두 차례 접전 후 1만여 명의 군병을 點考하니 남은 자는 3천여 명을 넘지 않았으며, 그후 또 두 차례 접전한 후 점고하니 5백여 명에 불과했다"고 하였으며, "금구에 이르러 다시 초모하였을 때 농민군의 수는 증가되었으나, 기율이 없어 다시 개전하기 어려웠다"고 진술하였다.158) 이러한 사정은 농민군 내부의 결속도가 그만큼 취약하였음을 드러내는 것이다. 거기에는 '민족적 모순'을 중시하는 전봉준 등 지도부와 '사회적 평등주의'와 '경제적 균산주의'에 입각하여 '계급적 모순'을 중시하던 일부 지도자와 빈농·천민으로 구성된 농민군 대중 사이에 가로 놓여 있던 이념 내지 지향에서의 차이가 커다란 영향을 미쳤다고 생각된다.

이상과 같이 전봉준이 적극적으로 추진한 '민족적 대연합'에 의한 항일전선의 구축이 실패하고 농민군 내부의 결속도마저 취약해진 상태에서 우세한

155) 〈甲午略歷〉, 74~76쪽.
156) 박성수 주해, 《渚上日月》, 갑오년 9월 16일조, 217쪽. 상주에서도 교도들이 접주를 잡아 笞杖을 치며 "너 때문에 우리들이 이 지경이 되었다"고 하며 해산한 일이 있었다(위와 같음, 9월 19일조, 217쪽).
157) 《東學亂記錄》 上, 222·399·406쪽 ; 下, 79쪽.
158) 〈全琫準供草〉(《東學思想資料集》 壹), 320쪽.

화력으로 압박해 오는 일본군 및 관군의 연합세력을 상대하기는 극히 어려운 일이었다. 공주전투를 고비로 농민군은 퇴각의 길을 걷게 되었고, 농민군 지도자들이 체포됨으로써 농민전쟁은 좌절하고 만다.

전봉준은 11월 29일 입암산성을 거쳐[159] 김개남과 만나기 위해 순창 피로리로 잠입하였다가 12월 2일 밤 주민 한신현 등이 끌고 온 주민들에게 체포되었다. 전봉준 스스로는 상경하여 서울의 정국을 상세히 탐지하기 위해 상경하려다가 체포되었다고 하였다.[160] 전봉준은 순창관아에 수감되어 있다가 12월 7일 일본군에 인계되어 초토영이 설치되어 있던 나주로 이송되었으며, 최경선과 함께 임시로 설치된 병원에서 치료를 받고 서울로 압송되었다가[161] 3월 29일 처형되었다.[162]

손병희가 이끄는 북접 농민군은 공주전투에서 패배한 뒤 논산·전주를 거쳐 원평·태인전투까지 전봉준과 행동을 함께 하였다. 태인전투 이후에는 순창을 거쳐 최시형이 머물고 있는 임실로 가서 합류하였다. 이후 북접 농민군은 장수를 거쳐 금산·茂朱 등지를 거치는 동안 전투를 치르며 북상하여, 12월 9일에는 黃澗을 공격한 후 12월 10일경에는 永同 龍山에 주둔하고 있었다. 그러나 12월 12일 관군 및 보부상, 민보군의 공격을 받고 報恩·청주로 퇴각하였다.[163] 이후 青山을 거쳐 報恩 鐘谷에 진을 치고 있던 북접 농민군은 12월 17일 밤부터 12월 18일 일본군과 尙州 민보군의 공격을 받아 300여 명의 사상자를 내고 화양동을 거쳐 충주 외서촌으로 갔으나, 다시 관군의 공격을 받았다. 12월 24일에는 忠州 無極장터에서 관군의 공격을 받아 농민군은 사방으로 흩어지고 말았다. 최시형·손병희 등 북접의 지도자들은 이때 잠적하여 체포되지는 않았다.[164]

---

159) 《東學亂記錄》 下, 287·300쪽.

160) 《東學亂記錄》 上, 253·574·580쪽 ; 下, 208쪽 ; 〈全琫準供草〉, 320쪽.

161) 《東學亂記錄》 上, 61~62·611쪽 ; 下, 221쪽.
《駐韓日本公使館記錄》 6, 52쪽 ; 〈梧下記聞〉 3筆, 309쪽.

162) 〈二六新報〉, 명치 28년 4월 26일(《東學農民戰爭史料叢書》 22), 272쪽.

163) 〈天道敎會史草稿〉(《東學思想資料集》 壹), 468~469쪽 ; 〈天道敎創建史〉(《東學思想資料集》 貳), 156~157쪽 ; 《駐韓日本公使館記錄》 3, 250쪽 ; 《駐韓日本公使館記錄》 6, 68~70쪽 ; 《東學亂記錄》 上, 619쪽 ; 《東學亂記錄》 下, 73쪽.

164) 《駐韓日本公使館記錄》 6, 68~70쪽 ; 〈天道敎會史草稿〉(《東學思想資料集》 壹),

김개남은 11월 23일 전주에서 남원 방면으로 퇴각하였다가, 12월 1일 태인 종송리에서 강화영병에게 체포되었다.[165] 심영의 중군 황헌주가 김개남을 포박하여 12월 2일 전주로 이송하였다. 이도재는 전주 인근에 아직 농민군들이 다수 둔취해 있을 뿐만 아니라 서울로 이송도중에 탈취당할 염려가 있다는 이유로 12월 3일 오후에 참수하고, 수급만 서울로 보냈다.[166]

광주에서 활동하던 손화중과 최경선은 11월 27일 광주를 점령하였다. 그러나 전봉준부대가 태인에서 패하고 전봉준이 입암산성으로 들어간 직후인 12월 1일 손화중은 부하들을 해산하고 광주를 떠나 고창으로 잠입하였으며, 12월 11일 고창에서 주민들에게 체포되어 고창현에 갇혀 있다가 일본군에게 넘겨졌다.[167] 최경선 역시 12월 1일 귀화한다는 방문을 남기고 광주를 떠나 잠입하였다가 12월 3일 화순 동복에서 체포되어 일본군에게 인도되었다. 손화중과 최경선은 전봉준과 같이 나주에 수감되었다가 서울로 압송되었다.[168]

〈裵亢燮〉

470쪽 ; 申榮祐, 《甲午農民戰爭과 嶺南 保守勢力의 對應》(延世大 博士學位論文, 1991), 265~266쪽.

165) 《東學亂記錄》 上, 579쪽.
《東學亂記錄》 下, 60쪽, 218쪽.
《駐韓日本公使館記錄》 1, 197쪽.

166) 《駐韓日本公使館記錄》 1, 197쪽 ; 6, 2~4쪽, 8쪽.
황현은 감사 이도재의 심문에 대해 김개남이 "우리들이 한 일은 모두 대원군의 은밀한 지시에 의한 것이다. 지금 일이 실패한 것은 또한 하늘의 뜻일 뿐인데 어찌 국문한다고 야단이냐"고 하였기 때문에 김개남을 살려 두었다가는 혹여 난을 불러올까 두려워 서울로 이송하지 않고 전주에서 목을 베어 죽였다고 하였다(〈梧下記聞〉 3筆, 302~303쪽 ; 〈嶺上日記〉(《東學農民戰爭史料叢書》 2), 294쪽).

167) 《東學亂記錄》 上, 572쪽 ; 《東學亂記錄》 下, 206쪽, 709쪽 ; 《舊韓國官報》 1, 867~878쪽.

168) 《東學亂記錄》 上, 572쪽 ; 《東學亂記錄》 下, 206, 288, 707쪽 ; 〈梧下記聞〉 3筆, 309쪽.

3. 동학농민전쟁의 역사적 의의

1) 결합의 유대

1894년의 농민전쟁에서는 사람들이 전쟁에 참가하는 결합방식이 다양하고 다원적이었다. 우선 가장 눈에 띄는 것으로는 농민들의 결합·유대 형성에 동학교문의 조직이 크게 기여하였다는 사실이다. 동학교문의 接主가 그대로 농민군의 지도자인 경우가 많았다. 1895년 2월 11일의 제2차 법정신문에서 전봉준은 "이른바 접주는 모두 동학이었고 그 이외의 구성원은 충의의 자원자(忠義之士)가 많았다"[1)]고 하였고 1895년 2월 9일의 제1차 법정신문에서는 "고부민란 때에는 冤民과 동학이 합세하였지만 동학은 적었고 원민이 많았다"[2)]고 하였다. 동학의 조직도 더러는 농민전쟁의 진전에 따라 창출되기도 하였으니 전봉준은 "접주·접사는 기왕에 본래 있었으나 혹은 기포시에 창설되기도 하였다"[3)]고 말하고 있다.

동학교문의 조직이 농민군의 결성에 하나의 결합원리로 될 수 있었던 것은 동학의 교리가 일정하게 백성의 希願을 반영하고 있기도 하였지만 공주·삼례·광화문·보은 등지에서의 교조신원운동을 통하여 특히 호남지역의 동학교문이 혁명적인 방향으로 크게 기울었기 때문이었다. 동학교문의 조직이 농민군의 결합원리로 됨으로써 농민운동이, 종래 고을의 차원으로 폐쇄되어 있었던 지역국지성에서 벗어나 한 道를 포괄하는 지방의 차원으로 확대될 수 있었다.

농민군의 결성에 또 하나의 결합원리로 등장한 것은 고을공동체에 있어서의 鄕權에 이미 상당하게 진출하였던 새로운 향임층으로서의 농민적 향권세력이었다고 보여진다. 고을공동체의 기본단위인 촌락공동체의 향임에서 上尊

---

1) 〈全琫準供草〉, 을미 2월 11일, 再招問目(《東學亂記錄》 下, 국사편찬위원회, 1971), 535쪽.
2) 위와 같음, 을미 2월 9일, 招招問目, 위의 책, 525쪽.
3) 위와 같음, 을미 2월 11일, 再招問目, 위의 책, 535쪽.

位는 양반이 담당하고 閑丁塡代·還上 등의 실무는 평민에서 차출되는 副尊位의 담당이었다. 조선후기, 시대가 내려올수록 촌락공동체=里의 향직인 존위·里正·집강 등은 평민이 담당하는 것이 더욱 일반화되어 갔던 바, 1889년 전라도의 어느 고을에서는 평민이 座首가 되기도 하였으며, 따라서 향권의 주도권을 두고 士族과 평민층간에 대립과 각축전이 전개되었다.[4)]

1862년 3월 16일에 발생한 咸陽민란에서는 '향권을 장악하려는 목적'이 명백하게 드러나고 있으며,[5)] 그 해의 다른 민란들에서도, 향임·향리에 대한 철저한 응징이 공통되어 있는 점으로 보아 향권쟁취의 의식이 있었다고 짐작된다.[6)]

농민전쟁의 5~9월의 단계에서 시행된 집강소는 형식에 있어서 종래의 향소의 집강제도를 계승한 것이며[7)] 1893년 11월의 金溝院坪 전봉준 세력집단의 '사발통문'에서도 통문의 수신자가 各里 里執綱으로 되어 있는 사실로 보아 농민전쟁에서 농민의 결합원리의 하나가 농민적 향권세력을 중심으로 한 사회관계였다고 생각된다.

또 하나의 결합원리는 각 고을의 지역적 반란을 하나의 유기적인 지방반란으로 통합한다는 원리였다. 1894년 1월 11일에 발생한 고부민란은 농민전쟁의 단서를 이룬 것이었으며, 민란 이후 전봉준이 3월 20일의 본격적 농민전쟁 때까지 대세를 관망하면서 기다렸던 것은 고부민란의 각 고을에로의 확산을 기다린 것이었다. 안핵사 이용태의 만행에 격분하고 있는 전라도의 고을들에 통문을 발하여 전면적으로 봉기할 것을 제기하였고 무장·고창·홍덕·태인·정읍·김제·금구 등에서 농민군 8천여명이 이에 호응하여 백산에 집결하였다.

이렇게 집결한 농민군은 대장에 전봉준, 총관령에 손화중·김개남, 총참모

---

4) 金仁杰, 〈朝鮮後期 鄕權의 추이와 지배층 동향〉(《韓國文化》 2, 1981), 178~182쪽.
5) 〈右兵營狀啓 6月 25日〉(《壬戌錄》, 국사편찬위원회, 1958), 45쪽.
6) 鄭昌烈, 〈백성의식·평민의식·민중의식〉(변형윤·송건호 편, 《역사와 인간》, 두레, 1982), 20쪽.
7) 瀨古邦子, 〈甲午農民戰爭期에 있어서 執綱所에 대하여〉(《朝鮮史硏究會論文集》 16, 1979), 127쪽.

에 김덕명·오시영, 영솔장에 최경선, 비서에 송희옥·정백현으로 하여 연합체로서의 체제를 갖추었다.[8] 그러나 이것은 "내가 일체를 지휘하였다"[9]는 유기적 통일체로서의 연합체라는 전봉준의 법정진술과는 달리 형식상의 체제에 불과하였다. 각 농민군 부대는 각기 독자적으로 활동하였다. 5월 이후의 집강소 단계에서도 "전봉준은 수천의 무리를 거느리고 금구원평에 근거하여 전라우도를 장악·지휘하였고 김개남은 수만의 무리를 거느리고 남원에 근거하여 전라좌도를 장악·지휘하였으며 그밖에 김덕명·손화중·최경선 등도 각기 한 지방을 근거하였"[10]듯이 전라일대를 각 농민군 부대장이 분할·장악하였으며, 5월 중순 이후 전봉준은 금구·김제·태인·순창·남원·운봉·옥과·담양·장성·창평·순천 등 전라좌도 일대를 순회하면서, 손화중은 전라우도 일대를 순회하면서 정부와의 협조에 의한 집강소 개혁의 실시를 각 농민군 부대에 권유하였던 것이다.[11] 그러나 김개남은 정부와의 협조하에 집강소에 의한 개혁정치의 실시를 권유하는 전봉준의 제의를 끝내 거절하였기 때문에 이후 김개남과 전봉준은 서로 상의하는 일이 없었다고 한다.[12]

그러나 전라도 일대 고을마다의 집강소가 전혀 독립적이지는 않았다. 집강소의 총본부를 전주에다가 두고 이를 大都所라고 하였으며 "전봉준은 귀화하였다고 일컫고 단신으로 감영에 들어와 감사의 일을 맡아 하였다. 감영의 關文·甘結은 반드시 전봉준의 결재가 있은 연후에야 열읍에서 거행하였다"[13]라고 하듯이 형식상으로는 전봉준 대도소가 통일적으로 장악하고 있었던 것이다. 농민전쟁의 결합원리는 지역적 반란을 하나의 유기적인 지방반란으로 통합해 나아가려는 것이었다.

또 하나의 결합원리는 貪虐 중오의 共感에 의한 心情的 紐帶였다. 黃玹은 제1차 농민전쟁의 茂長에서의 발발에 대하여 "동학은 代天理物하고 輔國安

8) 吳知泳, 《東學史》(永昌書館, 1940), 111~112쪽.
9) 〈全琫準供草〉, 을미 2월 11일, 再招問目(《東學亂記錄》 下), 537쪽.
10) 鄭碩謨, 〈甲午略歷〉(《東學亂記錄》 上), 65쪽.
11) 〈全琫準供草〉, 을미 3월 7일, 四次問目, 위의 책, 551쪽.
12) 위의 책, 558쪽.
13) 李容珪, 《若史》 2.

民하며 죽이거나 약탈하지 않으며 오직 탐관오리만은 용서하지 않는다라고 倡言함에 愚民이 響應하고 右沿 일대 10여읍이 일시에 봉기하니 열흘 남짓 사이에 수만명에 이르렀다. 동학이 난민과 합함이 이에서 시작되었다"[14]라고 하고 또한 호남에서는 財物이 풍부하여 수령과 아전의 탐학이 가장 심하였고, 따라서 서울의 속담에서는 "아들을 낳아서 호남에서 벼슬살이 시키는 것이 소원이다"라고 하였으며, 그러므로 호남에서는 民과 吏가 서로 미워하고 이를 갈며 복수를 다짐함이 '백대에 걸친 원수 갚기'와 방불한 바가 있다고 하였다.[15]

이러한 상황에 겹쳐서 趙弼永이 전운어사로 와서 교묘하게 名目을 늘리고 稅 위에다가 稅를 첨가하여 호남 전체가 병들고, 金昌錫이 均田御使로 내려와서는 白地徵稅하고 國結을 宮庄으로 돌림으로써 湖南右道가 더욱 병들고, 게다가 金圭弘·金文鉉의 탐학이 겹쳐서 千金의 부자는 밤에도 잠을 못잘 만큼 불안하였고, 小民은 假貸할 데가 없어서 숨을 헐떡이고 있다고 黃玹은 지적하였는데,[16] 요컨대 庶民富豪와 小民이 모두 감사·관리·수령·아전에게 수탈당하고 있었다는 것이었다. "姦民思亂者가 庶民富豪와 小民을 선동함에 이에 그들이 東學黨에 저자에 몰려가듯이 몰려드니, 호남우도에서 호남좌도의 골짜기까지 동학당이 없는 곳이 없었다"[17]라고 하였다.

전라도의 사정 특히 전라우도의 사정이 이러하였기 때문에 "창의문이 한번 세상에 떨어지자 백성들의 수선거리는 소리는 참 굉장하였다. 옳다 인제는 잘 되었다. 天理가 어찌 무심하랴. 이놈의 세상은 얼른 망해야 한다. 망할 것은 얼른 망해버리고 새 세상이 나와야 한다"[18]는 반응이 일어났던 것이다. 따라서 3월 말에는 "3월 20일 이후 (중략) 수령은 모두 도망하고 아전 군교도 따라서 사방으로 흩어졌다. 賊이 오기도 전에 邑內가 먼저 텅텅 비어버린다. 또 여러 고을이 본래 성곽이 없고 (중략) 설사 금성탕지라 한들 民이 평소에 수령과 아전을 원망하는데, 누구와 더불어 지킬 것인가. 이로 말미암아

14) 黃　玹, 《梧下記聞》 1, 47쪽.
15) 위의 책, 41쪽.
16) 위의 책, 42쪽.
17) 위와 같음.
18) 吳知泳, 앞의 책, 109~110쪽.

누구하나 衆民에 호소하여 城을 지키려는 자가 없었다. 城이 떨어졌다는 소식은 날마다 들리지만 실인즉 賊은 일찍이 하나의 城도 포위공격한 일이 없었다"[19]는 것처럼 농민전쟁에의 民의 호응이 있게 되었다.

이러한 탐학증오의 심정적 공감대를 탐학증오라는 소극적 레벨에 정지시키지 않고 적극적 代案으로, 추상적으로 높은 차원에까지 레벨업시킨 것이 民惟邦本이념이었다. 즉 이러한 심정적 공감대가 민유방본이념의 기반으로 되었던 것이다.

> 국가에는 누적된 빚이 있으나 갚을 것을 생각하지 않고 교만과 사치와 음란한 일만을 거리낌없이 일삼으니, 八路는 魚肉이 되고 만인은 도탄에 허덕이도다. 守宰가 貪虐하니 백성이 어찌 곤궁치 아니하랴. 백성은 국가의 근본이라, 근본이 쇠잔하면 나라는 반드시 망하는도다.[20]

탐학행위와 민유방본은 항상 대극의 위치에 서게 되는 것이었다. 포고문에서는 위에 바로 이어서 "輔國安民의 방책을 생각지 아니하고 밖으로 鄕第를 설치하여 오로지 제 몸만을 위하고 부질없이 國祿만을 도적질하는 것이 그 어찌 옳은 일이라 하겠는가! 우리는 비록 초야의 유민일지라도 나라에 몸붙여 사는 자라, 국가의 危亡을 앉아서 보겠는가! 八域이 마음을 합하고 수많은 인민이 뜻을 모아 이에 義旗를 들어 보국안민으로써 死生의 맹세를 하노니, (하략)"[21]라고 하여, 민유방본이념을 조금 현실화하여 輔國安民이념을 내세우고 있다. 보국안민이념을 더욱 level down시켜서 현실화하고 구체화한 것이 농민군의 폐정개혁안 27개조였다.

---

19) 《梧下記聞》 1, 50쪽.
20) 吳知泳, 〈倡義文〉(《東學史》), 108~109쪽.
〈東匪討錄〉(《한국학보》 3, 1976 여름호, 일지사), 235쪽.
黃 玹, 《梧下記聞》 1, 48~50쪽.
'茂長東學輩布告文' 〈聚語〉(《東學亂記錄》 上), 142~143쪽. 이 布告文은 전봉준이 쓴 것이라고 생각된다. 茂長봉기를 전봉준이 주도하였고, "전봉준 자신의 집필이었다고 전하는 만큼"(이선근, 《한국사 현대편》, 을유문화사, 1963, 58쪽)이라는 점에서 그렇게 추정된다.
21) 위와 같음.

> 東徒가 격문을 전하여 그 취지를 명백하게 한 때에 이르러서는 公州監營의 高官(監司 아래 3번째 되는 重職人과 면회할 때 친히 同官의 말을 들었다 함)과 같은 사람도 東徒가 열거하는 時弊는 어쨌든 가장 중요한 것에 해당되는 것으로써 東徒가 일을 일으킨 것은 결코 무리가 아니라고 공언할 정도이다. 일반의 감정이 이와 같은 이상 지방의 弊政을 근저까지 革除하지 않는 이상 東徒는 가령 일시 해산한다 해도 다른 날에 기회를 기다려 재연될 것은 의심할 여지가 없다. 저들은 한통의 請願書를 남기고 全州를 떠나 長城地方으로 갔으나, 그 후 그 請願이 관철되지 않으면 그 지방의 東徒들이 다시 일어날 것이라는 소문이 떠들석하였다.22)

위의 상황은 5월 10~15일의 것이지만, '동도가 열거하는 時弊'는 농민군의 폐정개혁안 27개조를 가리키는 것이었다. 이렇게 폐정개혁 27개조가 농민들에게 현실적합적인 것으로 인식된 것은, 기본적으로는 탐학증오의 심정적 유대에 의하여 농민들이 결합되어 있었기 때문이었다고 생각된다.

또 다른 결합의 원리는 공동의 힘으로 侵漁를 막아내는 것이었다.

> 各地道人이 解歸以後에 各地官吏들의 東學黨 逮捕侵虐이 前日과 조금도 다름없어 安居의 望이 없는지라 道人들은 할 수 없이 官屬과 對抗策을 講究할 밖에는 다른 道理가 없음을 알고 各包各接이 서로 團結을 지어 어느 地方에서 일이 생기든지 하면 그 卽時로 보발을 띄워 그 附近으로부터 솔발을 흔들고 일어서서 잡혀가는 사람을 빼앗아 놓기로 하였다. 그렇게 團結이 되었기 때문에 제 골서 잡으러 온 將校使令이라든지 鎭營이나 監營이나 서울에서 내려온 捕校라 할지라도 東學黨을 잡아갈 때에는 東學黨이 四面으로 쏟아져서 捕校들을 둘러싸고 잡힌 사람을 빼앗아간 일이 많았었다. 이러한 일은 忠淸道나 慶尙道보다도 全羅道에서 먼저 생겼으며 全羅道에서도 井邑 大接主 孫和中包에서 먼저 始作이 되었었다.23)

이것은 1893년 보은취회 해산 후의 상황이지만 주로 전라도 지역, 그 중에서도 孫和中包의 경우에 많았던 경우로서 무리의 힘으로 侵漁를 막아내는 것이었는데, 包에로의 결집에 현실적인 유대로 기능하였다. 1894년 5월 20일 李偰은 상소에서 다음과 같이 말하고 있다.24)

22) 《주한일본공사관기록》 3, 215쪽.
23) 《東學史》, 86~87쪽.

> 臣은 오랫동안 시골에 살면서 요즈음 方伯守令들의 행위를 보면, 報國의 마음은 없이 肥己의 욕심만 있어서, 혹 부지런히 힘써 농사짓거나 장사하여 밥술이나 먹는 백성이 있으면 어거지로 匪類로 몰거나 무거운 죄목을 씌워서 옥에 가두고 차꼬 채워 닥달한다. (중략) 이 때 東學徒가 꾀어서 말하기를 '자네가 우리 당에 들어오면 侵漁를 면할 수 있고 이런 고생도 하지 않아도 된다'고 한다. 민이 이에 줄지어 동학당에 들어갔다. (중략) 이것이 東徒와 亂民이 합하여 하나로 되는 까닭이다.

공동의 힘으로 侵漁를 방어하는 결합의 원리는 특히 '勤力農商 可繼朝夕者'인 中農이나 商人이 농민군에 합류하는 데에 큰 誘因이 되었다고 생각된다.

4월 하순의 시점에서 富商豪農이 농민군에 돈과 곡식을 제공하여 농민군은 군량에 차질이 없었고,[25] 나아가서는 豪農紳商이 적지 않게 동학당에 참여하였는데[26] 참여의 이유는 앞에서와 같은 수탈에서 벗어나고 富 축적의 안정을 원하기 때문이었다고 한다.[27] 예컨대 順天의 李士維, 麗水의 金成五는 富民으로서 농민전쟁 때의 接主・巨魁였다.[28]

2) 경제적 지향

1894년의 농민전쟁은 3월의 제1차 농민전쟁, 6월의 집강소, 9월의 제2차 농민전쟁이라는 세 단계로 발전하였고 그 과정에 따라 농민군의 사회경제적 지향도 성장・발전하였으므로 편의상 세 단계로 나누어 살펴보려고 한다.

3월 20일에서 5월 8일까지의 제1차 농민전쟁의 단계에서 농민군은 전라도 일대를 순회하면서 각지에서 그들의 정치적 요구와 지향을 나타내는 4개名義,[29] 檄文,[30] 通文,[31] 布告文,[32] 榜文,[33] 訴志[34] 등을 발표하였고, 그들의 사

24) 《梧下記聞》 1, 90쪽.
25) 《萬朝報》, 명치 27년 6월 8・9일.
26) 《二六新報》, 명치 27년 6월 10일.
27) 《萬朝報》, 명치 27년 6월 10일.
28) 《廉記》, 경자 10월(洪性讚, 〈1894년 집강소기 設包下의 향촌사정〉(《東方學志》 39, 1983), 106쪽에서 재인용).
29) 鄭 喬, 《大韓季年史》 上 권 2, 고종 31년 갑오 3월, 74쪽.
30) 吳知泳, 《東學史》, 112쪽.
31) 《東匪討錄》, 〈4月 初4日 東徒通文法聖吏鄕〉(《韓國學報》 3, 1976), 244쪽.

회경제적 요구 즉 폐정개혁의 요구는 1894년 4월 4일의 격문,[35] 4월 20일 무렵 초토사에게 보낸 호남유생원정서,[36] 5월초 순변사 李元會에게 제출한 전라도유생원정서[37]와 湖南會生等上書[38] 등으로 나타나 있으며 1894년 5월 8일의 전주화약 때에 이들을 27개 조목으로 종합·정리하여 초토사 홍계훈에게 제시하고,[39] 초토사가 그 조목들을 왕에게 보고하고 실시되도록 노력한다는 것을 조건으로 하여 화약에 호응하였다.[40]

폐정개혁안 27개조를 몇 묶음으로 정리하면 田結부담의 경감을 요구하는 것이 4개 조목, 洞布·환곡·연호잡역 등 농민부담의 경감을 요구하는 것이 5개 조목, 전운소의 폐지를 요구하는 것이 1개 조목, 보를 쌓아서 수세하는 것을 금지할 것을 요구하는 것이 1개 조목, 均田의 폐지요구가 1개 조목, 권력을 배경으로 한 고리대 징수의 금지요구가 1개 조목, 개항장의 미곡상이 내지시장 밖에서 미곡매입하는 것을 금지할 것을 요구하는 것이 1개 조목, 농촌소상인을 억압하는 상품유통관계 시정의 요구가 5개 조목, 백성의 묘지를 지방관이 빼앗는 것을 금지해 줄 것을 요구하는 것이 1개 조목, 탐관오리의 처벌을 요구하는 것이 2개 조목, 아전을 임명할 때 사례조로 받는 任債의 폐지요구가 1개 조목, 전보국의 폐지요구가 1개 조목, 민비 척족세력의 제거와 대원군의 옹립을 요구하는 것이 1개 조목, 동학인의 복권을 요구하는 것이 1개 조목이었다. 그 중에서 전운소 폐지요구는 4월 4일의 격문에서부터

〈東學黨彙報〉(《朝鮮交涉資料》 中), 332쪽.

32) 〈聚語〉, 갑오 4월 11일, 〈茂長東學輩布告文〉(《東學亂記錄》 上), 142~43쪽.

33) 鄭 喬, 《大韓季年史》 上 권 2, 고종 31년 4월, 75쪽.

34) 《兩湖招討謄錄》, 갑오 5월 4일(《東學亂記錄》 上), 207쪽.

35) 朴殷植, 《韓國痛史》 제2편 제26장, 甲午東學之亂(《朴殷植全書》 上), 108~109쪽.
《東匪討錄》(《韓國學報》 3, 〈새자료〉, 1976), 244쪽.

36) 〈湖南儒生原情于招討使文〉, 《東匪討錄》(《韓國學報》 3, 〈새자료〉), 259~260쪽.

37) 金允植, 《續陰晴史》 上 권 7, 고종 31년 5월, 322~323쪽.

38) 〈湖南會生等上書〉, 《東匪討錄》(《韓國學報》 3, 〈새자료〉, 1976), 263~264쪽.
金允植, 〈又原情列錄追到者〉, 앞의 책, 323~325쪽.

39) 〈全琫準判決宣言書〉(《나라사랑》 15, 1974), 147~149쪽.

40) 韓沽劤, 〈東學軍의 弊政改革案檢討〉(《歷史學報》 23, 1964).
朴宗根, 〈甲午農民戰爭(東學亂)에 있어서의 '全州和約'과 '弊政改革案'〉(《歷史評論》 140, 1962).

호남회생등상서까지에 모두 제기되고 있고, 개항장 미곡상인의 내지시장 밖에서의 미곡매입 금지요구는 호남유생원정서에서만 제기되지 않았다. 이 두 항목은 모두가 개항후의 미곡수출과 밀접히 연관되는 현상이였다.

일본상인의 내륙지방 행상은 1887년 무렵부터 시작되어 1890년 전후부터는 본격화되었고, 일본 자본주의의 구조 자체의 내적인 요구에 의하여 1890년부터는 한국으로부터의 미곡수출이 급격히 증가하였다. 농민적 상품교환의 장으로서의 농촌장시, 이 장시를 중심으로 한 미곡시장, 그 내부에 미곡판매농민과 구매농민을 함께 거느리는 재래의 시장구조가 수출시장과의 접촉에 의하여 동요·파괴되기 시작하였다.[41] 그러나 1894년 당시에는 수출시장과의 연관을 전면적으로 차단한다는 것은 이미 현실적인 가능성이 결여된 것이었다. "외국의 潛商이 높은 값으로 쌀을 구입하는 것"[42]을 시정할 것, "개항장의 잠상이 쌀을 구입하는 것을 일체 금단할 것"[43] 등은 수출시장과의 연관을 전면적으로 차단할 것을 요구하는 것이 아니라 그 핵심은 미곡매매를 농촌장시의 시장질서 내부에로 한정함으로써 농촌장시를 중심으로 한 재래의 시장구조의 파괴를 막고, 그럼으로써 지역적인 재생산구조의 유지를 도모하는 것이었다고 할 수 있다.[44] 전주화약 27개조목의 하나인 "대동上納 전에는 각 개항장의 잠상이 쌀을 구입하는 것을 금단할 것"에서는 그 금단의 시기를 대동상납 전 즉 보리가 나오기 전의 봄철에만 한정하고 있다.[45] 이 경우에는 쌀값이 올라가는 춘궁기에 있어서의 농촌장시의 보호·방어에 역점을 두고 있다. 즉 수출시장과의 연관을 객관적인 사실로 인정·전제하고서 농촌

41) 吉野誠, 〈李朝末期에 있어서 穀物輸出의 展開와 防穀令〉(《朝鮮史研究會論文集》 15, 1978), 110쪽.

42) 주 35)와 같음.

43) 위와 같음. 위와 여기에서 말하는 潛商이란 場市의 시장질서 내부에서 하는 상행위가 아니라 그것을 벗어나서 행하는 상행위로서 장시의 시장질서·시장구조를 교란하는 상행위를 일컫는다.

44) 주 41)의 글 114쪽 참조.

45) '大同上納前'은 "수확 후 조세 納入까지의 기간으로서 米價가 가장 下落하는 시기"(吉野誠, 〈朝鮮開國後의 穀物輸出에 대하여〉, 60쪽의 주 74))가 아니라, "大同米의 收納은 春秋 두 번으로 나누는데 三南과 江原道는 이듬해 봄에 한꺼번에 합쳐서 上納한다"(《大典會通》 卷 2 戶典 徭賦, 景仁文化社, 1969, 282쪽)라고 하였듯이 米價가 가장 올라가는 봄철을 의미한다.

장시=농민적 시장을 중심으로 한 재생산구조의 유지를 도모하고 있었다고 볼 수 있다. 예를 들면 1895년 2월 11일의 제2차 법정신문에서 전봉준이 재봉기한 이유를 "일본이 대궐을 범한 연유를 따지고자 하였다"하자, 법관이 "그러면 일본군대와 경성에 머무르는 외국인들을 모조리 구축하려고 하였는가"라고 물었으며 이에 전봉준은 "그렇지 않다. 다른 나라는 단지 통상만 하고 있을 뿐이다. 그런데 일본은 군대를 거느리고서 경성에 주둔하고 있어서 우리나라 경토를 침략하려는 것이 아닌가 의심되었다"[46]라고 하였듯이 외국과의 무역관계에 대해서는 객관적인 사실로서 전제하고 있었던 것이다.

전운소의 혁파도 그러한 농촌시장을 전제로 하여, 농민생활에 가해지는 억압과 수탈을 철폐하려는 것이었다. 전운소 창설 즉 "輪船에 의한 상납 이후 每結의 加磨鍊米가 3~4두에 이르렀다"[47]라는 가마련미는, 전운사 조필영이 인천에서 일본상인에게 선가미만 매도한 것이 아니라 세미본곡까지도 매도하고 그것을 量餘不足米라는 명색으로 농민들에게 재징수한 것이었다.[48] 즉 미곡수출로 인한 세미곡 상품화의 증대에 따른 과세의 가중이었다. 따라서 전운소 혁파의 요구는 미곡상품화의 증대추세에 있어서 탐학관료의 세미곡 상품화 증대에 대한 농민적 미곡상품화 지향의 저항이었다. 이러한 지향은 이미 고부민란의 경우에도 나타나고 있었다. 전운에 대한 농민층의 반감·저항은 "동도가 나그네로 가장하여 인천 제물포에 와서 전운사위원 1인을 유인하여 배에 싣고 멀리 사라져버렸다. 동도는 진작부터 전운소에 대하여 묵은 반감이 있었기 때문이었다"[49]라는 기록에도 잘 나타나 있다.

이상을 종합하면, 농민군은 농민의 생산력 발전의 장애물 제거와 농민의 소상품생산자로서의 자립·발전을 보장해 줄 것을 요구하고[50] 농촌소상인의 자립·발전을 보장해 줄 것을 요구하며 아울러 균전폐지의 요구에서 나타나

46) 〈全琫準供草〉, 을미 2월 11일, 再招問目(《동학란기록》 하), 538쪽.
47) 金允植, 《續陰晴史》 上 권 7, 고종 31년 갑오, 〈五月, 全羅道儒生等原情于巡邊使李元會 革弊後錄〉의 제11조, 323쪽.
48) 吉野誠, 〈朝鮮開國後의 穀物輸出에 대하여〉(《조선사연구회논문집》 15, 1978), 49쪽.
49) 〈東學黨의 情形〉(《朝鮮交涉資料》 中), 338쪽.
50) 梶村秀樹, 〈李朝末期(開國後)의 綿業의 流通 및 生産構造〉(《朝鮮에 있어서 資本主義의 形成과 展開》, 龍溪書舍, 1977), 115~116·119~120쪽과 주 17) 참조.

듯이 농민적 토지소유의 발전을 요구하고 그러한 보장을 대원군정권의 성립에서 기대하고 있었다고 볼 수 있다. 농민군은 이상과 같은 기대에의 저지물로서 민씨척족정권을 그 상징으로 하는 봉건적 제관계를 주요한 것으로, 다음 일본을 그 대표로 하는 외국의 경제적 침투를 부차적인 것으로 인식하였다. 3월 25일에 발표한 '4개명의'에서는 '왜오랑캐를 쫓아내어 버린다'라고 하였지만 제1차 농민전쟁 당시에는 아직 "일본인이 직접 공격목표가 되었다기보다도 국가의 내정문제로서 위정자 즉 부패관권에 대한 경고로서 발하여진 것이었다."[51] 위에서와 같이 제1차 농민전쟁의 경제적 지향은 소상품생산자·소상인적인 것이었다고 할 수 있다.

다음은 5월에서 9월까지의 집강소의 단계이다. 집강소 단계에서의 폐정개혁은《東學史》에 나오는 '폐정개혁건 12개조'[52]의 사항들이었다. 12개조 중 제12조인 '土地의 平均分作' 이외에는 실현되었다고 보인다. 미처 실현되지 못한 제12조까지 포함하여 농민군의 경제적 지향을 요약하면, 경제관계에서의 봉건적 폐단의 개혁, 均産의 실현, 농민적 토지소유의 실현, 농업생산력 발전의 실현[53] 등이었다고 생각된다. 기본적으로는 제1차 농민전쟁 단계와 같았지만 농업생산력의 발전이라는 시각이 새로이 보완됨으로써 한 걸음 더 역사적으로 전진되었다고 생각된다.

3) 국가·민족·국민

제1차 농민전쟁의 단계에서 농민군은 민씨척족정권의 제거와 대원군정권의 성립을 기대하였다. 1894년 3월 25일의 四個名義에서는 "군대를 이끌고 서울에 들어가 權貴를 모두 없앤다"고 하였는데, 권귀란 4월 4일 법성포 吏鄕에게 보낸 통문[54]에서 "민폐의 근본은 吏逋에 말미암고 이포의 근본은 탐

51) 韓㳓劤, 〈東學軍의 弊政改革案檢討〉(《歷史學報》 23, 1964), 68쪽.

52) 吳知泳, 《東學史》, 126~127쪽.

53) 필자는 '土地의 平均分作'을 토지소유의 재분배가 아니라 토지경작의 재분배라고 생각하며, 이 점에서 정약용의《경세유표》에서의 정전제 개혁안에서의 농업생산력 발전의 원리를 계승한 것이었다고 생각된다.

54) 주 31)과 같음.

관에 말미암고 탐관의 범행은 탐학·부정한 집권층에 말미암는다"고 한 탐학·부정의 집권층을 의미하며, 또 박은식이 "동도가 창궐한 초기에 그들은 장차 서울로 북상하여 왕 측근의 惡을 쓸어버리겠다고 부르짖었다"[55]고 한 '왕 측근의 악'을 의미하며, 4월 28일 농민군이 전주를 점령하고서 전주 남문에 게시한 방문[56]에서 "대저 나라의 형세로 말하면 집권대신은 모두 외척으로서 밤이 지새도록 경영하는 것은 다만 일신·일파의 사리뿐이고 자기네 일당을 각 고을에 깔아놓아 백성해치기로써 일을 삼는다"고 한 외척 즉 민씨척족정권이었다. 전봉준은 또 제1차 법정재판 직전에 독립 제19대대장 南小四郎에게 낸 구공서에서도 "원래 우리들이 기병한 것은 閔族을 무너뜨려서 폐정을 개혁하려는 것이 목적이었다"[57]라고 하였다. 전주화약의 27개 조목에서 "왕의 총명을 막아 가리고 매관매작하며 國權을 조종·농간하는 자들을 일제히 축출할 것"이라고 하고 5월 20일 무렵 장성에서의 폐정개혁요구[58]에서 "간신이 권력을 농간하여 나라일이 날로 그릇된다. 그 매관매직을 처벌할 것"이라고 한 것도 민비척족정권의 축출을 요구하는 것이었다.

민씨척족정권에 대한 부정은 다른 정권의 성립에 대한 기대로 귀결되지 않을 수 없다. 농민군은 4월 20일 무렵 초토사에게 보낸 湖南儒生原情書[59]에서 "일이 이 지경에 이르른즉 억조창생이 마음을 같이 하고 8도의 백성이 뜻을 모아 위로는 國太公(大院君－인용자)을 받들어 섭정을 맡겨 부자의 인륜과 군신의 義를 온전히 하며 아래로는 백성을 편안케 함으로써 종묘·사직을 다시금 보존할 것을 죽기를 맹서하고 변하지 않을 것이다"라고 하였고, 전주에서 화약교섭중이었던 5월 4일에 초토사에게 보낸 訴志[60]에서는 "太公을 받들어 섭정을 맡기자는 것은 그 이치가 심히 당연하거늘 어찌하여 반역이라 일컫고 살해하는가"라고 하여 대원군정권 성립의 요구를 명백히 나타

55) 朴殷植, 《韓國痛史》(《朴殷植全書》 上), 111쪽.
56) 鄭 喬, 《大韓季年史》 上 권 2, 고종 31년 4월, 75쪽.
57) 《東京朝日新聞》, 명치 28년 3월 5일(《동학농민전쟁사료총서》 22, 사운연구소, 1996), 509쪽.
58) 鄭 喬, 《大韓季年史》 上, 고종 31년 5월, 86쪽.
59) 주 36)과 같음.
60) 주 34)와 같음.

내었다. 이러한 요구는 5월 20일 무렵 장성에서의 폐정개혁 요구에서도 "국태공이 국정에 참여하면 민심에 거의 희망이 있을 것이다"라고 하여 재확인되고 있다. 대원군 정권 성립에의 이러한 기대는 동학의 8자주문에도 반영되어 나타나고 있었다.[61]

민비척족정권에 대한 농민군의 부정이 당시의 권력관계에서 그것의 대극점에 위치하고 있었던 대원군의 섭정에로 귀결되었다는 것은 농민군의 권력구상이 기존의 권력관계의 울타리에서 벗어나 있지 못하다는 것을 단적으로 드러낸다. 봉건적 억압과 외래 자본주의 침략의 억압으로부터 벗어나 소상품생산자로서의 자립·발전을 지향하였던 농민군이 사회적 해방의 권력의 이미지는 대원군의 섭정에서 끝막음하고 있었다. 따라서 농민군의 국가구상은 재래의 유교적인 국가의식, 민본 이데올로기 즉 "백성이 나라의 근본이고 근본이 깎이면 나라가 잔약해진다"는 '輔國安民' 의식에서 머물고 있었다.[62] 물론 '보국'의 방법으로서의 '안민'의 실체적 내용에 새로운 성격이 담겨 있음은 앞의 경제적 지향에서 이미 본 바와 같다.

실제로 농민들에게는 오랜 동안의 恭順과 忍從의 생활에서 습성화된 권력공포증세가 있었다. 예컨대 1894년 1월에 농민군들이 白山으로 옮긴 뒤에 전봉준이 고부민란 중민들에게 '함열 조창에로 나아가 전운영을 치고 전운사 조필영을 징치할 것'을 촉구하였으나 "군중은 이에 응하지 않았다. 그것은 民擾가 越境을 하면 반란의 칭을 받는다는 이유"였고,[63] 민란 중민들은 해산하고자 하였던 것이다.

농민군은 폐정개혁을 요구하는 주체로서의 자기의 정치적 위치를 조정 즉 정부에 직접 건의한다는 차원에조차 두지 못하였다. 1895년 2월 11일의 제2차 법정신문에서 전봉준의 진술은 다음과 같았다.[64]

---

61) '卽以今知 院位大監' 韓國教會史硏究所 Mutel 文書(韓㳳劤, 〈東學思想의 本質〉(《東方學志》 10, 1969), 55쪽 주 33)에서 재인용.
62) 〈茂長東學輩布告文〉(《東學亂記錄》 上), 142~143쪽.
〈倡義文〉(《東學史》), 108~109쪽.
63) 張奉善, 〈全琫準實記〉(《井邑郡志》, 1937), 353쪽.
64) 〈全琫準供草〉, '再招問目'(《東學亂記錄》 下), 538쪽.

문 : 그렇다면 訴狀을 내어서 호소하지 않았는가?
답 : 감영과 고을에 수없이 소장을 제출하였다.
문 : 그렇다면 조정에도 또한 소장을 내어 호소하였는가?
답 : 소장을 낼 길이 없어 홍계훈 대장이 전주에 머무르고 있을 때에 이러한 사정을 소장으로 호소하였다.

소장을 낼 길이 없었다는 것은 당시의 제도에도 말미암았겠지만 조정에의 직접 건의라는 발상, 즉 조정 대 농민군이라는 위치설정의 의식이 없었기 때문이었을 것이다. 농민군은 스스로를 홍계훈의 대극점에 두는 데서 그치고 있었다.

그러나 홍계훈 관군의 대극점에의 위치설정도 사실은 제1차 농민전쟁 말기에 쟁취된 것이었다. 초토사 홍계훈의 보고에 의하면 1894년 4월 22일 경군이 "함평에 도착하여 농민군 수천명과 맞닥뜨려 장차 교전하려 함에 농민군이 산에 올라 큰 소리로 말하기를 이 군대는 主上의 명을 받들어 내려온 것이다. 탐관(지방관－인용자)의 군대와는 질이 다르니 결코 대항하지 않겠다. 만약 항전하면 우리는 逆徒의 죄를 벗을 수 없다고 하였다. 경군이 동쪽으로 향하면 그들은 서쪽으로 도주하고 경군이 서쪽으로 향하면 그들은 동쪽으로 달아나 접전하기가 불가능한 형세이다. 심히 답답하다"[65]고 하였다. 4월 22일자 전라감사의 전보에 의하면 "동도가 전주 남문 밖에 투서하였는데 그것을 펴보니 경군에는 대항하지 않고 지방군은 반드시 격파하여 탐관을 축출하고 부정한 아전을 소멸하겠다. 이것이 우리들의 보국안민의 본뜻이다. 비록 백년이 지나도 결코 물러서 해산하지 않겠다"[66]고 하였다. 4월 23일의 장성전투에서의 경군에 대한 승리 이후에 농민군은 경군과도 대적할 자세를 확립하였던 것으로 생각된다.

집강소 단계에서의 농민군의 국가구상도 제1차 농민전쟁 단계의 그것과 다름이 없었다고 보인다. 이 단계에서의 사회적 해방의 권력의 이미지는 官民相和를 전제로 한 지역적 권력의 성립으로서 표출되었다. 즉 봉건적 신분제의 철폐, 봉건적 지주전호제도의 개혁을 집강소라는 좁은 범위의 지역권력

65) 〈東學黨에 관한 彙報〉(《朝鮮交涉資料》 中), 339쪽.
66) 위의 책, 340쪽.

으로써 실현하려는 것이었다. 이렇게 좁은 지평에서나마 농민층의 권력의 이미지가 현실화되었다는 것은 한국역사상 초유의 일이었고 획기적인 의미를 가지는 것이었다. 짧은 기간, 좁은 범위의 지역권력의 체험은 다음 단계에서의 새로운 권력구상으로 발전해 가는 원동력이 되었다.

그러나 집강소의 권력의 이미지도 민본 이데올로기 울타리 안에서의 것이었다. 농민군은 전주화약 27개 조목의 실시에 대한 기대에서 6월 무렵까지는 벗어나지 못하였다. 1895년 2월 11일의 제2차 법정재판에서 "절목(27개 조목-인용자)을 제출한 이후에 탐관을 제거하는 성과가 있었는가?"라는 법관의 물음에 전봉준은 "별 성과가 없었다"고 하였고 "그렇다면 홍계훈 대장이 백성을 속인 것이 아닌가" "그렇다" "그렇다면 백성이 어찌 다시 호소하지 않았는가" "그 후 홍계훈 대장은 서울에 가버렸으니 다시 어찌 호소하리오"[67] 라고 하였고 제3차 법정재판에서 "9월 봉기 이전 조정의 효유문은 하나 둘이 아니었으나 끝내 실시되지 않았다"[68]고 하였듯이 27개 조목 폐정개혁 실시에의 기대를 포기하지 않았고 또 농민군 스스로를 조정의 대극점에 위치 설정하지도 못하고 있었다.

이렇게 그 기대를 포기하지 않은 데에는 정부의 일정한 대응이 있었기 때문이었다고 생각된다. 6월 11일 정부에서는 오랫동안 쌓여온 폐단을 고침으로써 大更張·大懲創하기 위하여 校正廳을 설치하고 6월 16일에는 12개 항목의 개혁항목을 공표하였다.[69] 이 항목들은 "모두 동학당의 原情(폐정개혁 요구-인용자) 안에 있는 것들이었다. 점진적으로 자주개혁함으로써 일인들의 요구를 막아보려는 것이었다. 그러나 임시변통으로 미봉하는 것이어서 여전히 형식일 뿐이었다. 어찌 이것으로써 농민란을 처리할 수 있으리오"[70]라고 김윤식은 평가하였다.

그러나 이것은 대체로 6월까지의 상황이었고, 집강소 폐정개혁 12개조가 개별 시차적으로, 지역적으로도 들쑥날쑥하게 형성되어가던 6월말부터는, 농

67) 〈全琫準供草〉, '再招問目'(《동학란기록》 하), 538쪽.
68) 〈全琫準供草〉, '3次問目'(《동학란기록》 하), 547쪽.
69) 金允植, 《續陰晴史》 上, 고종 31년 6월 24일, 325~326쪽.
70) 위의 책, 320쪽.

민군의 지방행정기관으로서의 집강소는 국가의 지방행정권력기구와 병존하면서 자신의 지방지배권을 사실상 관철시켜 나아갔다. 이러한 집강소의 경험으로 농민군들은 자신들이 지배권력에 일방적으로 恭順하고 順從하는 객체적인 被治物만은 아니라는 의식을 가지기 시작하였다고 생각된다.

9월의 제2차 농민전쟁도 보국안민의 실현이었다. 그러나 이전의 보국안민과는 그 내용에 있어서 상당한 변화가 발견된다. 첫째 백성 즉 농민군의 뜻을 직접 왕에게 상세히 펼치겠다는 것이었다. 전봉준은 제3차 법정재판에서 "下情(백성의 사정과 뜻－인용자)은 왕에게 알려지지 않고 上澤(왕의 덕정의 혜택－인용자)은 백성에게 미치지 않았다. 고로 일차 서울에 올라가 기어이 백성의 생각을 상세히 펼치려고 하였다"[71]고 말하였다. 즉 농민군 스스로를 홍계훈의 대극점, 조정의 대극점에서 뛰어넘어 왕에게 직접 호소하는 對面의 위치에 설정하고 있었다. 백성의 사정과 뜻을 직접 왕에게 전달하겠다는 의식은 농민의식의 민주주의적 발전의 단서가 되는 것이 아닌가 생각된다.

둘째 위의 필연적 귀결로서 대원군 섭정에의 기대를 전적으로 포기하였다는 사실이다. 제1차 농민전쟁 단계에서는 농민군의 대원군 섭정에의 기대가 전혀 일방적 희망일 뿐이었고 9월의 단계에서는 대원군으로부터의 구체적 결탁 제의가 있었고, 농민군도 그 제의에 호응하여 결탁하려는 움직임도 현실적·구체적으로 있었지만, 그것은 대원군 정권수립의 기대에서가 아니라 농민군의 정치적·군사적 행위에서의 정략적·전략적 세력연합의 차원에서였다. 즉 대원군정권 수립의 기대에서 정략적·전략적 이용의 대상으로의 변환이었다.

셋째 9월 재봉기의 목적은 일본세력을 몰아내려는 것이었다. 일본군은 6월 21일 새벽 경복궁을 포위 점령하여 민씨척족정권을 타도하고 이어 한국군의 무장을 해제하고 국권을 장악하였다. 6월 23일에는 수원부의 楓島 앞바다에서 청일전쟁을 일으키고 6월 25일에는 군국기무처를 신설하여 친일 개화당 정권을 성립시키고 7월 20일에는 잠정합동조관을, 7월 26일에는 한일공수동맹을 체결함으로써 개화당 정권을 손안에 장악하였다.

---

71) 〈全琫準供草〉, '3次問目'(《동학란기록》 하), 547쪽.

이러한 일본군의 행동을 전봉준은 7월 말 8월 초에 남원에서 듣고[72] 이것은 한국의 국토를 침략하려는 것이라고 생각되어[73] "우리들 臣民된 자들로서는 일각도 안심할 수 없어 이해(거사의 성패—인용자)가 어찌될 것인가는 생각지 않고"[74] "忠義之士는 같이 창의하자는 뜻으로 방문을 내걸고 또는 각처에 이 봉기에 참여하지 않는 사람은 不忠無道한 사람이라는 통문을 돌려"[75] 재차 봉기하게 되었다. 즉 "피고는 일본군대가 대궐에 들어갔다는 말을 듣고, 필시 일본군이 我國을 병탄코자 하는 것인줄 알고 일본병을 물리치고 그 거류민을 국외로 구축할 마음으로 다시 기병을 도모"하였다.[76] 일본에의 병탄을 막고 일본인을 축출하는 것이 9월 재봉기의 목적이었다.

그러나 농민군 재봉기가 일본군의 경복궁 쿠데타, 그리고 한일공수동맹 등이 있은 직후 즉 8월에 결정되지는 않았다. 거기에는 "전봉준이 때마침 신병이 있었고 많은 사람을 일시에 움직이기도 어렵고 아직 새쌀이 나오지 않은 농번기"[77]였다는 사정, 그리고 북접의 소극적인 태도라는 사정도 있었겠지만 신분제도를 폐지하는 등의 갑오경장에 대한 기대도 있었다고 보인다.

1894년 7월 10일에는 일체의 상납을 金納으로 할 것을 결정하고[78] 8월 22일에는 그것을 재확인하고 구체적으로 結價를 정하기로 결정하였다.[79] 이에 대한 농민층의 반응은 "새 政令이 한번 반포되자 백성은 모두 발을 구르며 좋아하여 洋을 따랐는지 倭를 따랐는지는 묻지 않고 모두 기뻐하여 재생의 기색이 있었"[80]으며 "稅米를 代錢으로 하는 頒令이 있고부터 民情은 흡연하여 앞을 다투어 바쳤다"[81]고 한다. 농민전쟁 때 전봉준과 상의하여 농민군을 이끌고 서울로 쳐들어가 정부를 전복하고 國憲을 일신하려고 하였다는[82] 李

72) 〈전봉준공초〉, '3차문목'(《동학란기록》 하), 548쪽 ; '4차문목', 552쪽.
73) 〈전봉준공초〉, '재초문목'(《동학란기록》 하), 538쪽.
74) 위의 책, 541쪽.
75) 위의 책, '초초문목', 530쪽.
76) 〈전봉준판결선고서〉(《동학관련판결문집》, 총무처정부기록보존소, 1994), 30쪽.
77) 〈전봉준공초〉, '3차문목'(《동학란기록》 하), 548쪽.
78) 《한말근대법령자료집》 1, 1894년 7월 10일, 〈의안〉, 26쪽.
79) 위의 책, 1894년 8월 22일, 〈의안〉, 95쪽.
80) 黃 玹, 《梅泉野錄》, 고종 31년 12월, 168쪽.
81) 위의 책, 178쪽.
82) 정인보, 〈해학이공묘지명〉(《해학유서》, 국사편찬위원회, 1956), 9쪽.

沂도 “작년부터 전세는 돈으로 걷는데 농민에게는 倉費가 없어지고 국가에는 漕弊가 없어지게 되었으니 실로 만세에 고쳐서는 안될 법이다”[83]라고 평가하였다. 실제 1894년 12월에 결가를 1결에 30냥으로 정할 때 1결의 현물세를 쌀 19두 6승 2홉으로 잡고 당시의 쌀값으로 환산한 것이니까[84] 농민층에 대한 개화당 정부의 조세면에서의 상당한 양보이기도 하였던 것이다. 이러한 배경으로 보아서 갑오경장에 대한 농민군의 일정한 기대는 충분히 상상할 수 있다고 보인다.

1894년 9월 18일 일본은 자기네가 농민군을 진압하겠다고 나섰고 21일 개화당 정권은 이를 수락하였다.[85] 농민군 토벌을 위한 개화당 정권－일본의 결합이 이루어졌다. 이러한 무렵에 전라도 농민군의 재봉기가 확정되었으니 “匪徒는 호남으로부터 공주 등지에 이르기까지 길에 깔려 있었던 것이다.”[86] 아직까지는 적대적이지 않았던 개화당 정권과 농민전쟁의 모순, 지주적 토지소유 발전의 코스와 농민적 토지소유 발전의 코스의 모순이 이제 일본 자본주의 침략세력의 개입에 의하여 적대적인 성격의 모순으로 전화되었다.

일본에의 한국병탄을 저지하고 일본인들을 이 땅에서 축출하겠다는 9월 재봉기의 목적의 바탕에는 “조선으로 왜국이 되지 않게 하는”[87] 의식 즉 ‘倭國化’를 반대하는 의식이 깔려 있었다. 농민군들의 경우 ‘왜국화’의 내용은 “금년 유월에 개화간당이 왜국을 체결하여 승야 입경하여 君父를 핍박하고 국권을 擅恣하며 우황 방백수령이 다 개화 소속으로 인민을 무휼하지 아니코 살륙을 좋아하며 생령을 도탄함에”[88]라고 하였듯이 일본군과 개화파세력에 의한 ‘국왕과 國權의 허구화’였다.

이 이전 대원군 섭정에의 기대도 민씨척족정권에 의하여 허구화된 국왕에 국왕으로서의 실체를 부여하기 위한 방법에서였다. 농민군이 갖고 있었던 유

83) 위의 책, 〈전제망언〉, 8쪽.
84) 金容燮, 〈光武年間의 量田·地契事業〉(《韓國近代農業史硏究》 下, 일조각, 1988), 472쪽.
85) 《日案》 3, (고대아세아문제연구소, 1967), 94~95·98쪽.
86) 《日案》 3, 99쪽.
87) 〈告示. 京軍與營兵而敎示民〉(《東學亂記錄》 下), 379쪽.
88) 위와 같음.

교적인 정치의식에 의하여서도 국왕·국권에 실체가 부여되지 않고는 그 정치의식 자체가 존립될 수 없었기 때문에 9월 재봉기의 단계에서도 실체부여의 방법은 모색되지 않을 수 없었다.

"조선사람끼리야 道俗은 다르나 斥倭와 斥化는 그 義가 일반이라 두어자 글로 의혹을 풀어 알게 하노니 각기 돌려보고 忠君憂國之心이 있거든 곧 의리로 돌아오면 상의하여 같이 斥倭斥化하여 조선으로 왜국이 되지 아니케 하고"[89]라고 하였듯이 실체 부여의 방법은 '척왜·척화를 원칙으로 한 한국 주민의 결집'이었다.

9월 재봉기 이전의 단계에서는 농민군의 사회적 해방의 이미지가 대원군 정권의 성립이라는 권력의 이미지로 나타났는데 9월 재봉기의 단계에서는 농민군의 사회적 해방의 이미지가 '척왜·척화를 성취하는 주체로서의 한국 주민의 결집'으로서 나타나게 되었던 것이다.

유교적 정치이론의 명에에서 벗어나서 민족으로서의 결집에로 나아가는 의식의 단서가 마련되었다고도 할 수 있다. 1894년 10월 13일 청주 부근에서 농민군과 대치한 장위영 부영관 李斗璜은 효유문에서 "또 너희들이 말하는 바 道, 德을 따져보자. 너희들은 덕을 일컬으면서 敬天이라고 하고 輔國이라고 하며 安民이라고 하는데 모두가 우리 道의 지류를 몰래 도적질하여 따로이 한 기치를 세운 것이다. 만일 너희들이 이것에만 일삼고 다른 패악한 행동이 없다면 조정에서 어찌 금지하는 영을 내리겠는가(중략) 지금 너희들의 행동을 너희들의 말과 비교해보면 말은 가공의 것이고 행동은 匪類이니 이는 하늘을 업수이 여기는 것이다"[90]라고 하였는데 특히 9월 단계의 농민군의 의식·행동의 발전에 적합한 표현이었다.

위의 결집에는 이미 앞에서 보았듯이 동시에, 백성의 사정과 뜻을 직접 왕에게 전달하겠다는 의식이 동반되어 있었다. 따라서 그 결집의 구조는 反侵略·反封建을 전제로 하고, 소상품생산자로서의 자립·발전의 지향을 중심으로 하며, 그것의 反植民地化·反開化에로의 확대·발전이라고 생각된다. 이것은 당시의 역사적 조건에서는 '근대민족으로서의 결집·형성'으로 귀결되

89) 위와 같음.
90) 〈양호우선봉일기〉, 갑오 10월 13일(《동학란기록》 상), 272~273쪽.

는 것이었다.

이러한 발전은 농민군의 구성에서도 반영되었다. 9월 이전 단계의 농민군은 전라도의 농민으로만 구성되었다는 지방적 제한에서 벗어나지 못하였다.

제1차 재판에서 "전주에 들어갈 때 (삼례에서 재봉기하여 전주로 입성할 때-인용자) 군사를 불러 모음에 전라도의 온 인민을 몽땅 끌어 모았는가?" "각 도의 인민이 상당히 많았다" "공주로 나아갈 때에도 또한 각도의 인민이 상당히 많았는가?" "그때도 그랬다"라고 하였듯이[91] 9월 재봉기의 농민군은 남한 일대의 농민으로 구성되었다.

다시 말하면 국왕·국권의 절대성을 자명의 전제로 하는 유교적 정치의식의 궤도를 충실하게 따라감으로써 그것에의 실체부여가 요구되었고, 그 요구가 개화와 침략일본과의 결탁에 의하여 촉발됨으로써 근대민족으로서의 결집이 요청되었고, 여기에서 농민군의 정치의식에 질적인 변화가 일어나 유교적 정치의식에서 벗어날 수가 있었던 것이 아닌가 짐작된다.

이와 같이 9월 재봉기의 단계에서 농민의 정치의식은 민주주의적 발전의 단서가 열리고 유교적 정치의식에서 벗어나 자립화하며, 민족으로서의 결집에 눈뜨게 되었다고 할 수 있다. 이러한 정치의식은 국권이 허구화하거나 소멸하더라도 그것에 의하여 굴절되지 않고 자기의 독자적인 발전의 길, 민족과 민주주의에의 전망을 넓혀갈 수 있는 토대를 이미 쟁취하고 있는 것이었다. 따라서 공동체적 제관계가 완전히 청산됨으로써 계급으로서의 결집이 객관적으로 가능하고도 필연화되는 단계가 되면 위의 정치의식은 민족해방의 이데올로기로서 다시 한번 비약하게 된다. 이러한 점에서 끝내 국권주의·국가주의에서 벗어날 수 없었고 따라서 민족해방의 이데올로기로 비약할 수 없었던 개화사상의 정치의식과는 좋은 대조를 이루는 것이었다.

제2차 농민전쟁에서는 아울러 농민군의 의식에서 새로운 변화의 싹이 보이고 있다. 전봉준은 농민군 재봉기의 이유에 대해 "다른 외국인들은 단지 통상만 할 뿐인데 일본인은 군대를 거느리고 京城에 주둔함으로 우리나라 境土를 침략하는 것으로 의심되었기 때문이다"[92]라고 하였고, "피고(전봉준-

91) 〈전봉준공초〉, '초초문목'(《동학란기록》 하), 529~530쪽.
92) 〈전봉준공초〉, '재초문목'(《동학란기록》 하), 538쪽.

인용자)는 일본군대가 대궐로 들어갔단 말 듣고 필시 일본인이 我國을 併呑코자 하는 뜻인줄 알고"[93] 재봉기하였다고 한다.

> 告示・京軍與營兵 而敎示民
> 無他라 일본과 조선이 開國 이후로 비록 隣邦이나 累代 敵國이더니 聖上의 仁厚하심을 힘입어 三港을 許開하사 通商以後 갑신십월의 四凶이 挾敵하야 君父의 危殆함이 朝夕에 있더니 宗社의 洪福으로 奸黨을 消滅하고 금년 유월에 開化奸黨이 倭國을 締結하여 乘夜入京하여 군부를 逼迫하고 國權을 擅恣하며 우황 方伯守令이 다 개화중 소속으로 인민을 撫恤하지 아니코 殺戮을 좋아하며 生靈을 塗炭함에 이제 우리 동도가 의병을 드러 왜적을 소멸하고 개화를 제어하며 朝廷을 淸平하고 社稷을 안보할새 (하략)[94]

11월 12일의 창의 고시에서는 일본군의 침략으로 말미암아 조선 국왕이 핍박당하고 사직의 안보가 위태로우며 國權이 擅恣되고 있다고 인식하고 있다. 《동경일일신문》은 제2차 농민군 봉기에서의 '擧兵의 名義'를 다음과 같이 소개하고 있다.[95]

> 우리들은 전에 폐정을 釐革할 목적으로 일어났으나 詔諭가 있어서 초토사와 화약을 맺고(중략) 일본은 大兵을 파견하여 我國家를 呑하려고 하여, 日兵은 大擧 境土를 제압하고 이미 京城에 들어왔는데, 이에 국가가 위급하고 존망이 갈리었다. 진실로 國을 생각하는 者는 창을 들고 일어나 방어해야할 때이다. 宮中의 일은 물을 겨를 조차 없으므로 우리가 먼저 일어나 日兵을 방어해야 한다. (하략)

농민군은 일본군의 침략을 '我國家를 呑하려는 것', 한국의 '境土를 제압하는 것'으로 인식하고 있다. 농민군은 제2차 농민전쟁의 단계에서 國家와 國權과 境土를 유기적으로 일체화시켜서 인식하고 있었다. 일정한 經界 안에서 효력을 가지는 國權이 있는 것을 國家로 인식하고 있었다. 그 國家와 자신의 운명을 일체화시켜서, 자신을 그 구성원으로 하는 영역국가에 헌신하려고 하

---

93) 〈전봉준판결선고서〉(《동학관련판결문집》, 총무처정부기록보존소, 1994), 30쪽.
94) 〈선유방문 병동도상서소지등서〉(《동학란기록》 하), 379쪽.
95) 《동경일일신문》, 명치 27년 8월 5일(《동학농민전쟁사료총서》 22, 사운연구소, 1996), 509쪽.

는 농민군은 국민의 일보직전의 상태에 자신을 갖다놓았다고 생각된다.

> 원래 우리들이 병을 일으킨 것은 閔族을 타도하고 폐정을 개혁할 목적이었지만, 閔族은 우리들의 입경에 앞서 타도되었기 때문에 일단 병을 해산했다. 그런데 그후 7월 일본군이 경성에 들어가 왕궁을 포위했다는 것을 듣고 크게 놀라 동지를 모아서 이를 쳐없애려고 다시 병을 일으켰다. 단 나의 종국의 목적은, 첫째 閔族을 무너뜨리고 한패인 간신을 물리쳐서 폐정을 개혁하는 데 있고, 또한 轉運使를 폐지하고 田制·山林制를 개정하고 私利를 취하는 小吏를 엄중히 처단할 것을 원할 뿐이다.[96]

전봉준은 12월 초순 南小四郎에의 口供에서 농민전쟁의 목적을 위에서와 같이 田制를 개정하고 탐관오리를 처단하는 내정혁신이라고 하였다. "적어도 전봉준이 있는 한은 적어도 순수동학당(농민군―인용자) 만큼은 일본 배격 때문에 그들의 內政更革의 本願을 버려버리는 그런 일은 없을 것이다"라는[97] 보도에서처럼, 농민군의 기본목적은 내정개혁이었고, 항일전쟁은 부차적인 것이었다. 따라서 위에서와 같은 국민의식에로의 접근 역시 내정개혁을 위한 농민군의 투쟁, 특히 집강소의 역사적 경험의 기반 위에서 가능한 것이었다.

이러한 정치의식에서의 전진은 다음과 같은 새로운 권력구상[98]으로 결실되고 있었다.

> 일본군을 몰아내고 惡奸의 吏를 쫓아내어 임금 곁을 깨끗이 한 후에는 몇 사람 柱石의 士를 내세워서 정치를 하게 하고 우리들은 곧장 농촌에 돌아가 常職인 농업에 종사할 생각이었다. 하지만 國事를 들어 한 사람의 세력가에게 맡기는 것은 크게 폐해가 있는 것을 알기 때문에 몇 사람의 명사가 協合하여 合議法에 의하여 정치를 담당하게 할 생각이었다.

1895년 1월 말 일본영사관에서의 일본인 경부의 "너는 경성에 공격해 들어온 후에 누구를 추대하려고 생각하였는가"라는 질문에 전봉준은 위와 같

---

96) 《동경조일신문》, 명치 28년 3월 5일(《동학농민전쟁사료총서》 22), 369쪽.
97) 《二六新報》, 명치 27년 11월 11일(《동학농민전쟁사료총서》 22), 149쪽.
98) 《동경조일신문》, 명치 28년 3월 6일 〈동학수령과 합의정치〉(《동학농민전쟁사료총서》 22), 372쪽.

이 대답하면서, 폐정개혁·내정개혁을 담보하는 새로운 권력구조로서 몇 사람의 名望家의 合議法에 의한 정치운영의 권력구조 구상을 나타내었다. 전봉준은 한 사람의 세력가가 정치를 담당하는 민씨척족정권의 권력구조 형태와 대원군 권력구조 형태를 모두 비판하였다. 전봉준은 "원래 우리나라의 정치를 그르친 것은 모두 대원군이기 때문에, 인민이 그에게 복종하지 않는다"[99] 라고 하였다. 전봉준은 이제 대원군에의 기대에서 완전히 벗어나고 있었다.

그러나 전봉준은 대원군을 배척하지는 않았다. 斥洋과 斥倭에서는 일치되고 있음을 인정하였다.[100] 전봉준이 말하는 '몇 사람 柱石의 士'에는 대원군 세력도 포함되는 것이리라고 짐작된다. 항일 연합전선의 대상인 척사위정의 보수유림세력도 또한 포함되는 것이라고 짐작된다. 전봉준은 제2차 농민전쟁의 단계에서는 내정혁신을 위한 방법으로서 항일의 연합전선과 연합정권까지 구상하였다. 농민군 세력도 연합정권의 일각에 자리시켰을 가능성도 농후하였다. 그러나 "우리들은 곧장 농촌에 돌아가 상직인 농업에 종사할 생각이었다"고 하듯이 농민군 스스로를 국권의 담당주체로 인식하는 정치의식은 성립되지 못하였다. 농민군은 영역국가에서 외부로부터의 간섭을 배제하여 국가가 정치의사를 최종적으로 결정하는 권한으로서의 國權 즉 主權을 의식함으로써, 영역국가와 主權을 국가정치의 원칙으로서 드러내었다고 볼 수 있다. 그러나 그 國權·主權의 담당자로서의 국민은 인식되지 못하였다고 생각된다. 그러나 농민군은 근대적 내셔널리즘 일보 전의 단계에는 도달하였다고 생각되며, 따라서 농민전쟁은 객관적으로는 농민층에 의한 밑으로부터의 길에 의한 국민국가 형성의 길이었다고 생각된다.

그러나 농민전쟁은 기본적으로는 일본군의 무력탄압으로 말미암아, 즉 농민군을 '살륙'함으로써 농민군 세력을 한반도로부터 '剿滅'하려고 한[101] 일본의 군사력에 의하여 좌절되었다. 1894~1895년의 갑오경장으로 한국은 淸에의 번속체제에서 완전히 벗어나서 형식상 모든 단위국가의 대등성을 전제로

99) 《동경조일신문》, 명치 28년 3월 5일 〈동학당 대두목과 그 자백〉(《동학농민전쟁사료총서》 22), 369쪽.

100) 《동학사》, 158쪽.

101) 井上勝生, 〈甲午農民戰爭(東學農民戰爭)과 日本軍〉(田中彰 編, 《近代日本의 內와 外》, 吉川弘文館, 1999), 272쪽.

하는 자본주의 세계체제의 국제질서에서 독립국가로 정립되었으나,[102] 농민전쟁의 좌절로 말미암아 半식민지로서의 성격을 심화시켜 나아갔다. 淸은 청일전쟁에서의 패배로 말미암아 瓜分의 위기에 처함으로써 종속국에로의 길로 들어섰음에 반하여 일본은 동아시아에서 타민족을 억압하는 제국주의에로의 길로 명백히 들어서게 되었다. 동학농민전쟁은 결과적으로 동아시아 3국의 양극분해를[103] 촉진함으로써 동아시아에서 제국주의체제가 확립되는 계기를 이루었다. 그러나 동학농민전쟁은 그 이후 한국에서의 모든 민족·민주 변혁운동에서 끊임없이 역사적 기억과 사회적 傳記로서 소생함으로써 그 운동들의 동력으로서 거듭 부활하였다.

〈鄭昌烈〉

102) 정창렬, 〈근대국민국가인식과 내셔널리즘의 성립과정〉(《한국사 11, 근대민족의 형성 1》, 한길사, 1994), 70쪽.

103) 梶村秀樹, 〈東아시아 지역에 있어서 제국주의 체제에의 이행〉(《발전도상경제의 연구》, 세계서원, 1981 ; 《梶村秀樹著作集 2－朝鮮史의 方法－》, 명석서점, 1993 재수록), 292～299쪽.

집 필 자

개 요 ……………………………………………………………………………………… 정창렬

Ⅰ. 제국주의 열강의 침투

1. 청의 간섭 ……………………………………………………………………… 이양자
2. 조선의 대외관계 ……………………………………………………………… 박일근

Ⅱ. 조선정부의 대응(1885~1893)

1. 통치기구의 재정비 …………………………………………………………… 한철호
2. 민씨척족정권의 시정 ………………………………………………………… 한철호
3. 독립외교의 추진 ……………………………………………………………… 한철호
4. 개화정책의 추진과 좌절 ……………………………………………………… 한철호
5. 외국인 고문의 고빙 …………………………………………………………… 한철호

Ⅲ. 개항 후의 사회경제적 변동

1. 개항 후의 국제무역 …………………………………………………………… 도면회
2. 국내적 상품유통의 변동 ……………………………………………………… 하원호
3. 방곡령실시의 사례와 원인 …………………………………………………… 하원호
4. 사회신분제의 동요 …………………………………………………………… 지승종
5. 개항기 지주제와 농업경영 …………………………………………………… 최원규

Ⅳ. 동학농민전쟁의 배경

1. 동학농민전쟁의 사회경제적 배경 .... 고동환
2. 동학교조 신원운동 .... 박맹수

Ⅴ. 제1차 동학농민전쟁

1. 동학농민군의 봉기 .... 정진상
2. 동학농민군의 격전 .... 정진상
3. 동학농민군의 폐정개혁 요구 .... 정진상

Ⅵ. 집강소의 설치와 폐정개혁

1. 집강소의 설치 .... 정창렬
2. 집강소의 구성과 조직 .... 정창렬
3. 집강소의 폐정개혁 .... 정창렬

Ⅶ. 제2차 동학농민전쟁

1. 동학농민군의 재기 .... 신영우
2. 반일투쟁의 전개 .... 배항섭
3. 동학농민전쟁의 역사적 의의 .... 정창렬

한국사 39
제국주의의 침투와 동학농민전쟁

편찬간행 **국사편찬위원회**

초판1쇄 2003년 11월 30일
2쇄 2013년 6월 4일

번각발행 **탐구당**

등록일 1950년 11월 1일
등록번호 서울 제 03-00993 호

주소 서울특별시 용산구 한강대로 62 나길 6
전화 (02) 3785-2211(대표)
팩스 (02) 3785-2272
홈페이지 www.tamgudang.co.kr
전자우편 tamgudang@paran.com

ISBN 978-89-8236-605-5
978-89-8236-566-9(세트)

값 21,000 원